Hochschul- und Wissenschaftsfinanzierung als bundesstaatliche Probleme

Perspektiven der bundesstaatlichen Wissenschaftsförderung unter Beachtung der verfassungsrechtlichen Möglichkeiten und Grenzen des neuen Art. 91b GG

Europäische Hochschulschriften Recht

European University Studies in Law

Publications Universitaires Européennes de Droit

Band/Volume 6254

Ariane Funke

Hochschul- und Wissenschaftsfinanzierung als bundesstaatliche Probleme

Perspektiven der bundesstaatlichen Wissenschaftsförderung unter Beachtung der verfassungsrechtlichen Möglichkeiten und Grenzen des neuen Art. 91b GG

PETER LANG

Bibliografische Information der Deutschen Nationalbibliothek
Die Deutsche Nationalbibliothek verzeichnet diese Publikation in der Deutschen Nationalbibliografie; detaillierte bibliografische Daten sind im Internet über http://dnb.d-nb.de abrufbar.

Zugl.: Berlin, Humboldt-Univ., Diss., 2021

11
ISSN 0531-7312
ISBN 978-3-631-85354-2 (Print)
E-ISBN 978-3-631-85933-9 (E-PDF)
E-ISBN 978-3-631-85934-6 (EPUB)
DOI 10.3726/b19335

Peter Lang – Berlin · Bern · Bruxelles · New York · Oxford · Warszawa · Wien

Diese Publikation wurde begutachtet.

www.peterlang.com

Vorwort

Die vorliegende Arbeit ist im Herbst 2020 von der Juristischen Fakultät der Humboldt-Universität zu Berlin als Dissertation angenommen worden.

An erster Stelle gilt mein herzlicher Dank meinem Doktorvater Herrn Professor Dr. Waldhoff, der das Thema dieser Arbeit angeregt und mir den notwendigen akademischen Freiraum für diese gewährt hat. Ferner bedanke ich mich bei ihm für seine hervorragende Betreuung, seine offene Kritik und wertvollen Denkanstöße sowie für seinen Zuspruch.

Dank schulde ich zudem Herrn Professor Dr. Risse für die zügige und konstruktive Erstellung des Zweitgutachtens und seine hilfreichen Anmerkungen.

Besonders danken möchte ich außerdem meinem Vater, der mich zur Promotion inspiriert, gefördert und bedingungslos unterstützt hat.

Aufrichtig bedanken möchte ich mich überdies bei meiner Mutter und meinem Ehemann für ihre Hilfe und Unterstützung sowie die Mühen, die sie beim Korrekturlesen auf sich genommen haben.

Schließlich danke ich der Peter Lang GmbH – Internationaler Verlag der Wissenschaften, Berlin für die Aufnahme des Werkes in die Reihe „Europäische Hochschulschriften Recht".

Berlin, im März 2021

Ariane Funke

Inhaltsübersicht

Inhaltsverzeichnis

A. Einleitung und Gang der Untersuchung

I. Einleitung und Fragestellung

Wissenschaft und Forschung werden bereits seit der Gründung der Bundesrepublik Deutschland im Jahr 1949 als vorbehaltlos gewährleistetes Grundrecht von Art. 5 III 1 Alt. 2 GG geschützt. Sie sind hierzulande die wichtigsten Rohstoffe und gelten laut Koalitionsvertrag von CDU, CSU und SPD aus dem Jahr 2018 als „die Schlüsselthemen für Deutschlands Zukunft".[1] Hinsichtlich ihrer Finanzierung stellt *Werner Thieme* zu Recht lapidar fest: „Die moderne Wissenschaft benötigt sehr viel Geld. Wissenschaft kann daher nur erfolgreich betrieben werden, wenn der Hochschule genügend Geld zur Verfügung gestellt wird."[2] Die Finanzierung des deutschen Wissenschaftssystems ist wesentlich durch das föderale System der Bundesrepublik Deutschland geprägt.[3] Traditionell zuständig für die Finanzierung der Bereiche Wissenschaft und Forschung sind in Deutschland grundsätzlich die Länder. Die Länder hatten in der jüngeren Vergangenheit jedoch zunehmend Schwierigkeiten eine ausreichende Grundfinanzierung der Hochschulen zu gewährleisten. Ursache hierfür ist neben der schwierigen Finanzlange einiger Länder sowie der Einführung des Neuverschuldungsverbots in Art. 109 III GG insbesondere das steigende Bildungsbedürfnis in der Bevölkerung, welches beträchtliche Investitionen in die Kapazitäten der Hochschulen erforderlich machte. So ist die Anzahl der Studierenden mit derzeit etwa 2,9 Mio.[4] auf ein neues Rekordhoch gestiegen. In den letzten 19 Jahren ist die Studierendenanzahl um ca. 37 % gestiegen.[5] Doppelte Abiturjahrgänge[6] und die

---

1 „Ein neuer Aufbruch für Europa – Eine neue Dynamik für Deutschland – Ein neuer Zusammenhalt für unser Land", Koalitionsvertrag der 19. Legislaturperiode zwischen CDU, CSU und SPD v. 7.2.2018, S. 28.

2 *Thieme*, Deutsches Hochschulrecht, Rn. 562.

3 *Haug*, OdW 2016, 85 (85).

4 *Statistisches Bundesamt*, Schnellmeldungsergebnisse der Hochschulstatistik zu Studierenden und Studienanfänger/-innen – vorläufige Ergebnisse – Wintersemester 2018/2019, S. 4.

5 Die Berechnung basiert auf den vorläufigen Schnellmeldungsergebnissen der Hochschulstatistik zu Studierenden und Studienanfänger/-innen zum Wintersemester 2018/2019 des *Statistischen Bundesamtes*, S. 11.

6 Bedingt durch die Verkürzung der Gymnasialzeit von neun auf acht Jahre zeitversetzt in allen Bundesländern. Die Umstellung auf das achtjährige Gymnasium (sog. G8) erfolgte

Aussetzung der Wehrpflicht sowie des Wehrersatzdienstes[7] sorgten zudem in den letzten Jahren für einen zusätzlichen Anstieg der Studienanfängerinnen- und Studienanfängerzahlen. So zählt das Studienjahr 2018 nach ersten vorläufigen Ergebnissen 508.828 neue Studienanfängerinnen und -anfänger.[8] Gegenüber dem Studienjahr 2000 ist hier ein Zuwachs von etwa 38 % zu verzeichnen.[9] Auch für das Studienjahr 2020 werden nach Schätzungen noch 443.300 Studienanfängerinnen und -anfänger erwartet.[10] Ferner stieg auch die Studienanfängerinnen- und Studienanfängerquote[11] auf zuletzt rund 56 % im Studienjahr 2018.[12] Damit die Länder dennoch ein ausreichendes und bedarfsgerechtes Studienangebot schaffen konnten, unterstützte sie der Bund im Rahmen des Hochschulpaktes 2020[13] in den letzten Jahren

---

2007 in Sachsen-Anhalt, 2008 in Mecklenburg-Vorpommern, 2009 im Saarland, 2010 in Hamburg, 2011 in Bayern und Niedersachsen, 2012 in Baden-Württemberg, Berlin, Brandenburg und Bremen sowie 2013 in Hessen und Nordrhein-Westfalen. Im Jahr 2016 erfolgt die Umstellung in Schleswig-Holstein und Rheinland-Pfalz, hier aber nur in Form eines Modellversuches an 19 Ganztagsschulen. In Sachsen und Thüringen besteht die achtjährige Gymnasialzeit bereits seit 1949.

7 Gesetz zur Änderung wehrrechtlicher Vorschriften 2011 (Wehrrechtsänderungsgesetz 2011 – WehrRÄndG 2011) v. 28.4.2011, BGBl. 2011 I S. 678.

8 *Statistisches Bundesamt*, Schnellmeldungsergebnisse der Hochschulstatistik zu Studierenden und Studienanfänger/-innen – vorläufige Ergebnisse – Wintersemester 2018/2019, S. 10.

9 Die Berechnung basiert auf den vorläufigen Schnellmeldungsergebnissen der Hochschulstatistik zu Studierenden und Studienanfänger/-innen zum Wintersemester 2018/2019 des *Statistischen Bundesamtes*, S. 11.

10 *Statistisches Bundesamt*, Bildungsfinanzbericht 2015, S. 64.

11 Anteil der Studienanfängerinnen und -anfänger an der Bevölkerung des entsprechenden Geburtsjahres. Für die einzelnen Geburtsjahrgänge werden Quoten berechnet und anschließend im sog. Quotensummenverfahren aufsummiert.

12 *Statistisches Bundesamt*, Schnellmeldungsergebnisse der Hochschulstatistik zu Studierenden und Studienanfänger/-innen – vorläufige Ergebnisse – Wintersemester 2018/2019, S. 11.

13 Verwaltungsvereinbarung zwischen Bund und Ländern über den Hochschulpakt 2020 v. 20.8.2007, BAnz 2007 S. 7480; Verwaltungsvereinbarung zwischen Bund und Ländern gemäß Artikel 91b Absatz 1 Nummer 2 des Grundgesetzes über den Hochschulpakt 2020 (zweite Programmphase) v. 24.6.2009, BAnz 2009 S. 2419, zuletzt geändert durch Beschluss der Regierungschefinnen und Regierungschefs von Bund und Ländern v. 13.6.2013, BAnz AT 11.03.2014 B5; Verwaltungsvereinbarung zwischen Bund und Ländern gemäß Artikel 91b Absatz 1 Nummer 2 des Grundgesetzes über den Hochschulpakt 2020 v. 11.12.2014, BAnz 2015 S. 2646. S. dazu auch unten C. II. 2. a)–c).

mit milliardenschweren befristeten Fördermitteln. Die Hochschulen waren zur Finanzierung ihrer ständigen Aufgaben angesichts der unzureichenden Grundfinanzierung durch ihre Träger zunehmend auf diese befristeten Projektmittel des Bundes angewiesen und so wurde der Ruf nach einer systematischeren Beteiligung des Bundes an der Hochschulfinanzierung in jüngerer Zeit immer lauter.[14] Die Fördermittel des Hochschulpaktes laufen Ende 2020 mit seiner letzten Programmphase aus. Die Studiennachfrage in Deutschland ist hingegen weiter anhaltend hoch,[15] sodass die Bundesregierung eine Fortsetzung des Hochschulpaktes als unverzichtbar ansah.[16] Mit dem Zukunftsvertrag „Studium und Lehre stärken“[17] haben Bund und Länder am 6. Juni 2019 nunmehr ein Nachfolgeprogramm für den Hochschulpakt 2020 abgeschlossen. Im Rahmen dieses Zukunftsvertrages wird der Bund die Länder bei der Hochschulfinanzierung ab 2021 unbefristet unterstützen. Die jährlichen Fördermittel des Bundes werden hierbei zunächst etwa 1,88 Mrd. Euro betragen. Ab dem Jahr 2024 belaufen sich die Bundesmittel sodann auf ca. 2,05 Mrd. Euro pro Jahr. Mit dem Zukunftsvertrag steigt der Bund somit dauerhaft in die Finanzierung der Hochschulen ein. Dies ist angesichts der grundsätzlichen Finanzierungskompetenz der Länder im Wissenschaftsbereich bemerkenswert und es ist fraglich, auf welche Kompetenzen der Bund seine umfangreichen Fördertätigkeiten auch über den Zukunftsvertrag hinaus stützt. Ferner erstaunen Bund-Länder-Mischfinanzierungen im deutschen Bundesstaat als solche im Hinblick auf

---

14 *Gaehtgens*, Die Exzellenzinitiative im Kontext Bund/Länderfinanzierter Forschungsförderprogramme, Wissenschaftspolitik im Dialog 1/2012, S. 16; *Möller*, in: Hartmer/Detmer, Hochschulrecht, Kap. 15 Rn. 51.

15 Laut einer Studie des Centrums für Hochschulentwicklung wird die Entwicklung der Studiennachfrage in Deutschland bis 2050 dauerhaft über dem Niveau des Jahres 2005 bleiben. Je nach Berechnungsmodell sind danach für das Studienjahr 2050 70.000 bis 130.000 zusätzliche Studienanfänger gegenüber dem Jahr 2005 zu erwarten, *CHE*, Auf dem Hochplateau der Studiennachfrage: Kein Tal in Sicht! Modellrechnungen zur Entwicklung der Studienanfängerzahlen bis zum Jahr 2050, Arbeitspapier Nr. 203, Dezember 2017, S. 10.

16 „Ein neuer Aufbruch für Europa – Eine neue Dynamik für Deutschland – Ein neuer Zusammenhalt für unser Land“, Koalitionsvertrag der 19. Legislaturperiode zwischen CDU, CSU und SPD v. 7.2.2018, S. 32.

17 Verwaltungsvereinbarung zwischen Bund und Ländern gemäß Artikel 91b Absatz 1 des Grundgesetzes über den Zukunftsvertrag *Studium und Lehre stärken* gemäß dem Beschluss der Regierungschefinnen und Regierungschefs von Bund und Ländern v. 6.6.2019 (ZV), BAnz AT 04.09.2019 B3, s. dazu auch unten C. II. 2. d).

den Grundsatz der getrennten Aufgaben- und Ausgabenwahrnehmung in Art. 104a I GG, wonach entweder die Länder oder der Bund für eine Aufgabe sowie für deren Finanzierung zuständig sind bzw. ist. Die bundesstaatliche Kompetenzverteilung im Wissenschaftsbereich ist jedoch ein Paradebeispiel für zahlreiche Politik- und Finanzverflechtungen, die diesen Grundsatz der getrennten Aufgaben- und Ausgabenwahrnehmung durchbrechen und von einem kooperativen Föderalismusverständnis zeugen.

Die Ausgestaltung der Gesetzgebungs-, Verwaltungs- und Finanzierungskompetenzen im Wissenschaftsbereich war dabei seit 1949 immer wieder Gegenstand von Diskussionen und Reformen. Insbesondere die Finanzreform von 1969[18] und die Föderalismusreform I im Jahr 2006[19] führten zu erheblichen Umgestaltungen der für die Wissenschaftsfinanzierung relevanten Grundgesetznormen. Zuletzt geriet schließlich Art. 91b GG in den Fokus des rechtspolitischen Diskurses. Einstimmig stimmte der Bundesrat im Dezember 2014 dem Gesetzentwurf der Bundesregierung[20] zur Änderung von Art. 91b GG zu,[21] den der Bundestag zuvor mit Zweidrittelmehrheit beschlossen hatte. Anschließend wurde die Grundgesetzänderung ausgefertigt und im Bundesgesetzblatt verkündet.[22] Die novellierte Fassung von Art. 91b GG trat sodann mit Wirkung zum 1. Januar 2015 in Kraft. Diese Verfassungsänderung stellt eine der neuesten und bedeutendsten Entwicklungen des Jahrzehnte lang andauernden Streits zwischen Bund und Ländern um die Zuständigkeiten im Wissenschaftsbereich dar. Die im Zuge dieser Reform novellierte Gemeinschaftsaufgabe Forschungsförderung in Art. 91b GG ist zugleich die zentrale Norm für das umfassende Zusammenwirken von Bund und Ländern im Wissenschaftsbereich. Bereits das Finanzvolumen der auf Art. 91b GG gestützten Fördermaßnahmen zeugt von der überragenden Bedeutung der Norm für die Wissenschaftsfinanzierung. Allein im Rahmen der am 6. Juni 2019 zeitgleich abgeschlossenen Vereinbarungen

---

18 Einundzwanzigstes Gesetz zur Änderung des Grundgesetzes (Finanzreformgesetz) v. 12.5.1969, BGBl. 1969 I S. 359.

19 Gesetz zur Änderung des Grundgesetzes (Artikel 22, 23, 33, 52, 72, 73, 74, 74a, 75, 84, 85, 87c, 91a, 91b, 93, 98, 104a, 104b, 105, 107, 109, 125a, 125b, 125c, 143c) v. 28.8.2006, BGBl. 2006 I S. 2034.

20 BT-Drs. 18/2710.

21 BR-Drs. 570/14(B).

22 Gesetz zur Änderung des Grundgesetzes (Artikel 91b) v. 23.12.2014, BGBl. 2014 I S. 2438.

des Zukunftsvertrages, der „Innovation in der Hochschullehre“[23] und des Pakts für Forschung und Innovation IV[24] fließen im Zeitraum von 2021 bis 2030 insgesamt 58,5 Mrd. Euro von Bund und Ländern zusammen in die Hochschulen, in die Forschungsförderungseinrichtung der Deutschen Forschungsgemeinschaft sowie in die vier großen außeruniversitären Wissenschaftseinrichtungen Fraunhofer-Gesellschaft, Helmholtz-Gemeinschaft, Leibniz-Gemeinschaft und Max-Planck-Gesellschaft.

Vor diesem Hintergrund wird der Frage nachgegangen, welche Gesetzgebungs-, Verwaltungs- und Finanzierungskompetenzen der Bund im Wissenschaftsbereich hat. Dabei wird insbesondere untersucht, welche Möglichkeiten und Grenzen der reformierte Art. 91b GG für die gemeinsame Wissenschaftsfinanzierung im deutschen Bundesstaat bietet. Damit dies gelingen kann, ist insbesondere auf die grundsätzlichen Defizite bundesstaatlicher Aufgaben- und Finanzverflechtung einzugehen. Zwar bestehen gegen Mischfinanzierungen in der rechtswissenschaftlichen Literatur weitgehend übereinstimmende verfassungspolitische Bedenken.[25] Welche verfassungsrechtlichen Konsequenzen hieraus für die Gestaltung der bundesstaatlichen Wissenschaftsfinanzierung zu ziehen sind, wird jedoch uneinheitlich beantwortet. Auf diesen Erkenntnissen aufbauend ist zu prüfen, inwiefern sich die 2014 erfolgte Ausdehnung von Art. 91b I GG angesichts des Ausnahmecharakters der Vorschrift im Grundgesetz sowie der verfassungsrechtlich grundsätzlich gebotenen bundesstaatlichen Entflechtung von Aufgaben- und Finanzierungszuständigkeiten rechtfertigen lässt.

Mit Blick auf den kooperativen Föderalismus in der Staatspraxis ist zu untersuchen, in welcher Form, in welchem Umfang und zu welchem Zweck Bund und Länder bislang von den Kooperationsmöglichkeiten in Art. 91b GG Gebrauch

---

23 Verwaltungsvereinbarung zwischen Bund und Ländern gemäß Artikel 91b Absatz 1 des Grundgesetzes über Innovation in der Hochschullehre gemäß dem Beschluss der Regierungschefinnen und Regierungschefs von Bund und Ländern v. 6.6.2019 (IidH), BAnz AT 28.08.2019 B4; s. dazu auch unten C. II. 6. b).

24 Pakt für Forschung und Innovation IV in den Jahren 2021–2030 (PFI IV) v. 3.5.2019; s. dazu auch unten C. III. 9. d).

25 Vgl. *F. Kirchhof*, Gutachten D für den 61. DJT, 1996, S. D53 ff.; *Huber*, Gutachten D für den 65. DJT, 2004, S. D 32 ff.; *Huber*, in: Blanke/Schwanengel, Zustand und Perspektiven des deutschen Bundesstaats, S. 22 ff.; *Schmidt-Jortzig*, ZG 20 (2005), 16 (26 f.); *Häde*, JZ 2006, 930 (934 f.); *Waldhoff*, VVDStRL 66 (2007), 216, (231 ff.); *Waldhoff*, KritV 2008, 213 (224 ff.); *Glaser*, in: Kahl/Waldhoff/Walter, BK-GG, Vorbem. z. Art. 91a-e [Stand: 8/2016], Rn. 44 ff.; s. hierzu auch ausführlich unten B. IV. 4.

gemacht haben und inwiefern dabei die tatbestandlichen Grenzen der Verfassungsnorm eingehalten wurden. Es wird dabei festzustellen sein, dass die Beteiligung des Bundes an der Hochschul- und Wissenschaftsfinanzierung vor der jüngsten Reform von Art. 91b GG – so viel kann vorweggenommen werden – nicht immer ausreichend von der Verfassung gedeckt war. Gerichtlich überprüft wurde diese teils verfassungswidrige Praxis jedoch so gut wie nie,[26] da letztlich alle Beteiligten mit dem Fluss der Bundesmittel grundsätzlich zufrieden waren. Zu untersuchen ist in diesem Kontext zudem, inwieweit die Kooperationspraxis von Bund und Ländern seit der Reform von Art. 91b I GG nun verfassungsrechtlich abgedeckt ist. Vor dem Hintergrund des Grundsatzes vom Vorbehalt des Gesetzes ist darüber hinaus zu analysieren, inwieweit das Rechtsstaats- und Demokratieprinzip in Art. 20 I, II GG bzw. die Kompetenzen der Parlamente von Bund und Ländern im Rahmen des bundesstaatlichen Zusammenwirkens auf der Grundlage von Art. 91b I GG im Hochschul- und Wissenschaftsbereich beschnitten werden. Ferner gilt es zu klären, ob die vom verfassungsändernden Gesetzgeber bezweckte Stärkung der Grundfinanzierung der Hochschulen sowie Schaffung verlässlicher Perspektiven und Planungssicherheit für die Hochschulen[27] mit der Reform von Art. 91b GG erreicht wurden. Abschließend ist der Frage nachzugehen, ob weiterhin Reformbedarf hinsichtlich der bundesstaatlichen Wissenschaftsfinanzierung besteht und welche Reformperspektiven sich gegebenenfalls anbieten.

---

26 Hinsichtlich der alten Rahmengesetzgebungskompetenz des Bundes für das Hochschulwesen im mittlerweile weggefallenen Art. 75 GG setzte das Bundesverfassungsgericht der ausufernden Regulierung des Bundes hingegen gleich in zwei Entscheidungen Grenzen: BVerfGE 111, 226; 112, 226. Vgl. hierzu auch B. II. 2. Im Übrigen scheidet eine abstrakte Normenkontrolle nach Art. 93 I Nr. 2 GG; § 13 Nr. 6 BVerfGG regelmäßig aus, da Grundlage der gemeinsamen Förderpraxis keine formellen oder materiellen Gesetze, sondern Bund-Länder-Vereinbarungen sind. Darüber hinaus sind die Länder als einzig realistische Antragsberechtigte eines Bund-Länder-Streits nach Art. 93 I Nr. 3 GG, § 13 Nr. 8 BVerfGG in ihrer Eigenschaft als Empfänger der Fördermittel des Bundes in der Regel nicht an einer verfassungsrechtlichen Überprüfung interessiert. Dies gilt überdies aus rechtspolitischen Gründen auch für die nicht geförderten Länder, so bzgl. der Exzellenzinitiative auch *Geis*, ZG 28 (2013), 305 (308); ferner *Risse/Hoppe*, in: EZFF, Jahrbuch des Föderalismus 2017, S. 48.

27 So die *Bundesregierung* in ihrem Gesetzentwurf zur Änderung von Art. 91b GG, BT-Drs. 18/2710, S. 6.

II. Forschungsstand

Der Stand der Forschung zu der Gemeinschaftsaufgabe Forschungsförderung in Art. 91b GG ist differenziert zu bewerten. Einerseits existiert durchaus umfangreiche Kommentarliteratur zum neuen Art. 91b GG, andererseits findet sich zur dieser Norm seit ihrer letzten Reform jedoch nur wenig umfangreicher rechtswissenschaftlicher Diskurs. Eine eingehende rechtswissenschaftliche Diskussion zu den Gemeinschaftsaufgaben allgemein bestand hingegen vor allem zur Zeit ihrer Einfügung in das Grundgesetz durch die Finanzreform von 1969. Im Zuge der Kodifizierung der Gemeinschaftsaufgaben entstand hier eine Fülle von Publikationen.[28] Mit einiger zeitlicher Zäsur setzt sich überdies die 1991 erschienene Monografie „Gemeinschaftsaufgaben von Bund und Ländern im Hochschulbereich – Texte mit Einführungen und Hinweisen“[29] zusammengestellt von *Klaus Faber*, *Ludwig Gieseke*, *Christof*

28 Zum kooperativen Föderalismus im Allgemeinen erschien 1968 etwa die Dissertation „Kooperativer Föderalismus in der Bundesrepublik – Zur Staatspraxis der Koordinierung von Bund und Ländern“ von *Renate Kunze* sowie im Jahr 1971 die Habilitationsschrift „Kooperation im Bundesstaat – Eine Untersuchung zum kooperativen Föderalismus in der Bundesrepublik Deutschland“ von *Gunter Kisker*, die sich als Beitrag für die Aufstellung einer Kosten-Nutzen-Rechnung des kooperativen Föderalismus begreift. Allgemein mit den 1969 neu eingefügten Gemeinschaftsaufgaben im System des Grundgesetzes beschäftigt sich wiederum die im Jahr 1970 erschienene Dissertation „Gemeinschaftsaufgaben von Bund und Ländern in verfassungsrechtlicher Sicht“ von *Burkhard Tiemann*. Speziell die Gemeinschafsaufgabe des Art. 91a GG zum Inhalt hat hingegen die Dissertation „Die Gemeinschaftsaufgaben des Art. 91a GG als Versuch einer verfassungsrechtlichen Institutionalisierung der bundesstaatlichen Kooperation – Eine verfassungsrechtliche und verfassungspolitische Untersuchung“ von *Siegfried Marnitz* aus dem Jahr 1974, die sich unter anderem mit der gemeinsamen Förderung des allgemeinen Hochschulbaus durch Bund und Länder auseinandersetzt. Die Organisation der Wissenschaft und Wissenschaftsförderung ist überdies explizit Gegenstand der Monografie „Organisation der Wissenschaft und Wissenschaftsförderung in der Bundesrepublik Deutschland“ aus dem Jahr 1968 von *Valentin v. Massow*, die zudem im Jahr 1986 überarbeitet und aktualisiert als „Wissenschaft und Wissenschaftsförderung in der Bundesrepublik Deutschland“ in der zweiten Auflage erschienen ist. Umfassend mit der staatlichen Wissenschaftsförderung in der Bundesrepublik Deutschland vor und nach der Finanzreform von 1969 beschäftigt sich zudem die Habilitationsschrift „Wissenschaftsförderung im Gesamtstaat“ von *Ilse Staff* aus dem Jahr 1971.

29 *Faber/Gieseke/Gramm/Wesseler*, Gemeinschaftsaufgaben von Bund und Ländern im Hochschulbereich.

Gramm und *Mechthild Wesseler* mit den Gemeinschaftsaufgaben explizit im Hochschulbereich auseinander, die im Jahr 1998 neu bearbeitet bereits in der dritten Auflage[30] von *Wolfgang Mönikes*, *Klaus Faber* und *Ludwig Gieseke* herausgegeben wurde und Vereinbarungen und Abkommen zusammenfasst, die die Grundlage für das hochschulpolitische Zusammenwirken von Bund und Ländern in der Bundesrepublik Deutschland seit der Wiedervereinigung 1990 bilden.

Im Zuge der Föderalismusreform I im Jahr 2006 flammte die rechtswissenschaftliche Diskussion über die Gemeinschaftsaufgaben erneut auf und es entstand unter anderem die im Jahr 2010 von *Margrit Seckelmann*, *Stefan Lange* und *Thomas Horstmann* herausgegebene Monografie „Die Gemeinschaftsaufgaben von Bund und Ländern in der Wissenschafts- und Bildungspolitik: Analysen und Erfahrungen“[31], die die Gemeinschaftsaufgaben im Wissenschaftsbereich zum Inhalt hat und einen umfassenden Überblick zu diesem Thema gibt. Aufgrund der zeitlichen Diskrepanz wird die jüngste Reform von Art. 91b GG aus dem Jahr 2014 allerdings nicht behandelt. Rechtswissenschaftlich umfassend untersucht darüber hinaus die Dissertation „Wissenschaftsförderung nach der Reform des Föderalismus“[32] von *Oliver Jauch* aus dem Jahr 2013 die Auswirkungen der Föderalismusreform I auf den Bereich des Wissenschafts- und Hochschulrechts. Aufgrund des zeitlichen Abstands setzt sie sich jedoch ebenfalls nicht mit der 2014 reformierten Gemeinschaftsaufgabe Forschungsförderung auseinander und berücksichtigt dementsprechend auch nicht die neuesten Entwicklungen des kooperativen Föderalismus in der Staatspraxis seit 2015.

Die 2015 erschienene Dissertation „Die Exzellenzinitiative von Bund und Ländern auf dem verfassungsrechtlichen Prüfstand. Zuständigkeiten, Grundrechte und Rechtsschutz“[33] von *Christian Marzlin* thematisiert eingehend die von Bund und Ländern auf der Grundlage von Art. 91b GG abgeschlossene Exzellenzinitiative. Dabei konzentriert sich die Arbeit mit der verfassungsrechtlichen Untersuchung der Exzellenzinitiative allerdings ausschließlich auf ein

---

30 *Mönikes/Faber/Gieseke*, Gemeinschaftsaufgaben von Bund und Ländern im Hochschulbereich.

31 *Seckelmann/Lange/Horstmann*, Die Gemeinschaftsaufgaben von Bund und Ländern in der Wissenschafts- und Bildungspolitik.

32 *Jauch*, Wissenschaftsförderung nach der Reform des Föderalismus.

33 *Marzlin*, Die Exzellenzinitiative von Bund und Ländern auf dem verfassungsrechtlichen Prüfstand.

Einzelvorhaben aus dem weiten Bereich der gemeinsamen Wissenschaftsförderung. Überdies beschäftigt sie sich aufgrund der zeitlichen Diskrepanz nicht mit der auf der Grundlage des 2014 reformierten Art. 91b GG abgeschlossenen Exzellenzstrategie. Als umfängliche Monografie erschien 2016 die Dissertation „Der deutsche Wissenschaftsföderalismus auf dem Prüfstand – der neue Art. 91b Abs. 1 GG“[34] von *Guido Speiser*, die sich erstmals detailliert mit dem neuen Art. 91b GG in Form einer klassischen Normexegese beschäftigt. Es handelt sich dabei jedoch nicht um eine rechtswissenschaftliche, sondern eine verwaltungswissenschaftliche Untersuchung, die schwerpunktmäßig darauf abzielt, ein Erklärungsmuster für die vielfachen Normänderungen von Art. 91b GG zu identifizieren. Eine ausführliche Betrachtung und verfassungsrechtliche Würdigung der kooperativen Wissenschaftsförderung in der Staatspraxis vor und nach der jüngsten Reform von Art. 91b GG unterbleibt dabei allerdings. Ferner findet keine Auseinandersetzung mit der zentralen Problematik der Anforderungen des allgemeinen Grundsatzes des Vorbehalts des Gesetzes an die gemeinsame Forschungsförderung von Bund und Ländern statt. Überdies finden aufgrund des zeitlichen Abstands die neuesten verfassungsrechtlichen Schöpfungen im Bildungsbereich sowie die jüngsten Entwicklungen der kooperativen Wissenschaftsförderung in der Staatspraxis keinerlei Berücksichtigung. Hinsichtlich möglicher Reformperspektiven der bundesstaatlichen Wissenschaftsfinanzierung bleibt der Autor im Übrigen äußerst vage.

In der zweiten Auflage erschien im Jahr 2019 ferner die Monografie „Aufgaben und Finanzbeziehungen von Bund, Ländern und Kommunen ab 2020“[35] von *Hans-Günter Henneke*, welche sich eingehend mit den finanzverfassungsrechtlichen Reformen aus den Jahren 2017 und 2019 kritisch befasst und diese in das Gesamtsystem der Finanzverfassung einordnet. Dabei setzt sie sich zudem mit der jüngsten Reform von Art. 91b GG sowie der bundesstaatlichen Mischverwaltung im Allgemeinen auseinander. Im Jahr 2020 erschien weiterhin die politikwissenschaftliche Dissertation „Kooperative Wissenschaftspolitik – Verhandlungen und Einfluss in der Zusammenarbeit von Bund und Ländern“[36] von *Patrick Hintze*, die die wissenschaftspolitischen Akteure und Verhandlungsprozesse von Bund, Ländern und Wissenschaft behandelt.

---

34 *Speiser*, Der deutsche Wissenschaftsföderalismus auf dem Prüfstand.

35 *Henneke*, Aufgaben und Finanzbeziehungen von Bund, Ländern und Kommunen ab 2020.

36 *Hintze*, Kooperative Wissenschaftspolitik.

Darüber hinaus sind seit 1970 mehrere rechtswissenschaftliche Beiträge zu den Gemeinschaftsaufgaben[37] und ihrer Verflechtungsproblematik[38] einerseits sowie zu dem reformierten Art. 91b GG[39] andererseits erschienen.

III. Wissenschaft und Wissenschaftsfinanzierung

„Wissenschaft" und „Wissenschaftsfinanzierung" sind zentrale Begriffe dieser Untersuchung und stehen in enger Beziehung zu den Begriffen „Forschung" und „Lehre" sowie „Hochschulfinanzierung". Sie werden in der rechtswissenschaftlichen Literatur häufig gemeinsam oder synonym verwendet.[40] Nachfolgend ist daher der Bedeutungsgehalt der in der vorliegenden Untersuchung verwendeten Begrifflichkeiten zu bestimmen.

1. Wissenschaft

Der Rechtsbegriff der Wissenschaft findet sich in der Verfassung in Art. 5 III 1 Alt. 2 GG, Art. 74 I Nr. 13 Alt. 2 GG sowie im 2014 neu gefassten Art. 91b I 1 GG. Er bildet hier jeweils den Oberbegriff für die Begriffe der Forschung und Lehre und grenzt diese näher ein.[41] Im verfassungsrechtlichen Sinne ist der Begriff der Wissenschaft nicht unumstritten. Was Wissenschaft ist, wird maßgeblich außerrechtlich bestimmt und stellt einen eigengesetzlich

---

37 Vgl. zu den Gemeinschaftsaufgaben allgemein exemplarisch *Frowein*, VVDStRL 31 (1973), 13 ff.; *v. Münch*, VVDStRL 31 (1973), 51 ff.; vgl. zu den Gemeinschaftsaufgaben im Wissenschaftsbereich vor der Reform von 2014 *Seckelmann*, DÖV 2009, 747 (747 ff.); *dies.*, DÖV 2012, 701 (701 ff.); *Speiser*, DÖV 2014, 555 (555 ff.).

38 Vgl. exemplarisch *Holch*, DÖV 1970, 841 (841 ff.); *Scharpf*, PVS 26 (1985), 323 (323 ff.); *ders.*, Föderalismusreform; *A. Benz*, in: *EZFF*, Jahrbuch des Föderalismus 2007, S. 180 ff.

39 Vgl. insb. *Seckelmann*, NVwZ 2015, 248 (248 ff.); *Speiser*, RuP 2015, 86 (86 ff.); *Wolff*, DÖV 2015, 771 (771 ff.); *Haug*, OdW 2017, 267 (267 ff.); *Löwer*, WissR 50 (2017), 263 (263 ff.).

40 So verwendet selbst das Grundgesetz die Begriffe „Wissenschaft, Forschung und Lehre" gemeinsam in Art. 5 III 1 Alt. 2 GG und Art. 91b I 1 GG.

41 BVerfGE 35, 79 (113); *Britz*, in: Dreier, GG, Art. 5 III (Wissenschaftsfreiheit) Rn. 11; *Starck/Paulus*, in: v. Mangoldt/Klein/Starck, GG, Art. 5 Rn. 473; *Gärditz*, in: Maunz/Dürig, GG, Art. 5 III [Stand: 8/2019] Rn. 50; für einen weiteren Wissenschaftsbegriff in Bezug auf Art. 91b I GG hingegen *Trute*, in: FS Schneider, S. 314 f.

bestimmten Lebenssachverhalt dar.[42] Dennoch besteht kein Definitionsverbot, sondern ein Definitionsgebot.[43] Die Definition von Wissenschaft muss aber aufgrund der Offenheit und Unabgeschlossenheit des Lebenssachverhalts auch selbst weitgehend offen bleiben.[44] Ob die Drittanerkennung durch andere Wissenschaftler bei der Begriffsbestimmung eine Rolle spielt, ist umstritten,[45] sie ist aber jedenfalls nicht ohne jede Bedeutung.[46] Das bloße Behaupten, man betreibe Wissenschaft, ist keinesfalls ausreichend.[47]

Ausschlaggebend für die Definition des Wissenschaftsbegriffs ist das Wort „Wissen". In der Wissenschaft steht die Erkenntnis der Beziehungen, in denen Natur- und Sozialerscheinungen zueinander stehen, im Mittelpunkt. Eine solche Erkenntnis lässt sich nur phänomenologisch mithilfe der angewandten Methoden und im Hinblick auf mögliche Inhalte beschreiben. Die angewandten Methoden sowie die Inhalte sind in der Wissenschaft hierbei grundsätzlich offen (Wissenschaftspluralismus). Maßgeblich für die Wissenschaft ist die rationale Bestätigung und Einordnung in ein größeres Ganzes, wobei das planmäßige Bemühen kennzeichnend ist.[48]

Folglich definierte schon 1927 *Rudolf Smend* Wissenschaft wie folgt: „Was sich als ernsthafter Versuch zur Ermittlung oder zur Lehre der wissenschaftlichen Wahrheit darstellt, ist Forschung und Lehre".[49] Heute definiert das Bundesverfassungsgericht die Wissenschaft als „alles, was nach Inhalt und Form als ernsthafter planmäßiger Versuch zur Ermittlung der Wahrheit anzusehen ist".[50] Es bleibt im Folgenden zu bestimmen, was unter wissenschaftlicher Forschung und wissenschaftlicher Lehre zu verstehen ist.

---

42 *Britz*, in: Dreier, GG, Art. 5 III (Wissenschaftsfreiheit) Rn. 18; *Starck/Paulus*, in: v. Mangoldt/Klein/Starck, GG, Art. 5 Rn. 473; *Gärditz*, in: Maunz/Dürig, GG, Art. 5 III [Stand: 8/2019] Rn. 57.

43 *Britz*, in: Dreier, GG, Art. 5 III (Wissenschaftsfreiheit) Rn. 18; *Gärditz*, in: Maunz/Dürig, GG, Art. 5 III [Stand: 8/2019] Rn. 52.

44 *Starck/Paulus*, in: v. Mangoldt/Klein/Starck, GG, Art. 5 Rn. 475; *Gärditz*, in: Maunz/Dürig, GG, Art. 5 III [Stand: 8/2019] Rn. 70.

45 Befürwortend *Denninger*, in: AK-GG, Art. 5 III [Stand: Grundwerk 2001] Rn. 18.

46 *Britz*, in: Dreier, GG, Art. 5 III (Wissenschaftsfreiheit) Rn. 18; *Starck/Paulus*, in: v. Mangoldt/Klein/Starck, GG, Art. 5 Rn. 475; *Gärditz*, in: Maunz/Dürig, GG, Art. 5 III [Stand: 8/2019] Rn. 78.

47 BVerfGE 90, 1 (12); *Starck/Paulus*, in: v. Mangoldt/Klein/Starck, GG, Art. 5 Rn. 475.

48 *Starck/Paulus*, in: v. Mangoldt/Klein/Starck, GG, Art. 5 Rn. 475.

49 *Smend*, VVDStRL 4 (1927), 44 (67).

50 BVerfGE 35, 79 (113); 47, 327 (367); 90, 1 (12).

a) Forschung

Der Forschungsbegriff findet sich in der Verfassung in Art. 5 III 1 Alt. 2 GG und Art. 74 I Nr. 13 Alt. 2 GG sowie darüber hinaus auch in der für die Wissenschaftsförderung zentralen Norm des Art. 91b I 1 GG. Unter wissenschaftlicher Forschung versteht man „die geistige Tätigkeit mit dem Ziele, in methodischer, systematischer und nachprüfbarer Weise neue Erkenntnisse zu gewinnen".[51] Die wissenschaftliche Forschung umfasst mithin die Entscheidungen über die Fragestellung, die angewandte Methode, die gesamte praktische Durchführung eines Forschungsvorhabens, die Bewertung und Verbreitung des Forschungsergebnisses, gegebenenfalls auch des Forschungsvorgangs.[52] Maßgeblich ist hierbei die planmäßige methodengesteuerte eigenverantwortliche Suche, Bestätigung oder Falsifikation von Erkenntnissen.[53] Vom Begriff der wissenschaftlichen Forschung erfasst ist auch die gemeinsame Forschungsarbeit mehrerer Wissenschaftler sowie Zweck- und Auftragsforschung, sofern wissenschaftliche Methoden angewandt werden.[54] Das Vorliegen von wissenschaftlicher Forschung ist nicht an die Institution der Universität gebunden, sondern kann auch an privaten Einrichtungen sowie bei der Erstellung von Privatgutachten existieren.[55]

b) Lehre

Unter wissenschaftlicher Lehre ist die Vermittlung des selbst oder von anderen Erforschten zu verstehen, wobei diese selbstständig und weisungsfrei erfolgt.[56] Der Begriff der Lehre befand sich in der Verfassung zunächst ausschließlich in Art. 5 III 1 Alt. 2 GG.[57] Mit der Grundgesetzänderung im Jahr 2014 fand der Begriff jedoch auch Einzug in Art. 91b I 1 GG.

---

51 BVerfGE 35, 79 (114).

52 *Britz*, in: Dreier, GG, Art. 5 III (Wissenschaftsfreiheit) Rn. 24 ff.; *Starck/Paulus*, in: v. Mangoldt/Klein/Starck, GG, Art. 5 Rn. 488; *Gärditz*, in: Maunz/Dürig, GG, Art. 5 III [Stand: 8/2019] Rn. 94.

53 *Starck/Paulus*, in: v. Mangoldt/Klein/Starck, GG, Art. 5 Rn. 488.

54 BVerfGE 35, 79 (113); *Britz*, in: Dreier, GG, Art. 5 III (Wissenschaftsfreiheit) Rn. 24; *Starck/Paulus*, in: v. Mangoldt/Klein/Starck, GG, Art. 5 Rn. 477 u. 488; *Gärditz*, in: Maunz/Dürig, GG, Art. 5 III [Stand: 8/2019] Rn. 102.

55 *Britz*, in: Dreier, GG, Art. 5 III (Wissenschaftsfreiheit) Rn. 24; *Starck/Paulus*, in: v. Mangoldt/Klein/Starck, GG, Art. 5 Rn. 488.

56 *Britz*, in: Dreier, GG, Art. 5 III (Wissenschaftsfreiheit) Rn. 29; *Starck/Paulus*, in: v. Mangoldt/Klein/Starck, GG, Art. 5 Rn. 480.

57 Vgl. zur Lehrfreiheit in Art. 5 III 1 Alt. 2 GG auch *Kaufhold*, Die Lehrfreiheit – ein verlorenes Grundrecht?.

Maßgeblich für die Bedeutung der Lehre ist wie beim Forschungsbegriff die Wissenschaftlichkeit, die voraussetzt, dass den Studierenden vermittelt wird, die Rationalitätsstandards ihres Faches zu beherrschen und sich wissenschaftlich-kritisch mit Positionen auseinanderzusetzen.[58] Zwischen der wissenschaftlichen Lehre und der wissenschaftlichen Forschung der oder des Lehrenden muss überdies ein Zusammenhang bestehen, wenngleich auch die Mitteilung der Ergebnisse anderer Forscherinnen und Forscher von der wissenschaftlichen Lehre erfasst ist.[59] In der Lehre über die eigenen Forschungsergebnisse liegt zugleich eine Anregung zur weiteren Forschung, sodass auch hier ein Zusammenhang zwischen Forschung und Lehre besteht. Diese Zusammenhänge bilden die Grundlage des Prinzips der Einheit von Forschung und Lehre.[60] Das Vorliegen von wissenschaftlicher Lehre ist ebenso wie bei der wissenschaftlichen Forschung nicht an die Institution der Universität gebunden, sondern findet auch außerhalb statt.[61] Unterricht in allgemeinbildenden Schulen ist hingegen keine wissenschaftliche Lehre i.S.d. Art. 5 III 1 Alt. 2 GG und Art. 91b I 1 GG, selbst wenn sie im Zusammenhang mit eigener wissenschaftlicher Forschung der Schullehrerinnen und Schullehrer steht.[62]

2. Wissenschaftsfinanzierung

Der Terminus Wissenschaftsfinanzierung nimmt Bezug auf den Rechtsbegriff der Wissenschaft und umfasst dementsprechend zunächst die Finanzierung der wissenschaftlichen Forschung, die sowohl an den Hochschulen, den Ressortforschungseinrichtungen des Bundes und der Länder als auch an den anderen außeruniversitären Wissenschaftseinrichtungen betrieben wird. Darüber hinaus ist auch die Finanzierung der wissenschaftlichen Lehre an den Hochschulen vom Begriff der Wissenschaftsfinanzierung erfasst.

---

58 *Gärditz*, in: Maunz/Dürig, GG, Art. 5 III [Stand: 10/2019] Rn. 115.

59 *Britz*, in: Dreier, GG, Art. 5 III (Wissenschaftsfreiheit) Rn. 29; *Starck/Paulus*, in: v. Mangoldt/Klein/Starck, GG, Art. 5 Rn. 480.

60 *Starck/Paulus*, in: v. Mangoldt/Klein/Starck, GG, Art. 5 Rn. 490.

61 *Thieme*, Deutsches Hochschulrecht, Rn. 119; *Britz*, in: Dreier, GG, Art. 5 III (Wissenschaftsfreiheit) Rn. 30; *Starck/Paulus*, in: v. Mangoldt/Klein/Starck, GG, Art. 5 Rn. 480 f. u. 490; *Gärditz*, in: Maunz/Dürig, GG, Art. 5 III [Stand: 10/2019] Rn. 116.

62 *Britz*, in: Dreier, GG, Art. 5 III (Wissenschaftsfreiheit) Rn. 30; *Starck/Paulus*, in: v. Mangoldt/Klein/Starck, GG, Art. 5 Rn. 482; *Gärditz*, in: Maunz/Dürig, GG, Art. 5 III [Stand: 10/2019] Rn. 115.

Ebenfalls vom Terminus der Wissenschaftsfinanzierung umfasst ist der nachfolgend ebenfalls häufig verwendete Begriff der Hochschulfinanzierung, der sich im Folgenden ausschließlich auf die Finanzierung der Hochschulen in öffentlicher Trägerschaft bezieht. Die Finanzierung von Hochschulen in privater[63] und kirchlicher Trägerschaft unterscheidet sich in ihrer Struktur erheblich von der Finanzierung der Hochschulen in öffentlicher Trägerschaft und bleibt daher bei der Verwendung des Begriffes in dieser Arbeit außer Betracht. Zwar erhalten die privaten und kirchlichen Hochschulen auch staatliche Zuschüsse, sie finanzieren sich jedoch weit überwiegend selbst aus den Beiträgen ihrer Studierenden, Drittmitteln und Zuwendungen ihrer Träger. Die Hochschulfinanzierung umfasst sowohl die Finanzierung der wissenschaftlichen Forschung als auch der wissenschaftlichen Lehre an den Hochschulen. Die Länder, welche bis auf wenige Ausnahmen[64] die Träger der öffentlichen Hochschulen sind, stellen mangels ausdrücklicher Kompetenz des Bundes gem. Art. 30, 104a I GG die Grundfinanzierung ihrer Hochschulen sicher.[65] Diese umfasst die „laufenden Ausgaben (Grundmittel)"[66], welche an den öffentlichen Hochschulen im Jahr 2016 insgesamt 16,4 Mrd. Euro[67] betrugen und mit 71,1 %[68] den größten Anteil der gesamten Finanzmittel der Hochschulen bildeten. Über diese Grundfinanzierung hinaus erhalten die Hochschulen zudem weitere öffentliche Finanzmittel in Form von Drittmitteln, die sie im Rahmen von Sonderprogrammen erhalten

63 S. ausführlich zum Privathochschulwesen *Heidtmann*, Grundlagen der Privathochschulfreiheit; *Steinkemper*, Die verfassungsrechtliche Stellung der Privathochschule und ihre staatliche Förderung.

64 Dazu zählen insbesondere die zwei Universitäten der Bundeswehr, die Universität der Bundeswehr München und die Helmut-Schmidt-Universität – Universität der Bundeswehr Hamburg, welche in der Trägerschaft des Bundes stehen. Hochschulen, die nicht in der Trägerschaft der Länder stehen, bleiben in der weiteren Untersuchung außer Betracht.

65 S. dazu auch unten B. I.

66 Laufende Ausgaben (Grundmittel) sind der Teil der Hochschulausgaben, den der Hochschulträger aus eigenen Mitteln den Hochschulen für laufende Zwecke zur Verfügung stellt, vgl. *Statistisches Bundesamt*, Monetäre hochschulstatistische Kennzahlen 2016, S. 7.

67 Die medizinischen Einrichtungen bzw. Gesundheitswissenschaften an den Universitäten sowie die Verwaltungsfachhochschulen bleiben hier außer Betracht. *Statistisches Bundesamt*, Monetäre hochschulstatistische Kennzahlen 2016, S. 18.

68 Die medizinischen Einrichtungen bzw. Gesundheitswissenschaften an den Universitäten sowie die Verwaltungsfachhochschulen bleiben hier außer Betracht. *Statistisches Bundesamt*, Monetäre hochschulstatistische Kennzahlen 2016, S. 175.

(sog. Programmmittel). Neben der Finanzierung durch die öffentliche Hand hinaus verfügen die Hochschulen im Übrigen über Drittmittel aus dem privaten Bereich, der Europäischen Union und dem Ausland sowie Entgelte und Erträge des hochschuleigenen Vermögens. Die Finanzierung der öffentlichen Hochschulen durch diese öffentlichen und privaten Drittmittel sowie durch Entgelte und Erträge des hochschuleigenen Vermögens fällt ebenfalls unter den Begriff der Hochschulfinanzierung, zählt jedoch nicht mehr zu deren Grundfinanzierung.

IV. Ausgangspunkt und Gang der Untersuchung

1. Ausgangspunkt der Untersuchung

Ausgangspunkt der Untersuchung ist die Reform der Gemeinschaftsaufgaben von Bund und Ländern im Wissenschaftsbereich durch das Gesetz zur Änderung des Grundgesetzes (Artikel 91b) vom 23. Dezember 2014, welche von einer Neuregelung des Bundesausbildungsförderungsgesetzes (BAföG)[69] flankiert wurde. Der Reform vorausgegangen war massive Kritik an den Änderungen der Kooperationsmöglichkeiten von Bund und Ländern im Wissenschaftsbereich durch die Föderalismusreform I im Jahr 2006. Übergeordnetes Ziel der ersten Etappe der Föderalismusreform war der Abbau der zahlreichen Verflechtungen zwischen den Kompetenzen von Bund und Ländern. Im Zuge der Umgestaltung der bundesstaatlichen Kompetenzordnung gerieten insbesondere die Gemeinschaftsaufgaben als Hort der Mischfinanzierung und „Politikverflechtung"[70] auf den Prüfstand. Die obligatorische Gemeinschaftsaufgabe des Hochschulbaus entfiel und wurde zur fakultativen Mitwirkung umgestaltet. Darüber hinaus wurde die gemeinsame Bildungsplanung von Bund und Ländern abgeschafft. Die gemeinsame Forschungsförderung in Art. 91b GG unterlag umfassender Differenzierung und Präzisierung. An den Hochschulen war die gemeinsame Forschungsförderung anders als in der außeruniversitären Forschung nur noch thematisch und zeitlich begrenzt möglich. Parallel wurden die Bundesfinanzhilfen in Art. 104a IV GG (i.d.F. v. 1969) gestrichen und in den neuen Art. 104b GG (i.d.F. v. 2006) überführt. Dabei wurden die Möglichkeiten zur Gewährung von Finanzhilfen zugleich auf die Bereiche beschränkt, in denen der Bund auch über

69 Fünfundzwanzigstes Gesetz zur Änderung des Bundesausbildungsförderungsgesetzes (25. BAföGÄndG) v. 23.12.2014, BGBl. 2014 I S. 2475.

70 „Politikverflechtung" ist ein von *Fritz W. Scharpf* geprägter politikwissenschaftlicher Begriff zur Beschreibung politischer Mehrebenensysteme; vgl. grundlegend dazu *Scharpf*, Optionen des Föderalismus in Deutschland und Europa.

Gesetzgebungskompetenzen verfügt. Da der Bund nach der Föderalismusreform I jedoch kaum mehr über Gesetzgebungskompetenzen im Bildungsbereich verfügte,[71] kam dies einem Ende der Kooperation im Bildungsbereich gleich.[72]

Sowohl die Einengung der Gemeinschaftsaufgaben auf die „Vorhaben"förderung an den Hochschulen als auch die Beschränkung der Bundesfinanzhilfen im neuen Art. 104b GG wurde in der öffentlichen Diskussion als „Kooperationsverbot" im Hochschul- bzw. Bildungsbereich bezeichnet. Dieses „Kooperationsverbot" wurde im Vorfeld der Verfassungsänderung von Art. 91b GG im Jahr 2014 vielfach stark kritisiert. Die Einführung des „Kooperationsverbotes" wurde mitunter als „dümmste politische Weichenstellung [...] der letzten Zeit"[73] bewertet. Im Bemühen der „Verflechtungsfalle"[74] durch die Föderalismusreform I zu entkommen, sei der Gesetzgeber in die „Entflechtungsfalle"[75] getappt.[76] Die Bezeichnung „Kooperationsverbot" in Bezug auf Art. 104b I GG (i.d.F. v. 2006) erweist sich dabei jedoch streng genommen als inkorrekt. Nach Art. 104b I GG (i.d.F. v. 2006) konnte der Bund, soweit ihm Gesetzgebungsbefugnisse zustanden, den Ländern Finanzhilfen für besonders bedeutsame Investitionen gewähren, welche „zur Abwehr einer Störung des gesamtwirtschaftlichen Gleichgewichts oder zum Ausgleich unterschiedlicher Wirtschaftskraft im Bundesgebiet oder zur Förderung des wirtschaftlichen Wachstums erforderlich" waren. Die Regelung des Art. 104b I GG (i.d.F. v. 2006) bildet somit gerade eine Ausnahme des grundsätzlich nach Art. 104a I GG bestehenden „Kooperationsverbotes". Es handelt sich bei Art. 104b I GG (i.d.F. v. 2006) daher eher um eine „Kooperations*erlaubnis*".[77] Inkriminiert wurde eigentlich „nur" die durch die Föderalismusreform I erfolgte Verengung der Ausnahme des Art. 104b I GG (i.d.F. v. 2006) gegenüber der vorherigen Fassung in Art. 104a IV GG (i.d.F. v. 1969).[78]

---

71 Im Wissenschaftsbereich verfügte der Bund jedoch insbesondere noch über die konkurrierenden Gesetzgebungskompetenzen für die Regelung der Ausbildungsbeihilfen und der Forschungsförderung in Art. 72, 74 I Nr. 13 GG sowie der Hochschulzulassung und Hochschulabschlüsse in Art. 71, 74 I Nr. 33 GG; vgl. hierzu auch genauer unten B. II. 3.

72 *Seckelmann*, DÖV 2012, 701 (702), *dies.*, NVwZ 2015, 248 (248 f.).

73 *Speiser*, DÖV 2014, 555 (555).

74 *Scharpf*, PVS 26 (1985), S. 323 ff.

75 *A. Benz*, in: *EZFF*, Jahrbuch des Föderalismus 2008, Bd. 8, S. 180 ff.

76 *Seckelmann*, NVwZ 2015, 248 (249).

77 *Seckelmann*, in: dies./Lange/Horstmann, Die Gemeinschaftsaufgaben von Bund und Ländern in der Wissenschafts- und Bildungspolitik, S. 77; *dies.*, DÖV 2012, 701 (701); *Risse/Hoppe*, in: EZFF, Jahrbuch des Föderalismus 2017, S. 44.

78 *Seckelmann*, DÖV 2012, 701 (701).

Durch die Verfassungsänderung von Art. 91b GG im Jahr 2014 wurden die Kooperationsmöglichkeiten von Bund und Ländern im Wissenschaftsbereich nunmehr erheblich erweitert, sodass der Bund die Hochschulen dauerhaft institutionell fördern kann. Die Reform wurde daher vielfach als Aufhebung oder jedenfalls Lockerung des „Kooperationsverbotes" im Hochschulbereich bezeichnet.[79] Im Zuge der Neufassung von Art. 91b GG übernahm der Bund im Übrigen durch das 25. BAföG-Änderungsgesetz vom 19. Dezember 2014 nahezu gleichzeitig die vollständige Finanzierungszuständigkeit für Geldleistungen nach dem BAföG ab dem 1. Januar 2015, um die Landeshaushalte zu entlasten.[80] Die Bundesfinanzhilfen in Art. 104b GG sind hingegen grundsätzlich weiterhin auf die Gebiete beschränkt, in denen der Bund auch über Gesetzgebungskompetenzen verfügt.

2. Gang der Untersuchung

Angesichts der Residualkompetenz der Länder im Wissenschaftsbereich ist in Abschnitt B. zu untersuchen, welche Gesetzgebungs-, Verwaltungs- und Finanzierungskompetenzen dem Bund für seine Einflussnahme und (Mit-)Finanzierungstätigkeiten in diesem Gebiet zur Verfügung stehen. Hierbei erfolgt zunächst eine kurze Darstellung der Grundlagen föderaler Zuständigkeitsverteilung im deutschen Bundesstaat nach Art. 30, 70 I, 83, 92, 104a I GG. Sodann werden die Gesetzgebungskompetenzen des Bundes im Wissenschaftsbereich erläutert, welche untrennbar mit der Wissenschaftsfinanzierung verbunden sind. Hierbei werden insbesondere die konkurrierenden Gesetzgebungskompetenzen des Bundes für die Ausbildungsbeihilfen und die Forschungsförderung in Art. 72, 74 I Nr. 13 GG sowie für die Hochschulzulassung und Hochschulabschlüsse in Art. 72, 74 I Nr. 33 GG einschließlich ihrer Entstehungsgeschichte dargestellt. Es schließt sich eine Ausführung der Verwaltungskompetenzen des Bundes im Wissenschaftsbereich an, in deren Verlauf die gesetzesakzessorische sowie die sog. gesetzesfreie Verwaltung analysiert werden. Im Anschluss erfolgt die Untersuchung der Finanzierungskompetenzen des Bundes im Wissenschaftsbereich, die mit einer Darstellung der bundesstaatlichen Verteilung

---

79 Vgl. *Schmoll*, „Im Belieben der Länder", Frankfurter Allgemeine Zeitung v. 25.5.2014; *Funk*, „Bundesrat und Bildungspolitik: Bundesministerin Johanna Wanka kann nun Hochschulpolitik stärker bestimmen", Tagesspiegel v. 19.12.2014; *Himmelrath*, „Grundgesetzänderung und Bafög-Reform: Der Bund zahlt, Studenten gehen vorerst leer aus", SPIEGEL ONLINE v. 19.12.2014.

80 Vgl. § 56 I 1 BAföG n.F.; s. dazu auch unten B. IV. 5. b).

der Ausgabenverantwortung nach Art. 104a I GG beginnt. Ferner werden nach einer kurzen Erläuterung des Begriffs der Gemeinschaftsaufgaben deren Geschichte und Entwicklung bis zum Jahr 2015 aufgezeigt. Den ersten Schwerpunkt der Untersuchung bildet sodann die kritische Würdigung der im Jahr 2014 reformierten Gemeinschaftsaufgabe von Art. 91b GG, die mit Wirkung zum 1. Januar 2015 in Kraft trat. Im Anschluss wird auf die grundsätzliche Problematik der bundesstaatlichen Verflechtung im Rahmen der Gemeinschaftsaufgaben im Wissenschaftsbereich eingegangen. Im weiteren Verlauf werden die besonderen Finanzierungskompetenzen des Bundes für Geldleistungsgesetze nach Art. 104a III GG im Hinblick auf das Bundesausbildungsförderungsgesetz (BAföG)[81] erläutert. Nachfolgend werden die Finanzhilfen des Bundes sowie deren Geschichte und Entwicklung beschrieben, bevor schließlich die ungeschriebenen Finanzierungskompetenzen des Bundes im Wissenschaftsbereich untersucht werden.

Abschnitt C. widmet sich der kooperativen Wissenschaftsförderung in der Staatspraxis und stellt zunächst mit dem Wissenschaftsrat (WR) und der Gemeinsamen Wissenschaftskonferenz (GWK) die wichtigsten Bund-Länder-Kooperationsgremien im Wissenschaftsbereich vor. Einen weiteren Schwerpunkt dieser Arbeit bildet die verfassungsrechtliche Untersuchung der gemeinsamen Förderung von Hochschulen sowie von außeruniversitären Wissenschaftseinrichtungen durch Bund und Länder.

Abschnitt D. gibt einen Überblick über den Status quo der derzeitigen verfassungsrechtlichen Reformoptionen des Bundes und der Länder hinsichtlich der öffentlichen Wissenschaftsfinanzierung. Anschließend werden verfassungsrechtliche Reformperspektiven der bundesstaatlichen Wissenschaftsfinanzierung *de constitutione ferenda* unter Berücksichtigung der bisher gewonnenen Erkenntnisse aufgezeigt.

Die Untersuchung endet mit einem Fazit und Ausblick in Abschnitt E.

---

81 Bundesgesetz über die individuelle Förderung der Ausbildung (Bundesausbildungsförderungsgesetz – BAföG) v. 26.8.1971, BGBl. 1971 I S. 1409.

B. Gesetzgebungs-, Verwaltungs- und Finanzierungskompetenzen im Wissenschaftsbereich

Nachfolgend ist die bundesstaatliche Verteilung der Gesetzgebungs-, Verwaltungs- und Finanzierungskompetenzen im Wissenschaftsbereich darzustellen. Hierbei erfolgt zunächst eine kurze Ausführung der Grundlagen föderaler Zuständigkeitsverteilung, die an die Staatsfunktionen anknüpft und den Ländern nach Art. 30, 70 I, 83, 92 u. 104a I GG die primäre Zuständigkeit hinsichtlich der Gesetzgebung, Verwaltung und Finanzierung im Wissenschaftsbereich zuteilt.

Angesichts dieser „Bildungshoheit" der Länder gilt es im Anschluss zu prüfen, über welche Gesetzgebungs-, Verwaltungs- und Finanzierungskompetenzen der Bund dennoch für seine umfangreichen Fördertätigkeiten im Wissenschaftsbereich verfügt. Im Rahmen der Finanzierungskompetenzen des Bundes ist dabei im Besonderen auf die Möglichkeiten und Grenzen der 2014 reformierten Gemeinschaftsaufgabe Forschungsförderung in Art. 91b GG einzugehen.

I. Grundlagen föderaler Zuständigkeitsverteilung

Die duale Staatlichkeit von Bund und Ländern erfordert eine Eingrenzung, Aufgliederung und Zuordnung von Zuständigkeiten, Aufgaben und Befugnissen hinsichtlich der Staatsgewalt, die im Deutschen Bundesstaat von zwei Ebenen – Bund und Ländern – nebeneinander ausgeübt wird.[82] Die deutsche Verfassung knüpft die bundesstaatliche Zuständigkeitsverteilung traditionell an die Staatsfunktionen an und verteilt die Staatsgewalt in diesem Rahmen auf beide föderalen Ebenen.[83] Sowohl der Bund als auch die Länder müssen bei dieser Verteilung in allen drei staatlichen Funktionsbereichen – Exekutive, Legislative und Judikative – Kompetenzen mit substantiellem Gewicht erhalten.[84] Dies ist in der Grundsatznorm des Art. 30 GG sowie im Besonderen in Art. 70 I GG für die Gesetzgebung, in Art. 83 GG für die Ausführung von Bundesgesetzen und in

82 *März*, in: v. Mangoldt/Klein/Starck, GG, Art. 30 Rn. 1.

83 *März*, in: v. Mangoldt/Klein/Starck, GG, Art. 30 Rn. 7.

84 *Sommermann*, in: v. Mangoldt/Klein/Starck, GG, Art. 20 Rn. 33; *März*, in: v. Mangoldt/Klein/Starck, GG, Art. 30 Rn. 9 u. 11 f.

Art. 92 GG für die Rechtsprechung geregelt. Die Grundsatznorm des Art. 30 GG weist dem Bund benannte staatliche Aufgaben und Befugnisse zu und überträgt den Ländern zugleich die verbleibenden, unbenannten Aufgaben. Mit anderen Worten ist Art. 30 GG eine Residualkompetenznorm zugunsten der Länder. Die Kompetenzen sind im deutschen Bundesstaat somit jederzeit eindeutig, vollständig und zugleich entwicklungsoffen einem Hoheitsträger zugeordnet.[85] Die Länder sind gem. Art. 30 GG also grundsätzlich auch für alle staatlichen Aufgaben und Befugnisse im Wissenschaftsbereich zuständig, soweit das Grundgesetz keine andere Regelung trifft oder zulässt.

Die Verteilung der Finanzierungskompetenzen zwischen Bund und Ländern richtet sich nach der finanzverfassungsrechtlichen Grundsatznorm in Art. 104a I GG. Nach dieser Lastenverteilungsregel tragen Bund und Länder grundsätzlich getrennt die Ausgaben, die sich aus der Wahrnehmung ihrer Aufgaben ergeben. Es gilt somit der Grundsatz der Konnexität von Aufgaben- und Ausgabenwahrnehmung. Eine Finanzierungsbefugnis im Wissenschaftsbereich hat der Bund folglich nur so weit, wie eine Bundesaufgabe begründet ist. Eine Bundesaufgabe ist wiederum nur begründet, sofern der Bund eine Verwaltungskompetenz innehat.[86] Dieser grundsätzliche Ausschluss des Bundes aus der Wissenschaftsfinanzierung kontrastiert jedoch mit den extrem hohen Finanzbedarfen auf diesem Politikfeld und so erstaunt es kaum, dass der Konnexitätsgrundsatz von Art. 104a I GG in einigen verfassungsrechtlich bestimmten Fällen durchbrochen wird.[87] In diesem Kontext verleiht die Finanzverfassung dem Bund zusätzlich spezielle Finanzierungsbefugnisse.[88]

II. Gesetzgebungskompetenzen des Bundes

Die Gesetzgebung ist im demokratischen Bundesstaat das wichtigste Gestaltungsinstrument. Es verwundert daher kaum, dass die bundesstaatliche Verteilung und Ausgestaltung der Gesetzgebungskompetenzen im Bildungs- und Hochschulbereich seit dem Erlass des Grundgesetzes 1949 immer wieder

---

85 *März*, in: v. Mangoldt/Klein/Starck, GG, Art. 30 Rn. 14 u. 21.

86 Es besteht weitgehend Einigkeit darüber, dass die Verwaltungskompetenzen den Bezugspunkt für die Ausgabenlast nach Art. 104a I GG bilden, s. zu den Argumenten auch unten B. IV. 1. b). Zu den Verwaltungskompetenzen des Bundes im Wissenschaftsbereich vgl. B. III.

87 *Haug*, OdW 2016, 85 (85).

88 S. zu den speziellen Finanzierungskompetenzen des Bundes im Wissenschaftsbereich auch unten B. IV. 2.-7.

Gegenstand von Diskussionen und Reformen war. Die Regelungszuständigkeit obliegt im Wissenschaftsbereich nach Art. 30, 70 I GG grundsätzlich den Ländern. Doch auch dem Bund werden auf diesem Gebiet vom Grundgesetz einige eigene Regelungskompetenzen ausdrücklich zugewiesen, deren Entwicklung, Inhalt und Gebrauch im Folgenden zu untersuchen sind.

1. Gesetzgebungskompetenzen vor der Föderalismusreform I

a) Grundgesetz von 1949

Um die Entscheidungen des Grundgesetzgebers über die derzeitige bundesstaatliche Verteilung der Gesetzgebungskompetenzen im Wissenschaftsbereich nachvollziehen zu können, ist zunächst ein kurzer Blick in die deutsche Verfassungsgeschichte erforderlich. Enthielt die Verfassung des Deutschen Reiches von 1871[89] noch keine Gesetzgebungszuständigkeit des Reiches für den Hochschulbereich, sah die Weimarer Verfassung von 1919[90] hingegen Regelungskompetenzen des Reiches für das Hochschulwesen und das wissenschaftliche Büchereiwesen vor. Das Reich machte von diesen Kompetenzen im Hochschulwesen jedoch keinerlei Gebrauch.[91] Daher erschien beim Entwurf des Grundgesetzes von Herrenchiemsee eine Bundeskompetenz nicht naheliegend. Vielmehr wurde davon ausgegangen, dass „diejenigen Dinge, die gemeinsam sind, […] eigentlich […] durch Vereinbarung geregelt“[92] seien und auch zukünftig geregelt werden könnten.[93] Das Grundgesetz in seiner Urfassung schrieb schließlich entsprechend der Maßgabe der westlichen Alliierten die Kulturhoheit der Länder fest.[94] Die Gesetzgebungszuständigkeiten für den Wissenschaftsbereich lagen mithin bereits zu diesem Zeitpunkt gem. Art. 30, 70 I GG bei den Ländern. Ihre Bildungs- und Wissenschaftspolitik koordinierten die Länder in der bereits 1948 gegründeten Kultusministerkonferenz[95]. Der Bund

89 RGBl. 1871 S. 63.

90 RGBl. 1919 S. 1383.

91 *Pestalozza*, in: v. Mangoldt/Klein/Pestalozza, GG, 3. Aufl. 1996, Art. 75 Rn. 200 f.

92 So *Ernst Reuter* in der 4. Sitzung des Parlamentarischen Rates v. 24.9.1948, in: Bundestag und Bundesarchiv, Der Parlamentarische Rat 1948–1949, Akten und Protokolle, Bd. 3: Ausschuss für Zuständigkeitsabgrenzung, 1986, S. 130 (161).

93 *Pestalozza*, in: v. Mangoldt/Klein/Pestalozza, 3. Aufl. 1996, Art. 75 Rn. 202 f.

94 *Pestalozza*, in: v. Mangoldt/Klein/Pestalozza, 3. Aufl. 1996, Art. 75 Rn. 202 ff.

95 Die Kultusministerkonferenz ging aus der am 19./20.2.1948 tagenden „Konferenz der deutschen Erziehungsminister“, an der Vertreterinnen und Vertreter aus allen vier Besatzungszonen teilnahmen, hervor. Nachdem den Kultusministern aus der sowjetischen Besatzungszone die erneute Teilnahme versagt wurde, konstituierten

hatte im Wissenschaftsbereich zunächst nur die Regelungskompetenz nach Art. 74 Nr. 13 GG (i.d.F. v. 1949) für die „Förderung der wissenschaftlichen Forschung", über die er auch heute noch verfügt.[96]

b) *Neuordnung der Gesetzgebungskompetenzen durch die Finanzreform von 1969*

Im Vorfeld der Finanzreform von 1969 war das Bildungs- und Wissenschaftssystem Deutschlands stark in die Kritik geraten. Angesichts der drohenden „Bildungskatastrophe"[97] sowie der „technologischen Lücken"[98] wurde auf eine Reform des deutschen Bildungs- und Wissenschaftssystems gedrängt. Als Hauptursachen für die deutsche Bildungs- und Wissenschaftsmisere wurden die fehlenden Gesetzgebungskompetenzen des Bundes, der Länderegoismus, die zersplitterten Kompetenzen sowie die zu geringe staatliche Förderung ins Feld geführt.[99] Auch die Bundesländer – vertreten durch die Kultusministerkonferenz – vertraten die Auffassung, dass in einem demokratischen Bundesstaat Bildungsplanung nur in einer steten Wechselwirkung zwischen Ländern und dem Bund möglich sei. In diesem Zusammenhang regten sie auch die 1965 erfolgte Einrichtung des Deutschen Bildungsrates[100] unter Beteiligung des Bundes an, dessen Aufgabe darin bestand, die Bedarfs- und Entwicklungspläne für das deutsche Bildungswesen zu entwerfen, Vorschläge für die Struktur des Bildungswesens zu machen und den Finanzbedarf zu berechnen sowie Empfehlungen für eine langfristige Planung auf den verschiedenen Stufen des Bildungswesens auszusprechen.[101]

---

die Ministerinnen und Minister der drei westlichen Besatzungszonen sich als „Ständige Konferenz der Kultusminister der Länder in der Bundesrepublik Deutschland". Nach der Wiedervereinigung Deutschlands und der Wiedererrichtung der Länder im Gebiet der ehemaligen DDR traten die neuen Bundesländer am 6.12.1990 der Kultusministerkonferenz bei, *Sekretariat der Kultusministerkonferenz*, Einheit in der Vielfalt. 50 Jahre Kultusministerkonferenz 1948–1998, S. 177 ff.

96 S. dazu auch unten B. II. 3. a) bb).

97 *Picht*, Die deutsche Bildungskatastrophe, S. 83 ff.; *Dahrendorf*, Bildung ist Bürgerrecht, S. 9 ff.

98 *Mutert*, Großforschung zwischen staatlicher Politik und Anwendungsinteresse der Industrie, S. 32.

99 *Krieger*, Vierteljahreshefte für Zeitgeschichte 35 (1987), Heft 2, S. 247 (255 f. u. 262).

100 „Abkommen über die Errichtung eines Deutschen Bildungsrates" v. 15.7.1965, Anhang A 11 zu BT-Drs. 5/2166, S. 175 f.

101 *Sekretariat der Kultusministerkonferenz*, Einheit in der Vielfalt: 50 Jahre Kultusministerkonferenz 1948–1998, S. 177 ff. Im Jahr 1975 wurde der Deutsche Bildungsrat

Am 7. Dezember 1961 stellte die SPD-Fraktion einen Antrag zur „Einsetzung einer Expertenkommission zur Vorbereitung der Finanzreform".[102] Daraufhin wurde am 20. März 1964 eine Sachverständigenkommission (die sog. Troeger-Kommission[103]) von der Bundesregierung und den Ministerpräsidenten mit der Aufgabe eingesetzt, ein Gutachten zur Vorbereitung einer Finanzreform zu erstellen. Am 10. Februar 1966 legte die Kommission schließlich ihr „Gutachten über die Finanzreform in der Bundesrepublik Deutschland" vor.[104]

Der Regierungsantritt der Großen Koalition von CDU, CSU und SPD am 1. Dezember 1966 ebnete schließlich endgültig den Weg für die umfassende Verfassungsreform, welche 1969 erfolgte. Neben vielen finanzverfassungsrechtlichen Regelungen wurden auch die Gesetzgebungskompetenzen im Wissenschaftsbereich grundlegend verändert. Als Grundlage für die Reform diente hierbei vor allem das oben genannte „Troeger-Gutachten" von 1966.

aa) Einführung der Rahmengesetzgebung für das Hochschulwesen in Art. 75 I 1 Nr. 1a GG (i.d.F. v. 1969)

Im Fokus der Verfassungsreform von 1969 stand die Neuordnung der Finanzverfassung. Darüber hinaus kam es zu umfassenden Änderungen der Gesetzgebungskompetenzen, in deren Zuge auch die Rahmengesetzgebungskompetenz des Bundes für das Hochschulwesen in Art. 75 I Nr. 1a GG (i.d.F. v. 1969)[105] eingeführt wurde.[106] Durch die Einführung der Rahmengesetzgebung des Bundes

---

jedoch nach viel Uneinigkeit und Kritik bereits wieder aufgelöst. S. zum Deutschen Bildungsrat auch unten C. II. 2. a).

102 BT-Drs. 4/68.

103 Benannt nach ihrem Vorsitzenden, dem damaligen Vizepräsidenten der Deutschen Bundesbank Heinrich Troeger.

104 *Kommission für die Finanzreform*, Gutachten über die Finanzreform in der Bundesrepublik Deutschland („Troeger-Gutachten").

105 Zweiundzwanzigstes Gesetz zur Änderung des Grundgesetzes v. 12.5.1969, BGBl. 1969 I S. 363.

106 Den Anstoß zur Entwicklung von Art. 75 I 1 Nr. 1a GG (i.d.F. v. 1969) gab der Antrag der FDP-Fraktion v. 15.11.1967, der vorsah Art. 74 I Nr. 13 GG um „die Forschungsorganisation und das Hochschulwesen" zu erweitern (BT-Drs. 5/2280). Der Rechtsausschuss des Bundestages schlug hingegen in Übereinstimmung mit dem Wissenschaftsausschuss vor, das Hochschulwesen neben der Bildungsplanung in eine neue Nr. 1a des Art. 75 I GG einzufügen (BT-Drs. 5/3605, S. 5). Auf der Grundlage dieser Vorschläge beschloss der Bundestag sodann am 11.12.1968 das Zwanzigste Gesetz zur Änderung des Grundgesetzes (BT-Prot. 5/204 S. 11025 ff.). Der Bundesrat verlangte daraufhin allerdings die Einberufung des Vermittlungsausschusses

für das Hochschulwesen änderten sich die Zuständigkeiten im Hochschulbereich erheblich. Hatten zuvor die Länder noch die alleinige Regelungskompetenz für das Hochschulrecht, konnte der Bund nun nach Art. 75 I Nr. 1a GG (i.d.F. v. 1969) materielle Regelungen des Hochschulrechts in Form eines Rahmengesetzes treffen.[107] Dabei waren Hochschulen aller Art vom Hochschulbegriff des Art. 75 I Nr. 1a GG (i.d.F. v. 1969) umfasst.[108]

Die Rahmengesetzgebung des Bundes stand insgesamt eigenständig als dritte Art der Gesetzgebung neben der ausschließlichen und der konkurrierenden Gesetzgebung des Bundes.[109] Der Bund war zum Erlass von Rahmengesetzen jedoch nicht verpflichtet. Überdies bestand keine Pflicht des Bundes zur Ausschöpfung der Rahmengesetzgebungskompetenz.[110]

Dem Bund stand nach Art. 75 GG die Möglichkeit zu, zwei verschiedene Typen von Rahmengesetzen zu erlassen. Zum einen konnte der Bund Richtlinien für Landesgesetze ohne unmittelbare Bindung des Bürgers erlassen. Zum anderen war dem Bund der Erlass unmittelbar geltender Rechtssätze für Einzelfragen möglich.[111] Maßgeblich für die Rahmengesetzgebung war in jedem Fall, dass der Bund Rahmenvorschriften erlässt, welche den jeweiligen Gegenstand nach Art. 75 I GG (i.d.F. v. 1969) nicht erschöpfend regeln, sondern darauf angelegt sind, durch Landesgesetze ausgefüllt zu werden.[112] Dabei mussten den Ländern wiederum Regelbereiche von substantiellem Gewicht zustehen.[113] Wichen die landesrechtlichen Regelungen vom Rahmen des Bundes ab oder überschritten diesen, waren diese nach Art. 31 GG ungültig.[114]

Im Hinblick auf das Primat der Länderzuständigkeit in Art. 30, 70 I GG verbot die Systematik des Grundgesetzes generell eine extensive Interpretation der Rahmengesetzgebungskompetenzen zugunsten des Bundes.[115] Zudem war

---

(BR-Prot. 334/69; BT-Drs. 5/3826), der schließlich die später auch in Kraft getretene Fassung der Nr. 1a des Art. 75 I GG vorschlug (BT-Drs. 5/3896, S. 13).

107 *Maunz*, in: Maunz/Dürig, GG, Art. 75 [Stand: 5/1986] Rn. 65.

108 *Kuhn*, DVBl. 1969, 727 (728 f.); *Kunig*, in: v. Münch/Kunig, GG, 5. Aufl. 2003, Art. 75 Rn. 18.

109 *Maunz*, in: Maunz/Dürig, GG, Art. 75 [Stand: 5/1986] Rn. 3.

110 *Maunz*, in: Maunz/Dürig, GG, Art. 75 [Stand: 5/1986] Rn. 11 f.

111 *Maunz*, in: Maunz/Dürig, GG, Art. 75 [Stand: 5/1986] Rn. 25 f.

112 BVerfGE 4, 115 (127 ff.); 7, 29 (41); 7, 155 (161); 8, 186 (193); 25, 142 (152); 36, 193 (202); 38, 1 (10); 51, 43 (54); 66, 270 (285).

113 BVerfGE 4, 115 (129); 8, 186 (194); 38, 1 (10); 51, 43 (54).

114 *Maunz*, in: Maunz/Dürig, GG, Art. 75 [Stand: 5/1986] Rn. 15; vgl. auch BVerfGE 51, 77 (90).

115 BVerfGE 26, 246 (254); 61, 149 (174).

der Bund bei der Rahmengesetzgebung zur Einhaltung strenger Grenzen verpflichtet, die je nach Materie des Art. 75 I GG (i.d.F. v. 1969) unterschiedlich zu beurteilen waren.[116] Dies galt im Besonderen bei der Rahmengesetzgebung für das Hochschulwesen nach Art. 75 I Nr. 1a GG (i.d.F. v. 1969), bei dem besondere Zurückhaltung geboten war. Der Bund hatte bei seiner Rahmengesetzgebung Grenzen in vierfacher Hinsicht einzuhalten. Zum einen durfte das Rahmengesetz nach wie vor nur einen „Rahmen" bilden, welcher wiederum nur erlassen werden durfte, sofern ein „Bedürfnis" i.S.v. Art. 72 GG bestand. Zum anderen durfte das Rahmengesetz nur „Grundsätze" des Hochschulwesens regeln, welche wiederum nur „allgemeiner" Natur sein durften.[117] Für eine Vollregelung durch den Bundesrahmengesetzgeber war überdies ein „besonders starkes und legitimes Interesse" erforderlich.[118] Durch die Reform des Art. 75 GG im Jahr 1994[119] wurde die Rahmengesetzgebungskompetenz des Bundes sodann weiter eingeschränkt. Nach dem neu eingefügten Art. 75 II GG (i.d.F. v. 1994) durften Rahmenvorschriften des Bundes nur noch in Ausnahmefällen in Einzelheiten gehende oder unmittelbar geltende Regelungen enthalten.

bb) Hochschulrahmengesetz

Von seiner Rahmengesetzgebungskompetenz in Art. 75 Nr. 1a GG (i.d.F. v. 1971)[120] machte der Bundesgesetzgeber schließlich am 26. Januar 1976 durch den Erlass des Hochschulrahmengesetzes (HRG)[121] Gebrauch, welches von *Thieme* als „Grundgesetz" des Hochschulrechts bezeichnet wurde.[122] Mit dem HRG gab der Bund allgemeine Grundsätze für die Gestaltung der jeweiligen Landeshochschulgesetze vor. Das HRG legte Rahmenbedingungen für die Aufgaben

116 BVerfGE 4, 115 (136).

117 BVerfGE 66, 270 (285); *Maunz*, in: Maunz/Dürig, GG, Art. 75 [Stand: 5/1986] Rn. 75.

118 BVerfGE 43, 291 (343).

119 Gesetz zur Änderung des Grundgesetzes (Artikel 3, 20a, 28, 29, 72, 74, 75, 76, 77, 80, 87, 93, 118a und 125a) v. 27.10.1994, BGBl. 1994 I S. 3146.

120 Art. 75 GG wurde zwischenzeitlich durch das Achtundzwanzigste Gesetz zur Änderung des Grundgesetzes (Artikel 74a GG) v. 18.3.1971 (BGBl. 1971 I S. 206) geändert. Die Absätze 2 und 3 wurden gestrichen und Absatz 1 wurde in einem einzigen Satz neu gefasst. Inhaltliche Änderungen ergaben sich für die Rahmengesetzgebung für das Hochschulwesen dadurch jedoch nicht.

121 Hochschulrahmengesetz (HRG) v. 26.1.1976, BGBl. 1976 I S. 185; neu gefasst durch Bekanntmachung v. 19.1.1999 (BGBl. 1999 I S. 18), das zuletzt durch Artikel 1 des Gesetzes v. 15.11.2019 (BGBl. 2019 I S. 1622) geändert worden ist.

122 *Thieme*, WissR 9 (1976), 193 (221); *ders.*, Deutsches Hochschulrecht, Rn. 42.

der Hochschulen, die Zulassung zum Studium, die Mitglieder der Hochschulen, die Organisation und Verwaltung der Hochschulen sowie die staatliche Anerkennung der Hochschulen fest. Ferner enthielt das HRG Vorgaben zur Anpassung des Landesrechts. Der Anwendungsbereich des HRG umfasst nach § 1 HRG die Universitäten, die pädagogischen Hochschulen, die Kunsthochschulen, die Fachhochschulen und sonstige Einrichtungen des Bildungswesens, die nach Landesrecht staatliche Hochschulen sind, sowie staatlich anerkannte Hochschulen nach § 70 HRG. Zur Ausfüllung des HRG erließen die Länder jeweils eigene Hochschulgesetze.[123] Das HRG wurde seit seinem Inkrafttreten

---

123 Vgl. Baden-Württemberg: Landeshochschulgesetz v. 1.1.2005 (GBl. BW 2005 S. 1), zuletzt geändert durch Gesetz v. 24.6.2020 (GBl. BW 2020 S. 426); Bayern: Bayerisches Hochschulgesetz v. 23.5.2006 (GVBl. BY 2006 S. 245), zuletzt geändert durch Verordnung v. 26.3.2019 (GVBl. BY 2019 S. 98); Berlin: Berliner Hochschulgesetz i.d.F. der Bekanntmachung v. 26.7.2011 (GVBl. Berlin 2011 S. 378), zuletzt geändert durch Gesetz v. 17.12.2019 (GVBl. Berlin 2019 S. 795); Brandenburg: Brandenburgisches Hochschulgesetz v. 28.4.2014 (GVBl. BB I 2014 Nr. 18), zuletzt geändert durch Gesetz v. 5.6.2019 (GVBl. BB I 2019 Nr. 20); Bremen: Bremisches Hochschulgesetz i.d.F. der Bekanntmachung v. 9.5.2007 (Brem. GBl. 2007 S. 339), zuletzt geändert durch Gesetz v. 14.7.2020 (Brem. GBl. 2020 S. 712); Hamburg: Hamburgisches Hochschulgesetz v. 18.7.2001 (HmbGVBl. 2001 S. 171), zuletzt geändert durch Gesetz v. 26.6.2020 (HmbGVBl. 2020 S. 380); Hessen: Hessisches Hochschulgesetz v. 14.12.2009 (GVBl. Hessen I 2009 S. 666), zuletzt geändert durch Gesetz v. 18.12.2017 (GVBl. Hessen 2017 S. 482); Mecklenburg-Vorpommern: Landeshochschulgesetz i.d.F. der Bekanntmachung v. 25.1.2011 (GVOBl. M-V 2011 S. 18), zuletzt geändert durch Gesetz v. 26.11.2019 (GVOBl. M-V 2019 S. 705); Niedersachsen: Niedersächsisches Hochschulgesetz i.d.F. der Bekanntmachung v. 26.2.2007 (Nds. GVBl. 2007 S. 69), zuletzt geändert durch Gesetz v. 11.9.2019 (Nds. GVBl. 2019 S. 261); Nordrhein-Westfalen: Hochschulgesetz v. 16.9.2014 (GV. NRW 2014 S. 547), zuletzt geändert durch Gesetz v. 14.4.2020 (GV. NRW 2020 S. 218b); Rheinland-Pfalz: Hochschulgesetz i.d.F. der Bekanntmachung v. 19.11.2010 (GVBl. R-P 2010 S. 463), zuletzt geändert durch Gesetz v. 18.6.2019 (GVBl. R-P 2019 S. 101); Saarland: Saarländisches Hochschulgesetz v. 30.11.2016 (Amtsbl. Saarland I 2016 S. 1080), zuletzt geändert durch Gesetz v. 10.4.2019 (Amtsbl. Saarland I 2019 S. 412); Sachsen: Sächsisches Hochschulfreiheitsgesetz i.d.F. der Bekanntmachung v. 15.1.2013 (SächsGVBl. 2013 S. 3), zuletzt geändert durch Gesetz v. 5.4.2019 (SächsGVBl. 2019 S. 245); Sachsen-Anhalt: Hochschulgesetz des Landes Sachsen-Anhalt i.d.F. der Bekanntmachung v. 14.12.2010 (GVBl. LSA 2010 S. 600), zuletzt geändert durch Gesetz v. 2.7.2020 (GVBl. LSA 2020 S. 334); Schleswig-Holstein: Hochschulgesetz i.d.F. der Bekanntmachung v. 5.2.2016 (GVOBl. Schl.-H. 2016 S. 39), zuletzt geändert durch Gesetz v. 8.5.2020 (GVOBl. Schl.-H. 2020 S. 220); Thüringen: Thüringer Hochschulgesetz v. 10.5.2018 (GVBl. Thüringen

überdies mehrfach novelliert. Hervorzuheben sind in diesem Zusammenhang vor allem das Fünfte Änderungsgesetz zum HRG (5. HRGÄndG)[124] und das Sechste Änderungsgesetz zum HRG (6. HRGÄndG)[125] aus dem Jahr 2002, auf die sogleich unter Einbeziehung der dazu ergangenen Rechtsprechung des Bundesverfassungsgerichts weiter eingegangen wird.[126]

cc) Einführung der Gesetzgebungskompetenz zur Regelung der Ausbildungsbeihilfen in Art. 72, 74 I Nr. 13 GG

Der bereits seit 1949 bestehende Kompetenztitel „Förderung der wissenschaftlichen Forschung" in Art. 74 Nr. 13 GG (i.d.F. v. 1949) wurde im Jahr 1969 um die konkurrierende Gesetzgebungszuständigkeit zur „Regelung der Ausbildungsbeihilfen" als erste Alternative erweitert,[127] die auch heute noch unverändert Bestand hat.[128] Der Bund hat 1971 mit dem Erlass des BAföG von seiner Gesetzgebungszuständigkeit in Art. 72, 74 I Nr. 13 Alt. 1 GG auch Gebrauch gemacht.[129]

2. Neuordnung der Gesetzgebungskompetenzen durch die Föderalismusreform I

Die Rahmengesetzgebungskompetenzen des Bundes in Art. 75 GG gerieten seit ihrer Einführung mehr und mehr in die Kritik. So wurde zum einen das zweistufige Verfahren in Form von Rahmengesetzgebung durch den Bund und Rahmenausfüllung durch die Länder als zu zeitraubend empfunden.[130] Zum anderen erwies sich das Rahmengesetzgebungsverfahren insbesondere bei der Umsetzung europäischen Rechts nach Ansicht der Bundesregierung als ineffektiv.[131]

2018 S. 149), zuletzt geändert durch Gesetz v. 18.12.2018 (GVBl. Thüringen 2018 S. 731).

124 Fünftes Gesetz zur Änderung des Hochschulrahmengesetzes und anderer Vorschriften (5. HRGÄndG) v. 16.2.2002, BGBl. 2002 I S. 693.

125 Sechstes Änderungsgesetz zur Änderung des Hochschulrahmengesetzes (6. HRGÄndG) v. 8.8.2002, BGBl. 2002 I S. 3138.

126 S. hierzu unten B. II. 2.

127 Zweiundzwanzigstes Gesetz zur Änderung des Grundgesetzes v. 12.5.1969, BGBl. 1969 I S. 363.

128 S. dazu auch unten B. II. 3. a) aa).

129 S. dazu auch unten B. IV. 5. b).

130 *Haug*, DÖV 2004, 190 (193).

131 *Bundesregierung*, Positionspapier „Modernisierung der bundesstaatlichen Ordnung – Position des Bundes", S. 2; in diesem Sinne schließlich auch der Gesetzentwurf zur

Die Neuregelung der Gesetzgebungskompetenzen im Hochschulbereich wurde aber letztlich durch zwei Urteile des Bundesverfassungsgerichts angestoßen.[132] Mit dem 5. HRGÄndG erließ der Bund im Jahr 2002 detaillierte Vorgaben zur Einführung der Juniorprofessur unter gleichzeitiger faktischer Abschaffung der Habilitation an den Hochschulen. Das Bundesverfassungsgericht entschied mit Urteil vom 27. Juli 2004[133], dass der Bund mit dem Änderungsgesetz seine Rahmengesetzgebungskompetenz im Hochschulbereich überschritten hatte. Die Regelung der Juniorprofessur stellte eine abschließende, alle wesentlichen Elemente erfassende Vollregelung des Sachkomplexes dar, die den Ländern allenfalls Raum für geringfügige Ergänzungen, nicht aber eigene Regelungsmöglichkeiten von substantiellem Gewicht ließ. Überdies fehlte es für die bundeseinheitliche, rahmengesetzliche Einführung der Juniorprofessur an der Erforderlichkeit nach Art. 72 II GG.[134] Das 5. HRGÄndG wurde vom Bundesverfassungsgericht folglich für mit dem Grundgesetz unvereinbar und daher für nichtig erklärt. Ein ähnliches Schicksal ereilte wenig später auch das 6. HRGÄndG des Bundes, welches als wesentliche Neuregelungen die Gebührenfreiheit des Studiums in Art. 1 Nr. 3 sowie die Verpflichtung zur Bildung verfasster Studierendenschaften an den Hochschulen in Art. 1 Nr. 4 vorsah. In diesem Fall entschied das Bundesverfassungsgericht mit Urteil vom 26. Januar 2005[135], dass die Erforderlichkeit für die Rahmengesetzgebung des Bundes i.S.d. Art. 72 II GG fehlte und der Art. 1 Nr. 3 und 4 des 6. HRGÄndG daher mit dem Grundgesetz unvereinbar und nichtig sind.[136]

Die beiden Entscheidungen des Bundesverfassungsgerichts zum 5. HRGÄndG und 6. HRGÄndG bildeten einen entscheidenden Impuls für die Reform des deutschen Föderalismus.[137] Einen weiteren Meilenstein auf dem Weg zur Föderalismusreform I stellte die Einsetzung der „Kommission zur Modernisierung der bundesstaatlichen Ordnung“ (sog. Föderalismuskommission I) durch Bundestag[138] und Bundesrat[139] am 16. und 17. Oktober 2003

Änderung des Grundgesetzes der Regierungsfraktionen der CDU/CSU und SPD (Föderalismusreform I), BT-Drs. 16/813, S. 8.

132 *Seckelmann*, DÖV 2009, 747 (751).

133 BVerfGE 111, 226.

134 BVerfGE 111, 226 (259 ff.).

135 BVerfGE 112, 226.

136 BVerfGE 112, 226 (242).

137 *Seckelmann*, DÖV 2009, 747 (751).

138 BT-Drs. 15/1685.

139 BR-Drs. 750/03.

dar.[140] Hintergrund der Einsetzung waren insbesondere die durch die Kompetenzverteilung bedingten langwierigen Entscheidungsprozesse in der Gesetzgebung.[141] Die Aufgabe der Kommission bestand darin, die Verteilung der Gesetzgebungskompetenzen auf Bund und Länder, die Zuständigkeiten und Mitwirkungsrechte der Länder bei der Gesetzgebung des Bundes sowie die Finanzbeziehungen zwischen Bund und Ländern zu überprüfen. Die Kommission sollte überdies Vorschläge erarbeiten, um die Handlungs- und Entscheidungsfähigkeit von Bund und Ländern durch Umverteilung der Kompetenzen zu optimieren, die politischen Verantwortlichkeiten transparenter zu gestalten sowie die Zweckmäßigkeit und Effizienz der Aufgabenerfüllung zu steigern.[142] Die Bildungspolitik entwickelte sich bei den folgenden Diskussionen zu einem der Hauptstreitpunkte.[143] Am 17. Dezember 2004 beendete die Kommission schließlich ihre Arbeit, da sich ihre Mitglieder nicht auf gemeinsame Vorschläge einigen konnten.[144] Die beiden Vorsitzenden Franz Müntefering und Edmund Stoiber führten ihre Gespräche jedoch weiter fort.

Neuen Schwung erhielten die Reformbestrebungen durch die Verhandlungen zur Bildung einer Großen Koalition von CDU, CSU und SPD im Jahr 2005. In ihrem Koalitionsvertrag vom 11. November 2005 einigten sich die Parteien

---

140 S. ausführlich zur Einsetzung, Zusammensetzung, Arbeitsweise und den Beratungsgegenständen der Föderalismuskommission I *Risse*, in: Merten, Die Zukunft des Föderalismus in Deutschland und Europa, S. 43 ff., der Leiter des Sekretariats der Kommission war; *ders.*, in: Härtel, Handbuch Föderalismus, Bd. II, § 44 Rn. 3 ff.; *Meyer*, Föderalismusreform 2006, S. 22 ff., der der Kommission als Sachverständiger angehörte.

141 So erforderten in der 15. Legislaturperiode (2002 bis 2005) etwa 51 % aller Bundesgesetze die Zustimmung des Bundesrates, *Bundesrat*, Die Arbeit des Bundesrates im Spiegel der Zahlen (Stand: 22.11.2017). S. zur Entwicklung der Zustimmungsbedürftigkeit von Bundesgesetzen nach der Föderalismusreform I 2006 auch *Risse*, ZfP 2007, 707 ff.

142 BT-Drs. 15/1685, S. 1; BR-Drs. 750/03, S. 1.

143 *Häde*, JZ 2006, 930 (931); *Risse*, in: Merten, Die Zukunft des Föderalismus in Deutschland und Europa, S. 47 u. 59 f.; s. zur Erörterung des Bildungswesens in der Föderalismuskommission I auch *Risse*, in: Henneke, Föderalismusreform in Deutschland, S. 116 ff.; *Meyer*, Die Föderalismusreform 2006, S. 34.

144 *Kommission zur Modernisierung der bundesstaatlichen Ordnung*, Vorentwurf für Vorschlag der Vorsitzenden Franz Müntefering, MdB und Edmund Stoiber, Ministerpräsident, AU 0104 (neu) v. 13.12.2004, S. 1; *Risse*, in: Merten, Die Zukunft des Föderalismus in Deutschland und Europa, S. 47 u. 60; *ders.*, in: Härtel, Handbuch Föderalismus, Bd. II, § 44 Rn. 15 u. 51; *Meyer*, Die Föderalismusreform 2006, S. 34 f.

„auf der Grundlage der Vorarbeiten in der Föderalismusreform von Bundestag und Bundesrat“[145] die bundesstaatliche Ordnung zu modernisieren. Die wesentlichen Details des gemeinsamen Vorschlags zur Änderung des Grundgesetzes wurden hierfür bereits in der Anlage 2 des Koalitionsvertrages festgelegt. Der Inhalt der Anlage 2 entsprach dabei einer fast vollständigen Übernahme des unter dem Vorsitz von *Franz Müntefering* und *Edmund Stoiber* in der Föderalismuskommission I erarbeiteten Verhandlungsergebnisses.[146] Die Vorschläge zur Neuregelung der Finanzverfassung wurden hingegen zunächst ausgelassen.

Am 7. März 2006 brachten die Fraktionen der Großen Koalition und die Bundesländer Nordrhein-Westfalen, Bayern, Berlin sowie Bremen ihren Entwurf eines Gesetzes zur Änderung des Grundgesetzes[147] sowie eines Föderalismusreform-Begleitgesetzes[148] in den Bundestag ein, welche am 30. Juni 2006 angenommen wurden. Der Bundesrat erteilte seine Zustimmung zu den Gesetzen am 7. Juli 2006. Die Änderung des Grundgesetzes trat ebenso wie die meisten Artikel des Begleitgesetzes am Tag nach ihrer Verkündung in Kraft.[149] Durch das Gesetz zur Änderung des Grundgesetzes („Föderalismusreform I“)[150] vom 28. August 2006 und das Föderalismusreform-Begleitgesetz[151] vom 5. September 2006 erfolgten erhebliche Umgestaltungen der bundesstaatlichen Kompetenzordnung mit dem übergeordneten Ziel der Entflechtung. Die Reform der Bund-Länder-Finanzbeziehungen wurde hingegen zunächst weitestgehend ausgeklammert und sollte erst später in einer zweiten Etappe erfolgen. Der Bereich der Gesetzgebungskompetenzen unterlag einer umfassenden Neuordnung, welche auch insbesondere die Regelungskompetenzen für den Wissenschaftsbereich betraf.

---

145 „Gemeinsam für Deutschland – mit Mut und Menschlichkeit“, Koalitionsvertrag der 16. Legislaturperiode zwischen CDU, CSU und SPD v. 11.11.2005, S. 93.

146 *Häde*, JZ 2006, 930 (931); *Risse*, in: Härtel, Handbuch Föderalismus, Bd. II, § 44 Rn. 16.

147 BT-Drs. 16/813; BR-Drs. 178/06.

148 BT-Drs. 16/814; BR-Drs. 179/06.

149 Einige Artikel des Begleitgesetzes einschließlich des Artikels 13, welcher das Gesetz zur Entflechtung von Gemeinschaftsaufgaben und Finanzhilfen (Entflechtungsgesetz) zum Inhalt hatte, traten hingegen erst am 1.1.2007 in Kraft.

150 Gesetz zu Änderung des Grundgesetzes (Artikel 22, 23, 33, 52, 72, 73, 74, 74a, 75, 84, 85, 87c, 91a, 91b, 93, 98, 104a, 104b, 105, 107, 109, 125a, 125b, 125c, 143c) v. 28.8.2006, BGBl. 2006 I S. 2034.

151 Föderalismusreform-Begleitgesetz v. 5.9.2006, BGBl. 2006 I S. 2098.

a) Aufhebung der Rahmengesetzgebungskompetenz

Durch die Föderalismusreform I wurde die Rahmengesetzgebungskompetenz des Bundes vollständig aufgehoben. Im Zuge der Neuordnung der Zuständigkeiten im Wissenschaftsbereich erhielt der Bund stattdessen die konkurrierende Gesetzgebungskompetenz für die Hochschulzulassung und die Hochschulabschlüsse in Art. 72, 74 I Nr. 33 GG, wobei den Länder jedoch ein Abweichungsrecht in Art. 72 III 1 Nr. 6 GG zugesprochen wurde. Die konkurrierende Gesetzgebungskompetenz des Bundes in Art. 72, 74 I Nr. 13 GG für die Ausbildungsbeihilfen und die Forschungsförderung blieb durch die Föderalismusreform I unberührt.[152] Die übrigen verbleibenden Kompetenzen im Wissenschaftsbereich standen den Ländern zu.

b) Abschaffung des Hochschulrahmengesetzes

Nach Aufhebung der Rahmengesetzgebungskompetenz durch die Föderalismusreform I wurde auch die Abschaffung des HRG erwogen. Zunächst verabschiedete der Bundestag jedoch als Reaktion auf die Urteile des Bundesverfassungsgerichts zum 5. und 6. HRGÄndG noch das Siebte Änderungsgesetz zum HRG (7. HRGÄndG)[153] sowie das Gesetz zur Änderung dienst- und arbeitsrechtlicher Vorschriften im Hochschulbereich (HdaVÄndG)[154], welche das HRG entsprechend den bundesverfassungsgerichtlichen Vorgaben modifizierten. Nach einer weiteren Änderung des HRG im April 2007 durch das Gesetz zur Änderung arbeitsrechtlicher Vorschriften in der Wissenschaft,[155] beschloss die Bundesregierung am 9. Mai 2007 den „Entwurf eines Gesetzes zur Aufhebung des Hochschulrahmengesetzes".[156] Der Bundesrat beschloss wenig später, keine Einwendungen gegen den Entwurf zu erheben.[157] Der Bundestag beriet den Gesetzentwurf am 20. September 2007 in erster Lesung und überwies ihn

---

152 S. zu den Gesetzgebungskompetenzen des Bundes in Art. 72, 74 I Nr. 13 u. 33 GG sogleich auch unten B. II. 3. a) u. b).

153 Siebtes Gesetz zur Änderung des Hochschulrahmengesetzes (7. HRGÄndG) v. 28.8.2004, BGBl. 2004 I S. 2298.

154 Gesetz zur Änderung dienst- und arbeitsrechtlicher Vorschriften im Hochschulbereich (HdaVÄndG) v. 27.12.2004, BGBl. 2004 I S. 3835.

155 Gesetz zur Änderung arbeitsrechtlicher Vorschriften in der Wissenschaft v. 12.4.2007, BGBl. 2007 I S. 506.

156 BT-Drs. 16/6122.

157 BR-Drs. 352/07.

zur weiteren Beratung an die Ausschüsse.[158] Der Gesetzentwurf sah als Termin für die Aufhebung des HRG zunächst den 1. Oktober 2008 vor. Dieser Termin wurde allerdings nicht eingehalten. Als neuer Termin wurde sodann der 1. April 2009 benannt[159], welcher ebenfalls fruchtlos verstrich. Die am 27. September 2009 neu gewählte Regierungskoalition aus CDU, CSU und FDP strebte laut Koalitionsvertrag dennoch weiterhin die Aufhebung des HRG an.[160] Bislang ist die Aufhebung des HRG jedoch nicht erfolgt. Daran änderte sich auch in den letzten beiden Legislaturperioden nichts.

Das HRG besteht nach dem Wegfall des Art. 75 GG bis auf die künftig in Art. 74 I Nr. 33 GG enthaltenen Materien „Hochschulzulassung und Hochschulabschlüsse" nach Art. 125a I 1 GG weiter, wobei es den Ländern allerdings nach Art. 125a I 2 GG offensteht, die bundesrechtliche Regelung durch Landesrecht zu ersetzen. Die Regelungen des HRG, welche die Bereiche „Hochschulzulassung und Hochschulabschlüsse" betreffen, gelten nach Art. 125b I 1 GG als Bundesrecht fort, wobei die Länder nach Art. 125b I 3 GG i.V.m. Art. 72 III 1 Nr. 6 GG wiederum vom Bundesrecht abweichende Regelungen treffen können. Eine vom Bundesrecht abweichende Landesregelung kann gem. Art. 125b I 3 GG im Fall des Art. 72 III 1 Nr. 6 GG jedoch erst erlassen werden, wenn und soweit der Bund ab dem 1. September 2006 von seiner Gesetzgebungszuständigkeit Gebrauch gemacht hat, spätestens aber ab dem 1. August 2008.[161] Bislang hat der Bund von seiner Gesetzgebungskompetenz in Art. 72, 74 I Nr. 33 GG keinen Gebrauch gemacht.[162] Der auf der Bundeskompetenz in Art. 74 I Nr. 12 GG beruhende arbeitsrechtliche Teil des HRG (§§ 57a bis 57f HRG i.d.F. v. 2006) bleibt hingegen verbindliches Bundesrecht ohne Abweichungs- oder Ersetzungsbefugnis der Länder. Von dieser fortbestehenden Gesetzgebungskompetenz hat der Bund nach der Föderalismusreform I auch

158 BT-Prot. 16/115, S. 11932.

159 BT-Drs. 16/11550, S. 2.

160 „Wachstum. Bildung. Zusammenhalt.", Koalitionsvertrag zwischen CDU, CSU und FDP v. 26.10.2009, S. 61.

161 S. zu den Übergangsregelungen der Föderalismusreform I auch unten B. II. 4.

162 Als Folge des „Numerus clausus-Urteils" des Bundesverfassungsgerichts v. 19.12.2017 (BVerfGE 147, 253), mit dem das Zulassungsrecht für das Medizinstudium gekippt wurde, wird neben der bereits erfolgten Streichung des beanstandeten § 32 HRG derzeit allerdings auch eine bundesgesetzliche Regelung in Form eines Bundeshochschulzulassungsgesetzes diskutiert. Die Bundesregierung sieht bislang jedoch keinen Regulierungsbedarf, BT-Drs. 18/8186, S. 2 f.

bereits mit dem Erlass des Wissenschaftszeitvertragsgesetzes (WissZeitVG)[163] im Jahr 2007 Gebrauch gemacht und die befristungsrechtlichen Regelungen der §§ 57a bis 57f HRG aus dem HRG ausgekoppelt.[164] Das Hochschuldienstrecht (§§ 42 ff. HRG i.d.F. v. 2006) ist als Teil des allgemeinen Dienst-, Besoldungs- und Versorgungsrechts nunmehr Sache der Länder. Durch die Föderalismusreform I wurde Gesetzgebungskompetenz des Bundes für die Besoldung und Versorgung der Landesbeamtinnen und -beamten in Art. 74a GG (i.d.F. v. 1971) einerseits sowie die Rahmengesetzgebungskompetenz für die Rechtsverhältnisse der Landesbeamtinnen und -beamten in Art. 75 I Nr. 1 GG (i.d.F. v. 1994) andererseits aufgehoben. Der Bund verfügt diesbezüglich nach Art. 74 I Nr. 27 GG nur noch über die Regelungsbefugnis für die Statusrechte und -pflichten der Landesbeamtinnen und -beamten.[165]

3. Gesetzgebungskompetenzen nach der Föderalismusreform I

Durch die Föderalismusreform I wurde die bundesstaatliche Verteilung der Gesetzgebungszuständigkeiten auch im Wissenschaftsbereich grundlegend neu geordnet. Der Bund verlor seine zuletzt immer stärker geschwächte Rahmengesetzgebungskompetenz für das Hochschulwesen vollständig. Der Großteil der Regelungsbefugnisse aus der bisherigen Rahmenkompetenz ging auf die Länder über. Der Bund verfügt im Wissenschaftsbereich jedoch auch nach der Föderalismusreform I weiterhin über Gesetzgebungskompetenzen, die im Folgenden genauer zu untersuchen sind. Dazu zählen die konkurrierende Regelungszuständigkeit für die Hochschulzulassung und die Hochschulabschlüsse in Art. 72, 74 I Nr. 33 GG sowie die Ausbildungsbeihilfen und die Förderung der wissenschaftlichen Forschung in Art. 72, 74 I Nr. 13 GG. Zudem verfügt der Bund weiterhin über die ausschließliche Gesetzgebungskompetenz in Gestalt einer Annexkompetenz aus Art. 73 I Nr. 1 Alt. 2 GG („Verteidigung"). Ergänzt werden die Gesetzgebungszuständigkeiten des Bundes im Wissenschaftsbereich ferner durch die konkurrierende Regelungskompetenz für die Statusrechte und -pflichten der Beamtinnen und Beamten der Länder in Art. 72, 74 I Nr. 27 Alt. 1 GG sowie durch ungeschriebene Gesetzgebungszuständigkeiten.

---

163 Wissenschaftszeitvertragsgesetz v. 12.4.2007 (BGBl. 2007 I S. 506), das zuletzt durch Artikel 6 Absatz 4 des Gesetzes v. 23.5.2017 (BGBl. 2017 I S. 1228) geändert worden ist.

164 *Westerburg*, WissR 39 (2006), 338 (340).

165 S. dazu auch unten B. II. 3. c).

a) Ausbildungsbeihilfen und Forschungsförderung – Art. 72, 74 I Nr. 13 GG

Die konkurrierenden Gesetzgebungskompetenzen des Bundes für die Ausbildungsbeihilfen und die Forschungsförderung in Art. 72, 74 I Nr. 13 GG erfuhren durch die Föderalismusreform I im Jahr 2006 keine Veränderung und bestehen weiterhin unverändert. Es ist nachfolgend zu prüfen, welche Möglichkeiten und Grenzen diese Kompetenzen dem Bund im Hinblick auf seine Fördertätigkeiten im Wissenschaftsbereich bieten.

aa) Ausbildungsbeihilfen – Art. 72, 74 I Nr. 13 Alt. 1 GG

Unter Ausbildungsbeihilfen i.S.d. Art. 74 I Nr. 13 Alt. 1 GG sind Maßnahmen individueller Förderung für in Ausbildung befindliche Personen zu verstehen. Die Regelungskompetenz des Art. 74 I Nr. 13 Alt. 1 GG ermöglicht daher keine institutionelle Förderung, also keine Förderung von Ausbildungseinrichtungen und -personal.[166] Der Bund hat 1971 mit dem Erlass des BAföG von seiner Gesetzgebungszuständigkeit in Art. 72, 74 I Nr. 13 Alt. 1 GG Gebrauch gemacht. Nach § 56 I BAföG (i.d.F. v. 1971) trugen der Bund und die Länder die für die Ausführung dieses Gesetzes erforderlichen Mittel im Verhältnis 65:35. Mit dem 25. BAföG-Änderungsgesetz vom 19. Dezember 2014 hat der Bund die Finanzierungszuständigkeit für Geldleistungen nach dem BAföG zum 1. Januar 2015 mittlerweile vollständig übernommen.[167]

bb) Forschungsförderung – Art. 72, 74 I Nr. 13 Alt. 2 GG

Der Kompetenztitel der „Förderung der wissenschaftlichen Forschung“ wurde bereits 1949 in Art. 74 Nr. 13 GG (i.d.F. v. 1949) in das Grundgesetz aufgenommen. Der Entwurf des Verfassungskonvents von Herrenchiemsee sah zwar noch keine Gesetzgebungskompetenz des Bundes auf dem Gebiet der Forschungsförderung vor, die Aufnahme des Kompetenztitels geht jedoch auf den Vorschlag des Physikers und Nobelpreisträgers *Werner Heisenberg* und anderer bekannter Persönlichkeiten zurück, welche sich für die Aufnahme eines Kompetenztitels „die Organisation und die Förderung der wissenschaftlichen Forschung“

166 *Oeter*, in: v. Mangoldt/Klein/Starck, GG, Art. 74 I Nr. 13 Rn. 108.
167 Vgl. § 56 I 1 BAföG n.F.; s. dazu auch unten B. IV. 5. b).

aussprachen.[168] Angenommen wurde letztlich jedoch nur der auf „die Förderung der wissenschaftlichen Forschung" begrenzte Kompetenztitel.[169]

Unter Forschung ist in diesem Kontext jede „geistige Tätigkeit mit dem Ziele, in methodischer, systematischer und nachprüfbarer Weise neue Erkenntnisse zu gewinnen"[170] zu verstehen. Die Kompetenz in Art. 74 I Nr. 13 Alt. 2 GG umfasst jedoch nicht allgemeine Regelungen zur wissenschaftlichen Forschung, sondern nur Regelungen zur *Förderung* der wissenschaftlichen Forschung.[171] Die Förderung der Forschung erfolgt dabei vor allem durch die Bereitstellung finanzieller Mittel, die personen-, projekt- oder einrichtungsbezogener Art sein können.[172] Die Regelungskompetenz der Forschungsförderung ist somit weiter gefasst als die lediglich individuell mögliche Förderung nach Art. 74 I Nr. 13 Alt. 1 GG in Form von Beihilfen.[173] Hinsichtlich der Förderung der universitären Forschung ist jedoch zu beachten, dass die durch die Föderalismusreform I bewirkte Begrenzung der Zuständigkeiten des Bundes in Art. 72, 74 I Nr. 33 GG gegenüber seiner bisherigen Rahmenkompetenz für das Hochschulwesen nicht umgangen werden darf und daher Eingriffe in die Organisation und Strukturen der Hochschulen über den Kompetenztitel der Forschungsförderung unzulässig sind.[174] Ebenso versagt ist dem Bund die Förderung der Lehre, jedenfalls soweit diese

168 *Parlamentarischer Rat*, Verhandlungen des Hauptausschusses, Bonn 1948/49, S. 361 f.; *Fehling*, in: Kahl/Waldhoff/Walter, BK-GG, Art. 74 I Nr. 13 [Stand: 5/2013] Rn. 2; *Oeter*, in: v. Mangoldt/Klein/Starck, GG, Art. 74 I Nr. 13 Rn. 107.

169 *Parlamentarischer Rat*, Verhandlungen des Hauptausschusses, Bonn 1948/49, S. 403; *Fehling*, in: Kahl/Waldhoff/Walter, BK-GG, Art. 74 I Nr. 13 [Stand: 5/2013] Rn. 2; *Oeter*, in: v. Mangoldt/Klein/Starck, GG, Art. 74 I Nr. 13 Rn. 107.

170 BVerfGE 35, 79 (113).

171 *Nolte*, DVBl. 2010, 84 (86).

172 *Nolte*, DVBl. 2010, 84 (86); *Degenhart*, in: Sachs, GG, Art. 74 Rn. 62; *Oeter*, in: v. Mangoldt/Klein/Starck, GG, Art. 74 I Nr. 13 Rn. 109; *Wittreck*, in: Dreier, GG, Art. 74 Rn. 65; vgl. zu Umfang und Grenzen der Forschungsförderung *Bode*, WissR 5 (1972), 222 (222 ff.); *Lerche*, in: FS für Maunz, 1981, S. 215 ff.; *Trute*, Die Forschung zwischen grundrechtlicher Freiheit und staatlicher Institutionalisierung.

173 *Oeter*, in: v. Mangoldt/Klein/Starck, GG, Art. 74 I Nr. 13 Rn. 109.

174 *Degenhart*, in: Sachs, GG, Art. 74 Rn. 62; *Wittreck*, in: Dreier, GG, Art. 74 Rn. 65; *Oeter*, in: v. Mangoldt/Klein/Starck, GG, Art. 74 I Nr. 13 Rn. 109; a.A. *Nolte*, DVBl. 2010, 84 (86), der eine Begrenzung der organisatorischen Beeinflussung durch die Förderung für ausreichend hält, sofern die Beeinflussung der Organisation und Struktur der Forschungseinrichtung in Zusammenhang mit der Förderung steht.

nicht unmittelbar mit der Forschungsförderung verknüpft ist und in notwendigem Sachzusammenhang hierzu steht.[175]

cc) Erforderlichkeit nach Art. 72 II GG

Der Bund unterliegt bei der Wahrnehmung seiner Gesetzgebungskompetenz für die Ausbildungsbeihilfen und die Forschungsförderung nach Art. 74 I Nr. 13 GG auch nach der Föderalismusreform I weiterhin der Einschränkung des Art. 72 II GG. Zwar wurde der Anwendungsbereich durch die Novellierung im Jahr 2006 verkürzt,[176] für Art. 74 I Nr. 13 GG gilt die Begrenzung des Art. 72 II GG allerdings weiterhin. Die inhaltlichen Voraussetzungen des Art. 72 II GG blieben hingegen unverändert. Danach kann der Bund von seiner konkurrierenden Gesetzgebungsbefugnis in Art. 74 I Nr. 13 GG nur Gebrauch machen, wenn und soweit eine bundesgesetzliche Regelung zur Herstellung gleichwertiger Lebensverhältnisse im Bundesgebiet oder zur Wahrung der Rechts- oder Wirtschaftseinheit im gesamtstaatlichen Interesse erforderlich ist. Die Länder haben im Fall von Art. 72,74 I Nr. 13 GG kein Abweichungsrecht.

Im Jahr 2012 hat der Bund mit dem Erlass des Wissenschaftsfreiheitsgesetzes (WissFG)[177] von seiner Gesetzgebungskompetenz in Art. 72, 74 I Nr. 13 GG Gebrauch gemacht, auf das an späterer Stelle noch ausführlicher eingegangen wird.[178]

dd) Verwaltungskompetenzen

Die Ausführung des BAföG als Ausbildungsförderungsgesetz des Bundes obliegt gem. Art. 83 GG den Ländern. Da der Bund sowohl nach § 56 I BAföG (i.d.F. v. 1971) als auch nach § 56 I BAföG n.F. mehr als die Hälfte der Ausgaben des Geldleistungsgesetzes trug bzw. trägt, wurde bzw. wird das BAföG gem. Art. 104a III 2 GG im Auftrag des Bundes nach Art. 85 GG von den Ländern

---

175 *Degenhart*, in: Sachs, GG, Art. 74 Rn. 62; *Wittreck*, in: Dreier, GG, Art. 74 Rn. 65.

176 Zuvor galt die Einschränkung des Art. 72 II GG (i.d.F. v. 1994) für den gesamten Bereich der konkurrierenden Gesetzgebung des Bundes. Mit der Föderalismusreform I wurde der Anwendungsbereich von Art. 72 II GG hingegen auf die Gebiete des Art. 74 I Nr. 4, 7, 11, 13, 15, 19a, 20, 22 und 26 GG verkürzt.

177 Gesetz zur Flexibilisierung von haushaltsrechtlichen Rahmenbedingungen außeruniversitärer Wissenschaftseinrichtungen (Wissenschaftsfreiheitsgesetz – WissFG) v. 5.12.2012 (BGBl. 2012 I S. 2457), das durch Art. 122 der Verordnung v. 31.8.2015 (BGBl. 2015 I S. 1474) geändert worden ist.

178 S. dazu auch unten C. III. 10.

ausgeführt. Denkbar wäre im Übrigen auch die Einrichtung einer Bundeszentralbehörde zur Ausbildungsförderung nach Art. 87 III 1 GG, sofern ein Bedürfnis nach bundeseinheitlicher Verwaltung bestünde. Nach der Föderalismusreform I bestand ein solches Bedürfnis nach zentraler Ausführung bislang jedoch nicht.[179]

Sollte der Bund aufgrund von Art. 72, 74 I Nr. 13 Alt. 2 GG ein Forschungsförderungsgesetz erlassen, wäre dieses grundsätzlich nach Art. 83 GG von den Ländern als eigene Angelegenheit auszuführen. Da mit der Forschungsförderung in der Regel auch die Gewährung von Geldleistungen verknüpft ist,[180] käme zudem Art. 104a III 1 GG[181] zur Anwendung. Danach könnte das jeweilige Forschungsförderungsgesetz die Beteiligung des Bundes an den Geldleistungen vorsehen. Die Ausführungskompetenz hinge sodann von der Höhe der Beteiligung des Bundes an den Geldleistungen ab. Trüge der Bund die Hälfte der Kosten oder mehr, würde das Gesetz nach Art. 104a III 2 GG im Auftrage des Bundes gem. Art. 85 GG von den Ländern ausgeführt werden. Anderenfalls bliebe es bei dem Grundsatz des Art. 83 GG und somit bei der Ausführung durch die Länder als eigene Angelegenheit.

Darüber hinaus steht dem Bund im Rahmen der Forschungsförderung auch eine eigene Verwaltungskompetenz nach Art. 87 III 1 GG[182] zu, wonach er im Rahmen seiner Gesetzgebungszuständigkeiten grundsätzlich selbstständige Bundesoberbehörden sowie neue bundesunmittelbare Körperschaften und Anstalten des öffentlichen Rechts durch Bundesgesetz errichten kann. Diese Regelung stellt mithin eine Ausnahme von der in Art. 83 GG normierten grundsätzlichen Trennung von Gesetzgebungs- und Verwaltungszuständigkeiten dar.[183] Hinsichtlich der Organisation seiner Behörden hat der Bundesgesetzgeber dabei großen Gestaltungsspielraum, sodass der Bund im Kontext seiner Regelungskompetenz in Art. 74 I Nr. 13 Alt. 2 GG daher grundsätzlich Zentralstellen schaffen könnte, die die Durchführung der Förderung der wissenschaftlichen Forschung

179 *Nolte*, DVBl. 2010, 84 (88).

180 *Nolte*, DVBl. 2010, 84 (86 f.).

181 S. zum allgemeinen Regelungsgehalt von Art. 104a III GG auch unten B. IV. 5. a).

182 Art. 87 III 1 GG ist dabei nicht nur eine Organisationsnorm, sondern eine Kompetenznorm, die dem Bund ausdrücklich eine zusätzliche Verwaltungskompetenz eröffnet, BVerfGE 14, 197 (210), 104, 238 (247); 110, 33 (49); *Hermes*, in: Dreier, GG, Art. 87 Rn. 65; a.A. hingegen *Rupp*, in: FS Dürig, S. 392, nach dessen Ansicht Art. 87 III 1GG vielmehr eine Bundesverwaltungskompetenz voraussetzt und nicht begründet. S. dazu auch unten B. III.

183 *Hermes*, in: Dreier, GG, Art. 87 Rn. 65 f.

übernehmen, Förderprogramme auflegen und über die Mittelvergabe entscheiden.[184] Ein Bedürfnis nach einem Behördenunterbau gem. Art. 87 III 2 GG ist dabei im Übrigen nicht ersichtlich,[185] sodass das zu deren Errichtung erforderliche Bundesgesetz keiner Zustimmung des Bundesrates bedürfte.[186]

Zusätzlich verfügt der Bund im Bereich der Großforschung auch noch über ungeschriebene Verwaltungskompetenzen aus der Natur der Sache, auf die jedoch erst an späterer Stelle eingegangen wird.[187]

b) Hochschulzulassung und Hochschulabschlüsse – Art. 72, 74 I Nr. 33 GG

Durch die Föderalismusreform I wurde, wie bereits ausgeführt, die Rahmenkompetenz des Bundes für das Hochschulwesen in Art. 75 I 1 Nr. 1a GG (i.d.F. v. 1994) abgeschafft und auf die konkurrierende Gesetzgebungskompetenz für die Hochschulzulassung und die Hochschulabschlüsse in Art. 72, 74 I Nr. 33 GG ohne Erforderlichkeitsprüfung i.S.d. Art. 72 II GG beschränkt. Den Ländern wurde hingegen der Großteil der Regelungsbefugnisse aus der bisherigen Rahmenkompetenz des Bundes übertragen.[188] Darüber hinaus wurde ihnen ein Abweichungsrecht für die neu eingeführte Regelungsbefugnis des Bundes für die Hochschulzulassung und die Hochschulabschlüsse in Art. 72 III 1 Nr. 6 GG eingeräumt.

Der Begriff der Hochschule entspricht dem in Art. 75 I 1 Nr. 1a GG (i.d.F. v. 1969) und umfasst mithin Hochschulen aller Art.[189] Als Hochschulen gelten somit wissenschaftliche Hochschulen, die der Forschung und Lehre dienen, Fachhochschulen sowie Gesamthochschulen, Spezialhochschulen für bestimmte Wissenschaftszweige, Bergakademien, theologische Hochschulen und Kunsthochschulen. Entscheidend ist in jedem Fall, dass eine wissenschaftliche bzw. künstlerische Ausbildung im Anschluss an das sekundäre Schulwesen vermittelt

---

184 *Nolte*, DVBl. 2010, 84 (87); ähnlich *Huber*, Gutachten D für den 65. DJT, 2004, S. D 103, der für die Einrichtung einer mit Selbstverwaltungsrechten ausgestatteten bundesunmittelbaren Anstalt des öffentlichen Rechts nach Art. 87 III 1 Alt. 2 GG plädiert, die der mit der überregionalen Forschungsförderung und Mittelverteilung verbundenen Verwaltungsaufgaben übertragen werden sollen.

185 *Nolte*, DVBl. 2010, 84 (87).

186 BVerfGE 14, 197 (210 f.); *Hermes*, in: Dreier, GG, Art. 87 Rn. 66.

187 S. dazu unten B. III. 2.

188 BT-Drs. 16/813, S. 14.

189 Vgl. dazu oben B. II. 1. b) aa).

wird. Folglich fallen weder das Schulwesen selbst noch reine Forschungseinrichtungen oder Volkshochschulen unter Art. 74 I Nr. 33 Alt. 1 GG.[190]

aa) Hochschulzulassung – Art. 72, 74 I Nr. 33 Alt. 1 GG

Die Regelungskompetenz für die Hochschulzulassung soll dem Bund ausweislich der Gesetzesbegründung die Möglichkeiten geben, Vorgaben für die Ermittlung und vollständige Ausschöpfung der vorhandenen Ausbildungskapazitäten der Hochschulen sowie für die Vergabe der Studienplätze und Auswahlverfahren einheitlich zu regeln.[191] Dabei ist der Begriff der Hochschulzulassung in Art. 74 I Nr. 33 Alt. 1 GG zunächst von den Begriffen der Hochschulzugangsberechtigung, des Zulassungs- und Auswahlverfahrens sowie der Kapazitätsermittlung abzugrenzen.[192] Die Hochschulzugangsberechtigung fällt wegen ihres engen Bezugs zum Schulwesen von vornherein nicht in den Kompetenzbereich des Bundes, sondern ist Ländersache.[193] Hinsichtlich des Auswahlverfahrens muss sich der Bund nun nicht mehr auf rahmenrechtliche Vorgaben beschränken, sodass für die Vergabe von Studienplätzen einheitliche Maßgaben auch in Form detaillierter Vorgaben wie beispielsweise durch die Einführung von Eignungs- und Studierfähigkeitstests denkbar sind. Ebenso sind zentrale Auswahl- und Verteilungsverfahren sowie Regelungen zur Abstimmung und Koordinierung der Zulassungsverfahren möglich.[194] Auch hinsichtlich der Ermittlung und Ausschöpfung der vorhandenen Studienkapazitäten kann der Bund Voll- und Detailregelungen treffen, wobei zu berücksichtigen ist, dass er

---

190 *Degenhart*, in: Sachs, GG, Art. 74 Rn. 127 f.; *Oeter*, in: v. Mangoldt/Klein/Starck, GG, Art. 74 I Nr. 33 Rn. 195; *Wittreck*, in: Dreier, GG, Art. 74 Rn. 153.

191 BT-Drs. 16/813, S. 14.

192 *Kluth*, in: ders., Föderalismusreformgesetz, Art. 74 Rn. 30; *Oeter*, in: v. Mangoldt/Klein/Starck, GG, Art. 74 I Nr. 33 Rn. 196.

193 *Hansalek*, NVwZ 2006, 668 (669); *Jauch*, Wissenschaftsförderung nach der Reform des Föderalismus, S. 42; *Degenhart*, in: Sachs, GG, Art. 74 Rn. 129; *Oeter*, in: v. Mangoldt/Klein/Starck, GG, Art. 74 I Nr. 33 Rn. 196; *Wittreck*, in: Dreier, GG, Art. 74 Rn. 153 Fn. 698; so auch selbst die Gesetzesbegründung BT-Drs. 16/813, S. 14; a.A. *Nolte*, DVBl. 2010, 84 (89); *Gieseke*, WissR 40 (2007), 180 (181 f.), der auf das zweite Kapitel des HRG (§§ 27–35), welches unter der Überschrift „Zulassung zum Studium“ u.a. den Studienzugang regelt, sowie auf den engen Zusammenhang von Studienzugang und Studienzulassung verweist.

194 *Hansalek*, NVwZ 2006, 668 (669); *Nolte*, DVBl. 2010, 84 (89); *Oeter*, in: v. Mangoldt/Klein/Starck, GG, Art. 74 I Nr. 33 Rn. 196.

keine Kompetenz zur Schaffung weiterer Kapazitäten besitzt.[195] Die Gesetzesbegründung führt weiter aus, dass die Regelung von Studiengebühren nicht vom Recht der Hochschulzulassung erfasst sei und in den Zuständigkeitsbereich der Länder gehöre.[196] Diese Ansicht überzeugt, da zwischen der Zulassung zu einer öffentlichen Einrichtung und den Gebühren für die Benutzung dieser Einrichtung bzw. Beiträgen zu differenzieren ist. Die Entrichtung von Gebühren oder Beiträgen ist im Hinblick auf die Hochschulen keine Zulassungsvoraussetzung, sondern lediglich eine Folge der Zulassung, sodass die Themenkomplexe der Hochschulzulassung und der Studiengebühren mithin rechtlich scharf voneinander zu trennen sind.[197]

bb) Hochschulabschlüsse – Art. 72, 74 I Nr. 33 Alt. 2 GG

Die Kompetenz für Hochschulabschlüsse soll dem Bund die Normierung gleichwertiger Abschlussniveaus und Regelstudienzeiten an den Hochschulen ermöglichen.[198] Derartige Bundesregelungen erweisen sich jedoch insofern als problematisch, als dass der Bund hierbei immer auch mittelbar Einfluss auf Inhalt und Struktur und somit letztlich auf die Qualität der Ausbildung nimmt.[199] Der Gesetzgeber geht jedoch davon aus, dass der Bund so „einen Beitrag zur Verwirklichung des einheitlichen europäischen Hochschulraums und zu internationalen Akzeptanz deutscher Hochschulabschlüsse leisten“[200] kann. Die Tragweite des Problems des mittelbaren Bundeseinflusses relativiert sich

---

195 *Hansalek*, NVwZ 2006, 668 (669); *Oeter*, in: v. Mangoldt/Klein/Starck, GG, Art. 74 I Nr. 33 Rn. 196; wohl auch BT-Drs. 16/813, S. 14; a.A. hingegen *Nolte*, DVBl. 2010, 84 (90), der davon ausgeht, dass Art. 74 I Nr. 33 Alt. 1 GG auch die Kompetenz zur Regelung der Kapazitäten umfasst.

196 BT-Drs. 16/813, S. 14.

197 So im Ergebnis auch *Hansalek*, NVwZ 2006, 668 (669); *Jauch*, Wissenschaftsförderung nach der Reform des Föderalismus, S. 41; *Degenhart*, in: Sachs, GG, Art. 74 Rn. 129; a.A. hingegen *Nolte*, DVBl. 2010, 84 (89 f.), der darauf verweist, dass die Frage der Zulassung, wie etwa im Fall der Personenbeförderung, auch die Frage der Gebühren umfassen kann. Aus BVerfGE 112, 226 (242 ff.) geht im Übrigen nur hervor, dass die Regelung der Gebührenfreiheit nicht erforderlich i.S.v. Art. 72 II GG war.

198 BT-Drs. 16/813, S. 14.

199 *Hansalek*, NVwZ 2006, 668 (669); *Kluth*, in: ders., Föderalismusreformgesetz, Art. 74 Rn. 31; *Nolte*, DVBl. 2010, 84 (90); *Oeter*, in: v. Mangoldt/Klein/Starck, GG, Art. 74 I Nr. 33 Rn. 197.

200 BT-Drs. 16/813, S. 14.

allerdings angesichts der Möglichkeit der Länder nach Art. 72 III 1 Nr. 6 GG, von den Bundesgesetzen abweichende Regelungen zu treffen.[201]

cc) Abweichungsrecht der Länder nach Art. 72 III GG

Mit dem durch die Föderalismusreform I neu in Art. 72 III GG eingeführten Abweichungsrecht der Länder, verfügen diese nunmehr über die Möglichkeit in bestimmten Bereichen, die im Zuge der Abschaffung der bisherigen Rahmengesetzgebungskompetenz des Bundes in die konkurrierende Gesetzgebungskompetenz des Bundes überführt worden sind, eigene von den Bundesgesetzen abweichende Regelungen zu treffen. Zu diesen Materien zählt unter anderem die konkurrierende Regelungsbefugnis in Art. 72, 74 I Nr. 33 GG für die Hochschulzulassung und die Hochschulabschlüsse. Das jeweils jüngere Bundes- bzw. Landesgesetz genießt hier nach Art. 72 III 3 GG Anwendungsvorrang.[202] Um einen folglich drohenden „legislativen Wettlauf"[203] zwischen Bund und Ländern und somit kurzfristig wechselnde Rechtsbefehle an die Bürgerin und den Bürger zu vermeiden,[204] treten nach Art. 72 III 2 GG Bundesgesetze auf den in Art. 72 III 1 GG genannten Gebieten grundsätzlich frühestens nach sechs Monaten nach ihrer Verkündung in Kraft. In diesen sechs Monaten sollen die Länder ihrerseits die Gelegenheit haben, zu erwägen, ob und in welchem Umfang sie von ihrem Abweichungsrecht Gebrauch machen wollen. Auf diesem Wege soll ein Mindestmaß an Kontinuität und Rechtssicherheit für die Bürgerin und den Bürger gewährleistet werden.[205] Für besonders eilige Fälle enthält Art. 72 III 2 Hs. 2 GG eine Ausnahme von der Sechs-Monats-Frist bei Zustimmung des Bundesrates.

Mithin entscheidet nicht mehr der Bundesgesetzgeber allein, ob mit einem verfassungsgemäßen bundesgesetzlichen Rechtsakt eine dauerhafte verbindliche Regelung verbunden ist, sondern es entscheiden vielmehr die Länder. Dies ist bemerkenswert angesichts der Gesetzesbegründung, die ausdrücklich darauf hinweist, dass die übrige nicht von Art. 72 II GG erfassten Materie, also die Hochschulzulassung und die Hochschulabschlüsse, insgesamt

---

201 *Nolte*, DVBl. 2010, 84 (90); *Oeter*, in: v. Mangoldt/Klein/Starck, GG, Art. 74 I Nr. 33 Rn. 197.

202 Der Vorrang des Bundesrechts nach Art. 31 GG wird hier insofern durch den Grundsatz „*lex posterior derogat legi priori*" durchbrochen.

203 *Westerburg*, WissR 39 (2006), 338 (339).

204 BT-Drs. 16/813, S. 11.

205 *Westerburg*, WissR 39 (2006), 338 (339).

von der Erforderlichkeitsprüfung ausgenommen sind, „weil Bund und Länder übereinstimmend von der Erforderlichkeit bundesgesetzlicher Regelungen ausgehen".[206] Ferner ist festzuhalten, dass die Regelung des Art. 72 III GG letztlich zu einer faktischen ausschließlichen Gesetzgebungskompetenz der Länder führt, wenn der Bund sich nicht auf einen Gesetzgebungswettlauf mit unsicherem Ausgang einlassen will. Insofern überrascht es auch wenig, dass der Bund von seiner Gesetzgebungskompetenz in Art. 72, 74 I Nr. 33 GG bisher noch keinen Gebrauch gemacht hat.[207] Ein Abweichen der Länder bei einem politisch so umstrittenen Thema wie den Hochschulabschlüssen wäre bei Tätigwerden des Bundesgesetzgebers nicht unwahrscheinlich.[208] Angesichts eines dann zu befürchtenden „Pingpong-Phänomens"[209] zwischen Bundes- und Länderabweichungsgesetzgebung ist folglich auch nicht zu erwarten, dass der Bund alsbald von dieser Kompetenz Gebrauch macht.[210]

dd) Verwaltungskompetenz

Sollte der Bundesgesetzgeber ein Gesetz über die Hochschulzulassung und / oder die Hochschulabschlüsse erlassen, wäre dies gem. Art. 83 GG von den Ländern als eigene Angelegenheit auszuführen. Denkbar wäre in diesem Zusammenhang auch die Einrichtung einer zentralen Bundesoberbehörde nach Art. 87 III 1 GG im Rahmen bundeseigener Verwaltung. Die Länder besitzen allerdings ein Abweichungsrecht nach Art. 72 III GG, sodass die Bundesoberbehörde gegebenenfalls abweichendes Landesrecht vollziehen müsste oder nur für einen Teil des Bundesgebiets zuständig sein könnte, in dem kein abweichendes Landesrecht erlassen wurde. Die Notwendigkeit einer zentralen Bundesverwaltung ist in den Gegenständen des Art. 72 III GG jedoch offensichtlich nicht gegeben, da der verfassungsändernde Gesetzgeber durch diese Norm bereits die Bundesgesetzgebungskompetenz beschränkt hat und die Bundesverwaltungskompetenz hier nicht weiter reichen kann.[211]

---

206 BT-Drs. 16/813, S. 9.

207 *Hansalek*, NVwZ 2006, 668 (670).

208 *Jauch*, Wissenschaftsförderung nach der Reform des Föderalismus, S. 46.

209 *Klein/Schneider*, DVBl. 2006, 1549 (1552 f.).

210 *Löwer*, WissR 50 (2017), 263 (266).

211 *Hermes*, in: Dreier, GG, Art. 87 Rn. 81; a.A. hingegen *Nolte*, DVBl. 2010, 84 (90), der davon ausgeht, dass die Länder, die abweichendes Landesrecht erlassen haben, aus der bundeseinheitlichen Verwaltung des Art. 87 III 1 GG herausfielen, die übrigen Länder, die von ihrem Abweichungsrecht keinen Gebrauch gemacht haben, hingegen weiter unter zentraler Bundesverwaltung stünden.

c) *Statusrechte und -pflichten der Beamten der Länder – Art. 72, 74 I Nr. 27 Alt. 1 GG*

Die beamtenrechtlichen Gesetzgebungskompetenzen sind im Zuge der Föderalismusreform I von 2006 ebenfalls umfassend neu geordnet worden. Zum einen wurde die konkurrierende Gesetzgebungszuständigkeit des Bundes für die Besoldung und Versorgung aller Angehörigen des öffentlichen Dienstes in Art. 74a GG (i.d.F. v. 1971) komplett aufgehoben. Zum anderen entfiel mit der Abschaffung der Rahmengesetzgebung zugleich die Rahmengesetzgebungskompetenz des Bundes für die Rechtsverhältnisse der im öffentlichen Dienste der Länder stehenden Personen in Art. 75 I 1 Nr. 1 GG (i.d.F. v. 1994). Die Regelungsbefugnisse des Bundes sind im Wissenschaftsbereich auf die Statusrechte und -pflichten der Landesbeamtinnen und -beamten in dem neu eingefügten Art. 74 I Nr. 27 GG verkürzt worden. Zugleich entfiel jedoch die sich aus der ehemaligen Rahmengesetzgebungskompetenz ergebende Beschränkung durch die Erforderlichkeitsklausel in Art. 72 II GG (i.d.F. v. 1994).[212]

Das Dienst-, Besoldungs- und Versorgungsrecht der Landesbeamtinnen und -beamten ist nunmehr nach der Grundregel des Art. 30, 70 I GG allein Sache der Länder. Mithin verfügen die Länder auch über die Regelungsbefugnis für das Hochschuldienstrecht. Laut Gesetzesbegründung sei die Personalhoheit der Länder somit durch die weitgehende Kompetenzübertragung im öffentlichen Dienstrecht im Zuge der Föderalismusreform I insgesamt gestärkt worden.[213] Die konkurrierende Gesetzgebungskompetenz des Bundes in Art. 72, 74 I Nr. 27 GG stellt im Wesentlichen die gesetzgeberische Ausgestaltung der in Art. 33 I-V GG enthaltenen „hergebrachten Grundsätze des Berufsbeamtentums" dar.[214] Die bundeseinheitlichen Statusregelungen sollen einerseits die Funktionalität des Berufsbeamtentums wahren[215] und andererseits insbesondere der Sicherung der länderübergreifenden Mobilität der Bediensteten[216] dienen. Unter Statusregelungen sind dabei solche Normen zu verstehen, die das Dienstverhältnis als Dienst- und Treueverhältnis grundlegend ausgestalten.[217]

212 *Oeter*, in: v. Mangoldt/Klein/Starck, GG, Art. 74 I Nr. 27 GG Rn. 176.
213 BT-Drs. 16/813, S. 14.
214 *Battis/Grigoleit*, ZBR 2008, 1 (4); *Oeter*, in: v. Mangoldt/Klein/Starck, GG, Art. 74 I Nr. 27 GG Rn. 177.
215 *Battis/Grigoleit*, ZBR 2008, 1 (4).
216 BT-Drs. 16/813, S. 14.
217 *Oeter*, in: v. Mangoldt/Klein/Starck, GG, Art. 74 I Nr. 27 GG Rn. 178.

Persönlich von Art. 74 I Nr. 27 GG erfasst sind die Beamtinnen und Beamten, welche im Dienste eines Landes stehen.[218]

Gesetze, die der Bund aufgrund seiner Kompetenz in Art. 72, 74 I Nr. 27 GG erlässt, bedürfen nach Art. 74 II GG der Zustimmung des Bundesrates. Im Jahr 2008 machte der Bund von seiner Regelungskompetenz Gebrauch, indem er das Beamtenstatusgesetz[219] erließ, welches das bisherige Beamtenrechtsrahmengesetz[220] weitgehend ablöste.[221]

d) Ausschließliche Gesetzgebungskompetenzen

Der Bund verfügt ferner auch über ausschließliche Gesetzgebungskompetenz im Hochschulbereich, allerdings nur in Form von Annexkompetenzen. Dazu zählt insbesondere Regelungszuständigkeit für die Hochschulausbildung von Bundeswehrangehörigen als Annexkompetenz aus Art. 73 I Nr. 1 Alt. 2 GG. Diese Kompetenz ist dem Bund zuzusprechen, da die Ausbildung der Angehörigen der Streitkräfte die Voraussetzung für deren Leistungsfähigkeit sichert. Die Annexkompetenz des Bundes umfasst dabei insbesondere die Errichtung und Unterhaltung von Bundeswehrhochschulen.[222] Eindeutig nicht von der Annexkompetenz in Art. 73 I Nr. 1 Alt. 2 GG umfasst sind allerdings hoheitliche Befugnisse zur Abnahme von Hochschulprüfungen. Diese werden den

218 *Degenhart*, in: Sachs, GG, Art. 74 Rn. 112; *Oeter*, in: v. Mangoldt/Klein/Starck, GG, Art. 74 I Nr. 27 GG Rn. 179; *Wittreck*, in: Dreier, GG, Art. 74 Rn. 134.

219 Gesetz zur Regelung des Statusrechts der Beamtinnen und Beamten in den Ländern (Beamtenstatusgesetz – BeamtStG) v. 17.6.2008 (BGBl. 2008 I S. 1010), das zuletzt durch Artikel 1 des Gesetzes v. 29.11.2018 (BGBl. 2018 I S. 2232) geändert worden ist.

220 Rahmengesetz zur Vereinheitlichung des Beamtenrechts (Beamtenrahmenrechtsgesetz – BRRG) v. 1.7.1957 (BGBl. 1957 I S. 667), neu gefasst durch Bekanntmachung v. 31.3.1999 (BGBl. 1999 I S. 654), das zuletzt durch Artikel 6 Absatz 1 des Gesetzes v. 23.5.2017 (BGBl. 2017 I S. 1228) geändert worden ist.

221 Eine Ausnahme bildet das Kapitel II und § 135 BRRG, welche gem. § 63 BeamtStG weiterhin gelten.

222 *Ennuschat/Ulrich*, VBlBW 2007, 121 (122); *Funke*, in: AK-GG, Art. 73 I Nr. 1 [Stand: 12/2014] Rn. 37; *Löwer*, WissR 50 (2017), 263 (266); *Degenhart*, in: Sachs, GG, Art. 73 Rn. 7; *Thiel*, in: Friauf/Höfling, Berliner Komm. zum GG, Art. 73 I Nr. 1 [Stand: 3/2018] Rn. 14; *Wittreck*, in: Dreier, GG, Art. 73 Rn. 14; a.A. hingegen *Heintzen*, in: v. Mangoldt/Klein/Stark, GG, Art. 73 Rn. 15, der darauf hinweist, dass die Hochschulen der Länder für die Ausbildung der Bundeswehrangehörigen in einigen an den Bundeswehrhochschulen nicht vertretenen Wissenschaftsdisziplinen offensichtlich ausreichend seien. Differenzierend *Uhle*, in: Maunz/Dürig, GG, Art. 73 [Stand: 4/2010] Rn. 46.

Bundeswehrhochschulen vielmehr auf landesrechtlicher Grundlage zuerkannt.[223] In der Bundesrepublik Deutschland existieren derzeit lediglich zwei Hochschulen der Bundeswehr,[224] sodass die Bedeutung der Annexkompetenz des Bundes aus Art. 73 I Nr. 1 Alt. 2 GG im Hinblick auf den Hochschulbereich eher gering ist.[225] Darüber hinaus kommen für den Bund weitere Annexkompetenzen zur Regelung von Verwaltungsfachhochschulen in Betracht.[226]

4. Übergangsregelungen der Föderalismusreform I – Art. 125a, 125b GG

Im Zuge der Föderalismusreform I von 2006 sind überdies zahlreiche Übergangsregelungen in Art. 125a, 125b, 125c und 143c GG erlassen worden. Für die Frage, welche Konsequenz der Wegfall der Rahmengesetzgebungskompetenz des Bundes für die aufgrund dieser Zuständigkeit erlassenen Gesetze hat, sind die Übergangsregelungen in Art. 125a und 125b GG von entscheidender Bedeutung, die im Folgenden im Hinblick auf die Regelungszuständigkeiten des Bundes im Wissenschaftsbereich zu untersuchen sind.

a) *Fortgeltung von Bundesrecht, das so nicht erlassen werden könnte – Art. 125a GG*

Die Übergangsvorschrift des Art. 125a GG schreibt die Fortgeltung von Bundesrecht fest, welches so aufgrund von Modifikationen der Gesetzgebungsbefugnisse nicht mehr erlassen werden könnte. Durch die Föderalismusreform I wurde Art. 125a I 1 GG um die Bestimmungen erweitert, deren Änderung zu Kompetenzverlagerungen auf die Länder führte. Demnach enthält Art. 125a I 1 GG nunmehr auch die neu eingefügten Art. 84 I 7 GG, Art. 85 I 2 GG und Art. 105 IIa 2 GG sowie die aufgehobenen Art. 74a GG, Art. 75 GG und Art. 98 III 2 GG. Bundesrecht, welches in diesen Gebieten bereits erlassen wurde, gilt nach Art. 125a I 1 GG zunächst fort. Nach Art. 125a I 2 GG steht den

223 *BVerwG*, DVBl. 1993, 52 (52 f.).

224 Die Hochschulen der Bundeswehr sind die Universität der Bundeswehr München und die Helmut-Schmidt-Universität – Universität der Bundeswehr Hamburg.

225 Vgl. auch *Jauch*, Wissenschaftsförderung nach der Reform des Föderalismus, S. 54, der allgemein auf die untergeordnete Rolle ungeschriebener Gesetzgebungskompetenzen des Bundes im Wissenschaftsbereich verweist.

226 *Löwer*, WissR 50 (2017), 263 (266). Derzeit existieren insgesamt zehn Verwaltungsfachhochschulen des Bundes; vgl. *Statistisches Bundesamt*, Finanzen der Hochschulen, S. 164 (Anhang 1).

Ländern allerdings eine Ersetzungsbefugnis zu, ohne dass es einer Ermächtigung des Bundesgesetzgebers bedarf.

Relevant für den Wissenschaftsbereich ist nach dem Wegfall der Rahmengesetzgebungskompetenz für die allgemeinen Grundsätze des Hochschulwesens in Art. 75 I 1 Nr. 1a GG (i.d.F. v. 1969) insbesondere die Fortgeltung des HRG nach Art. 125a I 1 GG. Bis auf die künftig in Art. 74 I Nr. 33 GG enthaltene Materie „Hochschulzulassung und Hochschulabschlüsse" gilt das HRG zunächst nach Art. 125a I 1 GG weiter, wobei es den Ländern nach Art. 125a I 2 GG offensteht, die bundesrechtliche Regelung durch Landesrecht zu ersetzen. Für die Regelungsbereiche „Hochschulzulassung und Hochschulabschlüsse" enthält Art. 125b GG eine eigene Übergangsregelung.[227]

Als Folge der Aufhebung der Rahmengesetzgebung wurde die bislang in Art. 125a II 3 GG (i.d.F. v. 1994) enthaltene Regelung für das Rahmenrecht gestrichen. Art. 125a II GG schreibt nunmehr neu die Fortgeltung von Bundesrecht fest, welches wegen Änderung des Art. 72 II GG nicht mehr als Bundesrecht erlassen werden könnte. Den Ländern steht nach Art. 125a II 2 GG die Möglichkeit offen, fortbestehendes Bundesrecht zu ersetzen, sofern hierfür eine bundesgesetzliche Ermächtigung vorliegt. Neu eingefügt in Art. 125a GG wurde mit der Föderalismusreform I zudem der Absatz 3, nach welchem Landesrecht, das wegen Änderung des Art. 73 GG nicht mehr erlassen werden könnte, zunächst fort gilt. Diese Änderung betrifft jedoch die Materien des Melde- und Ausweiswesens sowie des Kulturgüterschutzes des bisherigen Art. 75 I 1 Nr. 5 u. 6 GG und somit nicht den Wissenschaftsbereich.

b) Fortgeltung von Bundesrecht im Bereich der Abweichungskompetenz – Art. 125b GG

Anders als Art. 125a GG betrifft der durch die Föderalismusreform I neu eingefügte Art. 125b GG Bundesrecht, welches aufgrund alter Vorschriften erlassen wurde und auch nach den Änderungen des Grundgesetzes als Bundesrecht erlassen werden kann. Art. 125b I GG bestimmt, dass Rahmenrecht, welches aufgrund des aufgehobenen Art. 75 GG erlassen wurde und nunmehr inhaltlich in die ausschließliche oder konkurrierende Gesetzgebungskompetenz des Bundes fällt, als Bundesrecht zunächst fortgilt. Die Befugnisse und Verpflichtungen der Länder zur Gesetzgebung bleiben allerdings nach Art. 125b I 2 GG in den

227 S. dazu sogleich unten B. II. 4. b).

Grenzen des fortbestehenden Rahmenrechts bestehen, bis der Bundesgesetzgeber von seiner neuen Gesetzgebungskompetenz Gebrauch gemacht hat.

Dies betrifft im Wissenschaftsbereich insbesondere die Teile des HRG, welche die „Hochschulzulassung und Hochschulabschlüsse" regeln und die nunmehr Gegenstand der konkurrierenden Gesetzgebung des Bundes in Art. 72, 74 I Nr. 33 GG sind. Diese Regelungen des HRG gelten nach Art. 125b I 1 GG als Bundesrecht fort, wobei die Länder nach Art. 125b I 3 GG i.V.m. Art. 72 III 1 Nr. 6 GG wiederum vom Bundesrecht abweichende Regelungen treffen können. Eine vom Bundesrecht abweichende Landesregelung kann gem. Art. 125b I 3 GG im Fall des Art. 72 III 1 Nr. 6 GG jedoch erst erlassen werden, wenn und soweit der Bund ab dem 1. September 2006 von seiner Gesetzgebungszuständigkeit Gebrauch gemacht hat, spätestens aber ab dem 1. August 2008. Bislang hat der Bund von seiner Gesetzgebungskompetenz in Art. 72, 74 I Nr. 33 GG jedoch keinen Gebrauch gemacht.[228]

5. Zusammenfassung und Bewertung

Mit der Föderalismusreform I im Jahr 2006 wurden die Gesetzgebungskompetenzen des Bundes im Wissenschaftsbereich zugunsten der Länder verkürzt. Die Rahmengesetzgebung für das Hochschulwesen hatte sich nach Ansicht des verfassungsändernden Gesetzgebers „als ineffektiv erwiesen und hat sich im Übrigen nicht bewährt".[229] Sie wurde daher vollends abgeschafft. Das auf der Grundlage von Art. 75 I Nr. 1a GG (i.d.F. v. 1969) erlassene HRG ist nach Art. 125a I 1 u. 125b I 1 GG zwar bis heute in einigen Teilen gültig, inhaltlich ist es jedoch weitgehend bedeutungslos geworden.[230] Anstelle seiner bisherigen Rahmenkompetenz für das Hochschulwesen erhielt der Bund die konkurrierende Gesetzgebungszuständigkeit für die Hochschulzulassung und die Hochschulabschlüsse in Art. 74 I Nr. 33 GG, wobei den Ländern in Art. 72 III 1 Nr. 6 GG ein Abweichungsrecht eingeräumt wurde. Angesichts dieser Abweichungskompetenz der Länder wurde eine Rechtszersplitterung im deutschen Hochschulsystem befürchtet.[231] Bislang haben Bund und Länder von

228 Vgl. hierzu auch oben B. II. 2. b) Fn. 81.

229 BT-Drs. 16/813, S. 8.

230 So bereits *Jauch*, Wissenschaftsförderung nach der Reform des Föderalismus, S. 62, dessen Einschätzung nach der kürzlich erfolgten weiteren Beschneidung des HRG durch das Achte Gesetz zur Änderung des Hochschulrahmengesetzes v. 15.11.2019 (BGBl. 2019 I S. 1622) erst recht weiter gelten dürfte.

231 *Häde*, JZ 2006, 930 (932 f.); *Hansalek*, NVwZ 2006, 668 (679); *Kluth*, in: ders., Föderalismusreformgesetz, Art. 74 Rn. 29; *Oeter*, in: Starck, Föderalismusreform, Rn. 30 f.

ihren Gesetzgebungskompetenzen in den Bereichen des Art. 74 I Nr. 33 GG jedoch keinen bzw. kaum nennenswerten Gebrauch gemacht. Von einer unübersichtlichen Gemengelage von Bundes- und Landesgesetzgebung kann daher jedenfalls bislang nicht die Rede sein.[232] Im Übrigen war ein Nebeneinander von Bundes- und Landesgesetzgebung weder dem alten System der Rahmengesetzgebung noch dem System der konkurrierenden Gesetzgebung, soweit der Bundesgesetzgeber hier abweichende Regelungskompetenzen durch eine Öffnungs- oder Experimentierklausel zuließ, fremd. Die Abweichungsgesetzgebung in Art. 72 III GG führt hier sogar zu einer Vereinfachung und mehr Übersichtlichkeit, da die Vorrangfrage nun nicht mehr durch eine inhaltliche Prüfung der Vereinbarkeit der Regelungen, sondern allein nach dem formalen Kriterium der chronologischen Abfolge zu klären ist.[233] Ferner ist alsbald weder ein Tätigwerden des Bundes angesichts der dann drohenden Abweichungsgesetzgebung der Länder noch der Erlass gravierend divergierender landesgesetzlicher Regelung zu erwarten, da die Länder ihre Wissenschaftspolitik zumeist in länderübergreifenden Gremien, wie insbesondere der Kulturministerkonferenz, abstimmen. Ein legislativer Wettlauf sowie eine Rechtszersplitterung kann im Bereich von Art. 74 I Nr. 33 GG somit letztlich nur durch die kooperative Wahrnehmung der Kompetenzen durch Bund und Länder vermieden werden. Die Föderalismusreform I hat in diesem Punkt mithin hier erklärtes Ziel des Abbaus von Verflechtungen im Bundesstaat verfehlt.[234]

Bestehen blieb für den Bund im Zuge der Föderalismusreform I im Übrigen die konkurrierende Gesetzgebungskompetenz des Bundes in Art. 74 I Nr. 13 GG für die Regelung der Ausbildungsbeihilfen und der Förderung der wissenschaftlichen Forschung, allerdings unter der einschränkenden Erforderlichkeitsklausel in Art. 72 II GG. Die Regelung der Ausbildungsbeihilfen umfasst jedoch keine institutionelle Förderung, also keine Förderung von Ausbildungseinrichtungen und -personal, sondern nur die individuelle Förderung in Form von Beihilfen, insbesondere nach dem aufgrund dieser Kompetenz erlassenen BAföG. Die Bundesregelungskompetenz in Art. 74 I Nr. 13 Alt. 1 GG spielt daher im Hinblick auf die umfangreiche Wissenschaftsförderung des Bundes keine maßgebliche

232 So bereits *Jauch*, Wissenschaftsförderung nach der Reform des Föderalismus, S. 62 f., dessen Feststellung weiterhin zutrifft.

233 *Oeter*, in: Starck, Föderalismusreform, Rn. 32.

234 *Hansalek*, NVwZ 2006, 668 (670); *Jauch*, Wissenschaftsförderung nach der Reform des Föderalismus, S. 63, der daher eine einheitliche Gesetzgebung durch den Bund für effektiver hält.

Rolle. Die Kompetenz zur Förderung der wissenschaftlichen Forschung in Art. 74 I Nr. 13 Alt. 2 GG umfasst wiederum nur die Regelung der Förderungsmöglichkeiten, nicht die Durchführung der Forschungsförderung selbst. Der Bund kann mithin einheitliche Rahmenbedingungen der Forschungsförderung festlegen. Ein solch umfassendes Forschungsförderungsgesetz hat der Bund bislang jedoch nicht erlassen und schöpft damit seine Möglichkeiten nicht aus.

Die Gesetzgebungskompetenz des Bundes für die Statusrechte und -pflichten der Beamtinnen und Beamten der Länder in Art. 74 I Nr. 27 GG sowie die Annexkompetenzen des Bundes, insbesondere für die Hochschulausbildung von Bundeswehrangehörigen aus Art. 73 I Nr. 1 Alt. 2 GG, sind im Hinblick auf Einfluss und Gestaltungsmöglichkeiten des Bundes im Wissenschaftsbereich ferner von geringer Bedeutung. Alle übrigen Gesetzgebungszuständigkeiten im Wissenschaftsbereich obliegen entsprechend Art. 70 I GG den Ländern, die insgesamt gestärkt aus der Föderalismusreform I hervorgehen. Das Schwergewicht der Gesetzgebungszuständigkeit im Wissenschaftsbereich liegt mithin bei den Ländern, wenngleich der Bund durchaus nicht gänzlich unbedeutende Möglichkeiten der gesetzgeberischen Gestaltung im Bereich der Hochschulzulassung und Hochschulabschlüsse sowie insbesondere der wissenschaftlichen Forschungsförderung hat. Seine Regelungskompetenzen im Wissenschaftsbereich hat der Bund bislang jedoch aus unterschiedlichen Gründen nicht umfassend genutzt.

III. Verwaltungskompetenzen des Bundes

Im Hinblick auf die Verwaltungskompetenzen des Bundes im Wissenschaftsbereich ist zunächst zwischen der gesetzesakzessorischen und der im Wissenschaftsbereich besonders relevanten sog. gesetzesfreien Verwaltung zu differenzieren.

1. Gesetzesakzessorische Verwaltung

Die Kompetenzverteilung im Bereich der gesetzesakzessorischen Verwaltung ist in Art. 83 ff. GG geregelt. Nach Art. 83 GG sind für den Vollzug von Bundesgesetzen grundsätzlich die Länder zuständig. Nicht in den Art. 83 ff. GG geregelt ist hingegen der Vollzug von Landesgesetzen, für den nach Art. 30 GG die Länder zuständig sind. Ein Vollzug von Landesrecht durch Bundesbehörden ist ausgeschlossen.[235] Folglich führen die Länder in der Regel nicht nur ihre eigenen

235 BVerfGE 12, 205 (221); 21, 312 (325).

Gesetze, sondern auch die Gesetze des Bundes aus, sodass die Hauptlast der Verwaltung bei den Ländern liegt.

Allerdings kann nach Art. 83 GG auch der Bund für den Vollzug seiner Gesetze zuständig sein, soweit das Grundgesetz dies „bestimmt" oder „zulässt". Sofern dem Bund eine solche Verwaltungskompetenz zusteht, darf er diese Aufgabe aufgrund der Konnexität von Aufgaben- und Ausgabenwahrnehmung nach Art. 104a I GG[236] zwecks Erfüllung auch finanzieren.[237] Im Wissenschaftsbereich „bestimmt" das Grundgesetz eine Verwaltungszuständigkeit des Bundes jedoch praktisch kaum.[238] Der Bund verfügt allerdings ferner über eine Kompetenzgrundlage in Art. 87 III 1 GG, die ihm eine zusätzliche Verwaltungskompetenz eröffnet, also im Sinne von Art. 83 GG etwas anderes „zulässt".[239] Nach Art. 87 III 1 GG kann der Bund im Bereich seiner Gesetzgebungskompetenzen selbstständige Bundesoberbehörden und neue bundesunmittelbare Körperschaften und Anstalten des öffentlichen Rechts durch Bundesgesetz errichten. Sollte der Bund mithin von seiner Gesetzgebungskompetenz in Art. 74 I Nr. 13 Alt. 2 GG Gebrauch machen, indem er etwa ein Forschungsförderungsgesetz erlässt, könnte er dieses grundsätzlich auch gem. Art. 87 III GG ausführen. Die für die Ausübung der Regelungskompetenz einschlägige Erforderlichkeitsklausel des Art. 72 II GG würde hier im Übrigen nicht greifen. Der Bund hat, wie bereits dargestellt, allerdings bislang von seiner Gesetzgebungszuständigkeit in Art. 74 I Nr. 13 Alt. 2 GG keinen Gebrauch gemacht, sodass in diesem Zusammenhang Art. 87 III GG bislang auch noch nicht herangezogen werden konnte.[240]

---

236 S. zur Konnexität von Aufgaben- und Ausgabenwahrnehmung nach Art. 104a I GG auch unten B. IV. 1. b).

237 *v. Arnim*, in: Isensee/P. Kirchhof, HdbStR, Bd. VI, § 138 Rn. 68; *Löwer*, WissR 50 (2017), 263, 267.

238 *Speiser*, Der deutsche Wissenschaftsföderalismus auf dem Prüfstand, S. 64 f. Lediglich für den Auswärtigen Dienst bestimmt das Grundgesetz in Art. 87 I 1 Alt. 1 GG die Verwaltungszuständigkeit des Bundes, aus der sich wiederum kraft Sachzusammenhangs ungeschriebene Verwaltungskompetenzen für die auswärtige Kulturpolitik ableiten lassen. S. dazu sogleich unten B. III. 2.

239 BVerfGE 14, 197 (210), 104, 238 (247); 110, 33 (49); *Hermes*, in: Dreier, GG, Art. 87 Rn. 65; a.A. hingegen *Rupp*, in: FS Dürig, S. 392, nach dessen Ansicht Art. 87 III 1 GG vielmehr eine Bundesverwaltungskompetenz voraussetzt und nicht begründet.

240 Diesen Ansatz aber befürwortend *Huber*, Gutachten D für den 65. DJT, 2004, S. D 103, der sich dafür ausspricht, dass die mit der überregionalen Forschungsförderung und Mittelverteilung verbundenen Verwaltungsaufgaben einer mit Selbstverwaltungsrechten ausgestalteten bundesunmittelbaren Anstalt des öffentlichen Rechts nach

2. „Gesetzesfreie" Verwaltung

Die Verwaltungskompetenzen, die dem Bund im Rahmen der sog. gesetzesfreien Verwaltung zustehen, sind für ihn hinsichtlich der Wissenschaftsförderung im Vergleich zu den eben beschriebenen Verwaltungskompetenzen auf dem Gebiet der gesetzesakzessorischen Verwaltung wesentlich relevanter. Die sog. gesetzesfreie Verwaltung umfasst die Bereiche, die nicht unmittelbar dem Vollzug von Gesetzen dienen. Die Verwaltung ist dabei jedoch selbstverständlich nicht völlig frei, sondern muss sich an die allgemeinen rechtlichen Grenzen und Bindungen der Zuständigkeitsvorschriften, Grundrechte und allgemeinen Grundsätze des Verwaltungsrechts halten.[241] Für die Bereiche der sog. gesetzesfreien Verwaltung enthält das Grundgesetz keine speziellen Regelungen, sodass nach Art. 30 GG grundsätzlich die Länder zuständig sind.[242] Der Bund kann im Rahmen der sog. gesetzesfreien Verwaltung mithin nur zuständig sein, soweit das Grundgesetz „keine andere Regelung trifft oder zulässt".

Eine solche „andere Regelung" findet sich in Art. 87 III GG i.V.m. Art. 74 I Nr. 13 Alt. 2 GG, wonach der Bund, wie bereits dargestellt, im Bereich der Forschungsförderung selbstständige Bundesoberbehörden sowie neue bundesunmittelbare Körperschaften oder Anstalten des öffentlichen Rechts durch Bundesgesetz errichten kann. Dabei kommt es für das Vorliegen der Bundesverwaltungskompetenz im Rahmen der sog. gesetzesfreien Verwaltung nicht darauf an, ob der Bund von seiner Gesetzgebungskompetenz in Art. 74 I Nr. 13 Alt. 2 GG auch Gebrauch gemacht hat. Dies ergibt sich bereits aus dem Wortlaut von Art. 87 III 1 GG, der lediglich darauf abstellt, dass „dem Bunde die Gesetzgebung zusteht", nicht aber darauf, dass er die Gesetzgebungskompetenz auch ausübt. Der Bund könnte mithin auch ohne Erlass eines Forschungsförderungsgesetzes durch einfaches Bundesgesetz etwa eine Bundesforschungsbehörde errichten.[243] Die Erforderlichkeitsklausel des Art. 72 II GG würde dabei im Übrigen nicht zur Anwendung kommen. Die Einrichtung einer solchen Behörde ist bislang jedoch nicht erfolgt und sie ist derzeit in Anbetracht

---

Art. 87 III 1 Alt. 2 GG übertragen werden sollten. *Nolte*, DVBl. 2010, 84 (87), hält wiederum die Schaffung von Zentralstellen, die die Durchführung der Wissenschaftsförderung übernehmen, Förderprogramme auflegen und über ihre Mittelvergabe entscheiden, für möglich.

241 *Maurer/Waldhoff*, Allgemeines Verwaltungsrecht, § 1 Rn. 27.

242 BVerfGE 12, 205 (243).

243 *Speiser*, Der deutsche Wissenschaftsföderalismus auf dem Prüfstand, S. 66 f.

der etablierten kooperativen Staatspraxis[244] auch wenig wahrscheinlich. Zudem kann der Bund bei der Erfüllung von Länderaufgaben unter bestimmten Voraussetzungen im Rahmen der Gemeinschaftsaufgabe Forschungsförderung nach Art. 91b GG mitwirken, auf die jedoch erst im Rahmen der Finanzierungskompetenzen des Bundes eingegangen wird.[245] Darüber hinaus findet sich im Grundgesetz keine „andere Regelung", die dem Bund eine Verwaltungskompetenz im Wissenschaftsbereich ausdrücklich zuweist.

a) Ungeschriebene Bundesverwaltungskompetenzen

Ausdrückliche Kompetenzen sind jedoch auch die ungeschriebenen Kompetenzen des Bundes,[246] welche das Grundgesetz in Art. 30 GG „zulässt". Ungeschriebene Verwaltungskompetenzen des Bundes können sich dabei grundsätzlich kraft Sachzusammenhangs, als Annexkompetenz oder aus der Natur der Sache ergeben.

Kraft Sachzusammenhangs[247] entspringen den Kompetenzen des Bundes für den Auswärtigen Dienst in Art. 87 I 1 Alt. 1 GG, für auswärtige Angelegenheiten in Art. 73 Nr. 1 GG sowie gegebenenfalls auch für die Pflege der Beziehungen zu auswärtigen Staaten in Art. 32 I GG ungeschriebene Verwaltungskompetenzen für die auswärtige Kulturpolitik, die Kulturförderung im Ausland sowie die Bundesbeteiligung an internationalen Forschungsinfrastrukturen und -projekten.[248] Als ungeschriebene Verwaltungskompetenzen verfügt der Bund ferner über Annexkompetenzen[249] zur Errichtung oder zum Betrieb von Auslandsschulen (Annex zu Art. 73 I Nr. 1 Alt. 1 GG), Hochschulen der Bundeswehr (Annex zu Art. 73 I Nr. 1 Alt. 2, 87a, 87b GG) sowie Verwaltungsfachhochschulen des Bundes (z.B. die Fachhochschule des Bundes für öffentliche Verwaltung mit Hauptsitz in Brühl).[250] Dabei beschränken sich Annexkompetenzen des Bundes auf die Regelung von Fragen der Vorbereitung und Durchführung der in seine

---

244 S. dazu auch unten C.

245 S. dazu unten B. IV. 2.-4.

246 *v. Arnim*, in: Isensee/P. Kirchhof, HdbStR, Bd. VI, § 138 Rn. 69.

247 BVerfGE 3, 407 (421).

248 *Geis*, DÖV 1992, 522 (527); *Maurer*, Staatsrecht I, § 10 Rn. 28; *Speiser*, Der deutsche Wissenschaftsföderalismus auf dem Prüfstand, S. 68.

249 BVerfGE 8, 143 (149).

250 *Löwer*, WissR 50 (2017), 263 (268); *Speiser*, Der deutsche Wissenschaftsföderalismus auf dem Prüfstand, S. 70. Derzeit existieren insgesamt zehn Fachhochschulen des Bundes, vgl. *Statistisches Bundesamt*, Finanzen der Hochschulen, S. 164 (Anhang 1).

Zuständigkeit fallenden Sachmaterien. Eine systematische Wissenschaftsförderung des Bundes liegt im Rahmen seiner ungeschriebenen annexweisen Verwaltungskompetenzen mithin nicht vor.[251]

Sowohl kraft Sachzusammenhangs als auch als Annex kann der Bund überdies Ressortforschung betreiben; dies jedoch nur, wenn und soweit diese dem Bund dazu dient, die für die Ausübung seiner Gesetzgebungs- und Verwaltungskompetenzen notwendigen Erkenntnisse zu gewinnen oder aber selbst Bestandteil dieser Ausübung ist.[252] Die Ressortforschungsprojekte des Bundes dienen mithin nicht der Wissenschaftsförderung. Grundsätzlich darf jedes Ressort für seine Aufgaben Forschungsaufträge vergeben sowie Ressortforschungseinrichtungen errichten.[253] Die Ressortforschung bildet heute eine der größten Säulen der außeruniversitären Forschung.[254] Der aktuelle Bundesbericht Forschung und Innovation 2018 listet derzeit 42 Bundes- und 160 Landesressortforschungseinrichtungen auf, deren Gesamtbudget auf Bundesebene etwa 1,1 Mrd. Euro und auf Länderebene ca. 209 Mio. Euro beträgt.[255] Die Programme des Bundesministeriums für Bildung und Forschung (BMBF) erweisen sich häufig allerdings als Wissenschaftsförderung des Bundes mit forschungspolitischen Zielsetzungen und gehen somit weit über die Ressortforschung hinaus.[256] Ihre Zulässigkeit könnte sich jedoch aus einer ungeschriebenen Bundesverwaltungskompetenz aus der Natur der Sache ergeben.

b) *Ungeschriebene Bundesverwaltungskompetenz aus der Natur der Sache*

Ungeschriebene Bundeskompetenzen aus der Natur der Sache wurden im Bereich der Gesetzgebung bereits unter Geltung der Weimarer Reichsverfassung in der Literatur entwickelt. Nach *Gerhard Anschütz* handelte es sich dabei

---

251 *Speiser*, Der deutsche Wissenschaftsföderalismus auf dem Prüfstand, S. 70.

252 *Köstlin*, Die Kulturhoheit des Bundes, S. 43; *Streiter*, Wissenschaftsförderung durch Mittlerorganisationen, S. 50; *Speiser*, Der deutsche Wissenschaftsföderalismus auf dem Prüfstand, S. 69; *Trute*, in: v. Mangoldt/Klein/Starck, GG, Art. 83 Rn. 82.

253 Die Ressortforschungseinrichtungen des Bundes sind i.d.R. nichtrechtsfähige Bundesanstalten, die durch ministeriellen Organisationserlass oder Gesetz errichtet werden, *Löwer*, WissR 50 (2017), 262 (267). Zur Frage des Gesetzesvorbehalts s. auch *Sauer*, in: Kahl/Waldhoff/Walter, BK-GG, Art. 86 [Stand: 4/2018] Rn. 116.

254 *Streiter*, Wissenschaftsförderung durch Mittlerorganisationen, S. 50.

255 *BMBF*, Bundesbericht Forschung und Innovation 2018, S. 87 ff.

256 *Löwer*, WissR 50 (2017), 263 (267).

um einen „ungeschriebenen, im Wesen der Dinge begründeten, mithin einer ausdrücklichen Anerkennung durch die Reichsverfassung nicht bedürftigen Rechtssatz, wonach gewisse Sachgebiete, weil sie ihrer Natur nach eigenste, der partikularen Gesetzgebungszuständigkeit a priori entrückte Angelegenheiten des Reiches darstellen, vom Reich und nur von ihm geregelt werden können".[257] Das Bundesverfassungsgericht hat die Gesetzgebungszuständigkeit des Bundes kraft Natur der Sache schließlich ebenfalls anerkannt und die Definition von Anschütz übernommen.[258]

Auch im Bereich der Verwaltung sind ungeschriebene Kompetenzen des Bundes aus der Natur der Sache in der Literatur und Rechtsprechung allgemein anerkannt.[259] In seinem Jugendwohlfahrtsurteil[260] erkannte das Bundesverfassungsgericht etwa eine Förderungszuständigkeit des Bundes auf dem Gebiet der Jugendhilfe als ungeschriebene Bundesverwaltungskompetenz aus der Natur der Sache an. Dabei griff das Gericht im Wesentlichen auf die gleichen Argumente zurück, die es für die Begründung der ungeschriebenen Gesetzgebungskompetenzen des Bundes aus der Natur der Sache angeführt hat.[261] „Schlussfolgerungen aus der Natur der Sache" müssten daher „begriffsnotwendig sein und eine bestimmte Lösung unter Ausschluss anderer Möglichkeiten sachgerechter Lösung zwingend"[262] erfordern. „Argumente aus der Natur der Sache" würden aber dort versagen, wo sich auch „eine andere Lösung mit beachtlichen Gründen rechtfertigen"[263] lasse. Eine Bundesverwaltungskompetenz aus der Natur der Sache kommt somit nur in Betracht, wenn und soweit die Länder eine Aufgabe nicht sinnvoll erfüllen können, die Bundeszuständigkeit also alternativlos ist.[264] Das Bundesverfassungsgericht sah diese strengen Voraussetzungen für eine Bundesaufgabe in seinem Jugendwohlfahrtsurteil nur dann als erfüllt an, wenn diese „eindeutig überregionalen Charakter" habe und es sich um Bestrebungen handele, „die ihrer Art nach nicht durch ein Land allein wirksam gefördert

---

257 *Anschütz*, in: ders./Thoma, HdbDStR, Bd. 1, S. 367.
258 BVerfGE 11, 89 (99).
259 BVerfGE 11, 6 (17 f.); 22, 180 (217); *Ronellenfitsch*, Die Mischverwaltung im Bundesstaat, S. 228 ff.; *Häde*, Finanzausgleich, S. 35 ff.; *Ehlers*, JURA 2000, 323 (323 u. 326 f.); *Maurer/Waldhoff*, Allgemeines Verwaltungsrecht, § 22 Rn. 8.
260 BVerfGE 22, 180 (217).
261 *Häde*, Finanzausgleich, S. 35 f.
262 BVerfGE 11, 89 (99); 22, 180 (217).
263 BVerfGE 11, 89 (99).
264 *Speiser*, Der deutsche Wissenschaftsföderalismus auf dem Prüfstand, S. 71.

werden“[265] könnten. Zulässige Förderungen auf dem Gebiet der Jugendpflege durch den Bund lägen danach ferner beispielsweise bei zentralen Einrichtungen, deren Wirkungsbereich sich auf das Bundesgebiet als Ganzes erstreckt, bei gesamtdeutschen Aufgaben und bei internationalen Aufgaben vor. Das Bundesverfassungsgericht wich in seiner späteren Rechtsprechung hiervon nicht mehr ab, wenngleich das Kriterium der Überregionalität zur Begründung einer ungeschriebenen Bundesverwaltungskompetenz aus der Natur der Sache teilweise in der Literatur grundsätzlich abgelehnt wurde.[266] Anzumerken ist an dieser Stelle, dass das Kriterium der Überregionalität allein noch keine Bundesverwaltungskompetenz aus der Natur der Sache zu begründen vermag, sondern vielmehr stets eine Einzelfallprüfung erforderlich ist.[267] In der Staatspraxis wurde sodann maßgeblich auf das Kriterium der überregionalen Bedeutung abgestellt.[268] Auch das sog. Flurbereinigungsabkommen[269] von Bund und Ländern aus dem Jahr 1971, welches zwar nie in Kraft trat, aber dennoch maßgebliche Bedeutung für die Staatspraxis hatte,[270] erwähnt „Vorhaben der wissenschaftlichen Großforschung vornehmlich im Bereich der Kern-, Weltraum-, Luftfahrt- und Meeresforschung sowie auf dem Gebiet der Datenverarbeitung“[271] als Aufgaben des Bundes. Zur Großforschung würden wiederum „Vorhaben, die wegen ihrer besonderen wissenschaftlichen Bedeutung und ihres außerordentlichen finanziellen Aufwands sinnvollerweise nur vom Gesamtstaat gefördert werden können“,[272] gehören. Zwar sei grundsätzlich nur der außerhochschulische Bereich der Großforschung erfasst, möglich sei jedoch auch die Förderung bestimmter Forschungsvorhaben im Hochschulbereich im Einvernehmen mit dem Sitzland,

265 BVerfGE 22, 180 (217).

266 So *Köstlin*, Die Kulturhoheit des Bundes, S. 46 ff.

267 *Brockmeyer*, in: FS Klein, S. 637; *Speiser*, Der deutsche Wissenschaftsföderalismus auf dem Prüfstand, S. 72.

268 *Wieland*, in: ders./Dohmen, Bildungsföderalismus und Bildungsfinanzierung, S. 32.

269 Der Entwurf des sog. Flurbereinigungsabkommens stellt den bislang einzigen Versuch einer umfassenden Umschreibung der ungeschriebenen Verwaltungszuständigkeiten des Bundes dar. Abgedruckt bei *Frey*, in: *BMF*, Die Finanzbeziehungen zwischen Bund, Ländern und Gemeinden aus finanzverfassungsrechtlicher Sicht, S. 75 ff.

270 *Wieland*, in: Makswit/Schoch, Aktuelle Fragen der Finanzordnung, S. 142; *ders.*, in: ders./Dohmen, Bildungsföderalismus und Bildungsfinanzierung, S. 32; *Brockmeyer*, in: FS Klein, S. 635; *Hellermann*, in: v. Mangoldt/Klein/Starck, GG, Art. 104a Rn. 112.

271 *Bund/Länder*, Flurbereinigungsabkommen, § 1 I Nr. 4 S. 1.

272 *Bund/Länder*, Flurbereinigungsabkommen, § 1 I Nr. 4 S. 2.

sofern sie für die Großforschung erforderlich seien.[273] Vor diesem Hintergrund könnten sich die außeruniversitäre Großforschung sowie weite Teile der Projektförderung des Bundes rechtfertigen lassen.[274] Die ungeschriebenen Bundeskompetenzen aus der Natur der Sache bestehen jedoch nur in äußerst engen Grenzen und können nur in Ausnahmesituationen geltend gemacht werden.[275] Äußerste Grenze jeder Verwaltungszuständigkeit des Bundes ist zudem stets die Gesetzgebungskompetenz des Bundes,[276] welche in der Praxis allerdings kaum eine Rolle spielt.[277]

Im Bereich der Großforschung, für den der Bund nach Art. 74 I Nr. 13 Alt. 2 GG eine Regelungszuständigkeit hat, lässt sich eine ungeschriebene Bundesverwaltungskompetenz durch das regelmäßig hohe Finanzvolumen der Projektförderung, welches die Länder vielfach überfordert,[278] die häufigen überregionalen[279] und internationalen Bezüge sowie die oft mehrere Länder involvierende Verbundstruktur der Förderempfänger begründen.[280] Insgesamt lässt sich feststellen, dass die ungeschriebenen Bundesverwaltungskompetenzen aus der Natur der Sache seit Jahrzehnten gelebte Staatspraxis im Wissenschaftsbereich sind.[281]

---

273 *Bund/Länder*, Flurbereinigungsabkommen, Protokollnotiz zu § 1 I Nr. 4.

274 *Schmidt-Aßmann*, in: FS für Isensee, S. 418 f.; *Mager*, in: v. Münch/Kunig, Art. 91b Rn. 8; *Speiser*, Der deutsche Wissenschaftsföderalismus auf dem Prüfstand, S. 74; BT-Drs. 16/330, S. 8; BT-Drs. 16/813, S. 16.

275 BVerfGE 98, 265 (299); *Stern*, Das Staatsrecht der Bundesrepublik Deutschland, Bd. II, S. 783; *Kloepfer*, Verfassungsrecht I, § 22 Rn. 33.

276 *Stern*, Das Staatsrecht der Bundesrepublik Deutschland, Bd. II, S. 783; *Häde*, Finanzausgleich, S. 36 f.; kritisch dagegen: *Müller-Volbehr*, Fonds- und Investitionshilfekompetenz des Bundes, S. 109 f.; *Brockmeyer*, in: FS Klein, S. 639 f.

277 *Brockmeyer*, in: FS Klein, S. 640.

278 Wenngleich die mangelnde finanzielle Leistungsfähigkeit der Länder allein noch kein Grund für die Annahme einer Bundeszuständigkeit ist, *Maunz*, in: Maunz/Dürig, GG, Art. 104a [Stand: 5/1977] Rn. 18; *Brockmeyer*, in: FS Klein, S. 638.

279 Wenngleich die rechtliche sowie faktische Überregionalität aus sich heraus keine Bundeskompetenz aus der Natur der Sache begründet, *Trute*, in Härtel, Handbuch Föderalismus, § 28 Rn. 52.

280 *Meyer*, Die Föderalismusreform 2006, S. 263; *Speiser*, Der deutsche Wissenschaftsföderalismus auf dem Prüfstand, S. 74.

281 *Speiser*, Der deutsche Wissenschaftsföderalismus auf dem Prüfstand, S. 74.

3. Zusammenfassung und Bewertung

Insgesamt verfügt der Bund im Wissenschaftsbereich nur über wenige, wenn auch nicht unbedeutende Verwaltungskompetenzen. Im Rahmen der gesetzesakzessorischen Verwaltung beschränken sich die Verwaltungskompetenzen des Bundes auf den Vollzug seiner Bundesgesetze auf dem Gebiet der Forschungsförderung nach Art. 87 III 1 GG i.V.m. Art. 74 I Nr. 13 Alt. 2 GG. Diese Ausführungskompetenz wurde vom Bund bislang allerdings nicht genutzt, da er zuvor von seiner Gesetzgebungszuständigkeit in Art. 74 I Nr. 13 Alt. 2 GG Gebrauch machen müsste, was bislang jedoch nicht erfolgt ist.

Im Bereich der sog. gesetzesfreien Verwaltung hat der Bund darüber hinaus ebenfalls die Kompetenz zur Errichtung selbstständiger Bundesoberbehörden und neuer bundesunmittelbarer Körperschaften und Anstalten des öffentlichen Rechts durch Bundesgesetz nach Art. 87 III 1 GG i.V.m. Art. 74 I Nr. 13 Alt. 2 GG, von der er bislang allerdings keinen Gebrauch gemacht hat. Ferner kann der Bund bei der Erfüllung von Länderaufgaben unter den Voraussetzungen des Art. 91b GG mitwirken.[282] Im Übrigen verfügt der Bund über ungeschriebene Verwaltungskompetenzen kraft Sachzusammenhangs sowie als Annex. Dazu zählt insbesondere die Ressortforschung des Bundes, in deren Rahmen auch die Errichtung von Bundesforschungseinrichtungen erfolgt.

Die bedeutendsten Verwaltungskompetenzen des Bundes im Wissenschaftsbereich sind jedoch seine ungeschriebenen Vollzugskompetenzen aus der Natur der Sache hinsichtlich der Großforschung. Diese Bundesverwaltungskompetenzen bestehen aber nur in äußerst engen Grenzen und können nur in Ausnahmesituationen geltend gemacht werden. Diese strengen Voraussetzungen sind im Übrigen auch notwendig, um eine kontinuierliche Erweiterung der Bundeskompetenzen unter paralleler Beschneidung der Länderkompetenzen zu verhindern, welche zu einem schleichenden Verfassungswandel führen könnte.[283] Bedenklich ist vor allem das Eindringen des Bundes in den Zuständigkeitsbereich der Länder für kulturelle Angelegenheiten. Hinsichtlich der Großforschung relativiert sich dieses Problem jedoch, da diese in die gemeinsame Förderung von Bund und Ländern nach Art. 91b GG einbezogen ist.[284] Die ungeschriebenen Bundesverwaltungskompetenzen sind zudem keine ausschließlichen Bundeszuständigkeiten, sondern treten neben die entsprechende Landeszuständigkeit,

---

282 S. detailliert zu Art. 91b GG unten B. IV. 2.-4.

283 *Köstlin*, Die Kulturhoheit des Bundes, S. 39 f.; *Speiser*, Der deutsche Wissenschaftsföderalismus auf dem Prüfstand, S. 75; *Hermes*, in: Dreier, GG, Art. 87 Rn. 90.

284 *Maunz*, in: Maunz/Dürig, GG, Art. 104a [Stand: 5/1977] Rn. 18.

sodass sich hier vielfältige Formen der Mischverwaltung (und Mischfinanzierung) unabhängig von den in Art. 91a ff. u. 104b GG geregelten Fällen ergeben.[285] Darüber hinaus ist anzumerken, dass die ungeschriebenen Verwaltungskompetenzen des Bundes auch unter dem Aspekt der Verfassungsklarheit und der Rechtssicherheit problematisch anmuten.[286]

Insgesamt liegt das Schwergewicht der Verwaltung im Wissenschaftsbereich dennoch bei den Ländern, so wie es auch im Rahmen der Gesetzgebung der Fall ist.[287]

IV. Finanzierungskompetenzen des Bundes

Nachdem in den vorigen Abschnitten die Gesetzgebungs- und Verwaltungszuständigkeiten des Bundes im Wissenschaftsbereich untersucht wurden, ist im Folgenden zu prüfen, welche Finanzierungskompetenzen dem Bund für seine umfangreichen Förderaktivitäten auf diesem Gebiet zustehen. Dabei sind zunächst die grundsätzlichen Vorgaben der bundesstaatlichen Verteilung der Ausgabenverantwortung nach Art. 104a I GG darzustellen, bevor sodann die für die Wissenschaftsfinanzierung bedeutenden Ausnahmeregelungen ausführlich untersucht werden. Im Fokus steht hier insbesondere die 2014 reformierte Gemeinschaftsaufgabe Forschungsförderung in Art. 91b GG. Darüber hinaus werden die Geldleistungsgesetze des Bundes gem. Art. 104a III GG, die Bundesfinanzhilfen gem. Art. 104b GG sowie die ungeschriebenen Finanzierungskompetenzen des Bundes analysiert.

1. Bundesstaatliche Verteilung der Ausgabenverantwortung – Art. 104a I GG

Die grundsätzliche Verteilung der Ausgabenverantwortung im Verhältnis von Bund und Ländern regelt die Norm des Art. 104a I GG, welche den X. Abschnitt des Grundgesetzes eröffnet und somit Teil der bundesstaatlichen Finanzverfassung ist. Ihre Position am Anfang der Finanzverfassung verdeutlicht dabei sogleich ihre besondere Bedeutung.[288] Nach der Grundregel in Art. 104a I GG

---

285 *Maunz*, in: Maunz/Dürig, GG, Art. 104a [Stand: 5/1977] Rn. 18; *Speiser*, Der deutsche Wissenschaftsföderalismus auf dem Prüfstand, S. 75 f.

286 *Speiser*, Der deutsche Wissenschaftsföderalismus auf dem Prüfstand, S. 75.

287 S. dazu oben B. II.

288 *Hellermann*, in: v. Mangoldt/Klein/Starck, GG, Art. 104a Rn. 2; *Schwarz*, in: Maunz/Dürig, GG, Art. 104a [Stand: 11/2018] Rn. 13.

nehmen Bund und Länder grundsätzlich getrennt die Ausgaben, die sich aus der Wahrnehmung ihrer Aufgaben ergeben, wahr. Die Finanzierungskompetenz folgt mithin der Aufgabenkompetenz (sog. Konnexitätsgrundsatz). Bevor der Regelungsgehalt des Konnexitätsgrundsatzes und dessen Folgen für die bundesstaatliche Wissenschaftsfinanzierung genauer untersucht werden, erfolgt zunächst ein kurzer Einblick in die Entwicklungsgeschichte von Art. 104a I GG.

a) Entwicklungsgeschichte

Die Reichsverfassung von 1871, die Weimarer Verfassung von 1919 sowie das Grundgesetz bis zur Finanzverfassungsreform von 1955[289] enthielten zwar keine ausdrückliche Regelung einer föderalen Finanzierungskompetenz, gingen jedoch implizit vom Gedanken der Konnexität von Aufgaben und Ausgaben aus.[290] Nach dem durch das Finanzverfassungsgesetz von 1955 neu eingeführten Art. 106 IV 2 Nr. 1 GG (i.d.F. v. 1955) trugen „Der Bund und die Länder [...] gesondert die Ausgaben, die sich aus der Wahrnehmung ihrer Aufgaben ergeben". Mit dieser Formulierung fand der Konnexitätsgrundsatz erstmals explizit Eingang in das Grundgesetz. Trotz der systematischen Stellung dieser Regelung als Richtlinie für die Anwendung der Revisionsklausel im vertikalen Finanzausgleich zwischen Bund und Ländern nach Art. 106 IV 1 GG (i.d.F. v. 1955) wurde ihr Aussagegehalt als verallgemeinerungsfähig angesehen. So bewertete das Bundesverfassungsgericht Art. 106 IV 2 Nr. 1 GG (i.d.F. v. 1955) als Grundsatzentscheidung für die Lastenverteilung im Bund-Länder-Verhältnis.[291]

In der Staatspraxis hatte sich in den ersten beiden Jahrzehnten der Bundesrepublik bis zur Einfügung dieser Regelung in das Grundgesetz eine ausgedehnte Mitfinanzierung von Länderaufgaben durch den Bund im Wege der sog. Fondsverwaltung[292] entwickelt, welche zunächst auf Art. 106 III GG (i.d.F. v. 1949) gestützt wurde. Auch die Einfügung von Art. 106 IV 2 Nr. 1 GG (i.d.F. v. 1955)

---

289 Gesetz zur Änderung und Ergänzung der Finanzverfassung (Finanzverfassungsgesetz) v. 23.12.1955, BGBl. 1955 I S. 817.

290 *Waldhoff*, KritV 2008, 213 (216); *Hellermann*, in: v. Mangoldt/Klein/Starck, GG, Art. 104a Rn. 24 ff.

291 BVerfGE 9, 305 (328 f.); 14, 221 (233 f.); 26, 338 (390).

292 Die Tradition der Fondswirtschaft des Bundes reicht bis in die Zeit des Kaiserreichs zurück, *Collin*, in: Seckelmann/Lange/Horstmann, Die Gemeinschaftsaufgaben von Bund und Ländern in der Wissenschafts- und Bildungspolitik, S. 42. Vgl. zur Fondsverwaltung auch *Flehinghaus*, Die Bundesfondsverwaltung; *Kisker*, Kooperation im Bundesstaat; *Köttgen*, Fondsverwaltung in der Bundesrepublik.

in das Grundgesetz konnte allerdings aufgrund einer fehlenden klaren Regelung der föderalen Finanzierungskompetenz die ausufernde Fondswirtschaft des Bundes in der Folgezeit nicht unterbinden. Mithin war die Eigenstaatlichkeit der Länder durch die Praxis des Bundes zunehmend bedroht, da er mittels seiner Dotationen auch inhaltlich Einfluss auf Landesaufgaben nahm und Landesmittel durch mischfinanzierte Projekte einband.[293]

Den entscheidenden Anstoß zur Aufnahme der heutigen Lastenverteilungsregelung in das Grundgesetz gab schließlich die 1964 eingesetzte Kommission für die Finanzreform mit ihrem „Troeger-Gutachten", welches sie 1966 veröffentlichte. Dieses sah eine Grundsatznorm für die Lastenverteilung im Bund-Länder-Verhältnis vor. Der im Rahmen der Verfassungsreform von 1969 eingefügte und ein Jahr später in Kraft getretene Art. 104a I GG stellt die erste ausdrückliche Regelung einer föderalen Finanzierungskompetenz in der deutschen Verfassungsgeschichte dar.[294]

b) Konnexität von Aufgaben und Ausgabenverantwortung – Art. 104a I GG

Nach der seit 1970 unverändert geltenden Grundregel des Art. 104a I GG tragen Bund und Länder grundsätzlich getrennt die Ausgaben, die sich aus der Wahrnehmung ihrer Aufgaben ergeben. Unter Ausgaben sind dabei die vom Staat für seine Tätigkeit durch Zahlung von Geld an Dritte aufgewandten Mittel zu verstehen.[295] Die Norm des Art. 104a I GG entfaltet dabei rechtlich zwingende Wirkung in zweifacher, verpflichtender und begrenzender Hinsicht. Zum einen bestimmt sie die mit der Finanzierungsverantwortung verbundene Verpflichtung zur Ausgabentragung für die eigene Aufgabenwahrnehmung und zum anderen regelt sie die Befugnis zur Finanzierung der Aufgabe, woraus sich ein grundsätzliches Verbot der Finanzierung fremder Aufgaben ableiten lässt. Mithin folgt aus dem Konnexitätsprinzip zugleich ein grundsätzliches Verbot von Mischfinanzierungen im Bund-Länder-Verhältnis.[296] Da die Finanzierungskompetenz gem. Art. 104a I GG mithin der Aufgabenkompetenz folgt, setzen

---

293 *Waldhoff*, KritV 2008, 213 (216); *Hellermann*, in: v. Mangoldt/Klein/Starck, GG, Art. 104a Rn. 28.

294 *Waldhoff*, KritV 2008, 213 (216).

295 *Hellermann*, in: v. Mangoldt/Klein/Starck, GG, Art. 104a Rn. 49.

296 *Kloepfer*, Verfassungsrecht I, § 26 Rn. 42; *Hellermann*, in: v. Mangoldt/Klein/Starck, GG, Art. 104a Rn. 18 ff. u. 51; *Schwarz*, in: Maunz/Dürig, GG, Art. 104a [Stand: 11/2018] Rn. 35.

die umfassenden finanziellen Fördertätigkeiten des Bundes im Wissenschaftsbereich folglich eine „*Bundesaufgabe*" voraus. Die zentrale Frage lautet daher, wann eine „*Bundesaufgabe*" vorliegt bzw. woran genau die Lastentragung anknüpft.

Hier kommen zunächst grundsätzlich zwei unterschiedliche Ansätze in Betracht: das Prinzip der Vollzugskausalität und das Prinzip der Gesetzeskausalität. Unter dem Prinzip der Vollzugskausalität versteht man die Anknüpfung der Ausgabenlast an die Ausübung der Verwaltungszuständigkeit. Demgegenüber ist unter dem Prinzip der Gesetzeskausalität die Anknüpfung der Ausgabenlast an die Wahrnehmung der zugrunde liegenden Gesetzgebungsaufgabe zu verstehen, weshalb dieses auch als Veranlasser- oder Verursachungsprinzip bezeichnet wird.[297] Es besteht allerdings weitgehend Einigkeit darüber, dass die Verwaltungskompetenzen und nicht die Gesetzgebungskompetenzen den Bezugspunkt für die Ausgabenlast nach Art. 104a I GG bilden.[298] Hierfür spricht zum einen in systematischer Hinsicht die Ausnahmevorschrift in Art. 104a II GG für die Bundesauftragsverwaltung, aus welcher sich ein Umkehrschluss für den Grundsatz in Art. 104a I GG ableiten lässt.[299] Auch aus historischer Sicht ist angesichts des „Troeger-Gutachtens"[300] und des Gesetzentwurfes der Bundesregierung[301] ebenfalls von einer Konnexität von Ausgabenlast und Verwaltungsaufgaben auszugehen. Dies erscheint im Übrigen auch sinnvoll, da formell betrachtet erst beim Vollzug der Aufgaben die Kosten entstehen und hier materiell gesehen auch der entscheidende Finanzierungsspielraum im Hinblick auf die Höhe der Ausgaben besteht.[302] Auch aus dem Regelungsziel des Art. 104a I GG lässt sich nichts anderes ableiten. So kann nur eine Anknüpfung der Lastentragung an die Verwaltungskompetenzen eine sachgerechte Ausübung der parlamentarischen Kontrolle sowie eine klare Lastenverteilung unter weitgehendem Verzicht auf Mischverwaltung und Finanztransfers bieten.[303]

---

297 *Hellermann*, in: v. Mangoldt/Klein/Starck, GG, Art. 104a Rn. 42.

298 BVerfGE 26, 338 (390); BVerwGE 44, 351 (365); *Kloepfer*, Verfassungsrecht I, § 26 Rn. 40; *Tappe*, in: Kahl/Waldhoff/Walter, BK-GG, Art. 104a [Stand: 5/2017] Rn. 69, 80 u. 83 ff.; *Schwarz*, in: Maunz/Dürig, GG, Art. 104a [Stand: 11/2018] Rn. 39.

299 BT-Drs. 5/2861, Tz. 290.

300 *Kommission für die Finanzreform*, Gutachten über die Finanzreform in der Bundesrepublik Deutschland („Troeger-Gutachten"), Tz. 199.

301 BT-Drs. 5/2861, Tz. 114.

302 BT-Drs. 5/2861, Tz. 114; *Hellermann*, in: v. Mangoldt/Klein/Starck, GG, Art. 104a Rn. 43; *Schwarz*, in: Maunz/Dürig, GG, Art. 104a [Stand: 11/2018] Rn. 39.

303 *Kommission für die Finanzreform*, Gutachten über die Finanzreform in der Bundesrepublik Deutschland („Troeger-Gutachten"), Tz. 199; *Hellermann*, in: v. Mangoldt/Klein/Starck, GG, Art. 104a Rn. 43.

Unter einer „*Bundesaufgabe*“ i.S.v. Art. 104a I GG ist mithin jede dem Bund grundgesetzlich zugewiesene unmittelbar kostenverursachende staatliche Tätigkeit zu verstehen.[304] Das Konnexitätsprinzip erfasst somit in erster Linie die Verwaltung i.S.d. Art. 30, 83 ff. GG und knüpft regelmäßig an die dort geregelte Verteilung der Verwaltungsaufgaben an.[305] Dabei ist der Regelungsanspruch des Art. 104a I GG umfassend. Er erfasst sowohl die gesetzesgebundene als auch die sog. gesetzesfreie Verwaltung.[306] Zudem unterfällt ihm neben der unmittelbaren Staatsverwaltung auch die mittelbare Staatsverwaltung durch Körperschaften, Anstalten oder Stiftungen des öffentlichen Rechts sowie staatliche Sondervermögen.[307] Der Bund verfügt also nur dann über eine Finanzierungskompetenz für seine Förderaktivitäten im Wissenschaftsbereich, wenn er auch eine Verwaltungskompetenz auf diesem Gebiet besitzt.[308]

Wie bereits festgestellt, tragen jedoch die Länder nach Art. 83 GG die Hauptlast der Verwaltungsaufgaben im Wissenschaftsbereich[309] und sind somit auch gem. Art. 104a I GG grundsätzlich für deren Finanzierung zuständig. Der Bund hat überdies von seiner Gesetzgebungskompetenz in Art. 74 I Nr. 13 Alt. 2 GG bislang keinen Gebrauch gemacht, sodass auch im Bereich der gesetzesakzessorischen Verwaltung die Vollzugszuständigkeit derzeit allein bei den Ländern liegt. Auch im Bereich der sog. gesetzesfreien Verwaltung hat der Bund bisher nicht von seiner Verwaltungskompetenz zur Errichtung selbstständiger Bundesoberbehörden und neuer bundesunmittelbarer Körperschaften und Anstalten des öffentlichen Rechts nach Art. 83 III 1 GG i.V.m. Art. 74 I Nr. 13 Alt. 2 GG Gebrauch gemacht, sodass auch hier keine Finanzierungskompetenz des Bundes vorliegt. Erhebliche Schwierigkeiten bei der Abgrenzung der Ausgabenverantwortung zwischen Bund und Ländern ergeben sich hingegen im Bereich der ungeschriebenen Bundeszuständigkeiten, auf die jedoch erst an späterer Stelle eingegangen wird.[310] Im Übrigen spielt das grundsätzliche Verbot der Mischfinanzierung für den Bund angesichts der Residualzuständigkeit der Länder im Wissenschaftsbereich nach Art. 30, 83 GG eine wichtige Rolle. Art. 104a I GG

---

304 *Heintzen*, in: v. Münch/Kunig, GG, Art. 104a Rn. 17; *Hellermann*, in: v. Mangoldt/Klein/Starck, GG, Art. 104a Rn. 45.

305 *Hellermann*, in: v. Mangoldt/Klein/Starck, GG, Art. 104a Rn. 47.

306 *Heintzen*, in: v. Münch/Kunig, Art. 104a Rn. 20; *Hellermann*, in: v. Mangoldt/Klein/Starck, GG, Art. 104a Rn. 47.

307 *Hellermann*, in: v. Mangoldt/Klein/Starck, GG, Art. 104a Rn. 47.

308 *v. Arnim*, in: Isensee/P. Kirchhof, HdbStR, Bd. VI, § 138 Rn. 68.

309 S. hierzu auch oben B. III.

310 S. dazu unten B. IV. 7.

verlangt, dass Bund und Länder die sich aus ihrer Aufgabenwahrnehmung ergebenden Ausgaben *gesondert* finanzieren. Eine finanzielle Beteiligung an der Erledigung von Verwaltungsaufgaben der Länder ist für den Bund grundsätzlich unzulässig. Hintergrund des Verbots der Mischfinanzierung ist dabei zum einen das Bemühen um Transparenz. Darüber hinaus soll das Verbot insbesondere die im Grundgesetz geregelte Eigenstaatlichkeit der Länder nach Art. 20 I, 79 III GG und die föderale Vielfalt sichern, indem Übergriffe des Bundes auf die Länderkompetenzen mittels des Einsatzes von Finanzhilfen und damit das Anlegen „goldener Zügel" vermieden werden.[311]

Neben der Aufgaben- und Ausgabenverteilung ist auch die Einnahmeverteilung von entscheidender Bedeutung für die bundesstaatliche Aufgabenwahrnehmung. So ist es die bundesstaatliche Aufgabe der Finanzverfassung, den Bund und die Länder am Finanzaufkommen sachgerecht zu beteiligen sowie sie finanziell in die Lage zu versetzen, die ihnen verfassungsrechtlich zugewiesenen Aufgaben wahrnehmen zu können.[312] So haben Bund und Länder im Rahmen ihrer Finanzausstattung auch gem. Art. 106 III 4 Nr. 1 GG gleichmäßig Anspruch auf Deckung ihrer notwendigen Ausgaben.[313] Mithin folgen nicht nur die Finanzierungskompetenzen, sondern auch die zu verteilenden Mittel den Aufgaben.[314] Die Finanzverfassung ist insoweit „Folgeverfassung".[315] Die in den Art. 104a bis 108 GG enthaltenen finanzverfassungsrechtlichen Normen bilden insgesamt einen der tragenden Eckpfeiler der bundesstaatlichen Ordnung des Grundgesetzes. Bund und Länder müssen finanziell so ausgestattet werden, dass sie die zur Wahrnehmung ihrer Aufgaben erforderlichen Ausgaben leisten können.[316]

c) Ausnahmen vom Konnexitätsprinzip

Der Bund könnte im Wissenschaftsbereich jedoch auch eine spezielle Finanzierungskompetenz in den Art. 104a ff. GG haben, die ihm die Wissenschaftsförderung ermöglicht. Im Grundgesetz wird der Grundsatz der Konnexität in

---

311 BVerfGE 39, 96 (108); *Speiser*, Der deutsche Wissenschaftsföderalismus auf dem Prüfstand, S. 86; *Tappe/Wernsmann*, Öffentliches Finanzrecht, § 3 Rn. 123.

312 BVerfGE 55, 274 (300); 72, 330 (388), 86, 148 (264).

313 Im Übrigen richtet sich die Finanzausstattung von Bund und Ländern über Art. 106 GG hinaus vor allem nach Art. 107 GG.

314 *Speiser*, Der deutsche Wissenschaftsföderalismus auf dem Prüfstand, S. 87.

315 *F. Kirchhof*, VVDStRL 52 (1993), 71 (80).

316 BVerfGE 55, 274 (300); 72, 330 (388).

Art. 104a I GG gleich durch mehrere explizite Bestimmungen durchbrochen. Diese Ausnahmen vom Konnexitätsprinzip finden sich in Art. 104a II GG für die Bundesauftragsverwaltung[317], in Art. 104a III GG für Geldleistungsgesetze des Bundes sowie in Art. 104b GG und Art. 104c GG für Finanzhilfen des Bundes. Die Gemeinschaftsaufgaben und die Verwaltungszusammenarbeit nach Art. 91a ff. GG stellen einen Fall der ausnahmsweise zulässigen Mischverwaltung von Bund und Ländern dar, welche regelmäßig eine Mischfinanzierung zur Folge hat. Dabei erweist sich die gemeinsame Kostentragung von Bund und Ländern genau genommen nicht als Ausnahme vom Konnexitätsprinzip in Art. 104a I GG, sondern im Gegenteil als strenge Anwendung desselben, denn die Gemeinschaftsaufgaben fallen in den gemeinsamen Verwaltungszuständigkeitsbereich von Bund und Ländern, sodass nach Art. 104a I GG sowohl Bund als auch Länder für die Finanzierung zuständig sind.[318] Dennoch treffen die Art. 91a ff. GG für die Fälle der Mischverwaltung spezielle Regelungen über die Finanzierung.[319] Darüber hinaus finden sich Durchbrechungen des Konnexitätsprinzips in Art. 120 I 1 GG für die Kriegsfolgelasten, in Art. 120 I 4 GG für die Zuschüsse zu den Lasten der Sozialversicherung, in Art. 106 VIII GG für Ausgleichsleistungen bundesrechtlich veranlasster besonderer Aufgaben, in Art. 106a GG für den Ausgleichsanspruch der Länder zur Finanzierung des Personennahverkehrs, in der Übergangsregelung des Art. 143c GG[320] für Kompensationsbeträge des Bundes als Folge der Föderalismusreform I sowie in der Übergangsregelung des Art. 143d II GG für Konsolidierungshilfen des Bundes als Folge der Föderalismusreform II. Auch die europaspezifisch eingefügten

---

317 Ob Art. 104a II GG eine Ausnahme vom Konnexitätsgrundsatz darstellt, ist umstritten. Es kann jedoch offenbleiben, ob Art. 104a II GG eine Ausnahme vom Konnexitätsgrundsatz darstellt, wonach trotz Zuständigkeit der Länder dem Bund die Ausgabenlast zufällt, oder ob es sich nur um eine Folge aus Art. 104a I GG handelt, da im Falle der Bundesauftragsverwaltung nach Art. 85 GG die zuständigen obersten Bundesbehörden als oberste Verwaltungsspitze über den Landesbehörden stehen und daher letztlich eine Verwaltungsaufgabe des Bundes vorliegt, *Kloepfer*, Verfassungsrecht I, § 26 Rn. 44; vgl. zu diesem Streit auch *Heintzen*, in: v. Münch/Kunig, GG, Art. 104a Rn. 37; *Heun*, in: Dreier, GG, Art. 104a Rn. 23; *Siekmann*, in: Sachs, GG, Art. 104a Rn. 22.

318 *Speiser*, Der deutsche Wissenschaftsföderalismus auf dem Prüfstand, S. 86.

319 *Tappe/Wernsmann*, Öffentliches Finanzrecht, § 3 Rn. 136; s. dazu auch unten B. IV. 3. b) aa).

320 Die Kompensationsbeträge des Bundes nach Art. 143c GG wurden lediglich in der Zeit vom 1. Januar 2007 bis zum 31. Dezember 2019 gewährt.

besonderen Lastentragungsregelungen in Art. 104a VI GG und Art. 109 V GG stellen Durchbrechungen des Konnexitätsprinzips dar.

Als spezielle Finanzierungskompetenzen des Bundes im Wissenschaftsbereich kommen die Ausnahmeregelungen in Art. 91b GG für die Gemeinschaftsaufgabe Forschungsförderung, in Art. 104a III GG für die Geldleistungsgesetze des Bundes sowie in Art. 104b GG für die Bundesfinanzhilfen grundsätzlich in Betracht und bedürfen daher nachfolgend einer besonderen Betrachtung.

2. Gemeinschaftsaufgaben bis 2015

Die Gemeinschaftsaufgaben von Bund und Ländern in den Art. 91a ff. GG bilden eine Ausnahme von dem aus Art. 104a I GG folgenden grundsätzlichen Verbot der Mischverwaltung und Mischfinanzierung und sind „geradezu prototypisch für das Konzept eines kooperativen Föderalismus“.[321] Als Handlungs- und Finanzierungselement ergänzen und modifizieren sie die Verteilung der Gesetzgebungs- und Verwaltungskompetenzen sowie die Finanzverfassung in den Art. 104a ff. GG.[322] Regelungsgegenstand der Gemeinschaftsaufgaben ist unter anderem der Hochschul- und Wissenschaftsbereich, für den eine Kooperation von Bund und Ländern unter bestimmten Voraussetzungen ermöglicht wird. Die Gemeinschaftsaufgaben spielen im Hinblick auf die Finanzierungskompetenzen des Bundes im Bereich der Forschungsförderung eine zentrale Rolle. Im Folgenden sind daher die für die Wissenschaftsfinanzierung relevanten Normen Art. 91a GG und Art. 91b GG näher zu untersuchen. Zu diesem Zweck wird zunächst die Entwicklung der Kooperation von Bund und Ländern im Wissenschaftsbereich von 1949 bis zur Kodifizierung der Gemeinschaftsaufgaben im Jahr 1969 dargestellt. Im Anschluss erfolgt eine Analyse der Neuregelung von Art. 91a und 91b GG durch die Föderalismusreform I im Jahr 2006, bevor sodann ausführlich die Reform von Art. 91b GG aus dem Jahr 2014 behandelt wird. Vorab ist jedoch der Begriff der Gemeinschaftsaufgaben näher zu untersuchen.

a) Begriff der Gemeinschaftsaufgaben

Der Begriff der Gemeinschaftsaufgaben findet sich in der Verfassung sowohl in der Überschrift des Abschnitts VIIIa. des Grundgesetzes sowie in Art. 91a I GG. Art. 91a I GG enthält dabei eine Legaldefinition, wonach unter

321 *Hellermann*, in: Starck, Föderalismusreform, Rn. 276.

322 *Jauch*, Wissenschaftsförderung nach der Reform des Föderalismus, S. 66.

einer Gemeinschaftsausgabe eine Aufgabe der Länder zu verstehen ist, bei deren Erfüllung der Bund mitwirkt, weil sie für die Gesamtheit bedeutsam ist und die Mitwirkung des Bundes zur Verbesserung der Lebensverhältnisse erforderlich ist.[323] Aus dem Charakter der Überschrift des Abschnitts VIIIa. des Grundgesetzes ergibt sich jedoch, dass sich der Begriff der Gemeinschaftsaufgabe nicht ausschließlich auf Gemeinschaftsaufgaben nach Art. 91a GG bezieht. Das weite Begriffsverständnis der Überschrift wird durch die Legaldefinition in Art. 91a I GG lediglich für die obligatorische Mitwirkung des Bundes bei den Länderaufgaben des Art. 91a I Nr. 1 u. 2 GG eingeengt.[324] Der Begriff der Gemeinschaftsaufgaben setzt also entgegen der Legaldefinition in Art. 91a I GG nicht zwingend eine Mitwirkung des Bundes an Aufgaben der Länder voraus, sondern kann grundsätzlich auch in der Mitwirkung der Länder an Aufgaben des Bundes bestehen.[325] Der weite Gemeinschaftsaufgabenbegriff der Überschrift des Abschnitts VIIIa. kann jedoch nicht jede denkbare Zusammenarbeit von Bund und Ländern umfassen. Dies würde zum Verlust aller verfassungsrechtlichen Konturen bei der Begrenzung des Zusammenwirkens von Bund und Ländern führen.[326] Gemeinschaftsaufgaben sind im Wesentlichen durch eine inhaltliche Koordinierung einerseits und eine anteilige Finanzierung andererseits gekennzeichnet, wobei sowohl die Vorbereitung der Planung als auch die Durchführung der einzelnen Maßnahmen in der Zuständigkeit der Länder verbleibt.[327]

In der Literatur werden die Gemeinschaftsaufgaben darüber hinaus uneinheitlich auch in „echte“ und „unechte“ Gemeinschaftsaufgaben[328] sowie

---

323 Vgl. zur historischen Verwendung des Begriffs der Gemeinschaftsaufgaben vor der Verfassungsreform von 1969 auch *Collin*, in: Seckelmann/Lange/Horstmann, Die Gemeinschaftsaufgaben von Bund und Ländern in der Wissenschafts- und Bildungspolitik, S. 43 f.

324 *Suerbaum*, in: Epping/Hillgruber, GG, Art. 91a Rn. 3.

325 *Stern*, Das Staatsrecht der Bundesrepublik Deutschland, Bd. II, S. 839; *Jauch*, Wissenschaftsförderung nach der Reform des Föderalismus, S. 68.

326 *Schwarz*, in: Maunz/Dürig, GG, Art. 91a [Stand: 5/2016] Rn. 1; *Siekmann*, in: Sachs, GG, Art. 91a Rn. 24.

327 *Mager*, in: v. Münch/Kunig, GG, Art. 91a Rn. 7; *Schwarz*, in: Maunz/Dürig, GG, Art. 91a [Stand: 5/2016] Rn. 1.

328 So etwa *Trute*, in: Härtel, Handbuch Föderalismus, § 28 Rn. 55 ff.; *Volkmann/Kaufhold*, in: v. Mangoldt/Klein/Starck, GG, Art. 91a Rn. 27 u. Art. 91b Rn. 1; diese Differenzierung für möglich haltend auch *Glaser*, in: Kahl/Waldhoff/Walter, BK-GG, Vorbem. z. Art. 91a-91e [Stand: 8/2016] Rn. 10; *Schwarz*, in: Maunz/Dürig, Art. 91b [Stand: 12/2016] Rn. 10.

Gemeinschaftsaufgaben „im engeren Sinn" und „im weiteren Sinn"[329] unterteilt. Diese begrifflichen Differenzierungen sind jedoch ohne praktische Bedeutung,[330] sodass auf sie im Weiteren verzichtet wird.

b) Kooperation von Bund und Ländern von 1949–1969

Das Grundgesetz von 1949 sah zunächst keine Gemeinschaftsaufgaben von Bund und Ländern vor. In der Staatspraxis entwickelten sich jedoch nach und nach zahlreiche Formen der Kooperation von Bund und Ländern bei der Planung, Finanzierung und Durchführung staatlicher Aufgaben in den Bereichen der Gemeinschaftsaufgaben schon lange vor deren Kodifizierung.[331] Im Hochschul- und Wissenschaftsbereich wurde die Zusammenarbeit von Bund und Ländern mit der Gründung des Wissenschaftsrats[332] durch ein Verwaltungsabkommen[333] aus dem Jahr 1957 sogar institutionalisiert. Der kooperative Föderalismus[334] wurde so bereits praktiziert, bevor er Eingang in die Verfassung fand.[335] Ferner verpflichteten sich Bund und Länder beispielsweise durch das Verwaltungsabkommen vom 4. Juni 1964 (erneuert am 8. Februar 1968),[336] den Ausbau der bestehenden wissenschaftlichen Hochschulen nach den Empfehlungen des Wissenschaftsrates gemeinsam zu fördern. Darüber hinaus unterstützte der Bund die Länder bei einer Vielzahl von bilateralen Projekten im Wissenschaftsbereich

---

329 *Mager*, in: v. Münch/Kunig, GG, Art. 91a Rn. 6; *Glaser*, in: Kahl/Waldhoff/Walter, BK-GG, Vorbem. z. Art. 91a-91e [Stand: 8/2016] Rn. 2 ff.; *Suerbaum*, in: Epping/Hillgruber, GG, Art. 91a Rn. 3 u. Art. 91b Rn. 1.

330 *Mager*, in: v. Münch/Kunig, GG, Art. 91a Rn. 6; *Schwarz*, in: Maunz/Dürig, GG, Art. 91a [Stand: 5/2016] Rn. 19.

331 *Schwarz*, in: Maunz/Dürig, GG, Art. 91a [Stand: 5/2016] Rn. 1; *Siekmann*, in: Sachs, GG, Art. 91a Rn. 2; s. dazu auch *Stern*, Das Staatsrecht der Bundesrepublik Deutschland, Bd. II, S. 833 f.

332 S. dazu auch ausführlich unten C. I. 1; vgl. zum Wissenschaftsrat ferner *Röhl*, Der Wissenschaftsrat – Kooperation zwischen Wissenschaft, Bund und Ländern und ihre rechtlichen Determinanten; *W. Benz*, in: Flämig et al., Handbuch des Wissenschaftsrechts, Bd. 2, Kap. 69 S. 1667 ff.

333 Verwaltungsabkommen zwischen Bund und Ländern über die Errichtung eines Wissenschaftsrates v. 5.9.1957, GMBl. 1957 S. 553, in der ab 1.1.2008 geltenden Fassung, BAnz 2007 S. 5863.

334 Zum Begriff des „Kooperativen Föderalismus" vgl. *Oeter*, Integration und Subsidiarität im deutschen Bundesstaat, S. 259 ff.

335 *Löwer*, WissR 50 (2017), 263 (270).

336 Verwaltungsabkommen zwischen Bund und Ländern zur Förderung von Wissenschaft und Forschung v. 4.6.1964, GMBl. 1964 S. 315, und vom 28.2.1968, GMBl. 1968 S. 98.

finanziell mit Hilfe von Einzeldotationen, jedoch ohne ausreichende verfassungsrechtliche Grundlage.[337] Durch die gezielte Unterstützung sowie die Bindung der Bundesmittel an bestimmte Auflagen oder Einhaltung von Richtlinien war mit der Förderung jedoch zugleich eine Einflussnahme des Bundes auf die Verwaltungsführung der Länder verbunden.[338]

Die Länder reagierten darauf mit der Selbstkoordinierung in Form von Abschlüssen von Staatsverträgen und Verwaltungsabkommen, sachlicher Angleichung von Verwaltungshandeln sowie gemeinsamer Beschlüsse der Ressortministerkonferenzen[339] und Arbeitsgemeinschaften der Fachbeamtinnen und -beamten. In Einzelfällen schufen die Länder auch gemeinsame Einrichtungen[340] zur Wahrnehmung ihrer Aufgaben. Ein deutlicher Schwerpunkt dieser Selbstkoordinierungspraxis lag dabei im kulturellen Bereich. Diese Maßnahmen befreiten die Länder jedoch nicht aus ihrer strukturellen Unterlegenheit gegenüber dem finanzkräftigen Bund.[341]

c) *Kodifizierung der Gemeinschaftsaufgaben durch das Finanzreformgesetz von 1969*

Im Vorfeld der Finanzreform von 1969 standen die zunehmende Einflussnahme des Bundes auf die Länder im Wege der Fonds- und Dotationswirtschaft sowie die fehlende verfassungsrechtliche Grundlage des Zusammenwirkens erheblich in der Kritik.[342] Die Lösung dieses Missstandes stand schließlich auf der

---

337 *Seeger*, DÖV 1968, 781 (782 f.); *Frowein*, Gemeinschaftsaufgaben im Bundesstaat, VVDStRL 31 (1973), 13 (35).

338 *Seeger*, DÖV 1968, 781 (782); *Barbarino*, DÖV 1973, 19 (20); *Oeter*, Integration und Subsidiarität im deutschen Bundesstaat, S. 261.

339 Für die Koordination der Bildungs-, Hochschul-, Forschungs- und Kulturpolitik gründeten die Länder bereits 1948 die Ständige Konferenz der Kultusminister in der Bundesrepublik Deutschland.

340 Vgl. zu den Gemeinschaftseinrichtungen der Länder *Pfeiffer*, NJW 1962, 565 (565 ff.).

341 *Oeter*, Integration und Subsidiarität im deutschen Bundesstaat, S. 260 ff.; *Seckelmann*, DÖV 2009, 747 (750).

342 *Köttgen*, Fondsverwaltung in der Bundesrepublik, S. 40 ff.; *Kommission für die Finanzreform*, Gutachten über die Finanzreform in der Bundesrepublik Deutschland („Troeger-Gutachten"), Tz. 44 ff., 134; *Seeger*, DÖV 1968, 781 (782 f.); *Bullinger*, DÖV 1970, 761 (772); *Holch*, DÖV 1970, 841 (841); *ders.*, DÖV 1973, 115 (115); *Kisker*, Kooperation im Bundesstaat, S. 35 ff., 228 f.; *Barbarino*, DÖV 1973, 19 (20 ff.); *Stern*, Diskussionsbeitrag, VVDStRL 31 (1973), 106 (107); *Kewenig*, Diskussionsbeitrag, VVDStRL 31 (1973), 111 (111); vgl. zur Entstehungsgeschichte der

Agenda der 1964 eingesetzten Kommission für die Finanzreform („Troeger-Kommission"), die sich bei der Ausarbeitung ihres Gutachtens am Leitbild des kooperativen Föderalismus orientierte. Das „Troeger-Gutachten" sah die Einführung von „Gemeinschaftsaufgaben von Bund und Ländern" vor, die daraufhin als „neue Formen der Zusammenarbeit zwischen Bund und Ländern" durch das Finanzreformgesetz vom 12. Mai 1969 in das Grundgesetz integriert worden sind.[343] Ziel der Reform war es, mit der Einfügung der Gemeinschaftsaufgaben Rechtssicherheit und Transparenz zu schaffen, indem die bisherige Finanzierungspraxis auf eine verfassungsrechtliche Grundlage gestellt wurde, und zugleich den zunehmenden Einfluss des Bundes auf die Länder im Wege der Zusammenarbeit zu begrenzen.[344] Die Regelung der Gemeinschaftsaufgaben sollte die effektive Erfüllung gesamtstaatlich relevanter Aufgaben bei gleichzeitiger Wahrung der Eigenstaatlichkeit der Länder gewährleisten.[345]

Hierfür sah Art. 91b GG (i.d.F. v. 1969) eine Kooperationsmöglichkeit von Bund und Ländern bei der Bildungsplanung und bei der Förderung von Einrichtungen und Vorhaben der wissenschaftlichen Forschung von überregionaler Bedeutung aufgrund von Vereinbarungen vor, wobei die Kostenaufteilung in der jeweiligen Vereinbarung zu regeln war. Der Entwurf des Finanzreformgesetzes sah hierbei für Art. 91b GG zunächst nur vor, dass eine Zusammenarbeit in dem Bereich der Forschungsförderung ermöglicht werden sollte.[346] Die spätere Aufnahme der Bildungsplanung erfolgte, um dem Bund eine Mitwirkungskompetenz im Bereich der Verwaltungs- und Finanzierungszuständigkeiten einzuräumen.[347] Die Kooperation von Bund und Ländern bei der Bildungsplanung erwies sich hierbei als Kompromiss, denn die Länder weigerten sich, dem Bund

---

Gemeinschaftsaufgaben auch ausführlich *Marnitz*, Die Gemeinschaftsaufgaben des Art. 91a GG, S. 28 ff; s. zur Fondsverwaltung des Bundes auch unten B. IV. 6. a).

343 Vgl. *Kommission für die Finanzreform*, Gutachten über die Finanzreform in der Bundesrepublik Deutschland („Troeger-Gutachten"), S. 34 ff. Die verfassungsrechtliche Gestaltung der Gemeinschaftsaufgaben wich dabei jedoch in einigen Punkten von den Empfehlungen der „Troeger-Kommission" ab, vgl. dazu *Collin*, in: Seckelmann/Horstmann/Lange, Die Gemeinschaftsaufgaben von Bund und Ländern in der Forschungs-, Hochschul- und Bildungspolitik, S. 44 ff.

344 *Seckelmann*, DÖV 2009, 747 (750); *Schwarz*, in: Maunz/Dürig GG, Art. 91a [Stand: 5/2016] Rn. 1.

345 *Mager*, in: v. Münch/Kunig, GG, Art. 91a Rn. 1; *Schwarz*, in: Maunz/Dürig GG, Art. 91a [Stand: 5/2016] Rn. 1; *Suerbaum*, in: Epping/Hillgruber, GG, Art. 91a Rn. 4.

346 BT-Drs. 5/2861, S. 6.

347 *Heun*, in: Dreier, GG, Art. 91b Rn. 2.

auf diesem Gebiet eine Rahmengesetzgebungskompetenz zuzugestehen. Sie willigten lediglich in die fakultative gemeinsame Koordination auf der Grundlage entsprechender Vereinbarungen ein.[348] Auf der Grundlage des neu eingefügten Art. 91b I GG (i.d.F. v. 1969) wurde 1970 die Bund-Länder-Kommission für Bildungsplanung gegründet.[349] Diese sollte als Regierungskommission ein ständiges Gesprächsforum für alle Bund und Länder gemeinsam betreffenden Fragen des Bildungswesens und der Forschungsförderung sein (vgl. Art. 1 BLK-Abkommen). Durch die ebenfalls auf der Grundlage von Art. 91b I GG (i.d.F. v. 1969) abgeschlossene Rahmenvereinbarung Forschungsförderung (RV-Fo)[350] wurden der Bund-Länder-Kommission im Jahr 1975 zudem weitere Aufgaben übertragen und ihr Name in Bund-Länder-Kommission für Bildungsplanung und Forschungsförderung geändert (§ 8 I 2 RV-Fo).[351]

Der ebenfalls neu eingefügte Art. 91a GG (i.d.F. v. 1969) sah im Gegensatz zu Art. 91b GG eine verpflichtende Mitwirkung des Bundes bei der Aufgabenerfüllung der Länder in bestimmten, enumerativ aufgezählten Gebieten vor. Betroffene Bereiche waren neben der Verbesserung der regionalen Wirtschaftsstruktur sowie der Verbesserung der Agrarstruktur und des Küstenschutzes auch der Aus- und Neubau von wissenschaftlichen Hochschulen einschließlich der Hochschulkliniken. Ziel dieser neuartigen verfassungsrechtlichen Regelung war es, die Praxis frei von koalitionstaktischen Erwägungen oder Bindungen in Bund und Ländern zu stellen.[352] Auf der Grundlage von Art. 91a III GG (i.d.F. v. 1969) beschloss der Bundestag sodann am 1. September 1969 das Hochschulbauförderungsgesetz (HSchulBG)[353], welches am 1. Januar 1970 in Kraft trat und das Verfahren und die Einrichtungen dieser Gemeinschaftsaufgabe regelte.

---

348 *Volkmann/Kaufhold*, in: v. Mangoldt/Klein/Starck, GG, Art. 91b Rn. 1.

349 Verwaltungsabkommen zwischen Bund und Ländern über die Errichtung einer gemeinsamen Kommission für Bildungsplanung (BLK-Abkommen) v. 25.6.1970, „Bulletin" des Presse- und Informationsamtes der Bundesregierung v. 3.7.1970 Nr. 90 S. 891, in der Fassung v. 17./21.12.1990, BAnz 1991 S. 683.

350 Rahmenvereinbarung zwischen Bund und Ländern über die gemeinsame Förderung der Forschung nach Artikel 91b GG – Rahmenvereinbarung Forschungsförderung (RV-Fo) – v. 29.11.1975, BAnz 1975 Nr. 240 S. 4, zuletzt geändert durch Vereinbarung v. 25.10.2001, BAnz 2001 S. 25218.

351 *Siekmann*, in: Sachs, GG, Art. 91b Rn. 26.

352 *Seckelmann*, DÖV 2009, 747 (750).

353 Gesetz über die Gemeinschaftsaufgabe „Ausbau und Neubau von wissenschaftlichen Hochschulen" (Hochschulbauförderungsgesetz) v. 1.9.1969, BGBl. 1969 I S. 1556.

Insgesamt ist festzustellen, dass die Gemeinschaftsaufgaben weniger eine Erfindung der Finanzreform von 1969 waren, sondern letztlich nur die verfassungsrechtliche Legalisierung eines parakonstitutionellen Zustands.[354] Die zwei Jahrzehnte lang gelebte Staatspraxis der Kooperation wurde folglich durch die Kodifizierung der Gemeinschaftsaufgaben überwiegend im Grundgesetz festgeschrieben.[355] Die Verfassung ist mithin den Entwicklungen der Staatspraxis unter dem Leitbild des kooperativen Föderalismus angepasst worden. Mit der Finanzreform von 1969 wurden im Übrigen nicht nur Art. 91a und 91b GG als Ausnahmen des grundsätzlichen Verbots der Mischfinanzierung in das Grundgesetz eingefügt, sondern darüber hinaus auch die Kompetenz des Bundes zur Gewährung von Finanzhilfen an die Länder in Art. 104a IV GG (i.d.F. v. 1969).[356]

d) Neuregelung durch die Föderalismusreform I von 2006

Auch nach der Schaffung einer verfassungsrechtlichen Grundlage für die Gemeinschaftsaufgaben von Bund und Ländern blieb dieses neuartige Rechtsinstitut nicht ohne Kritik. So forderte bereits 1976 die Enquete-Kommission für Fragen der Verfassungsreform des Deutschen Bundestages die Weiterentwicklung der Gemeinschaftsaufgaben zu einer gemeinsamen Rahmenplanung von Bund und Ländern und damit faktisch eine Abschaffung der Gemeinschaftsaufgaben.[357] In der Literatur wurde insbesondere die mit den Gemeinschaftsaufgaben verbundene Verantwortungsvermischung und Ineffizienz kritisiert.[358] Die Gemeinschaftsaufgaben seien ein „Hort an Intransparenz, bürokratischem

---

354 *Stern*, Diskussionsbeitrag, VVDStRL 31 (1973), 106 (107); *Kewenig*, Diskussionsbeitrag, VVDStRL 31 (1973), 111 (111); *F. Kirchhof*, Gutachten D für den 61. DJT, 1996, S. D 77.

355 *Jauch*, Wissenschaftsförderung nach der Reform des Föderalismus, S. 70.

356 S. dazu unten B. IV. 6.

357 Schlussbericht der Enquete-Kommission Verfassungsreform v. 9.12.1976, BT-Drs. 7/5924, S. 148 ff.

358 *Borell*, Mischfinanzierungen, S. 28 ff. u. 42 ff., der auf den tendenziell ausgabensteigernden Effekt von Mischfinanzierungen aufgrund des hohen Koordinierungs- und Verwaltungsaufwands sowie Mitnahmeeffekte infolge angebotener Bundesmittel hinweist; ferner *Korioth*, DVBl. 1993, 356 (363); *Dolzer*, VVDStRL 58 (1998), 7 (17 f.); *Werner*, ZG 17 (2002), 14 (25); *F. Kirchhof*, DVBl. 2004, 977 (983); *Schmidt-Jortzig*, ZG 20 (2005), 16 (26 f.); *Hellermann*, in: Starck, Föderalismusreform, Rn. 276; *Oebbecke*, in: Isensee/P. Kirchhof, HdbStR, Bd. VI, § 136 Rn. 134; *v. Arnim*, in: Isensee/P. Kirchhof, HdbStR, Bd. VI, § 138 Rn. 77; *Volkmann/Kaufhold*, in: v. Mangoldt/Klein/Starck, GG, Art. 91a Rn. 5.

Aufwand, ökonomischer Unwirksamkeit und rechnungsprüferischer Resistenz".[359] Ferner wurde inkriminiert, dass die zentralen Entscheidungen im Rahmen der Gemeinschaftsaufgaben nicht von den Landesparlamenten, sondern exekutiv getroffen werden.[360] Es käme trotz des Haushaltsvorbehalts in den Gemeinschaftsaufgaben zu einer faktischen Entmachtung bzw. Präjudizierung der Landesparlamente, da diese unter politischem Druck stünden, die auf exekutiver Ebene zustande gekommenen Vereinbarungen zu akzeptieren.[361] Überdies wurde kritisch ins Feld geführt, dass die Eigenständigkeit der Länder angesichts des Umfangs der Rahmenplanung im Hochschulbau nach Art. 91a I Nr. 1, III GG (i.d.F. v. 1969 u. 1970) bei der Durchführung der Rahmenplanung faktisch ausgeschlossen sei.[362] Darüber hinaus bestehe die Gefahr der verstärkten Abhängigkeit der Länder vom Bund, der mit dem „goldenen Zügel" arbeiten würde. Angesichts der „Angebotsdiktatur" des Bundes wäre es den Ländern praktisch unmöglich, Finanzierungsangebote des Bundes abzulehnen.[363] *Roman Herzog* sieht aus diesen Gründen in der Mischfinanzierung „eine der ernsthaftesten Bedrohungen der Länderstaatlichkeit und damit des bundesstaatlichen Gleichgewichts", sie sei daher „das trojanische Pferd des modernen Bundesstaates".[364]

Erst durch den „PISA-Schock"[365] im Jahr 2000 rückte Art. 91b GG und die weitere Zusammenarbeit im Bildungsbereich in den Fokus des öffentlichen

---

359 *Schmidt-Jortzig*, ZG 20 (2005), 16 (26).

360 *Schmidt-De Caluwe*, in: Kluth, Föderalismusreformgesetz, Art. 91a Rn. 5; *Oebbecke*, in: Isensee/P. Kirchhof, HdbStR, Bd. VI, § 136 Rn. 134; *Volkmann/Kaufhold*, in: v. Mangoldt/Klein/Schmidt, GG, Art. 91a Rn. 5.

361 *Frowein*, VVDStRL 31 (1973), 13 (24); *Tomuschat*, Der Staat 19 (1980), 1 (8); *Maunz*, in: Maunz/Dürig, GG, Art. 91a [Stand: 9/1980] Rn. 12; *v. Arnim*, in: Isensee/P. Kirchhof, HdbStR, Bd. VI, § 138 Rn. 77; *Mager*, in: v. Münch/Kunig, GG, Art. 91a Rn. 40 f.; ähnlich auch *Collin*, in: Seckelmann/Lange/Horstmann, Die Gemeinschaftsaufgaben von Bund und Ländern in der Wissenschafts- und Bildungspolitik, S. 55.

362 *Stern*, Das Staatsrecht der Bundesrepublik Deutschland, Bd. II, S. 837; *Schmidt-De Caluwe*, in: Kluth, Föderalismusreformgesetz, Art. 91a Rn. 5; *Seckelmann*, DÖV 2009, 747 (748); *Siekmann*, in: Sachs, GG, Art. 91a Rn. 6.

363 *Seeger*, DÖV 1968, 781 (782); *Haug*, DÖV 2004, 190 (193); *Schmidt-De Caluwe*, in: Kluth, Föderalismusreformgesetz, Art. 91a Rn. 5; *Oebbecke*, in: Isensee/P. Kirchhof, HdbStR, Bd. VI, § 136 Rn. 134; *Siekmann*, in: Sachs, GG, Art. 91a Rn. 6; auch das Bundesverfassungsgericht verweist auf die Gefahr von Abhängigkeiten der Länder vom Bund, welche die verfassungsrechtlich garantierte Eigenständigkeit der Länder gefährdeten, BVerfGE 39, 96 (108).

364 *Herzog*, in Maunz/Dürig, GG, Art. 20 IV [Stand: 2/2003] Rn. 96.

365 Die sog. PISA-Studien sind internationale Untersuchungen der OECD zur Bewertung der weltweiten Bildungssysteme. Zu diesem Zweck werden in dreijährigem Turnus

sowie rechtspolitischen Interesses.[366] Der Bund drängte auf eine Ausdehnung seiner Kompetenzen bis in den Schulbereich hinein und startete im Jahr 2003 bereits bildungspolitische Initiativen wie das „Investitionsprogramm Zukunft Bildung und Betreuung"[367] (sog. Ganztagsschulprogramm).[368] Noch im selben Jahr wurde schließlich die Föderalismuskommission I von Bundestag und Bundesrat eingesetzt, deren Aufgabe unter anderem die Überprüfung der Finanzbeziehungen zwischen Bund und Ländern mit besonderem Fokus auf den Gemeinschaftsaufgaben und Mischfinanzierungen war.[369] Ziel der angestrebten Föderalismusreform war der Abbau von bundesstaatlichen Verflechtungen und Mischfinanzierungen. Ungeachtet der grundsätzlichen Kritik an der Rechtsfigur der Gemeinschaftsaufgaben und trotz einiger Forderungen nach ihrer vollständigen Abschaffung[370] wurden die Gemeinschaftsaufgaben im Rahmen der Föderalismusreform I im Jahr 2006 beibehalten, wenngleich sie deutlich schlanker ausgestaltet wurden. Ihre Beibehaltung wurde vom verfassungsändernden Gesetzgeber angesichts der erheblichen strukturellen Unterschiede zwischen den Ländern als erforderlich angesehen.[371] Die Novellierung der Gemeinschaftsaufgaben durch die Föderalismusreform I im Jahr 2006 hatte bedeutende Auswirkungen auf den gesamten Bildungsbereich.

So plädierte der Bund im Rahmen der Reformdiskussionen der Föderalismuskommission I für die Beibehaltung der gemeinsamen Bildungsplanung von Bund

---

Fähigkeiten und Kenntnisse von 15-jährigen Schülerinnen und Schülern getestet. Der Begriff „PISA-Schock" bezieht sich auf das unterdurchschnittliche Abschneiden Deutschlands bei der ersten PISA-Studie im Jahr 2000. Vgl. dazu auch *M. Neumann*, ZRP 2003, S. 200 ff.

366 *Schwarz*, in: Maunz/Dürig, GG, Art. 91b [Stand: 12/2016] Rn. 4; *Volkmann/Kaufhold*, in: v. Mangoldt/Klein/Starck, GG, Art. 91b Rn. 2.

367 Verwaltungsvereinbarung Investitionsprogramm „Zukunft Bildung und Betreuung" zwischen Bund und Ländern v. 29.4.2003.

368 *Risse/Hoppe*, in: EZFF, Jahrbuch des Föderalismus, 2017, S. 43; *Volkmann/Kaufhold*, in: v. Mangoldt/Klein/Starck, GG, Art. 91b Rn. 2; s. zum sog. Ganztagsschulprogramm auch *Guckelberger*, RdJB 2008, 267 (268 ff.).

369 BT-Drs. 15/1685; BR-Drs. 750/03; s. dazu auch oben B. II. 2.

370 Vgl. *Janssen*, ZG 15 (2000), 41 (55 f.); *Werner*, ZG 17 (2002), 14 (32 u. 41); *Huber*, Gutachten für den 65. DJT, 2004, S. D 100 ff., der für die überregionale Forschungsförderung die Schaffung einer bundesunmittelbaren Anstalt des öffentlichen Rechts und im Übrigen ersatzweise eine Ausweitung der Bundesfinanzhilfekompetenzen vorschlägt; *BRH*, BT-Drs. 16/160, S. 103 f., der eine Rückkehr zur Regelfinanzierung von Länderaufgaben nach Art. 106 u. 107 GG empfiehlt.

371 BT-Drs. 16/813, S. 10.

und Ländern.[372] Die Länder forderten hingegen mehrheitlich die vollständige Abschaffung der gemeinsamen Bildungsplanung mit dem Argument, dass Bildung und Kultur Kernkompetenz der Länder seien.[373] Durch die Föderalismusreform I wurde die gemeinsame Bildungsplanung schließlich aus Art. 91b 1 GG (i.d.F. v. 1969) gestrichen. Stattdessen wurde in Art. 91b II GG (i.d.F. v. 2006) die Option des Zusammenwirkens zur „Feststellung der Leistungsfähigkeit des Bildungswesens im internationalen Vergleich und bei diesbezüglichen Berichten und Empfehlungen" eingeführt, welche die Einwirkungsmöglichkeiten des Bundes auf den Bildungsbereich gegenüber der Vorgängerversion deutlich einschränkte.

Die obligatorische Gemeinschaftsaufgabe des Hochschulbaus in Art. 91a I Nr. 1 GG (i.d.F. v. 1970) entfiel und wurde zur fakultativen Mitwirkung in Art. 91b I 1 Nr. 3 GG (i.d.F. v. 2006) umgestaltet. Zudem wurde die Förderungsmöglichkeit auf „Forschungsbauten an Hochschulen einschließlich Großgeräten" eingeschränkt. Unter Forschungsbauten waren dabei solche Bauten zu verstehen, die in ihrer Hauptnutzung Forschungszwecken dienen. Dazu zählten Gebäude der naturwissenschaftlichen und medizinischen Forschung sowie Bibliotheken und Institute der geisteswissenschaftlichen Forschung. Nicht als Forschungsbauten galten hingegen solche Gebäude, die primär Lehrzwecken dienen.[374] Das Hochschulbauförderungsgesetz trat gemäß Art. 125c I GG zum 1. Januar 2007 außer Kraft.[375] Der Anteil des Bundes an der Hochschulbau- und Großgeräteförderung sollte nunmehr 30 % der bisher aufgewendeten Mittel betragen.[376] Die Förderung des allgemeinen Aus- und Neubaus von Hochschulen einschließlich der Hochschulkliniken war hingegen nicht von Art. 91b I 1 Nr. 3 GG (i.d.F. v. 2006) erfasst. Diese Aufgabe oblag künftig allein

---

372 *Deutscher Bundestag/Bundesrat – Öffentlichkeitsarbeit*, Dokumentation der Kommission von Bundestag und Bundesrat zur Modernisierung der bundesstaatlichen Ordnung, Zur Sache I/2005, S. 601.

373 *Deutscher Bundestag/Bundesrat – Öffentlichkeitsarbeit*, Dokumentation der Kommission von Bundestag und Bundesrat zur Modernisierung der bundesstaatlichen Ordnung, Zur Sache I/2005, S. 600 f.

374 *Schmidt-Aßmann*, in: FS Isensee, S. 415; *Schmidt-De Caluwe*, in: Kluth, Föderalismusreformgesetz, Art. 91b Rn. 12.

375 Die Aufhebung des Hochschulbauförderungsgesetzes erfolgte gem. Art. 15 des Gesetzes über die weitere Bereinigung des Bundesrechts v. 9.12.2010, BGBl. 2010 I S. 1864.

376 BT-Drs. 16/813, S. 22.

den Ländern. Eindeutig nicht von der Förderung des Art. 91b I 1 Nr. 3 GG (i.d.F. v. 2006) erfasst waren darüber hinaus Sozial- und Verwaltungsgebäude.[377]

Die Forschungsförderung nach Art. 91b GG unterlag umfassender Differenzierung und Präzisierung. Die Förderung von Einrichtungen und Vorhaben der wissenschaftlichen Forschung durch den Bund war nach der Grundgesetzänderung zwar weiterhin möglich, allerdings nach Art. 91b I 1 Nr. 1 GG (i.d.F. v. 2006) auf Einrichtungen und Vorhaben außerhalb von Hochschulen begrenzt worden. An Hochschulen selbst war nach Art. 91b I 1 Nr. 2 GG (i.d.F. v. 2006) nur die gemeinsame Förderung von Vorhaben der Wissenschaft und Forschung gestattet, und zwar nur sofern nach Art. 91b I 2 GG (i.d.F. v. 2006) alle Länder einer entsprechenden Vereinbarung zugestimmt haben. Das Erfordernis der überregionalen Bedeutung war als einschränkende Voraussetzung für die gemeinsame Förderung der Gegenstände in Art. 91b I 1 GG (i.d.F. v. 2006) erhalten geblieben. Eine weitere wichtige Änderung wurde auch hinsichtlich der Finanzierung der gemeinsamen Forschungsförderung sowie der Bildungsplanung bzw. nunmehr Bildungsevaluation vorgenommen. Statt einer Aufteilung der Kosten wie in Art. 91b S. 2 GG (i.d.F. v. 1969) ist nun in Art. 91b III GG (i.d.F. v. 2006) die Regelung der Kostentragung in der jeweiligen Vereinbarung vorgesehen. Somit war nunmehr unstreitig auch die alleinige Kostenübernahme durch den Bund möglich geworden.[378] Die finanzielle Entlastung der Länder wurde hier folglich mit einer Extension des Einflusses des Bundes erkauft.[379]

Auf der Grundlage des durch die Föderalismusreform I novellierten Art. 91b I GG (i.d.F. v. 2006) wurde 2007 schließlich die Gemeinsame Wissenschaftskonferenz (GWK) gegründet,[380] welche die Bund-Länder-Kommission

---

377 *Schmidt-Aßmann*, in: FS Isensee, S. 415; *Henneke*, in: Schmidt-Bleibtreu/Hofmann/ders., GG, 13. Aufl. 2014, Art. 91b Rn. 17.

378 *Mager*, in: v. Münch/Kunig, GG, Art. 91b Rn. 31; *Suerbaum*, in: Epping/Hillgruber, GG, Art. 91b Rn. 17; zur insoweit unverändert gebliebenen Nachfolgerfassung: *Glaser*, in: Kahl/Waldhoff/Walter, BK-GG, Art. 91b [Stand: 8/2016] Rn. 50; *Schwarz*, in: Maunz/Dürig, GG, Art. 91b [Stand: 12/2016] Rn. 38; *Seckelmann*, in: Friauf/Höfling, Berliner Komm. zum GG, Art. 91b [Stand: 2/2016] Rn. 46; *Henneke*, in: Schmidt-Bleibtreu/Hofmann/ders., GG, Art. 91b Rn. 53; *Heun*, in: Dreier, GG, Art. 91b Rn. 17; *Siekmann*, in: Sachs, GG, Art. 91b Rn. 33; *Volkmann/Kaufhold*, in: v. Mangoldt/Klein/Starck, GG, Art. 91b Rn. 37; *Kment*, in: Jarass/Pieroth, GG, Art. 91b Rn. 7; vgl. dazu auch unten B. IV. 3. b) ee).

379 *Kesper*, NdsVBl. 2006, 145 (152); *Waldhoff*, KritV 2008, 213 (220).

380 Verwaltungsabkommen zwischen Bund und Ländern über die Errichtung einer Gemeinsamen Wissenschaftskonferenz (GWK-Abkommen) v. 11.9.2007, BAnz 2007 S. 7787; s. zur Gemeinsamen Wissenschaftskonferenz auch unten C. I. 2.

für Bildungsplanung ersetzte und zum 1. Januar 2008 ihre Arbeit aufnahm. Zugleich trat die Rahmenvereinbarung Forschungsförderung außer Kraft und wurde durch das sog. GWK-Abkommen[381] als neues Verwaltungsabkommen ersetzt (Art. 10 II 2 Nr. 2 GWK-Abkommen), welches auf unbestimmte Zeit geschlossen wurde (Art. 10 I 1 GWK-Abkommen).[382] Als Nachfolgeorganisation der Bund-Länder-Kommission für Bildungsplanung behandelt die Gemeinsame Wissenschaftskonferenz seither alle Bund und Länder gemeinsam berührende Fragen der Förderung von Wissenschaft, Forschung und Lehre, der wissenschafts- und forschungspolitischen Strategien und des Wissenschaftssystems (Art. 1 S. 3 GWK-Abkommen) und deckt damit den gesamten Bereich der Forschungsförderung nach Art. 91b GG ab.[383] Sie ist mithin zentrales Koordinierungsgremium für die Ausführung der Gemeinschaftsaufgabe Forschungsförderung.[384] Im Rahmen der Gemeinsamen Wissenschaftskonferenz fördern Bund und Länder gemeinsam Wissenschaftseinrichtungen „von überregionaler Bedeutung und gesamtstaatlichem Interesse“ (Art. 3 I GWK-Abkommen). Die gemeinsam geförderten Einrichtungen lassen sich dabei der Anlage zum GWK-Abkommen entnehmen, wozu insbesondere die Deutsche Forschungsgemeinschaft, die Helmholtz-Gemeinschaft, die Max-Planck-Gesellschaft, die Fraunhofer-Gesellschaft und die Leibniz-Gemeinschaft als die wichtigsten außeruniversitären Wissenschaftseinrichtungen zählen.[385]

Als Ausgleich für die durch die Abschaffung der Gemeinschaftsaufgaben entfallenden Bundesmittel wurde mit Art. 143c GG überdies eine Übergangsregelung geschaffen, wonach die Länder bis zum 31. Dezember 2019 Kompensationsbeträge des Bundes erhalten haben. Die genaue Höhe und Verteilung dieser Beträge ist im Entflechtungsgesetz[386] geregelt worden. Nach Art. 143c II Nr. 2 GG unterlagen die Beträge überdies bis zum 31. Dezember 2013

---

381 Verwaltungsabkommen zwischen Bund und Ländern über die Errichtung einer Gemeinsamen Wissenschaftskonferenz (GWK-Abkommen) v. 11.9.2007, BAnz 2007 S. 7787, zuletzt geändert durch Beschluss der Gemeinsamen Wissenschaftskonferenz (GWK) v. 10.11.2017, BAnz AT 17.01.2018 B2.

382 Es besteht jedoch erstmals nach sechs Jahren die Möglichkeit zur Kündigung zum Ende des Kalenderjahres mit einer Kündigungsfrist von zwei Jahren (Art. 10 I 2 GWK-Abkommen).

383 *Heun*, in: Dreier, GG, Art. 91b Rn. 12.

384 *Volkmann/Kaufhold*, in: v. Mangoldt/Klein/Starck, GG, Art. 91b Rn. 15.

385 Vgl. zur Förderung der einzelnen genannten außeruniversitären Wissenschaftseinrichtungen auch unten C. III.

386 Entflechtungsgesetz v. 5.9.2006, BGBl. 2006 I S. 2098.

einer Zweckbindung[387] an den Aufgabenbereich der bisherigen Mischfinanzierungen. Darüber hinaus wurden im Rahmen der Föderalismusreform I die ursprünglich in Art. 104a IV GG (i.d.F. v. 1969) geregelten Bundesfinanzhilfen in den neuen Art. 104b GG (i.d.F. v. 2006) überführt und auf die Bereiche beschränkt, in denen der Bund über Gesetzgebungskompetenzen verfügte.[388] Sowohl die Beschränkung der Bundesfinanzhilfen in Art. 104b GG als auch die Einengung von Art. 91b GG auf die Vorhabenförderung an Hochschulen wurden in der öffentlichen Diskussion auch als Einführung des „Kooperationsverbotes"[389] im Hochschulbereich bezeichnet.

3. Gemeinschaftsaufgaben seit 2015

Die Neufassung von Art. 91b GG durch die Föderalismusreform I im Jahr 2006 konnte in der Folgezeit nicht überzeugen und stand seit ihrem Inkrafttreten massiv in der Kritik. Durch das Gesetz zur Änderung des Grundgesetzes vom 23. Dezember 2014 wurde die Norm schließlich (vorerst) letztmalig reformiert. Bevor sogleich die Möglichkeiten und Grenzen des novellierten Art. 91b GG für die gemeinsame Wissenschaftsfinanzierung im deutschen Bundesstaat untersucht und bewertet werden, ist zunächst auf die Ausgangslage der Reform aus dem Jahr 2014 einzugehen.

a) Ausgangslage

Insgesamt ist zu konstatieren, dass die Föderalismusreform I hinsichtlich ihrer Zielsetzung des Abbaus von Entflechtung und Mischfinanzierungen hinter den Erwartungen zurückblieb. Die Novellierung bekannte sich weder zu einem klaren „Ja" noch zu einem klaren „Nein" zu den Mischfinanzierungen. Eine vollständige Abschaffung der Zuständigkeitsverflechtungen fand nicht statt, sodass es weiter an einer klaren Verantwortungszuordnung mangelte und die seit Langem kritisierten Wirkungen der Mischfinanzierungen bestehen blieben. So bestand grundsätzlich auch die Möglichkeit der inhaltlichen Einflussnahme des Bundes auf Aufgabenbereiche der Länder weiter. Dies galt insbesondere auch für den Hochschul- und Wissenschaftsbereich, wenngleich die Mitwirkungsmöglichkeiten des Bundes hier nun deutlich schlanker ausgestaltet worden waren. Dennoch verwunderte es angesichts der gesamtstaatlichen Bedeutung des Hochschulbaus,

---

387 Vgl. dazu § 5 des Entflechtungsgesetzes u. Art. 13 des Föderalismusreform-Begleitgesetzes.

388 S. dazu unten B. IV. 6.

389 Vgl. zum Begriff des „Kooperationsverbotes" auch oben A. IV. 1.

dass gerade in diesem Bereich die Mitwirkungsmöglichkeiten des Bundes stark eingeschränkt worden waren. Im Übrigen blieb zweifelhaft, ob insbesondere die finanzschwächeren Länder ihre neuen Möglichkeiten auf diesem Gebiet bei einer Reduktion der Bundesfinanzmittel tatsächlich effizient nutzen können.[390] Eine Rückgewinnung ländereigener Gestaltungsautonomie im Hochschul- und Wissenschaftsbereich durch die Föderalismusreform I erschien daher fraglich.

Darüber hinaus erwies sich insbesondere die Einschränkung der gemeinsamen Forschungsförderung an Hochschulen auf die Vorhabenförderung als problematisch. Nach Art. 91b I 1 Nr. 2 GG (i.d.F. v. 2006) war eine langfristige, institutionelle Förderung von Hochschulen nicht möglich. Die Förderung war vielmehr auf thematisch begrenzte und befristete Projekte wie die Exzellenzinitiative[391] oder den Hochschulpakt 2020[392] mit wenig Planungssicherheit beschränkt worden. In der Praxis wirkte sich diese mangelnde Planungssicherheit negativ auf die Arbeitsverhältnisse des wissenschaftlichen Personals an den Hochschulen in Form eines überdurchschnittlich niedrigen Anteils unbefristet Beschäftigter aus.[393] Ferner führte die neue Regelung zu Abgrenzungsschwierigkeiten zwischen Einrichtungs- und Vorhabenförderung, da die Förderung von Forschungsvorhaben oder Forschenden auch stets der Einrichtung, welche die Forschung betreibt oder die Forschenden beherbergt, zugutekommt.[394] Überdies war nach der Föderalismusreform I unklar, inwieweit die gewollte[395] gemeinsame Förderung der Zusammenarbeit zwischen länderfinanzierten Hochschulen einerseits und nach Art. 91b I 1 Nr. 1 GG (i.d.F. v. 2006) mischfinanzierten außeruniversitären

---

390 *Korioth*, ZG 22 (2007), 1 (5).

391 Ob die Exzellenzinitiative tatsächlich noch eine thematisch hinreichend begrenzte Projektförderung i.S.v. Art. 91b I 1 Nr. 2 GG (i.d.F. v. 2006) war, ist insb. hinsichtlich ihrer dritten Förderlinie umstritten; s. dazu auch unten C. II. 1.

392 Ob der Hochschulpakt tatsächlich noch eine thematisch hinreichend begrenzte Projektförderung i.S.v. Art. 91b I 1 Nr. 2 GG (i.d.F. v. 2006) war, ist insb. hinsichtlich seiner ersten Säule umstritten; s. dazu auch unten C. II. 2.

393 So standen selbst noch im Jahr 2016 nur rund 17 % von insgesamt 386.000 an deutschen Hochschulen im wissenschaftlichen und künstlerischen Bereich tätigen Personen in einem unbefristeten Vollzeitbeschäftigungsverhältnis. Der Anteil der unbefristeten Vollzeitbeschäftigten am wissenschaftlichen und künstlerischen Personal ist dabei in den letzten zehn Jahren um rund 6 % gesunken, *Statistisches Bundesamt*, Hochschulen auf einen Blick 2018, S. 34.

394 *Nolte*, DVBl. 2010, 84 (91).

395 Vgl. diesbezüglich etwa die Anlage zur Exzellenzinitiative, wonach für die Aufnahme einer Universität in die dritte Förderlinie „Zukunftskonzepte" u.a. die Vernetzung mit außeruniversitären Forschungseinrichtungen maßgeblich war.

Forschungseinrichtungen andererseits möglich war. Hier bestand die Gefahr der Umgehung der differenzierten Wertungen des Art. 91b I GG (i.d.F. v. 2006).[396] Im Übrigen barg die Einengung von Art. 91b I Nr. 2 GG (i.d.F. v. 2006) auf die Vorhabenförderung an Hochschulen angesichts der mitunter stark angespannten Haushaltslagen der Länder die Gefahr der Entstehung von parakonstitutionellen Umgehungskonstruktionen, mit denen letztlich doch eine langfristige, institutionelle Förderung an Hochschulen erreicht werden könnte. Bereits ein Blick in die Geschichte der Hochschul- und Wissenschaftsfinanzierung zeigt, dass Bund und Länder auch jenseits der Verfassung stets Mittel und Wege gefunden hatten, zusammenzuwirken. Das Problem der Intransparenz und Unklarheit der Verantwortungszurechnung ist im Fall einer solchen parakonstitutionellen Umgehungskonstruktion um ein Vielfaches größer, als in einer verfassungsrechtlich geregelten Gemeinschaftsaufgabe. Und tatsächlich reizten Bund und Länder die Möglichkeiten des Art. 91b I GG (i.d.F. v. 2006) in der Staatspraxis teilweise bis aufs Äußerste aus und überschritten diese sogar.[397]

Der gerade erst durch die Föderalismusreform I revidierte Art. 91b GG geriet infolgedessen unter Anpassungsdruck.[398] Erneut wurde die Forderung nach einer Abschaffung der vielfach kritisierten Gemeinschaftsaufgaben laut. Die Notwendigkeit der finanziellen Entflechtung wurde hierbei zum Teil unter Hinweis auf das Demokratie- und Bundesstaatsprinzip in Art. 20 I, II GG abgeleitet.[399] Zutreffend wurde darauf verwiesen, dass das Demokratieprinzip die Zurechenbarkeit politischer Verantwortung erfordere, die Gewährleistung des demokratischen Verantwortungszusammenhangs in der Finanzverfassung mittels Gesetzesvorbehalt und Budgetrecht des Parlaments jedoch nicht die Möglichkeiten und Bedingungen der Mehrebenenstruktur im deutschen Bundesstaat ausreichend berücksichtige.[400] Es setzte sich in der politischen Diskussion fortan zunehmend die Auffassung durch, mit der Föderalismusreform I sei hinsichtlich des „Kooperationsverbotes“ im Hochschul- und Wissenschaftsbereich „über das Ziel hinausgeschossen“[401] worden.[402] Die Norm des Art. 91b GG sei zu

396 *Suerbaum*, in: Epping/Hillgruber, GG, Art. 91b Rn. 11.1.

397 Vgl. *Geis*, ZG 28 (2013), 305 (310 ff.); s. dazu auch unten C. II.

398 *Geis*, ZG 28 (2013), 305 (306 ff.); *Seckelmann*, ZRP 2013, 82 ff.; *Glaser*, in: Kahl/Waldhoff/Walter, BK-GG, Art. 91b [Stand: 8/2016] Rn. 10.

399 *Waldhoff*, KritV 2008, 213 (230); *Smith*, Konfliktlösung im demokratischen Bundesstaat, S. 155 ff.; früh bereits *Huber*, Gutachten D für den 65. DJT, 2004, S. D 32 ff.

400 S. ausführlich zur Verflechtungsproblematik auch unten B. IV. 4. d).

401 *Seckelmann*, NVwZ 2015, 248 (249).

402 *Glaser*, in: Kahl/Waldhoff/Walter, BK-GG, Art. 91b [Stand: 8/2016] Rn. 10.

restriktiv formuliert worden und sei Teil einer „Verhinderungsverfassung", die die Zusammenarbeit von Bund und Ländern im Bereich der Förderung von Forschung und Lehre eher verhindere als ermögliche.[403] Es bildete sich in der Folge schließlich ein „Grundkonsens" unter den maßgeblichen Beteiligten in Politik und Wissenschaft heraus, wonach die Hochschulen hinsichtlich ihrer Grundfinanzierung großen Herausforderungen gegenüberstehen, denen letztlich nur durch eine wesentlich stärkere Beteiligung des Bundes an der institutionellen Finanzierung der Hochschulen begegnet werden könne.[404] Zur Ermöglichung dieser nunmehr als erforderlich angesehenen langfristigen, institutionellen Förderung von Hochschulen kam eine Änderung von Art. 104b GG, eine Einfügung eines neuen Art. 104c in das Grundgesetz[405] oder die Extension von Art. 91b GG in Betracht.[406]

Nach mehreren Vorstößen verschiedener Fraktionen des Bundestages[407] sowie der Länder Schleswig-Holstein[408] und der Freien und Hansestadt Hamburg[409] legte auch die Bundesregierung am 10. Oktober 2012 ihren Gesetzentwurf für mehr Kooperation im Wissenschaftsbereich vor.[410] Dieser sah die Voranstellung der Wörter „Einrichtungen und" in Art. 91b I 1 Nr. 2 GG (i.d.F. v. 2006) vor, sodass sowohl Einrichtungen als auch Vorhaben der Wissenschaft und Forschung an Hochschulen aufgrund von Vereinbarungen in Fällen überregionaler Bedeutung gemeinsam von Bund und Ländern gefördert werden können. Der Bundesrat kritisierte in seiner Stellungnahme allerdings die Beschränkung des Gesetzentwurfs auf den Hochschulbereich und wies auf die Finanzierungsherausforderungen vor allem im Bereich der frühkindlichen Bildung und Erziehung hin.[411] Die Initiative der Bundesregierung erledigte sich

---

403 *Wieland*, ZG 27 (2012), 266 (268 ff.).

404 *Speiser*, DÖV 2014, 555 (559 f.); *Glaser*, in: Kahl/Waldhoff/Walter, BK-GG, Art. 91b [Stand: 8/2016] Rn. 11.

405 So u.a. der Antrag der Fraktion der SPD v. 24.1.2012, BT-Drs. 17/8455 und der Antrag der Freien und Hansestadt Hamburg v. 3.2.2012, BR-Drs. 63/12.

406 *Seckelmann*, NVwZ 2015, 248 (249).

407 Antrag der Fraktion DIE LINKE. v. 23.2.2010, BT-Drs. 17/785; Antrag der Fraktion BÜNDNIS 90/DIE GRÜNEN v. 9.6.2010, BT-Drs. 17/1984; Antrag der Fraktion DIE LINKE. v. 8.6.2011, BT-Drs. 17/6094; Antrag der Fraktion der SPD v. 24.1.2012, BT-Drs. 17/8455; Antrag der Fraktion BÜNDNIS 90/DIE GRÜNEN v. 7.3.2012, BT-Drs. 17/8902.

408 Antrag des Landes Schleswig-Holstein v. 24.1.2012, BR-Drs. 43/12.

409 Antrag der Freien und Hansestadt Hamburg v. 3.2.2012, BR-Drs. 63/12.

410 BT-Drs. 17/10956.

411 Stellungnahme des Bundesrates v. 21.9.2012, Anl. 3 zur BT-Drs. 17/10956, S. 9.

vorzeitig durch das Ende der Wahlperiode und die Bundestagswahl 2013. Der Koalitionsvertrag von CDU, CSU und SPD vom 27. November 2013 enthielt wiederum die Zusage, dass der Bund den Hochschulen in den nächsten vier Jahren mehr Geld zur Grundfinanzierung zur Verfügung stellen wolle.[412]

Nachdem die Fraktion DIE LINKE. am 19. Februar 2014 in ihrem Antrag[413] die Abschaffung des Kooperationsverbotes und stattdessen die Einfügung einer umfassenden Gemeinschaftsaufgabe Bildung in Art. 91b GG, die Aufhebung der Beschränkung der Bundesförderung in Art. 104b GG auf Bereiche, in denen der Bund Gesetzgebungskompetenzen besitzt, sowie die Einberufung eines Bildungsrates forderte, legte die Bundesregierung am 2. Oktober 2014 schließlich ihren Gesetzentwurf zur Neufassung von Art. 91b GG vor.[414] Der Bundesrat begrüßte den Gesetzentwurf zwar grundsätzlich, betonte aber erneut, dass der gesamte Bildungsbereich vor großen Herausforderungen stehe und es deshalb zukünftig auch außerhalb des Wissenschaftsbereichs neue Formen der Zusammenarbeit und ein stärkeres Engagement des Bundes bedürfen werde. Ferner wies der Bundesrat auf die Wichtigkeit der Bildung im frühkindlichen Bereich und der Schule für ein steigendes Bildungsniveau hin.[415] In ihrer Gegenäußerung machte die Bundesregierung deutlich, dass sie sich der Bedeutung des frühkindlichen Bereichs und der Schule bewusst sei, und wies auf die finanzielle Entlastung der Länder beim Ausbau der Kindertagesbetreuung durch den Bund hin. Überdies ermögliche die dauerhafte finanzielle Entlastung durch die Übernahme des Finanzierungsanteils der Länder beim BAföG durch den Bund im Rahmen des zeitgleich beschlossenen 25. BAföG-Änderungsgesetzes den Ländern ein verstärktes Engagement in ihren bildungspolitischen Zuständigkeiten.[416]

In ihrem Antrag vom 8. Oktober 2014 stimmte die Fraktion BÜNDNIS 90/DIE GRÜNEN dem Gesetzentwurf grundsätzlich zu, kritisiert aber das Junktim zwischen dem 25. BAföG-Änderungsgesetz und der Grundgesetzänderung von Art. 91b GG sowie das Einstimmigkeitserfordernis des neuen Art. 91b I GG. Zudem wies sie auf die Erforderlichkeit der Erweiterung der Kooperationsmöglichkeiten im gesamten Bildungsbereich hin.[417]

---

412 „Deutschlands Zukunft gestalten", Koalitionsvertrag zwischen CDU, CSU und SPD v. 27.11.2013, S. 27.

413 Antrag der Fraktion DIE LINKE. v. 19.2.2014, BT-Drs. 18/588.

414 BT-Drs. 18/2710.

415 Stellungnahme des Bundesrates, Anl. 2 zur BT-Drs. 18/2710, S. 8.

416 Gegenäußerung der Bundesregierung, Anl. 3 zur BT-Drs. 18/2710, S. 10.

417 Antrag der Fraktion BÜNDNIS 90/DIE GRÜNEN v. 8.10.2014, BT-Drs. 18/2747.

Nach einer öffentlichen Anhörung zum Gesetzentwurf der Bundesregierung am 3. November 2014 beschloss der Ausschuss für Bildung, Forschung und Technikfolgenabschätzung am 11. November 2014 die Befürwortung des Gesetzentwurfs der Bundesregierung sowie die Ablehnung der Anträge der Fraktion DIE LINKE. und der Fraktion BÜNDNIS 90/DIE GRÜNEN.[418] Der Gesetzentwurf der Bundesregierung zur Änderung des Grundgesetzes wurde am 13. November 2014 durch den Bundestag unter Zustimmung der Koalitionsfraktionen CDU, CSU und SPD, der Enthaltung der Fraktion BÜNDNIS 90/DIE GRÜNEN und den Gegenstimmen der Fraktion DIE LINKE. angenommen. Die Zustimmung des Bundesrates erfolgte am 19. Dezember 2014.[419] Das Gesetz zur Änderung des Grundgesetzes (Art. 91b) wurde am 23. Dezember 2014 ausgefertigt, im Bundesgesetzblatt am 31. Dezember 2014 verkündet[420] und trat zum 1. Januar 2015 in Kraft.

Mit der Grundgesetzänderung verfolgte der verfassungsändernde Gesetzgeber ausweislich der Gesetzesbegründung das Ziel, die Grundfinanzierung der Hochschulen zu stärken und ihnen sowohl im nationalen als auch im internationalen Kontext verlässliche Perspektiven und Planungssicherheit zu geben. Dabei soll die langfristige Förderung von Hochschulen, einzelnen Instituten oder Institutsverbünden ermöglicht werden. Die Unterstützung der Verbindungen von Hochschulen und außeruniversitären Forschungseinrichtungen soll durch die Grundgesetzänderung ebenfalls erleichtert und effizienter ausgestaltet werden. Die nach dem neuen Art. 91b GG nunmehr mögliche institutionelle Förderung von Hochschulen soll im Übrigen ihre Leistungs- und Wettbewerbsfähigkeit weiter stärken.[421]

b) Neuregelung durch das Gesetz zur Änderung des Grundgesetzes (Art. 91b GG) vom 23. Dezember 2014

Durch das Gesetz zur Änderung des Grundgesetzes vom 23. Dezember 2014 ist lediglich der erste Absatz der Grundgesetznorm neu gefasst worden und lautet nun wie folgt:

---

418 Beschlussempfehlung und Bericht des Ausschusses für Bildung, Forschung und Technikfolgenabschätzung (18. Ausschuss) v. 11.11.2014, BT-Drs. 18/3141.

419 BR-Drs. 570/14(B).

420 Gesetz zur Änderung des Grundgesetzes (Art. 91b) v. 23.12.2014, BGBl. 2014 I S. 2438.

421 BT-Drs. 18/2710, S. 6.

„[1] Bund und Länder können auf Grund von Vereinbarungen in Fällen überregionaler Bedeutung bei der Förderung von Wissenschaft, Forschung und Lehre zusammenwirken. [2] Vereinbarungen, die im Schwerpunkt Hochschulen betreffen, bedürfen der Zustimmung aller Länder. [3] Dies gilt nicht für Vereinbarungen über Forschungsbauten einschließlich Großgeräten."

Der Tatbestand des Zusammenwirkens von Bund und Ländern im Bereich der Forschungsförderung in Art. 91b I 1 GG wurde zunächst vereinfacht. Bund und Länder können danach bei der Förderung von Wissenschaft, Forschung und Lehre zusammenwirken. Der neue Art. 91b I 1 GG verzichtet nunmehr auf die Differenzierung zwischen der gemeinsamen Förderung an und außerhalb von Hochschulen sowie zwischen projektbezogener und institutioneller Förderung. In der Ermöglichung des umfassenderen Zusammenwirkens von Bund und Ländern bei der langfristigen und institutionellen Förderung der Hochschulen liegt dabei der Hauptzweck der Reform von 2014.[422] Auch die gemeinsame Förderung des allgemeinen Hochschulbaus, die mit der Föderalismusreform I von 2006 noch aus Art. 91a I Nr. 1 GG (i.d.F. v. 1970) ersatzlos gestrichen wurde, ist nach dem neuen Art. 91b I 1 GG wieder möglich. Für Vereinbarungen auf der Grundlage von Art. 91b I 1 GG, die im Schwerpunkt Hochschulen betreffen, normiert der neue Art. 91b I 2 GG überdies ein qualifiziertes Beteiligungs- und Zustimmungserfordernis aller 16 Länder, von dem wiederum Forschungsbauten einschließlich Großgeräten nach Art. 91b I 3 GG ausgenommen sind. Insgesamt erweist sich die Reform von Art. 91b I GG entsprechend ihrer Zielsetzung als deutliche Erweiterung der Gemeinschaftsaufgabe Forschungsförderung.[423] Die Erweiterung betrifft jedoch nur den Wissenschafts-, nicht den gesamten Bildungsbereich.

Sowohl das fakultative Zusammenwirken von Bund und Ländern bei der Feststellung der Leistungsfähigkeit des Bildungswesens nach Art. 91b II GG als auch die Regelung der Kostentragung von Bund-Länder-Kooperationen in Art. 91b III GG blieben im Übrigen unverändert. Ebenfalls unverändert blieb die Freiwilligkeit der Normnutzung, welche sich aus dem Modalverb *„können"* in Art. 91b I 1 GG ergibt.[424] Es besteht mithin anders als bei Art. 91a GG keine Verpflichtung von Bund und Ländern zur Wahrnehmung der in der Vorschrift

---

422 BT-Drs. 18/2710, S. 7.

423 BT-Drs. 18/2710, S. 1; *Seckelmann*, in: Friauf/Höfling, Berliner Komm. zum GG, Art. 91b [Stand: 2/2016] Rn. 3; *Siekmann*, in: Sachs, GG, Art. 91b Rn. 5 u. 11.

424 *Schwarz*, in: Maunz/Dürig, GG, Art. 91b [Stand: 12/2016] Rn. 12; *Speiser*, Der deutsche Wissenschaftsföderalismus auf dem Prüfstand, S. 107 f.

genannten Staatsaufgaben als Gemeinschaftsaufgaben, sondern es wird lediglich die Befugnis dazu normiert.[425] Es handelt sich im Fall von Art. 91b GG somit nach wie vor um eine fakultative Gemeinschaftsaufgabe.

aa) Stellung von Art. 91b GG im Verfassungsgefüge

Die systematische Stellung von Art. 91b GG im Verfassungsgefüge wurde durch die Reform von 2014 nicht berührt. Art. 91a GG und Art. 91b GG stehen folglich nach wie vor selbstständig ohne sachbereichsbezogene Überschneidungen nebeneinander.[426] Ebenso wie Art. 91a GG ist Art. 91b GG allerdings *lex specialis* gegenüber der allgemeinen Kompetenzverteilungsregel in Art. 30 GG.[427] Nach herrschender Ansicht ist Art. 91b GG zudem *lex specialis* gegenüber Art. 83 ff. GG.[428] Dagegen wendet *Speiser* jedoch richtigerweise ein, dass Art. 91b GG nicht die gemeinsame Gesetzesausführung zum Inhalt hat, sondern das föderale Zusammenwirken auf der Grundlage von Vereinbarungen.[429] Mithin bleiben die Art. 83 ff. GG von Art. 91b GG unberührt. Auch gegenüber Art. 104a I GG ist Art. 91b GG *lex specialis*.[430] Dabei wird Art. 104a I GG

---

425 *Wolff*, DÖV 2015, 771 (772); *Glaser*, in: Kahl/Waldhoff/Walter, BK-GG, Art. 91b [Stand: 8/2016] Rn. 42; *Siekmann*, in: Sachs, GG, Art. 91b Rn. 9; *Volkmann/Kaufhold*, in: v. Mangoldt/Klein/Starck, GG, Art. 91b Rn. 11; *Kment*, in: Jarass/Pieroth, GG, Art. 91b Rn. 1.

426 *Schwarz*, in: Maunz/Dürig, GG, Art. 91b [Stand: 12/2016] Rn. 14; *Heun*, in: Dreier, GG, Art. 91b Rn. 20; *Volkmann/Kaufhold*, in: v. Mangoldt/Klein/Starck, GG, Art. 91b Rn. 12.

427 *Seckelmann*, in: Friauf/Höfling, Berliner Komm. zum GG, Art. 91b [Stand: 2/2016] Rn. 49; *Schwarz*, in: Maunz/Dürig, GG, Art. 91b [Stand: 12/2016] Rn. 13; *Heun*, in: Dreier, GG, Art. 91b Rn. 20; *Siekmann*, in: Sachs, GG, Art. 91b Rn. 8; *Wolff*, DÖV 2015, 771 (772); *Volkmann/Kaufhold*, in: v. Mangoldt/Klein/Starck, GG, Art. 91b Rn. 12.

428 *Wolff*, DÖV 2015, 771 (772); *Seckelmann*, in: Friauf/Höfling, Berliner Komm. zum GG, Art. 91b [Stand: 2/2016] Rn. 49; *Schwarz*, in: Maunz/Dürig, GG, Art. 91b [Stand: 12/2016] Rn. 13; *Heun*, in: Dreier, GG, Art. 91b Rn. 20; *Siekmann*, in: Sachs, GG, Art. 91b Rn. 8; *Volkmann/Kaufhold*, in: v. Mangoldt/Klein/Starck, GG, Art. 91b Rn. 12.

429 *Speiser*, Der deutsche Wissenschaftsföderalismus auf dem Prüfstand, S. 106.

430 *Wolff*, DÖV 2015, 771 (772); *Seckelmann*, in: Friauf/Höfling, Berliner Komm. zum GG, Art. 91b [Stand: 2/2016] Rn. 49; *Schwarz*, in: Maunz/Dürig, GG, Art. 91b [Stand: 12/2016] Rn. 13; *Heun*, in: Dreier, GG, Art. 91b Rn. 20; *Siekmann*, in: Sachs, GG, Art. 91b Rn. 8; *Volkmann/Kaufhold*, in: v. Mangoldt/Klein/Starck, GG, Art. 91b Rn. 12; a.A. *Speiser*, Der deutsche Wissenschaftsföderalismus auf dem Prüfstand, S. 123 ff., der Art. 104a I GG aufgrund des Normzwecks für unberührt durch Art. 91b GG hält.

durch Art. 91b GG zunächst nicht grundsätzlich verdrängt oder durchbrochen. Sofern Bund und Länder auf der Grundlage einer Vereinbarung nach Art. 91b GG kooperieren, nehmen sie eine *gemeinsame Aufgabe* wahr. Aufgrund der gemeinsamen Verwaltungszuständigkeit und der Lastentragungsregel des Art. 104a I GG ergibt sich daher auch eine *gemeinsame Finanzierungszuständigkeit* von Bund und Ländern als Ergebnis einer strengen Anwendung des Konnexitätsprinzips. Die gemeinsame Kostentragung ergibt sich im Übrigen auch nicht aus Art. 91b III GG, denn Art. 91b III GG regelt lediglich, dass eine Vereinbarung auf der Grundlage von Art. 91b GG eine (frei auszuhandelnde) Kostentragungsregel enthalten muss.[431] Dennoch kann formal betrachtet nach Maßgabe von Art. 91b III GG eine von Art. 104a I GG abweichende spezielle Finanzierungsregelung in der Vereinbarung auf der Grundlage von Art. 91b I GG getroffen werden. So kann etwa ein Kooperationspartner gem. Art. 91b III GG an den Kosten der Gemeinschaftsaufgabe zu einem geringeren Grad als der andere oder die anderen Partner beteiligt sein. In diesem Fall bliebe seine Finanzierungsverantwortung hinter seiner Aufgabenverantwortung zurück. In einer solchen Konstellation liegt in der Finanzierung des Aufgabenteils, den ein Kooperationspartner selbst nicht wahrnimmt, jedoch keine Fremdfinanzierung.[432] Vielmehr kann man in diesem Fall von einer Art pauschalierter Konnexität nach Maßgabe der jeweiligen Vereinbarung sprechen. Mithin bliebe Art. 104a I GG in einer solchen Konstellation von Art. 91b GG unberührt. Darüber hinaus gestattet Art. 91b III GG allerdings bereits seit der Föderalismusreform I im Jahr 2006 auch die Regelung der vollständigen Kostentragung durch einen Kooperationspartner allein. Daher ist im Rahmen des Art. 91b GG auch eine Situation denkbar, in der ein Kooperationspartner, in der Praxis kommt hierfür insbesondere der Bund in Betracht, eine gemeinsame Aufgabe vollständig alleine finanziert, die übrigen Kooperationspartner, in der Regel die beteiligten Länder, aber dennoch im Rahmen der Verwaltungszuständigkeit involviert sind.[433] Durch Art. 91b III GG werden mithin formal betrachtet Vereinbarungen ermöglicht, die eine von Art. 104a I GG abweichende, spezielle Finanzierung

---

431 So zutreffend *Speiser*, Der deutsche Wissenschaftsföderalismus auf dem Prüfstand, S. 123; s. zu Art. 91b III GG auch ausführlich unten B. IV. 3. b) ee).

432 So auch *Speiser*, Der deutsche Wissenschaftsföderalismus auf dem Prüfstand, S. 124.

433 Ein Mindestmaß an inhaltlicher Mitbestimmung durch die Länder wäre hier im Übrigen auch zwingend erforderlich, um den Charakter einer Gemeinschaftsaufgabe zu wahren, *Speiser*, Der deutsche Wissenschaftsföderalismus auf dem Prüfstand, S. 124.

regeln.[434] Hinsichtlich der Tragung der Verwaltungskosten ist demgegenüber Art. 104a V GG die speziellere Norm.[435]

Im Übrigen entfaltet Art. 91b GG aus sich heraus keine Sperrwirkung gegenüber anderen Rechtsvorschriften.[436] Dies gilt insbesondere für Art. 104b GG, der neben Art. 91b GG anwendbar ist.[437] Die Verteilung der Gesetzgebungskompetenzen bleibt durch Art. 91b GG ebenfalls unberührt.[438] Folglich kann der Bund seine konkurrierende Gesetzgebungszuständigkeit in Art. 72, 74 I Nr. 13 Alt. 2 GG zur Förderung der wissenschaftlichen Forschung wahrnehmen und ebenso wie die Länder, denen nach Art. 30, 70 I GG grundsätzlich Bildungshoheit zusteht, eigenständige gesetzliche Regelungen auf den von Art. 91b GG normierten Sachgebieten treffen. Bund und Länder sind durch Art. 91b GG ferner nicht zur Zusammenarbeit verpflichtet, sondern lediglich berechtigt. Sofern Bund und Länder jedoch aufgrund einer Vereinbarung i.S.v. Art. 91b I GG kooperieren, setzt sich Art. 91b I GG durch und die Beteiligten sind gehalten, die getroffene Vereinbarung nicht mit den von ihnen allein wahrgenommenen Aufgaben zu konterkarieren. Im Übrigen kann in der Vereinbarung selbst eine Sperrwirkung festgelegt werden.[439]

---

434 So auch *Wolff*, DÖV 2015, 771 (772), die hier auf die fehlende Aufgabenakzessorietät der Lastentragung abstellt.

435 *Seckelmann*, in: Friauf/Höfling, Berliner Komm. zum GG, Art. 91b [Stand: 2/2016] Rn. 50; *Glaser*, in: Kahl/Waldhoff/Walter, BK-GG, Art. 91b [Stand: 8/2016] Rn. 50; *Schwarz*, in: Maunz/Dürig, GG, Art. 91b [Stand: 12/2016] Rn. 14 u. 39; *Heun*, in: Dreier, GG, Art. 91b Rn. 18 u. 21; *Siekmann*, in: Sachs, GG, Art. 91b Rn. 8 u. 38; *Kment*, in: Jarass/Pieroth, GG, Art. 91b Rn. 7; a.A. hingegen *Volkmann/Kaufhold*, in: v. Mangoldt/Klein/Starck, GG, Art. 91b Rn. 37, der auf die Entstehungsgeschichte von Art. 91b III GG verweist.

436 *Seckelmann*, in: Friauf/Höfling, Berliner Komm. zum GG, Art. 91b [Stand: 2/2016] Rn. 49; *Siekmann*, in: Sachs, GG, Art. 91b Rn. 40; *Volkmann/Kaufhold*, in: v. Mangoldt/Klein/Starck, GG, Art. 91b Rn. 12.

437 *Seckelmann*, in: Friauf/Höfling, Berliner Komm. zum GG, Art. 91b [Stand: 2/2016] Rn. 49; *Schwarz*, in: Maunz/Dürig, GG, Art. 91b [Stand: 12/2016] Rn. 13; *Siekmann*, in: Sachs, GG, Art. 91b Rn. 8; *Volkmann/Kaufhold*, in: v. Mangoldt/Klein/Starck, GG, Art. 91b Rn. 12.

438 *Glaser*, in: Kahl/Waldhoff/Walter, BK-GG, Art. 91b [Stand: 8/2016] Rn. 48; *Heun*, in: Dreier, GG, Art. 91b Rn. 21; *Siekmann*, in: Sachs, GG, Art. 91b Rn. 9; *Volkmann/Kaufhold*, in: v. Mangoldt/Klein/Starck, GG, Art. 91b Rn. 12.

439 *Seckelmann*, in: Friauf/Höfling, Berliner Komm. zum GG, Art. 91b [Stand: 2/2016] Rn. 49; *Volkmann/Kaufhold*, in: v. Mangoldt/Klein/Starck, GG, Art. 91b Rn. 12.

Für Finanzierungslasten, die sich aus dem Wegfall von Gemeinschaftsaufgaben durch die Föderalismusreform I ergaben, enthält Art. 143c GG überdies eine Spezialregelung, wonach bis zum 31. Dezember 2019 Kompensationsbeträge gewährt worden sind.[440]

bb) Voraussetzungen des Zusammenwirkens

Für die Kooperation von Bund und Ländern trifft Art. 91b I GG zunächst Vorgaben hinsichtlich der Form. Formelle Voraussetzung für das Zusammenwirken ist danach das Vorliegen einer Vereinbarung. Mit dem Verweis auf den Abschluss einer Vereinbarung wird hierbei zugleich der im bundesstaatlichen Verhältnis geltende Gleichheitssatz zum Ausdruck gebracht. Mithin wird deutlich, dass Bund und Länder sich im Rahmen von Art. 91b I GG als grundsätzlich gleichberechtigte Partner gegenüberstehen. Des Weiteren muss für eine Kooperation nach Art. 91b I GG ein Fall überregionaler Bedeutung vorliegen.

(1) Vereinbarung

Als Vereinbarungen i.S.v. Art. 91b I GG kommen sowohl Staatsverträge als auch schriftlich abzuschließende Verwaltungsabkommen in Betracht,[441] wobei Letztere auch weiterhin den Regelfall darstellen. Gegen diese Praxis werden vor allem für den Bereich der Forschungsförderung und speziell für die Exzellenzinitiative bzw. -strategie verfassungsrechtliche Bedenken im Hinblick auf den allgemeinen Grundsatz vom Vorbehalt des Gesetzes vorgebracht.[442] Umstritten ist hier, inwieweit Art. 91b GG eine Mitwirkung der Parlamente beim Zusammenwirken von Bund und Ländern vorschreibt. Einigkeit besteht lediglich darüber, dass jedenfalls die Haushaltshoheit der Parlamente nicht aufgehoben wird.[443] Ob eine darüber hinausgehende parlamentarische Beteiligung aufgrund von Art. 91b GG entbehrlich ist, war hingegen bereits im Hinblick auf die

---

440 *Schwarz*, in: Maunz/Dürig, GG, Art. 91b [Stand: 12/2016] Rn. 14.

441 *Oebbecke*, in: Isensee/P. Kirchhof, HdbStR, Bd. VI, § 136 Rn. 154; *Glaser*, in: Kahl/Waldhoff/Walter, BK-GG, Art. 91b [Stand: 8/2016] Rn. 29; *Schwarz*, in: Maunz/Dürig, GG, Art. 91b [Stand: 12/2016] Rn. 25; *Heun*, in: Dreier, GG, Art. 91b Rn. 9; *Volkmann/Kaufhold*, in: v. Mangoldt/Klein/Starck, GG, Art. 91b Rn. 14.

442 S. ausführlich zum allgemeinen Gesetzesvorbehalt im Rahmen der Exzellenzinitiative bzw. -strategie unten C. III. 1. e) bb).

443 *Sieweke*, DÖV 2009, 946 (948); *Schwarz*, in: Maunz/Dürig, GG, Art. 91b [Stand: 12/2016] Rn. 40; *Heun*, in: Dreier, GG, Art. 91b Rn. 19; *Siekmann*, in: Sachs, GG, Art. 91b Rn. 42; *Kment*, in: Jarass/Pieroth, GG, Art. 91b Rn. 7.

vorherige Fassung umstritten.[444] Teilweise wird in diesem Zusammenhang auf die Entstehungsgeschichte des Art. 91b GG verwiesen. Mit der Einfügung dieser Norm habe der verfassungsändernde Gesetzgeber die Praxis der Bund-Länder-Kooperationen im Bereich der Forschungsförderung ausdrücklich sanktioniert und fortgeschrieben, die sich im Wesentlichen gerade in Form von Verwaltungsabkommen vollzog. Deshalb sei der neue Art. 91b GG eine ausreichende verfassungsrechtliche Ermächtigung für das Zusammenwirken von Bund und Ländern im Wege von Verwaltungsabkommen.[445] Nach der Gegenansicht sollen wegen des Gesetzesvorbehalts wiederum nur staatsvertragliche Regelungen unter Beteiligung der Parlamente zulässig sein, da Art. 91b GG nicht die Kompetenzverteilung zwischen Exekutive und Legislative, sondern zwischen Bund und Ländern regele. Die Vorschrift des Art. 91b GG sei daher keine Spezialregelung im Hinblick auf den Gesetzesvorbehalt.[446] Diese Ansicht wird zunächst vom Wortlaut der Norm gestützt, der nur von Bund und Ländern, nicht Exekutive und Legislative spricht. Darüber hinaus spricht auch die verfassungsrechtliche Stellung von Art. 91b GG im Abschnitt der Gemeinschaftsaufgaben dafür, dass die Vorschrift nicht die Rechtsbeziehungen von Exekutive und Legislative berühren soll. Es ist zwar zutreffend, dass die Gemeinschaftsaufgabe in Art. 91b GG geschaffen wurde, um die Praxis der Bund-Länder-Kooperation der Wissenschaftsförderung abzusichern, intendiert war dabei jedoch lediglich eine Veränderung der föderalen Beziehungen. Eine darüber hinausgehende Legalisierung auch im Hinblick auf eine mögliche unzureichende parlamentarische Beteiligung kann weder dem Wortlaut von Art. 91b GG (i.d.F. v. 1969) noch der entsprechenden Gesetzesbegründung entnommen werden. Hätte der allgemeine Gesetzesvorbehalt mit der Einfügung von Art. 91b GG aufgehoben werden sollen, hätte es in Anbetracht der damit verbundenen schwerwiegenden demokratischen und rechtsstaatlichen Einbußen überdies eines klaren Hinweises bedurft.[447] Auch hinsichtlich der Neufassungen von Art. 91b GG durch die Föderalismusreform I im Jahr 2006 und die jüngste Reform im Jahr 2014 ergibt sich keine Beschränkung der parlamentarischen Rechte aus dem jeweiligen Wortlaut oder aus den Gesetzesbegründungen. Überdies wird zutreffend

---

444 *Sieweke*, DÖV 2009, 946 (948).

445 So *Volkmann/Kaufhold*, in: v. Mangoldt/Klein/Starck, GG, Art. 91b Rn. 14 mit Verweis auf BT-Drs. 5/2861, Tz. 106 u. 108.

446 *Köstlin*, Die Kulturhoheit des Bundes, S. 225.

447 *Sieweke*, DÖV 2009, 946 (948); *Glaser*, in: Kahl/Waldhoff/Walter, BK-GG, Art. 91b [Stand: 8/2016] Rn. 31.

auf die Grundrechtsrelevanz der Forschungsförderung hingewiesen, die eine Umsetzung durch formelle Gesetze oder eine staatsvertragliche Regelung unter Beteiligung der Parlamente erforderlich machen könne. Eine Befreiung vom allgemeinen Gesetzesvorbehalt enthält Art. 91b GG daher auch in seiner neuesten Fassung nicht.[448]

Im Übrigen genügen als Vereinbarungen i.S.v. Art. 91b I GG grundsätzlich auch bloße Absprachen, sofern sie mit Rechtsbindungswillen getroffen worden sind.[449] In Anlehnung an die Rechtsprechung des BVerfG zu Art. 104a IV GG (i.d.F. v. 1969)[450] sind die Vereinbarungen aufgrund ihrer Bedeutung schriftlich abzuschließen.[451] Im Übrigen gebieten sowohl Rechtsklarheit als auch die verfassungsrechtliche Stellung der Länder im föderativen Staatsgefüge die Einhaltung der Schriftform nach Maßgabe von § 126 I 1 BGB.[452] Zudem kann der Bund, will er nicht seine Pflicht zu bundesfreundlichem Verhalten[453] verletzen, eine Vereinbarung i.S.d. Art. 91b I 1 GG nur mit allen gleichermaßen betroffenen Ländern zugleich abschließen. Dabei hängt die Gültigkeit der Vereinbarung grundsätzlich von der Zustimmung aller betroffenen Länder ab, die ebenso wie die des Bundes gegenüber allen Beteiligten zu erklären ist.[454] Die Länder stehen

---

448 *Glaser*, in: Kahl/Waldhoff/Walter, BK-GG, Art. 91b [Stand: 8/2016] Rn. 30 ff.; zur Vorgängerfassung bereits *Mager*, in: v. Münch/Kunig, GG, Art. 91b Rn. 12 u. 40; s. ausführlich zum allgemeinen Gesetzesvorbehalt auch unten C. II. 1. e) bb).

449 *Glaser*, in: Kahl/Waldhoff/Walter, BK-GG, Art. 91b [Stand: 8/2016] Rn. 29; *Schwarz*, in: Maunz/Dürig, GG, Art. 91b [Stand: 12/2016] Rn. 25; *Siekmann*, in: Sachs, GG, Art. 91b Rn. 24; *Kment*, in: Jarass/Pieroth, GG, Art. 91b Rn. 2.

450 BVerfGE 41, 291 (305 ff.).

451 Das Bundesverfassungsgericht verwies in seinem Urteil auf die gesetzesvertretende Funktion der Verwaltungsvereinbarungen nach Art. 104a IV GG i.d.F. v. 1970 zur Begründung des Schriftformerfordernisses. Zwar haben auf der Grundlage von Art. 91b I GG abgeschlossene Verwaltungsabkommen nicht zwingend gesetzesvertretende Funktion, sie stehen allerdings den Ausführungsgesetzen nach Art. 91a GG in ihrer Funktion gleich und können daher ebenfalls als gesetzesvertretend angesehen werden; *Maunz*, in: Maunz/Dürig, GG, Art. 91b [Stand: 9/1980] Rn. 34.

452 Insoweit lässt sich die Rechtsprechung des BVerfG zu Art. 104a IV GG i.d.F. v. 1970 in BVerfGE 41, 291 (306) problemlos auf Art. 91b I GG übertragen; *Maunz*, in: Maunz/Dürig, GG, Art. 91b [Stand: 9/1980] Rn. 34.

453 Der aus dem Bundesstaatsprinzip in Art. 20 I GG abgeleitete ungeschriebene Grundsatz bundesfreundlichen Verhaltens (auch „Bundestreue“) geht auf *Rudolf Smend* zurück und gebietet die gegenseitige Rücksichtnahme von Bund und Ländern bei der Wahrnehmung ihrer Kompetenzen, vgl. *Smend*, in: FG Mayer, S. 259 ff.; BVerfGE 4, 115 (140); 81, 310 (337 f.); 92, 203 (230).

454 BVerfGE 41, 291 (308).

dem Bund dabei entsprechend dem im bundesstaatlichen Verhältnis geltenden Gleichheitssatz als gleichberechtigte Gesprächs-, Verhandlungs- und Vertragspartner gegenüber.[455] Dennoch sind im Einzelfall auch Vereinbarungen des Bundes mit nur einem Teil der Länder oder einem einzelnen Land denkbar, sofern ein sachlicher Grund dies rechtfertigt.[456] Ein solcher sachlicher Grund kann sich insbesondere daraus ergeben, dass die an den Verhandlungen beteiligten Länder dem Grundsatz bundesfreundlichen Verhaltens zuwiderhandeln, indem sie das Zustandekommen einer Vereinbarung aus sachfremden Erwägungen blockieren. In einem derartigen Fall käme die Vereinbarung sodann, auch im Fall des qualifizierten Zustimmungserfordernisses nach Art. 91b I 2 GG,[457] nur zwischen dem Bund und einem Teil der betroffenen Länder zustande.[458] Mit solch selektiven Vereinbarungen darf der Bund jedoch weder einzelne Länder unsachlich bevorzugen oder benachteiligen noch durch machttaktisches Vorgehen eine indirekte Hochschulsteuerung unternehmen.[459] Selektive Vereinbarungen sind in der Förderpraxis jedoch selten, was im Übrigen auch der Grundanlage von Art. 91b GG, der ja gerade auf überregionale Maßnahmen unter Bundesbeteiligung abzielt, entspricht.[460] Wie *Speiser* trefflich formuliert, ist demgemäß im Rahmen des Art. 91b I GG einerseits dem Bund „ein Divide et impera verwehrt", andererseits den Ländern „eine Erpressungstaktik verboten".[461]

Für den Inhalt der Vereinbarung macht Art. 91b I GG keine Vorgaben. Umfasst ist mithin jede Form des Zusammenwirkens in den von Art. 91b I GG gezogenen Grenzen sowie jeder Grad der Beteiligung der Mitwirkung einer Seite

---

455 BVerfGE 39, 96 (119); 41, 291 (308); *Henneke*, in: Schmidt-Bleibtreu/Hofmann/ders., GG, Art. 91b Rn. 34; *Heun*, in: Dreier, GG, Art. 91b Rn. 10; *Volkmann/Kaufhold*, in: v. Mangoldt/Klein/Starck, GG, Art. 91b Rn. 13.

456 *Glaser*, in: Kahl/Waldhoff/Walter, BK-GG, Art. 91b [Stand: 8/2016] Rn. 35; *Henneke*, in: Schmidt-Bleibtreu/Hofmann/ders., GG, Art. 91b Rn. 34; *Heun*, in: Dreier, GG, Art. 91b Rn. 10; *Siekmann*, in: Sachs, GG, Art. 91b Rn. 24; *Kment*, in: Jarass/Pieroth, GG, Art. 91b Rn. 2.

457 S. dazu gleich unten B. IV. 3. b) bb) (2).

458 BVerfGE 41, 291 (308); *Speiser*, Der deutsche Wissenschaftsföderalismus auf dem Prüfstand, S. 116; *Henneke*, in: Schmidt-Bleibtreu/Hofmann/ders., GG, Art. 91b Rn. 34; *Heun*, in: Dreier, GG, Art. 91b Rn. 10.

459 *Speiser*, RuP 2015, 86 (88); *Henneke*, in: Schmidt-Bleibtreu/Hofmann/ders., GG, Art. 91b Rn. 34; *Heun*, in: Dreier, GG, Art. 91b Rn. 10; zur Vorgängerfassung *Speiser*, DÖV 2014, 555 (558).

460 *Speiser*, Der deutsche Wissenschaftsföderalismus auf dem Prüfstand, S. 116.

461 *Speiser*, Der deutsche Wissenschaftsföderalismus auf dem Prüfstand, S. 116.

bei der Aufgabenerfüllung der anderen Seite.[462] Ferner können aufgrund von Vereinbarungen auch gemeinsame Institutionen geschaffen werden.[463] Dabei sind Bund und Länder durch Art. 91b I GG auch nicht auf reine Beratungs- und Koordinationsgremien beschränkt, sondern sie können den Kooperationsgremien vielmehr auch Entscheidungskompetenzen übertragen, sofern die Bindungswirkung nur den internen Bereich der Exekutive betrifft und Parlamentsentscheidungen nicht präjudiziert werden.[464]

(2) Beteiligungs- und Zustimmungserfordernisse – Art. 91b I 2 u. 3 GG

Vereinbarungen, die im Schwerpunkt Hochschulen betreffen, bedürfen nach Art. 91b I 2 GG hingegen stets der Zustimmung aller 16 Länder, d.h. auch der von der Sachfrage nicht betroffenen (qualifiziertes Zustimmungserfordernis).[465] Im Umkehrschluss muss folglich davon ausgegangen werden, dass einer Vereinbarung im Übrigen nur die von ihr betroffenen Länder einstimmig zustimmen müssen (*argumentum e contrario*).[466] Daran ändert auch die Auffassung des verfassungsändernden Gesetzgebers von 2006 nichts, nach der Vereinbarungen, die nicht unter Art. 91b I 2 GG (i.d.F. v. 2006) fallen, auf Seiten der Länder grundsätzlich mit einer Mehrheit von mindestens 13 Stimmen abgeschlossen werden können.[467] Es ist kein Grund ersichtlich, das für das föderale Zusammenwirken grundlegende Prinzip der Einstimmigkeit hier aufzuheben.[468] Die Vorgabe

462 *Maunz*, in: Maunz/Dürig, GG, Art. 91b [Stand: 9/1980] Rn. 36; *Volkmann/Kaufhold*, in: v. Mangoldt/Klein/Starck, GG, Art. 91b Rn. 29.

463 *Heun*, in: Dreier, GG, Art. 91b Rn. 11; *Volkmann/Kaufhold*, in: v. Mangoldt/Klein/Starck, GG, Art. 91b Rn. 15; *Kment*, in: Jarass/Pieroth, GG, Art. 91b Rn. 3.

464 *Heun*, in: Dreier, GG, Art. 91b Rn. 11; *Volkmann/Kaufhold*, in: v. Mangoldt/Klein/Starck, GG, Art. 91b Rn. 29; *Kment*, in: Jarass/Pieroth, GG, Art. 91b Rn. 3.

465 *Wolff*, DÖV 2015, 771 (777); *Seckelmann*, in: Friauf/Höfling, Berliner Komm. zum GG, Art. 91b [Stand: 2/2016] Rn. 24; *Glaser*, in: Kahl/Waldhoff/Walter, BK-GG, Art. 91b [Stand: 8/2016] Rn. 36; *Heun*, in: Dreier, GG, Art. 91b Rn. 15; *Volkmann/Kaufhold*, in: v. Mangoldt/Klein/Starck, GG Art. 91b Rn. 26; *Kment*, in: Jarass/Pieroth, GG, Art. 91b Rn. 5.

466 *Glaser*, in: Kahl/Waldhoff/Walter, BK-GG, Art. 91b [Stand: 8/2016] Rn. 35; *Speiser*, Der deutsche Wissenschaftsföderalismus auf dem Prüfstand, S. 117 f.; wohl auch *Mager*, in v. Münch/Kunig, GG, Art. 91b Rn. 10, der Art. 91b I 2 GG (i.d.F. v. 2006) nicht als Mehrheits-, sondern als Beteiligungsregelung wertete; a.A. hingegen *Siekmann*, in: Sachs, GG, Art. 91b Rn. 25, der davon ausgeht, dass im Übrigen das Mehrheitsprinzip vom Grundgesetz anerkannt sei.

467 So BT-Drs. 16/813, S. 16.

468 *Speiser*, Der deutsche Wissenschaftsföderalismus auf dem Prüfstand, S. 118.

der Gesetzesbegründung entfaltet allenfalls politische Bindungswirkung.[469] Zudem impliziert bereits der fakultative Charakter der Gemeinschaftsaufgabe in Art. 91b I GG, dass kein Land gegen seinen Willen durch Mehrheitsbeschluss der anderen Länder und des Bundes zu einem Zusammenwirken gezwungen werden kann.[470] Das Prinzip der Einstimmigkeit gilt mithin für alle auf der Grundlage von Art. 91b GG geschlossenen Vereinbarungen.

Der Begriff der Hochschule in Art. 91b I 2 GG ist weit zu verstehen und umfasst alle wissenschaftlichen Hochschulen wie Universitäten, die Fach-, Gesamt-, Kunst- und Musikhochschulen sowie kirchliche, pädagogische und private Hochschulen.[471] Auch die Bundeswehrhochschulen und die sonstigen Hochschulen des Bundes sind umfasst.[472] Kooperationen zwischen Hochschulen und außeruniversitären Forschungseinrichtungen sollen jedoch nicht dem qualifizierten Beteiligungserfordernis von Art. 91b I 2 GG unterliegen, solange die Förderung der Hochschulen nicht im Vordergrund steht.[473]

Eine schwerpunktmäßige Betroffenheit der Hochschulen i.S.v. Art. 91b I 2 GG ist jedenfalls dann anzunehmen, wenn mehr als 50 % der Fördersumme in den Hochschulbereich fließt. Je nach Zielrichtung, Regelungsumfang, Förderdauer und Förderinstrumenten kann der Hochschulbereich aber auch dann im Vordergrund stehen, wenn von den zu vergebenden Fördermitteln mehrheitlich der außeruniversitäre Wissenschaftsbereich profitiert.[474] In jedem Fall muss mithilfe einer Einzelfallbetrachtung der jeweilige Schwerpunkt ermittelt werden, wobei aufgrund der Schutzfunktion der Vorschrift des Art. 91b I 2 GG zugunsten der Länder eine an qualitativen Kriterien orientierte Betrachtung vorzunehmen ist. Ein Beurteilungsspielraum steht dem Bund und den beteiligten Ländern dabei nicht zu.[475] Die Ansicht, dass aufgrund des in Art. 91b I 2 GG verwendeten Plurals („*Hochschulen*") mehr als eine Hochschule betroffen sein muss,

---

469 *Suerbaum*, in: Epping/Hillgruber, GG, Art. 91b Rn. 6.

470 *Wolff*, DÖV 2015, 771 (778); *Glaser*, in: Kahl/Waldhoff/Walter, BK-GG, Art. 91b [Stand: 8/2016] Rn. 35.

471 *Seckelmann*, in: Friauf/Höfling, Berliner Komm. zum GG, Art. 91b [Stand: 2/2016] Rn. 26; *Glaser*, in: Kahl/Waldhoff/Walter, BK-GG, Art. 91b [Stand: 8/2016] Rn. 38.

472 *Speiser*, Der deutsche Wissenschaftsföderalismus auf dem Prüfstand, S. 119; *Henneke*, in: Schmidt-Bleibtreu/Hofmann/ders., GG, Art. 91b Rn. 44; zur Vorgängerfassung: *Mager*, in: v. Münch/Kunig, GG, Art. 91b Rn. 21.

473 BT-Drs. 18/2710, S. 7.

474 *Volkmann/Kaufhold*, in: v. Mangoldt/Klein/Starck, GG, Art. 91b Rn. 26.

475 *Glaser*, in: Kahl/Waldhoff/Walter, BK-GG, Art. 91b [Stand: 8/2016] Rn. 39.

überzeugt hingegen nicht.[476] Der Terminus „*Hochschulen*" dürfte hier vielmehr aus grammatikalisch-stilistischen Gründen gewählt worden sein und ist daher für die Auslegung bedeutungslos.[477]

Insgesamt ist festzuhalten, dass die Novellierung des Art. 91b I 2 GG gegenüber der Vorgängerfassung in Art. 91b I 2 GG (i.d.F. v. 2006) sowohl weiter hinsichtlich der Aufhebung der Beschränkung auf Vorhabenförderung an Hochschulen als auch enger hinsichtlich der Schwerpunktregelung gefasst worden ist.[478] Überdies erscheint die Schwerpunktregelung bedenklich, da die eigentlich abgeschaffte Differenzierung zwischen Förderung an und außerhalb von Hochschulen hier „durch die Hintertür" letztlich doch beibehalten wurde.[479] Ferner schafft das Einstimmigkeitsprinzip aller Länder nach Art. 91b I 2 GG grundsätzlich Blockademöglichkeiten und kann innovative Entscheidungen verzögern.[480] Die Vorschrift bietet einen Ansatz für „Vetospieler"-Verhalten einzelner Länder,[481] wenngleich die Regelung des Art. 91b I 2 GG eigentlich der „sichere Hafen für die föderale Gleichheit und die Neutralität der Förderentscheidungen des Bundes"[482] sein soll. Die Norm, die eine indirekte Steuerung des Bundes durch selektiv-taktisches Verhalten verhindern soll, birgt nichtsdestotrotz die prinzipielle Möglichkeit des Missbrauchs, indem die Zustimmung eines Landes „zu einem handelbaren Gut"[483] werden könnte.[484] Wenngleich den Ländern eine Erpressungstaktik aus *sachfremden* Erwägungen, wie bereits dargestellt, verwehrt ist, ist in der Praxis doch zweifelhaft, ob eine solche Blockade tatsächlich immer zu einem Ausschluss des jeweiligen Landes aus den Verhandlungen führen wird. Im Übrigen bleibt den Ländern stets die Möglichkeit der Blockade durch sachliche Argumentation.

---

476 So allerdings *Wolff*, DÖV 2015, 771 (779).

477 *Speiser*, Der deutsche Wissenschaftsföderalismus auf dem Prüfstand, S. 120.

478 *Speiser*, Der deutsche Wissenschaftsföderalismus auf dem Prüfstand, S. 121.

479 *Seckelmann*, NVwZ 2015, 248 (251).

480 BT-Drs. 18/2747, S. 2.

481 *Seckelmann*, in: Friauf/Höfling, Berliner Komm. zum GG, Art. 91b [Stand: 2/2016] Rn. 24; zur Vorgängerfassung *Kluth*, RdJB 2008, 257 (261).

482 *Löwer*, Stellungnahme in der Öffentlichen Anhörung zum Gesetzentwurf der Bundesregierung „Entwurf eines Gesetzes zur Änderung des Grundgesetzes (Artikel 91b)" am 3.11.2014, A-Drs. 18(18)48 i, S. 4.

483 *Speiser*, RuP 2015, 86 (88).

484 *Heun*, in: Dreier, GG Art. 91b Rn. 15; *Seckelmann*, in: Friauf/Höfling, Berliner Komm. zum GG, Art. 91b [Stand: 2/2016] Rn. 24.

Vom qualifizierten Beteiligungserfordernis in Art. 91b I 2 GG explizit ausgenommen sind nach Art. 91b I 3 GG Vereinbarungen von Bund und Ländern über Forschungsbauten einschließlich Großgeräten. Folglich müssen diesen Vereinbarungen nur die betroffenen Länder zustimmen. Erfasst von der Rückausnahme sind dabei nur Forschungsbauten an Hochschulen. Unter einem Forschungsbau ist nach der von Bund und Ländern auf der Grundlage von Art. 3 II GWK-Abkommen gemeinsam geschlossenen Ausführungsvereinbarung Forschungsbauten, Großgeräte und Nationales Hochleistungsrechnen (AV-FGH)[485] eine für die Forschung benötigte, abgrenzbare und zusammenhängende Infrastruktur und zwar Neu-, Um- und Erweiterungsbauten mit Ersteinrichtung einschließlich Großgeräten, die durch eine Forschungsprogrammatik bestimmt werden (§ 3 I AV-FGH). Eindeutig nicht unter Forschungsbauten fallen hingegen Nebenanlagen wie Verwaltungsgebäude, Mensen und Wohnheime.[486] Als problematisch erweist sich hierbei, dass Gebäude an Hochschulen in der Praxis regelmäßig sowohl Lehr- als auch Forschungszwecken dienen und sich insoweit strukturelle Abgrenzungsschwierigkeiten ergeben. In diesem Fall ist nach dem jeweiligen Schwerpunkt der Nutzung des Gebäudes zu differenzieren. Sofern der Hauptzweck in der Forschung liegt, besteht für dieses die Förderfähigkeit nach Art. 91b I 3 GG.[487] Ansatzpunkte für die Bestimmung des Schwerpunkts der Nutzung bietet insoweit ein Abstellen auf die prozentualen Anteile der Fördersumme.[488] Angesichts der Schutzfunktion des Art. 91b I 2 GG zugunsten der Länder ist im Zweifel allerdings davon auszugehen, dass die Forschungsfunktion zumindest nicht prägend ist und die Rückausnahme vom Einstimmigkeitserfordernis nach Art. 91b I 3 GG mithin nicht greift.[489] Als Großgerät ist wiederum „die Summe der Geräteteile (Grundgerät) einschließlich Zubehör ohne Baukosten, die für einen vorgesehenen Betriebszustand eine

485 Ausführungsvereinbarung zum GWK-Abkommen über die gemeinsame Förderung von Forschungsbauten, Großgeräten und Nationalem Hochleistungsrechnen (AV-FGH) v. 26.11.2018, BAnz AT 21.12.2018 B9; s. dazu auch unten C. II. 8. b).

486 *Seckelmann*, in: Friauf/Höfling, Berliner Komm. zum GG, Art. 91b [Stand: 2/2016] Rn. 28; *Henneke*, in: Schmidt-Bleibtreu/Hofmann/ders., GG, Art. 91b Rn. 47.

487 *Seckelmann*, in: Friauf/Höfling, Berliner Komm. zum GG, Art. 91b [Stand: 2/2016] Rn. 29; *Glaser*, in: Kahl/Waldhoff/Walter, BK-GG, Art. 91b [Stand: 8/2016] Rn. 41; *Volkmann/Kaufhold*, in: v. Mangoldt/Klein/Starck, GG, Art. 91b Rn. 27; *Suerbaum*, in: Epping/Hillgruber, GG, Art. 91b Rn. 15.

488 *Seckelmann*, in: Friauf/Höfling, Berliner Komm. zum GG, Art. 91b [Stand: 2/2016] Rn. 29.

489 *Volkmann/Kaufhold*, in: v. Mangoldt/Klein/Starck, GG, Art. 91b Rn. 27.

Funktionseinheit bildet“, anzusehen (§ 7 I 1 AV-FGH). Die „verschachtelte und stilistisch fragwürdige Satzstruktur“[490] des Art. 91b I 2 u. 3 GG erscheint insgesamt unglücklich gewählt, ist jedoch Folge der Vereinheitlichung des Tatbestands in Art. 91b I 1 GG.

(3) Überregionale Bedeutung

Eine Kooperation von Bund und Ländern nach Art. 91b I GG muss im Übrigen die Förderung von Wissenschaft, Forschung und / oder Lehre von überregionaler Bedeutung zum Inhalt haben. Insoweit knüpft die Neufassung an ihre Vorgängerversionen von 2006 und 1969 an, die ebenfalls die überregionale Bedeutung der Förderung voraussetzten. Bezug und Auslegung dieses Tatbestandsmerkmals waren bereits nach der alten Rechtslage umstritten. Mit der grundsätzlich unveränderten Beibehaltung des Erfordernisses der überregionalen Bedeutung besteht der bisherige Diskussionsbedarf mithin ebenfalls weiter.

Überregionale Bedeutung liegt vor, wenn die Förderung für den Gesamtstaat oder für mindestens zwei bzw. mehrere Länder wichtig ist.[491] Die Förderung muss dabei laut Gesetzesbegründung „Ausstrahlungskraft über das einzelne Land hinaus“ haben und „im nationalen bzw. internationalen Kontext bedeutend“ sein.[492] Die Gesetzesbegründung von 2006 wählte dabei in unpassender Weise noch die Förderung als Bezugspunkt für die Beurteilung der überregionalen Bedeutung.[493] Vorzugswürdig ist es hingegen auf den jeweiligen konkreten Gegenstand der Förderung abzustellen, wie es schließlich auch die Gesetzesbegründung von 2014 fordert.[494] Eine Förderung durch den Bund und die Länder nach dem „Gießkannenprinzip“ stellt also allein noch keinen Fall überregional bedeutender Förderung dar.[495]

Im Übrigen ist der Begriff der überregionalen Bedeutung ein unbestimmter Rechtsbegriff, dessen weitere Konkretisierung im Rahmen der abzuschließenden

---

490 *Speiser*, RuP 2015, 86 (88).

491 *Wolff*, DÖV 2015, 771 (777); *Heun*, in: Dreier, GG, Art. 91b Rn. 13; zur Vorgängerfassung: *Mager*, in v. Münch/Kunig, GG, Art. 91b Rn. 16.

492 Vgl. die Gesetzesbegründung der jüngsten Reform BT-Drs. 18/2710, S. 7, die insoweit auf die frühere Gesetzesbegründung der Föderalismusreform I verweist (BT-Drs. 16/813, S. 17).

493 BT-Drs. 16/814, S. 17.

494 BT-Drs. 18/2710, S. 7; so auch *Siekmann*, in: Sachs, GG, Art. 91b Rn. 12; *Volkmann/Kaufhold*, in: v. Mangoldt/Klein/Starck, GG, Art. 91b Rn. 24.

495 *Wolff*, DÖV 2015, 771 (776).

Bund-Länder-Vereinbarungen erfolgen soll.[496] Dabei steht Bund und Ländern ein weiter politischer Beurteilungsspielraum zu, der nur eingeschränkt gerichtlich überprüfbar ist.[497] Wann eine Förderung überregional bedeutsam ist, ist Gegenstand politischer Aushandlungsprozesse und wird im Einzelfall nicht immer mit hinreichender Klarheit sowie trennscharf zu ermitteln sein.[498] Zudem erweist sich das Kriterium als zeit- und kontextabhängig.[499] Die Unbestimmtheit des Kriteriums der überregionalen Bedeutung bildet letztlich auch ein Einfallstor für politische Kopplungsgeschäfte.[500] Der Beurteilungsspielraum von Bund und Ländern findet allerdings in Art. 5 III 1 Alt. 2 GG eine externe Grenze. Das Grundrecht enthält eine objektive Wertentscheidung[501] für eine freie Wissenschaft und die Freiheit von Forschung und Lehre, wodurch die Wissenschaft auch unabhängig von bestehenden oder geltend gemachten subjektiven Rechten geschützt ist.[502] Diese Funktion des Art. 5 III 1 Alt. 2 GG als objektives Prinzip verpflichtet den Staat, der sich im Sinne einer Staatszielbestimmung als Kulturstaat versteht, zur positiven Pflege und Förderung der Wissenschaft.[503] Nach Ansicht des Bundesverfassungsgerichts habe der Staat danach „für die Idee einer freien Wissenschaft und seine Mitwirkung an ihrer Verwirklichung“[504]

496 BT-Drs. 18/2710, S. 7; *Glaser*, in: Kahl/Waldhoff/Walter, BK-GG, Art. 91b [Stand: 8/2016] Rn. 28.

497 *Wolff*, DÖV 2015, 771 (776 f.); *Glaser*, in: Kahl/Waldhoff/Walter, BK-GG, Art. 91b [Stand: 8/2016] Rn. 28; *Schwarz*, in: Maunz/Dürig, GG, Art. 91b [Stand: 12/2016] Rn. 23; *Henneke*, in: Schmidt-Bleibtreu/Hofmann/ders., GG, Art. 91b Rn. 38 f.; zur Vorgängerfassung *Mager*, in: v. Münch/Kunig, GG, Art. 91b Rn. 16; gegen jeglichen Beurteilungsspielraum hingegen *Siekmann*, in: Sachs, GG, Art. 91b Rn. 13.

498 *Seckelmann*, NVwZ 2015, 248 (251 f.); *Speiser*, RuP 2015, 86 (89); *Seckelmann*, in: Friauf/Höfling, Berliner Komm. zum GG, Art. 91b [Stand: 2/2016] Rn. 21; *Glaser*, in: Kahl/Waldhoff/Walter, BK-GG, Art. 91b [Stand: 8/2016] Rn. 28; ähnlich *Löwer*, WissR 50 (2017), 263 (280); zur Vorgängerfassung: *Wieland*, in: ders./Dohmen, Bildungsföderalismus und Bildungsfinanzierung, S. 24.

499 *Seckelmann*, NVwZ 2015, 248 (252).

500 *Seckelmann*, in: Friauf/Höfling, Berliner Komm. zum GG, Art. 91b [Stand: 2/2016] Rn. 21.

501 So allgemein BVerfGE 50, 290 (337); auf Art. 5 III Alt. 2 GG bezogen BVerfGE 35, 79 (113 u. 119); 47, 327 (368); 81, 108 (116); 88, 129 (136); 90, 1 (11); 94, 268 (285); 111, 333 (353); *Bethge*, in: Sachs, GG, Art. 5 Rn. 201; *Britz*, in: Dreier, GG, Art. 5 III (Wissenschaft) Rn. 69 f.; *Gärditz*, in: Maunz/Dürig, GG, Art. 5 III [Stand: 8/2019] Rn. 194.

502 *Gärditz*, in: Maunz/Dürig, GG, Art. 5 III [Stand: 8/2019] Rn. 195.

503 BVerfGE 35, 79 (113); 111, 333 (353).

504 BVerfGE 35, 79 (113).

einzustehen und sei verpflichtet, „sein Handeln positiv danach einzurichten, d.h. schützend und fördernd einer Aushöhlung dieser Freiheitsgarantie vorzubeugen“.[505] Die überregionale Bedeutung eines Fördergegenstandes ist danach zwingend in einem wissenschaftsadäquaten Verfahren und anhand wissenschaftsadäquater Kriterien zu bewerten.[506]

In der Staatspraxis wird bei der Beurteilung der überregionalen Bedeutung hingegen häufig auf eine bestimmte finanzielle Größenordnung abgestellt.[507] Die Gesetzesbegründung von 2006 gab als Orientierungsgröße eine „Bagatellgrenze“ von 5 Mio. € an.[508] Für Forschungsbauten und für Großgeräte, die als Forschungsbauten angemeldet werden, haben Bund und Länder überdies eine Konkretisierung in § 3 I 2 AV-FGH vorgenommen, wonach die Grenze jeweils bei 5 Mio. € liegt. Sofern Großgeräte als Forschungsbauten gefördert werden, liegt die Grenze gem. § 3 I 3 AV-FGH wiederum bei 7,5 Mio. Euro. Für die Beschaffung von sonstigen Großgeräten gilt nach § 7 II 2 AV-FGH eine Grenze von 100.000 € an Hochschulen für angewandte Wissenschaften und nach § 7 II 1 AV-FGH eine Grenze von 200.000 € an anderen Hochschulen. Mit anderen Worten bestimmt sich die überregionale Bedeutung in der Staatspraxis vielfach nach einer ziffernmäßig festgelegten Mindestsumme. Diese Vorgehensweise widerspricht jedoch dem Sinn und Zweck des Tatbestandsmerkmals der überregionalen Bedeutung, welches begrenzend wirken soll. Bei der Bewertung der überregionalen Bedeutung ist stets auf den konkret zu fördernden Gegenstand abzustellen, also auf die Einrichtung, das Projekt oder die Person, die bzw. das unterstützt werden soll, nicht jedoch auf die wissenschaftliche Disziplin als ganze und vor allem nicht auf den Umfang oder die Breite der geplanten Förderung.[509] Anderenfalls könnten Bund und Länder durch die Ausgestaltung der Fördersumme und -struktur selbst die überregionale Bedeutung generieren. Im Übrigen können auch Projekte, die wenig kosten, von Bedeutung für den Wissenschaftsstandort Deutschland sein.[510]

Im Ergebnis entfaltete das Tatbestandsmerkmal der überregionalen Bedeutung bislang keine effektiv begrenzende Wirkung hinsichtlich der

---

505 BVerfGE 35, 79 (113).

506 *Volkmann/Kaufhold*, in: v. Mangoldt/Klein/Starck, GG, Art. 91b Rn. 24.

507 *Heun*, in: Dreier, GG, Art. 91b Rn. 13; *Siekmann*, in: Sachs, GG, Art. 91b Rn. 13.

508 BT-Drs. 16/813, S. 17, wobei diese laut Fußnote auf Forschungsbauten beschränkt ist.

509 *Wolff*, DÖV 2015, 771 (776); *Volkmann/Kaufhold*, in: v. Mangoldt/Klein/Starck, GG, Art. 91b Rn. 24.

510 *Volkmann/Kaufhold*, in: v. Mangoldt/Klein/Starck, GG, Art. 91b Rn. 24.

Bund-Länder-Kooperationen im Wissenschaftsbereich und wird dies voraussichtlich auch zukünftig im Rahmen des neuen Art. 91b I GG nicht tun. Insofern wäre ein Verzicht auf dieses umstrittene, wenig greifbare und letztlich überflüssige Tatbestandsmerkmal ratsam gewesen.[511] Der Antrag des Landes Schleswig-Holstein vom 17. September 2014 zur Streichung des Erfordernisses der überregionalen Bedeutung aus Art. 91b I GG, um auch strukturschwächere Regionen durch Bundesmittel zu fördern, fand hingegen keine Mehrheit.[512]

(4) Zusammenwirken und Förderung

Art. 91b GG ermöglicht anders als Art. 91a GG eine gegenseitige Mitwirkungsbefugnis, sodass nicht nur der Bund an Länderaufgaben mitwirken kann, sondern auch die Länder an Aufgaben des Bundes in der Forschungsförderung mitwirken können.[513] Wie bereits festgestellt, verfügt der Bund allerdings angesichts der Kulturhoheit der Länder nur über wenige Kompetenzen im Wissenschaftsbereich, sodass die Kooperationen auf der Grundlage des neuen Art. 91b GG in der Praxis vor allem in der Mitwirkung des Bundes an originären Länderaufgaben bestehen dürften. Grundsätzlich ist jedoch auch eine Mitwirkung der Länder an Bundesaufgaben insbesondere zur Förderung der sog. Großforschung[514] bzw. der Großforschungseinrichtungen[515] möglich.[516] Da die Länder derzeit jedoch kaum über die finanziellen Möglichkeiten für solche Förderungen verfügen,

---

511 So ähnlich bereits zur Vorgängerfassung *Löwer*, Stellungnahme in der Öffentlichen Anhörung zum Thema „Verfassungsrechtliche Grenzen und Perspektiven einer besseren Zusammenarbeit von Bund und Ländern in Bildung und Wissenschaft" am 19.3.2012, A-Drs. 17(18)265 g, S. 5.

512 BR-Drs. 323/2/14; vgl. zur Kritik am Merkmal der Überregionalität auch unten B. IV. 3. b) bb) (3).

513 *Seckelmann*, in: Friauf/Höfling, Berliner Komm. zum GG, Art. 91b [Stand: 2/2016] Rn. 2; *Glaser*, in: Kahl/Waldhoff/Walter, BK-GG, Art. 91b [Stand: 8/2016] Rn. 47; *Henneke*, in: Schmidt-Bleibtreu/Hofmann/ders., GG, Art. 91b Rn. 40–43; *Heun*, in: Dreier, GG, Art. 91b Rn. 8; *Siekmann*, in: Sachs, GG, Art. 91b Rn. 5 u. 9; *Kment*, in: Jarass/Pieroth, GG, Art. 91b Rn. 1; *Suerbaum*, in: Epping/Hillgruber, GG, Art. 91b Rn. 2.

514 S. zu den ungeschriebenen Kompetenzen des Bundes hinsichtlich der Großforschung auch oben B. III. 2. sowie unten B. IV. 7.

515 S. dazu auch unten C. III. 2.

516 *Henneke*, in: Schmidt-Bleibtreu/Hofmann/ders., GG, Art. 91b Rn. 40–43; *Heun*, in: Dreier, GG, Art. 91b Rn. 8 Fn. 27; *Suerbaum*, in: Epping/Hillgruber, GG, Art. 91b Rn. 2.

dürfte das Mitwirken des Bundes an Länderaufgaben die Regel sein und in der nächsten Zeit auch bleiben.

Hinsichtlich des Förderinstrumentariums enthält Art. 91b GG keinerlei tatbestandliche Begrenzungen, sodass Bund und Länder bei ihrem Zusammenwirken grundsätzlich jede Form der Förderung wählen können.[517] Die Förderung nach Art. 91b I GG umfasst mithin die finanzielle Förderung einschließlich der dafür erforderlichen Planung und Durchführung im Einzelfall.[518] Darüber hinaus sind auch organisatorische und sonstige, auch institutionell verfestigte Maßnahmen erfasst.[519] Die Gründung und der Betrieb von Bundesuniversitäten auf der Grundlage eines entsprechenden Verwaltungsabkommens sind nach Art. 91b I GG hingegen nicht möglich, da dem Bund hierfür weiterhin die Verwaltungskompetenz fehlt.[520] Insgesamt reichen die Gemeinschaftsaufgaben im Wissenschaftsbereich dennoch so weit wie nie zuvor.[521]

cc) Gegenstände des Zusammenwirkens

Art. 91b I 1 GG enthält eine abschließende Aufzählung der zulässigen Gegenstände des Zusammenwirkens von Bund und Ländern. Danach können Bund und Länder aufgrund von Vereinbarungen in Fällen überregionaler Bedeutung „bei der Förderung von Wissenschaft, Forschung und Lehre" zusammenwirken. Anders als bis Ende 2014 differenziert der neue Art. 91b I 1 GG mithin nicht mehr zwischen der Förderung an oder außerhalb von Hochschulen sowie zwischen projektbezogener und institutioneller Förderung. Im Übrigen bleiben aufgrund der fehlenden Sperrwirkung des Art. 91b GG die Fördermöglichkeiten

517 *Glaser*, in: Kahl/Waldhoff/Walter, BK-GG, Art. 91b [Stand: 8/2016] Rn. 19; *Volkmann/Kaufhold*, in: v. Mangoldt/Klein/Starck, GG, Art. 91b Rn. 23.

518 *Glaser*, in: Kahl/Waldhoff/Walter, BK-GG, Art. 91b [Stand: 8/2016] Rn. 19; *Volkmann/Kaufhold*, in: v. Mangoldt/Klein/Starck, GG, Art. 91b Rn. 23; *Suerbaum*, in: Epping/Hillgruber, GG, Art. 91b Rn. 11; a.A. *Siekmann*, in: Sachs, GG, Art. 91b Rn. 12; *Kment*, in: Jarass/Pieroth, GG, Art. 91b Rn. 4, die die Durchführung im Einzelfall für nicht umfasst halten.

519 *Volkmann/Kaufhold*, in: v. Mangoldt/Klein/Starck, GG, Art. 91b Rn. 23.

520 *Löwer*, WissR 50 (2017), 263 (281); a.A. *Glaser*, in: Kahl/Waldhoff/Walter, BK-GG, Art. 91b [Stand: 8/2016] Rn. 22.

521 *Speiser*, RuP 2015, 86 (89); *ders.*, Der deutsche Wissenschaftsföderalismus auf dem Prüfstand, S. 160.

von Bund und Ländern im Wissenschaftsbereich unberührt, welche ihnen auf der Grundlage anderer verfassungsrechtlicher Kompetenzen zustehen.[522]

(1) Förderung außerhalb von Hochschulen – Art. 91b I 1 GG

Der Gesetzgeber knüpft durch die Terminologie „Wissenschaft, Forschung und Lehre“[523] in Art. 91b I 1 GG an die durch Art. 5 III 1 Alt. 2 GG grundrechtlich geschützten Freiheitsräume an.[524] Der Rechtsbegriff der Wissenschaft bildet dabei den Oberbegriff für die Rechtsbegriffe der Forschung und Lehre,[525] sodass die eigentlich redundante Nennung aller drei Begriffe im novellierten Art. 91b I 1 GG lediglich klarstellenden Charakter hat.[526] Durch die Trias der Begriffe „Wissenschaft, Forschung und Lehre“ wird zudem ein Gleichklang mit dem Wortlaut des Art. 5 III 1 Alt. 2 GG erreicht. Die Vorgängerfassung in Art. 91b I 1 Nr. 1 GG (i.d.F. v. 2006) enthielt noch den Begriff der „wissenschaftlichen Forschung“, welcher ebenfalls die grundrechtlich geschützten Freiheitsräume des Art. 5 III 1 Alt. 2 GG aufgriff. Anders als bis Ende 2014 ist nunmehr jedoch auch die Lehre außerhalb von Hochschulen nach Art. 91b I 1 GG förderungsfähig. Allerdings dürfte die praktische Bedeutung dieser Extension der Kooperationsmöglichkeiten eher gering sein. Einerseits spielt die Lehre außerhalb der Hochschulen nur eine geringe Rolle in der deutschen Wissenschaftslandschaft, andererseits wurden außeruniversitäre Wissenschaftseinrichtungen bereits nach dem alten Art. 91b I 1 Nr. 1 GG (i.d.F. 2006) institutionell gefördert, wovon grundsätzlich auch die Lehre profitieren konnte.[527] Insgesamt ist der

---

522 Eine Sperrwirkung kann sich allenfalls aus einer freiwillig vereinbarten Sperrklausel in einer Vereinbarung ergeben, welche aufgrund von Art. 91b GG getroffen wurde. S. zur grundsätzlich fehlenden Sperrwirkung des Art. 91b GG auch oben B. IV. 3. b) aa).

523 S. zu den Rechtsbegriffen „Wissenschaft“, „Forschung“ und „Lehre“ auch oben A. III. 1.

524 *Glaser*, in: Kahl/Waldhoff/Walter, BK-GG, Art. 91b [Stand: 8/2016] Rn. 17; *Schwarz*, in: Maunz/Dürig, GG, Art. 91b [Stand: 12/2016] Rn. 15; *Heun*, in: Dreier, GG, Art. 91b Rn. 13; *Volkmann/Kaufhold*, in: v. Mangoldt/Klein/Starck, GG, Art. 91b Rn. 18 f.

525 BVerfGE 35, 79 (113); *Glaser*, in: Kahl/Waldhoff/Walter, BK-GG, Art. 91b [Stand: 8/2016] Rn. 17; *Volkmann/Kaufhold*, in: v. Mangoldt/Klein/Starck, GG, Art. 91b Rn. 19; für einen weiteren Wissenschaftsbegriff in Bezug auf die Vorgängerfassung von Art. 91b I GG hingegen *Trute*, in: FS Schneider, S. 314 f.

526 BT-Drs. 18/2710, S. 7; *Seckelmann*, in: Friauf/Höfling, Berliner Komm. zum GG, Art. 91b [Stand: 2/2016] Rn. 15; *Siekmann*, in: Sachs, GG, Art. 91b Rn. 15.

527 *Wolff*, DÖV 2015, 771 (774); *Speiser*, Der deutsche Wissenschaftsföderalismus auf dem Prüfstand, S. 145 f.

Wortlaut des neuen Art. 91b I 1 GG hinsichtlich des Gegenstands des Zusammenwirkens von Bund und Ländern aufgrund der Vereinfachung des Tatbestands sowie der begrifflichen Klarheit begrüßenswert.[528] Im Übrigen hat sich die Regelungsmaterie des Art. 91b I GG gegenüber der Vorgängerfassung nicht verändert.

Zwar differenziert der Wortlaut des neuen Art. 91b I GG nicht mehr zwischen der Förderung von „Einrichtungen" und „Vorhaben", der Wegfall dieser Begriffe soll den Anwendungsbereich von Art. 91b I GG außerhalb von Hochschulen jedoch nicht beschränken. Vielmehr bezweckt dieser den Gleichlauf der Förderung an und außerhalb von Hochschulen.[529] Trotz des Wegfalls der Begriffe „Einrichtungen" und „Vorhaben" kann zur Ermittlung der zulässigen Fördermöglichkeiten nach dem neuen Art. 91b I GG weiterhin an den hierzu herausgearbeiteten Begriffsinhalten festgehalten werden.[530] Somit können sowohl nach der alten als auch nach der neuen Rechtslage Einrichtungen und Vorhaben außerhalb von Hochschulen gemeinsam von Bund und Ländern gefördert werden. Unter Einrichtungen sind dabei dauerhaft organisierte Einheiten mit ihrer sächlichen und personellen Ausstattung zu verstehen.[531] Institutionell gefördert werden können dabei sowohl Einrichtungen, die selbst forschen, als auch Einrichtungen, deren Aufgabe selbst in der Forschungsförderung besteht.[532] Da Art. 91b GG anders als Art. 91a GG nicht nur Länderaufgaben, sondern vielmehr auch die (ungeschriebenen) Aufgaben des Bundes auf dem Gebiet der Forschungsförderung umfasst, können die Länder folglich auf der Grundlage von Art. 91b I GG grundsätzlich auch bei der Förderung der Großforschung durch den Bund mitwirken.[533] Als Vorhaben werden wiederum abgegrenzte

528 Ähnlich auch *Siekmann*, in: Sachs, GG, Art. 91b Rn. 43: a.A. *Seckelmann*, NVwZ 2015, 248 (251).

529 BT-Drs. 18/2710, S. 6; *Schwarz*, in: Maunz/Dürig, GG, Art. 91b [Stand: 12/2016] Rn. 22; *Siekmann*, in: Sachs, GG, Art. 91b Rn. 16; *Suerbaum*, in: Epping/Hillgruber, GG, Art. 91b Rn. 12a u. 13a.

530 *Suerbaum*, in: Epping/Hillgruber, GG, Art. 91b Rn. 12a.

531 *Suerbaum*, in: Epping/Hillgruber, GG, Art. 91b Rn. 12a; zur Vorgängerfassung: *Schmidt-De Caluwe*, in: Kluth, Föderalismusreformgesetz 2007, Art. 91b Rn. 8.

532 BT-Drs. 16/813, S. 17; *Heun*, in: Dreier, GG, Art. 91 Rn. 14; *Volkmann/Kaufhold*, in: v. Mangoldt/Klein/Starck, GG, Art. 91b Rn. 23.

533 *Henneke*, in: Schmidt-Bleibtreu/Hofmann/ders., Art. 91b Rn. 40–43; s. zur gemeinsamen Förderung von außeruniversitären Wissenschaftseinrichtungen in der Praxis auch unten C. III.

Sachaufgaben mit konkreten wissenschaftlichen Zielen, d.h. einzelne Projekte, bezeichnet.[534]

Darüber hinaus sind grundsätzlich auch die Industrieforschung und die von den Bundes- und Landesministerien durchgeführte Ressortforschung nach dem neuen Art. 91b I 1 GG förderungsfähig.[535] Maßgeblich für die Förderfähigkeit ist dabei allein die Ausrichtung an der Gewinnung wissenschaftlicher Erkenntnisse, die im Einzelfall gesondert zu prüfen ist.[536] In der Praxis wurde die gemeinsame Förderung von Forschungseinrichtungen und Forschungsvorhaben der Industrie- und Ressortforschung bislang jedoch ausdrücklich ausgeklammert (vgl. Protokollnotiz zu § 1 I GWK-Abkommen[537]). Die Frage nach der Förderfähigkeit der Industrie- und Ressortforschung im Rahmen des neuen Art. 91b I 1 GG spielt in der Praxis mithin keine bedeutende Rolle.

(2) Förderung an Hochschulen – Art. 91b I 1 und 2 GG

Hinsichtlich der gemeinsamen Förderung an Hochschulen löst der novellierte Art. 91b I GG die Terminologie „Wissenschaft und Forschung" der Vorgängerfassung zunächst durch die Terminologie „Wissenschaft, Forschung und Lehre" ab. In beiden Versionen entsprechen die Begriffsinhalte denen des Art. 5 III 1 Alt. 2 GG. Der Rechtsbegriff der Wissenschaft bildet dabei wie bereits erläutert den Oberbegriff für die Begriffe der Forschung und Lehre. Nach diesem Begriffsverständnis war die Förderung der Lehre somit bereits

---

534 *Suerbaum*, in: Epping/Hillgruber, GG, Art. 91b Rn. 12a; vgl. zum Vorhabenbegriff auch *Speiser*, Der deutsche Wissenschaftsföderalismus auf dem Prüfstand, S. 151 ff.

535 *Glaser*, in: Kahl/Waldhoff/Walter, BK-GG, Art. 91b [Stand: 8/2016] Rn. 18; *Schwarz*, in: Maunz/Dürig, GG, Art. 91b [Stand: 12/2016] Rn. 21; *Volkmann/Kaufhold*, in: v. Mangoldt/Klein/Starck, GG, Art. 91b Rn. 20; *Speiser*, Der deutsche Wissenschaftsföderalismus auf dem Prüfstand, S. 136 f.; zur Vorgängerfassung: *Trute*, in: FS Schneider, S. 313 f.; *ders.*, in: Härtel, Handbuch Föderalismus, § 28 Rn. 63; a.A. *Seckelmann*, in: Friauf/Höfling, Berliner Komm. zum GG, Art. 91b [Stand: 2/2016] Rn. 17, die auf vergaberechtliche Gründe verweist; zur Vorgängerfassung *Mager*, in: v. Münch/Kunig, GG, Art. 91b Rn. 18, die annimmt, dass Industrie- und Ressortforschung der wissenschaftlichen Forschung nicht ausreichend dienen; differenzierend hingegen *Schmidt-Aßmann*, in: FS Isensee, S. 418 f.

536 *Volkmann/Kaufhold*, in: v. Mangoldt/Klein/Starck, GG, Art. 91b Rn. 20.

537 Zuvor wurde die Industrie- und Ressortforschung bereits durch die Protokollnotiz zu Art. 2 I der RV-Fo ausdrücklich von der gemeinsamen Förderung durch Bund und Länder ausgenommen.

nach Art. 91b I 1 Nr. 2 GG (i.d.F. v. 2006) möglich.[538] Der Wortlaut des neuen Art. 91b I GG erfasst die Lehre nunmehr explizit, wobei die Nennung aller drei Begriffe „Wissenschaft, Forschung und Lehre“ lediglich klarstellende Funktion hat. Die Lehre ist nach dem neuen Art. 91b I 1 GG mithin sowohl an als auch außerhalb von Hochschulen förderungsfähig, sodass die bisherige Unterscheidung im Bereich der Lehre hinfällig geworden ist.[539]

Im Übrigen wurde die vielfach kritisierte Beschränkung der Förderung auf „Vorhaben der Wissenschaft und Forschung“ an Hochschulen in Art. 91b I 1 Nr. 2 GG (i.d.F. v. 2006) durch die Reform von 2014 aufgehoben, sodass nach dem neuen Art. 91b I 1 GG nunmehr auch die gemeinsame langfristige oder sogar gänzlich unbefristete institutionelle Förderung von Hochschulen durch Bund und Länder verfassungsrechtlich zulässig ist. In eben dieser Erweiterung der Kooperationsmöglichkeiten lag sogleich der Hauptzweck der Grundgesetzänderung.[540] Darüber hinaus ist auch die gemeinsame Projektförderung sowie projektunabhängige, institutionell nicht verfestigte Förderung von Hochschulen zulässig. Bund und Ländern wurden im Hochschulbereich mithin durch den neuen Art. 91b I 1 GG große Spielräume für gemeinsame Förderung eröffnet.[541]

(3) Förderung sog. Zwittereinrichtungen

Um das Verbot der gemeinsamen institutionellen Förderung von Hochschulen in Art. 91b I 1 Nr. 2 GG (i.d.F. v. 2006) zu umgehen, wurde in der Staatspraxis die verfassungsrechtlich höchst umstrittene[542] Schaffung und gemeinsame Förderung institutioneller Verbindungen von Hochschulen mit außerhochschulischen Wissenschaftseinrichtungen (sog. Zwittereinrichtungen) angestrebt.[543] So sah etwa die Exzellenzinitiative[544] für die Aufnahme einer Universität in die dritte

538 BT-Prot. 16/44, S. 4239 u. 4352; *Heun*, in Dreier, GG, 2. Aufl. 2008, Art. 91b Rn. 13; *Mager*, in: v. Münch/Kunig, GG, Art. 91b Rn. 20; *Volkmann/Kaufhold*, in: v. Mangoldt/Klein/Starck, GG, Art. 91b Rn. 18 Fn. 18; *Suerbaum*, in: Epping/Hillgruber, GG, Art. 91b Rn. 13b.

539 *Suerbaum*, in: Epping/Hillgruber, GG, Art. 91b Rn. 13b.

540 Vgl. BT-Drs. 18/2710, S. 6.

541 *Wolff*, DÖV 2015, 771 (773).

542 Gegen eine verfassungsrechtliche Zulässigkeit etwa *Sieweke*, VBlBW 2009, 290 (292); *Siekmann*, in: Sachs, GG, Art. 91b Rn. 19; a.A. *Wagner*, VBlBW 2010, 133 (134); vgl. dazu auch *Geis/Krausnick*, in: Härtel, Handbuch Föderalismus, § 63 Rn. 33 ff.

543 *Geis/Krausnick*, in: Härtel, Handbuch Föderalismus, § 63 Rn. 33; *Wolff*, DÖV 2015, 771 (775).

544 S. zur Exzellenzinitiative auch unten C. II. 1.

Förderlinie „Zukunftskonzepte“ unter anderem die Vernetzung mit außeruniversitären Forschungseinrichtungen als maßgeblich an (vgl. Anlage zur ExV II). Die außeruniversitäre Kooperation wurde im Rahmen der Exzellenzinitiative mithin als Förderkriterium für exzellente Forschung gewertet (vgl. § 3 I ExV II). Die bekannteste Zwittereinrichtung dürfte das Karlsruher Institut für Technologie (KIT) sein, welches durch einen Zusammenschluss der Universität Karlsruhe mit der Forschungszentrum Karlsruhe GmbH auf der Grundlage des KIT-Zusammenführungsgesetzes[545] im Jahr 2009 entstand.[546] Um den differenzierten Wertungen des Art. 91b I 1 GG (i.d.F. v. 2006) im Rahmen der gemeinsamen Förderung gerecht werden zu können, erfolgte in der Praxis eine strikte Trennung der Finanzströme zwischen den hochschulischen und den außeruniversitären Teilen solcher Zwittereinrichtungen, womit allerdings zugleich zahlreiche rechtliche und administrative Probleme verbunden waren.[547] Der neue Art. 91b I GG differenziert, wie bereits dargestellt, nun nicht mehr zwischen der Förderung an und außerhalb von Hochschulen und erlaubt überdies auch die institutionelle Förderung von Hochschulen. Mithin ermöglicht der neue Art. 91b I GG nunmehr auch eindeutig die kooperative Förderung von Zwittereinrichtungen wie dem KIT.[548] Getrennte Finanzströme sind daher grundsätzlich auch nicht mehr erforderlich, sodass die damit verbundenen rechtlichen und administrativen Probleme entsprechend entfallen.[549] Eine einzelfallbezogene Analyse der Organisationsstruktur der Zwittereinrichtungen bleibt allerdings weiterhin im Hinblick auf das qualifizierte Beteiligungserfordernis des Art. 91b I 2 GG notwendig. Hierbei wird jeweils festzustellen sein, welcher Bereich der Förderung „im Schwerpunkt“ steht,[550] sodass es zukünftig auch im Rahmen der Förderung

---

545 Gesetz zur Zusammenführung der Universität Karlsruhe und der Forschungszentrum Karlsruhe GmbH im Karlsruher Institut für Technologie (KIT-Zusammenführungsgesetz) v. 14.7.2009, GBl. BW 2009 S. 317.

546 Vgl. zur Verfassungsmäßigkeit des KIT auch *Sieweke*, VBlBW 2009, 290 (291 ff.); *Wagner*, VBlBW 2010, 133 (134); *Geis/Krausnick*, in: Härtel, Handbuch Föderalismus, § 63 Rn. 34 f.

547 *Geis/Krausnick*, in: Härtel, Handbuch Föderalismus, § 63 Rn. 35; *Wolff*, DÖV 2015, 771 (775).

548 BT-Drs. 18/2710, S. 6; *Wolff*, DÖV 2015, 771 (775); *Glaser*, in: Kahl/Waldhoff/Walter, BK-GG, Art. 91b [Stand: 8/2016] Rn. 20; *Speiser*, Der deutsche Wissenschaftsföderalismus auf dem Prüfstand, S. 140; *Siekmann*, in: Sachs, GG, Art. 91b Rn. 19; *Suerbaum*, in: Epping/Hillgruber, GG, Art. 91b Rn. 11.2.

549 BT-Drs. 18/2710, S. 6; *Speiser*, Der deutsche Wissenschaftsföderalismus auf dem Prüfstand, S. 148.

550 *Suerbaum*, in: Epping/Hillgruber, GG, Art. 91b Rn. 11.2.

von Zwittereinrichtungen zu Abgrenzungsschwierigkeiten hinsichtlich der schwerpunktmäßigen Betroffenheit kommen wird.

Es erscheint überdies möglich, dass mit der Reform von Art. 91b I GG zugleich auch der Anreiz für die Gründung von Zwittereinrichtungen entfallen ist.[551] Es bleibt abzuwarten, welche praktische Bedeutung die (Förderung von) Zwittereinrichtungen in der Zukunft haben wird und inwiefern die Hochschulen zukünftig finanziell auf Kooperationen mit den bislang finanziell besser gestellten außerhochschulischen Wissenschaftseinrichtungen angewiesen sein werden. Insgesamt ist jedoch festzustellen, dass in der nationalen wie internationalen Wissenschaftslandschaft zunehmend auf Vernetzung und Kooperation gesetzt wird.

(4) Förderung von Forschungsbauten einschließlich Großgeräten

Anders als noch in der Vorgängerfassung werden die Forschungsbauten einschließlich Großgeräten nicht mehr explizit als Gegenstand der gemeinsamen Förderung durch Bund und Länder in Art. 91b I 1 GG aufgeführt. Aus ihrer ausdrücklichen Nennung in Art. 91b I 3 GG ergibt sich jedoch, dass sie auch weiterhin gemeinsam gefördert werden können.[552] Insoweit ergeben sich letztlich keine Änderungen gegenüber der Vorgängerfassung. Zu beachten ist, dass im Fall der kooperativen Förderung von Forschungsbauten an Hochschulen nach Art. 91b I 3 GG die Rückausnahme vom qualifizierten Beteiligungserfordernis in Art. 91b I 2 GG greift. Zu den Begriffen „Forschungsbauten" und „Großgeräten" sowie den praktischen Abgrenzungsschwierigkeiten zwischen Forschungsbauten und Lehrgebäuden kann an dieser Stelle auf die obigen Ausführungen verwiesen werden.[553] Ob darüber hinaus auch der allgemeine Hochschulbau nach Art. 91b I 1 GG gemeinsam durch Bund und Länder gefördert werden kann, ist umstritten und sogleich gesondert zu prüfen.

(5) Allgemeiner Hochschulbau

Es ist umstritten, ob neben den in Art. 91b I 3 GG ausdrücklich genannten Forschungsbauten einschließlich Großgeräten auch der allgemeine Hochschulbau nach dem neuen Art. 91b I 1 GG förderbar ist.[554] Die offene Formulierung des

551 So *Wolff*, DÖV 2015, 771 (775).

552 *Wolff*, DÖV 2015, 771 (775); *Schwarz*, in: Maunz/Dürig, GG, Art. 91b [Stand: 12/2016] Rn. 20; *Siekmann*, in: Sachs, GG, Art. 91b Rn. 20.

553 S. dazu oben B. IV. 3. b) bb) (2).

554 Dagegen *Wolff*, DÖV 2015, 771 (773 f.).

neuen Art. 91b I 1 GG („Förderung von Wissenschaft, Lehre und Forschung") lässt eine Förderung des allgemeinen Hochschulbaus zunächst durchaus möglich erscheinen. Die Gesetzesbegründung ist diesbezüglich wenig aussagekräftig, indem sie lediglich darauf verweist, dass die „Finanzierung des allgemeinen Hochschulbaus" sich bis 2019 „weiterhin ausschließlich nach Art. 143c GG" bestimmt und die „Förderung von Bauten der studentischen Fürsorge [...] grundsätzlich Länderaufgabe" bleibe.[555] Die Reformbegründung verweist damit jedoch korrekterweise nur auf den zeitlich begrenzten Vorrang von Art. 143c GG als *lex specialis* gegenüber Art. 91b I 1 GG.[556] Das Argument, dass die Bundesbeteiligung am allgemeinen Hochschulbau neben der Zahlung von Entflechtungsmitteln nicht möglich und mithin nach Art. 143c GG „abgegolten" sei,[557] überzeugt nicht. Zum einen ist die ursprünglich bestehende Sperrwirkung des Art. 143c II Nr. 2 GG zum Ende des Jahres 2013 gem. Art. 143c III 2 Hs. 1 GG weggefallen. Seit Ende des Jahres 2019 ist nunmehr im Übrigen auch die zunächst weiterbestehende investive Zweckbindung des Mittelvolumens nach Art. 143c III 2 Hs. 2 GG entfallen, da die Kompensationsbeträge des Bundes für den Wegfall der Gemeinschaftsaufgaben nach Art. 143c I 1 GG bis zu diesem Zeitpunkt befristet waren. Mithin kann die Förderung des allgemeinen Hochschulbaus nicht als mit Art. 143c GG abgegolten angesehen werden.[558] Das Argument, dass die derzeitigen Entflechtungsmittel ab 2020 in Umsatzsteuerfestbeträge überführt würden und daher eine gleichzeitige finanzielle Bundesbeteiligung am allgemeinen Hochschulbau auch weiterhin nicht infrage käme,[559] kann ebenfalls nicht überzeugen. Eine allgemeine Kompensation für die Entflechtungsmittel, die nach Art. 143c I 1 Alt. 1 GG für die Abschaffung der Gemeinschaftsaufgabe Hochschulbau bis Ende 2019 gewährt wurden, ist nicht vorgesehen.[560] Die Entflechtungsmittel entfallen mithin entsprechend den verfassungsrechtlichen und einfachgesetzlichen Regeln ab dem Jahr 2020 ersatzlos.

555 BT-Drs. 18/2710, S. 7.

556 *Seckelmann*, in: Friauf/Höfling, Berliner Komm. zum GG, Art. 91b [Stand: 2/2016] Rn. 20.

557 *Henneke*, in: Schmidt-Bleibtreu/Hofmann/ders., GG, Art. 91b Rn. 25 u. 45.

558 So folgerichtig *Speiser*, Der deutsche Wissenschaftsföderalismus auf dem Prüfstand, S. 142.

559 So *Henneke*, in: Schmidt-Bleibtreu/Hofmann/ders., GG, Art. 91b Rn. 25 u. 45.

560 Anderes gilt hingegen für das Bundesprogramm zum Gemeindeverkehrsfinanzierungsgesetz (GVFG), für das ein Fortgelten bis zu seiner Aufhebung in Art. 125c II 2 GG normiert und eine einfachgesetzliche Nachfolgeregelung auf der Grundlage von Art. 125c II 3 GG getroffen wurde.

Die Länder erhalten auch keine Festbeträge aus dem Umsatzsteueraufkommen, mit denen die bisherige Gemeinschaftsaufgabe Hochschulbau weiter finanziert werden soll. Vielmehr steht den Ländern ab 2020 lediglich ein größerer Anteil am Umsatzsteueraufkommen zu, der dem Nonaffektationsprinzip[561] (vgl. Landeshaushaltsordnungen, bspw. § 8 S. 1 LHO Berlin) entsprechend keinerlei Zweckbindung unterliegt. Ein unmittelbarer Zusammenhang dieser Umsatzsteuermittel mit dem allgemeinen Hochschulbau, der eine gleichzeitige Bundesbeteiligung daran ausschließen könnte, ist mithin nicht gegeben.

Gegen die Förderungsfähigkeit des allgemeinen Hochschulbaus verweist *Johanna Wolff* wiederum auf Art. 91b I 3 GG, aus dem folge, dass nur Forschungsbauten einschließlich Großgeräten kooperativ gefördert werden sollen. Zwar enthalte Art. 91b I 3 GG keine materielle Begrenzung möglicher Fördergegenstände, sondern beziehe sich nur auf Art. 91b I 2 GG, der selbst wiederum nur eine formelle Vorgabe enthalte. Aus der Systematik ergebe sich jedoch, dass die gemeinsame Förderung von Lehrgebäuden weiterhin unzulässig bleibe, da es anderenfalls keine sinnvolle Erklärung für die Beschränkung des Art. 91b I 3 GG auf Forschungsbauten einschließlich Großgeräten gäbe.[562] Aus dem Sinn und Zweck der mit der Reform verfolgten Ziele, nämlich die Ermöglichung einer umfassenden langfristigen, institutionellen Förderung von Hochschulen, folgt hingegen, dass auch der allgemeine Hochschulbau nach dem neuen Art. 91b I 1 GG gemeinsam durch Bund und Länder förderbar ist. Auch der Wortlaut von Art. 91b I 2 u. 3 GG, der ausschließlich die Beteiligungs- und Zustimmungserfordernisse der Länder betrifft, steht dieser Annahme nicht entgegen.[563] Mithin ermöglicht der neue Art. 91b I 1 GG auch die gemeinsame Förderung des allgemeinen Hochschulbaus durch Bund und Länder. Die Reform von 2014 führt folglich auch in diesem Bereich zu einer erheblichen Ausweitung der Kooperationsmöglichkeiten, regelt jedoch anders als die vor der Föderalismusreform I geltende Regelung in Art. 91a I 1 Nr. 1 GG (i.d.F. v. 1969 u. 1970) keine pflichtige, sondern nur eine fakultative Gemeinschaftsaufgabe. Die Erweiterung ist im Übrigen angesichts des enorm hohen Sanierungsstaus an den

561 Zur Terminologie vgl. *Jèze*, Allgemeine Theorie des Budgets, S. 103 Fn. 2.

562 *Wolff*, DÖV 2015, 771 (775).

563 *Seckelmann*, in: Friauf/Höfling, Berliner Komm. zum GG, Art. 91b [Stand: 2/2016] Rn. 20; *Glaser*, in: Kahl/Waldhoff/Walter, BK-GG, Art. 91b [Stand: 8/2016] Rn. 23; *Schwarz*, in: Maunz/Dürig, GG, Art. 91b [Stand: 12/2016] Rn. 20; *Löwer*, WissR 50 (2017), 263 (282); *Volkmann/Kaufhold*, in: v. Mangoldt/Klein/Starck, GG, Art. 91b Rn. 22.

Hochschulen begrüßenswert, da die Länder im Rahmen des derzeit bestehenden Steuerverteilungssystems kaum die finanziellen Möglichkeiten haben, dieser Herausforderung allein effektiv zu begegnen. Bislang ist jedoch kein umfassendes gemeinsames Programm zur Förderung des allgemeinen Hochschulbaus vereinbart worden. Die Reform von Art. 91b I 1 GG hat jedoch die Möglichkeit hierfür unzweifelhaft geschaffen.

dd) Feststellung der Leistungsfähigkeit des Bildungswesens – Art. 91b II GG

Im Zuge der Föderalismusreform I wurde Art. 91b II im Jahr 2006 in das Grundgesetz eingefügt und löste damit die bisherige Gemeinschaftsaufgabe der Bildungsplanung in Art. 91b S. 1 GG (i.d.F. v. 1969) ab. Zweck dieser Reform war insbesondere, die Beteiligung des Bundes an der Durchführung und Auswertung von Bildungserhebungen wie der PISA-Studie zu sichern.[564] Die Reform aus dem Jahr 2014 ließ Art. 91b II GG hingegen unberührt. Nach Art. 91b II GG können Bund und Länder nach wie vor aufgrund von Vereinbarungen zur Feststellung der Leistungsfähigkeit des Bildungswesens im internationalen Vergleich und bei diesbezüglichen Berichten und Empfehlungen zusammenwirken. Diese drei Gegenstände des möglichen Zusammenwirkens müssen dabei nicht stets kumulativ gefördert werden. Aus der Freiwilligkeit der Kooperation ergibt sich, dass auch nur ein einzelner oder zwei der Fördergegenstände von Art. 91b II GG gefördert werden kann bzw. können.[565] In jedem Fall ist Art. 91b II GG abschließend hinsichtlich der Handlungs- und Einflussmöglichkeiten im Bildungsbereich zu verstehen.[566] Im Verhältnis zu Art. 91b I GG reicht Art. 91b II GG insoweit weiter, als die Norm nicht nur den Bereich der Wissenschaft, Forschung und Lehre, sondern den gesamten Bildungsbereich umfasst.[567]

Gleichzeitig unterstreicht die Vorschrift den hohen Stellenwert der Bildung als zentrales gesellschaftspolitisches Interesse.[568] Die im Wege der Zusammenarbeit

---

564 BT-Drs. 16/813, S. 17; *Hellermann*, in: Starck, Föderalismusreform, Rn. 308; *Guckelberger*, RdJB 2008, 267 (270 ff.); *Heun*, in: Dreier, GG, Art. 91b Rn. 16.

565 *Guckelberger*, RdJB 2008, 267 (274); *Glaser*, in: Kahl/Waldhoff/Walter, BK-GG, Art. 91b [Stand: 8/2016] Rn. 54 u. 65.

566 *Guckelberger*, RdJB 2008, 267 (274 f.); *Glaser*, in: Kahl/Waldhoff/Walter, BK-GG, Art. 91b [Stand: 8/2016] Rn. 54; *Volkmann/Kaufhold*, in: v. Mangoldt/Klein/Starck, GG, Art. 91b Rn. 32.

567 *Glaser*, in: Kahl/Waldhoff/Walter, BK-GG, Art. 91b [Stand: 8/2016] Rn. 57; *Schwarz*, in: Maunz/Dürig, GG, Art. 91b [Stand: 12/2016] Rn. 35; *Volkmann/Kaufhold*, in: v. Mangoldt/Klein/Starck, GG, Art. 91b Rn. 31.

568 *Guckelberger*, RdJB 2008, 267 (272).

nach Art. 91b II GG gewonnenen Informationen sollen zur Gewährleistung der internationalen Gleichwertigkeit und Wettbewerbsfähigkeit des deutschen Bildungswesens beitragen.[569] Die Zuständigkeit für die daraus erwachsenden Maßnahmen richtet sich wiederum nach der allgemeinen Kompetenzordnung für das Bildungswesen, wonach grundsätzlich allein die Länder zuständig sind.[570] Der Bund verfügt auf diesem Gebiet lediglich über Kompetenzen für die außerschulische berufliche Bildung und Weiterbildung sowie für die Ausbildungsbeihilfen (Art. 74 I Nr. 13 Alt. 1 GG), die Hochschulzulassung und die Hochschulabschlüsse (Art. 74 I Nr. 33 GG).[571] Aus diesen begrenzten Gesetzgebungskompetenzen des Bundes im Bildungsbereich folgt zugleich, dass eine Mitwirkung der Länder an Bundesaufgaben im Rahmen des Art. 91b II GG anders als bei Art. 91b I GG kaum denkbar ist.[572] Ferner wird der Bund durch Art. 91b II GG nicht berechtigt, nationale Bildungsstandards festzulegen oder allgemein auf das Schulwesen einzuwirken.[573] Im Übrigen sind Bund und Länder durch Art. 91b II GG nicht zur Kooperation verpflichtet, es handelt sich vielmehr um eine fakultative Gemeinschaftsaufgabe („können"), deren Wahrnehmung im freien politischen Ermessen von Bund und Ländern steht.[574] In der Gesamtschau spielt Art. 91b II GG für die Finanzierung des Hochschul- und Wissenschaftsbereichs mithin nur eine untergeordnete Rolle.

ee) Kostentragung – Art. 91b III GG

Auch die Kostentragungsregel in Art. 91b III GG blieb durch die jüngste Reform unberührt, wonach die Kostentragung der in Art. 91b I u. II GG verankerten Gemeinschaftsaufgaben in der jeweiligen Bund-Länder-Vereinbarung geregelt

---

569 *Suerbaum*, in: Epping/Hillgruber, GG, Art. 91b Rn. 16.

570 *Guckelberger*, in: Seckelmann/Lange/Horstmann, Die Gemeinschaftsaufgaben von Bund und Ländern in der Wissenschafts- und Bildungspolitik, S. 227; *Glaser*, in: Kahl/Waldhoff/Walter, BK-GG, Art. 91b [Stand: 8/2016] Rn. 62; *Henneke*, in: Schmidt-Bleibtreu/Hofmann/ders., GG, Art. 91b Rn. 49; *Volkmann/Kaufhold*, in: v. Mangoldt/Klein/Starck, GG, Art. 91b Rn. 31; *Kment*, in: Jarass/Pieroth, GG, Art. 91b Rn. 6; *Suerbaum*, in: Epping/Hillgruber, GG, Art. 91b Rn. 16.

571 S. zu den Gesetzgebungskompetenzen des Bundes ausführlich oben B. II.

572 *Volkmann/Kaufhold*, in: v. Mangoldt/Klein/Starck, GG, Art. 91b Rn. 32.

573 *Siekmann*, in: Sachs, GG, Art. 91b Rn. 23; *Suerbaum*, in: Epping/Hillgruber, GG, Art. 91b Rn. 16.

574 *Guckelberger*, RdJB 2008, 267 (280); *Glaser*, in: Kahl/Waldhoff/Walter, BK-GG, Art. 91b [Stand: 8/2016] Rn. 65; *Schwarz*, in: Maunz/Dürig, GG, Art. 91b [Stand: 12/2016] Rn. 34.

werden muss. Dabei begründet Art. 91b III GG keine gemeinsame Finanzierungszuständigkeit der Kooperationspartner für die Fördermaßnahmen. Diese folgt vielmehr allein aus ihrer Mitverwaltungskompetenz entsprechend dem Konnexitätsprinzip in Art. 104a I GG.[575]

Eine „Aufteilung der Kosten", wie sie noch nach Art. 91b S. 2 GG (i.d.F. v. 1969) geboten war, ist nun nicht mehr zwingend erforderlich. Die Kostenverteilung ist vielmehr beliebig, sodass auch eine volle Kostentragung durch den Bund oder die Länder möglich ist.[576] Dies gilt jedoch nur für die Zweckausgaben. Die Tragung der Verwaltungskosten richtet sich nach dem insoweit spezielleren Art. 104a V GG.[577] Personalkosten können hingegen auch als Zweckausgaben bei Forschungseinrichtungen nach Art. 91b III GG finanziert werden.[578] Für die Kooperation von Bund und Ländern im Rahmen der Gemeinschaftsaufgabe nach Art. 91b II GG ist in einem Verwaltungsabkommen[579] die Grundlage für die Kostentragung geregelt worden. Danach tragen Bund und Länder die auf

---

575 *Speiser*, Der deutsche Wissenschaftsföderalismus auf dem Prüfstand, S. 158; s. dazu auch oben B. IV. 3. b) aa).

576 *Mager*, in: v. Münch/Kunig, GG, Art. 91b Rn. 31; *Seckelmann*, in: Friauf/Höfling, Berliner Komm. zum GG, Art. 91b [Stand: 2/2016] Rn. 46; *Glaser*, in: Kahl/Waldhoff/Walter, BK-GG, Art. 91b [Stand: 8/2016] Rn. 50; *Schwarz*, in: Maunz/Dürig, GG, Art. 91b [Stand: 12/2016] Rn. 38; *Henneke*, in: Schmidt-Bleibtreu/Hofmann/ders., GG, Art. 91b Rn. 53; *Heun*, in: Dreier, GG, Art. 91b Rn. 17; *Siekmann*, in: Sachs, GG, Art. 91b Rn. 33; *Volkmann/Kaufhold*, in: v. Mangoldt/Klein/Starck, GG, Art. 91b Rn. 37; *Kment*, in: Jarass/Pieroth, GG, Art. 91b Rn. 7; *Suerbaum*, in: Epping/Hillgruber, GG, Art. 91b Rn. 17.

577 *Mager*, in: v. Münch/Kunig, GG, Art. 91b Rn. 33; *Seckelmann*, in: Friauf/Höfling, Berliner Komm. zum GG, Art. 91b [Stand: 2/2016] Rn. 47; *Glaser*, in: Kahl/Waldhoff/Walter, BK-GG, Art. 91b [Stand: 8/2016] Rn. 50; *Schwarz*, in: Maunz/Dürig, GG, Art. 91b [Stand: 12/2016] Rn. 39; *Henneke*, in: Schmidt-Bleibtreu/Hofmann/ders., GG, Art. 91b Rn. 53; *Heun*, in: Dreier, GG, Art. 91b Rn. 18; *Volkmann/Kaufhold*, in: v. Mangoldt/Klein/Starck, GG, Art. 91b Rn. 37; *Kment*, in: Jarass/Pieroth, GG, Art. 91b Rn. 7; *Suerbaum*, in: Epping/Hillgruber, GG, Art. 91b Rn. 17; s. dazu auch oben B. IV. 3. b) aa).

578 *Mager*, in: v. Münch/Kunig, GG, Art. 91b Rn. 33; *Heun*, in: Dreier, GG, Art. 91b Rn. 18; *Volkmann/Kaufhold*, in: v. Mangoldt/Klein/Starck, GG, Art. 91b Rn. 37; *Kment*, in: Jarass/Pieroth, GG, Art. 91b Rn. 7; *Suerbaum*, in: Epping/Hillgruber, GG, Art. 91b Rn. 17.

579 Verwaltungsabkommen über das Zusammenwirken von Bund und Ländern gemäß Artikel 91b Abs. 2 des Grundgesetzes (Feststellung der Leistungsfähigkeit des Bildungswesens im internationalen Vergleich) v. 21.5.2007, BAnz 2007, S. 5861.

diesem Gebiet anfallenden Ausgaben grundsätzlich jeweils zu gleichen Teilen.[580] Bei internationalen Leistungsuntersuchungen übernehmen in der Regel der Bund die internationalen und die Länder die nationalen Ausgaben.[581]

In jedem Fall bleibt die Haushaltshoheit der Parlamente des Bundes und der Länder von der Regelung in Art. 91b III GG unberührt. Die Kostenvereinbarungen binden nur die beteiligten Exekutiven und stehen mithin unter dem Vorbehalt der parlamentarischen Bewilligung in den jeweiligen Haushaltsplänen.[582] Allerdings können sich Bundestag und Landesparlamente *de facto* aus politischen Gründen kaum weigern, ein entsprechendes Haushaltsgesetz zu verabschieden.[583] Insbesondere die Landesparlamente dürften in der Praxis häufig unter dem faktischen Druck stehen, dass in Aussicht gestellte Bundesmittel verloren gehen könnten, wenn sie dem Haushaltsentwurf insoweit nicht zustimmen. Der Einfluss des Bundes im Bereich der Gemeinschaftsaufgaben nach Art. 91b I u. II GG dürfte daher durch die Kostentragungsregel in Art. 91b III GG und insbesondere durch die Möglichkeit der vollständigen Finanzierung im Ergebnis gestärkt sein.[584] Darüber hinaus sehen sich Bundestag und Landesparlamente in der Regel aufgrund des Gebots bundesfreundlichen Verhaltens an die Vereinbarungen gebunden, sodass auch aufgrund dessen von diesen letztlich eine gewisse faktische Bindungswirkung ausgeht.[585] Jedenfalls dürfte daher aber die Begründungslast für ein Abweichen sehr hoch sein.[586] Insgesamt ist folglich

580 Vgl. Art. 8 I des Verwaltungsabkommens (Fn. 539).

581 Vgl. Art. 8 II des Verwaltungsabkommens (Fn. 539).

582 *Mager*, in: v. Münch/Kunig, GG, Art. 91b Rn. 32; *Glaser*, in: Kahl/Waldhoff/Walter, BK-GG, Art. 91b [Stand: 8/2016] Rn. 51; *Schwarz*, in: Maunz/Dürig, GG, Art. 91b [Stand: 12/2016] Rn. 40; *Heun*, in: Dreier, GG, Art. 91b Rn. 19; *Seckelmann*, in: Friauf/Höfling, Berliner Komm. zum GG, Art. 91b [Stand: 2/2016] Rn. 48; *Suerbaum*, in: Epping/Hillgruber, GG, Art. 91b Rn. 17.

583 *Mager*, in: v. Münch/Kunig, GG, Art. 91b Rn. 32; *Glaser*, in: Kahl/Waldhoff/Walter, BK-GG, Art. 91b [Stand: 8/2016] Rn. 51; *Schwarz*, in: Maunz/Dürig, GG, Art. 91b [Stand: 12/2016] Rn. 40; *Risse/Hoppe*, in: EZFF, Jahrbuch des Föderalismus 2017, S. 42; *Heun*, in: Dreier, GG, Art. 91b Rn. 19.

584 *Kesper*, NdsVBl. 2006, 145 (152); *Henneke*, in: Schmidt-Bleibtreu/Hofmann/ders., GG, Art. 91b Rn. 53.

585 *Oppermann*, DÖV 1972, 591 (594), der aus diesem Grund nicht nur von einer faktischen, sondern sogar einer rechtlichen Einschränkung der Parlamente in Form eines Verbotes des *venire contra factum proprium* ausgeht; ferner *Seckelmann*, in: Friauf/Höfling, Berliner Komm. zum GG, Art. 91b [Stand: 2/2016] Rn. 48.

586 *Seckelmann*, in: Friauf/Höfling, Berliner Komm. zum GG, Art. 91b [Stand: 2/2016] Rn. 48.

kritisch festzuhalten, dass der Kostentragungsregel des Art. 91b III GG in der Praxis die Gefahr der faktischen Entmachtung der Parlamente innewohnt.

Darüber hinaus können sich die angebotenen Bundesmittel ferner als Kostenfalle für die Länder entpuppen. Sofern Kofinanzierungspflichten der Länder vorgesehen sind, führt dies zur Bindung von Landesmitteln, die diesen dann anderweitig nicht mehr zur Verfügung stehen. Die Mitfinanzierungsangebote des Bundes im Rahmen von Art. 91b I GG verringern demzufolge den finanziellen Handlungsspielraum der Länder.[587]

c) *Finanzwirtschaftliche Bedeutung von Art. 91b I GG*

Die Norm des Art. 91b I GG ist von erheblicher finanzwirtschaftlicher Bedeutung im deutschen Bundesstaat.[588] Zum einen waren die Länder aufgrund knapper eigener Finanzmittel regelmäßig auf die Zuwendungen des Bundes im Rahmen der Gemeinschaftsaufgabe angewiesen.[589] Daran wird sich auch zukünftig nichts ändern, solange das derzeitige Steuerverteilungs- und Finanzausgleichssystem unberührt bleibt. Zum anderen eignet sich die Gemeinschaftsaufgabe nach Art. 91b I GG als Instrument zur regionalen Strukturförderung, denn Maßnahmen auf der Grundlage dieser Norm können je nach den Umständen geeignet sein, die Wirtschafts- und Einnahmestruktur eines Landes und / oder einer Region mittel- und langfristig nachhaltig zu verbessern.[590] Hervorzuheben sind in diesem Kontext insbesondere Standortentscheidungen für wissenschaftliche Forschungseinrichtungen, wie die jüngst leidenschaftlich geführte Debatte um den Standort für das Teilinstitut „Forschungsfertigung Batteriezelle" der Fraunhofer-Gesellschaft eindrücklich veranschaulicht.[591] Die Berücksichtigung regional- und strukturpolitischer Ziele im Rahmen von Art. 91b I GG führt jedoch zu Ineffizienzen, verstößt gegen die Tatbestandsabgrenzung der Gemeinschaftsaufgabe zu Art. 91a I Nr. 1 GG und ist mithin verfassungswidrig.[592] Hinsichtlich der Verbesserung der regionalen Wirtschaftsstruktur, des Ausgleichs unterschiedlicher Wirtschaftskraft sowie der Förderung des wirtschaftlichen

---

587 *Risse/Hoppe*, in: EZFF, Jahrbuch des Föderalismus 2017, S. 42.

588 *Risse/Hoppe*, in: EZFF, Jahrbuch des Föderalismus 2017, S. 42, die die Bildungskooperation nach Art. 91b I GG als „attraktive zusätzliche Einnahmequelle" der Länder bewerten; *Siekmann*, in: Sachs, GG, Art. 91b Rn. 6.

589 *Jauch*, Wissenschaftsförderung nach der Reform des Föderalismus, S. 123.

590 BVerfGE 86, 148 (267).

591 Vgl. BT-Drs. 19/13330.

592 *Siekmann*, in: Sachs, GG, Art. 91b Rn. 7.

Wachstums ist vielmehr Art. 104b I GG einschlägig und zugleich abschließende Regelung.[593]

Darüber hinaus ist festzustellen, dass die Fördermittel im Rahmen von Art. 91b I GG hohe Schwankungen sowohl hinsichtlich der Förderdauer als auch der regionalen Verteilung aufwiesen.[594] Aufgrund dieser Schwankungsbreite zwischen den Ländern und Ländergruppen wird die Gemeinschaftsaufgabe bis heute als verfassungsrechtlich bedenklicher „separater horizontaler Finanzausgleich" kritisiert.[595] Nicht unerhebliche horizontale Finanzausgleichswirkungen entfalten sich überdies bereits allein aufgrund der beträchtlichen Fördersummen der Forschungsförderung im Rahmen von Art. 91b GG.[596]

d) Zusammenfassung

Der alte Art. 91b I GG (i.d.F. v. 2006) erwies sich in der Staatspraxis als wirkungslos hinsichtlich der ursprünglich angestrebten Beschränkung von Politikverflechtung und Mischfinanzierung.[597] In der Staatspraxis hatten sich seit der Föderalismusreform I zahlreiche verfassungsrechtlich umstrittene sowie verfassungswidrige Kooperationen und Umgehungskonstruktionen auf der Grundlage von Art. 91b I GG (i.d.F. v. 2006) entwickelt.[598] Es setzte sich in der politischen Diskussion zugleich zunehmend die Auffassung durch, mit der Föderalismusreform I sei hinsichtlich der restriktiven Formulierung von Art. 91b GG über das Ziel hinausgeschossen worden und das vermeintlich im Hochschulbereich bestehende „Kooperationsverbot" müsse aufgehoben werden. Mit der Reform von Art. 91b I GG im Jahr 2014 „korrigierte" der verfassungsändernde Gesetzgeber sodann Teile der Föderalismusreform I und bewirkte letztlich eine Anpassung der Verfassung an die Staatspraxis unter dem Leitbild des kooperativen Föderalismus. Durch die Novellierung des Art. 91b GG wurde zunächst der Tatbestand

593 *Jauch*, Wissenschaftsförderung nach der Reform des Föderalismus, S. 123 f.; s. dazu auch unten B. IV. 6.

594 S. zu den einzelnen Förderprojekten auf der Grundlage von Art. 91b GG auch unten C. II.

595 *Oebbecke*, Isensee/P. Kirchhof, HdbStR, Bd. VI, § 136 Rn. 138; *Siekmann*, in: Sachs, GG, Art. 91b Rn. 7.

596 *Heun*, in: Dreier, GG, Art. 91b Rn. 7; vgl. auch BVerfGE 86, 148 (267).

597 In diesem Sinne auch *Risse/Hoppe*, in: EZFF, Jahrbuch des Föderalismus 2017, S. 43, die feststellen, dass sich der Anwendungsbereich der Norm angesichts der tatsächlichen Finanzströme ab 2006 kaum verengt hat.

598 Vgl. dazu auch unten C. II.

des Zusammenwirkens von Bund und Ländern im Bereich der Forschungsförderung in Art. 91b I 1 GG vereinfacht. Bund und Länder können danach nunmehr bei der Förderung von Wissenschaft, Forschung und Lehre zusammenwirken. Der neue Art. 91b I 1 GG verzichtet dabei grundsätzlich auf die Differenzierung zwischen der gemeinsamen Förderung an und außerhalb von Hochschulen sowie zwischen projektbezogener und institutioneller Förderung. In der Ermöglichung bzw. Legalisierung des umfassenderen Zusammenwirkens von Bund und Ländern bei der langfristigen und institutionellen Förderung der Hochschulen liegt der Hauptzweck der Reform von 2014. Auch die gemeinsame Förderung des allgemeinen Hochschulbaus, die mit der Föderalismusreform I von 2006 noch aus Art. 91a I Nr. 1 GG (i.d.F. v. 1970) ersatzlos gestrichen wurde, ist nach dem neuen Art. 91b I 1 GG nun wieder möglich. Für Vereinbarungen auf der Grundlage von Art. 91b I 1 GG, die im Schwerpunkt Hochschulen betreffen, normiert der neue Art. 91b I 2 GG überdies ein qualifiziertes Zustimmungserfordernis aller 16 Länder, von dem wiederum Forschungsbauten einschließlich Großgeräten nach Art. 91b I 3 GG ausgenommen sind.

Insgesamt lässt sich feststellen, dass die jüngste Reform des Art. 91b GG die Bundeskompetenzen im Rahmen des Zusammenwirkens von Bund und Ländern bei der Forschungsförderung erheblich ausweitet und zu einer deutlichen Zentralisierung in diesem Bereich führt. Die Länder werden hingegen weiter strukturell geschwächt. Der teilweisen begrifflichen und systematischen Vereinfachung des Tatbestands steht mithin eine Ausdehnung der „Politik- und Finanzverflechtung" gegenüber.[599] Die seit Langem kritisierten Wirkungen der bundesstaatlichen Mischfinanzierungen bestehen auch nach der Reform von 2014 weiter. Der den Mischfinanzierungen grundsätzlich innewohnenden Gefahr der Intransparenz, der Verantwortungsvermischung, der Einflussnahme durch das Medium Geld sowie der Ineffizienz wurden mit der Extension von Art. 91b I GG keinerlei Grenzen gesetzt. In Anbetracht des grundsätzlich unbegrenzten Förderinstrumentariums und der Offenheit des Tatbestands des neuen Art. 91b I 1 GG reichen die Gemeinschaftsaufgaben im Wissenschaftsbereich nun vielmehr so weit wie noch nie zuvor, wenngleich die Kooperation von Bund und Ländern jedoch weiterhin nur fakultativ ist. Es bleibt daher abzuwarten, inwieweit Bund und Länder von den neuen umfangreichen Möglichkeiten des Art. 91b I GG Gebrauch machen werden.[600]

---

599 *Siekmann*, in: Sachs, GG, Art. 91b Rn. 43.
600 Vgl. dazu auch unten C. II. u. III.

4. Kritik an den Gemeinschaftsaufgaben im Wissenschaftsbereich

Gegen die Gemeinschaftsaufgaben von Bund und Ländern im Wissenschaftsbereich bestehen als solche sowie in der konkreten Ausgestaltung in vielerlei Hinsicht Bedenken. Zum einen ergeben sich hinsichtlich des Wortlauts und Regelungsgehalts der Neufassung von Art. 91b I GG sowie hinsichtlich des Gesetzgebungsverfahrens sowohl rechtliche als auch politische Fragen. Zum anderen wird die Beschränkung der Reform auf lediglich den Wissenschaftsbereich kritisiert. Darüber hinaus bestehen gegen die Ausdehnung der Gemeinschaftsaufgaben sowie der bundesstaatlichen Verflechtung grundlegende verfassungsrechtliche Bedenken im Hinblick auf das Demokratie- und Bundesstaatsprinzip in Art. 20 I, II GG, die abschließend darzustellen sind.

a) Kritik an der Neufassung von Art. 91b I GG

Im Hinblick auf den Gegenstand des Zusammenwirkens fällt zunächst die explizite Nennung des Gesetzesbegriffs der „Wissenschaft" vor der Nennung der Gesetzesbegriffe „Forschung" und „Lehre" ins Auge. Wie bereits erläutert, bildet der Rechtsbegriff der „Wissenschaft" jedoch den Oberbegriff der wissenschaftlichen Forschung und Lehre, sodass seine explizite Erwähnung redundant erscheint. Durch die Trias der Begriffe „Wissenschaft, Forschung und Lehre" wird allerdings ein Gleichklang mit dem Wortlaut des Art. 5 III 1 Alt. 2 GG erreicht. Im Rahmen der Vorgängerversion von Art. 91b I 1 Nr. 2 GG (i.d.F. v. 2006) war noch umstritten, ob auch Vorhaben der Lehre an den Hochschulen gemeinsam durch Bund und Länder förderbar waren. Insofern besitzt der Wortlaut des neuen Art. 91b I 1 GG einen klarstellenden Charakter gegenüber seiner Vorgängerversion. Insgesamt ist der Wortlaut des neuen Art. 91b I 1 GG hinsichtlich des Gegenstands des Zusammenwirkens von Bund und Ländern mithin aufgrund der Vereinfachung des Tatbestands sowie der begrifflichen Klarheit zu begrüßen.

Der Hauptzweck der Reform von Art. 91b I GG lag hingegen in der Ermöglichung bzw. Legalisierung der gemeinsamen langfristigen institutionellen Förderung von Hochschulen. Wenngleich der verfassungsändernde Gesetzgeber damit die verfassungsrechtlich bedenkliche Entwicklung der Ausdehnung der Bundeskompetenzen in der Praxis bestätigt hat, ist die klare verfassungsrechtliche Erlaubnis dieser Kooperation in Art. 91b I GG jedenfalls im Grundsatz vorzugswürdig gegenüber den bisherigen Umgehungskonstruktionen zur langfristigen Förderung der Hochschulen.[601] In Anbetracht der chronischen

601 So auch *Seckelmann*, NVwZ 2015, 248 (251).

Unterfinanzierung der Hochschulen durch die Länder als ihre Träger erscheint eine Beteiligung des Bundes an ihrer Grundfinanzierung aus der Sicht der Wissenschaftspraxis darüber hinaus grundsätzlich zweckdienlich. Es ist jedoch fraglich, ob die Grundfinanzierung der Hochschulen durch die Bundesmittel tatsächlich maßgeblich gestärkt werden wird. Zum einen zeigt ein Blick auf die Praxis, dass sich das Verhältnis von Studierenden zu Professorinnen und Professoren sowie zum übrigen wissenschaftlichen und künstlerischen Personal (in Vollzeitäquivalenten ohne drittmittelfinanziertes Personal) in den letzten Jahren trotz umfassender finanzieller Beteiligung des Bundes im Rahmen des Hochschulpaktes 2020[602] verschlechtert hat. Kamen im Jahr 2005 noch 15,6 Studierende auf wissenschaftliches Hochschulpersonal, so waren es 2014 bereits 16,6 Studierende,[603] wobei die Betreuungsrelation je nach Fachrichtung stark schwankte.[604] Das Verhältnis von Studierenden insgesamt zu Professorinnen und Professoren an deutschen Hochschulen lag 2014 bei 64:1,[605] wobei auch hier große Unterschiede innerhalb der verschiedenen Fächergruppen bestanden.[606] Gegenüber dem Jahr 2005, in dem auf eine Professorin bzw. einen Professor noch 54,3 Studierende kamen, ist somit ein Zuwachs von 16,6 % zu

602 Im Rahmen des Hochschulpaktes wurde mit den Hochschulpaktmitteln sogar gezielt die Einstellung zusätzlichen Personals an den Hochschulen angestrebt. Dabei gingen die Hochschulpaktmittel in die von den Ländern getragene Grundfinanzierung der Hochschulen ein und wurden in der Hochschulstatistik nicht als Drittmittel ausgewiesen. S. zum Hochschulpakt 2020 auch unten C. II. 2.

603 *Statistisches Bundesamt*, Nichtmonetäre hochschulstatistische Kennzahlen, Fachserie 11, Reihe 4.3.1, 1980–2014 des Statistischen Bundesamtes, S. 315.

604 So lag die Betreuungsrelation im Bereich Humanmedizin/Gesundheitswissenschaften plus zentrale Einrichtungen der Hochschulkliniken bei 3,9, im Bereich Rechts-, Wirtschafts- und Sozialwissenschaften hingegen bei 28,2, *Statistisches Bundesamt*, Nichtmonetäre hochschulstatistische Kennzahlen, Fachserie 11, Reihe 4.3.1, 1980–2014 des Statistischen Bundesamtes, S. 315.

605 Die Berechnung erfolgte auf Grundlage der Nichtmonetären hochschulstatistischen Kennzahlen, Fachserie 11, Reihe 4.3.1, 1980–2014 des *Statistischen Bundesamtes*, S. 314.

606 So entfielen im Jahr 2014 auf eine Professorin bzw. einen Professor im Bereich Humanmedizin/Gesundheitswissenschaften plus zentrale Einrichtungen der Hochschulkliniken 47,2 Studierende, im Bereich Rechts-, Wirtschafts- und Sozialwissenschaften hingegen 79,7 Studierende. Die Berechnung erfolgte auf Grundlage der Nichtmonetären hochschulstatistischen Kennzahlen, Fachserie 11, Reihe 4.3.1, 1980–2014 des *Statistischen Bundesamtes*, S. 314.

verzeichnen.[607] Diese Umstände verdeutlichen anschaulich, wie groß die Finanzierungslücke in der Grundausstattung der Hochschulen ist. Die Bundesmittel allein werden diese Lücke nicht schließen können. Vielmehr werden vor allem die Länder die Grundfinanzierung der Hochschulen stärken müssen.[608] Zum anderen ist die Finanzlage des Bundes keineswegs dauerhaft stabil. Die beträchtlichen Haushaltsüberschüsse, die der Bund in den letzten Jahren erwirtschaften konnte, sind insbesondere auf die Niedrigzinspolitik der Europäischen Zentralbank zurückzuführen.[609] Darüber hinaus ist die Kooperation von Bund und Ländern im Rahmen von Art. 91b I GG weiterhin nur fakultativ. Der Bund ist mithin nicht zur Beteiligung an der Grundfinanzierung der Hochschulen verpflichtet. Inwieweit der neue Art. 91b I GG also entsprechend der Intention des verfassungsändernden Gesetzgebers die Grundfinanzierung der Hochschulen stärkt und ihnen mehr Planungssicherheit bietet, hängt damit maßgeblich von der exekutiven Ausgestaltung ab.[610]

An der Neufassung von Art. 91b I GG ist im Übrigen positiv hervorzuheben, dass nunmehr eindeutig auch die sog. Zwittereinrichtungen, also institutionelle Verbindungen von Hochschulen und außerhochschulischen Forschungseinrichtungen, Gegenstand der gemeinsamen Förderung sein können. Die bislang erfolgte strikte Trennung der Finanzströme von hochschulischem und außerhochschulischem Teil erfordert der neue Tatbestand von Art. 91b I GG nicht mehr, sodass die damit verbundenen rechtlichen und administrativen Probleme entsprechend entfallen. Allerdings bleibt im Kontext des qualifizierten Beteiligungs- und Zustimmungserfordernisses in Art. 91b I 2 GG eine einzelfallbezogene Analyse der Organisationsstruktur der jeweiligen Zwittereinrichtung zukünftig notwendig, sodass es hier auch weiterhin zu Abgrenzungsschwierigkeiten zwischen hochschulischem und außerhochschulischem Teil hinsichtlich der schwerpunktmäßigen Betroffenheit kommen wird. Es ist insgesamt jedoch fraglich, inwieweit durch die Legalisierung der gemeinsamen institutionellen Förderung von Hochschulen zugleich der Anreiz für die Schaffung solcher Zwittereinrichtungen, die letztlich vor allem zur Umgehung des bislang vermeintlich

---

607 Die Berechnung erfolgte auf Grundlage der Nichtmonetären hochschulstatistischen Kennzahlen, Fachserie 11, Reihe 4.3.1, 1980–2014 des *Statistischen Bundesamtes*, S. 314.

608 So auch *Löwer*, WissR 50 (2017), 263 (283).

609 *Löwer*, WissR 50 (2017), 263 (282 f.).

610 S. dazu auch unten C. II. u. III.

bestehenden „Kooperationsverbots“ im Hochschulbereich geschaffen wurden, entfallen ist.

Zu begrüßen ist darüber hinaus die mit der Neufassung von Art. 91b I GG möglich gewordene kooperative Förderung des allgemeinen Hochschulbaus. Angesichts der anhaltend hohen Studiennachfrage, des beträchtlichen Sanierungs- und Investitionsstaus an den Hochschulen sowie der begrenzten finanziellen Spielräume der Länder ist eine Beteiligung des Bundes nicht nur an den Forschungsbauten einschließlich Großgeräten, sondern auch am allgemeinen Hochschulbau durchaus sinnvoll und aus Sicht der Hochschulpraxis begrüßenswert.

Der verfassungsändernde Gesetzgeber ließ mit der Neufassung von Art. 91b I GG jedoch auch einige Fragen offen. Hinsichtlich des Erfordernisses der „überregionalen Bedeutung“ erweist sich der neue Art. 91b I 1 GG ebenso wie seine Vorgängerversionen als problematisch. Das Merkmal der „überregionalen Bedeutung“ bildet einen unbestimmten Rechtsbegriff, bei dem Bund und Ländern ein weiter politischer Beurteilungsspielraum zukommt, der nur eingeschränkt gerichtlich überprüfbar ist. Ferner ist das Kriterium besonders zeit- und kontextabhängig. Die objektive Wertentscheidung[611] in Art. 5 III 1 Alt. 2 GG fordert jedoch, dass die überregionale Bedeutung des Fördergegenstands zwingend in einem wissenschaftsadäquaten Verfahren und anhand wissenschaftsadäquater Kriterien zu bewerten ist. Die Staatspraxis hat zur Bewertung der überregionalen Bedeutung allerdings häufig die Förderung selbst und nicht den Fördergegenstand als Bezugspunkt gewählt. Mit anderen Worten bestimmt sich die überregionale Bedeutung in der Staatspraxis vielfach nach einer ziffernmäßig festgelegten Mindestsumme. Diese Vorgehensweise widerspricht jedoch dem Sinn und Zweck des Tatbestandsmerkmals der überregionalen Bedeutung, welches begrenzend wirken soll. Bei der Bewertung der Bedeutung ist auf den konkret zu fördernden Gegenstand abzustellen, also auf die Einrichtung, das Projekt oder die Person, die unterstützt werden soll, nicht jedoch auf die wissenschaftliche Disziplin als ganze und vor allem nicht auf den Umfang oder die Breite der geplanten Förderung. Anderenfalls könnten Bund und Länder durch die Ausgestaltung der Fördersumme und -struktur selbst die überregionale Bedeutung generieren. Im Übrigen können auch Projekte, die wenig kosten, von Bedeutung für den Wissenschaftsstandort Deutschland sein. Durch die Unbestimmtheit ist

611 BVerfGE 35, 79 (113 u. 119); 47, 327 (368); 81, 108 (116); 88, 129 (136); 90, 1 (11); 94, 268 (285); 111, 333 (353), s. dazu auch oben B. IV. 3. b) bb) (3).

das Kriterium der überregionalen Bedeutung letztlich auch ein Einfallstor für Kopplungsgeschäfte.

Ein weiteres Problem bildet das qualifizierte Beteiligungs- und Zustimmungserfordernis für Vereinbarungen, die „im Schwerpunkt Hochschulen betreffen" in Art. 91b I 2 GG. Mit dieser Bestimmung ist die eigentlich abgeschaffte Differenzierung zwischen Förderung an und außerhalb von Hochschulen „durch die Hintertür" letztlich doch beibehalten worden. Es ist zudem fraglich, durch wen und in welcher Form der Schwerpunkt der Förderung festzustellen ist.[612] Ferner schafft das Einstimmigkeitsprinzip aller Länder Blockademöglichkeiten und kann innovative Entscheidungen verzögern. Die Norm bietet einen Ansatz für ein „Vetospieler"-Verhalten einzelner Länder, wenngleich die Regelung des Art. 91b I 2 GG eigentlich der „sichere Hafen für die föderale Gleichheit und die Neutralität der Förderentscheidungen des Bundes"[613] sein soll. Die Norm, die eine indirekte Steuerung des Bundes durch selektiv-taktisches Verhalten verhindern soll, birgt nichtsdestotrotz die Möglichkeit des Missbrauchs, indem die „Zustimmung eines Landes [...] zu einem handelbaren Gut"[614] werden könnte.

Darüber hinaus ist auch der Begriff der „Forschungsbauten" an Hochschulen in Art. 91b I 3 GG nicht unproblematisch und lässt Interpretationsspielräume offen. In der Praxis bestehen hier zudem häufig Abgrenzungsschwierigkeiten, da Gebäude an Hochschulen regelmäßig sowohl Lehr- als auch Forschungszwecken dienen.

Insgesamt ermöglicht der neue Art. 91b I GG also eine fast voraussetzungslose gemeinsame Förderung von „Wissenschaft, Forschung und Lehre" durch Bund und Länder. Die eigentlich begrenzend wirkende Tatbestandsvoraussetzung der „überregionalen Bedeutung" vermag in der Praxis kaum ihre beschränkende Wirkung zu entfalten. Auch trotz des qualifizierten Zustimmungs- und Beteiligungserfordernisses in Art. 91b I 2 GG erweist sich der neue Art. 91b I GG in der Gesamtschau als „nahezu schrankenlose Blankettermächtigung zur Politik des goldenen Zügels durch den Bund".[615] Mit der Ausdehnung der Kooperationsmöglichkeiten in Art. 91b I GG durch die Reform von 2014 wurden die Kulturhoheit der Länder und die föderale Ordnung letztlich nicht unerheblich geschwächt.[616]

---

612 *Seckelmann*, NVwZ 2015, 248 (251).

613 *Seckelmann*, in: Friauf/Höfling, Berliner Komm. zum GG, Art. 91b [Stand: 2/2016] Rn. 24.

614 *Speiser*, RuP 2015, 86 (88).

615 *Haug*, OdW 2016, 85 (87).

616 *Haug*, OdW 2016, 85 (87).

b) *Kritik am Gesetzgebungsverfahren*

Kritisch zu werten ist zunächst die ereignisreiche Normgeschichte von Art. 91b GG. Die Norm des Art. 91b GG ist seit ihrer Einfügung vor 50 Jahren bereits zweimal in den letzten 14 Jahren geändert worden, wobei zwischen den letzten beiden Änderungen gerade einmal acht Jahre lagen. Grundgesetzliche Normen sollten jedoch ein hohes Maß an Kontinuität haben.[617] Dies gilt vor allem für eine so bedeutende Norm wie Art. 91b GG, welche die maßgebliche Grundlage für die umfangreiche staatliche Förderung des gesamten Wissenschaftsbereichs bildet. Diese Richtungswechsel in der Förderpolitik sind für die Förderpraxis jedoch problematisch, da diese ihre Ziele in der Regel nur langfristig erreichen kann und entsprechend angelegt ist.[618] Die bewegte Normgeschichte von Art. 91b GG zeugt eindrücklich davon, wie stark Bund und Länder um ihren Einfluss und ihre Kompetenzen im Bereich der Bildungs- und Wissenschaftspolitik ringen. Die Gemeinschaftsaufgaben befinden sich dabei stets in einem kompetenziellen Spannungsfeld und dienen letztlich als Plattform, um den Austausch von Einfluss und Finanzmitteln zu organisieren.[619]

Deutlich wurde dies auch im Gesetzgebungsverfahren der jüngsten Reform von Art. 91b GG durch das Junktim mit dem 25. BAföG-Änderungsgesetz[620]. Die in diesem Verfahren geplante und letztlich auch umgesetzte Übernahme der gesamten Finanzierung des BAföG durch den Bund versetzte den Bundesrat hinsichtlich seiner Zustimmung zur Grundgesetzänderung von Art. 91b GG insbesondere vor dem Hintergrund der in vielen Ländern angespannten Haushaltslagen seinerzeit in einer Art Zwangslage, welche eine vertrauensvolle Kooperation zwischen Bund und Ländern konterkarierte.[621] Die Entlastung der Länder von ihrem Finanzierungsanteil beim BAföG wurde hier letztlich mit der Zustimmung des Bundesrates zur Reform von Art. 91b GG und damit der Ausweitung der Bundeskompetenzen „erkauft".[622] Die umfassende Haushaltsentlastung der

---

617 *Henneke*, in: EZFF, Jahrbuch des Föderalismus 2017, S. 89 ff.; *Speiser*, Der deutsche Wissenschaftsföderalismus auf dem Prüfstand, S. 160; *Heun*, in: Dreier, GG, Art. 91a Rn. 9; *Waldhoff*, Das andere Grundgesetz, S. 43 ff.

618 *Speiser*, Der deutsche Wissenschaftsföderalismus auf dem Prüfstand, S. 160.

619 *Speiser*, Der deutsche Wissenschaftsföderalismus auf dem Prüfstand, S. 161 ff., der an dieser Stelle von „Macht-Mittel-Kalkül" spricht.

620 S. dazu auch unten B. IV. 5. b).

621 BT-Drs. 18/2747, S. 2.

622 So auch *Speiser*, RuP 2015, 86 (90), der an dieser Stelle von einem „politische[n] Tauschpfand" spricht.

Länder im Rahmen des BAföG ist angesichts der unzureichenden Finanzausstattung der Länder zwar grundsätzlich begrüßenswert, die dadurch freigewordenen Landesmittel unterliegen jedoch keinerlei Zweckbindung. Mithin besteht hier die Gefahr, dass diese Finanzmittel zukünftig nicht mehr in den Bildungsbereich fließen. Im Übrigen wurden durch die vollständige BAföG-Übernahme des Bundes zugleich erhebliche Bundesmittel[623] gebunden, die sodann nicht mehr für eine mögliche kooperative Förderung im Rahmen von Art. 91b I GG zur Verfügung stehen.[624] Auf das Junktim zwischen der Änderung von Art. 91b GG und des 25. BAföG-Änderungsgesetzes hätte mithin besser verzichtet werden sollen.

c) Kritik an der Beschränkung der Reform auf den Wissenschaftsbereich

Teilweise kritisiert wurde im Rahmen der Neufassung von Art. 91b I GG im Jahr 2014 zudem die Beschränkung der Reform ausschließlich auf den Hochschulbereich. Gefordert wurde stattdessen eine Aufhebung des „Kooperationsverbotes" im gesamten Bildungsbereich, da ein gutes Hochschulsystem auf dem Fundament guter Kindertagesstätten, Schulen und dualer Ausbildung fuße.[625] In der Folgezeit ist das „Kooperationsverbot" jedoch auch im Schulbereich zunehmend aufgeweicht worden. So wurde im Juli 2017 die Möglichkeit der Gewährung von Bundesfinanzhilfen für gesamtstaatlich bedeutsame Investitionen der finanzschwachen Gemeinden bzw. Gemeindeverbänden im Bereich der kommunalen Bildungsinfrastruktur in Art. 104c GG eingeführt,[626] welcher im April 2019 wiederum dergestalt ausgeweitet wurde, dass nunmehr Bundesfinanzhilfen nicht nur für gesamtstaatlich bedeutsame Investitionen, sondern auch für besondere, mit diesen unmittelbar verbundene, befristete Ausgaben der Länder und Gemeinden bzw. Gemeindeverbänden zur Steigerung der Leistungsfähigkeit der

---

623 So umfasst der durch den Bund übernommene Finanzierungsanteil der Länder beim BAföG jährlich etwa 1,2 Mrd. Euro, insgesamt betrug der finanzielle Aufwand der Bundesausbildungsförderung im Jahr 2018 etwa 2,7 Mrd. Euro, BT-Drs. 18/2710, S. 10; *Statistisches Bundesamt*, Statistik der Bundesausbildungsförderung (BAföG).

624 *Speiser*, RuP 2015, 86 (90).

625 BT-Drs. 18/2747; BT-Drs. 18/3162; wohl auch *Seckelmann*, NVwZ 2015, 248 (251).

626 Gesetz zur Änderung des Grundgesetzes (Art. 90, 91c, 104b, 104c, 107, 108, 109a, 114, 125c, 143d, 143e, 143f, 143g) v. 13.7.2017, BGBl. 2017 I S. 2347; s. dazu auch unten B. IV. 6. e).

kommunalen Bildungsinfrastruktur gewährt werden können.[627] Die ursprüngliche Beschränkung der Gewährung auf „finanzschwache" Gemeinden bzw. Gemeindeverbände wurde gänzlich gestrichen. Auf der Grundlage des neuen Art. 104c GG wurde im Mai 2019 sodann der „DigitalPakt Schule"[628] zwischen Bund und Ländern zur besseren Ausstattung der Schulen mit digitaler Technik vereinbart. Diese Entwicklung zeigt deutlich, dass auch im Schulbereich das „Kooperationsverbot" nicht mehr in Stein gemeißelt ist und der Bund seine Kompetenzen und seinen Einfluss durch das Medium Geld auch hier weiter ausdehnt. Die Entwicklung dieser zunehmenden Kompetenzverschränkung ist im Hinblick auf die den Mischfinanzierungen im Allgemeinen anhaftenden Problemen der Intransparenz und Verantwortungsvermischung jedoch verfassungsrechtlich äußerst bedenklich. *Hans-Günter Henneke* diagnostiziert die Norm des Art. 104c GG vor dem Hintergrund der zunehmenden strukturellen Schwächung der Länder gar als „wucherndes Krebsgeschwür für den Föderalismus in Deutschland".[629]

d) Verflechtung als bundesstaatliches Problem

Die Gemeinschaftsaufgaben stehen seit ihrer Einführung durch die Finanzreform von 1969 als Hort der Politik- und Finanzverflechtung in der Kritik. Daran hat weder die Föderalismusreform I im Jahr 2006 noch die jüngste Reform des Art. 91b I GG im Jahr 2014 etwas grundlegend geändert. Während das übergeordnete Ziel der Föderalismusreform I noch die bundesstaatliche Entflechtung und der Abbau von Mischfinanzierungen war, erfolgte mit der Neufassung von Art. 91b I GG nunmehr eine Ausdehnung der bundesstaatlichen Verflechtung und Mischfinanzierung im Bereich der Forschungsförderung. Damit bleiben die seit Langem kritisierten Wirkungen von Mischfinanzierungen im deutschen Bundesstaat nicht nur weiter bestehen, sondern wurden auf diesem Gebiet sogar noch intensiviert. Gegen Bund-Länder-Mischfinanzierungen bestehen jedoch erhebliche verfassungspolitische Bedenken, da ihnen grundsätzlich die Gefahr der Verantwortungsvermischung, der Intransparenz, der Einflussnahme bzw.

627 Gesetz zur Änderung des Grundgesetzes (Art. 104b, 104c, 104d, 125c, 143e) v. 28.3.2019, BGBl. 2019 I S. 404; s. dazu auch unten B. IV. 6. e).

628 Bekanntmachung der Verwaltungsvereinbarung über die Gewährung von Finanzhilfen des Bundes an die Länder nach Artikel 104c des Grundgesetzes zur Förderung der kommunalen Bildungsinfrastruktur (Verwaltungsvereinbarung DigitalPakt Schule 2019 bis 2024) v. 16.5.2019, BAnz AT 14.06.2019 B2.

629 *Henneke*, in: EZFF, Jahrbuch des Föderalismus 2017, S. 103.

Steuerung durch das Medium Geld sowie der Ineffizienz innewohnt.[630] Durch die Zuständigkeitsverflechtungen und die Verantwortungsvermischung werden jedoch nicht nur die bundesstaatliche Kompetenzordnung, sondern auch der demokratische Verantwortungszusammenhang gestört, wie sogleich aufgezeigt wird. Aus diesem Grund sind Mischfinanzierungstatbestände in besonderem Maße rechtfertigungsbedürftig und müssen als Ausnahmetatbestände in der Verfassung entsprechend eng und vorsichtig ausgelegt sowie angewendet werden.[631] Die mit der Neufassung von Art. 91b I GG ausgeweitete Verflechtung und Mischfinanzierung im Bereich der Wissenschaftsförderung erscheint vor diesem Hintergrund fragwürdig.

aa) Verflechtung und das Demokratie- und Bundesstaatsprinzip in Art. 20 I, II GG

Im demokratischen Verfassungsstaat ist das Individuum die letzte Bezugsgröße des Rechts.[632] Alle Legitimationsfragen müssen letztlich bei der freien, autonomen Person anknüpfen oder auf sie zurückführen, da nur von ihr aus Herrschaft und institutionelle Regelungen ihre Rechtfertigung erfahren können.[633] Dieser Legitimationszusammenhang ist im Rahmen der Staatsfinanzierung aufgrund des vorausgehenden Zugriffs auf private Gelder von besonderer Bedeutung.[634] Es gilt mithin der Grundsatz „*no taxation without representation*".[635] Der notwendige Individualbezug im Recht der Staatsfinanzierung findet seine Ausprägung heute hinsichtlich der Abgabenerhebung im Vorbehalt des Gesetzes bzw. in der besonderen Gesetzesgebundenheit des Abgabenrechts sowie hinsichtlich der Abgabenverwendung im Budgetrecht des Parlaments. Die finanzielle Ausprägung des Demokratieprinzips ist vor allem in Art. 109 I GG angesiedelt,[636]

630 Vgl. zur allgemeinen Kritik am Rechtsinstitut der Gemeinschaftsaufgaben auch bereits oben B. IV. 2. d).

631 BVerfGE 39, 96 (107 ff.); 41, 291 (304 ff.); *Waldhoff*, KritV 2008, 213 (230).

632 *Waldhoff*, VVDStRL 66 (2007), 216 (231).

633 *Waldhoff*, VVDStRL 66 (2007), 216 (231); *Habermas*, Faktizität und Geltung, S. 122 ff.; *Janssen*, in: Henneke, Verantwortungsteilung zwischen Kommunen, Ländern, Bund und Europäischer Union, S. 63; *Unruh*, Der Verfassungsbegriff des Grundgesetzes, S. 7 ff. u. 340 ff.

634 *Waldhoff*, KritV 2008, 213 (225); *Merkl*, Diskussionsbeitrag, VVDStRL 14 (1956), 85 (85); *P. Kirchhof*, Diskussionsbeitrag, VVDStRL 52 (1993), 147 (148).

635 Parole des amerikanischen Unabhängigkeitskrieges 1775–1783, mit der die Steuerabgabe der amerikanischen Kolonien an die britische Krone ohne Vertretung im Parlament Großbritanniens kritisiert wurde.

636 *F. Kirchhof*, Gutachten D für den 61. DJT, 1996, S. D 53 Fn. 215.

welche jedoch nur jeweils innerhalb einer Ebene, nicht aber ebenenübergreifend funktioniert.[637] Das Demokratieprinzip in Art. 20 I, II GG erfordert die sichtbare Zurechenbarkeit von politischer Verantwortung sowie Transparenz der Verantwortlichkeiten.[638] Die Gewährleistung des demokratischen Verantwortungszusammenhangs in der Finanzverfassung mittels Gesetzesvorbehalt und Budgetrecht berücksichtigt jedoch nicht die Möglichkeiten und Bedingungen der Mehrebenenstruktur im Bundesstaat (sowie die europäische Integration).[639] Der Finanzverfassung fehlt im Hinblick auf „die der deutschen Bundesstaatstradition entsprechende, funktionenspezifische Aufteilung der Finanzhoheiten hinsichtlich der einzelnen Einnahmen bei ebenenangesiedelter Budgetverantwortung" mithin „ein entscheidendes Bindeglied in der Verantwortungsklarheit, der Zurechenbarkeit von Verantwortung und damit demokratischer Rückkopplung"[640]. Demokratische Rückkopplung und Herstellung von Transparenz bedeuten in der Staatsfinanzierung die Betonung der Finanzautonomie gegenüber der Finanzverflechtung. Aus dem Demokratieprinzip in Art. 20 I, II GG folgt mithin ein verfassungsrechtliches Entflechtungsgebot hinsichtlich der Verwaltungs- und Finanzierungszuständigkeiten,[641] dem die Ausdehnung der Verflechtung in Art. 91b I GG durch die Reform von 2014 zuwiderläuft. Die vom verfassungsändernden Gesetzgeber als erforderlich angesehene Extension der Kooperation im Wissenschaftsbereich bestätigt im Ergebnis allerdings die These, dass gewisse Korrekturmechanismen einer strengen Vollzugskausalität in Form von Mischfinanzierungen für den praktisch arbeitenden Bundesstaat notwendig sind.[642] Angesichts der vielfach kritisierten Wirkungen derartiger Mischfinanzierungen

---

637 *Waldhoff*, KritV 2008, 213 (227); *Heintzen*, in: v. Münch/Kunig, GG, Vorb. zu Art. 104a-115 Rn. 47.

638 BVerfGE 5, 85 (205); 9, 268 (281); 89, 155 (185); *Kisker*, in: Probleme des Föderalismus, S. 32 f.; *Vogel*, in: Benda/Maihofer/ders., Handbuch des Verfassungsrechts, § 22 Rn. 13; *Dolzer*, VVDStRL 58 (1998), 7 (30 f.); *Volkmann*, DÖV 1998, 613 (615); *Huber*, Gutachten D für den 65. DJT, 2004, S. D 36; *P. Kirchhof*, in: FS Badura, S. 250; *Waldhoff*, KritV 2008, 213 (227 f.); *Smith*, Konfliktlösung im demokratischen Bundesstaat, S. 156; *Henneke*, Aufgaben und Finanzbeziehungen von Bund, Ländern und Kommunen ab 2020, S. 175.

639 *Waldhoff*, VVDStRL 66 (2007), 216 (240).

640 *Waldhoff*, KritV 2008, 213 (228).

641 *Huber*, Gutachten D für den 65. DJT, 2004, S. D 37; *Smith*, Konfliktlösung im demokratischen Bundesstaat, S. 155 f.

642 *Heun*, Der Staat 31 (1992), 205 (210); *Korioth*, ZG 22 (2007), 1 (6); *Waldhoff*, KritV 2008, 213 (230).

sowie des aus dem Demokratieprinzip folgenden Entflechtungsgebots ist jedoch zweifelhaft, ob sich die Ausdehnung von Art. 91b I GG als Korrekturmechanismus bzw. Ausnahmetatbestand in der Verfassung zur sachgerechten Lösung der bundesstaatlichen Wissenschaftsfinanzierung rechtfertigen lässt.

Ob darüber hinaus auch dem Bundesstaatsprinzip in Art. 20 I GG ein Entflechtungsgebot für eine klare Verantwortungsteilung zwischen Bund und Ländern entnommen werden kann, erscheint hingegen zweifelhaft. Zwar stört die unvermeidbare Einflussnahme des Bundes auf originäre Länderaufgaben durch das Medium Geld im Rahmen der Gemeinschaftsaufgabe von Art. 91b I GG grundsätzlich die bundesstaatliche Ordnung,[643] aus dem in Art. 79 III GG besonders geschützten Bundesstaatsprinzip erwachsen jedoch nur wenige unmittelbare Rechtsfolgen.[644] Auch aus den Konzepten vom „kompetitiven" oder „kooperativen" Föderalismus lässt sich kein normativer Gehalt ableiten.[645] Aus der Bundesstaatlichkeit folgt normativ neben der Gliederung des Bundes in Länder vor allem die Aufteilung der staatlichen Kompetenzen zwischen Bund und Ländern, sodass sie in ihrer Gesamtheit die umfassende Staatsgewalt ausmachen.[646] Nach Ansicht des Bundesverfassungsgerichts verbiete das Bundesstaatsprinzip daher eine Verfassungslage, in der die Länder zu „höchstpotenzierten Gebietskörperschaften"[647] herabsinken würden. Den Ländern müsse die Qualität von Staaten bzw. das Essentiale der Staatlichkeit verbleiben.[648] Der argumentative Rückgriff auf die „(Eigen-)Staatlichkeit der Länder" ist jedoch immer schwach und lässt sich weder durch eine normative noch eine politisch-symbolische Analyse stützen.[649] Die „Staatsqualität der Länder" entfaltet im Ergebnis keinen bedeutenden eigenen normativen Mehrwert, sondern fasst vielmehr die bundesstaatliche Struktur des Grundgesetzes zusammen.[650]

---

643 *Waldhoff*, KritV 2008, 213 (230).

644 *Grzeszick*, in: Maunz/Dürig, GG, Art. 20 IV [Stand: 3/2006] Rn. 13; *Sommermann*, in: v. Mangoldt/Klein/Starck, GG, Art. 20 I Rn. 20.

645 *Huber*, Gutachten D für den 65. DJT, 2004, S. D 43.

646 *Grzeszick*, in: Maunz/Dürig, GG, Art. 20 IV [Stand: 3/2006] Rn. 14; *Sommermann*, in: v. Mangoldt/Klein/Starck, GG, Art. 20 I Rn. 26 f.; *Degenhart*, Staatsrecht I Staatsorganisationsrecht, § 1 Rn. 7.

647 BVerfGE 34, 9 (19 f.).

648 BVerfGE 34, 9 (19 f.); 87, 181 (196).

649 In diesem Sinne *Korioth*, Der Finanzausgleich zwischen Bund und Ländern, S. 93 ff.; *Möllers*, Staat als Argument, S. 350 ff.; *Hanebeck*, Der demokratische Bundesstaat, S. 43 ff.; *Waldhoff*, VVDStRL 66 (2007), 216 (226 Fn. 37).

650 *Möllers*, Staat als Argument, S. 374 f.

Abschließend ist festzuhalten, dass zwischen dem Demokratieprinzip und der Bundesstaatlichkeit ein struktureller Unterschied besteht, welcher für die Auslegung *de constitutione lata* sowie für die bundesstaatlichen Finanzbeziehungen *de constitutione ferenda* von Bedeutung ist.[651] Das Demokratieprinzip ist ein in der Würde des Menschen radiziertes Verfassungsprinzip, wohingegen die Bundesstaatlichkeit grundsätzlich nur in der Form gilt, wie sie durch das Grundgesetz konkret ausgestaltet ist.[652] Das Bundesstaatsprinzip gewährleistet lediglich die Gliederung des Bundes in Länder sowie die Kernbereiche von Bundes- und Landeskompetenzen.[653] Das Demokratieprinzip verlangt hingegen die staatsbürgerliche Mitwirkung an den Staatsentscheidungen in möglichst weitem Umfang und gilt ubiquitär.[654] Aus dieser strukturellen Divergenz von Demokratie- und Bundesstaatsprinzip folgt die Präponderanz des demokratischen Prinzips, welches folglich die entscheidenden Maßstäbe für die Ausgestaltung des kooperativen Föderalismus und seine Verflechtungen enthält.[655]

bb) Rechtfertigung der Extension von Art. 91b I GG

Die Bund-Länder-Mischfinanzierungen im Rahmen der Gemeinschaftsaufgaben führen auch nach der Neufassung von Art. 91b I GG im Jahr 2014 zu den bereits seit Langem vielfach kritisierten Wirkungen der Vermischung politischer Verantwortlichkeiten, der Ineffizienz, der Intransparenz sowie zur Gefährdung der Eigenständigkeit und Haushaltsautonomie der Länder.[656] Darüber hinaus stören die der Mischfinanzierung innewohnende Zuständigkeitsverflechtung und Verantwortungsvermischung auch die bundesstaatliche Kompetenzordnung sowie den demokratischen Verantwortungszusammenhang.[657] Aus diesem Grund sind Mischfinanzierungstatbestände in besonderem Maße rechtfertigungsbedürftig und müssen als Ausnahmetatbestände in der Verfassung entsprechend eng und vorsichtig ausgelegt sowie angewendet werden.[658]

651 *Huber*, Gutachten D für den 65. DJT, 2004, S. D 39.

652 *Huber*, Gutachten D für den 65. DJT, 2004, S. D 39; *P. Kirchhof*, in: FS Badura, S. 238; *Sommermann*, in: v. Mangoldt/Klein/Starck, GG, Art. 20 I Rn. 20.

653 BVerfGE 34, 9 (19 f.).

654 BVerfGE 5, 85 (204 f.); *Huber*, Deutschland in der Föderalismusfalle?, S. 17 f.; *Huber*, Gutachten D für den 65. DJT, 2004, S. D 40.

655 *Möllers*, in: Aulehner et al., Föderalismus – Auflösung oder Zukunft der Staatlichkeit?, S. 108 f.; *Huber*, Gutachten D für den 65. DJT, 2004, S. D 40.

656 S. dazu oben B. IV. 2. d).

657 S. dazu oben B. IV. 4. d).

658 BVerfGE 39, 96 (107 ff.); 41, 291 (304 ff.); *Waldhoff*, KritV 2008, 213 (230).

Die Extension der Mischfinanzierungstatbestände in Art. 91b I GG durch die Reform von 2014 lässt sich jedoch keineswegs überzeugend rechtfertigen.

Der verfassungsändernde Gesetzgeber begründete die mit der Neufassung von Art. 91b I GG erfolgte Erweiterung der Kooperationsmöglichkeiten an den Hochschulen mit der „Schlüsselfunktion" der Hochschulen für die Wissenschafts- und Forschungslandschaft Deutschlands einerseits sowie mit den vielfältigen Herausforderungen, die sich den Hochschulen stellen, andererseits. Bezüglich der hochschulischen Herausforderungen verwies er dabei neben der Heterogenität der Studierenden und dem demografischen Wandel vor allem auf die Notwendigkeit der Sicherung einer angemessenen Grundfinanzierung der Hochschulen.[659] Mit der Neufassung von Art. 91b I GG sollte mithin in erster Linie die Bundesbeteiligung an der Grundfinanzierung der Hochschulen ermöglicht werden. Diese finanzielle Beteiligung des Bundes wurde angesichts des hohen Finanzbedarfs der Hochschulen sowie ihrer mangelhaften Grundfinanzierung durch die Länder als ihre Träger als notwendig erachtet. Die Reform von Art. 91b I GG im Jahr 2014 entpuppt sich folglich im Ergebnis als *politische* „Antwort auf ein Ressourcendefizit".[660] Das Argument, dass für eine wichtige öffentliche Aufgabe die gemeinsame Finanzkraft des vergleichsweise finanzkräftigen Bundes und der Länder zwingend erforderlich sei,[661] überzeugt dabei jedoch nicht. Denn durch die Zusammenführung der Finanzmittel von Bund und Ländern kann weder das insgesamt vorhandene Finanzvolumen vergrößert werden[662] noch ist das derzeitig gezeichnete Bild vom „finanzstarken" Bund, wie bereits ausgeführt, stabil. Ob der neue Art. 91b I GG angesichts der Freiwilligkeit der Kooperation überhaupt geeignet ist, langfristig eine adäquate Hochschulfinanzierung durch die Gemeinschaftsaufgabe sicherzustellen, sei dahingestellt. Soweit ein hoher Finanzbedarf auf einer Ebene besteht, kann und sollte dem folglich vorrangig durch eine Änderung der allgemeinen Finanzverteilung Rechnung getragen werden.[663] Bundesmittel dürfen nicht als Ersatz für Landesmittel dienen, was die Bundesbeteiligung an der Grundfinanzierung der Hochschulen jedoch im Ergebnis praktisch bedeutet. Dies läuft im Übrigen auch

---

659 BT-Drs. 18/2710, S. 1 u. 6.

660 So treffend *Speiser*, Der deutsche Wissenschaftsföderalismus auf dem Prüfstand, S. 160 ff.

661 So die Begründung der damaligen *Bundesregierung* zum Finanzreformgesetz bzgl. der Legaldefinition der Gemeinschaftsaufgaben in Art. 91a I GG (i.d.F. v. 1970), BT-Drs. 5/2861, S. 49 Tz. 262; *Hillgruber*, JZ 2004, 837 (843).

662 *Werner*, ZG 17 (2002), 14 (35).

663 So bereits *Werner*, ZG 17 (2002), 14 (35).

der Aufgabe der Finanzverfassung als „Folgeverfassung“[664] zuwider. Anstatt die Finanzausstattung der Länder entsprechend ihrer verfassungsmäßig zugewiesenen Aufgaben zu stärken, also das Geld der Aufgabe folgen zu lassen, folgt mit der Einbeziehung des Bundes in die Grundfinanzierung der Hochschulen nunmehr letztlich die Aufgabe dem Geld. Wenn sich das Verhältnis zwischen den Einnahmen und Ausgaben des Bundes und der Länder jedoch wesentlich ändert, die Länder also gegenüber dem Bund tatsächlich stark unterfinanziert sind, sieht das Grundgesetz eine klare Lösung vor: Nach Art. 106 IV 1 GG sind die Anteile von Bund und Ländern an der Umsatzsteuer neu festzusetzen. Es ist bereits Aufgabe der primären vertikalen Steuerverteilung, eine aufgabenangemessene Finanzausstattung von Bund und Ländern als Grundlage ihrer Eigenstaatlichkeit und haushaltsrechtlichen Autonomie sicherzustellen.[665] Insgesamt vermögen also weder die „Schlüsselfunktion“ der Hochschulen für die deutsche Wissenschafts- und Forschungslandschaft noch das „Ressourcendefizit“ im Hochschulbereich die Erweiterung der bundesstaatlichen Verflechtung in Art. 91b I GG zu rechtfertigen. Aus den gleichen Gründen vermag auch die sachliche, organisatorische und finanzielle Überforderung einzelner Länder mit der gebotenen Aufgabenwahrnehmung die Extension der Gemeinschaftsaufgabe nicht zu rechtfertigen.[666]

Im Rahmen der Föderalismusreform I im Jahr 2006 wurde die Beibehaltung der Gemeinschaftsaufgaben trotz umfassender Entflechtungsbemühungen hingegen mit den „erheblichen strukturellen Unterschieden der Länder“ begründet.[667] Die (Über-)betonung des dahinter stehenden Postulats „einheitlicher“ oder „gleichwertiger Lebensverhältnisse im Bundesgebiet“[668] hat insgesamt zu

---

664 *F. Kirchhof*, VVDStRL 52 (1993), 71 (80).

665 *Schwarz*, in: Blanke/Schwanengel, Zustand und Perspektiven des deutschen Bundesstaats, S. 109 f.; *Waldhoff*, in: Isensee/P. Kirchhof, HdbStR, Bd. V, § 116 Rn. 67.

666 So aber *Schwarz*, in: Maunz/Dürig, GG, Art. 91a [Stand: 10/2019] Rn. 12, der die Gemeinschaftsaufgaben generell in „Ermangelung einer besseren Lösung“ als ein sachgerechtes Mittel zur Aufgabenerfüllung wertet.

667 BT-Drs. 16/813, S. 10.

668 Das Postulat findet sich in der Verfassung in Art. 72 II GG in Form einer Erforderlichkeitsklausel, in Art. 106 III 4 Nr. 2 Alt. 3 GG als Kriterium für eine Neuverteilung des Umsatzsteueraufkommens zwischen Bund und Ländern, im weiteren Sinne auch in Art. 91a I GG („Verbesserung der Lebensverhältnisse“) als Voraussetzung der pflichtigen Mitwirkung des Bundes an Länderaufgaben sowie in Art. 104b I Nr. 2 GG („Ausgleich unterschiedlicher Wirtschaftskraft im Bundesgebiet“) als zulässiger Förderzweck der Bundesfinanzhilfen.

einer Zunahme von Mischfinanzierungen geführt.[669] Die verfassungsrechtliche Forderung nach Einheitlichkeit oder Gleichwertigkeit der Lebensverhältnisse ist jedoch keine übergreifende Staatszielbestimmung[670] bzw. kein Verfassungsauftrag[671] und kann die Erweiterung der Mischfinanzierung im Rahmen der jüngsten Reform von Art. 91b I GG ebenfalls nicht überzeugend rechtfertigen.[672] So steht eine umfassende Angleichung der Lebensverhältnisse stets im Spannungsverhältnis zum föderativen Prinzip. Erforderlich ist daher ein Kompromiss zwischen der Eigenverantwortung der Länder einerseits und dem Ausgleich gravierender Unterschiede zwischen den Ländern andererseits, der beide Ziele angemessen berücksichtigt. Dies kann bereits durch eine aufgabenadäquate Verteilung der Finanzmittel auf die verschiedenen Ebenen des Bundesstaats sowie einem begrenzten Finanzausgleich erreicht werden, ohne dass es zusätzlich umfangreicher Finanzverflechtung oder spezieller Finanzzuweisungen bedarf. Eine auf diesem Weg hergestellte stärkere Eigenverantwortung der Länder hätte überdies den Vorzug, dass die Länder so auch eher selbstständig nach einer Verbesserung ihrer wirtschaftlichen Lage strebten.[673]

Das Argument, dass die Kooperation von Bund und Ländern notwendig sei, um eine möglichst wirksame Aufgabenerfüllung zu gewährleisten,[674] kann ebenfalls nicht als Rechtfertigung für die ausgedehnte Mischfinanzierung in Art. 91b I GG überzeugen. Zwar lassen sich auf diesem Wege die Nachteile der

---

669 *Stern*, Das Staatsrecht der Bundesrepublik Deutschland, Bd. II, S. 1137; vgl. zur unitarisierenden Wirkung dieses Postulats *Selmer*, VVDStRL 52 (1993), 10 (19 ff.); *Oeter*, Integration und Subsidiarität im deutschen Bundesstaat, S. 532 ff.

670 *Däubler*, in: FS Mahrenholz, S. 457 f.; *Waldhoff*, VVDStRL 66 (2007), 216 (248); *ders.*, ZG 34 (2019), 97 (106).

671 *Selmer*, VVDStRL 52 (1993), 10 (19 ff.); *Waldhoff*, VVDStRL 66 (2007), 216 (248); *Heun/Thiele*, in: Dreier, GG, Art. 107 Rn. 16; a.A. *Hettlage*, Diskussionsbeitrag, VVDStRL 31 (1972), 99 (100); *F. Kirchhof*, VVDStRL 52 (1993), 71 (83 f.).

672 *Werner*, ZG 17 (2002), 14 (35 f.), a.A. *Schmidt-De Caluwe*, in: Kluth, Föderalismusreformgesetz, Art. 91a Rn. 6; bzgl. des gesamten Bildungsbereichs *Volkmann/Kaufhold*, in: v. Mangoldt/Klein/Starck, GG, Art. 91b Rn. 11. Vgl. allgemein zur begrenzten Direktionskraft des Postulats „einheitlicher" oder „gleichwertiger Lebensverhältnisse im Bundesgebiet" auch *Waldhoff*, VVDStRL 66 (2007), 216 (248 ff.); *ders.*, ZG 34 (2019), 97 (109 f.).

673 *Werner*, ZG 17 (2002), 14 (36).

674 So die Begründung der damaligen *Bundesregierung* zum Finanzreformgesetz bzgl. der pflichtigen Gemeinschaftsaufgabe in Art. 91a III GG (i.d.F. v. 1970), BT-Drs. 5/2861, S. 50 Tz. 271; ähnlich auch *Streiter*, Wissenschaftsförderung durch Mittlerorganisationen, S. 194.

eigenständigen Länderfinanzierung, wie die finanzielle, organisatorische und/oder administrative Überforderung vor allem finanzschwacher Länder und der daraus folgenden Hierarchisierung der Ländergemeinschaft vermeiden,[675] ob die Aufgabe der Forschungsförderung allerdings allein aufgrund der kooperativen Wahrnehmung, die noch dazu fakultativ in Art. 91b I GG ausgestaltet ist, effizienter wahrgenommen wird, erscheint zweifelhaft. Der Überforderung der Länder lässt sich im Übrigen auch auf anderem Wege, etwa durch eine Stärkung ihrer Finanzausstattung oder eine Entlastung im Rahmen der Finanzierung der außeruniversitären Wissenschaftseinrichtungen, begegnen und erzwingen keinesfalls eine Beteiligung des Bundes in Form von Mischfinanzierungen. Im Übrigen bleibt die Frage unbeantwortet, warum die gemeinsame Aufgabenwahrnehmung durch Bund und Länder im Rahmen von Art. 91b I GG einer autonomen Aufgabenerfüllung durch die Länder bei hinreichender finanzieller Ausstattung überlegen sein soll.[676]

Die Mischfinanzierung im Rahmen der Gemeinschaftsaufgaben könnte auch unter dem Gesichtspunkt der Vermeidung von Förderkonkurrenz und Parallelförderung bzw. horizontaler Koordinierungsschwierigkeiten für erforderlich gehalten werden. Zu diesem Zweck sind einerseits allerdings auch Abstimmungen zwischen Bund und Ländern bzw. unter den Ländern denkbar, die keiner Mischfinanzierung bedürfen.[677] Andererseits kann es auch trotz Mischfinanzierung im Rahmen der Gemeinschaftsaufgaben zu Förderkonkurrenz bzw. Parallelförderung kommen, wie das Beispiel der Sächsischen Landesexzellenzinitiative[678] zeigt. Die Extension der Mischfinanzierung durch den neuen Art. 91b I GG lässt

675 *Streiter*, Wissenschaftsförderung durch Mittlerorganisationen, S. 193 f.; *Scharpf*, Föderalismusreform, S. 151; *ders.*, in: Seckelmann/Lange/Horstmann, Die Gemeinschaftsaufgaben von Bund und Ländern in der Wissenschafts- und Bildungspolitik, S. 32; *Speiser*, RuP 2015, 86 (91).

676 *Glaser*, in: Kahl/Waldhoff/Walter, BK-GG, Art. 91b [Stand: 8/2016] Rn. 71 mit Bezugnahme auf *Speiser*, RuP 2015, 86 (90).

677 *Werner*, ZG 17 (2002), 14 (36).

678 Richtlinie des Sächsischen Staatsministeriums für Wissenschaft und Kunst über die Gewährung von Zuwendungen im Rahmen der Exzellenzinitiative des Freistaates Sachsen für Forschungskomplexe auf der Basis von Spitzentechnologieclustern an den Universitäten des Freistaates Sachsen (RL Landesexzellenzinitiative) v. 18.12.2008 (SächsABl. 2009 S. 173), zuletzt enthalten in der Verwaltungsvorschrift v. 10.12.2013 (SächsAbl. SDr. S. 905), welche vom 1. Januar 2009 bis zum 31. Dezember 2015 parallel zur gemeinsamen Exzellenzinitiative von Bund und Ländern galt. S. zur Exzellenzinitiative von Bund und Ländern auch unten C. II. 1.

sich aus diesen Gründen somit nicht rechtfertigen. Die Ausweitung der Mischfinanzierungen in Art. 91b I GG lässt sich darüber hinaus auch nicht dadurch rechtfertigen, dass der Bund als Impulsgeber und integrierender Faktor vor dem Hintergrund des mitunter eher schwachen Koordinationsvermögens der Länder notwendig sei, da auch hier Abstimmungen zwischen Bund und Ländern bzw. unter den Ländern ohne Mischfinanzierung denkbar sind.[679]

Die umfangreichen Mischfinanzierungen im Rahmen der Gemeinschaftsaufgabe des Art. 91b I GG lassen sich darüber hinaus auch nicht mit der Zweckgebundenheit der Bundesmittel gegenüber ungebundenen zusätzlichen Mitteln in den Landeshaushalten rechtfertigen. Zwar kann auf diese Weise sichergestellt werden, dass die eingesetzten Bundesmittel tatsächlich in den Hochschul- bzw. Wissenschaftsbereich fließen, allerdings steht dahinter im Grunde, wie bereits erläutert, ein antidemokratischer Reflex – man traut den Ländern einen verantwortungsvollen Umgang mit eigenen Mitteln offenbar nicht (mehr) zu. Dieser Umstand läuft einer vertrauensvollen Kooperation von Bund und Ländern letztlich zuwider. Im Übrigen sind angesichts der erheblichen Einflussnahme des Bundes, die mit der Zweckbindung seiner Mittel auf originäre Länderaufgaben einhergeht, konkrete Anhaltspunkte erforderlich, die die Mischfinanzierungen im Einzelfall rechtfertigen, anderenfalls würde diese Argumentation uferlosen Mischfinanzierungen im Bundesstaat Tür und Tor öffnen. Im Fall der hier im Mittelpunkt stehenden Grundfinanzierung der Hochschulen ist jedoch nie der Beweis erbracht worden, dass die Länder ihre Hochschulen im Fall einer aufgabenangemessenen Finanzausstattung nicht auch eigenständig adäquat finanzieren können.

Auch die Begründung, dass die gesamtstaatliche Bedeutung von Wissenschaft und Forschung die gemeinsame Aufgabenerledigung erfordere,[680] kann im Ergebnis nicht überzeugen. Einerseits erscheint diese pauschale Begründung bedenklich, da so Mischfinanzierungen uferlos begründbar wären.[681] Die Spezifika, die die Wissenschaftsfinanzierung von anderen Finanzierungen unterscheiden, werden jedoch kaum überzeugend begründet. Andererseits sind auch hier

---

679 *Speiser*, RuP 2015, 86 (90).

680 So *Marnitz*, Die Gemeinschaftsaufgaben des Art. 91a GG, S. 22 ff. u. 56 ff.; *Stern*, Das Staatsrecht der Bundesrepublik Deutschland, Bd. II, S. 839; *Streiter*, Wissenschaftsförderung durch Mittlerorganisationen, S. 194; *Heun*, in: Dreier, GG, Art. 91a Rn. 9; *Volkmann/Kaufhold*, in: v. Mangoldt/Klein/Starck, GG, Art. 91b Rn. 11; die Gemeinschaftsaufgaben werden teilweise auch als „Instrument zur Priorisierung" von Bildungs- und Forschungsaufgaben bezeichnet, BT-Drs. 17/8296, S. 1.

681 *Werner*, ZG 17 (2002), 14 (36).

Alternativen zur ausgedehnten Mischfinanzierung in Art. 91b I GG denkbar, die der gesamtstaatlichen Bedeutung von Wissenschaft und Forschung gerecht werden können.[682] So soll mit der Extension von Art. 91b I GG vor allem die Grundfinanzierung der Hochschulen durch die Beteiligung des Bundes verbessert werden. Die Verbesserung der Grundfinanzierung der Hochschulen könnte jedoch auch durch eine erhöhte Finanzausstattung der Länder oder eine finanzielle Entlastung der Länder etwa im Bereich der Förderung der außeruniversitären Wissenschaftseinrichtungen erreicht werden, ohne dass es einer Mischfinanzierung bedarf. Denkbar wäre hier im Übrigen auch die Übertragung einzelner Teile von Wissenschaftsaufgaben in die ausschließliche Zuständigkeit des Bundes.[683] Überdies erscheint es der Argumentation folgend zweifelhaft, dass die Freiwilligkeit der Kooperation der gesamtstaatlichen Bedeutung von Wissenschaft und Forschung tatsächlich ausreichend Rechnung trägt. Wäre die angemessene Grundfinanzierung der Hochschulen tatsächlich ausschließlich durch eine finanzielle Bundesbeteiligung erreichbar, hätte man die Gemeinschaftsaufgabe konsequenterweise verpflichtend ausgestalten müssen. Zu berücksichtigen ist aber auch im Fall einer pflichtigen Gemeinschaftsaufgabe ferner die Gefahr, dass die eingesetzten Bundesmittel die Landesmittel jedenfalls teilweise substituieren könnten und so ihr Ziel der Verbesserung der Grundfinanzierung der Hochschulen verfehlen könnten. Letztlich ist es daher eher eine politische als rechtliche Frage, welche Priorität man der Wissenschaft und Forschung effektiv finanziell einräumen will.[684] Im Übrigen beseitigt die Extension von Art. 91b I GG nicht das der Gemeinschaftsaufgabe zugrunde liegende Spannungsverhältnis zwischen der bundesstaatlichen Kompetenzzuweisung der Aufgaben des Art. 91b I GG an die Länder und dem gesamtstaatlichen Charakter der dort geregelten Aufgaben.

Die Extension der Mischfinanzierung könnte jedoch durch die negativen sog. externen Effekte bzw. Spill-over-Effekte von Wissenschaftsinvestitionen gerechtfertigt sein.[685] Im Rahmen einer Wissenschaftsinvestition fallen Aufwand

---

682 Vgl. zu den Reformperspektiven auch unten D.

683 So schlug etwa die Bundesregierung bereits 2003 die vollständige Übernahme der Finanzierung der Fraunhofer-Gesellschaft, Helmholtz-Gemeinschaft, Max-Planck-Gesellschaft und Deutschen Forschungsgemeinschaft, vor; *Bundesregierung*, in: Hrbek/Eppler, Deutschland vor der Föderalismus-Reform, S. 34 f.

684 *Speiser*, DÖV 2014, 555 (561).

685 So hingegen *Konegen-Grenier/Plünnecke/Tröger*, Nachfrageorientierte Hochschulfinanzierung, S. 10 ff.; *Konegen-Grenier*, Hochschulfinanzierung 2020, S. 12 f.;

und Ertrag einer Aufgabe in der Regel nicht nur zeitlich, sondern aufgrund der Erwerbsmobilität der Hochschulabsolventinnen und -absolventen auch regional auseinander oder lassen sich wie im Fall der Grundlagenforschung regional kaum zuordnen. Folglich sind der Finanzierungsanreiz begünstigter Regionen sowie ihr Interesse an einer Internalisierung dieser negativen regionalen „Spill-over“ gering. Im Gegenzug steigt der Anreiz, von fremder Finanzierung profitieren zu wollen vor allem für finanzschwache Länder oder Regionen, für die die Position des „Trittbrettfahrers“ („free rider“) die ökonomisch attraktivste ist.[686] Die Problematik negativer regionaler Spill-over-Effekte gewinnt zudem angesichts der verbesserten technologischen Möglichkeiten eines orts- und zeitunabhängigen Studiums an virtuellen Hochschulen, bei denen individueller Studienort und institutioneller Hochschulstandort entkoppelt sind, zusätzliche Brisanz.[687] Die Förderung von Wissenschaft, Forschung und Lehre, insbesondere im Bereich der Hochschulbildung und der Grundlagenforschung, nutzt jedoch der gesamten Gesellschaft im Bundesgebiet, sodass eine Heranziehung aller Nutznießer zur Finanzierung grundsätzlich sinnvoll erscheint. Allerdings sind hier einerseits konkrete Angaben zur Rechtfertigung der Mischfinanzierung bzw. der Extension der Mischfinanzierung erforderlich und andererseits dürfen die negativen Spill-over-Effekte nicht anderweitig internalisiert werden können. Anderenfalls könnte die Finanzierungspraxis ausufern und mit dem föderalen Aufbau der Bundesrepublik kollidieren.[688] Es kann mithin nicht jedweder negativer Spill-over-Effekt über Zahlungen des Bundes internalisiert werden. Ferner

---

Sachverständigenrat zur Begutachtung der gesamtwirtschaftlichen Entwicklung, Jahresgutachten 2000/01, BT-Drs. 14/4792, Tz. 171.

686 *Seckelmann*, in: dies./Lange/Horstmann, Die Gemeinschaftsaufgaben von Bund und Ländern in der Wissenschafts- und Bildungspolitik, S. 83; *Konegen-Grenier/Plünnecke/Tröger*, Nachfrageorientierte Hochschulfinanzierung, S. 12 f.; *Konegen-Grenier*, Hochschulfinanzierung 2020, S. 12.

687 *Konegen-Grenier*, Hochschulfinanzierung 2020, S. 14 f., die an dieser Stelle exemplarisch auf die Entwicklung des Fernstudiums an der FernUniversität in Hagen verweist. Angesichts des bundesweiten vielfältigen Angebots digitaler Lehrveranstaltungen während der Corona-Pandemie 2019/2020 lässt sich im Übrigen erahnen, wie das Hochschulstudium der Zukunft aussehen könnte. Es bleibt insoweit abzuwarten, welche Schlüsse die Hochschulen aus den Erfahrungen eines solchen ortsunabhängigen Studiums für die zukünftige Gestaltung ihres Studienangebots ziehen werden. Es ist naheliegend, dass die Problematik regionaler Spill-over-Effekte in Zukunft also noch bedeutender wird.

688 *Werner*, ZG 17 (2002), 14 (36 f.).

ist zu beachten, dass die meisten dezentral angebotenen staatlichen Leistungen Spill-over-Effekte haben und eine trennscharfe Abgrenzung solcher Effekte in der Praxis letztlich nicht immer möglich ist. Zwar lässt sich insgesamt eine hohe Erwerbsmobilität von Hochschulabsolventinnen und -absolventen im Bundesgebiet feststellen,[689] die Hintergründe für derartige Wanderungsbewegungen sind jedoch multifaktoriell und bedürfen einer vertiefenden Analyse, um regionale Gewinner und Verlierer auszumachen. Im Übrigen sind umfangreiche Mischfinanzierungen unter Einbeziehung des Bundes nicht die einzig mögliche Lösung für das Problem der regionalen Spill-over. Denkbar wären hier durchaus auch andere Lösungen mit mehr Zuständigkeiten für die Länder,[690] wie etwa die Einführung von Studiengebühren.[691] Auch die bereits seit Langem vielfach diskutierte[692] Neugliederung des Bundesgebiets nach Art. 29, 118, 118a GG bietet wenigstens theoretisch eine Alternative zur umfassenden Mischfinanzierung, in deren Rahmen den Ländern mehr Autonomie zustände.

Darüber hinaus könnten die Länder das Studienangebot ihrer Hochschulen adäquat an ihre jeweilige regionale Wirtschaftsstruktur anpassen, um die Abwanderung der Hochschulabsolventinnen und -absolventen aus Erwerbsgründen zu minimieren. Denn als Ursache für die relativ hohe Mobilitätsrate der Hochschulabsolventinnen und -absolventen im ersten Jahr nach dem Studium werden grundlegend stärker erwerbsbedingte Gründe angenommen.[693] Zum Ausgleich unterschiedlicher Wirtschaftskraft im Bundesgebiet sowie zur Förderung des wirtschaftlichen Wachstums sind überdies Finanzhilfen des Bundes an die Länder nach Art. 104b I 1 Nr. 2 u. 3 GG möglich. Im Übrigen erscheinen auch

---

689 So verlassen etwa ein Drittel der Hochschulabsolventinnen und -absolventen im ersten Jahr nach dem Studium das Bundesland des Hochschulabschlusses, *Fabian/Briedis*, HIS: Forum Hochschule 2/2009, S. 71.

690 *Werner*, ZG 17 (2002), 14 (37).

691 S. zur Einführung allgemeiner und nachgelagerter Studiengebühren auch unten D. I. 2. b) u. c).

692 Insb. nach der Wiedervereinigung Deutschlands *Greulich*, Länderneugliederung und Grundgesetz S. 135 ff.; *Karpen*, ZG 10 (1995), 356 (362); *Häde*, Finanzausgleich, S. 314 ff.; später ferner *Sanden*, Die Weiterentwicklung der föderalen Strukturen der Bundesrepublik Deutschland, S. 816 ff.; *Isensee*, in: ders./P. Kirchhof, HdbStR, Bd. VI, § 126 Rn. 339; *Würtenberger*, in: Isensee/P. Kirchhof, HdbStR, Bd. VI, § 132 Rn. 1 ff.; *Zypries*, in: FS Schneider, S. 335 f.; *Buscher*, Der Bundesstaat in Zeiten der Finanzkrise, S. 417 ff.; *Erbguth*, JZ 2011, 433 ff.; *Schwarz*, in: Härtel, Handbuch Föderalismus, Bd. II, § 47 S. 593 ff.

693 *Fabian/Briedis*, HIS: Forum Hochschule 2/2009, S. 71.

unter dem Aspekt der negativen regionalen Spill-over-Effekte eine Stärkung der Länderfinanzen sowie ein Abbau der Sparzwänge sinnvoll, um „Trittbrettfahrer"-Verhalten einzelner finanzschwacher Länder oder Regionen einzudämmen. Insgesamt rechtfertigen mithin auch die negativen Spill-over-Effekte von Wissenschaftsinvestitionen nicht die Extension der Mischfinanzierung im Rahmen der jüngsten Reform von Art. 91b I GG.

Eine Rechtfertigung der Ausdehnung der Mischfinanzierung in Art. 91b I GG aus den hochschulpolitischen Gründen der Internationalisierung und Europäisierung in der Wissenschaft kann ebenfalls nicht überzeugen.[694] Dieser Ansicht nach wären Mechanismen gesamtstaatlicher Koordinierung notwendig, um auf Problemlagen zu reagieren und strategisch agieren zu können.[695] Wie bereits beschrieben, führt die gemeinsame Aufgabenwahrnehmung im Rahmen von Art. 91b I GG aufgrund des Einstimmigkeitsprinzips sowie des qualifizierten Beteiligungserfordernisses für Vereinbarungen, die im Schwerpunkt Hochschulen betreffen, in der Praxis jedoch zu schwerfälligen Entscheidungsprozessen und mangelnder Flexibilität des kooperativen Handelns. Häufig findet überdies nur eine Einigung auf den kleinsten gemeinsamen Nenner statt. Effiziente Mechanismen zur flexiblen Reaktion auf Problemlagen bestehen mithin auch nach der jüngsten Reform von Art. 91b I GG praktisch nicht. Ferner ist zwecks strategischer Aktion eine Koordinierung der Länder untereinander auch ohne Einbeziehung des Bundes möglich und findet im Übrigen im Rahmen der Kultusministerkonferenz auch statt.

Insgesamt lässt sich die mit der Reform von 2014 erfolgte Extension von Art. 91b I GG als Ausnahmetatbestand in der Verfassung angesichts der vielfach geäußerten Kritik an der mit den Gemeinschaftsaufgaben generell einhergehenden Politik- und Finanzverflechtung sowie dem aus dem Demokratie- und Bundesstaatsprinzip in Art. 20 I, II GG folgenden verfassungsrechtlichen Gebot der Entflechtung in seiner konkreten Form nicht rechtfertigen. In Betracht kommen vielmehr andere weniger verfassungsrechtlich bedenkliche sowie sinnvolle Alternativen, die mehr Länderautonomie gewährleisten und dennoch der gesamtstaatlichen Bedeutung von Wissenschaft und Forschung angemessen

694 So hingegen *Vogel*, in: Benda/Maihofer/ders., Handbuch des Verfassungsrechts, § 22 Rn. 13; *Streiter*, Wissenschaftsförderung durch Mittlerorganisationen, S. 194; *Pasternack*, in: ders., Hochschulen nach der Föderalismusreform, S. 53; *Koenegen-Grenier*, Hochschulfinanzierung 2020, S. 17 ff.; *Sommermann*, in: v. Mangoldt/Klein/Starck, GG, Art. 20 I Rn. 57.

695 *Koenegen-Grenier*, Hochschulfinanzierung 2020, S. 17.

Rechnung tragen können.[696] Abschließend ist anzumerken, dass die Frage, wie stark die Vor- und Nachteile der ausgedehnten Mischfinanzierung im Rahmen des neuen Art. 91b I GG ins Gewicht fallen, letztlich vor allem von seiner konkreten Nutzung in der Staatspraxis abhängen wird.[697]

e) Zusammenfassung

Insgesamt erweist sich die jüngste Reform von Art. 91b I GG als verfassungspolitisch verfehlt. Neben verschiedenen rechtlichen und politischen Problemen hinsichtlich des konkreten Wortlauts und Regelungsgehalts der Neufassung sowie des Gesetzgebungsverfahrens in Verbindung mit dem 25. BAföG-Änderungsgesetz stößt insbesondere die Extension der Mischfinanzierung vor dem Hintergrund des Demokratie- und Bundesstaatsprinzips in Art. 20 I, II GG auf verfassungsrechtliche Bedenken. Durch ihre nunmehr ausgeweitete ebenenübergreifende Mischfinanzierung stört die Gemeinschaftsaufgabe mit ihren seit Langem vielfach kritisierten Wirkungen der Vermischung politischer Verantwortlichkeiten, der Ineffizienz, der Intransparenz sowie der Gefährdung der Eigenständigkeit und Haushaltsautonomie der Länder prinzipiell die bundesstaatliche Kompetenzordnung sowie den demokratischen Verantwortungszusammenhang. Die Extension der Mischfinanzierung in Art. 91b I GG durch die Reform von 2014 lässt sich dabei auch keineswegs überzeugend als Ausnahmetatbestand der Verfassung rechtfertigen. Weder die „Schlüsselfunktion" der Hochschulen für die Wissenschafts- und Forschungslandschaft Deutschlands, das Ressourcendefizit im Hochschulbereich, das Postulat „einheitlicher" oder „gleichwertiger Lebensverhältnisse im Bundesgebiet", die Rolle des Bundes als Impulsgeber und integrierender Faktor, die Zweckgebundenheit der Bundesmittel, die gesamtstaatliche Bedeutung von Wissenschaft und Forschung, die negativen Spillover-Effekte von Wissenschaftsinvestitionen noch die Internationalisierung und Europäisierung in der Wissenschaft vermögen die Ausdehnung der Mischfinanzierung in Art. 91b I GG ausreichend zu rechtfertigen. Im Übrigen kann eine wirksame Aufgabenerfüllung unter Vermeidung von Förderkonkurrenz und Parallelförderung auch auf anderem Wege ohne ausgedehnte Mischfinanzierung erreicht werden.[698] Dabei ist vor allem eine aufgabenadäquate Finanzausstattung der Länder unerlässlich. Die Gemeinschaftsaufgaben dürfen aufgrund der mit

---

696 S. dazu im Einzelnen auch unten D.

697 So auch *Speiser*, RuP 2015, 86 (91); s. zur kooperativen Staatspraxis auf der Grundlage des neuen Art. 91b I GG auch unten C. II.

698 S. dazu auch unten D.

ihnen einhergehenden Finanzverflechtungen sowie hinsichtlich ihres Ausnahmecharakters nicht dazu dienen, Ressourcendefizite bzw. grundlegende Fehlverteilungen im Rahmen des bundesstaatlichen Finanzausgleichs auszugleichen und zu konservieren.

5. Geldleistungsgesetze des Bundes – Art. 104a III GG

Spezielle Finanzierungskompetenzen des Bundes im Hochschul- und Wissenschaftsbereich finden sich darüber hinaus auch in Art. 104a III GG für die Geldleistungsgesetze des Bundes. Von Relevanz für den Hochschul- und Wissenschaftsbereich ist diese Kompetenz vor allem im Hinblick auf die bundesstaatliche Finanzierung der Bundesausbildungsförderung nach dem BAföG, welche der Bund mit dem parallel zur Reform von Art. 91b I GG beschlossenen 25. BAföG-Änderungsgesetz vollständig übernahm. Bevor das BAföG als wichtigster Anwendungsfall eines Geldleistungsgesetzes des Bundes im Hochschul- und Wissenschaftsbereich untersucht wird, ist vorab der allgemeine Regelungsgehalt von Art. 104a III GG kurz darzustellen.

a) Regelungsgehalt von Art. 104a III GG

Die Norm des Art. 104a III GG sieht für Geldleistungsgesetze des Bundes eine besondere Lastenverteilungsregel vor, welche die Ausgabenverantwortungsregel des Art. 104a I GG im Hinblick auf die Finanzierungsbefugnis durchbricht. Nach Art. 104a III GG kann der Bund bestimmen, dass die Ausgaben seiner Geldleistungsgesetze, die von den Ländern auszuführen sind, ganz oder zum Teil von ihm getragen werden. Eine Verpflichtung des Bundesgesetzgebers zur Regelung oder zur Übernahme der Ausgabenlasten besteht hierbei jedoch nicht.[699] Die mögliche Übernahme der Lastentragung durch den Bund im Rahmen von Art. 104a III GG dient nicht der allgemeinen Finanzausstattung der Länder, sondern der Entlastung der Landeshaushalte im Hinblick auf bestimmte ausgabenträchtige Aufgaben, um ihnen die Wahrnehmung ihrer Aufgaben zu erleichtern. Die besondere Lastenverteilungsregel des Art. 104a III GG ist somit nicht als Teil des sekundären Finanzausgleichs, sondern als Ausnahme der Lastenverteilungsregel in Art. 104a I GG zu werten.[700]

---

699 *Hellermann*, in: v. Mangoldt/Klein/Starck, GG, Art. 104a Rn. 91.

700 BVerfGE 101, 158 (225 f.); *Hellerman*, in: v. Mangoldt/Klein/Starck, GG, Art. 104a Rn. 79; *Siekmann*, in: Sachs, GG, Art. 104a Rn. 25.

Nichtsdestotrotz dient auch die Regelung des Art. 104a III GG der allgemeinen Zielsetzung des Art. 104a I GG, die Ausgabenverantwortung an die Aufgabenverantwortung zu koppeln.[701] Die dem Konnexitätsgrundsatz in Art. 104a I GG zugrunde liegende Annahme, dass Ausgaben erst auf der Vollzugsebene entstehen und dort auch maßgeblich beeinflusst werden können, trifft im Fall von Geldleistungsgesetzen jedoch nicht zu, da die Verwaltung beim Vollzug von Geldleistungsgesetzen aufgrund der regelmäßig hohen Regelungsdichte kaum mehr einen Entscheidungsspielraum und somit Einfluss auf die Höhe der Ausgaben hat.[702] Daher knüpft Art. 104a III GG die Ausgabenverantwortung nicht an die Verwaltungsverantwortung, sondern an die legislative Verursachung bzw. Veranlassung der Zweckausgaben und weicht insofern maßgeblich von Art. 104a I GG ab.[703]

Aufgrund des großen Finanzvolumens der Geldleistungsgesetze des Bundes ist die Regelung des Art. 104a III GG von besonderer tatsächlicher Bedeutung.[704] Das BAföG zählt dabei neben dem SGB II und XII sowie dem Wohngeldgesetz zu den wichtigsten Anwendungsfällen von Art. 104a III GG und ist daher im Folgenden näher auf seine Bedeutung für die Finanzierungskompetenzen des Bundes im Hochschul- und Wissenschaftsbereich zu untersuchen.

b) Bundesausbildungsförderungsgesetz (BAföG)

Das BAföG regelt die individuelle staatliche Förderung für Ausbildung von Schülerinnen und Schülern sowie Studierenden mit dem Ziel der Sicherung von Chancengerechtigkeit in der Bildung sowie der Ausschöpfung aller Qualifizierungspotenziale unabhängig von den Einkommensverhältnissen der Herkunftsfamilien der Auszubildenden.[705] Das BAföG wurde 1971 eingeführt[706] und

---

701 *Schoch/Wieland*, Finanzierungsverantwortung, S. 134; *Tappe*, in: Kahl/Waldhoff/Walter, BK-GG, Art. 104a [Stand: 5/2017] Rn. 197 f.; *Hellermann*, in: v. Mangoldt/Klein/Starck, GG, Art. 104a Rn. 80.

702 *Schoch/Wieland*, Finanzierungsverantwortung, S. 134; *Hellermann*, in: v. Mangoldt/Klein/Starck, GG, Art. 104a Rn. 80; *Schwarz*, in: Maunz/Dürig, Art. 104a [Stand: 11/2018] Rn. 64.

703 *Hellermann*, in: v. Mangoldt/Klein/Starck, GG, Art. 104a Rn. 80; *Schwarz*, in: Maunz/Dürig, Art. 104a [Stand: 11/2018] Rn. 64.

704 *Henneke*, Öffentliches Finanzwesen, Rn. 209; *Hellermann*, in: v. Mangoldt/Klein/Starck, GG, Art. 104a Rn. 80.

705 BT-Drs. 6/1975, S. 19; BT-Drs. 18/2663, S. 18.

706 Bundesgesetz über individuelle Förderung der Ausbildung (Bundesausbildungsförderungsgesetz – BAföG –) v. 26.8.1971, BGBl. 1971 I S. 1409.

unterlag seit seinem Inkrafttreten zahlreichen Modifikationen. Die Geldleistungen des BAföG wurden bislang von Bund und Ländern gemeinsam im Verhältnis von 65:35 getragen.[707] Empfänger dieser Geldleistungen sind Schülerinnen und Schüler sowie Studierende, nicht etwa die Hochschulen. Die individuelle Ausbildungsförderung durch die Geldleistungen nach dem BAföG hat mithin keine direkte Bedeutung für die bundesstaatliche Finanzierung der Hochschulen und der Wissenschaft.

Mit dem 25. BAföG-Änderungsgesetz[708] vom 19. Dezember 2014, welches zeitgleich und in direktem Zusammenhang mit der Grundgesetzänderung von Art. 91b GG auf den Weg gebracht wurde, hat der Bund nunmehr die Finanzierungszuständigkeit für Geldleistungen nach dem BAföG zum 1. Januar 2015 vollständig übernommen.[709] Mit der Übernahme des Finanzierungsanteils der Länder sollen die Landeshaushalte dauerhaft jährlich um rund 1,2 Mrd. Euro entlastet werden, um so den Ländern ein verstärktes Engagement in ihren bildungspolitischen Zuständigkeiten, insbesondere in der Hochschulfinanzierung, zu ermöglichen.[710]

Da der Bund mithin mehr als die Hälfte der Ausgaben des BAföG trägt, wird es gem. Art. 104a III 2 GG von den Ländern im Auftrag des Bundes durchgeführt. Die Regelung des Art. 104a III 2 GG ist insoweit *lex specialis* gegenüber Art. 104a II GG.[711] Der Bund kann folglich die Verwendung seiner Finanzmittel mit den Instrumenten des Art. 85 GG kontrollieren.

c) Zusammenfassung und Bewertung

Mit einem Finanzvolumen von etwa 2,7 Mrd. Euro[712] jährlich ist das BAföG eines der bedeutendsten Geldleistungsgesetze im Rahmen von Art. 104a III GG. Die Bedeutung der Kompetenz des Bundes zur Finanzierung des BAföG als Geldleistungsgesetz gem. Art. 104a III GG ist für die bundesstaatliche Hochschul- und Wissenschaftsfinanzierung jedoch gering. Das BAföG regelt lediglich die

---

707 Vgl. § 56 I 1 BAföG a.F.

708 Fünfundzwanzigstes Gesetz zur Änderung des Bundesausbildungsförderungsgesetzes (25. BAföGÄndG) v. 23.12.2014, BGBl. 2014 I S. 2475.

709 Vgl. § 56 I 1 BAföG n.F.

710 BT-Drs. 18/2663, S. 18 u. 49; Gegenäußerung der Bundesregierung, BT-Drs. 18/2710, S. 10.

711 *Hellermann*, in: v. Mangoldt/Klein/Starck, GG, Art. 104a Rn. 95 f.; *Schwarz*, in: Maunz/Dürig, Art. 104a [Stand: 11/2018] Rn. 65.

712 *Statistisches Bundesamt*, Statistik der Bundesausbildungsförderung (BAföG).

individuelle Ausbildungsförderung von Schülerinnen und Schülern sowie Studierenden.

Indirekt erlangte die Kompetenz des Bundes zur Finanzierung des BAföG jedoch durch die ab dem 1. Januar 2015 erfolgte vollständige Übernahme der Finanzierungsanteile der Länder im Rahmen des 25. BAföG-Änderungsgesetz Bedeutung für den Hochschul- und Wissenschaftsbereich, die sich, wie bereits dargestellt, als das „politische Tauschpfand“[713] für die Grundgesetzänderung von Art. 91b I GG erwies. Durch die Übernahme der Finanzierungsanteile der Länder sollen die Landeshaushalte ausweislich der Gesetzesbegründung jährlich um rund 1,2 Mrd. Euro entlastet werden, um *zusätzlichen* Spielraum für die Bildungsfinanzierung zu eröffnen. Nach der Intention der Bundesregierung sollen die so in den Landeshaushalten frei gewordenen BAföG-Mittel von den Ländern im Bildungsbereich, insbesondere an den Hochschulen, investiert werden.[714] Einer Zweckbindung unterliegen die Mittel hingegen nicht.

Tatsächlich lag die Gesamtsumme der von den Ländern rückgemeldeten Entlastung in den letzten fünf Jahren bei durchschnittlich rund 1,1 Mrd. Euro. Über die Verwendung der frei gewordenen BAföG-Mittel haben die Länder gegenüber dem Bundestag unterschiedlich detailliert Auskunft erteilt.[715] Danach können Hamburg, Niedersachsen und zeitweise auch Thüringen keine genaue Zuordnung nachweisen. Die übrigen Länder, die entsprechende Angaben machen konnten, investierten die frei gewordenen Mittel bislang größtenteils sowohl in den Schulbereich als auch in den Hochschulbereich. Jedoch setzten auch einige Länder das frei gewordene Geld entweder nur im Hochschulbereich (Hessen 2016–2019 und Sachsen-Anhalt 2017–2019) oder entgegen der Intention des Bundesgesetzgebers ausschließlich im Schulbereich (Schleswig-Holstein 2016–2019) ein. Darüber hinaus wurde teilweise der frühkindliche Bildungsbereich von den frei gewordenen BAföG-Mitteln finanziert (Niedersachsen 2016–2019 und Hamburg 2016). An den Hochschulen verwendeten die Länder die BAföG-Mittel vornehmlich für die Grundfinanzierung der Hochschulen, Bau- und Unterhaltsmaßnahmen sowie Infrastruktur. Zum Teil flossen die Mittel zudem in die Kofinanzierung des Hochschulpakts 2020 (Nordrhein-Westfalen und Hessen 2016–2019) sowie des Professorinnenprogramms (Saarland 2017). Die Mittel wurden im Hochschulbereich laut Angaben der Länder ferner zur Verbesserung

---

713 *Speiser*, RuP 2015, 86 (90).

714 BT-Drs. 18/2663, S. 18; Gegenäußerung der Bundesregierung, BT-Drs. 18/2710, S. 10.

715 BT-Drs. 18/12302, S. 1; BT-Drs. 19/2498, S. 1; BT-Drs. 19/10412, S. 1; BT-Drs. 19/19630, S. 1.

der Qualität der Lehre, zur Förderung der Sanierung von Studierendenwohnheimen sowie zur Förderung der Fachhochschulen eingesetzt. Insgesamt lässt sich erfreulicherweise feststellen, dass die freigewordenen BAföG-Mittel der Länder zu großen Teilen in den Hochschulbereich fließen und auch der Grundfinanzierung der Hochschulen zugutekommen. Auch wenn der Hochschulbereich nicht in allen Ländern im gleichen Maße von den BAföG-Mitteln profitiert, so wird durch die zusätzlichen Haushaltsmittel zumindest der Einsparungsdruck der Länder grundsätzlich im Bildungsbereich insgesamt gemindert. Zu kritisieren bleibt allerdings, dass mit der Übernahme der BAföG-Finanzierungsanteile der Länder durch den Bund letztlich nicht unerhebliche Bundesmittel gebunden wurden, die dem Bund nun nicht mehr für eine mögliche kooperative Förderung nach Art. 91b I GG zur Verfügung stehen.[716]

6. Finanzhilfen des Bundes

Weitere besondere Finanzierungskompetenzen des Bundes, die für den Hochschul- und Wissenschaftsbereich grundsätzlich relevant sind, sind die Bundesfinanzhilfen an die Länder nach Art. 104b GG. Die Finanzhilfen des Bundes stellen als besondere Regelung der bundesstaatlichen Lastentragung überdies eine Durchbrechung des Grundsatzes der Konnexität von Aufgaben- und Ausgabenlast in Art. 104a I GG dar.[717] Dabei ist Art. 104b GG gegenüber Art. 104a I GG allerdings nur hinsichtlich der Zweckausgaben *lex specialis*, für die Verwaltungsausgaben ist wiederum Art. 104b V GG die speziellere Regelung.[718] Im Übrigen ist die Gewährung solcher Bundesfinanzhilfen an die Länder grundsätzlich auch neben einer gemeinschaftlichen Aufgabenwahrnehmung durch Bund und Länder nach Art. 91a u. 91b GG möglich.[719] Dem Bund

716 So auch *Speiser*, RuP 2015, 86 (90).

717 *Heintzen*, in: v. Münch/Kunig, GG, Art. 104b Rn. 1; *Hellermann*, in: v. Mangoldt/Klein/Starck, GG, Art. 104b Rn. 9, 15; *Heun/Thiele*, in: Dreier, GG, Art. 104b Rn. 9 f.; *Siekmann*, in: Sachs, GG, Art. 104b Rn. 5; *Schwarz*, in: Maunz/Dürig, GG, Art. 104b [Stand: 10/2019] Rn. 7; a.A.: *Carl*, AöR 114 (1989), 450 (462), der die Zuweisung einer besonderen Verwaltungs- und Finanzierungskompetenz durch Art. 104b GG annimmt.

718 *Hellermann*, in: v. Mangoldt/Klein/Starck, GG, Art. 104b Rn. 15 f.; *Schwarz*, in: Maunz/Dürig, GG, Art. 104b [Stand: 10/2019] Rn. 11.

719 *Seckelmann*, in: Friauf/Höfling, Berliner Komm. zum GG, Art. 91b [Stand: 2/2016] Rn. 49; *Schwarz*, in: Maunz/Dürig, GG, Art. 91b [Stand: 12/2016] Rn. 13; *Hellermann*, in: v. Mangoldt/Klein/Starck, GG, Art. 104b Rn. 17; *Siekmann*, in: Sachs, GG, Art. 91b Rn. 8; *Volkmann/Kaufhold*, in: v. Mangoldt/Klein/Starck, GG, Art. 91b Rn. 12;

steht insoweit für das Zusammenwirken mit den Ländern ein Wahlrecht zu, welcher Finanzierungsinstrumente er sich im jeweiligen Einzelfall bedienen will.[720]

Die Mischfinanzierung im Rahmen der Bundesfinanzhilfen wurde seit ihrer Kodifizierung im Jahr 1969/70 häufig kritisiert, mehrfach modifiziert und zuletzt maßgeblich erweitert. So wurde im Jahr 2017 mit Art. 104c GG eine weitere Bundesfinanzhilfekompetenz für Investitionen im Bereich der kommunalen Bildungsinfrastruktur in das Grundgesetz eingefügt, die den Bildungsbereich betrifft. Im Folgenden ist zu untersuchen, welche Finanzierungsmöglichkeiten der Bund im Hochschul- und Wissenschaftsbereich auf der Grundlage seiner Finanzhilfekompetenzen in Art. 104b und 104c GG hat. Dabei ist ein Blick auf die Geschichte und Entwicklung der Bundesfinanzhilfen im deutschen Bundesstaat für das Verständnis der heutigen verfassungsrechtlich nicht unumstrittenen Regelungen unerlässlich.

a) Bundesfinanzhilfen seit 1949

Das Grundgesetz von 1949 sah zunächst keine explizite, klare Regelung von Bundesfinanzhilfen an die Länder vor.[721] Es galt mangels positivrechtlicher Bestimmung zunächst der Gedanke der Konnexität von Aufgaben- und Ausgabenlast, welcher 1969 schließlich durch die Finanzreform als allgemeiner Lastentragungsgrundsatz in Art. 104a I GG kodifiziert wurde,[722] wonach der Bund nur Bundesaufgaben und die Länder nur Landesaufgaben finanzieren durfte bzw. durften. In der Staatspraxis wurde dieser Grundsatz jedoch nicht eingehalten. Es entwickelte sich in den ersten beiden Jahrzehnten des Bestehens der Bundesrepublik ein wild wucherndes Zuschusswesen in Form der Fondsverwaltung und anderer Mischfinanzierungen ohne ausreichende verfassungsrechtliche

---

Schwarz, in Maunz/Dürig, GG, Art. 104b [Stand: 10/2019] Rn. 11; a.A. *Jauch*, Wissenschaftsförderung nach der Reform des Föderalismus, S. 231, der insb. aufgrund der Möglichkeit der alleinigen Kostentragung durch den Bund von einer abschließenden Regelung in Art. 91b I GG ausgeht.

720 *Hellermann*, in: v. Mangoldt/Klein/Starck, GG, Art. 104b Rn. 17; *Schwarz*, in Maunz/Dürig, GG, Art. 104b [Stand: 10/2019] Rn. 11; bzgl. Maßnahmen nach Art. 91a I Nr. 1 GG *Heun/Thiele*, in: Dreier, GG, Art. 104b Rn. 41; a.A. den Vorrang von Art. 91a GG als *lex specialis* gegenüber Art. 104a IV GG a.F. bzw. Art. 104b GG annehmend *Henneke*, Öffentliches Finanzwesen, Rn. 243; *ders.*, in: Schmidt-Bleibtreu/Hofmann/ders., GG, Art. 104b Rn. 26.

721 *Hellermann*, in: v. Mangoldt/Klein/Starck, GG, Art. 104b Rn. 1; *Schwarz*, in: Maunz/Dürig, GG, Art. 104b [Stand: 10/2019] Rn. 1.

722 S. zur Entstehungsgeschichte von Art. 104a I GG auch oben B. IV. 1. a).

Grundlage.[723] Der Bund gewährte den Ländern umfangreiche Einzeldotationen zur Finanzierung von Länderaufgaben, welche zudem häufig mit Auflagen verbunden waren. Diese zweckgebundenen Zuwendungen des Bundes beeinträchtigten die selbstständige und unabhängige Haushaltwirtschaft der Länder und gefährdeten angesichts ihres Umfangs überdies die Eigenstaatlichkeit der Länder.[724] Der Bund drang folglich nach und nach in die Zuständigkeitsbereiche der Länder ein, sodass die Länder die Verbesserung ihrer Finanzausstattung hier mit Kompetenzeinbußen erkauften. Darüber hinaus war den Ländern eine Ablehnung der Bundesdotationen praktisch kaum möglich. Das sich in der Staatspraxis entwickelte Dotationswesen geriet zu einer Art „Angebotsdiktatur" des Bundes bzw. zu einer Politik des „goldenen Zügels".[725]

b) *Einführung von Art. 104a IV GG (i.d.F. v. 1969) durch das Finanzreformgesetz*

Der zunehmende Einfluss des Bundes auf die Länder im Rahmen der Fondsverwaltung sowie die fehlende verfassungsrechtliche Grundlage der Bundesdotationen standen verstärkt in der Kritik. Im Rahmen der Finanzreform von 1969 wurden durch das Finanzreformgesetz sodann erstmals Teilbereiche des Gesamtkomplexes der Fondsverwaltung in Art. 91a und 91b GG (i.d.F. v. 1969)[726] sowie in Art. 104a IV GG (i.d.F. v. 1969) verfassungsrechtlich kodifiziert. Ziel der

723 *Seeger*, DÖV 1968, 781 (783); *Bullinger*, DÖV 1970, 761 (772); *Holch*, DÖV 1970, 841 (841); *ders.*, DÖV 1973, 115 (115); *Barbarino*, DÖV 1973, 19 (20); *Hellermann*, in: v. Mangoldt/Klein/Starck, GG, Art. 104b Rn. 1; *Heun/Thiele*, in: Dreier, GG, Art. 104b Rn. 1; *Schwarz*, in: Maunz/Dürig, GG, Art. 104b [Stand: 10/2019] Rn. 1; vgl. zur Fondsverwaltung des Bundes auch *Flehinghaus*, Die Bundesfondsverwaltung; *Köttgen*, Fondsverwaltung in der Bundesrepublik; *Kisker*, Kooperation im Bundesstaat. Eine partielle und nur kurzfristige verfassungsrechtliche Grundlage bot allenfalls die Norm des Art. 106 III GG (i.d.F. v. 1949), wonach der Bund den Ländern „Zuschüsse" zur Deckung von Ausgaben auf dem Gebiete des Schulwesens, des Gesundheitswesens und des Wohlfahrtswesens zu gewähren hatte, *Heun/Thiele*, in: Dreier, GG, Art. 104b Rn. 1.

724 *Seeger*, DÖV 1968, 781 (782); *Hellermann*, in: v. Mangoldt/Klein/Starck, GG, Art. 104a Rn. 28; *ders.*, in: v. Mangoldt/Klein/Starck, GG, Art. 104b Rn. 1; *Schwarz*, in: Maunz/Dürig, GG, Art. 104b [Stand: 10/2019] Rn. 1.

725 *Seeger*, DÖV 1968, 781 (782); *Schwarz*, in: Maunz/Dürig, GG, Art. 104b [Stand: 10/2019] Rn. 1.

726 Vgl. zur Kodifizierung und Entwicklung der Gemeinschaftsaufgaben oben B. IV. 2. u. 3.

Einfügung des Art. 104a IV GG (i.d.F. v. 1969) war es, einerseits die Finanzhilfen des Bundes auf eine tragfähige verfassungsrechtliche Grundlage zu stellen und andererseits diese zugleich zu begrenzen.[727] Nach dem neu eingefügten Art. 104a IV 1 GG (i.d.F. v. 1969) konnte der Bund den Ländern nunmehr Finanzhilfen für besonders bedeutsame Investitionen der Länder und Gemeinden bzw. Gemeindeverbände gewähren, die zur Abwehr einer Störung des gesamtwirtschaftlichen Gleichgewichts oder zum Ausgleich unterschiedlicher Wirtschaftskraft im Bundesgebiet oder zur Förderung des wirtschaftlichen Wachstums erforderlich waren. Der Investitionsbegriff, der heute insoweit unverändert in Art. 104b I 1 GG Anwendung findet, ist dabei im volkswirtschaftlichen Sinn zu verstehen und erfasst mithin dauerhafte, langlebige Anlagegüter in Form von Sachinvestitionen, welche die Länder oder die Gemeinden bzw. Gemeindeverbände selbst vornehmen oder bei Dritten fördern. Darlehen, Kapitalzuweisungen oder sonstige Finanzinvestitionen sind hingegen nicht vom Investitionsbegriff umfasst. Ebenso wenig können Folgekosten wie Unterhaltungs- und Betriebskosten sowie der Verwaltungsaufwand vom Bund finanziert werden.[728] Aus der Verwendung des Begriffs „Hilfe“ folgt zudem, dass der Bund nur eine Teil-, keine Vollfinanzierung leisten darf.[729] Die Investitionen der Länder und Gemeinden bzw. Gemeindeverbände mussten nach Art. 104a IV 1 GG (i.d.F. v. 1969) zudem, wie auch heute nach Art. 104b I 1 GG, „besonders bedeutsam“ sein, damit der Bund Finanzhilfen gewähren konnte. Dies ist der Fall, wenn die Investition in Ausmaß und Wirkung besonderes Gewicht für eine Verbesserung der gesamtstaatlichen Konjunktur oder Struktur haben.[730] Es muss sich also um Investitionen handeln, die für die Investitionspolitik einen besonders hohen Stellenwert haben und zudem im Hinblick auf die verfolgten Förderziele überregionale, gesamtstaatliche Effekte auslösen können. Dabei muss sich die „besondere Bedeutsamkeit“ nicht aus der Größe geförderter Einzelprojekte

---

727 BVerfGE 39, 96 (113); 41, 291 (306 f.); *Stern*, Das Staatsrecht der Bundesrepublik Deutschland, Bd. II, S. 1143; *Hellermann*, in: v. Mangoldt/Klein/Starck, GG, Art. 104a Rn. 7; *Heun/Thiele*, in: Dreier, GG, Art. 104b Rn. 1; *Schwarz*, in: Maunz/Dürig, GG, Art. 104b [Stand: 10/2019] Rn. 9a.

728 *Heintzen*, in: v. Münch/Kunig, GG, Art. 104b Rn. 6; *Hellermann*, in: v. Mangoldt/Klein/Starck, GG, Art. 104b Rn. 26; *Heun/Thiele*, in: Dreier, GG, Art. 104b Rn. 14; *Siekmann*, in: Sachs, GG, Art. 104b Rn. 14; *Schwarz*, in: Maunz/Dürig, GG, Art. 104b [Stand: 10/2019] Rn. 21.

729 BVerfGE 39, 96 (116); *Heintzen*, in: v. Münch/Kunig, GG, Art. 104b Rn. 17; *Hellermann*, in: v. Mangoldt/Klein/Starck, GG, Art. 104a Rn. 24.

730 BVerfGE 39, 96 (115).

ergeben, sondern kann auch aus der Gesamtsumme mehrerer kleinerer Maßnahmen eines Investitionsbereiches folgen.[731] Das Merkmal der „besonderen Bedeutsamkeit" entfaltet jedoch letztlich aufgrund seiner Unbestimmtheit kaum begrenzende Wirkung, schließt aber jedenfalls pauschale Zuweisungen aus.[732] Die Bundesfinanzhilfe muss nach Art. 104a IV GG (i.d.F. v. 1979) zudem „erforderlich" sein. Dies ist der Fall, wenn die Bundesfinanzhilfe „notwendig ist, um den angestrebten Zweck zu erfüllen oder jedenfalls die Chance auf die Zweckerreichung erkennbar zu erhöhen".[733] Ob eine Finanzhilfe „erforderlich" ist, liegt im Ermessen des Bundes, welches jedoch wie bei der Erforderlichkeitsklausel in Art. 72 II GG gerichtlich zumindest im Ansatz überprüfbar ist.[734]

Bundesfinanzhilfen waren nach Art. 104a IV 1 GG (i.d.F. v. 1969) mithin in nur drei Fallgruppen möglich. Dabei überlassen die drei bis heute unverändert gebliebenen Förderziele (Abwehr einer Störung des gesamtwirtschaftlichen Gleichgewichts, Ausgleich unterschiedlicher Wirtschaftskraft im Bundesgebiet und Förderung des wirtschaftlichen Wachstums) dem Bund aufgrund ihrer Unbestimmtheit[735] einen nur eingeschränkt verfassungsrechtlich überprüfbaren Einschätzungs- und Beurteilungsspielraum bei deren Anwendung.[736] Der unbestimmte Verfassungsbegriff des „gesamtwirtschaftlichen Gleichgewichts" in Art. 104a IV 1 Alt. 1 GG (i.d.F. v. 1969) ist wie in Art. 109 II GG zu verstehen und erfährt seine Konkretisierung vorbehaltlich neuer gesicherter Erkenntnisse der Wirtschaftswissenschaft durch die vier Teilziele in § 1 StabG: Stabilität des Preisniveaus, hoher Beschäftigungsgrad, außenwirtschaftliches Gleichgewicht bei stetigem und angemessenem Wirtschaftswachstum.[737] Das Förderziel in Art. 104a IV 1 Alt. 1 GG (i.d.F. v. 1969) enthält keinerlei Beschränkung

---

731 *Schmehl*, in: Friauf/Höfling, Berliner Komm. zum GG, Art. 104b [Stand: 11/2009] Rn. 10; *Hellermann*, in: v. Mangoldt/Klein/Starck, GG, Art. 104b Rn. 27; *Heun/Thiele*, in: Dreier, GG, Art. 104b Rn. 14; *Schwarz*, in: Maunz/Dürig, GG, Art. 104a [Stand: 10/2019] Rn. 22.

732 *Meyer*, Die Föderalismusreform 2006, S. 272; *Heintzen*, in: v. Münch/Kunig, GG, Art. 104b Rn. 6; *Heun/Thiele*, in: Dreier, GG, Art. 104b Rn. 14.

733 *Speiser*, Der deutsche Wissenschaftsföderalismus auf dem Prüfstand, S. 92.

734 *Jauch*, Wissenschaftsförderung nach der Reform des Föderalismus, S. 133.

735 BVerfGE 39, 96 (114).

736 *Heintzen*, in: v. Münch/Kunig, GG, Art. 104b Rn. 9; *Siekmann*, in: Sachs, GG, Art. 104b Rn. 23.

737 *Heintzen*, in: v. Münch/Kunig, GG, Art. 104b Rn. 10; *Hellermann*, in: v. Mangoldt/Klein/Starck, GG, Art. 104b Rn. 31; *Heun/Thiele*, in: Dreier, GG, Art. 104b Rn. 17; *Schwarz*, in: Maunz/Dürig, GG, Art. 104b [Stand: 10/2019] Rn. 30.

der Investitionen auf bestimmte Sachbereiche,[738] sodass der Bund zur Abwehr einer Störung des gesamtwirtschaftlichen Gleichgewichts grundsätzlich auch im Bildungsbereich Finanzhilfen gewähren kann. Allerdings mussten hierbei stets konjunkturpolitische oder allokationspolitische, nicht aber bildungspolitische Motive vorherrschend sein. Zudem konnten die Bundesfinanzhilfen nur so lange geleistet werden, wie die konjunkturpolitischen Gründe sie erforderten, also nur vorübergehend und verhältnismäßig kurzfristig.[739] Eine umfassende dauerhafte Förderung von Wissenschaft und Hochschulen war dem Bund auf der Grundlage von Art. 104a IV 1 Alt. 1 GG (i.d.F. v. 1969) mithin nicht möglich.

Aus der Systematik der drei Fallgruppen sowie der Entstehungsgeschichte ergibt sich, dass die Förderziele in Art. 104a IV 1 Alt. 2 u. 3 GG (i.d.F. v. 1969) hinsichtlich des Anwendungsbereichs enger sein müssen als das Förderziel in Art. 104a IV 1 Alt. 1 GG (i.d.F. v. 1969), da diese ansonsten redundant wäre.[740] Folglich ermöglichen Art. 104a IV 1 Alt. 2 u. 3 GG (i.d.F. v. 1969) auch langfristige Bundesfinanzhilfen, wenngleich sie dabei nicht alle Arten von Investitionen zulassen.[741] Für die Gewährung von Bundesfinanzhilfen „zum Ausgleich unterschiedlicher Wirtschaftskraft im Bundesgebiet" nach Art. 104a IV 1 Alt. 2 GG (i.d.F. v. 1969) ist stets ein enger Bezug zur Wirtschaftsförderung erforderlich. Da dem Erfordernis wirtschaftsbezogener Investitionen allerdings angesichts der Vielfalt der die Wirtschaft eines Gebiets konstituierenden Faktoren kaum praktisch bedeutsame Einschränkungen abgewonnen werden können, reicht letztlich auch ein nur mittelbarer Wirtschaftsförderungsbezug aus.[742] Folglich können

---

738 *Hellermann*, in: v. Mangoldt/Klein/Starck, GG, Art. 104b Rn. 33.

739 *Holch*, DÖV 1973, 115 (116); *Kirste*, Finanzhilfen des Bundes, S. 138; *Heintzen*, in: v. Münch/Kunig, GG, Art. 104b Rn. 10; *Hellermann*, in: v. Mangoldt/Klein/Starck, GG, Art. 104b Rn. 33; *Heun/Thiele*, in: Dreier, GG, Art. 104b Rn. 18; *Schwarz*, in: Maunz/Dürig, GG, Art. 104b [Stand: 10/2019] Rn. 30.

740 Auf Vorschlag des Vermittlungsausschusses ist die beschriebene Version von Art. 104a IV GG (i.d.F. v. 1970) anstelle des ursprünglichen Vorschlags einer Generalklausel für den Bereich der Förderziele der 2. u. 3. Alternative gewählt worden, *Maunz*, in: Maunz/Dürig, GG, Art. 104a [Stand: 5/1977] Rn. 51.

741 *Maunz*, in: Maunz/Dürig, GG, Art. 104a [Stand: 5/1977] Rn. 48 u. 51; *Heintzen*, in: v. Münch/Kunig, GG, Art. 104b Rn. 10; *Hellermann*, in: v. Mangoldt/Klein/Starck, GG, Art. 104b Rn. 39.

742 *Oppermann*, DÖV 1972, 591 (596); *Maunz*, in: Maunz/Dürig, GG, Art. 104a [Stand: 5/1977] Rn. 51; *Hellermann*, in: v. Mangoldt/Klein/Starck, GG, Art. 104b Rn. 37; a.A. hingegen *Müller-Volbehr*, Fonds- und Investitionshilfekompetenz des Bundes, S. 58, der trotz möglicher Interdependenzen eine unmittelbar wirtschaftspolitische Zielrichtung für erforderlich hält.

prinzipiell auch Investitionen im Bildungsbereich zum Abbau regionaler Strukturschwächen geeignet sein.[743] Eine dauerhafte Förderung von Bildungs- oder Wissenschaftseinrichtungen ist mit Blick auf das Förderziel hingegen nicht möglich.[744] Die Kompetenz in Art. 104a IV 1 Alt. 3 GG (i.d.F. v. 1969) zur Gewährung von Bundesfinanzhilfen „zur Förderung des wirtschaftlichen Wachstums" eröffnet dem Bund nahezu unbegrenzte Möglichkeiten, da die Norm keine Anhaltspunkte für nennenswerte tatbestandliche Einschränkungen hinsichtlich Art und Umfangs der möglichen Investitionshilfen enthält. Die Zulässigkeit solcher Bundesfinanzhilfen setzt weder eine Wachstumsstörung noch bestimmte, näher definierte Wachstumsziele voraus, sodass sie grundsätzlich auch in Zeiten eines ungestörten, normalen Wirtschaftswachstums infrage kommen.[745] Folglich sind auch auf der Grundlage von Art. 104a IV 1 Alt. 3 GG (i.d.F. v. 1969) Bundesfinanzhilfen im Bildungsbereich denkbar, da Bildungsausgaben langfristig gesehen der Wirtschaft zugutekommen und damit der Förderung des wirtschaftlichen Wachstums dienen. Auch die Erforderlichkeit entsprechender Finanzhilfen wird sich im Bildungsbereich bejahen lassen.[746] Zu beachten ist jedoch, dass die Finanzhilfen des Bundes nach Art. 104a IV 1 Alt. 2 u. 3 GG (i.d.F. v. 1969) aufgrund ihrer Subsidiarität sowie ihres Ausnahmecharakter kein Ersatz für eine nicht rechtzeitige oder fehlerhafte Verteilung des Aufkommens der Gemeinschaftssteuern zwischen Bund und Ländern nach Art. 106 III ff. GG oder für eine unzureichende Ausgestaltung des Finanzausgleichs nach Art. 107 I u. II GG sein dürfen.[747]

c) Neuregelung durch die Föderalismusreform I von 2006

Nach der Reform der Finanzverfassung von 1969 waren die Finanzhilfen des Bundes immer wieder Gegenstand der allgemeinen verfassungspolitischen

---

743 *Oppermann*, DÖV 1972, 591 (596 f.); *Hellermann*, in: v. Mangoldt/Klein/Starck, GG, Art. 104b Rn. 37.

744 *Speiser*, Der deutsche Wissenschaftsföderalismus auf dem Prüfstand, S. 93.

745 *v. Arnim*, in: Isensee/P. Kirchhof, HdbStR, Bd. VI, § 138 Rn. 63; *Heintzen*, in: v. Münch/Kunig, GG, Art. 104b Rn. 10; *Wieland*, ZG 2012, 265 (273); *Hellermann*, in: v. Mangoldt/Klein/Starck, GG, Art. 104b Rn. 38 f.; *Heun/Thiele*, in: Dreier, GG, Art. 104b Rn. 21; *Schwarz*, in: Maunz/Dürig, GG, Art. 104b [Stand: 10/2019] Rn. 35.

746 *Wieland*, in: ders./Dohmen, Bildungsföderalismus und Bildungsfinanzierung, S. 28.

747 BVerfGE 39, 96 (108, 111); 101, 158 (225 f.); *Heintzen*, in: v. Münch/Kunig, GG, Art. 104b Rn. 4; *Hellermann*, in: v. Mangoldt/Klein/Starck, GG, Art. 104b Rn. 35; *Schwarz*, in: Maunz/Dürig, GG, Art. 104b [Stand: 10/2019] Rn. 18 u. 34.

Kritik, welche in der nach Art. 104a IV GG (i.d.F. v. 1969) zulässigen Mischfinanzierung die Gefahr der Einflussnahme des Bundes auf Länderangelegenheiten, des Verlusts der Eigenständigkeit der Länder, der faktischen Entmachtung der Landesparlamente sowie der ineffizienten Aufgabenwahrnehmung sah.[748] Aufgrund der Weite der zulässigen Förderungsziele erwies sich die Regelung in den Folgejahren als ungeeignet, die ausufernden Finanzhilfen des Bundes zu begrenzen.[749] Finanzhilfen des Bundes müssen allerdings, wie bereits erwähnt, angesichts ihrer Subsidiarität und ihres Ausnahmecharakters sowie im Hinblick auf das Verhältnis zur Verteilung des Aufkommens der Gemeinschaftssteuern zwischen Bund und Ländern nach Art. 106 III ff. GG sowie zum Finanzausgleich nach Art. 107 I u. II GG eine Ausnahme im Interesse der Eigenständigkeit und der selbstständigen und unabhängigen Haushaltswirtschaft der Länder i.S.v. Art. 109 I GG sein. Die Gewährung der Bundesfinanzhilfen hatte sich jedoch zu dauerhaften Finanzierungsinstrumenten entwickelt, sodass deren strukturelle Verfestigung drohte.[750] Trotz vielfacher Forderung nach einer Abschaffung der gesamten Mischfinanzierung[751] sah der Abschlussbericht der Enquete-Kommission für Fragen der Verfassungsreform des Deutschen Bundestages 1976 die Beibehaltung von Mischfinanzierungstatbeständen vor. In diesem wurde ein neuer Art. 104b GG vorgeschlagen, welcher die Regelungsmaterie der bisherigen Gemeinschaftsaufgaben der Art. 91a und 91b GG sowie die Investitionshilfen des Art. 104a IV GG zusammenfasst.[752] Vor allem die deutsche Wiedervereinigung führte dann jedoch zu einer positiveren Bewertung der Bundesinvestitionshilfen. Mit der Erkenntnis, dass die neuen Bundesländer über einen längeren Zeitraum hinweg auf vertikale Zuweisungen des Bundes angewiesen sein werden, um den Wachstums- und Strukturproblemen gerecht

748 *Kirste*, Finanzhilfen des Bundes, S. 43 f.; *Häde*, Finanzausgleich, S. 122 f.; *F. Kirchhof*, Gutachten D für den 61. DJT, 1996, S. D 43; *Hellermann*, in: v. Mangoldt/Klein/Starck, GG, Art. 104b Rn. 3; *Heun/Thiele*, in: Dreier, GG, Art. 104b Rn. 1; *Schwarz*, in: Maunz/Dürig, GG, Art. 104b [Stand: 10/2019] Rn. 1; vgl. zur allgemeinen Kritik der bundesstaatlichen Mischfinanzierung auch oben B. IV. 4. d).

749 *Wieland*, in: ders./Dohmen, Bildungsföderalismus und Bildungsfinanzierung, S. 26; *Heun/Thiele*, in: Dreier, GG, Art. 104b Rn. 1.

750 *Hellermann*, in: v. Mangoldt/Klein/Starck, GG, Art. 104b Rn. 2; *Heun/Thiele*, in: Dreier, GG, Art. 104b Rn. 1.

751 So beispielsweise *Barbarino*, DÖV 1973, 19 (21); *Luther*, Die Lastenverteilung zwischen Bund und Ländern nach der Finanzreform, S. 118; bzgl. Art. 104a IV GG (i.d.F. v. 1970) *Borell*, Mischfinanzierungen, S. 60 ff.

752 BT-Drs. 7/5924, S. 151, 171 ff. u. 178 ff.

zu werden, erwiesen sich die Bundesfinanzhilfen als vorerst „unverzichtbares Element zur gezielten bedarfsorientierten Unterstützung der jungen Länder".[753] Die Forderung nach einer Abschaffung des Art. 104a IV GG (i.d.F. v. 1969) geriet sodann in den Hintergrund.[754]

Im Rahmen der Beratungen der Föderalismuskommission I, welche im Jahr 2003 von Bundestag und Bundesrat eingesetzt wurde,[755] gerieten die Investitionshilfen des Bundes schließlich erneut in den Fokus. Durch die 2006 erfolgte Föderalismusreform I unterlagen die Bundesfinanzhilfen schließlich erheblichen Änderungen mit dem Ziel des Abbaus bundesstaatlicher Verflechtungen und Mischfinanzierungen sowie einer schärferen Eingrenzung der Bundesfinanzhilfen. Der bisherige Art. 104a IV GG (i.d.F. v. 1969) wurde komplett gestrichen und durch eine eigenständige Regelung in Art. 104b GG (i.d.F. v. 2006) ersetzt. Die Grundstruktur der Finanzhilfen sowie die drei weit definierten rechtfertigenden Förderziele (Abwehr einer Störung des gesamtwirtschaftlichen Gleichgewichts, Ausgleich unterschiedlicher Wirtschaftskraft im Bundesgebiet und Förderung des wirtschaftlichen Wachstums) blieben erhalten, im Übrigen wurde die Finanzierungskompetenz des Bundes stark beschränkt. Nach dem neuen und insoweit bis heute unveränderten Art. 104b I 1 GG kann der Bund den Ländern nur noch in den Bereichen, in denen ihm auch Gesetzgebungsbefugnisse zustehen, Finanzhilfen gewähren. Finanzhilfen in Bereichen der ausschließlichen Ländergesetzgebung sind somit ausgeschlossen,[756] wohingegen Finanzhilfen in Bereichen der ausschließlichen Bundesgesetzgebung nach Art. 73 GG umfasst sind.[757] Letztere Fallgruppe ist jedoch nur von geringer praktischer Bedeutung, da der Bund hier überwiegend auch die Verwaltungszuständigkeit besitzt und er somit ohnehin Investitionen tätigen kann.[758] Auch

---

753 Thesenpapier des Bundes zur Neuordnung der Bund/Länder-Finanzbeziehungen v. 8.9.1992, S. 17 f., abgedruckt in: *F.Kirchhof*, Gutachten D für den 61. DJT, 1996, S. D 49. In diesem Sinne auch BT-Drs. 12/1618, Tz. 326; *Hellermann*, in: v. Mangoldt/Klein/Starck, GG, Art. 104b Rn. 3; *Schwarz*, in: Maunz/Dürig, GG, Art. 104b [Stand: 10/2019] Rn. 3.

754 *Wieland*, DVBl. 1992, 1181 (1192 f.); *Heun*, DVBl. 1996, 1020 (1023); *Hellermann*, in: v. Mangoldt/Klein/Starck, GG, Art. 104b Rn. 3.

755 BT-Drs. 15/1685; BR-Drs. 750/03; s. dazu auch oben B. II. 2.

756 *Heun/Thiele*, in: Dreier, GG, Art. 104b Rn. 22; *Siekmann*, in: Sachs, GG, Art. 104b Rn. 31; so auch BT-Drs. 16/813, S. 19.

757 *Siekmann*, in: Sachs, GG, Art. 104b Rn. 31.

758 *Butzer*, in: Kluth, Föderalismusreformgesetz, Art. 104b Rn. 21; *Speiser*, Der deutsche Wissenschaftsföderalismus auf dem Prüfstand, S. 89.

im Bereich konkurrierender Gesetzgebungszuständigkeiten des Bundes sind grundsätzlich Bundesfinanzhilfen möglich, und zwar unabhängig von deren tatsächlicher Inanspruchnahme.[759] Umstritten ist hingegen, ob das Vorliegen einer Gesetzgebungsmaterie nach Art. 74 I GG ausreicht[760] oder darüber hinaus auch, soweit einschlägig, die Voraussetzungen des Art. 72 II GG gegeben sein müssen.[761] Im Übrigen sind Bundesfinanzhilfen nach Art. 104b II 2 GG (i.d.F. v. 2006) nunmehr obligatorisch zu befristen und periodisch zu überprüfen. Neu ist ebenfalls das Gebot degressiver Ausgestaltung in Art. 104b II 3 GG (i.d.F. v. 2006) sowie das Unterrichtungsrecht von Bundestag, Bundesregierung und Bundesrat in Art. 104b III GG als einschränkende Voraussetzungen, die allesamt bis heute sachlich unverändert gelten.

Die Reform zielte dabei insbesondere auf den Bildungsbereich, und zwar vor allem auf den Schulbereich ab,[762] in dem der Bund zuvor rechtspolitisch umstrittene Förderprogramme[763] beschloss. Im vorschulischen und schulischen Bereich sind dem Bund nach der Föderalismusreform I mangels Gesetzgebungszuständigkeiten Investitionen nach Art. 104b I GG (i.d.F. v. 2006) folglich nahezu unmöglich geworden.[764] Förderfähig ist hier allenfalls die energetische Sanierung von öffentlichen Einrichtungen der Schulinfrastruktur.[765] Im Hochschul- und

759 *Hellermann*, in: v. Mangoldt/Klein/Starck, GG, Art. 104b Rn. 46; *Heun/Thiele*, in: Dreier, GG, Art. 104b Rn. 22; *Siekmann*, in: Sachs, GG, Art. 104b Rn. 31.

760 So *Kesper*, NdsVBl. 2006, 145 (152 f.); *Hellermann*, in: Starck, Föderalismusreform, Rn. 352; *Henneke*, in: Schmidt-Bleibtreu/Hofmann/ders., GG, Art. 104b Rn. 11 u. 16; *Heun/Thiele*, in: Dreier, GG, Art. 104b Rn. 22.

761 So *Höfling/Engels*, RdJB 2008, 292 (297); *Meyer*, Die Föderalismusreform 2006, S. 275 f.; *Siekmann*, in: Sachs, Art. 104b Rn. 31; s. zu den Auswirkungen dieses Streits im Hochschul- und Wissenschaftsbereich sogleich unten.

762 *Butzer*, in: Kluth, Föderalismusreformgesetz, Art. 104b Rn. 23; *Hellermann*, in: v. Mangoldt/Klein/Starck, GG, Art. 104b Rn. 47.

763 Zu nennen ist hier insbesondere das Ganztagsschul-Investitionsprogramm auf der Grundlage der Verwaltungsvereinbarung Investitionsprogramm „Zukunft Bildung und Betreuung“ 2003 – 2007 v. 29.4.2003.

764 *Kesper*, NdsVBl. 2006, 145 (153); *Meyer*, Die Föderalismusreform 2006, S. 276; *Seckelmann*, in: dies./Lange/Horstmann, Die Gemeinschaftsaufgaben von Bund und Ländern in der Wissenschafts- und Bildungspolitik, S. 77; *Wieland*, in: ders./Dohmen, Bildungsföderalismus und Bildungsfinanzierung, S. 27; *ders.*, ZG 2012, 266 (272).

765 *Speiser*, Der deutsche Wissenschaftsföderalismus auf dem Prüfstand, S. 91; vgl. auch das Gesetz zur Förderung von Investitionen finanzschwacher Kommunen und zur Entlastung von Ländern und Kommunen bei der Aufnahme und Unterbringung von Asylbewerbern v. 24.6.2015 (BGBl. 2015 I S. 974), welches auf der Grundlage von

Wissenschaftsbereich verfügte der Bund nach der Föderalismusreform I hingegen nur noch über deutlich beschränkte Gesetzgebungskompetenzen, nämlich vor allem für die Ausbildungsbeihilfen und die Forschungsförderung nach Art. 72, 74 I Nr. 13 GG sowie die Hochschulzulassung und Hochschulabschlüsse nach Art. 72, 74 I Nr. 33 GG,[766] sodass Finanzhilfen in diesem Bereich auch nur noch sehr eingeschränkt möglich waren. Zulässig bleiben sollen Bundesfinanzhilfen in den Bereichen der außerschulischen Bildung und Weiterbildung, für die der Bund in Art. 72, 74 I Nr. 13 Alt. 1 GG sachlich einschlägige Gesetzgebungskompetenzen hat.[767] Für den Wissenschaftsbereich stellt sich die Frage, ob das Vorliegen der Bundesgesetzgebungskompetenz zur Förderung der wissenschaftlichen Forschung in Art. 72, 74 I Nr. 13 Alt. 2 GG ausreicht oder ob darüber hinaus die in Art. 72 II GG normierte Erforderlichkeit gegeben sein muss, um Bundesfinanzhilfen nach Art. 104b I GG (i.d.F. v. 2006) gewähren zu können. Die rechtliche Unsicherheit bezüglich dieser Frage dürfte zur Zurückhaltung des Bundes bei der Gewährung von Finanzhilfen in diesem Bereich beigetragen haben.[768] Die Förderung der wissenschaftlichen Lehre mittels Finanzhilfen ist dem Bund jedenfalls mangels entsprechender Gesetzgebungskompetenz nicht möglich.[769] Zulässig bleiben sollen hingegen Investitionshilfen des Bundes zur Verbesserung der Zulassungsmöglichkeiten sowie zur quantitativen Steigerung der Zulassungszahlen an deutschen Hochschulen auf der Grundlage der Gesetzgebungskompetenz des Bundes in Art. 72, 74 I Nr. 33 GG, für die Art. 72 II GG nicht gilt.[770] Hinsichtlich der quantitativen Steigerung der Zulassungszahlen ist jedoch zu beachten, dass Art. 72, 74 I Nr. 33 Alt. 1 GG, wie bereits festgestellt, keine Kompetenz des Bundes zur Schaffung weiterer Studienkapazitäten enthält.[771] Im Übrigen spricht die Entstehungsgeschichte der Norm gegen eine Anwendung im Hochschulbereich.[772] So wurde im Gesetzgebungsverfahren der Föderalismusreform I zunächst der Vorschlag zur Aufnahme einer vierten

---

Art. 104b I 1 Nr. 2 GG zum Ausgleich unterschiedlicher Wirtschaftskraft im Bundesgebiet beschlossen wurde.

766 Vgl. dazu oben B. II. 3.

767 BT-Drs. 16/813, S. 19; *Speiser*, Der deutsche Wissenschaftsföderalismus auf dem Prüfstand, S. 91.

768 *Speiser*, Der deutsche Wissenschaftsföderalismus auf dem Prüfstand, S. 91.

769 *Kesper*, NdsVBl. 2006, 145 (153); *Wieland*, in: ders./Dohmen, Bildungsföderalismus und Bildungsfinanzierung, S. 27; *ders.*, ZG 2012, 266 (272).

770 Vgl. BT-Drs. 16/2052, S. 7; BT-Drs. 16/2069, S. 42.

771 S. dazu auch oben B. II. 3. b) aa).

772 *Jauch*, Wissenschaftsförderung nach der Reform des Föderalismus, S. 135 f.

Ziffer in Art. 104b I GG zur „Förderung der Wissenschaft und Bildung in Fällen überregionaler Bedeutung" unterbreitet,[773] welcher sich jedoch nicht durchsetzen konnte. Vielmehr wurde der Anwendungsbereich von Art. 104b GG durch die Föderalismusreform I gerade deshalb eingeschränkt, weil derjenige des Art. 91b I 1 GG (i.d.F. v. 2006)[774] teilweise erweitert wurde.[775] Erwogen wurden Bundesfinanzhilfen im Bereich der Hochschulzulassung und Hochschulabschlüsse in der jüngeren Vergangenheit angesichts der weiteren einschränkenden Voraussetzungen des Art. 104b GG allerdings ohnehin nicht.[776]

Folglich dürfen an die Länder keine Bundesfinanzhilfen zum Zwecke des Betriebs von Bildungseinrichtungen geleistet werden. Denkbar ist lediglich die Gewährung von Finanzhilfen zur Finanzierung von Investitionen mit dem Zweck der Förderung des wirtschaftlichen Wachstums nach Art. 104b I 1 Nr. 3 GG, da Bildungsausgaben langfristig gesehen der Wirtschaft zugutekommen und damit der Förderung des wirtschaftlichen Wachstums dienen können. Eine dauerhafte Kostenübernahme durch den Bund ist damit allerdings aufgrund des Gebots der Befristung in Art. 104b II 2 GG (i.d.F. v. 2006) sowie der degressiven Ausgestaltung in Art. 104b II 3 GG (i.d.F. v. 2006) ausgeschlossen.[777] Die Reform der Gesetzgebungskompetenzen sowie der Bundesfinanzhilfen kam mithin einem Ende der gemeinsamen Bildungsfinanzierung sowie der gemeinsamen Hochschul- und Wissenschaftsfinanzierung außerhalb der Gemeinschaftsaufgaben gleich.[778]

d) Neuregelung durch die Föderalismusreform II von 2009

Im Jahr 2009 kam es im Rahmen der Föderalismusreform II zu einer erneuten Novellierung der Bundesfinanzhilfen. Neu eingefügt wurde die bis heute unverändert geltende Regelung in Art. 104b I 2 GG, wonach der Bund den Ländern abweichend von Art. 104b I 1 GG auch ohne Gesetzgebungsbefugnisse im Fall

---

773 *Butzer*, in: Kluth, Föderalismusreformgesetz, Art. 104b Rn. 15; vgl. BT-Drs. 16/2069, S. 24.

774 S. dazu auch oben B. IV. 2. d).

775 *Jauch*, Wissenschaftsförderung nach der Reform des Föderalismus, S. 136; *Volkmann*, in: v. Mangoldt/Klein/Starck, GG, 6. Aufl. 2010, Art. 91b Rn. 11.

776 *Speiser*, Der deutsche Wissenschaftsföderalismus auf dem Prüfstand, S. 92.

777 *Wieland*, ZG 2012, 266 (273).

778 Ähnlich auch *Seckelmann*, in: dies./Lange/Horstmann, Die Gemeinschaftsaufgaben von Bund und Ländern in der Wissenschafts- und Bildungspolitik, S. 77; *dies.*, DÖV 2012, 701 (702).

von Naturkatastrophen oder außergewöhnlichen Notsituationen, die sich der Kontrolle des Staats entziehen und die staatliche Finanzlage erheblich beeinträchtigen, Finanzhilfen gewähren kann. Damit sollte sichergestellt werden, dass zur Bewältigung solcher Notsituationen erforderliche Programme zur Belebung der Investitionsfähigkeit der öffentlichen Hand mit Unterstützung des Bundes in allen Investitionsbereichen durchgeführt werden können.[779] Die Regelung diente dabei vor allem der verfassungsrechtlichen Absicherung des Zukunftsinvestitionsgesetzes[780], welches bereits im Rahmen des sog. Konjunkturpakets II[781] beschlossen und in Kraft getreten war.[782] Mithin wurden die weitreichenden Beschränkungen der Finanzhilfekompetenz des Bundes der Föderalismusreform I hier teilweise wieder aufgeweicht. Der neue Art. 104b I 2 GG wirkte sich jedoch grundsätzlich nicht auf den Bildungsbereich sowie den Hochschul- und Wissenschaftsbereich aus, da Bundesfinanzhilfen für „hausgemachte" Notsituationen sowohl des Gesamtstaates als auch seiner Glieder nicht zulässig sind.[783] Selbst bei großzügiger Auslegung stellt ein „Bildungsnotstand" also keine außergewöhnliche Notsituation im Sinne dieser Verfassungsnorm dar, sodass Bundesfinanzhilfen im Bildungsbereich nicht auf der Grundlage des neuen Art. 104b I 2 GG gewährt werden können.[784] In der Praxis flossen nichtsdestotrotz auf der Grundlage der „Bundeskompetenz für eine energetische Sanierung öffentlicher Gebäude"[785] umfangreiche Mittel an die Schulen, die allerdings

---

779 BT-Drs. 16/12410, S. 10.

780 Art. 7 des Gesetzes zur Sicherung von Beschäftigung und Stabilität in Deutschland: Gesetz zur Umsetzung von Zukunftsinvestitionen der Kommunen und Länder (Zukunftsinvestitionsgesetz – ZuInvG) v. 2.3.2009, BGBl. 2009 I S. 416.

781 „Entschlossen in der Krise, stark für den nächsten Aufschwung" – Pakt für Beschäftigung und Stabilität in Deutschland zur Sicherung der Arbeitsplätze, Stärkung der Wachstumskräfte und Modernisierung des Landes v. 12.1.2009, legislativ konstituiert im Gesetz zur Sicherung von Beschäftigung und Stabilität in Deutschland v. 2.3.2009, BGBl. 2009 I S. 416.

782 *Selmer*, NVwZ 2009, 1255 (1257); *Hellermann*, in: v. Mangoldt/Klein/Starck, GG, Art. 104b Rn. 5; *Schwarz*, in: Maunz/Dürig, GG, Art. 104b [Stand: 10/2019] Rn. 5.

783 *Schmehl*, in: Friauf/Höfling, Berliner Komm. zum GG, Art. 104b [Stand: 11/2009] Rn. 35; *Schwarz*, in: Maunz/Dürig, GG, Art. 104b [Stand: 10/2019] Rn. 39; wohl auch *Hellermann*, in: v. Mangoldt/Klein/Starck, GG, Art. 104b Rn. 58.

784 *Wieland*, in: ders./Dohmen, Bildungsföderalismus und Bildungsfinanzierung, S. 27; *ders.*, ZG 2012, 266 (272 f.).

785 BT-Drs. 17/8902, S. 2.

„nicht ausschließlich für die energetische Sanierung, sondern auch für Aus- und Anbauten zu pädagogischen Zwecken verwendet“[786] wurden.[787]

e) *Neuregelungen 2017 und 2019*

Durch das Gesetz zur Änderung des Grundgesetzes (Art. 90, 91c, 104b, 104c, 107, 108, 109a, 114, 125c, 143d, 143e, 143f, 143g)[788] aus dem Jahr 2017 und das Gesetz zur Änderung des Grundgesetzes (Art. 104b, 104c, 104d, 125c, 143e) aus dem Jahr 2019 wurden die Bundesfinanzhilfen erneut modifiziert und erheblich ausgeweitet.

Neu im Juli 2017 eingefügt wurde zunächst Art. 104b II 2–4 GG, wonach das der Bundesinvestitionshilfe zugrunde liegende Bundesgesetz oder die ihr zugrunde liegende Verwaltungsvereinbarung nunmehr Bestimmungen über die Ausgestaltung der jeweiligen Länderprogramme zur Verwendung der Finanzhilfen vorsehen kann. Die Festlegung der Kriterien für die Ausgestaltung der Länderprogramme erfolgt dabei im Einvernehmen mit den betroffenen Ländern. Zur Gewährleistung der zweckentsprechenden Mittelverwendung kann die Bundesregierung zudem Bericht und Vorlage der Akten verlangen sowie Erhebungen bei allen Behörden durchführen. Im April 2019 wurde die Norm um die Regelung des Art. 104b II 5 GG ergänzt, welche ausdrücklich klarstellt, dass die Finanzmittel des Bundes im Rahmen der Bundesfinanzhilfen nach Art. 104b I GG zusätzlich zu den eigenen Mitteln der Länder bereitgestellt werden. Damit sollte sichergestellt werden, dass die Mittel des Bundes *additiv* zu den Länderinvestitionen wirken und sie nicht lediglich die eigenen Investitionen der Länder ersetzen.[789] Der Schulbereich wird von diesen Neuregelungen jedoch zunächst nicht berührt, da Bundesfinanzhilfen in diesem Bereich, wie bereits dargestellt, weder nach Art. 104b I 1 GG noch nach Art. 104b I 2 GG möglich sind. Der Hochschul- und Wissenschaftsbereich hingegen ist von der Novellierung des Art. 104b II 2–4 GG insoweit betroffen, als hier grundsätzlich kurzfristige (Mit-)Finanzierungen des Bundes im Rahmen von Art. 104b I 1 Nr. 3 GG zur Förderung des wirtschaftlichen Wachstums denkbar sind. Die praktische Bedeutung von Art. 104b II 2–4 GG für die Hochschul- und Wissenschaftsfinanzierung

786 BT-Drs. 17/8902, S. 2.

787 *Seckelmann*, DÖV 2012, 701 (704).

788 Gesetz zur Änderung des Grundgesetzes (Art. 90, 91c, 104b, 104c, 107, 108, 109a, 114, 125c, 143d, 143e, 143f, 143g) v. 13.7.2017, BGBl. 2017 I S. 2347.

789 Noch zum Reformentwurf BT-Drs. 19/6144, S. 10 f.

ist bislang jedoch gering. Gleichwohl macht sie eine Ausdehnung der Bundeskompetenzen deutlich.

Ferner wurde im Juli 2017 durch das Gesetz zur Änderung des Grundgesetzes (Art. 90, 91c, 104b, 104c, 107, 108, 109a, 114, 125c, 143d, 143e, 143f, 143g) Art. 104c GG als Sondertatbestand neu in das Grundgesetz eingefügt.[790] Danach konnte der Bund den Ländern Finanzhilfen für „gesamtstaatlich bedeutsame Investitionen" der finanzschwachen Gemeinden bzw. Gemeindeverbänden im Bereich der kommunalen Bildungsinfrastruktur gewähren, wobei Art. 104b II u. III GG entsprechend gelten. Somit kann der Bund abweichend von Art. 104b I 1 GG und zusätzlich zu Art. 104b I 2 GG den Ländern in diesem Bereich befristete und degressiv ausgestaltete Finanzhilfen gewähren, ohne dass ihm Gesetzgebungs- oder Verwaltungsbefugnisse zustehen. Der neue Art. 104c GG eröffnet damit erstmalig eine von sonstigen Voraussetzungen praktisch losgelöste Finanzierungskompetenz des Bundes im Bereich einer ausschließlichen Zuständigkeit der Länder.[791] Die Beschränkungen, die im Zuge der Föderalismusreform I im Jahr 2006 noch zum Schutz der politischen Selbstständigkeit der Länder vorgenommen worden sind, werden so in einem Kernbereich der Zuständigkeiten der Länder zurückgenommen.[792] Zugleich untergräbt die Norm den in Art. 28 II GG i.V.m. Art. 106 VII GG verfassungsrechtlich fundierten Anspruch der Kommunen auf aufgabenangemessene Finanzausstattung gegen die Länder, wohingegen der Bund nach Art. 28 III GG lediglich zur Sicherstellung der Grundlagen der finanziellen Eigenverantwortung nach Art. 28 II 3 GG verpflichtet ist.[793]

---

790 Hintergrund für die Einfügung von Art. 104c GG in das Grundgesetz war der erhebliche Sanierungs- und Modernisierungsbedarf im Bereich der kommunalen Bildungsinfrastruktur, vgl. BT-Drs. 18/11131, S. 17. Gleichzeitig sicherte die Norm das bereits am 24.6.2015 als Art. 2 des Gesetzes zur Förderung von Investitionen finanzschwacher Kommunen und zur Entlastung von Ländern und Kommunen bei der Aufnahme und Unterbringung von Asylbewerbern, BGBl. 2015 I S. 974 erlassene Gesetz zur Förderung von Investitionen finanzschwacher Kommunen (KInvFG) verfassungsrechtlich ab, welches in § 3 Nr. 2 die Gewährung von Bundesfinanzhilfen für „Investitionen mit dem Schwerpunkt Bildungsinfrastruktur" vorsah, *Speiser*, DÖV 2020, 14 (14).

791 *Thiele*, in: Dreier, GG, Art. 104c Rn. 7; *Schwarz*, in: Maunz/Dürig, GG, Art. 104c [Stand: 10/2019] Rn. 2.

792 *Battis/Eder*, NVwZ 2019, 592 (598).

793 *Löwer*, in: v. Münch/Kunig, Art. 28 Rn. 116; *Mehde*, in: Maunz/Dürig, GG, Art. 28 II [Stand: 11/2012] Rn. 85 u. 148; *Hellermann*, in: v. Mangoldt/Klein/Starck, GG, Art. 104c Rn. 6; *Henneke*, in: Schmidt-Bleibtreu/Hofmann/ders., GG, Art. 28 Rn. 136

Im April 2019 wurde der neue Art. 104c GG sodann erneut durch das Gesetz zur Änderung des Grundgesetzes (Art. 104b, 104c, 104d, 125c, 143e)[794] reformiert und der Begriff „finanzschwach" in Bezug auf die Kommunen gestrichen, wie es bereits der Koalitionsvertrag zwischen CDU, CSU und SPD von 2018 vorsah.[795] Ferner wurde Art. 104c GG dahin gehend ausgeweitet, dass der Bund den Ländern neben den Finanzhilfen für „gesamtstaatlich bedeutsame Investitionen" nun auch zusätzlich Finanzhilfen für „besondere, mit diesen unmittelbar verbundene, befristete Ausgaben der Länder und Gemeinden (Gemeindeverbände) zur Steigerung der Leistungsfähigkeit der kommunalen Bildungsinfrastruktur" gewähren kann. Die Finanzhilfen sind im Übrigen nun nicht mehr zwingend degressiv auszugestalten, da die Bezugnahme auf Art. 104b II 7 GG aus Art. 104c S. 2 GG gestrichen wurde. Die Pflicht zur Befristung der Bundesfinanzhilfen bleibt hingegen gemäß Art. 104c S. 2 GG i.V.m. Art. 104b II 6 GG erhalten. Ferner müssen die Bundesfinanzhilfen gem. Art. 104c S. 2 GG i.V.m. Art. 104b II 5 GG zusätzlich zu den eigenen Mitteln des Bundes bereitgestellt werden. Darüber hinaus kann die Bundesregierung nun nach dem neu eingefügten Art. 104c S. 3 GG zur Gewährleistung der zweckentsprechenden Mittelverwendung Berichte und anlassbezogen die Vorlage von Akten verlangen. Die erneute Reform von Art. 104c GG war notwendig geworden, um den „DigitalPakt Schule"[796] zur besseren Ausstattung der Schulen mit digitaler Technik auf den Weg zu bringen.[797] Der Bereich der Bildungsinfrastruktur i.S.v. Art. 104c GG erfasst dabei alle Schulgebäude allgemeinbildender, berufsbildender sowie weiterbildender Schulformen einschließlich sonstiger mit diesen funktionell verbundenen Nebengebäuden und Gebäudeteilen sowie Kinderbetreuungseinrichtungen, die einen öffentlichen Bildungsauftrag auf kommunaler Ebene wahrnehmen, einschließlich der in freier Trägerschaft, soweit sie die

---

u. 138; *Thiele*, in: Dreier, GG, Art. 104c Rn. 8; *Schwarz*, in: Maunz/Dürig, GG, Art. 104c [Stand: 10/2019] Rn. 5.

794 Gesetz zur Änderung des Grundgesetzes (Art. 104b, 104c, 104d, 125c, 143e) v. 4.4.2019, BGBl. 2019 I S. 404.

795 „Ein neuer Aufbruch für Europa – Eine neue Dynamik für Deutschland – Ein neuer Zusammenhalt für unser Land", Koalitionsvertrag der 19. Legislaturperiode zwischen CDU, CSU und SPD v. 7.2.2018.

796 Verwaltungsvereinbarung DigitalPakt Schule 2019 bis 2024 v. 17.5.2019, BAnz AT 14.06.2019 B2.

797 *Speiser*, DÖV 2020, 14 (14).

öffentlichen Einrichtungen der kommunalen Bildungsinfrastruktur ersetzen.[798] Für die Infrastruktur des Hochschul- und Wissenschaftsbereichs ist der neue Art. 104c GG zwar nicht relevant, jedoch veranschaulicht die Einfügung und die kurz darauf erfolgte Extension dieser Verfassungsnorm deutlich die anhaltende Tendenz zur Ausweitung der Bundeskompetenzen sowie den dadurch bedingten zunehmenden Einfluss des Bundes auf Länderaufgaben im Bildungsbereich. Der Unitarisierungstrend im Bundesstaat setzt sich im Übrigen auch außerhalb des Bildungsbereiches fort, wie sich exemplarisch an der gleichzeitigen Einfügung der Bundesfinanzhilfekompetenz für den Bereich des sozialen Wohnungsbaus in Art. 104d GG zeigt. Insgesamt ziehen diese jüngsten Verfassungsänderungen eine Verflechtung von Zuständigkeiten nach sich, die einer klaren Abgrenzung von Verantwortungsbereichen zuwiderläuft und daher aus rechtsstaatlichen und demokratischen Erwägungen zu vermeiden ist.[799]

f) Zusammenfassung und Bewertung

Die Finanzhilfen des Bundes an die Länder waren ursprünglich in der Verfassung von 1949 nicht vorgesehen. In der Folgezeit entwickelte sich in der Staatspraxis jedoch eine umfassende Fondsverwaltung, wodurch der Bund nach und nach in Kompetenzbereiche der Länder vordrang. Um dem ausufernden Einfluss des Bundes mittels seiner Dotationen Einhalt zu gebieten und das Dotationswesen auf eine tragfähige verfassungsrechtliche Grundlage zu stellen, wurde die Verfassung schließlich durch die Verfassungsreform von 1969 an die Entwicklungen der Staatspraxis angepasst. Die Bundesfinanzhilfen wurden in Art. 104a IV GG (i.d.F. v. 1969) als Durchbrechung des Grundsatzes der Konnexität von Aufgaben- und Ausgabenlast in das Grundgesetz eingefügt. Als Begrenzung der Bundesinvestitionshilfen scheiterte die Kodifizierung von 1969 in den folgenden Jahren allerdings. Der Bund gewährte den Ländern weiterhin umfassende Finanzhilfen. Im Rahmen der Föderalismusreform I im Jahr 2006 wurden die Bundesfinanzhilfen schließlich trotz vielfacher Forderung nach Abschaffung beibehalten, jedoch deutlich begrenzt. Die Finanzhilfen des Bundes erfuhren nunmehr eine eigenständige Regelung in Art. 104b GG. Zwar führten die Änderungen der Föderalismusreform I entgegen ihrer Zielsetzung kaum zu einer Begrenzung der Bundesfinanzhilfen, für den Bildungsbereich sowie für

---

798 *Thiele*, in: Dreier, GG, Art. 104c Rn. 18; *Schwarz*, in: Maunz/Dürig, GG, Art. 104c [Stand: 10/2019] Rn. 24; *Speiser*, DÖV 2020, 14 (18); BT-Drs. 18/11131, S. 12; BT-Drs. 19/3440, S. 10.

799 *Battis/Eder*, NVwZ 2019, 592 (598).

den Hochschul- und Wissenschaftsbereich galt bemerkenswerterweise jedoch etwas anderes. Durch die Koppelung der Finanzierungskompetenz des Bundes an die Gesetzgebungsbefugnisse konnte der Bund im schulischen Bereich keine Finanzhilfen mehr gewähren. Im Hochschul- und Wissenschaftsbereich, in dem der Bund nach 2006 nur noch über die konkurrierenden Gesetzgebungskompetenzen für die Ausbildungsbeihilfen und die Förderung der wissenschaftlichen Forschung in Art. 72, 74 I Nr. 13 GG sowie für die Hochschulzulassung und die Hochschulabschlüsse in Art. 72, 74 I Nr. 33 GG verfügt, besitzt der Bund nur noch sehr begrenzte Möglichkeiten zur Gewährung von Investitionshilfen an die Länder. Denkbar sind hier lediglich befristete und degressiv ausgestaltete (Mit-) Finanzierungen des Bundes gem. Art. 104b I 1 Nr. 3, II 6 u. 7 GG zur Förderung des wirtschaftlichen Wachstums, sodass die Bundesfinanzhilfen im Hochschul- und Wissenschaftsbereich kein langfristiges oder dauerhaftes Finanzierungsinstrument des Bundes sein können. An dieser Bewertung ändert auch die Neuregelung von Art. 104b II 2–4 GG im Jahr 2017 nichts. Im Jahr 2009 wurden mit der Föderalismusreform II die Begrenzungen der Föderalismusreform I zum Teil wieder aufgeweicht. Neu eingefügt wurde der bis heute unveränderte geltende Art. 104b I 2 GG, wonach der Bund im Fall von Naturkatstrophen oder außergewöhnlichen Notsituationen auch ohne Gesetzgebungsbefugnisse den Ländern Finanzhilfen gewähren kann. Für den Hochschul- und Wissenschaftsbereich spielt diese Novellierung allerdings keine Rolle, da ein Bildungsnotstand auch bei großzügiger Auslegung nicht unter Art. 104b I 2 GG subsumierbar ist. Ebenfalls keine Auswirkung auf den Hochschul- und Wissenschaftsbereich hat der 2017 neu eingefügte und 2018 bereits wieder reformierte Art. 104c GG, welcher lediglich den primären und sekundären Bildungsbereich erfasst.

Insgesamt erweisen sich die Bundesfinanzhilfen nach Art. 104b GG als Versuch eines Kompromisses zwischen dem gesamtstaatlichen Interesse an rechtlich geordneten und transparenten föderalen Finanzbeziehungen sowie dem Interesse der Länder in ihrem Hoheitsbereich unbeeinflusst vom Bund zu bleiben zum einen und der Verantwortung des Bundes für das gesamtwirtschaftliche Gleichgewicht sowie die Gleichwertigkeit der Lebensverhältnisse im gesamten Bundesgebiet zum anderen.[800] Als Mischfinanzierungstatbestände stehen die Finanzhilfen des Bundes allerdings ebenso wie die Gemeinschaftsaufgaben nach Art. 91a ff. GG zunächst unter dem Generalverdacht der Verantwortungsvermischung, Intransparenz, Ineffizienz sowie Einflussnahme des Bundes auf Länderangelegenheiten durch das Medium Geld. Ferner kritisch zu bewerten, sind

800 *Heintzen*, in: v. Münch/Kunig, GG, Art. 104b Rn. 4.

die nicht unerheblichen horizontalen Ausgleichswirkungen, die die Bundesfinanzhilfen aufgrund ihres mitunter hohen Finanzvolumens entfalten können und somit das normale System des Finanzausgleichs nach Art. 107 GG jedenfalls teilweise zu durchbrechen drohen.[801] Im Interesse der Eigenständigkeit und der selbstständigen und unabhängigen Haushaltswirtschaft der Länder i.S.v. Art. 109 I GG müssen die Finanzhilfen des Bundes auch im Hinblick auf das Verhältnis zur Verteilung des Aufkommens der Gemeinschaftssteuern zwischen Bund und Ländern nach Art. 106 III ff. GG sowie zum Finanzausgleich nach Art. 107 I u. II GG daher stets eine Ausnahme bleiben. Auch aus diesem Grund können die Finanzhilfen mithin nicht als dauerhaftes Finanzierungsinstrument des Bundes im Hochschul- und Wissenschaftsbereich dienen. Dagegen spricht zudem, dass der Bund, wie sich aus der Verwendung des Begriffs „Hilfe" ergibt, mit seinen Finanzhilfen nur eine Teil- und keine Vollfinanzierung leisten darf. Die Länder müssten sich also stets mit einen Eigenanteil beteiligen, der ihren übrigen finanziellen Gestaltungsspielraum entsprechend einschränken würde.[802]

Die neuen Regelungen des Art. 104b II 2–4 GG und des Art. 104c GG (und Art. 104d GG) machen deutlich, dass die verfassungsrechtlich ohnehin nicht unproblematischen Bundesfinanzhilfen und damit auch die bundesstaatliche Verflechtung sowie die Einflussmöglichkeiten des Bundes auf Länderangelegenheiten in jüngster Zeit erheblich ausgeweitet, die Länder hingegen weiter strukturell geschwächt wurden.[803] Insbesondere die Neuregelung von Art. 104b II 2–4 GG gibt dem Bund umfassende Mitbestimmungsrechte hinsichtlich der Verwendung seiner Mittel und schränkt damit die Autonomie der Länder sowie ihre unabhängige Haushaltswirtschaft erheblich ein. Hier besteht die Gefahr der Rückkehr zu einer „Angebotsdiktatur" des Bundes. Mit der Einfügung von Art. 104c GG hat der Grundgesetzgeber überdies erstmals das seit 2006 geltende strikte „Kooperationsverbot" im Bildungsbereich aufgeweicht und damit quasi eine Rolle rückwärts vollzogen. So läuft die Einfügung der Bundesfinanzhilfen für kommunale Bildungsinfrastruktur der Intention der Föderalismusreform I zuwider, welche im Zuge der angestrebten Entflechtung der Verantwortlichkeiten von Bund und Ländern die Bundesfinanzhilfen gerade

---

801 BVerfGE 72, 330 (388); *Heun/Thiele*, in: Dreier, GG, Art. 104b Rn. 8.

802 *Risse/Hoppe*, in: EZFF, Jahrbuch des Föderalismus 2017, S. 43.

803 *Henneke*, in: EZFF, Jahrbuch des Föderalismus 2017, S. 103 bezeichnet die Einfügung von Art. 104c GG gar als „wucherndes Krebsgeschwür für den Föderalismus in Deutschland".

einschränken wollte.[804] Der neue Art. 104c GG erweist sich insgesamt als verfassungspolitisch verfehlt. Denn trotz des zweifelsohne riesigen Sanierungsbedarfs im Bereich der kommunalen Bildungsinfrastruktur dürfen die Bundesfinanzhilfen nicht ihre Zweckbestimmung verlieren. Die konjunkturstabilisierenden und strukturpolitischen Steuerungsfunktionen müssen bei Bundesinvestitionshilfen stets im Fokus stehen. Die Bundesfinanzhilfen dürfen nicht der allgemeinen Finanzierungsfunktion dienen und müssen überdies angesichts des Konnexitätsgrundsatzes in Art. 104a I GG und des Finanzausgleichs stets absolute Ausnahme im bundesstaatlichen Finanzsystem bleiben.[805]

Für den Hochschul- und Wissenschaftsbereich bleibt festzuhalten, dass dem Bund derzeit eine (Mit-)Finanzierung von Länderaufgaben mittels Finanzhilfen ohne entsprechende Gesetzgebungskompetenzen nicht möglich ist. Möglich sind in diesem Bereich derzeit lediglich befristete und degressiv ausgestaltete Finanzhilfen des Bundes an die Länder mit dem Zweck der Förderung des wirtschaftlichen Wachstums nach Art. 104b I 1 Nr. 3 GG, die bislang jedoch praktisch nicht erwogen wurden. Dem enormen Finanzbedarf des Hochschul- und Wissenschaftsbereichs sowie dem Sanierungsstau an den Hochschulen sollte im Hinblick auf die Mischfinanzierungsproblematik sowie aufgrund der Subsidiarität und des Ausnahmecharakters von Art. 104b GG ohnehin nicht auf der Ebene der Bundesfinanzhilfen begegnet werden. Zudem sind Bundesfinanzhilfen aufgrund des Gebots zur befristeten und degressiven Ausgestaltung in Art. 104b II 6 u. 7 GG kaum geeignet, den Hochschul- und Wissenschaftsbereich dauerhaft zu finanzieren. Etwaige Finanzierungslücken seitens der Länder (und Kommunen) im gesamten Bildungsbereich sollten vorrangig im Rahmen einer angemessenen Finanzausstattung sowie im Wege des bundesstaatlichen Finanzausgleichs geschlossen werden.

7. Ungeschriebene Finanzierungskompetenzen des Bundes

Der Bund fördert die Wissenschaft überdies auch ohne ausdrückliche Ermächtigung im Grundgesetz in beträchtlicher Höhe, insbesondere im Bereich der wissenschaftlichen Großforschung außerhalb der Hochschulen.[806] Dabei stützt er

804 *Hellermann*, in: v. Mangoldt/Klein/Starck, GG, Art. 104c Rn. 5; *Battis/Eder*, NVwZ 2019, 592 (598); ähnlich auch *Henneke*, DVBl. 2017, 214 (222).

805 *Heun/Thiele*, in: Dreier, GG, Art. 104b Rn. 8 f.; *Thiele*, in: Dreier, GG, Art. 104c Rn. 5; von einem „Systembruch in der Finanzverfassung" sprechen *Battis/Eder*, NVwZ 2019, 592 (598).

806 *Hellermann*, in: v. Mangoldt/Klein/Starck, GG, Art. 104a Rn. 113; vgl. hierzu auch die Darstellung bei *Wieland*, in: Makswit/Schoch, Aktuelle Fragen der Finanzordnung,

seine Finanzierungsbefugnis traditionell auf ungeschriebene Zuständigkeiten. Dieser Finanzierungsbefugnis des Bundes liegen jedoch keine ungeschriebenen Finanzierungskompetenzen zugrunde, vielmehr handelt es sich um Fälle, in denen der Bund eine „Aufgabe“ aufgrund einer ungeschriebenen Verwaltungskompetenz[807] kraft Sachzusammenhangs, als Annex oder aus der Natur der Sache wahrnimmt. Die Finanzierungskompetenz des Bundes folgt in diesen Fällen bereits aus Art. 104a I GG.[808] Mischfinanzierungen außerhalb der verfassungsrechtlich geregelten Ausnahmefälle in Form von ungeschriebenen Finanzierungskompetenzen des Bundes existieren nicht. In der Praxis steht allerdings meist die finanzielle Seite der ungeschriebenen Verwaltungskompetenzen des Bundes im Vordergrund.[809]

8. Zusammenfassung und Bewertung

Hinsichtlich der Finanzierungskompetenzen im Hochschul- und Wissenschaftsbereich ist zunächst festzuhalten, dass auch hier der Grundsatz der Konnexität von Aufgaben- und Ausgabenlast nach Art. 104a I GG gilt. Die Finanzierungskompetenzen im Hochschul- und Wissenschaftsbereich folgen mithin grundsätzlich den Aufgabenkompetenzen, die, wie bereits festgestellt, ganz überwiegend den Ländern gem. Art. 30, 83 GG obliegen.[810] Dementsprechend sind grundsätzlich auch die Länder nach Art. 104a I GG für die Finanzierung des Hochschul- und Wissenschaftsbereichs zuständig. Der Bund verfügt hier jedoch über einige wenige besondere Finanzierungskompetenzen, von denen vor allem die 2014 reformierte Gemeinschaftsaufgabe in Art. 91b I GG von überragender Bedeutung ist. Alle maßgeblichen Fördermaßnahmen des Bundes der letzten Jahre sind auf der Grundlage dieser Norm geschlossen worden, sodass diese auch angesichts der beträchtlichen Fördervolumina eine enorme finanzwirtschaftliche Bedeutung hat. Die Gemeinschaftsaufgabe in Art. 91b I GG ist jedoch auch nach ihrer Reform im Jahr 2014 verfassungspolitisch sowie verfassungsrechtlich

---

S. 130 ff.; *Brockmeyer*, in: FS Klein, S. 633 ff.; *Henneke*, Öffentliches Finanzwesen, Rn. 265.

807 S. dazu auch oben B. III. 2.

808 *Brockmeyer*, in: FS Klein, S. 636 f.; *Siekmann*, DÖV 2002, 629 (632); *Hellermann*, in: v. Mangoldt/Klein/Starck, GG, Art. 104a Rn. 113; *Schwarz*, in: Maunz/Dürig, GG, Art. 104a [Stand: 11/2018] Rn. 47; *Tappe/Wernsmann*, Öffentliches Finanzrecht, § 3 Rn. 183.

809 *Brockmeyer*, in: FS Klein, S. 637.

810 S. dazu auch oben B. III.

umstritten. Im Fokus der Debatte steht hier nach wie vor die bundesstaatliche Mischfinanzierung im Rahmen der gemeinsamen Forschungsförderung mit ihren seit Langem kritisierten Wirkungen der Verantwortungsvermischung, Intransparenz, Ineffizienz sowie Einflussnahme des Bundes auf Länderaufgaben. Zu kritisieren ist in diesem Zusammenhang ferner die Gefährdung der Eigenstaatlichkeit der Länder durch die faktische Entmachtung bzw. Präjudizierung der Länderparlamente sowie die langwierigen Entscheidungsprozesse und die mangelnde Flexibilität der gemeinsamen Förderung. Inwieweit die skizzierten Nachteile der Mischfinanzierungen nach Art. 91b I GG tatsächlich ins Gewicht fallen, ist jedoch letztlich eine Frage der praktischen Ausgestaltung.[811] Im Übrigen verfügt der Bund über die Finanzierungskompetenz für seine Geldleistungsgesetze nach Art. 104a III GG, von denen das BAföG eines der wichtigsten Anwendungsfälle darstellt. Für das BAföG hat der Bund parallel zur jüngsten Reform von Art. 91b I GG die gesamte Finanzierung als „politische[s] Tauschpfand“[812] übernommen. Das BAföG regelt jedoch lediglich die individuelle Ausbildungsförderung, sodass dem Bund aus Art. 104a III GG keine Kompetenz zur Hochschul- und Wissenschaftsfinanzierung erwächst. Darüber hinaus besitzt der Bund in bestimmten Fällen grundsätzlich die Kompetenz, den Ländern im Rahmen seiner Gesetzgebungsbefugnisse Bundesfinanzhilfen nach Art. 104b GG zu gewähren. In Betracht kommen hier insbesondere Bundesfinanzhilfen zur Förderung des wirtschaftlichen Wachstums nach Art. 104b I 1 Nr. 3 GG, die in der Praxis bislang jedoch nicht erwogen worden sind. Der 2017 neu eingefügte und 2019 erweiterte Art. 104c GG erfasst den Hochschul- und Wissenschaftsbereich hingegen nicht. Im Übrigen sind die Bundesfinanzhilfen anders als die Gemeinschaftsaufgaben nicht als Finanzierungsinstrument des Bundes zur dauerhaften und systematischen Hochschul- und Wissenschaftsfinanzierung geeignet, was zusätzlich die Bedeutung von Art. 91b I GG für diesen Bereich unterstreicht.[813] Ungeschriebene Finanzierungszuständigkeiten im Hochschul- und Wissenschaftsbereich stehen dem Bund darüber hinaus nicht zu. Vielmehr folgt im Fall seiner ungeschriebenen Verwaltungskompetenzen die Finanzierungskompetenz des Bundes bereits aus Art. 104a I GG. Auf dieser Grundlage finanziert der Bund die Wissenschaft, insbesondere die wissenschaftliche Großforschung im außerhochschulischen Bereich, in erheblichem Umfang.[814]

---

811 So auch *Speiser*, RuP 2015, 86 (91); s. dazu unten C. II.-III.

812 *Speiser*, RuP 2015, 86 (90).

813 *Speiser*, Der deutsche Wissenschaftsföderalismus auf dem Prüfstand, S. 98.

814 S. dazu unten C. III.

Insgesamt bleibt festzuhalten, dass der Bund im Hochschul- und Wissenschaftsbereich trotz der grundsätzlichen Länderzuständigkeit nach Art. 30, 83, 104a I GG über erhebliche Finanzierungskompetenzen verfügt, mittels derer er bedeutenden politischen Einfluss auf originäre Länderangelegenheiten nehmen kann. Die Länder haben sich durch die in den letzten Jahren erweiterten und neu geschaffenen Mischfinanzierungstatbestände im Grundgesetz ihre Kompetenzen vom Bund schlicht „abkaufen" lassen.[815] Mit der Extension von Art. 91b I GG im Jahr 2014 und der Reform von Art. 104b II GG im Jahr 2017 sowie der Einfügung von Art. 104c GG (und Art. 104d GG) als Ausfluss eines kooperativen Föderalismusverständnisses spiegelt sich die Veränderung der föderalen Struktur der Bundesrepublik Deutschland hin zu einem unitarischen Bundesstaat nun deutlich in der Verfassung wider.

---

815 *Waldhoff*, Das andere Grundgesetz, S. 46, der den Ländern zudem attestiert, dass ihnen „jeder substantieller Wille zu Autonomie abhanden gekommen" sei.

C. Kooperative Wissenschaftsförderung in der Staatspraxis

Nachdem in Abschnitt B. die bundesstaatliche Verteilung der Gesetzgebungs-, Verwaltungs- und Finanzierungskompetenzen im Hochschul- und Wissenschaftsbereich geklärt und die besondere Bedeutung sowie Problematik der Gemeinschaftsaufgabe in Art. 91b I GG im Kontext der bundesstaatlichen Hochschul- und Wissenschaftsfinanzierung diagnostiziert wurden, ist im folgenden Abschnitt der Umgang der Staatspraxis mit den bisherigen und neuen Möglichkeiten der Wissenschaftsförderung nach Art. 91b I GG zu untersuchen. Vorab werden zunächst die beiden wichtigsten Gremien der Bund-Länder-Kooperation – der Wissenschaftsrat und die Gemeinsame Wissenschaftskonferenz – vorgestellt, in welchen der Bund und die Länder ihr Zusammenwirken im Wissenschaftsbereich institutionalisiert haben. Im Anschluss wird die gemeinsame Förderung von Hochschulen und außeruniversitären Wissenschaftseinrichtungen auf der Grundlage von Art. 91b I GG analysiert. In diesem Rahmen gilt es zu prüfen, inwiefern die bislang getroffenen Fördervereinbarungen die verfassungsrechtlichen Vorgaben des alten und neuen Art. 91b I GG jeweils einhalten sowie den rechtsstaatlichen und demokratischen Anforderungen des allgemeinen Gesetzesvorbehalts gerecht werden. Ferner ist zu untersuchen, inwiefern die auf der Grundlage des neuen Art. 91b I GG getroffenen Vereinbarungen die Intentionen des verfassungsändernden Gesetzgebers, nämlich die Stärkung der Grundfinanzierung der Hochschulen sowie die Schaffung verlässlicher Perspektiven und Planungssicherheit für Hochschulen, umsetzen.

I. Kooperationsgremien

Zum Zweck der Koordinierung der gemeinsamen Hochschul- und Wissenschaftsförderung schufen Bund und Länder den Wissenschaftsrat und den Deutschen Bildungsrat bereits vor der Kodifizierung der Gemeinschaftsaufgaben im Grundgesetz sowie gleich danach die Bund-Länder-Kommission für Bildungsplanung und Forschungsförderung als Kooperationsgremien, in denen sie ihre Zusammenarbeit institutionalisierten. Nach der Föderalismusreform I von 2006 löste die Gemeinsame Wissenschaftskonferenz sodann die Bund-Länder-Kommission für Bildungsplanung und Forschungsförderung als Nachfolgeorganisation ab. Darüber hinaus koordinieren sich im Hochschul- und Wissenschaftsbereich auch die Länder in der Kultusministerkonferenz der

Länder, die Hochschulen in der Hochschulrektorenkonferenz sowie die Länder und die Hochschulen gemeinsam in der Hochschul-Informations-System eG,[816] auf die im Rahmen dieser Untersuchung jedoch nicht weiter eingegangen wird.

1. Wissenschaftsrat

Die Zusammenarbeit von Bund und Ländern im Hochschul- und Wissenschaftsbereich wurde erstmals 1957 mit der Gründung des Wissenschaftsrates[817] durch ein Verwaltungsabkommen[818] institutionalisiert. Der Wissenschaftsrat mit Sitz in Berlin ist dabei als Gesprächsforum zwischen Bund und Ländern in Sachen der Wissenschaft gegründet worden, um die Wissenschaftsförderung an zentraler Stelle zwischen Bund und Ländern zu koordinieren.[819] Mit seiner Gründung „akzeptierten" die Länder damals einerseits offiziell die Finanzmittel des Bundes, die im Wege umfangreicher Dotationen in den Wissenschaftsbereich flossen. Andererseits konnten sie von nun an mittels des neuen Gremiums über deren Verwendung mitbestimmen, sodass der Bund nicht mehr völlig allein agieren konnte.[820] Der Wissenschaftsrat fungierte mithin als „Transmissionsriemen für

---

816 Die Hochschul-Informations-System eG (HIS eG) wurde 1969 als GmbH mit Sitz in Hannover gegründet und 1976 von Bund und Ländern als Gesellschafter übernommen. Seit Mai 2014 ist die HIS eG eine eingetragene Genossenschaft, deren Mitgliedschaft von den Ländern, den Hochschulen in Trägerschaft des Staates, den Hochschulen in Trägerschaft von rechtsfähigen Stiftungen des öffentlichen Rechts, öffentlich-rechtlichen Forschungseinrichtungen, Körperschaften und Stiftungen des öffentlichen Rechts sowie ihren rechtlich selbstständigen Einrichtungen und Unternehmen unter bestimmten Voraussetzungen erworben werden kann. Sie berät und versorgt die Hochschulen im Bereich Hochschul-IT.

817 Vgl. ausführlich zum Wissenschaftsrat *Raiser*, Die Aufgaben des Wissenschaftsrates; *Röhl*, Der Wissenschaftsrat; *Bartz*, Der Wissenschaftsrat; *ders.*, Wissenschaftsrat und Hochschulplanung; ferner *W. Benz*, in: Flämig et al., Handbuch des Wissenschaftsrechts, Bd. 2, Kap. 69 S. 1667 ff.

818 Verwaltungsabkommen zwischen Bund und Ländern über die Errichtung eines Wissenschaftsrates v. 5.9.1957, GMBl. 1957, S. 553, in der ab 1.1.2008 geltenden Fassung, BAnz 2007 S. 5863.

819 *Röhl*, Der Wissenschaftsrat, S. 2 ff.; nach eigener Ansicht ist der Wissenschaftsrat das älteste wissenschaftspolitische Beratungsgremium in Europa, *WR*, [www.wissenschaftsrat.de/DE/Ueber-uns/Wissenschaftsrat/wissenschaftsrat_node.html].

820 *Bartz*, in: Seckelmann/Lange/Horstmann, Die Gemeinschaftsaufgaben von Bund und Ländern in der Wissenschafts- und Bildungspolitik, S. 92.

Bundesgelder insbesondere an die Hochschulen".[821] Ferner wurde er auch als „Instrument des kooperativen Föderalismus und der Politikberatung"[822] sowie als „repräsentativer Steuerungsakteur des Wissenschaftssystems"[823] charakterisiert. Träger des Wissenschaftsrates sind die Bundesregierung und die Landesregierungen der 16 Länder (Art. 1 WR-Abkommen). Der Wissenschaftsrat stellt mithin eine echte Gemeinschaftseinrichtung von Bund und Ländern dar.[824] Das dem Wissenschaftsrat zugrunde liegende Verwaltungsabkommen ist auf unbestimmte Zeit geschlossen worden (Art. 10 S. 1 WR-Abkommen), wobei eine Kündigung mit einer Frist von zwei Jahren zum Ende eines Kalenderjahres, jedoch erstmals nach vier Jahren möglich ist (Art. 10 S. 2 WR-Abkommen). Im Rahmen des Wissenschaftsrates wurde der kooperative Föderalismus so bereits praktiziert, bevor er explizit Eingang in die Verfassung fand.[825]

a) Aufgaben

Der Wissenschaftsrat berät die Bundesregierung und die Landesregierungen, indem er Empfehlungen zur inhaltlichen und strukturellen Entwicklung der Wissenschaft, der Forschung und des Hochschulbereichs erarbeitet. Überdies ist es seine Aufgabe, zur Sicherung der internationalen Konkurrenzfähigkeit der Wissenschaft in Deutschland im nationalen und europäischen Wissenschaftssystem beizutragen (Art. 2 I 1 WR-Abkommen). Die Empfehlungen des Wissenschaftsrates sollen den Erfordernissen des sozialen, kulturellen und wirtschaftlichen Lebens entsprechen sowie mit Überlegungen zu den quantitativen und finanziellen Auswirkungen und ihrer Verwirklichung verbunden sein (Art. 2 I 2 WR-Abkommen). Darüber hinaus nimmt der Wissenschaftsrat die ihm durch besondere Vorschriften, insbesondere durch Vereinbarungen nach Art. 91b GG, übertragenen Aufgaben wahr (Art. 2 I 3 WR-Abkommen). Auf Anforderung eines Landes, des Bundes, der Gemeinsamen Wissenschaftskonferenz oder der

---

821 *Bartz*, in: Seckelmann/Lange/Horstmann, Die Gemeinschaftsaufgaben von Bund und Ländern in der Wissenschafts- und Bildungspolitik, S. 92.

822 *Engell*, in: WR, Wissenschaftsrat 1957–1982, S. 20; *W. Benz*, in: Flämig et al., Handbuch des Wissenschaftsrechts, Bd. 2, Kap. 69 S. 1667; ähnlich auch *Mönikes/Faber/Gieseke*, Gemeinschaftsaufgaben von Bund und Ländern im Hochschulbereich, S. 19.

823 *Trute*, Die Forschung zwischen grundrechtlicher Freiheit und staatlicher Institutionalisierung, S. 702.

824 *Trute*, Die Forschung zwischen grundrechtlicher Freiheit und staatlicher Institutionalisierung, S. 703.

825 *Löwer*, WissR 50 (2017), 263 (270).

Kultusministerkonferenz nimmt der Wissenschaftsrat gutachtlich zu Fragen der Entwicklung der Wissenschaft, der Forschung und des Hochschulwesens einschließlich der Qualitätssicherung Stellung. Auf Anforderung eines Landes nimmt der Wissenschaftsrat auch zu Fragen der Entwicklung der Hochschulen im jeweiligen Land gutachtlich Stellung (Art. 2 I 4 WR-Abkommen). Die Empfehlungen des Wissenschaftsrates werden von der Bundesregierung und den Landesregierungen bei der Aufstellung ihrer Haushaltspläne im Rahmen der haushaltsmäßigen Möglichkeiten berücksichtigt (Art. 3 I WR-Abkommen). Aufgrund des Finanzierungsvorbehalts sind die Stellungnahmen des Wissenschaftsrates allerdings nicht zwingend umzusetzen.[826] Die Empfehlungen des Wissenschaftsrats als zunächst einzigem Kooperationsgremium auf gesamtstaatlicher Ebene, in dem zudem ein Konsens zwischen Bund, Ländern und Wissenschaft herbeigeführt werden konnte, waren von erheblicher Bedeutung.[827] Durch das aufgrund der Kodifizierung der Gemeinschaftsaufgaben 1970 gegründete Kooperationsgremium der Bund-Länder-Kommission für Bildungsplanung[828] relativierte sich allerdings die alleinige Stellung des Wissenschaftsrates als Gremium der Bund-Länder-Kooperation.[829] Dennoch kommt dem Wissenschaftsrat, obwohl er nur beratende Funktionen hat, bis heute eine zentrale Rolle in der deutschen Wissenschaftspolitik zu.[830] Mit seinen Empfehlungen und Evaluationen zur deutschen Forschungslandschaft nimmt er entscheidenden Einfluss auf künftige Entwicklungen der Forschungsförderung in Deutschland.[831]

---

826 *Jauch*, Wissenschaftsförderung nach der Reform des Föderalismus, S. 165, der ferner darauf verweist, dass ein imperatives Mandat des Wissenschaftsrates im Übrigen auch nicht mit Art. 20 II GG vereinbar wäre.

827 *Röhl*, Der Wissenschaftsrat, S. 8.

828 S. dazu gleich unten C. I. 2. a).

829 *Röhl*, Der Wissenschaftsrat, S. 9.

830 *v. Massow*, Organisation der Wissenschaft und der Wissenschaftsförderung in der Bundesrepublik Deutschland, S. 51; *Mönikes/Faber/Gieseke*, Gemeinschaftsaufgaben von Bund und Ländern im Hochschulbereich, S. 19; *Groß/Karaalp/Wilden*, Regelungsstrukturen der Forschungsförderung, S. 21; *Marzlin*, Die Exzellenzinitiative von Bund und Ländern auf dem verfassungsrechtlichen Prüfstand, S. 9.

831 *Meusel*, Außeruniversitäre Forschung, § 13 Rn. 213, der an dieser Stelle auf die faktische Bindungswirkung der Empfehlungen des Wissenschaftsrates hinweist; ferner *Heinrich*, Die rechtliche Systematik der Forschungsförderung, S. 69.

b) *Organisation*

Organisation und Verfahren des Wissenschaftsrates finden ihre Grundlage im WR-Abkommen sowie in der Geschäftsordnung (GO-WR),[832] die sich der Wissenschaftsrat gem. Art. 7 III WR-Abkommen gegeben hat.[833] Der Wissenschaftsrat besteht demnach aus zwei Kommissionen, der Wissenschaftlichen Kommission und der Verwaltungskommission, welche in der Vollversammlung zusammentreten und dort gemeinsame Beschlüsse fassen (Art. 5 I u. II WR-Abkommen). Die Wissenschaftliche Kommission hat 32 Mitglieder, welche je eine Stimme in der Vollversammlung haben. Die Mitglieder werden von der Bundespräsidentin oder dem Bundespräsidenten berufen, und zwar 24 Wissenschaftlerinnen und Wissenschaftler auf gemeinsamen Vorschlag der Deutschen Forschungsgemeinschaft, der Max-Planck-Gesellschaft, der Hochschulrektorenkonferenz, der Helmholtz-Gemeinschaft, der Fraunhofer-Gesellschaft und der Leibniz-Gemeinschaft sowie acht Persönlichkeiten des öffentlichen Lebens auf gemeinsamen Vorschlag der Bundesregierung und der Landesregierungen (Art. 4 II, Art. 5 III Alt. 1 und Art. 7 II 2 Alt. 2 WR-Abkommen). In dieser Wissenschaftlichen Kommission liegt das eigentliche Beratungspotential bzw. der Sachverstand des Beratungsgremiums Wissenschaftsrat.[834] Die Verwaltungskommission hat wiederum 22 Mitglieder, welche von den Regierungen entsandt werden. Sie setzt sich zusammen aus Vertreterinnen und Vertretern der 16 Länder, welche je eine Stimme besitzen, und sechs Vertreterinnen und Vertretern des Bundes, welche gemeinsam 16 Stimmen haben (Art. 4 III, Art. 5 III Alt. 2 und Art. 7 II 2 WR-Abkommen). Die Verwaltungskommission bildet mithin ein höchstrangig besetztes Kooperationsgremium zwischen Bund und Ländern in Fragen der Wissenschaftspolitik.[835] Die Vollversammlung des Wissenschaftsrates hat demnach 54 Mitglieder und 64 Stimmen (Art. 4 I WR-Abkommen). Die Beschlüsse der Vollversammlung bedürfen einer Zweidrittelmehrheit (Art. 7 II WR-Abkommen). An der Spitze des Wissenschaftsrates steht die oder der Vorsitzende, welche oder welcher für je ein Jahr gewählt wird (Art. 4 IV WR-Abkommen). Die oder der Vorsitzende vertritt den Wissenschaftsrat nach außen (§ 9 GO-WR). Die Vollversammlung beschließt jährlich das Arbeitsprogramm, wobei zur Bearbeitung der einzelnen

832 *WR*, Geschäftsordnung des Wissenschaftsrates in der vom Wissenschaftsrat am 20.1.2017 verabschiedeten Fassung.

833 *Röhl*, Der Wissenschaftsrat, S. 10.

834 *Röhl*, Der Wissenschaftsrat, S. 15.

835 *Röhl*, Der Wissenschaftsrat, S. 17.

Vorhaben Ausschüsse und Arbeitsgruppen eingesetzt werden (§ 7 I GO-WR). Die Vollversammlung, die Kommissionen sowie die Ausschüsse und Arbeitsgruppen werden zudem von der Geschäftsstelle des Wissenschaftsrates mit Sitz in Köln unterstützt (Art. 8 WR-Abkommen). Struktur, Arbeitsweise und Verfahren des Wissenschaftsrates folgen stets einer nicht einfach herzustellenden Balance zwischen den drei Akteursgruppen, Bund, Länder und Wissenschaft.[836] Die nachhaltige Einbindung der Wissenschaft selbst in die Vorbereitung der Entscheidungen auf dem Gebiet der Wissenschaftsförderung erweist sich insgesamt als rationalisierendes Element hinsichtlich der intransparenten politischen Exekutivverhandlungen.[837]

c) Rechtsgrundlage

Nach vorherrschender Auffassung beruht die Institution und Tätigkeit des Wissenschaftsrates nicht auf Art. 91b GG,[838] da die Norm erst durch die Verfassungsreform von 1969 eingeführt wurde. Jedenfalls für die Errichtung des Wissenschaftsrates im Jahr 1957 scheidet Art. 91b GG daher als Rechtsgrundlage aus. Als Rechtsgrundlage kommen hier für den Bund Art. 72, 74 I Nr. 13 Alt. 2 GG (i.d.F. v. 1949)[839] und Annexkompetenzen[840] sowie für die Länder im Umkehrschluss zu Art. 70 I GG lediglich ungeschriebene Kompetenzen[841] in Betracht.

Seit der Novellierung durch die Föderalismusreform I im Jahr 2006, jedenfalls aber seit der Neufassung durch die Reform von 2014 lässt sich die Institution und die Tätigkeit des Wissenschaftsrates allerdings auf Art. 91b I GG stützen.[842]

---

836 *Röhl*, Der Wissenschaftsrat, S. 10 u. 25; *Stucke*, in: Falk/Rehfeld/Römmele/Thunert, Handbuch Politikberatung, S. 248.

837 *Schmidt-Aßmann*, in: FS Isensee, S. 421; *Glaser*, in: Kahl/Waldhoff/Walter, BK-GG, Art. 91b [Stand: 8/2016] Rn. 46; ähnlich *Trute*, Die Forschung zwischen grundrechtlicher Freiheit und staatlicher Institutionalisierung, S. 702.

838 *Glaser*, in: Kahl/Waldhoff/Walter, BK-GG, Art. 91b [Stand: 8/2016] Rn. 46; *Heun*, in: Dreier, GG, Art. 91b Rn. 12; *Siekmann*, in: Sachs, GG, Art. 91b Rn. 29.

839 Danach hat der Bund die konkurrierende Gesetzgebungskompetenz zur „Förderung der wissenschaftlichen Forschung"; s. dazu auch oben B. II. 3. a) bb).

840 *Meusel*, Außeruniversitäre Forschung im Wissenschaftsrecht, § 13 Rn. 211.

841 *Jauch*, Wissenschaftsförderung nach der Reform des Föderalismus, S. 166 f.

842 *Volkmann/Kaufhold*, in: v. Mangoldt/Klein/Starck, GG, Art. 91b Rn. 17 Fn. 16; zustimmend bzgl. der Vorgängerfassung *Jauch*, Wissenschaftsförderung nach der Reform des Föderalismus, S. 166 f.; zustimmend lediglich für die 2014 reformierte Fassung *Siekmann*, in: Sachs, GG, Art. 91b Rn. 29; ähnlich *Glaser*, in: Kahl/Waldhoff/Walter, BK-GG, Art. 91b [Stand: 8/2016] Rn. 46; bereits Art. 91b GG (i.d.F. 1970) als taugliche Rechtsgrundlage annehmend *Meusel*, Außeruniversitäre Forschung im

Das ergibt sich insbesondere aus dem in Art. 2 I WR-Abkommen beschriebenen Aufgabenspektrum des Wissenschaftsrates, welches jedenfalls nach 2015 nahezu vollständig unter Art. 91b I GG subsumiert werden kann.[843] Dazu gehören nunmehr insbesondere auch die Aufgaben des Wissenschaftsrates aus dem Hochschulbereich, welche zuvor nur eingeschränkt von Art. 91b I 1 Nr. 2 GG (i.d.F. v. 2006)[844] erfasst waren. Die gesonderte Erwähnung der „durch Verwaltungsabkommen und Ausführungsvereinbarungen nach Artikel 91b übertragenen Aufgaben" in Art. 2 I WR-Abkommen ändert an dieser Einschätzung im Übrigen nichts, denn auch die anderen aufgezählten allgemeinen Aufgaben, wie die Abgabe von Empfehlungen zur inhaltlichen und strukturellen Entwicklung der Wissenschaft, der Forschung und des Hochschulbereichs, die Sicherung der internationalen Konkurrenzfähigkeit der Wissenschaft in Deutschland sowie die gutachtliche Stellungnahme zu Fragen der Entwicklung der Wissenschaft, der Forschung und des Hochschulwesens, lassen sich unter Art. 91b I GG subsumieren. Die Aufgabe des Wissenschaftsrates auf Anforderung eines Landes gutachtlich zu Fragen der Entwicklung der Hochschulen im betreffenden Land Stellung zu nehmen fällt indes nicht unter Art. 91b I GG, sondern unterfällt der Kernkompetenz der Länder im Hochschulbereich gem. Art. 30 GG.[845]

d) Finanzierung

Der Jahresetat des Wissenschaftsrates betrug im Jahr 2019 etwa 11,6 Mio. Euro.[846] Der Haushaltsplan wird jährlich vom Wissenschaftsrat aufgestellt und bedarf der Zustimmung des Bundes sowie von zwei Drittel der Länder (Art. 9 I 2–3 WR-Abkommen, § 13 I 1 GO-WR). Die persönlichen und sächlichen Ausgaben des Wissenschaftsrates werden dabei je zur Hälfte vom Bund und den Ländern getragen (Art. 9 I 1 WR-Abkommen, § 10 I 2 GO-WR). Der Gesamtbetrag der

---

Wissenschaftsrecht, § 13 Rn. 211; a.A. *Heun*, in: Dreier, GG, Art. 91b Rn. 12; *Nolte*, DVBl. 2010, 84 (92), der für die Errichtung des Wissenschaftsrates Art. 91b II GG heranzieht.

843 *Glaser*, in: Kahl/Waldhoff/Walter, BK-GG, Art. 91b [Stand: 8/2016] Rn. 46; zur Vorgängerfassung: *Jauch*, Wissenschaftsförderung nach der Reform des Föderalismus, S. 166 f.

844 Vgl. dazu auch oben B. IV. 2. d).

845 So bereits zur Vorgängerfassung *Jauch*, Wissenschaftsförderung nach der Reform des Föderalismus, S. 166 f. S. zur Residualkompetenz der Länder nach Art. 30 GG im Wissenschaftsbereich auch oben B. I.

846 Die Berechnung erfolgte auf der Grundlage des hälftigen Finanzierungsanteils des Bundes, *BMF*, Bundeshaushalt 2019, Einzelplan 30, S. 48.

von den Ländern aufzubringenden Mittel wird auf die einzelnen Länder zu zwei Dritteln nach dem Verhältnis ihrer Steuereinnahmen und zu einem Drittel nach dem Verhältnis ihrer Bevölkerungsanzahl umgelegt (Art. 9 II 1 WR-Abkommen). Die Steuereinnahmen erhöhen oder vermindern sich dabei wiederum um die Beträge, welche die Länder im Rahmen des Länderfinanzausgleichs von anderen Ländern erhalten oder an andere Länder abführen (Art. 9 II 3 WR-Abkommen). Die Ausgaben der Geschäftsstelle werden ebenfalls je zur Hälfte vom Bund und von den Ländern getragen (§ 10 I GO-WR). Die Mittel zur Finanzierung des Wissenschaftsrates werden von Bund und Ländern im Übrigen vorbehaltlich der Bereitstellung der erforderlichen Haushaltsmittel durch ihre gesetzgebenden Körperschaften zur Verfügung gestellt (Art. 9 I 4 WR-Abkommen).

2. Gemeinsame Wissenschaftskonferenz (GWK)

Das zweite wichtige Bund-Länder-Kooperationsgremium im Hochschul- und Wissenschaftsbereich ist neben dem Wissenschaftsrat die Gemeinsame Wissenschaftskonferenz, welche die Nachfolgeorganisation der Bund-Länder-Kommission für Bildungsplanung und Forschungsförderung ist. Mit der auf der Grundlage von Art. 91b GG gegründeten Bund-Länder-Kommission für Bildungsplanung und Forschungsförderung sowie der Gemeinsamen Wissenschaftskonferenz haben Bund und Länder ihre Kooperation weiter organisatorisch-institutionell verfestigt.[847]

a) Bund-Länder-Kommission für Bildungsplanung und Forschungsförderung (BLK)

Die heute bestehende Gemeinsame Wissenschaftskonferenz ging aus der Bund-Länder-Kommission für Bildungsplanung und Forschungsförderung hervor. Vorläufer der Bund-Länder-Kommission für Bildungsplanung und Forschungsförderung war wiederum der bereits vor der Kodifizierung der Gemeinschaftsaufgaben im Jahr 1965 gegründete Deutsche Bildungsrat[848], welcher als Sachverständigengremium Entwicklungs- und Strukturpläne für das

---

847 *Mager*, in: v. Münch/Kunig, Art. 91b Rn. 9; *Heun*, in: Dreier, GG, Art. 91b Rn. 11; *Siekmann*, in: Sachs, GG, Art. 91b Rn. 27.

848 Die Errichtung des Deutschen Bildungsrates erfolgte durch das Abkommen zwischen Bund und Ländern über die Errichtung eines Deutschen Bildungsrates v. 15.7.1965, GV. NW. 1966, S. 73 mit Zusatzabkommen v. 12.2.1970, BAnz 1970 Nr. 26 S. 2. Der Deutsche Bildungsrat hatte jedoch nur von 1965 bis 1975 Bestand.

Bildungswesen entwickeln und den Finanzbedarf dieser Maßnahmen errechnen sollte.[849] Nach der Kodifizierung der Gemeinschaftsaufgaben im Grundgesetz wurde sodann 1970 die Bund-Länder-Kommission für Bildungsplanung durch Verwaltungsabkommen[850] zwischen Bund und Ländern auf der Grundlage des Art. 91b GG (i.d.F. v. 1969) gegründet, um ein gemeinsames Koordinierungsgremium im Bereich der Bildungsplanung zu schaffen. Durch die Rahmenvereinbarung Forschungsförderung (RV-Fo)[851] wurden der Bund-Länder-Kommission im Jahr 1975 die Aufgaben der Wissenschaftsförderung im Rahmen von Art. 91b GG übertragen und der Name in Bund-Länder-Kommission für Bildungsplanung und Forschungsförderung (Art. 8 I 2 RV-Fo) geändert.[852] Die Bund-Länder-Kommission war als Regierungskommission ständiges Gesprächsforum für alle Bund und Länder gemeinsam berührenden Fragen des Bildungswesens und der Forschungsförderung (Art. 1 BLK-Abkommen). Im Jahr 1973 erstellte die Bund-Länder-Kommission einen Bildungsgesamtplan, welcher das gesamte Bildungswesen beschreiben und Grundsätze für organisatorische und inhaltliche Reformen vorgeben sollte, um ein einheitliches Entwicklungsprogramm für Bund und Länder zu schaffen.[853] Nachdem dieses Instrument zunächst intensiv genutzt wurde, verlor die Bildungsplanung in der Folgezeit jedoch aus politischen Gründen immer weiter an Bedeutung und die Koordination der Bildungsplanung übernahm die Kultusministerkonferenz ohne Beteiligung des Bundes.[854] Die Bund-Länder-Kommission beschloss sodann am 29. März 1982, die Fortschreibung des Bildungsgesamtplans aufgrund politischer Differenzen und unsicherer Finanzierbarkeit auszusetzen.[855]

---

849 *Engels*, Bericht zu den Finanzbeziehungen zwischen Bund und Ländern, S. 29 f.; *Jauch*, Wissenschaftsförderung nach der Reform des Föderalismus, S. 156.

850 Verwaltungsabkommen zwischen Bund und Ländern über die Errichtung einer gemeinsamen Kommission für Bildungsplanung (BLK-Abkommen) v. 25.6.1970, „Bulletin" des Presse- und Informationsamtes der Bundesregierung v. 3.7.1970 Nr. 90 S. 891, in der Fassung vom 17./21.12.1990, BAnz 1991 S. 683.

851 Rahmenvereinbarung zwischen Bund und Ländern über die gemeinsame Förderung der Forschung nach Artikel 91b GG – Rahmenvereinbarung Forschungsförderung (RV-Fo) – v. 28.11.1975, BAnz 1975 Nr. 240 S. 4, zuletzt geändert durch Vereinbarung v. 25.10.2001, BAnz 2001 S. 25218.

852 *Trute*, Die Forschung zwischen grundrechtlicher Freiheit und staatlicher Institutionalisierung, S. 452; *Siekmann*, in: Sachs, GG, Art. 91b Rn. 27.

853 Vgl. Bildungsgesamtplan v. 20.12.1973, BT-Drs. 7/1474, S. 10.

854 *Knopp*, NVwZ 2006, 1216 (1218); *Jauch*, Wissenschaftsförderung nach der Reform des Föderalismus, S. 157.

855 Vgl. BT-Drs. 9/2012, S. II.

Durch die Föderalismusreform I im Jahr 2006 änderte sich die verfassungsrechtliche Grundlage der Bund-Länder-Kommission in Gestalt von Art. 91b GG umfassend.[856] Die Gemeinschaftsaufgabe Bildungsplanung war gänzlich entfallen. Stattdessen ermöglichte Art. 91b II GG (i.d.F. v. 2006) nunmehr das Zusammenwirken von Bund und Ländern aufgrund von Vereinbarungen zur Feststellung der Leistungsfähigkeit des Bildungswesens im internationalen Vergleich und bei diesbezüglichen Berichten und Empfehlungen. Diese Form des Zusammenwirkens fand in der Bund-Länder-Kommission jedoch nicht statt. Die Gemeinschaftsaufgabe Forschungsförderung wurde durch den neuen Art. 91b I GG (i.d.F. v. 2006) umfassend differenziert und präzisiert. Bund und Länder konnten nach dieser Norm aufgrund von Vereinbarungen in Fällen überregionaler Bedeutung bei der Förderung von Einrichtungen und Vorhaben der wissenschaftlichen Forschung außerhalb von Hochschulen, bei der Förderung von Vorhaben der Wissenschaft und Forschung an Hochschulen sowie bei der Förderung von Forschungsbauten an Hochschulen einschließlich Großgeräten zusammenwirken. Bis Ende 2007 war die Bund-Länder-Kommission sodann hauptsächlich auf dem Gebiet der Forschungsförderung und im Rahmen ihrer Beteiligung bei der Durchführung der Hochschulsonderprogramme zuständig.[857] Durch Inkrafttreten des GWK-Abkommens trat das Verwaltungsabkommen über die Bund-Länder-Kommission zum 1. Januar 2008 außer Kraft und die Bund-Länder-Kommission existiert seitdem nicht mehr (vgl. Art. 10 II Nr. 1 GWK-Abkommen).

b) Gründung der Gemeinsamen Wissenschaftskonferenz

Mit dem GWK-Abkommen haben Bund und Länder am 11. September 2007 auf der Rechtsgrundlage des durch die Föderalismusreform I novellierten Art. 91b I GG (i.d.F. v. 2006) die Gemeinsame Wissenschaftskonferenz gegründet, welche zum 1. Januar 2008 ihre Arbeit aufnahm. Die Gemeinsame Wissenschaftskonferenz behandelt als Nachfolgeorganisation der früheren Bund-Länder-Kommission alle Bund und Länder gemeinsam berührenden Fragen der Förderung von Wissenschaft, Forschung und Lehre, der wissenschafts- und forschungspolitischen Strategien und des Wissenschaftssystems (Art. 1 S. 3 GWK-Abkommen) und deckt mithin den bisherigen Aufgabenbereich nach der RV-Fo ab.[858] Bei der Erfüllung ihrer Aufgaben berücksichtigt die Gemeinsame

856 S. dazu detailliert oben B. IV. 2. d).

857 *Jauch*, Wissenschaftsförderung nach der Reform des Föderalismus, S. 157.

858 *Henneke*, in: Schmidt-Bleibtreu/Hofmann/ders., GG, 13. Aufl. 2014, Art. 91b Rn. 28.

Wissenschaftskonferenz zudem die Beschlüsse und Empfehlungen der Fachministerkonferenzen der Länder, insbesondere auch der Kultusministerkonferenz, und gibt diesen Gelegenheit zur Stellungnahme (Art. 2 IV GWK-Abkommen). Daraus lässt sich zunächst ableiten, dass die Gemeinsame Wissenschaftskonferenz mit den Fachministerkonferenzen der Länder in einem Kooperationsverhältnis steht. Darüber hinaus folgt aus dieser Regelung auch, dass die Arbeit der Gemeinsamen Wissenschaftskonferenz gegenüber den Tätigkeiten der Kultusministerkonferenz, vorrangig ist.[859] Die Gemeinsame Wissenschaftskonferenz bildet das zentrale wissenschaftspolitische Koordinierungsgremium von Bund und Ländern für die Ausführung der Gemeinschaftsaufgabe der außeruniversitären institutionellen Forschungsförderung nach Art. 91b GG.[860] Der größte Teil der Bundesmittel, die in das Wissenschaftssystem fließen, werden über die Gemeinsame Wissenschaftskonferenz als politisches Zuwendungskonsortium an verschiedene Förderorganisationen und -strukturen ausgeschüttet.[861] Auch in die konkrete Vergabe ist die Gemeinsame Wissenschaftskonferenz zum Teil eingebunden.[862] Das GWK-Abkommen wurde im Übrigen auf unbestimmte Zeit geschlossen (Art. 10 I 1 GWK-Abkommen). Es besteht jedoch erstmals nach sechs Jahren die Möglichkeit zur Kündigung zum Ende eines Kalenderjahres mit einer Kündigungsfrist von zwei Jahren (Art. 10 I 2 GWK-Abkommen).

c) Aufgaben

Die Aufgabe der Gemeinsamen Wissenschaftskonferenz besteht im Kern darin, die Gemeinschaftsaufgabe des Art. 91b GG mit Leben zu füllen und umzusetzen. Die Gemeinsame Wissenschaftskonferenz hat demnach die Funktion eines Organs des kooperativen Föderalismus, in welchem die häufig divergierenden Interessen von Bund und Ländern zu einem Ausgleich gebracht werden können.[863] Die konkreten Aufgaben der Gemeinsamen Wissenschaftskonferenz ergeben sich dabei insbesondere aus Art. 2 GWK-Abkommen. Danach strebt die

---

859 *Jauch*, Wissenschaftsförderung nach der Reform des Föderalismus, S. 159 f.

860 *Groß/Karaalp/Wilden*, Regelungsstrukturen der Forschungsförderung, S. 24; *Jauch*, Wissenschaftsförderung nach der Reform des Föderalismus, S. 157 f.; *Heun*, in: Dreier, GG, Art. 91b Rn. 12; *Seckelmann*, in: Friauf/Höfling, Berliner Komm. zum GG, Art. 91b [Stand: 2/2016] Rn. 1; *Volkmann/Kaufhold*, in: v. Mangoldt/Klein/Starck, GG, Art. 91b Rn. 15; *Haug*, OdW 2016, 85 (85 f.).

861 *Haug*, OdW 2016, 85 (85 f.).

862 S. dazu auch unten C. II. 8.

863 *Haug*, OdW 2016, 85 (89).

Gemeinsame Wissenschaftskonferenz eine enge Koordination auf dem Gebiet der nationalen, europäischen und internationalen Wissenschafts- und Forschungspolitik mit dem Ziel an, die Leistungsfähigkeit des Wissenschafts- und Forschungsstandorts Deutschlands im internationalen Wettbewerb zu steigern (Art. 2 I Nr. 1 GWK-Abkommen). Ferner wirken die Mitglieder der Gemeinsamen Wissenschaftskonferenz bei der Förderung von Wissenschaft, Forschung und Lehre in Fällen überregionaler Bedeutung zusammen (Art. 2 I Nr. 2 GWK-Abkommen). Die Mitglieder unterrichten sich zudem gegenseitig über wesentliche eigene Planungen und Entscheidungen, die nicht Gegenstand der gemeinsamen Förderung sind (Art. 2 I Nr. 3 GWK-Abkommen). Durch Beschluss der Regierungschefinnen und -chefs des Bundes und der Länder können der Gemeinsamen Wissenschaftskonferenz überdies weitere Aufgaben übertragen werden (Art. 2 II GWK-Abkommen). Die Arbeit der Gemeinsamen Wissenschaftskonferenz wurde mithin zunächst auf die Gegenstände des Art. 91b I GG beschränkt, wobei sich ihre Zuständigkeit auf alle nach Art. 91b GG getroffenen Vereinbarungen erstreckt.[864] Die Förderung von Forschungseinrichtungen und Forschungsvorhaben der Industrie- und Ressortforschung obliegt der Gemeinsamen Wissenschaftskonferenz hingegen nicht (vgl. Protokollnotiz zu § 1 I GWK-Abkommen).

d) *Organisation*

Mitglieder der Gemeinsamen Wissenschaftskonferenz sind die für Wissenschaft und Forschung sowie die für die Finanzen zuständigen Ministerinnen und Minister des Bundes und Senatorinnen und Senatoren der Länder (Art. 1 S. 2 GWK-Abkommen). Die Gemeinsame Wissenschaftskonferenz ist durch ihre Mitglieder bedingt somit ein politisches Gremium.[865] Die Gemeinsame Wissenschaftskonferenz wählt für die Dauer von zwei Jahren je ein Mitglied aus dem Kreis der Vertreterinnen und Vertreter der Bundesregierung und aus dem Kreis der Vertreterinnen und Vertreter der Landesregierungen, welche sich gegenseitig im Vorsitz jährlich abwechseln und einander vertreten (Art. 4 I GWK-Abkommen). Dem Vorsitz obliegt die Leitung der Gemeinsamen Wissenschaftskonferenz. Ihre Beschlüsse fasst sie mit einer Mehrheit von mindestens 29 Stimmen der Mitglieder (Art. 4 IV 1 GWK-Abkommen). Dabei haben die Vertreterinnen und Vertreter der Bundesregierung 16 Stimmen, welche einheitlich abgegeben werden,

864 *Kluth*, RdJB 2008, 257 (266); *Häde*, ZG 24 (2009), 1 (13); *Jauch*, Wissenschaftsförderung nach der Reform des Föderalismus, S. 158.

865 *Jauch*, Wissenschaftsförderung nach der Reform des Föderalismus, S. 160.

sowie die Vertreterinnen und Vertreter der Landesregierungen je eine Stimme (Art. 4 III GWK-Abkommen). Vereinbarungen, welche im Schwerpunkt Hochschulen betreffen, bedürfen entsprechend der Vorgabe der höherrangigen Verfassungsvorschrift in Art. 91b I 2 GG der Zustimmung der Vertreterinnen und Vertreter der Bundesregierung und aller Länder (Art. 4 V 1 GWK-Abkommen). Dies gilt jedoch entsprechend Art. 91b I 3 GG nicht für Vereinbarungen über Forschungsbauten einschließlich Großgeräten (Art. 4 V 2 GWK-Abkommen). Die Beschlüsse der Gemeinsamen Wissenschaftskonferenz sind mit Zustimmung der Regierungschefinnen und -chefs für die Vertragschließenden verbindlich (Art. 4 VI 1 GWK-Abkommen). Die Zustimmung gilt dabei mit der Beschlussfassung als erteilt, wenn und soweit die Beschlussfassung einstimmig erfolgt ist (Art. 4 VI 2 GWK-Abkommen). Bei nicht einstimmig gefassten Beschlüssen gilt die Zustimmung wiederum als erteilt, wenn nicht binnen vier Wochen nach Zugang des Beschlusses einer der Vertragschließenden die Beratung und Beschlussfassung der Regierungschefinnen und -chefs beantragt (Art. 4 VI 3 GWK-Abkommen). Hinsichtlich Beschlussfassungen auf dem Gebiet des Art. 91b I 2 GG, wonach Einstimmigkeit der Länder erforderlich ist, kann diese Regelung jedoch keine Anwendung finden. An dieser Stelle muss die höherrangige Verfassungsvorschrift der Regelung des GWK-Abkommens vorgehen (*lex superior derogat legi inferiori*).[866] Die Gemeinsame Wissenschaftskonferenz hat sich überdies zur detaillierten Regelung ihrer Organisation eine Geschäftsordnung[867] gegeben. Die Aufgabenbewältigung steht im Übrigen stets unter dem Finanzierungsvorbehalt der Parlamente der Vertragschließenden (Art. 2 III GWK-Abkommen). Von den Beschlüssen der Gemeinsamen Wissenschaftskonferenz geht allerdings eine erhebliche faktische Bindungswirkung aus, die zu einer faktischen Entscheidungsverlagerung von den Parlamenten auf die Exekutive führt.[868]

Für die Unterstützung der Gemeinsamen Wissenschaftskonferenz bei der Erfüllung ihrer Aufgaben ist der Ausschuss der Gemeinsamen Wissenschaftskonferenz zuständig (Art. 5 I GWK-Abkommen). Dieser bereitet die Beratungen und Beschlüsse der Gemeinsamen Wissenschaftskonferenz vor (Art. 5 II GWK-Abkommen). Darüber hinaus kann der Ausschuss Angelegenheiten durch

866 *Jauch*, Wissenschaftsförderung nach der Reform des Föderalismus, S. 159.

867 *GWK*, Geschäftsordnung für die Gemeinsame Wissenschaftskonferenz v. 18.2.2008.

868 So bereits zur Vorgängerorganisation *Trute*, Die Forschung zwischen grundrechtlicher Freiheit und staatlicher Institutionalisierung, S. 459 f.; *Streiter*, Wissenschaftsförderung durch Mittlerorganisationen, S. 185.

Beschluss auch abschließend entscheiden, sofern die Gemeinsame Wissenschaftskonferenz ihm die Aufgabe dazu übertragen hat (Art. 5 III GWK-Abkommen). Der Ausschuss der Gemeinsamen Wissenschaftskonferenz setzt sich zusammen aus je einer Vertreterin oder einem Vertreter der Amtschefinnen- bzw. Amtschefs- oder Abteilungsleitungsebene der für Wissenschaft und Forschung sowie für Finanzen zuständigen Ministerien des Bundes und der Länder (Art. 6 I 1 GWK-Abkommen).

Zur Erledigung der laufenden Geschäfte der Gemeinsamen Wissenschaftskonferenz sowie zur Vor- und Nachbereitung ihrer Beratungen ist das Büro der Gemeinsamen Wissenschaftskonferenz mit Sitz in Bonn zuständig (Art. 7 I GWK-Abkommen). Geleitet wird dieses durch die Generalsekretärin oder den Generalsekretär, welche oder welcher durch die Gemeinsame Wissenschaftskonferenz gewählt und vom Bund bestellt wurde (Art. 7 II GWK-Abkommen).

e) Gegenstand der gemeinsamen Förderung

Im Rahmen der Gemeinsamen Wissenschaftskonferenz fördern Bund und Länder gemeinsam Wissenschaftseinrichtungen „von überregionaler Bedeutung und gesamtstaatlichem wissenschaftspolitischem Interesse“ (Art. 3 I GWK-Abkommen). Die gemeinsam von der Gemeinsamen Wissenschaftskonferenz geförderten Einrichtungen lassen sich in Art. 3 I GWK-Abkommen i.V.m. § 1 Anlage zum GWK-Abkommen entnehmen. Gemeinsam gefördert werden danach die Forschungsförderungsorganisation Deutsche Forschungsgemeinschaft sowie die wichtigsten außeruniversitären Wissenschaftseinrichtungen Helmholtz-Gemeinschaft, Max-Planck-Gesellschaft, Fraunhofer-Gesellschaft und Leibniz-Gemeinschaft.[869] Ferner werden auch die Mitgliedseinrichtungen der Leopoldina, das Wissenschaftskolleg zu Berlin, acatech, andere Forschungseinrichtungen und Einrichtungen mit Servicefunktion für die Forschung, Trägerorganisationen derartiger Einrichtungen sowie Forschungsförderungsorganisationen, sofern ihr jährlicher Zuwendungsbedarf zu den laufenden Kosten eine bestimmte Größenordnung übersteigt, das von der Union der deutschen Akademien der Wissenschaften e.V. koordinierte Akademienprogramm sowie Forschungsbauten an Hochschulen einschließlich Großgeräten, sofern die zuwendungsfähigen Kosten eine bestimmte Größenordnung übersteigen, gemeinsam von Bund und Ländern im Rahmen der Gemeinsamen Wissenschaftskonferenz gefördert. Angesichts der geförderten Einrichtungen gemäß

869 S. detailliert zu diesen gemeinsam geförderten Einrichtungen unten C. III.

der Anlage zum GWK-Abkommen sowie der etlichen Ausführungsvereinbarungen, die auf der Grundlage des GWK-Abkommens geschlossen worden sind, wird die Stellung der Gemeinsamen Wissenschaftskonferenz als wichtigstes Koordinierungsgremium von Bund und Ländern auf dem Gebiet des Art. 91b GG offenkundig.[870]

f) Finanzierung

Hinsichtlich der Finanzierung der Gemeinsamen Wissenschaftskonferenz ist zunächst zwischen der Finanzierung der Gemeinsamen Wissenschaftskonferenz als Einrichtung einerseits und der Förderung von Wissenschaft und Forschung durch Bund und Länder im Rahmen der Gemeinsamen Wissenschaftskonferenz auf der Grundlage von Art. 91b GG andererseits zu differenzieren. Die institutionelle Förderung der Gemeinsamen Wissenschaftskonferenz umfasst die Finanzierung ihres Büros, welches zur Erledigung der laufenden Geschäfte sowie zur Vor- und Nachbereitung ihrer Beratungen in Bonn eingerichtet ist (Art. 7 I GWK-Abkommen). Der Jahresetat des Büros der Gemeinsamen Wissenschaftskonferenz beläuft sich auf etwa 2,6 Mio. Euro[871] im Jahr 2019, wobei die persönlichen und sächlichen Ausgaben des Büros grundsätzlich vom Bund getragen werden (Art. 7 IV 1 GWK-Abkommen). Eine Ausnahme bilden jedoch die persönlichen Ausgaben, die durch die Mitarbeit von Landesbediensteten in dem Büro entstehen. Diese Ausgaben werden von dem entsprechenden Land getragen (Art. 7 IV 2 GWK-Abkommen). Die für das Büro erforderlichen Planstellen und Stellen sowie Einnahmen und Ausgaben des Bundes werden in einem besonderen Kapitel des Einzelplans 01 des Bundeshaushalts zusammengefasst (§ 12 GWK-GO).

Das Finanzvolumen der Förderung von Wissenschaft und Forschung durch Bund und Länder im Rahmen der Gemeinsamen Wissenschaftskonferenz auf der Grundlage von Art. 91b GG betrug im Jahr 2019 hingegen rund 15 Mrd. Euro. Die Einzelheiten der gemeinsamen Finanzierung, insbesondere die Finanzierungsanteile von Bund und Ländern, der geförderten außeruniversitären Forschungsförderungsorganisationen und Wissenschaftseinrichtungen sind nach Art. 3 II GWK Abkommen i.V.m. § 2 Anlage zum GWK-Abkommen näher in den jeweiligen Ausführungsvereinbarungen geregelt.[872] Die Gemeinsame

870 *Jauch*, Wissenschaftsförderung nach der Reform des Föderalismus, S. 160.

871 *BMF*, Bundeshaushalt 2019, Einzelplan 01, S. 17.

872 S. detailliert zur gemeinsamen Finanzierung der Deutschen Forschungsgemeinschaft, der Fraunhofer-Gesellschaft, der Helmholtz-Gemeinschaft, der Leibniz-Gemeinschaft sowie der Max-Planck-Gesellschaft durch Bund und Länder unten C. III.

Wissenschaftskonferenz ist damit das finanziell einflussreichste Entscheidungsgremium der staatlich subventionierten Grundlagen- und anwendungsbezogenen Forschung in Deutschland.[873]

II. Gemeinsame Förderung von Hochschulen

Die gemeinsame Förderung von Hochschulen durch Bund und Länder beruhte in der Praxis zunächst vor allem auf Art. 91b I 1 Nr. 2 GG (i.d.F. v. 2006). Danach konnten Bund und Länder „Vorhaben der Wissenschaft und Forschung" an Hochschulen gemeinsam fördern.[874] Der neue Art. 91b I GG differenziert seit 2015 hingegen nicht mehr zwischen Einrichtungs- und Vorhabenförderung, vielmehr ist nun auch eine gemeinsame institutionelle Förderung von Hochschulen möglich.[875] In der Praxis besteht die Differenzierung zwischen der Förderung von Einrichtungen und Vorhaben jedoch teilweise weiterhin, da viele Sonderprogramme von Bund und Ländern bereits vor 2015 als Vorhabenförderung i.S.d. Art. 91b I 1 Nr. 2 GG (i.d.F. v. 2006) geschlossen worden sind und in dieser Form fortlaufen bzw. fortgesetzt wurden. Im Rahmen der Vorhabenförderung werden Zuwendungen zur Deckung von Ausgaben bestimmter Forschungsvorhaben durch Forschungsförderungseinrichtungen oder direkt durch den Staat vergeben.[876] Von besonderer Bedeutung in der Praxis sind hier hinsichtlich ihres Finanzvolumens vor allem die Exzellenzinitiative und ihre Nachfolgerin die Exzellenzstrategie sowie der Hochschulpakt 2020 und sein Nachfolger der Zukunftsvertrag „Studium und Lehre stärken". Daneben bestehen noch einige weitere weniger finanzintensive Programmförderungen, wie das Professorinnenprogramm, das Programm „Forschung und Entwicklung an Hochschulen", der Wettbewerb „Aufstieg durch Bildung: offene Hochschulen", der Qualitätspakt Lehre und sein Nachfolgepakt „Innovation in der Hochschullehre", die Qualitätsoffensive Lehrerbildung, das Förderprogramm „Forschungsbauten, Großgeräte und Nationales Hochleistungsrechnen an Hochschulen", die Förderinitiative „Innovative Hochschule", das Programm zur Förderung des wissenschaftlichen Nachwuchses sowie das Programm zur Förderung der Gewinnung

873 *Groß/Karaalp/Wilden*, Regelungsstrukturen der Forschungsförderung, S. 21.

874 Vgl. dazu auch ausführlich oben B. IV. 2. d).

875 Vgl. dazu auch ausführlich oben B. IV. 3. b) cc) (1).

876 *Heinrich*, Die rechtliche Systematik der Forschungsförderung, S. 78; *Groß/Karaalp/Wilden*, Regelungsstrukturen der Forschungsförderung, S. 25.

und Entwicklung von professoralem Personal an Fachhochschulen, in deren Rahmen Bund und Länder gemeinsam Hochschulen fördern.

Hinsichtlich dieser gemeinsamen Hochschulförderung ist zu untersuchen, inwiefern Bund und Länder die verfassungsrechtlichen Möglichkeiten bzw. Grenzen des Art. 91b GG als Rechtsgrundlage ihrer Vereinbarungen vor und nach seiner Reform im Jahr 2014 genutzt bzw. beachtet haben. Insgesamt wird sich dabei zeigen, dass die Staatspraxis den Wortlaut der alten Regelung von Art. 91b I 1 Nr. 2 GG (i.d.F. v. 2006) zum Teil aufs Äußerte ausreizte und sogar überschritt. Ferner wird die in der Staatspraxis übliche gemeinsame Hochschulförderung auf der Grundlage von Bund-Länder-Verwaltungsvereinbarungen rechtsstaatliche und demokratische Defizite offenbaren. Die Verfassungsmäßigkeit dieser mitunter fragwürdigen Förderprogramme wurde jedoch nie gerichtlich überprüft, da alle Beteiligten mit dem Fluss der Fördermittel zufrieden waren bzw. die Nicht-Geförderten im politischen Kontext nicht als „schlechter Verlierer" dastehen wollten.[877] Fraglich ist, inwiefern der neue Art. 91b I GG hier gegenüber seiner Vorgängerfassung mehr Rechtssicherheit bietet. Ungewiss erscheint ferner, ob mit der bisherigen Anwendung der reformierten Norm in der Staatspraxis die Intentionen des verfassungsändernden Gesetzgebers, die Stärkung der Grundfinanzierung der Hochschulen sowie die Schaffung verlässlicher Perspektiven und Planungssicherheit für die Hochschulen, erfüllt werden konnten.

1. Exzellenzinitiative und Exzellenzstrategie

Eines der bedeutendsten Bund-Länder-Förderprogramme an Hochschulen stellt die Exzellenzinitiative bzw. die Exzellenzstrategie dar.[878] Die Exzellenzinitiative wurde mit der Exzellenzvereinbarung[879] bereits am 18. Juli 2005 von Bund und

---

877 Als Klagemöglichkeit kommt für die Länder als einzig realistische Antragsberechtigte nur ein Bund-Länder-Streit nach Art. 93 I Nr. 3 GG, §§ 13 Nr. 7, 68 ff. BVerfGG in Betracht. Eine abstrakte Normenkontrolle nach Art. 93 I Nr. 2 GG, §§ 13 Nr. 6, 76 ff. GG scheidet hingegen von vornherein aus, da die Grundlagen der Förderprogramme keine formellen oder materiellen Gesetze, sondern Bund-Länder-Vereinbarungen sind. So explizit zur Exzellenzinitiative auch *Geis*, ZG 28 (2013), 305 (308); ähnlich allgemein *Risse/Hoppe*, in: EZFF, Jahrbuch des Föderalismus 2017, S. 48.

878 Vgl. ausführlich zur Exzellenzinitiative *Marzlin*, Die Exzellenzinitiative von Bund und Ländern auf dem verfassungsrechtlichen Prüfstand; *A. Neumann*, Die Exzellenzinitiative.

879 Bund-Länder-Vereinbarung gemäß Artikel 91b des Grundgesetzes (Forschungsförderung) über die Exzellenzinitiative des Bundes und der Länder zur Förderung

Ländern auf der Grundlage von Art. 91b S. 1 Alt. 2 GG (i.d.F. v. 1969) mit dem Ziel abgeschlossen, den Wissenschaftsstandort Deutschland nachhaltig zu stärken, seine internationale Wettbewerbsfähigkeit zu verbessern und Spitzen im Universitäts- und Wissenschaftsbereich sichtbarer zu machen (vgl. Präambel ExV I). Die Förderperiode umfasste dabei den Zeitraum von 2006 bis 2011. Am 4. Juni 2009 wurde sodann die Fortsetzung der Exzellenzinitiative für den Zeitraum von 2011 bis 2017 durch die Exzellenzvereinbarung II[880] von Bund und Ländern auf der Grundlage des durch die Föderalismusreform I reformierten Art. 91b I 1 Nr. 2 GG (i.d.F. v. 2006) geschlossen, die hinsichtlich ihrer dritten Förderlinie auf nicht unerhebliche verfassungsrechtliche Kritik stieß. Am 16. Juni 2016 schlossen der Bund und die Länder schließlich auf unbestimmte Zeit die Exzellenzstrategie[881] auf der Grundlage des neuen Art. 91b I GG als Nachfolgeprogramm der bisherigen Exzellenzinitiative ab.

a) *Exzellenzvereinbarung I (2006–2011)*

Am 18. Juli 2005 schlossen der Bund und die Länder auf der Grundlage von Art. 91b S. 1 Alt. 2 GG (i.d.F. v. 1969) die Exzellenzvereinbarung I mit dem Ziel ab, den Wissenschaftsstandort Deutschland nachhaltig zu stärken, seine internationale Wettbewerbsfähigkeit zu verbessern und Spitzen im Universitäts- und Wissenschaftsbereich sichtbarer zu machen (vgl. Präambel ExV I).[882] Zur Erreichung dieser Ziele wurde ein Förderprogramm mit drei projektbezogenen Förderlinien eingerichtet. Die erste Förderlinie umfasste „Graduiertenschulen“ zur Förderung des wissenschaftlichen Nachwuchses (§ 1 I Nr. 1 ExV I), die zweite Förderlinie bildeten „Exzellenzcluster“ zur Förderung der Spitzenforschung (§ 1 I Nr. 2 ExV I) und die dritte Förderlinie enthielt „Zukunftskonzepte“ zum projektbezogenen Ausbau der universitären Spitzenforschung (§ 1 I Nr. 3 ExV I).

---

von Wissenschaft und Forschung an deutschen Hochschulen – Exzellenzvereinbarung („ExV I“) v. 18.7.2005, BAnz 2005 S. 13347.

880 Verwaltungsvereinbarung zwischen Bund und Ländern gemäß Artikel 91b Abs. 1 Nr. 2 des Grundgesetzes über die Fortsetzung der Exzellenzinitiative des Bundes und der Länder zur Förderung von Wissenschaft und Forschung an deutschen Hochschulen – Exzellenzvereinbarung II („ExV II“) v. 24.6.2009, BAnz 2009 S. 2416.

881 Verwaltungsvereinbarung zwischen Bund und Ländern gemäß Artikel 91b Absatz 1 des Grundgesetzes zur Förderung von Spitzenforschung an Universitäten – „Exzellenzstrategie“ – gemäß Beschluss der Regierungschefinnen und Regierungschefs von Bund und Ländern v. 16.6.2016 („ExS“), BAnZ AT 27.10.2016 B6.

882 Vgl. ausführlich zur Entstehungsgeschichte der Exzellenzinitiative *A. Neumann*, Die Exzellenzinitiative, S. 227 ff.

Voraussetzung für die Bewertung der Exzellenz waren dabei die „Exzellenz von Forschung und in der Förderung des wissenschaftlichen Nachwuchses auf mindestens einem breiten Wissenschaftsgebiet", das Vorliegen eines „Gesamtkonzept[s] zur Vernetzung der Disziplinen und zur internationalen Vernetzung in der Forschung" sowie „universitätsübergreifende bzw. außeruniversitäre Kooperation" (§ 3 I ExV I).[883] In der Anlage zur Exzellenzvereinbarung I finden sich zudem weitere konkretere Voraussetzungen der gemeinsamen Förderung je nach Förderlinie. Danach setzt die gemeinsame Förderung von „Graduiertenschulen" im Rahmen der Exzellenzinitiative „die Qualität eines übergreifenden Forschungs- und Studienprogramms in profilbildenden Wissenschaftsfeldern", „die Attraktivität für in- und ausländische Absolventinnen und Absolventen" sowie die „bestmögliche Betreuung und Herstellung einer frühestmöglichen Selbstständigkeit des wissenschaftlichen Nachwuchses" voraus (Nr. 1 der Anlage zur ExV I). Voraussetzungen für die gemeinsame Förderung von „Exzellenzclustern" sind wiederum „erbrachte Spitzenleistungen in der Forschung bei allen beteiligten Partnern und Exzellenz des geplanten wissenschaftlichen Programms" sowie „der bereits erreichte und der zukünftig angestrebte Platz im internationalen Wettbewerb". Darüber hinaus wird auf die „Kohärenz und Leistungsfähigkeit des Kooperationsnetzes", die „Organisation und Weiterentwicklung des Exzellenzclusters" sowie die „Qualität des Wissenstransfers und gegebenenfalls die wirtschaftliche Relevanz" abgestellt (Nr. 2 der Anlage zur ExV I). Die gemeinsame Förderung von „Zukunftskonzepten" setzt hingegen die „Exzellenz in verschiedenen, für die Universität profilbildenden Wissenschaftsbereichen" sowie „herausragende Forschungsqualität, die auch durch Graduiertenschulen und Exzellenzcluster nachzuweisen ist", voraus. Weitere Voraussetzungen sind die „Interdisziplinarität und Vernetzung auch mit außeruniversitären Forschungseinrichtungen und weiteren wissenschaftlichen Partnern", die „internationale Verflechtung", „gezielte Nachwuchsförderung" sowie die „Sicherung der Nachhaltigkeit des Ausbaus von Forschungsexzellenz". Ferner muss jeder von einer Hochschule eingereichte Antrag „konkrete Projektvorschläge" enthalten, wobei nicht alle Schwerpunkte erfüllt werden müssen (Nr. 3 der Anlage zur ExV I). Intern werden die Auswahlkriterien darüber

883 Vgl. ausführlich zu den Förderkriterien der Exzellenzvereinbarung I *Marzlin*, Die Exzellenzinitiative von Bund und Ländern auf dem verfassungsrechtlichen Prüfstand, S. 22 ff.

hinaus durch die Rahmengeschäftsordnung und die Hinweise der Deutschen Forschungsgemeinschaft für die Begutachtung weiter konkretisiert.[884]

Für die Finanzierung der ersten Förderperiode von 2006 bis 2011 wurden insgesamt 1,9 Mrd. Euro bereitgestellt (§ 2 I 1 ExV I). Dabei wurden für die erste Programmphase im Jahr 2006 190 Mio. Euro, in den Jahren 2007 bis 2010 je 380 Mio. Euro und im Jahr 2011 190 Mio. Euro bereitgestellt (§ 2 I 2 ExV I). Die Mittel für die Förderung wurden dabei vom Bund und dem jeweiligen Sitzland im Verhältnis 75:25 v.H. getragen (§ 2 I 3 ExV I). Die zuwendungsfähigen Ausgaben wurden für die Förderlinie „Graduiertenschulen" i.H.v. jeweils durchschnittlich 1 Mio. Euro jährlich, für die Förderlinie „Exzellenzcluster" i.H.v. jeweils durchschnittlich 6,5 Mio. Euro jährlich und für die Förderlinie „Zukunftskonzepte" i.H.v. jeweils durchschnittlich 21 Mio. Euro veranschlagt (§ 2 II ExV I). In der ersten Programmphase der Exzellenzinitiative konnten in den drei Förderlinien insgesamt 85 Projekte mit 1,969 Mrd. Euro gefördert werden.[885]

b) *Exzellenzvereinbarung II (2011–2017)*

Bereits in der Exzellenzvereinbarung I wurde eine mögliche Fortsetzung des Programms auf der Grundlage des Berichts der Gemeinsamen Kommission über den 31. Dezember 2011 hinaus festgehalten (§ 7 I ExV i.V.m. § 5 ExV I). Die Gemeinsame Kommission sprach sich im Jahr 2008 für die Fortsetzung und Weiterentwicklung der Exzellenzinitiative mit allen drei Förderlinien aus.[886] Am 4. Juni 2009 wurde dementsprechend die Fortsetzung der Exzellenzinitiative durch die Exzellenzvereinbarung II (ExV II) von Bund und Ländern auf der Grundlage des nunmehr durch die Föderalismusreform I novellierten Art. 91b I 1 Nr. 2 GG (i.d.F. v. 2006) abgeschlossen. Die Ziele der Exzellenzinitiative, die drei Förderlinien „Graduiertenschulen", „Exzellenzcluster" und

884 *Groß/Karaalp/Wilden*, Regelungsstrukturen der Forschungsförderung, S. 65 f.; *Marzlin*, Die Exzellenzinitiative von Bund und Ländern auf dem verfassungsrechtlichen Prüfstand, S. 21.

885 *DFG/WR*, Bericht der Gemeinsamen Kommission zur Exzellenzinitiative an die Gemeinsame Wissenschaftskonferenz vom November 2008, S. 5; vgl. zu den Ergebnissen der ersten Bewilligungsrunde im Einzelnen auch *Marzlin*, Die Exzellenzinitiative von Bund und Ländern auf dem verfassungsrechtlichen Prüfstand, S. 50 ff.

886 *DFG/WR*, Bericht der Gemeinsamen Kommission zur Exzellenzinitiative an die Gemeinsame Wissenschaftskonferenz vom November 2008, S. 70 ff.

„Zukunftskonzepte“ sowie ihre Förderkriterien[887] wurden unverändert beibehalten (§ 1 I ExV II). Durch die Fortsetzung der Exzellenzinitiative konnte die zuvor bestehende Ungewissheit für die nachhaltige Planung der „Graduiertenschulen“ und „Exzellenzcluster“ zunächst beseitigt werden.[888]

Um das Förderprogramm der Exzellenzinitiative weiter zu finanzieren, wurden für den Zeitraum der zweiten Förderperiode von 2011 bis 2017 insgesamt rund 2,7 Mrd. Euro von Bund und Ländern zur Verfügung gestellt (§ 2 I 1 ExV II) und damit etwa 800 Mio. Euro mehr als im Rahmen der Exzellenzvereinbarung I. Die Fördermittel wurden für das Jahr 2011 mit 27,1 Mio. Euro, für das Jahr 2012 mit 215,1 Mio. Euro, für das Jahr 2013 mit 483,9 Mio. Euro, für das Jahr 2014 mit 502,6 Mio. Euro, für das Jahr 2015 mit 530 Mio. Euro, für das Jahr 2016 mit 525 Mio. Euro und für das Jahr 2017 mit 440 Mio. Euro bedarfsorientiert veranschlagt (§ 2 I 2, 4 ExV II). Die Mittel für die Förderung wurden dabei vom Bund und dem jeweiligen Sitzland weiterhin im Verhältnis 75:25 v.H. getragen (§ 2 I 3 ExV II). Die zuwendungsfähigen Ausgaben wurden dabei für die erste Förderlinie auf 1 bis 2,5 Mio. Euro jährlich pro „Graduiertenschule“ und insgesamt auf rund 60 Mio. Euro jährlich erhöht. Für die zweite Förderlinie wurden 3 bis 8 Mio. Euro jährlich pro „Exzellenzcluster“ und insgesamt rund 292 Mio. Euro jährlich vorgesehen. Für die dritte Förderlinie „Zukunftskonzepte“ wurden im Übrigen insgesamt rund 142 Mio. Euro pro Jahr zum projektbezogenen Ausbau der universitären Spitzenforschung veranschlagt (§ 2 II ExV II). Zu den zuwendungsfähigen Projektausgaben erhielten die Antragstellenden überdies einen pauschalen Zuschlag von 20 % zur Deckung der mit der Förderung verbundenen indirekten Ausgaben, den sog. Programmkosten (§ 2 III ExV II). Insgesamt wurden in der zweiten Programmphase 99 Projekte, darunter 45 „Graduiertenschulen“, 43 „Exzellenzcluster“ und elf „Zukunftskonzepte“, bewilligt.[889]

c) *Exzellenzstrategie (seit 2017)*

Im Jahr 2009 beschlossen Bund und Länder die Evaluation der Exzellenzinitiative durch eine externe Kommission. Die „Internationale Expertenkommission

---

887 Vgl. ausführlich zu den Förderkriterien der Exzellenzvereinbarung II *Marzlin*, Die Exzellenzinitiative von Bund und Ländern auf dem verfassungsrechtlichen Prüfstand, S. 62 ff.

888 *Krull*, in: FS Teichler, S. 247; *Jauch*, Wissenschaftsförderung nach der Reform des Föderalismus, S. 199.

889 *DFG/WR*, Bericht der Gemeinsamen Kommission zur Exzellenzinitiative an die Gemeinsame Wissenschaftskonferenz vom Juni 2015, S. 22.

zur Evaluation der Exzellenzinitiative" (IEKE) hat im Januar 2016 ihren Endbericht zur Evaluation veröffentlicht. Die IEKE schlug darin in Übereinstimmung mit dem Beschluss der Gemeinsamen Wissenschaftskonferenz vom 11. Dezember 2014 vor, die Exzellenzinitiative „mindestens im selben Umfang" fortzusetzen.[890] Die Kommission empfahl ferner, das Nachfolgeprogramm der Exzellenzinitiative auf die bisherige zweite und dritte Förderlinie („Exzellenzcluster" und „Zukunftskonzepte"), wenn auch in teilweise stark modifizierter Form, zu reduzieren sowie die bisherige erste Förderlinie („Graduiertenschulen") als eigenständiges Programm auszusetzen.[891] Am 16. Juni 2016 schlossen der Bund und die Länder schließlich auf unbestimmte Zeit die Exzellenzstrategie (ExS) auf der Grundlage des neuen Art. 91b I GG als Nachfolgeprogramm der bisherigen Exzellenzinitiative ab. Die Exzellenzstrategie soll die Universitäten durch die Förderung wissenschaftlicher Spitzenleistungen, Profilbildungen sowie durch die Fortsetzung und Weiterentwicklung von Kooperationen im Wissenschaftssystem stärken, um den Wissenschaftsstandort Deutschland nachhaltig zu stärken, seine internationale Wettbewerbsfähigkeit weiter zu verbessern und die erfolgreiche Entwicklung fortzuführen, die die Ausbildung von Leistungsspitzen in der Forschung und die Anhebung der Qualität des Hochschul- und Wissenschaftsstandorts Deutschland in der Breite zum Ziel hat (Präambel der ExS). Die Exzellenzstrategie umfasst nunmehr die beiden Förderlinien „Exzellenzcluster" und „Exzellenzuniversitäten". Im Rahmen der Förderlinie „Exzellenzcluster" werden international wettbewerbsfähige Forschungsfelder an Universitäten bzw. Universitätsverbünden projektbezogen gefördert (§ 1 I lit. a ExS). Als Kriterien zur Beurteilung der wissenschaftlichen Exzellenz werden die „ausgewiesene Exzellenz der Forschung und der beteiligten Wissenschaftlerinnen und Wissenschaftler im jeweiligen thematischen Forschungsfeld" (§ 3 III lit. a ExS) sowie die „wissenschaftliche Exzellenz und Kohärenz des Forschungskonzepts zur Entwicklung des thematischen Forschungsfelds, zur interdisziplinären Zusammenarbeit und zur internationalen Vernetzung" (§ 3 III lit. b ExS) herangezogen. Ferner ist die „Besonderheit, Originalität und Risikobereitschaft der Forschung" (§ 3 III lit. c ExS) sowie die „Kohärenz und Qualität der Förderung des wissenschaftlichen Nachwuchses" (§ 3 III lit. d ExS) von Belang. Weitere Kriterien sind die „Qualität der Konzepte zur professionellen Personalentwicklung und zur Chancengleichheit in der Wissenschaft" (§ 3 III lit. e ExS) sowie die „Qualität des strategischen Entwicklungskonzepts zur Organisation und Weiterentwicklung

---

890 *IEKE*, Endbericht Januar 2016, S. 2.
891 *IEKE*, Endbericht Januar 2016, S. 3.

des Exzellenzclusters […] und Passfähigkeit dieser Entwicklungsstrategie zu derjenigen der Universität bzw. des Verbunds" (§ 3 III lit. f ExS). Gegebenenfalls wird auch auf die „Leistungsfähigkeit der beteiligten Partner und Kohärenz und Qualität des Kooperationskonzepts auf Basis verbindlicher Vereinbarungen" (§ 3 III lit. g ExS) sowie auf die „Qualität der beantragten Maßnahmen zur forschungsorientierten Lehre im thematischen Forschungsfeld" (§ 3 III lit. h ExS) abgestellt. Letztlich spielt gegebenenfalls auch die „Qualität der beantragten Maßnahmen zum Ideen- und Wissenstransfer" (§ 3 III lit. i ExS) sowie zur „Nutzung von Forschungsinfrastrukturen" (§ 3 III lit. g ExS) eine Rolle.

Die Förderlinie „Exzellenzuniversitäten" dient der Stärkung der Universitäten als Institution bzw. einem Verbund von Universitäten und dem Ausbau ihrer internationalen Spitzenstellung in der Forschung auf Basis erfolgreicher „Exzellenzcluster" (§ 1 I lit. b ExS). Voraussetzung für die Förderung als „Exzellenzuniversität" ist die Förderung von mindestens zwei „Exzellenzclustern" an derselben Universität (§ 4 I 5 ExS). Bei Verbünden mehrerer Universitäten erhöht sich die Zahl der erforderlichen „Exzellenzcluster" auf mindestens drei, wobei jede der am Verbund beteiligten Universitäten über mindestens ein „Exzellenzcluster" verfügen oder an einem gemeinsamen „Exzellenzcluster" beteiligt sein muss (§ 4 I 6 ExS). Für die Beurteilung der Exzellenz werden darüber hinaus die „bisherigen exzellenten Forschungsleistungen der antragstellenden Universität bzw. des Verbundes" herangezogen. Diese werden nach Parametern der wissenschaftlichen Leistungsfähigkeit unter transparenter Einbeziehung von vorliegenden statistischen Daten wie beispielsweise Drittmitteln, Forschungspreisen und Leistungen in den bisherigen Runden der Exzellenzinitiative, im Rahmen der Begutachtung bewertet (§ 4 III lit. a ExS). Überdies wird auf die „Kohärenz und Qualität eines strategischen institutionsbezogenen Gesamtkonzepts" abgestellt, welches Aussagen unter anderem zur Governance, zur Nutzung der Forschungsinfrastrukturen, zur Attraktion der weltweit führenden Wissenschaftlerinnen und Wissenschaftler sowie zur Personalentwicklung und Chancengleichheit enthält (§ 4 III lit. b ExS).

Zur Finanzierung des Gesamtprogramms stellen Bund und Länder im Jahr 2017 insgesamt 80 Mio. Euro sowie ab dem Jahr 2018 jährlich insgesamt 533 Mio. Euro, einschließlich Programm- und Universitätspauschalen, Verwaltungskosten, Auslauf- und Überbrückungsfinanzierung, zur Verfügung (§ 1 III 1 ExS). Die Mittel der Förderung werden dabei vom Bund und dem jeweiligen Sitzland weiterhin im Verhältnis 75:25 v.H. getragen (§ 1 III 5 ExS). Im Übrigen tragen Bund und Länder im gleichen Verhältnis auch die Verwaltungskosten der Deutschen Forschungsgemeinschaft und des Wissenschaftsrates für dieses Programm im jeweiligen Wirtschaftsplan der beiden Institutionen

(§ 1 IV ExS). Für die Projektförderung der „Exzellenzcluster“ stellen Bund und Länder jährlich insgesamt rund 385 Mio. Euro zur Verfügung (§ 3 I 1 ExS). Dieser Betrag enthält eine Programmpauschale i.H.v. 22 % der bewilligten und verausgabten direkten Projektmittel sowie die Mittel für eine Universitätspauschale[892] und für eine Auslauffinanzierung (§ 3 I 2 ExS). Für die Förderung von „Exzellenzuniversitäten“ stellen Bund und Länder ab der ersten Ausschreibungsrunde jährlich insgesamt rund 148 Mio. Euro für elf Förderfälle bei Erfolg im wettbewerblichen Verfahren zur Verfügung (§ 4 I 1 ExS). In der zweiten Ausschreibungsrunde mit Förderbeginn 2026 sollen bei Erfolg im wettbewerblichen Verfahren sodann vier neue Förderfälle aufgenommen werden (§ 4 I 2 ExS). Dabei werden antragsabhängige Förderhöhen von jährlich 10 bis 15 Mio. Euro für Anträge einzelner Universitäten und 15 bis 28 Mio. Euro für Universitätsverbünde veranschlagt (§ 4 I 4 ExS). „Exzellenzuniversitäten“ werden laut Vereinbarung grundsätzlich dauerhaft gefördert (§ 5 I 1 ExS). Die Förderung der „Exzellenzuniversitäten“ ist allerdings an die Bedingung geknüpft, dass ihre alle sieben Jahre stattfindende wissenschaftliche Evaluierung positiv verläuft (§ 6 I, II ExS).

Die Förderung der „Graduiertenschulen“, „Exzellenzcluster“ und „Zukunftskonzepte“, welche auf der Basis der zweiten Förderperiode der Exzellenzinitiative gefördert wurden, erhalten ab dem 1. November 2017 eine auf höchstens 24 Monate begrenzte Überbrückungsfinanzierung, welche zugleich ihre mögliche Auslauffinanzierung ist (§ 7 ExS).

d) Durchführung der Exzellenzinitiative und Exzellenzstrategie

Um Fördermittel aus den verschiedenen Förderlinien der Exzellenzinitiative zu erhalten, mussten die förderungswilligen Universitäten zunächst Anträge stellen (§§ 1 II, 4 V ExV I / ExV II), über die sodann in einem zweistufigen Verfahren entschieden wurde. Durchgeführt wurde das Programm der Exzellenzinitiative von der Deutschen Forschungsgemeinschaft[893] in Zusammenwirken mit dem Wissenschaftsrat (§ 4 I ExV I / ExV II). Die Deutsche Forschungsgemeinschaft war auch für die Ausschreibung der Exzellenzinitiative zuständig (§ 4 IV ExV I / ExV II). Die Beteiligung der Deutschen Forschungsgemeinschaft und des Wissenschaftsrates bei der Durchführung der Exzellenzinitiative sollte

---

892 Universitäten mit Exzellenzclustern können nach § 3 IV Exzellenzstrategie eine Universitätspauschale als Strategiezuschlag zur Stärkung ihrer Governance und strategischen Ausrichtung durch die Universitätsleitung erhalten.

893 S. dazu ausführlich unten C. III. 1.

insgesamt sicherstellen, dass die Förderbeschlüsse rein nach fachlichen Kriterien gefasst werden.[894]

Gemeinsam mit dem Wissenschaftsrat bildete die Deutsche Forschungsgemeinschaft eine Gemeinsame Kommission und setzte einen Bewilligungsausschuss ein (§ 4 II ExV I / ExV II). Die Gemeinsame Kommission bestand dabei aus einer Fachkommission, die vom Senat der Deutschen Forschungsgemeinschaft eingesetzt wurde und 14 Mitglieder hatte, und einer Strategiekommission, die von der Wissenschaftlichen Kommission des Wissenschaftsrates eingesetzt wurde und wiederum zwölf Mitglieder hatte (§ 4 III ExV I / ExV II). Die Gemeinsame Kommission gab zu den Anträgen der Universitäten für alle drei Förderlinien eine abschließende gemeinsame Empfehlung auf der Grundlage fachwissenschaftlicher Begutachtung ab (§ 4 VII ExV I / § 4 VIII ExV II). Der Bewilligungsausschuss, der aus der Gemeinsamen Kommission und den für die Wissenschaft zuständigen Ministerinnen und Ministern des Bundes und der Länder bestand (§ 4 II 2 ExV I / ExV II), entschied sodann auf der Grundlage der Empfehlungen der Gemeinsamen Kommission über die Förderanträge (§ 4 VIII 1 ExV I / § 4 IX 1 ExV II). Er entschied dabei mit einfacher Mehrheit der abgegebenen Stimmen (§ 4 X ExV II), wobei die Mitglieder der Gemeinsamen Kommission je eineinhalb Stimmen, die Ministerinnen und Minister der Länder je eine Stimme und die Bundesministerin oder der Bundesminister 16 Stimmen führten bzw. führte (§ 4 VIII 2 ExV I / § 4 IX 2 ExV II). Sowohl hinsichtlich der Mitgliederzahl (17 von 43 Mitgliedern) als auch hinsichtlich der Stimmenanzahl (32 von 71 Stimmen) waren die Vertreterinnen und Vertreter von Bund und Ländern im Bewilligungsausschuss mithin in der Unterzahl.

Auch im Rahmen der Exzellenzstrategie müssen die förderungswilligen Universitäten bzw. Universitätsverbünde zunächst einen Antrag stellen (§§ 1 II, 2 I ExS). Das Verfahren führt für die Förderlinie der „Exzellenzcluster" die Deutsche Forschungsgemeinschaft und für die Förderlinie der „Exzellenzuniversitäten" der Wissenschaftsrat durch (§ 2 III 1 ExS). Es werden überdies ein Expertengremium und eine Exzellenzkommission gebildet, die von der Deutschen Forschungsgemeinschaft und dem Wissenschaftsrat organisatorisch unterstützt werden (§ 2 IV ExS). Das Expertengremium besteht dabei aus insgesamt 39 in der Forschung auf verschiedenen Wissenschaftsgebieten ausgewiesenen Expertinnen und Experten (§ 2 IV lit. a S. 1 ExS). Dem Expertengremium gehören zudem die oder der Vorsitzende des Wissenschaftsrates und die Präsidentin

894 *Bartz*, Der Wissenschaftsrat, S. 243; *Jauch*, Wissenschaftsförderung nach der Reform des Föderalismus, S. 201.

oder der Präsident der Deutschen Forschungsgemeinschaft ohne Stimmrecht an (§ 2 IV lit. a S. 4 ExS). Das Expertengremium legt die Förderbedingungen fest, bewertet die Anträge auf der Grundlage (fach-)wissenschaftlicher Begutachtungen, entscheidet über die zur Antragstellung berechtigenden Skizzen und gibt Förderempfehlungen für die Exzellenzkommission ab (§ 2 IV lit. a S. 5 ExS). Die Exzellenzkommission besteht wiederum aus dem Expertengremium und den für die Wissenschaft zuständigen Ministerinnen und Ministern des Bundes und der Länder (§ 2 IV lit. b S. 1 ExS). Sie entscheidet auf Basis der Empfehlungen des Expertengremiums sodann über die Förderung von „Exzellenzclustern" und „Exzellenzuniversitäten" (§ 2 IV lit. b S. 3 ExS). Dabei entscheiden die stimmberechtigten Mitglieder des Expertengremiums mit einfacher Mehrheit der abgegebenen Stimmen (§ 2 V 1 ExS), wobei die stimmberechtigten Mitglieder des Expertengremiums und die Ministerinnen und Minister der Länder jeweils eine Stimme und die Bundesministerin oder der Bundesminister 16 Stimmen führt (§ 2 V 2 ExS). Auch in der Exzellenzkommission sind die Vertreterinnen und Vertreter von Bund und Ländern mithin weder hinsichtlich der Mitgliederzahl (17 von 56 stimmberechtigten Mitgliedern) noch hinsichtlich der Stimmenanzahl (32 von 71 Stimmen) in der Mehrheit.

e) Rechtsgrundlagen und Verfassungsmäßigkeit

Bund und Länder haben sowohl die beiden Exzellenzvereinbarungen als auch die Exzellenzstrategie in der Form von Verwaltungsvereinbarungen auf der Grundlage von Art. 91b GG abgeschlossen. Es bestehen jedoch insbesondere hinsichtlich des allgemeinen Grundsatzes des Vorbehalts des Gesetzes Zweifel an der Verfassungsmäßigkeit dieser Fördervereinbarungen.

aa) Rechtsgrundlagen

Rechtsgrundlage der Exzellenzinitiative ist laut Vereinbarung Art. 91b S. 1 Alt. 2 GG (i.d.F. v. 1969) bzw. für ihre Fortsetzung Art. 91b I 1 Nr. 2 GG (i.d.F. v. 2006). *Uwe Volkmann* hält hingegen auch Art. 104b I GG für eine mögliche Rechtsgrundlage.[895] Zwar ist Art. 104b GG grundsätzlich neben Art. 91b I GG anwendbar, jedoch nur soweit der Bund auch über entsprechende Gesetzgebungskompetenzen im Hochschulbereich verfügt.[896] Für den von der Exzellenzinitiative erfassten Bereich verfügte der Bund jedoch nicht über

895 *Volkmann*, in: v. Mangoldt/Klein/Starck, GG, 6. Aufl. 2010, Art. 91b Rn. 13.
896 Vgl. dazu oben B. IV. 6. c).

entsprechende Gesetzgebungskompetenzen, sodass Art. 104b I GG keine ausreichende Rechtsgrundlage bot.[897] Folglich ist Art. 91b S. 1 Alt. 2 GG (i.d.F. v. 1969) bzw. Art. 91b I 1 Nr. 2 GG (i.d.F. v. 2006) die einzig taugliche Rechtsgrundlage für die Exzellenzinitiative. Fraglich ist indes, ob die gemeinsame Förderung von Bund und Ländern verfassungsrechtlich zulässig war.

Sowohl die Exzellenzvereinbarung I als auch die Exzellenzvereinbarung II sind Bund-Länder-Vereinbarungen in Form schriftlicher Verwaltungsabkommen und somit „Vereinbarungen" i.S.v. Art. 91b S. 1 Alt. 2 GG (i.d.F. v. 1969) bzw. Art. 91b I 1 Nr. 2 GG (i.d.F. v. 2006).[898] Die bezweckte nachhaltige Stärkung des Wissenschaftsstandorts Deutschland, die Verbesserung seiner internationalen Wettbewerbsfähigkeit sowie das Sichtbarmachen der Spitzen im Universitäts- und Wissenschaftsbereich sowie das Finanzvolumen der Fördermittel waren zudem von gesamtstaatlicher, überregionaler Bedeutung.[899] Die Kostentragung im Verhältnis 75:25 v.H. zwischen dem Bund und jeweiligem Sitzland wurde entsprechend Art. 91b S. 2 GG (i.d.F. v. 1969) bzw. Art. 91b III GG (i.d.F. v. 2006) zulässig geregelt. Die Exzellenzvereinbarung II berücksichtigt zudem das Zustimmungserfordernis aller 16 Länder nach Art. 91b I 2 GG (i.d.F. v. 2006).

In materieller Hinsicht muss die Exzellenzinitiative der Förderung von „Einrichtungen und Vorhaben der wissenschaftlichen Forschung" gem. Art. 91b S. 1 Alt. 2 GG (i.d.F. v. 1969) bzw. eines „Vorhabens der Wissenschaft und Forschung" gem. Art. 91b I 1 Nr. 2 GG (i.d.F. v. 2006) gedient haben. Fraglich ist hier insbesondere, ob die Exzellenzvereinbarung II tatsächlich noch eine vorhabenbezogene Förderung oder nicht doch eine zu dieser Zeit wieder unzulässig gewordene institutionelle Förderung zum Inhalt hatte. Unter Vorhaben sind abgegrenzte Sachaufgaben mit konkreten wissenschaftlichen Zielen, d.h. einzelne Projekte, zu verstehen.[900] Neben Art. 91b I 1 Nr. 2 GG (i.d.F. v. 2006) unterscheidet auch das Haushaltsrecht zwischen der Förderung eines bestimmten Projekts und der Förderung einer Institution. Nach der Verwaltungsvorschrift 2.1 zu

---

897 So zutreffend auch *Kluth*, RdJB 2008, 257 (262); *Jauch*, Wissenschaftsförderung nach der Reform des Föderalismus, S. 212.

898 Vgl. dazu auch obige Ausführungen in B. IV. 3. b) bb) (1), die auch für die Vorgängerfassungen Art. 91b S. 1 Alt. 2 GG (i.d.F. v. 1970) bzw. Art. 91b I 1 Nr. 2 GG (i.d.F. v. 2006) entsprechend gelten.

899 Zum gleichen Ergebnis hinsichtlich der Exzellenzvereinbarung II kommt auch *Jauch*, Wissenschaftsförderung nach der Reform des Föderalismus, S. 213.

900 *Kienemund*, in: Hömig/Wolff, GG, Art. 91b Rn. 4; *Volkmann/Kaufhold*, in: v. Mangoldt/Klein/Starck, GG, Art. 91b Rn. 3; *Suerbaum*, Epping/Hillgruber GG, Art. 91b Rn. 12a.

§ 23 BHO[901] unterfallen der Projektförderung alle Zuwendungen zur Deckung von Ausgaben des Zuwendungsempfängers für einzelne abgegrenzte Vorhaben. Zur institutionellen Förderung zählen nach der Verwaltungsvorschrift 2.2 zu § 23 BHO hingegen alle Zuwendungen zur Deckung der gesamten Ausgaben oder eines nicht abgegrenzten Teils der Ausgaben des Zuwendungsempfängers. Diese haushaltsrechtlichen Abgrenzungskriterien lassen sich auf Art. 91b I 1 Nr. 2 GG (i.d.F. v. 2006) übertragen. Danach ist die zeitliche Befristung allein nicht das ausschlaggebende Abgrenzungskriterium, sondern vielmehr die Zweckbindung der Mittel, die im Rahmen der Projektförderung deutlich enger ist.[902] Um die Verfassungsmäßigkeit der Exzellenzinitiative zu prüfen, wird im Folgenden zwischen den drei Förderlinien der Exzellenzinitiativen – „Graduiertenschulen", „Exzellenzcluster" und „Zukunftskonzepte" – differenziert.

Gegen die ersten beiden Förderlinien bestehen keine verfassungsrechtlichen Bedenken, was die Projektförderung anbetrifft. Die „Graduiertenschulen" dienten der Förderung des wissenschaftlichen Nachwuchses in einem bestimmten Themenspektrum und waren somit sachlich begrenzt. Die „Exzellenzcluster" dienten wiederum der projektbezogenen Förderung der Spitzenforschung und sind ebenfalls im Hinblick auf Art. 91b I 1 Nr. 2 GG (i.d.F. v. 2006) als sachlich ausreichend begrenzt anzusehen. Die zeitliche Begrenzung der beiden Förderlinien ergibt sich wiederum aus § 7 I ExV I bzw. § 9 I ExV II. Demnach war sowohl die Förderung der „Graduiertenschulen" als auch die Förderung der „Exzellenzcluster" vorhabenbezogen und erfüllten somit auch die materiellen Voraussetzungen sowohl von Art. 91b S. 1 Alt. 2 GG (i.d.F. v. 1969) als auch von Art. 91b I 1 Nr. 2 GG (i.d.F. v. 2006).[903]

Hinsichtlich der dritten Förderlinie „Zukunftskonzepte" bestanden jedoch ernste Zweifel an der Projektbezogenheit der Förderung. In Bezug auf die Exzellenzvereinbarung I war diese Debatte allerdings kaum relevant, da nach Art. 91b S. 1 Alt. 1 GG (i.d.F. v. 1969) auch die institutionelle Förderung an Hochschulen verfassungsrechtlich zulässig war. Die gemeinsame Förderung im Rahmen der Exzellenzvereinbarung II musste hingegen zwingend projektbezogen sein, um die verfassungsrechtlichen Anforderungen von Art. 91b I 1 Nr. 2 GG

901 Allgemeine Verwaltungsvorschriften zur Bundeshaushaltsordnung (VV-BHO) v. 14.3.2001 (GMBl. 2001 Nr. 16/17/18, S. 307), i.d.F. des BMF-Rundschreibens v. 25.3.2020 – II A 3 – H 1012-6/19/10001:003, DOK 2019/0782102 –.

902 *Sieweke*, DÖV 2009, 946 (947).

903 So hinsichtlich der zweiten Programmphase der Exzellenzinitiative auch *Jauch*, Wissenschaftsförderung nach der Reform des Föderalismus, S. 209.

(i.d.F. v. 2006) zu erfüllen. Die „Zukunftskonzepte“ dienten zwar dem Wortlaut der Exzellenzvereinbarung II nach dem „projektbezogenen Ausbau der universitären Spitzenforschung“ (vgl. Präambel und § 1 I Nr. 3 ExV II) und wahrten somit zumindest verbal den Vorhabenbezug.[904] Darüber hinaus spricht auch § 2 I 5 ExV II von „Projekten“ und § 2 III ExV II setzt wiederum „Projektausgaben“ voraus.[905] Überdies war die dritte Förderlinie auch zeitlich begrenzt (vgl. § 7 I ExV I bzw. § 9 I ExV II). Es erscheint allerdings fraglich, ob die „Zukunftskonzepte“ inhaltlich tatsächlich sachlich ausreichend begrenzt waren bzw. die Fördermittel einer ausreichend engen Zweckbindung unterlagen, um „Vorhaben“ i.S.v. Art. 91b I 1 Nr. 2 GG (i.d.F. v. 2006) zu sein. Die Förderung der „Zukunftskonzepte“ orientierte sich tendenziell an der Gesamtinstitution der Hochschule,[906] wie beispielsweise aus der Beschreibung der Förderlinie durch die Deutsche Forschungsgemeinschaft hervorgeht: „Zukunftskonzepte sollen Universitäten als ganze Institution stärken, damit sie sich im internationalen Wettbewerb in der Spitzengruppe behaupten können: In einem Zukunftskonzept entwickelt eine Universität eine langfristige Strategie, wie sie ihre Spitzenforschung und ihre Nachwuchsförderung konsequent ausbauen und verbessern will. Dazu müssen in allen Bereichen vorhandene Stärken identifiziert und Prioritäten gesetzt werden.“[907] Dass „Zukunftskonzepte“ eine langfristige Strategie für Spitzenforschung und Nachwuchsförderung in den Hochschulen entwickeln und die Institution als Ganzes in den Blick nehmen sollen, spricht jedoch nicht zwingend gegen eine Projektförderung.[908] Vielmehr liegt hierin Ziel und Zweck der vorhabenbezogenen Förderung.[909] Auch ein Blick auf die Praxis zeigt, dass sich die Ausschreibung der Deutschen Forschungsgemeinschaft und des Wissenschaftsrates für die zweite Programmphase schon in ihrem Wortlaut nach streng an die Vorgaben der Exzellenzvereinbarung II im Sinne einer projektbezogenen Förderung hielten.[910] Dementsprechend mussten die Hochschulen in

---

904 *Volkmann*, in: v. Mangoldt/Klein/Starck, GG, 6. Aufl. 2010, Art. 91b Rn. 13.

905 *Wagner*, DÖV 2011, 427 (428); *Jauch*, Wissenschaftsförderung nach der Reform des Föderalismus, S. 209.

906 *Sieweke*, DÖV 2009, 946 (947).

907 *DFG*, Exzellenzinitiative auf einen Blick, S. 18.

908 *Wagner*, DÖV 2011, 427 (429); *Geis/Krausnick*, in: Härtel, Handbuch Föderalismus, § 63 Rn. 31.

909 *Wagner*, DÖV 2011, 427 (429).

910 *Wagner*, DÖV 2011, 427 (428), der an dieser Stelle neben der Ausschreibung der Deutschen Forschungsgemeinschaft und des Wissenschaftsrates für die zweite Programmphase der Exzellenzinitiative v. 12.3.2010 auch auf das Merkblatt von Deutscher

ihren Förderanträgen auch „konkrete Projektvorschläge" benennen (vgl. Anlage zur ExV II), was sie in der Praxis auch taten.[911] Folglich oblag es bereits den Antragstellenden, konkrete Projekte zu beantragen.[912] Auch wenn der Exekutive im Rahmen von Art. 91b I 1 Nr. 2 GG (i.d.F. v. 2006) ein weiter Beurteilungsspielraum zugestanden haben mag,[913] durfte die mit der Föderalismusreform I eingeführten Beschränkung der Förderungsfähigkeit an Hochschulen jedoch nicht unterlaufen werden.[914] Unter Berücksichtigung des Wortlauts, der Antragspraxis sowie des Beurteilungsspielraums von Bund und Ländern bei der Einordnung, ist insgesamt noch die erforderliche Projektbezogenheit der Förderung im Fall der dritten Förderlinie „Zukunftskonzepte" anzunehmen, obwohl die Projekte weniger spezifiziert sind als in den anderen beiden Förderlinien. Daher ist auch die dritte Förderlinie mit Art. 91b I 1 Nr. 2 GG (i.d.F. v. 2006) vereinbar, wenngleich sie den Wortlaut ihrer Rechtsgrundlage bis aufs Äußerte ausreizte.[915] Zusammenfassend kann festgehalten werden, dass die gemeinsame Förderung von Bund und Ländern sowohl im Rahmen der Exzellenzvereinbarung I als auch im Rahmen der Exzellenzvereinbarung II verfassungsmäßig war.

Rechtsgrundlage der Exzellenzstrategie ist laut Vereinbarung der neue Art. 91b I GG, der die gemeinsame institutionelle Förderung an Hochschulen nun wieder zulässt. An ihrer formalen Verfassungsmäßigkeit bestehen zunächst keine Zweifel. Die Exzellenzstrategie ist eine Bund-Länder-Vereinbarung in Form eines schriftlichen Verwaltungsabkommens.[916] Die Stärkung der Universitäten zum Zwecke der nachhaltigen Stärkung des Wissenschaftsstandorts Deutschlands sowie der Verbesserung der internationalen Wettbewerbsfähigkeit Deutschlands ist zudem von gesamtstaatlicher, überregionaler Bedeutung. Überdies ist das Zustimmungserfordernis aller Länder nach Art. 91b I 2 GG erfüllt. Die

---

Forschungsgemeinschaft und Wissenschaftsrat v. 10.3.2010 zur dritten Förderlinie verweist.

911 *Wagner*, DÖV 2011, 427 (428 f.), der an dieser Stelle exemplarisch den Antrag der (damaligen) Universität Karlsruhe v. 20.4.2006 anführt.

912 *Jauch*, Wissenschaftsförderung nach der Reform des Föderalismus, S. 210.

913 *Schmidt-De Caluwe*, in: Kluth, Föderalismusreformgesetz, Art. 91b Rn. 10.

914 *Sieweke*, DÖV 2009, 946 (947).

915 *Heun*, in: Dreier, GG, 2. Aufl. 2008, Art. 91b Rn. 13; *Nolte*, DVBl. 2010, 84 (91 f.); *Wagner*, DÖV 2011, 427 (427 ff.); *Siekmann*, in: Sachs, GG, 7. Aufl. 2014, Art. 91b Rn. 19; a.A. hingegen *Streiter*, Wissenschaftsförderung durch Mittlerorganisationen, S. 196; *Sieweke*, DÖV 2009, 946 (947 f.); *Geis/Krausnick*, in: Härtel, Handbuch Föderalismus, § 63 Rn. 31; *Geis*, ZG 28 (2013), 305 (308).

916 Vgl. dazu auch obige Ausführungen in B. IV. 3. b) bb) (1).

Kostentragung im Verhältnis 75:25 v.H. zwischen dem Bund und dem jeweiligen Sitzland ist im Übrigen nach Art. 91b III GG zulässig. In materieller Hinsicht muss die Exzellenzstrategie der „Förderung der Wissenschaft, Forschung oder Lehre" dienen. Die Exzellenzstrategie umfasst die zwei Förderlinien „Exzellenzcluster" und „Exzellenzuniversitäten". Die „Exzellenzcluster" dienen dabei der projektbezogenen Förderung international wettbewerbsfähiger Forschungsfelder an Universitäten bzw. Universitätsverbünden. Die „Exzellenzuniversitäten" dienen wiederum der dauerhaften Stärkung der Universitäten als Institutionen bzw. einem Verbund von Universitäten und dem Ausbau ihrer internationalen Spitzenstellung in der Forschung auf Basis erfolgreicher „Exzellenzcluster". Beide Förderlinien dienen dementsprechend der Förderung von Wissenschaft, Forschung und Lehre. Auch die institutionelle Förderung von „Exzellenzuniversitäten" ist nach dem neuen Art. 91b I GG nunmehr eindeutig verfassungsrechtlich zulässig. Die gemeinsame Förderung durch Bund und Länder auf der Grundlage der Exzellenzstrategie ist ebenfalls verfassungsmäßig.[917]

bb) Gesetzesvorbehalt

Die Exzellenzinitiative und die Exzellenzstrategie könnten dennoch verfassungswidrig sein, wenn die Parlamente beim Abschluss der ihnen jeweils zugrunde liegenden Bund-Länder-Vereinbarungen nicht ausreichend beteiligt worden sind. Wie bereits festgestellt, lässt Art. 91b GG zwar grundsätzlich auch Verwaltungsvereinbarungen zu, die Norm enthält jedoch keine Befreiung vom Grundsatz des Vorbehalts des Gesetzes.[918] Das Grundgesetz enthält in zahlreichen Vorschriften spezielle Gesetzesvorbehalte, die für bestimmte Bereiche eine gesetzliche Grundlage für das Handeln der Verwaltung bzw. der Exekutive fordern.[919] Darüber hinaus wird ein ungeschriebener allgemeiner Vorbehalt des Gesetzes in der Rechtsprechung und Literatur aus dem Rechtsstaatsprinzip und Demokratieprinzip sowie teilweise auch aus dem Gewaltenteilungsprinzip hergeleitet.[920] Der Begriff des

---

917 So auch *Glaser*, in: Kahl/Waldhoff/Walter, BK-GG, Art. 91b [Stand: 8/2016] Rn. 22 u. 25.

918 S. dazu oben B. IV. 3. b) bb) (1).

919 So regelt beispielsweise Art. 91a II GG einen speziellen ausdrücklichen Gesetzesvorbehalt für diese obligatorische Gemeinschaftsaufgabe.

920 BVerfGE 40, 237 (248); 49, 89 (126); *Ossenbühl*, Verwaltungsvorschriften und Grundgesetz, S. 208 ff.; *Böckenförde*, Gesetz und gesetzgebende Gewalt, S. 382 ff.; *Kloepfer*, JZ 1984, 685 (693 f.); *Ohler*, AöR 131 (2006), 336 (341); *Ossenbühl*, in: Isensee/P. Kirchhof, HdbStR, Bd. V, § 101 Rn. 34 u. 42; *Maurer/Waldhoff*, Allgemeines

Gesetzesvorbehalts[921] erfasst dabei verfassungsrechtlich ein Kompetenzproblem zwischen den Wirkungsbereichen von Parlament und Exekutive und besteht für solche Bereiche, die dem Gesetz und somit einer parlamentarischen Beteiligung vorenthalten sind.[922] Das demokratische Prinzip in Art. 20 I, II GG verlangt, dass das Parlament als einziges unmittelbar demokratisch legitimiertes Verfassungsorgan die grundlegenden und politischen Fragen im Staat selbst in Form eines Gesetzes trifft.[923] Die Verwaltung darf in diesen Fragen demzufolge nur dann tätig werden, wenn sie durch ein Gesetz dazu ermächtigt worden ist.[924] Die demokratische Komponente des Gesetzesvorbehalts wurde ferner durch die sog. Wesentlichkeitstheorie des Bundesverfassungsgerichts weiterentwickelt. Danach muss der Gesetzgeber „in grundlegenden normativen Bereichen […] alle wesentlichen Entscheidungen selbst […] treffen".[925] Aus dem Rechtsstaatsprinzip folgt wiederum, dass die Rechtsbeziehungen zwischen Staat und Bürgerin bzw. Bürger durch allgemeine Gesetze geregelt werden müssen, die „eindeutig, berechenbar und stabil"[926] sind. Gestützt wird der rechtstaatliche Gesetzesvorbehalt zudem auf den sog. Eingriffsvorbehalt, der traditionell zumindest für Eingriffe in Freiheit und Eigentum der Bürgerin oder des Bürgers eine gesetzliche Grundlage fordert.[927] Die Beschränkung des Gesetzesvorbehalts auf den Bereich der Eingriffsverwaltung ist jedoch längst überholt. Das Vorbehaltsprinzip besteht vielmehr auch in der Leistungsverwaltung,[928] denn auch hier kann

---

Verwaltungsrecht, § 6 Rn. 4 u. 6 f. Der Grundsatz vom Vorbehalt des Gesetzes blickt im deutschen Verfassungsrecht auf eine lange Tradition zurück und bestand als konzeptioneller Gedanke bereits im 19. Jahrhundert, *Böckenförde*, Gesetz und gesetzgebende Gewalt, S. 65 ff.; *Ossenbühl*, in: Isensee/P. Kirchhof, HdbStR, Bd. V, § 101 Rn. 18 f.

921 Die Begriffe „Gesetzesvorbehalt" und „Vorbehalt des Gesetzes" werden in dieser Untersuchung synonym verwendet.

922 *Ossenbühl*, in: Isensee/P. Kirchhof, HdbStR, Bd. V, § 101 Rn. 11 u. 22.

923 *Böckenförde*, Gesetz und gesetzgebende Gewalt, S. 383; *Ossenbühl*, in: Isensee/P. Kirchhof, HdbStR, Bd. V, § 101 Rn. 34.

924 *Maurer/Waldhoff*, Allgemeines Verwaltungsrecht, § 6 Rn. 3 u. 6.

925 BVerfGE 49, 89 (126 f.) mit Verweis auf BVerfGE 34, 165 (192 f.); 40, 237 (249); 41, 251 (260); 45, 400 (417 f.); 47, 46 (78 ff.); 48, 210 (221).

926 *Maurer/Waldhoff*, Allgemeines Verwaltungsrecht, § 6 Rn. 6.

927 *Burmeister*, Herkunft, Inhalt und Struktur des institutionellen Gesetzesvorbehalts, S. 35; *Böckenförde*, Die Organisationsgewalt im Bereich der Regierung, S. 93; *Ossenbühl*, in: Isensee/P. Kirchhof, HdbStR, Bd. V, § 101 Rn. 18 u. 40.

928 *Ehlers*, Verwaltung in Privatrechtsform, S. 245; *Maurer/Waldhoff*, Allgemeines Verwaltungsrecht, § 6 Rn. 11.

sich die Einflussnahme des Staates auf die Bürgerin oder den Bürger ähnlich intensiv auswirken wie im Bereich der Eingriffsverwaltung.[929] Die rechtsstaatlichen und demokratischen Funktionen des Gesetzesvorbehalts beanspruchen zudem in allen staatlichen Bereichen Geltung. Auch die zunehmende Bedeutung der Leistungsverwaltung sowie das verfassungsrechtliche Erschließen des gesamten staatlichen Bereichs untermauern eine Ausweitung des Geltungsbereichs des Vorbehaltsprinzips auf die Leistungsverwaltung.[930]

Der von einigen aus rechtsstaatlichen[931] oder demokratischen[932] Erwägungen hervorgebrachten Forderung nach einem Totalvorbehalt in der Leistungsverwaltung ist freilich entgegenzuhalten, dass die Exekutive einerseits im Sinne des Art. 20 II GG eigenständig mittelbar personell demokratisch legitimiert ist[933] und andererseits auch über einen eigenen „Kernbereich exekutiver Eigenverantwortung“[934] verfügt.[935] Das Bundesverfassungsgericht hat sich überdies wiederholt gegen „einen aus dem Demokratieprinzip fälschlich abgeleiteten Gewaltenmonismus in Form eines allumfassenden Parlamentsvorbehalts“[936] ausgesprochen und zudem betont, dass die rechtsstaatliche Demokratie „vor allem eine gewaltenteilende Demokratie“[937] sei. Der Gesetzesvorbehalt kann daher nur für solche staatlichen Leistungen gelten, die im Sinne der Wesentlichkeitstheorie als „wesentlich“ für die Verwirklichung der Grundrechte anzusehen sind. Für den Leistungsempfänger ist die Gewährung der Leistung regelmäßig nicht mit einem Grundrechtseingriff verbunden. Sofern das Versagen von Leistungen im konkreten Fall allerdings von Grundrechtsrelevanz für die Nichtbegünstigten ist, ist eine besondere gesetzliche Ermächtigung zu fordern.[938]

Demokratie- und Bundesstaatsprinzip bilden also gemeinsam „die beiden tragenden verfassungsrechtlichen Säulen“[939] des allgemeinen Gesetzesvorbehalts.

---

929 BVerfGE 40, 237 (249); *Maurer/Waldhoff*, Allgemeines Verwaltungsrecht, § 6 Rn. 21.

930 *Ruthig/Storr*, Öffentliches Wirtschaftsrecht, Rn. 787; *Maurer/Waldhoff*, Allgemeines Verwaltungsrecht, § 6 Rn. 11.

931 *Rupp*, Grundfragen der heutigen Verwaltungsrechtslehren, S. 113 ff.

932 *Jesch*, Gesetz und Verwaltung, S. 34 u. 175 ff.

933 BVerfGE 49, 89 (125); *Ossenbühl*, Verwaltungsvorschriften und Grundgesetz, S. 187 ff.; *Böckenförde/Grawert*, AöR 95 (1970), 1 (25 f.).

934 BVerfGE 67, 100 (139) mit Bezug auf *Scholz*, AöR 105 (1980), 564 (598); *Ossenbühl*, in: Isensee/P. Kirchhof, HdbStR, Bd. V, § 101 Rn. 72.

935 *Ossenbühl*, in: Isensee/P. Kirchhof, HdbStR, Bd. V, § 101 Rn. 23.

936 BVerfGE 49, 89 (124 ff.); 68, 1 (87); 98, 218 (252).

937 BVerfGE 68, 1 (87).

938 *Ruthig/Storr*, Öffentliches Wirtschaftsrecht, Rn. 788 ff.

939 *Ossenbühl*, in: Isensee/P. Kirchhof, HdbStR, Bd. V, § 101 Rn. 42.

Das Gewaltenteilungsprinzip weist dem Parlament wiederum die Gesetzgebung zu, begründet allerdings auch Aufgaben und Befugnisse der Exekutive und ist insoweit ambivalent.[940] Das Vorbehaltsprinzip wurde vom Bundesverfassungsgericht ferner aus Art. 20 III GG hergeleitet.[941] Die Norm verlangt die Bindung der vollziehenden Gewalt an die Gesetze, die streng dem Wortlaut nach jedoch bereits bestehen müssen. Geregelt wird hier somit nur der Grundsatz des Vorrangs des Gesetzes.[942]

Der allgemeine Gesetzesvorbehalt könnte durch den exekutiven Abschluss von Exzellenzinitiative und Exzellenzstrategie eingreifen und jeweils eine zusätzliche parlamentarische Zustimmung erforderlich machen. Dabei könnte bereits die Übertragung der staatlichen Forschungsförderaufgaben auf die Deutsche Forschungsgemeinschaft einen institutionellen Gesetzesvorbehalt, welcher für den Bereich der Staats- und Verwaltungsorganisation gilt, auslösen. Darüber hinaus könnte angesichts der konkreten Forschungsfördermittelvergabe im Wege der wettbewerblichen Verfahren von Exzellenzinitiative und -strategie auch der grundrechtliche Gesetzesvorbehalt, welcher den Grundrechtsbereich betrifft, berührt sein. Sofern die Bereitstellung der Fördermittel in den jeweiligen Haushaltsgesetzen des Bundes und der Länder den rechtsstaatlichen und demokratischen Anforderungen des Vorbehaltsprinzips in beiden Fällen nicht genügt, wären überdies sowohl der institutionelle als auch der grundrechtliche Gesetzesvorbehalt verletzt.

(1) Institutioneller Gesetzesvorbehalt

Der institutionelle Gesetzesvorbehalt wird ebenfalls aus dem Rechtsstaatsprinzip und Demokratieprinzip hergeleitet.[943] Das demokratische Prinzip verlangt dabei für den Bereich der Staats- und Verwaltungsorganisation, dass die grundlegenden und politischen Entscheidungen organisatorischer Art vom Gesetzgeber selbst getroffen werden müssen.[944] Auch das Bundesverfassungsgericht bezieht sich auf diese demokratische Komponente und führt aus, dass das Erfordernis einer gesetzlichen Grundlage nur für Eingriffe in Freiheit und Eigentum

940 *Maurer/Waldhoff*, Allgemeines Verwaltungsrecht, § 6 Rn. 7.

941 BVerfGE 40, 237 (248); 77, 170 (230 f.).

942 *Maurer/Waldhoff*, Allgemeines Verwaltungsrecht, § 6 Rn. 4; ablehnend auch *Jarass*, NVwZ 1984, 473 (475).

943 *Burmeister*, Herkunft, Inhalt und Struktur des institutionellen Gesetzesvorbehalts, S. 31 ff.

944 *Ossenbühl*, Verwaltungsvorschriften und Grundgesetz, S. 269.

nicht zeitgerecht sei und die „unmittelbare demokratische Legitimation […] und das parlamentarische Verfahren“ gegenüber bloßem Verwaltungshandeln ein „höheres Maß an öffentlicher Auseinandersetzung“ gewährleiste, sodass der Gesetzgeber „die grundlegenden Entscheidungen selbst zu treffen“ habe.[945] Die Grundrechte und die mit den in ihnen enthaltenen objektiven Wertentscheidungen[946] gäben dabei „konkretisierende, weiterführende Anhaltspunkte“.[947]

Der rechtsstaatlich bestimmte Herleitungsansatz ist wiederum vom Begriff des Rechtssatzes geprägt.[948] Nach diesem Ansatz bedürfen Organisationsregelungen einer gesetzlichen Grundlage, sofern sie „Rechtssätze“ darstellen. „Interne“ Verwaltungsanordnungen ohne „Rechtssatzcharakter“ unterlägen hingegen der Organisationsgewalt der Exekutive.[949] Der Rechtssatzbegriff bedarf freilich der genaueren Bestimmung, ist in seiner Bedeutung jedoch umstritten[950] und lässt so vielmehr neue Probleme im Rahmen des Rechtsinstituts des institutionellen Gesetzesvorbehalts entstehen.[951] Jedenfalls ein Eingriff in Freiheit und Eigentum sei der Exekutive aus rechtsstaatlichen Gründen durch Organisationsentscheidungen ohne gesetzliche Grundlage verwehrt.[952]

Daraus folgt, dass die mittelbar demokratisch legitimierte[953] Exekutive, der zwar auch eigene Organisationsgewalt zusteht,[954] nicht berechtigt ist, die ihr obliegenden Aufgaben ohne gesetzliche Ermächtigung an rechtsfähige

945 BVerfGE 40, 237 (249 f.).

946 BVerfGE 50, 290 (337).

947 BVerfGE 40, 237 (249).

948 *Baedeker*, Die Organisationsgewalt im Bund und der Vorbehalt des Gesetzes, S. 45; *Böckenförde*, Die Organisationsgewalt im Bereich der Regierung, S. 61; *Burmeister*, Herkunft, Inhalt und Stellung des institutionellen Gesetzesvorbehalts, S. 31 ff.

949 *Obermayer*, DVBl. 1959, S. 354 ff.

950 S. exemplarisch *Baedeker*, Die Organisationsgewalt im Bund und der Vorbehalt des Gesetzes, S. 45 ff.; *Böckenförde*, Die Organisationsgewalt im Bereich der Regierung, S. 61 ff.

951 *Krebs*, Vorbehalt des Gesetzes und Grundrecht, S. 107; *Burmeister*, Herkunft, Inhalt und Stellung des institutionellen Gesetzesvorbehalts, S. 33 f.

952 *Burmeister*, Herkunft, Inhalt und Stellung des institutionellen Gesetzesvorbehalts, S. 35; *Ossenbühl*, in: Isensee/P. Kirchhof, HdbStR, Bd. V, § 101 Rn. 43.

953 BVerfGE 49, 89 (125); *Ossenbühl*, Verwaltungsvorschriften und Grundgesetz, S. 187 ff.; *Böckenförde/Grawert*, AöR 95 (1970), 1 (25 f.).

954 *OVG Münster*, NJW 1980, 1406 (1407); *Janssen*, Über die Grenzen des legislativen Zugriffsrechts, S. 232; *Ossenbühl*, in: Isensee/P. Kirchhof, HdbStR, Bd. V, § 101 Rn. 72.

Verwaltungsträger des öffentlichen Rechts zu übertragen[955] oder weisungsfreie Organe innerhalb der staatlichen Verwaltung zu bilden, die Entscheidungskompetenzen ausüben.[956] Durch solche organisatorischen Maßnahmen wird die unmittelbare exekutive Leitungsgewalt für einen bestimmten Bereich öffentlicher Aufgaben beschränkt und die parlamentarische Verantwortlichkeit und Kontrollmöglichkeit entsprechend in Mitleidenschaft gezogen.[957] Ob und in welchem Umfang die Exekutive sich der parlamentarischen Kontrolle unterwirft, kann sie jedoch nicht frei entscheiden.[958] Dies muss ebenso gelten, wenn die Exekutive ihre Entscheidungskompetenzen im Bereich der Wissenschaftsförderung auf einen Privaten überträgt und sich auf diese Weise ihrer parlamentarischen Kontrolle entzieht. Auch hier greift aus rechtstaatlichen und demokratischen Erwägungen der institutionelle Gesetzesvorbehalt.[959] Fraglich ist somit, inwieweit Aufgaben der Staatsverwaltung im Bereich der Forschungsförderung mit den Verwaltungsvereinbarungen der Exzellenzinitiative und der Exzellenzstrategie auf den Deutsche Forschungsgemeinschaft e.V.[960] übertragen werden durften. Ein institutioneller Gesetzesvorbehalt wird im Bereich der Leistungsverwaltung aus rechtsstaatlichen und demokratischen Gründen insbesondere dann angenommen, wenn staatliche Aufgaben durch *beliehene* Private vollzogen werden.[961]

Zum Teil wird eine Beleihung der Deutschen Forschungsgemeinschaft angenommen.[962] Beliehene sind Rechtssubjekte des Privatrechts, denen die

---

955 *OVG Münster*, NJW 1980, 1406 (1407); *Ossenbühl*, VVDStRL 29 (1971), 173; *Böckenförde*, Die Organisationsgewalt im Bereich der Regierung, S. 96.

956 *Böckenförde*, Die Organisationsgewalt im Bereich der Regierung, S. 92 f. u. 96.

957 *Böckenförde*, Die Organisationsgewalt im Bereich der Regierung, S. 96 f.

958 *Janssen*, Über die Grenzen des legislativen Zugriffsrechts, S. 232.

959 *Ossenbühl*, VVDStRL 29 (1971), 173; *Ohler*, AöR 131 (2006), 336 (363); *Kirchhof*, in: Maunz/Dürig, GG, Art. 83 [Stand: 1/2009] Rn. 36; *Sieweke*, DÖV 2009, 946 (948); für den Fall einer Beleihung des Privaten auch *Salaw-Hanslmaier*, Die Rechtsnatur der Deutschen Forschungsgemeinschaft, S. 108.

960 S. zur Deutschen Forschungsgemeinschaft auch unten C. III. 1.

961 *BVerwG* NVwZ 2011, 368 (370); *OVG Münster*, NJW 1980, 1406 ff.; *Salaw-Hanslmaier*, Die Rechtsnatur der Deutschen Forschungsgemeinschaft, S. 108; *Sellmann*, NVwZ 2008, 817 (818); *Kiefer*, NVwZ 2011, 1300 (1300); *Burgi*, in: Ehlers/Pünder, Allgemeines Verwaltungsrecht, § 10 Rn. 26; *Schmitz*, in: Stelkens/Bonk/Sachs, § 1 Rn. 247; *Ramsauer*, in: Kopp/Ramsauer, VwVfG, § 1 Rn. 59; *Schliesky*, in: Knack/Henneke, VwVfG, § 1 Rn. 103.

962 Allgemein befürwortend *Zierold*, DÖV 1960, 481 (483); *Schmidt*, Die Unterscheidung von privatem und öffentlichem Recht, S. 286; wohl auch *Oppermann*,

Kompetenz zur selbstständigen hoheitlichen Wahrnehmung bestimmter Verwaltungsaufgaben im eigenen Namen übertragen worden ist.[963] Die Gemeinschaft ist zwar in privatrechtlicher Form eines eingetragenen Vereins nach §§ 21 ff. BGB organisiert, ob sie deshalb jedoch tatsächlich ein Rechtssubjekt des *Privatrechts* ist, erscheint angesichts ihrer Wahrnehmung einer staatlichen Aufgabe, ihrer staatlichen Fremdfinanzierung[964] sowie des personellen Einflusses der öffentlichen Hand innerhalb der Organisation zweifelhaft. Zu klären ist daher vorab, ob die Deutsche Forschungsgemeinschaft dem Privatrecht zugeordnet werden kann.

Die gewählte Rechtsform besitzt zunächst einen nur sehr beschränkten Aussagewert, sodass eine Einordnung in das private Recht nach der reinen Rechtsform ausscheidet.[965] Die genaue Abgrenzung zwischen öffentlichem Recht und Privatrecht ist umstritten und erfolgt durch verschiedene Abgrenzungstheorien, von denen nachfolgend nur auf die drei heute wichtigsten eingegangen wird. Die Interessentheorie stellt auf die Interessenrichtung der einzelnen Rechtssätze ab, die entweder dem öffentlichen Interesse bzw. dem Allgemeininteresse oder dem Individualinteresse dienen.[966] Bei der Bewertung der Deutschen

---

Kulturverwaltungsrecht, S. 428 f.; explizit im Kontext der Exzellenzinitiative befürwortend *Marzlin*, Die Exzellenzinitiative von Bund und Ländern auf dem verfassungsrechtlichen Prüfstand, S. 102 ff.; allgemein jedenfalls die Möglichkeit einer Beleihung annehmend *Streiter*, Wissenschaftsförderung durch Mittlerorganisationen, S. 211; eine Beleihung allgemein ablehnend hingegen *Meusel*, Außeruniversitäre Forschung im Wissenschaftsrecht, § 6 Rn. 95; *ders.*, in: Flämig et al., Handbuch des Wissenschaftsrechts, Bd. 2, S. 1266; *Salaw-Hanslmaier*, Die Rechtsnatur der Deutschen Forschungsgemeinschaft, S. 107 ff.

963 *Steiner*, Öffentliche Verwaltung durch Private, S. 13; *Weisel*, Das Verhältnis von Privatisierung und Beleihung, S. 66; *Ackermann*, Verwaltungshilfe zwischen Werkzeugtheorie und funktionaler Privatisierung, S. 67; *Burgi*, in: Ehlers/Pünder, Allgemeines Verwaltungsrecht, § 10 Rn. 23; *Maurer/Waldhoff*, Allgemeines Verwaltungsrecht, § 23 Rn. 63.

964 S. ausführlich zur Finanzierung der Deutschen Forschungsgemeinschaft auch unten C. III. 1. c).

965 *Oppermann*, Kulturverwaltungsrecht, S. 416 Fn. 19; speziell zur Deutschen Forschungsgemeinschaft auch *Trute*, Die Forschung zwischen grundrechtlicher Freiheit und staatlicher Institutionalisierung, S. 677.

966 Die Interessentheorie geht bereits auf den römischen Juristen Ulpian zurück („publicum ius est quod ad statum rei Romanae spectat, privatum quod ad singulorum utilitatem"), *Maurer/Waldhoff*, Allgemeines Verwaltungsrecht, § 3 Rn. 11; *Ehlers*, Verwaltung in Privatrechtsform, S. 53; *Schmitz*, in: Stelkens/Bonk/Sachs, VwVfG, § 1 Rn. 96.

Forschungsgemeinschaft und ihrem Wirken sind jedoch keine Rechtsnormen zu untersuchen, sodass im Sinne der Interessentheorie hier sinnvollerweise nur auf ihre Aufgabe abgestellt werden kann. Die Forschungsförderung liegt im Interesse der Allgemeinheit und wäre danach wohl eher dem öffentlichen Recht zuzuordnen.[967] Letztlich ist dies jedoch eine bloße Gefühlsentscheidung, die einer rechtlichen Grundlage weitestgehend entbehrt, und daher kaum Aussagekraft haben kann. Nach der Subordinationstheorie (Subjektionstheorie) kommt es wiederum entscheidend auf das Verhältnis der Beteiligten an. Während das öffentliche Recht durch ein Über-Unterordnungsverhältnis charakterisiert ist, ist das Privatrecht von Gleichordnung geprägt.[968] Indem diese Theorie auf Vorstellungen des 19. Jahrhunderts zurückgeht, nach denen die Verwaltung auf die Eingriffsverwaltung beschränkt war, vermag sie die Rechtsbeziehungen im Rahmen der Leistungsverwaltung nicht ausreichend zu erklären.[969] Sie ist daher insoweit für die Einordnung der Deutschen Forschungsgemeinschaft ebenfalls unergiebig.[970] Die modifizierte Subjektstheorie (Zuordnungstheorie, Sonderrechtstheorie) stellt hingegen auf die Adressaten der jeweiligen Rechtsnormen ab und nimmt öffentliches Recht an, wenn wenigstens eines der Zuordnungssubjekte der Staat ist und für diesen gerade in seiner Eigenschaft als Hoheitsträger besondere Rechte oder Pflichten begründet werden. Zum Privatrecht gehören wiederum Vorschriften, die „jedermann", also auch den Staat, berechtigen oder verpflichten können.[971] Auch diese Theorie liefert in Bezug auf die Deutsche Forschungsgemeinschaft kein eindeutiges Ergebnis. Zwar handelt sie im Rahmen der Fördermittelvergabe ausschließlich nach Normen des Privatrechts, sie nimmt mit der Forschungsförderung jedoch zugleich eine staatliche Aufgabe wahr, die den Staat wiederum gerade in seiner Eigenschaft als Hoheitsträger verpflichtet.[972] Eine eindeutige Zuordnung der Deutschen Forschungsgemeinschaft

967 So auch *Salaw-Hanslmaier*, Die Rechtsnatur der Deutschen Forschungsgemeinschaft, S. 97.

968 *Ehlers*, Verwaltung in Privatrechtsform, S. 53; *Maurer/Waldhoff*, Allgemeines Verwaltungsrecht, § 3 Rn. 12; *Schmitz*, in: Stelkens/Bonk/Sachs, VwVfG, § 1 Rn. 95.

969 *Maurer/Waldhoff*, Allgemeines Verwaltungsrecht, § 3 Rn. 12.

970 Ebenso *Salaw-Hanslmaier*, Die Rechtsnatur der Deutschen Forschungsgemeinschaft, S. 98.

971 *Wolff*, AöR 76 (1950), 205 ff.; *Bachof*, in: FG 25 Jahre BVerwG, S. 9 ff.; *Bettermann*, NJW 1977, 513 (515 f.); *Ehlers*, Verwaltung in Privatrechtsform, S. 53 f.; *Maurer/Waldhoff*, Allgemeines Verwaltungsrecht, § 3 Rn. 13 f.; *Schmitz*, in: Stelkens/Bonk/Sachs, VwVfG, § 1 Rn. 97.

972 *Salaw-Hanslmaier*, Die Rechtsnatur der Deutschen Forschungsgemeinschaft, S. 98.

in das öffentliche oder private Recht ist somit nach den Abgrenzungstheorien insgesamt nicht möglich.

Es bleibt mithin bei der Erkenntnis, dass die Deutsche Forschungsgemeinschaft formell privatrechtlich organisiert ist und grundsätzlich nur in Privatrechtsform handelt, angesichts ihrer Wahrnehmung einer staatlichen Aufgabe, ihrer staatlichen Fremdfinanzierung sowie des personellen Einflusses der öffentlichen Hand innerhalb der Organisation jedenfalls aber kein typischer Idealverein i.S.d. §§ 21 ff. BGB ist.[973] Sie kann jedoch auch dem öffentlichen Recht nicht eindeutig zugeordnet werden. Aufgabenbestimmung, Organisationsentscheidungen und Entscheidungen über den Bestand der Deutschen Forschungsgemeinschaft liegen in der Hand der Mitgliederversammlung (vgl. §§ 5 I-II, 18 I DFG-Satzung[974]). Auch wenn der Mitgliederversammlung zahlreiche dem Staat zurechenbare Einrichtungen angehören (vgl. § 3 DFG-Satzung), führt dies zu keiner anderen Bewertung, da diese in ihrer Funktion als Forschungseinrichtungen Mitglieder der Gemeinschaft sind. Die Deutsche Forschungsgemeinschaft ist daher nicht nur formelles Rechtssubjekt des Privatrechts, sondern ist auch insgesamt als nichtstaatliche Einrichtung anzusehen.[975] Eine Beleihung der Gemeinschaft als Rechtssubjekt des Privatrechts ist daher auch nicht ausgeschlossen.

Für eine Beleihung müssten der Deutschen Forschungsgemeinschaft ferner staatliche Aufgaben im Rahmen der Exzellenzinitiative und der Exzellenzstrategie zur eigenverantwortlichen Wahrnehmung übertragen worden sein. Sowohl Exzellenzinitiative als auch Exzellenzstrategie sind staatliche Forschungsförderprogramme mit deren Durchführung die Deutsche Forschungsgemeinschaft jedenfalls teilweise[976] beauftragt wurde (vgl. § 4 I 1 ExV I / ExV II u. § 2 III 1 ExS). Die Forschungsförderung auf der Grundlage von Art. 91b GG hat zudem den Charakter einer staatlichen Aufgabe.[977] Die Deutsche Forschungsgemeinschaft

---

973 Zu diesem Ergebnis kommt auch *Salaw-Hanslmaier*, Die Rechtsnatur der Deutschen Forschungsgemeinschaft, S. 100 ff.

974 *DFG*, Satzung der Deutschen Forschungsgemeinschaft i.d.F. des Beschlusses der Mitgliederversammlung v. 3.7.2019, eingetragen im Vereinsregister unter Nr. VR 2030 beim Amtsgericht Bonn am 20.9.2019.

975 *Trute*, Die Forschung zwischen grundrechtlicher Freiheit und staatlicher Institutionalisierung, S. 677.

976 Im Rahmen der Exzellenzstrategie führt die Deutsche Forschungsgemeinschaft lediglich die Förderlinie „Exzellenzcluster" durch, s. dazu auch oben C. II. 1. d).

977 *Meusel*, in: Flämig et al., Handbuch des Wissenschaftsrechts, Bd. 2, Kap. 46 S. 1265; *Salaw-Hanslmaier*, Die Rechtsnatur der Deutschen Forschungsgemeinschaft, S. 106;

könnte im Vergabeverfahren der Exzellenzinitiative sowie der Exzellenzstrategie auch selbstständig hoheitlich tätig werden. Im Rahmen der Exzellenzinitiative erfolgt das Vergabeverfahren, wie bereits dargestellt,[978] in zwei Stufen. Auf der ersten Stufe begutachten zunächst die Fachkommission und die Strategiekommission die Antragsskizzen der Universitäten für alle drei Förderlinien. Anschließend entscheidet die Gemeinsame Kommission über den Erfolg der eingereichten Antragsskizzen. Die erfolgreichen Antragsskizzen werden sodann auf der zweiten Stufe als Vollanträge eingereicht und erneut von der Fachkommission und der Strategiekommission begutachtet. Nachfolgend spricht die Gemeinsame Kommission Empfehlungen aus, auf deren Grundlage sodann der Bewilligungsausschuss seine Förderentscheidung trifft.

Die beteiligten Gremien der ersten Stufe des Vergabeverfahrens der Exzellenzinitiative, denen keine staatlichen Vertreterinnen und Vertreter angehören, treffen zwar noch keine Förderentscheidung, können jedoch Antragsskizzen von der Förderung ausschließen und somit einseitig regelnd in die Sphäre der Bürgerin oder des Bürgers eingreifen. Die Deutsche Forschungsgemeinschaft übt auf der ersten Stufe des Vergabeverfahrens im Rahmen der Exzellenzinitiative mithin *selbstständig* hoheitliche Befugnisse aus.[979]

Auf der zweiten Stufe des Vergabeverfahrens werden schließlich die Förderentscheidungen durch den Bewilligungsausschuss getroffen, der sich aus der Gemeinsamen Kommission und den für die Wissenschaft zuständigen Ministerinnen und Ministern des Bundes und der Länder zusammensetzt. Die staatlichen Vertreterinnen und Vertreter waren hier zwar sowohl hinsichtlich ihrer Mitgliederzahl als auch ihrer Stimmenanzahl in der Unterzahl, eine *selbstständige* Wahrnehmung hoheitlicher Befugnisse durch die Deutsche Forschungsgemeinschaft kann angesichts der staatlichen Beteiligung im Bewilligungsausschuss jedoch nicht angenommen werden.[980]

Dass die Übertragung der Aufgaben auf die Deutsche Forschungsgemeinschaft nicht durch ein Gesetz erfolgte, ist für die Annahme der Beleihung im Übrigen unschädlich. Das Erfordernis einer gesetzlichen Grundlage ist erst die

---

Marzlin, Die Exzellenzinitiative von Bund und Ländern auf dem verfassungsrechtlichen Prüfstand, S. 102.

978 S. dazu auch oben C. II. 1. d).

979 So auch *Marzlin*, Die Exzellenzinitiative von Bund und Ländern auf dem verfassungsrechtlichen Prüfstand, S. 104 f.

980 So auch *Marzlin*, Die Exzellenzinitiative von Bund und Ländern auf dem verfassungsrechtlichen Prüfstand, S. 106 f.

Folge aus dem institutionellen Gesetzesvorbehalt, der sich bereits aus der Übertragung der staatlichen Aufgabe auf ein privates Rechtssubjekt ergibt.[981] Die Deutsche Forschungsgemeinschaft sei nach Ansicht *Marzlins* im Rahmen der Exzellenzinitiative mithin aufgrund der fehlenden gesetzlichen Grundlage als „fehlerhaft Beliehene“ anzusehen.[982] Unter einer fehlerhaften Beleihung sind jedoch Fälle zu verstehen, in denen zwar der Versuch unternommen wurde, einem Privaten Hoheitsgewalt zu übertragen, die gesetzliche Grundlage oder aber der Übertragungsakt allerdings an Rechtsfehlern leidet, die dazu führen, dass das Einräumen von Hoheitsgewalt scheitert.[983] Eine fehlerhafte Beleihung setzt mithin das Vorliegen eines Gesetzes sowie in den meisten Fällen auch eines Übertragungsaktes voraus. Im Fall der Aufgabenübertragung zur Durchführung der Exzellenzinitiative auf die Deutsche Forschungsgemeinschaft fehlt jedoch schon die gesetzliche Grundlage. Die Deutsche Forschungsgemeinschaft ist somit nicht *fehlerhaft* beliehen worden. Sie könnte jedoch *faktisch* beliehen worden sein.[984] Eine faktische Beleihung liegt wiederum vor, wenn nicht intendiert war, dem Privaten die Befugnis einzuräumen, im eigenen Namen eigenständig Hoheitsrechte wahrzunehmen, die tatsächlich ausgeführten Aufgaben jedoch vom Grad der Selbstständigkeit oder aber ihrer Bedeutung denen eines Beliehenen gleichkommen. Der Private soll in diesem Fall also lediglich als Verwaltungshelfer eingesetzt werden.[985] Im vorliegenden Fall war eine Aufgabenübertragung an die Fach- und Strategiekommission der Deutschen Forschungsgemeinschaft zur selbstständigen Wahrnehmung im eigenen Namen auf der ersten Stufe des

---

981 *Burgi*, in: Ehlers/Pünder, Allgemeines Verwaltungsrecht, § 10 Rn. 26; *Schmitz*, in: Stelkens/Bonk/Sachs, VwVfG, § 1 Rn. 247; *Schliesky*, in: Knack/Henneke, VwVfG, § 1 Rn. 103; ähnlich auch *Ackermann*, Verwaltungshilfe zwischen Werkzeugtheorie und funktionaler Privatisierung, S. 68, die in der gesetzlichen Grundlage der Beleihung eine Rechtmäßigkeitsvoraussetzung sieht; speziell zur Exzellenzinitiative auch *Marzlin*, Die Exzellenzinitiative von Bund und Ländern auf dem verfassungsrechtlichen Prüfstand, S. 107; so selbst *Salaw-Hanslmaier*, Die Rechtsnatur der Deutschen Forschungsgemeinschaft, S. 107 ff., die eine Beleihung der Deutschen Forschungsgemeinschaft dennoch aufgrund fehlenden Beleihungsaktes ablehnt; a.A. *Meusel*, Außeruniversitäre Forschung im Wissenschaftsrecht, § 6 Rn. 95.

982 *Marzlin*, Die Exzellenzinitiative von Bund und Ländern auf dem verfassungsrechtlichen Prüfstand, S. 108.

983 *Münkler*, Der Nichtakt, S. 91.

984 So dann wohl auch *Marzlin*, Die Exzellenzinitiative von Bund und Ländern auf dem verfassungsrechtlichen Prüfstand, S. 109; *Hillgruber/Marzlin*, Forschung & Lehre 2016, 122 (123).

985 *Münkler*, Der Nichtakt, S. 92.

Vergabeverfahrens der Exzellenzinitiative aber aufgrund des Selbstverwaltungsrechts der Wissenschaft gerade intendiert.[986] Es könnte sich daher um einen Fall der *fehlenden* Beleihung handeln. Die faktische Beleihung unterscheidet sich dabei von der fehlenden Beleihung insbesondere dadurch, dass der Private im Namen der Behörde handelt und nicht im eigenen Namen tätig wird.[987] Die Deutsche Forschungsgemeinschaft handelt jedoch im eigenen Namen und nicht im Namen der Behörde. Wenn aber bereits im Fall eines Verwaltungshelfers, der tatsächlich Aufgaben eines Beliehenen wahrnimmt, eine faktische Beleihung angenommen wird, so muss dies aus Gründen der Rechtssicherheit und des Rechtsschutzes erst recht im Fall einer Beleihung, der lediglich die gesetzliche Grundlage fehlt, gelten (*argumentum a fortiori*).[988] Die Deutsche Forschungsgemeinschaft ist demnach im Rahmen der Exzellenzinitiative faktisch beliehen worden, indem ihr als juristische Person des Privatrechts staatliche Aufgaben der Forschungsförderung zur selbstständigen hoheitlichen Wahrnehmung im eigenen Namen übertragen worden sind und sie damit *de facto* mit Staatsgewalt beliehen worden ist. Die fehlende gesetzliche Grundlage ändert daran im Ergebnis nichts. Es greift der institutionelle Gesetzesvorbehalt als Folge der faktischen Beleihung im Rahmen der Exzellenzinitiative. Die faktische Beleihung ist im Übrigen rechtswidrig, solange die erforderliche gesetzliche Grundlage fehlt.[989]

Eine Beleihung der Deutschen Forschungsgemeinschaft wird von *Martin Schwab* hingegen unter Hinweis darauf abgelehnt, dass diese nur in Privatrechtsform handele.[990] Allein aus ihrer Wahl der privatrechtlichen Handlungsform kann jedoch nicht der Schluss gezogen werden, dass es sich bei der Deutschen Forschungsgemeinschaft nicht um eine Beliehene handele. Der Grundsatz der

---

986 *Meusel*, Außeruniversitäre Forschung im Wissenschaftsrecht, § 6 Rn. 94 (S. 77), der ein auf die „Beleihung" der Deutschen Forschungsgemeinschaft gerichtetes Gesetz für verfassungswidrig hält, da der Staat so im Rahmen seiner Rechts- und Fachaufsicht in dieses Selbstverwaltungsrecht der Wissenschaftlerinnen und Wissenschaftler eingreifen könnte und die Vergabeentscheidungen einer „beliehenen" Deutschen Forschungsgemeinschaft so ferner justitiabel wären.

987 *Münkler*, Der Nichtakt, S. 92.

988 Allgemein von einer faktischen Beleihung im Fall der Übertragung hoheitlicher Aufgaben zur selbstständigen Wahrnehmung ohne die erforderliche gesetzliche Grundlage ausgehend auch *Burgi*, in: FS Maurer, S. 588, *ders.*, in: Ehlers/Pünder, Allgemeines Verwaltungsrecht, § 10 Rn. 26.

989 *Burgi*, in: Ehlers/Pünder, Allgemeines Verwaltungsrecht, § 10 Rn. 26.

990 *Schwab*, Rechtsfragen der Politikberatung im Spannungsfeld zwischen Wissenschaftsfreiheit und Unternehmerschutz, S. 340.

Wahlfreiheit erlaubt Behörden im Bereich der Leistungsverwaltung neben öffentlich-rechtlichen Handlungsformen innerhalb gewisser Grenzen auch privatrechtliches Handeln.[991] Sofern die Verwaltung allerdings in einem Subordinationsverhältnis gegenüber der Bürgerin oder dem Bürger auftritt, muss sie öffentlich-rechtlich handeln.[992] Über das „Ob" der Förderung muss daher anders als über den Umfang und die Art der Förderung in öffentlich-rechtlicher Form entschieden werden.[993]

Simon Sieweke weist überdies darauf hin, dass die Beleihung die Zustimmung des Beliehenen voraussetze. Diese fehle seines Erachtens, da die Deutsche Forschungsgemeinschaft öffentlich-rechtliche Bindungen für ihre Tätigkeit ausdrücklich ablehne.[994] Diese Ansicht kann jedoch nicht überzeugen. Indem die Gemeinschaft die ihr übertragene staatliche Aufgabe der Forschungsförderung wahrnimmt, entfaltet ihr Handeln bereits öffentlich-rechtliche Bindungen.[995]

Im Rahmen der Exzellenzstrategie erfolgt das Vergabeverfahren, wie bereits ausgeführt,[996] ebenfalls zweistufig. Auf der ersten Stufe begutachtet das Expertengremium, dem keine stimmberechtigten staatlichen Vertreterinnen und Vertreter angehören, die Antragsskizzen der Universitäten und entscheidet über deren Berechtigung zur Antragstellung. Auf dieser Grundlage gibt sie sodann Förderempfehlungen für die Exzellenzkommission ab. Auf der zweiten Stufe trifft die Exzellenzkommission, die sich aus dem Expertengremium und den für die Wissenschaft zuständigen Ministerinnen und Ministern des Bundes und der Länder zusammensetzt, sodann ihre Förderentscheidung auf Basis der Empfehlungen des Expertengremiums. Auch in diesem Fall kann das Expertengremium auf der ersten Stufe des Vergabeverfahrens zwar keine Förderentscheidung treffen, jedoch Antragsskizzen von der Förderung ausschließen und somit einseitig regelnd in die Sphäre der Bürgerin oder des Bürgers eingreifen. Die Deutsche Forschungsgemeinschaft übt mithin auch im Rahmen der Exzellenzstrategie auf der ersten Stufe des Vergabeverfahrens selbstständig hoheitliche Befugnisse

---

991 *BVerwG*, NJW 1993, 2695 (2697); *BVerwG*, NJW 1994, 1169 (1169); *BGH*, NJW 1985, 197 (200); *BGH*, NJW 1985, 1892 (1893); *Ehlers*, Verwaltung in Privatrechtsform, S. 64 ff.; *Schmitz*, in: Stelkens/Bonk/Sachs, VwVfG, § 1 Rn. 104.

992 *BGH*, NJW 1985, 197 (200); *Schmitz*, in: Stelkens/Bonk/Sachs, VwVfG, § 1 Rn. 104.

993 *Marzlin*, Die Exzellenzinitiative von Bund und Ländern auf dem verfassungsrechtlichen Prüfstand, S. 108.

994 *Sieweke*, KritV 2010, 49 (52 f.).

995 *Marzlin*, Die Exzellenzinitiative von Bund und Ländern auf dem verfassungsrechtlichen Prüfstand, S. 108; *Ramsauer*, in: Kopp/Ramsauer, VwVfG, § 1 Rn. 63.

996 S. dazu oben C. II. 1. d).

aus, sodass der Beleihungstatbestand erfüllt ist. Auf der zweiten Stufe des Vergabeverfahrens kann eine *selbstständige* Wahrnehmung hoheitlicher Befugnisse durch die Deutsche Forschungsgemeinschaft hingegen angesichts der Zusammensetzung und Stimmenverteilung der Exzellenzkommission ähnlich wie bei der Exzellenzinitiative aufgrund des staatlichen Einflusses nicht angenommen werden. Die Deutsche Forschungsgemeinschaft ist folglich auch im Rahmen der Exzellenzstrategie aufgrund der fehlenden gesetzlichen Grundlage als faktisch Beliehene anzusehen. Indem sie die ihr übertragenen hoheitlichen Befugnisse tatsächlich ausübt, gehen von ihrem Wirken auch öffentlich-rechtliche Bindungen aus. Die Aufgabenübertragung in Form der faktischen Beleihung löst hier ebenfalls den institutionellen Gesetzesvorbehalt aus.

Auch sofern auf der zweiten Stufe der Vergabeverfahren von Exzellenzinitiative und Exzellenzstrategie keine Beleihung vorliegt, verlangt der institutionelle Gesetzesvorbehalt für die Übertragung der Förderentscheidungsbefugnisse auf die gruppenpluralistischen Entscheidungsgremien des Bewilligungsausschusses und der Exzellenzkommission aus demokratischen Erwägungen ebenfalls eine gesetzliche Grundlage.[997] Durch die staatliche Finanzierung und die Übertragung der Vergabekompetenzen auf die Entscheidungsgremien der Deutschen Forschungsgemeinschaft herrscht diese durch die Verfügung über staatliche Fördermittel grundsätzlich als Private über Private.[998] Anders als im Rahmen der Beleihung, wo der Beliehene der staatlichen Rechts- und Fachaufsicht unterliegt, müssen die nichtstaatlichen Mitglieder in gruppenpluralistischen Entscheidungsgremien im Rahmen der Kondominialverwaltung ihre Entscheidungen weisungsfrei treffen können.[999] Mit diesem „Mehr" an Entscheidungsmacht geht jedoch zugleich ein Verlust an parlamentarischer Kontrollmöglichkeit einher. Daraus folgt, dass der institutionelle Gesetzesvorbehalt erst recht im Fall einer gruppenpluralistischen Entscheidungsteilhabe gelten muss (*argumentum a minore ad maius*). Nur so kann die Förderentscheidungskompetenz der Gemeinschaft eine ausreichende demokratische Legitimation erhalten.[1000] Dies gilt umso mehr, da bereits durch die Kooperation von Bund und Ländern im Wege

997 In diesem Sinne auch *Trute*, Die Forschung zwischen grundrechtlicher Freiheit und staatlicher Institutionalisierung, S. 687; *ders.*, in: FS Schneider, S. 319.

998 *Trute*, Die Forschung zwischen grundrechtlicher Freiheit und staatlicher Institutionalisierung, S. 687.

999 *Jestaedt*, Demokratieprinzip und Kondominialverwaltung, S. 62.

1000 *Jestaedt*, Demokratieprinzip und Kondominialverwaltung, S. 64; *Marzlin*, Die Exzellenzinitiative von Bund und Ländern auf dem verfassungsrechtlichen Prüfstand, S. 110 f.

der Mischfinanzierung erhebliche Defizite demokratischer Verantwortungsklarheit und -zurechenbarkeit vorliegen.[1001] Zum Teil wird wiederum argumentiert, dass die Übertragung staatlicher Aufgaben auf nichtstaatliche Einrichtungen den institutionellen Gesetzesvorbehalt in dieser Konstellation nicht auslöse, sofern die gruppenpluralistischen Entscheidungsgremien der Deutschen Forschungsgemeinschaft mehrheitlich mit staatlichen Vertreterinnen und Vertretern besetzt seien und daher durch diese entscheidender Einfluss auf die Vergabeentscheidungen genommen werden könne.[1002] Ob die Beteiligung der für die Wissenschaft zuständigen Ministerinnen und Minister des Bundes und der Länder im Rahmen der Exzellenzinitiative und -strategie tatsächlich geeignet wäre, die demokratischen Defizite bzw. die mangelnde parlamentarische Kontrolle im Rahmen einer Kondominialverwaltung auszugleichen, kann hier allerdings dahinstehen, da die staatlichen Vertreterinnen und Vertreter sowohl im Bewilligungsausschuss als auch in der Exzellenzkommission hinsichtlich ihrer Mitglieder- und Stimmenanzahl in der Unterzahl waren bzw. sind (vgl. § 4 VIII ExV I, § 4 IX ExV II u. § 2 V 2 ExS). Ein institutioneller Gesetzesvorbehalt auf der zweiten Stufe der Vergabeverfahren bestünde also auch nach dieser Ansicht.

Zum Teil wird das Eingreifen des institutionellen Gesetzesvorbehalts auch von der Art der Förderung abhängig gemacht. Nach dieser Ansicht soll der institutionelle Gesetzesvorbehalt nur bei einer Förderung von *Einrichtungen*, nicht hingegen bei einer Förderung von Vorhaben ausgelöst werden.[1003] Für die Exzellenzinitiative folgert *Jauch* an dieser Stelle, dass es sich um keine dauerhafte Institutionalisierung, sondern lediglich um eine sachlich und zeitlich befristete Projektförderung gehandelt habe, die folglich den institutionellen Gesetzesvorbehalt nicht ausgelöst habe. Er verweist zudem auf die Vorteilhaftigkeit dieser Auffassung aufgrund der der in Art. 91b I 1 GG (i.d.F. v. 2006) entsprechenden Differenzierung zwischen der Förderung von Einrichtungen und Vorhaben.[1004] Diese Ansicht vermag jedoch nicht zu überzeugen. Zum einen ist nicht ersichtlich, warum im Fall der Projektförderung das Eingreifen des institutionellen Gesetzesvorbehalts pauschal ausgeschlossen sein soll. Allein die

---

1001 *Trute*, in: FS Schneider, S. 319; s. dazu auch oben B. IV. 4. d) aa).

1002 *Trute*, DVBl. 1996, 950 (957); *ders.*, in: FS Schneider, S. 319; *Sieweke*, DÖV 2009, 946 (948 f.).

1003 So *Streiter*, Wissenschaftsförderung durch Mittlerorganisationen, S. 226; *Jauch*, Wissenschaftsförderung nach der Reform des Föderalismus, S. 214.

1004 *Jauch*, Wissenschaftsförderung nach der Reform des Föderalismus, S. 214.

fehlende Dauerhaftigkeit der Förderung kann den Bedarf nach einer gesetzlichen Regelung vor dem Hintergrund des Demokratieprinzips in Art. 20 I, II GG nicht ausschließen. Gerade der Fall der Exzellenzinitiative zeigt deutlich, wie sehr Bund und Länder die Möglichkeiten der Förderung von „Vorhaben" nach Art. 91b I 1 Alt. 2 GG (i.d.F. v. 1969) und insbesondere nach Art. 91b I 1 Nr. 2 GG (i.d.F. v. 2006) ausreizten. Insgesamt erstreckte sich die Projektförderung im Rahmen der Exzellenzinitiative auf einen Zeitraum von elf Jahren. Wenngleich man hier noch keine dauerhafte Institutionalisierung der Förderung annehmen möchte, so liegt dennoch eine nicht unerhebliche, jedenfalls mittelfristige Verstetigung vor. Im Übrigen findet auch die behauptete Vorteilhaftigkeit dieser Ansicht vor dem Hintergrund des neuen Art. 91b I GG keinen Anklang mehr, da die Norm in ihrer novellierten Fassung nicht mehr zwischen der Förderung von Einrichtungen und Vorhaben differenziert.

Hellmut Wagner meint hingegen, dass das Bundesministerium für Bildung und Forschung, die Deutsche Forschungsgemeinschaft und der Wissenschaftsrat sich bei der Durchführung der Exzellenzinitiative nicht der parlamentarischen Kontrolle entziehen würden und der institutionelle Gesetzesvorbehalt daher nicht eingreife. Vielmehr würde der Etat des Bundesministeriums für Bildung und Forschung[1005] im Haushaltsausschuss sowie im Plenum des Bundestages beraten werden können und das Parlament hätte hier die Möglichkeit gehabt, den Förderzweck, die Förderlinien und die finanzielle Ausstattung der Exzellenzinitiative zu diskutieren und gegebenenfalls zu ändern. Das gleiche treffe im Übrigen für die Landesparlamente hinsichtlich ihrer jeweiligen Bildungsetats zu. Folglich hätten Bund und Länder mithilfe des haushaltsrechtlichen Instrumentariums trotz fehlender Sperrminoritäten in den Entscheidungsgremien erheblichen Einfluss auf die Vergabeentscheidungen im Rahmen der Exzellenzinitiative gehabt.[1006] *Marzlin* erwidert darauf zutreffenderweise, dass die Parlamente über solche klaren Gestaltungsmöglichkeiten im Rahmen der Verabschiedung der Haushalte gar nicht verfügten. Die Ausgestaltung der Exzellenzinitiative inklusive Förderzweck und Förderlinien hätte vielmehr allein den Exekutiven oblegen. Zudem hätten die Parlamente keine Einflussnahmemöglichkeit auf die Durchführung der Exzellenzinitiative durch die Deutsche Forschungsgemeinschaft

---

1005 Vgl. exemplarisch zur Exzellenzinitiative *BMF*, Bundeshaushaltsplan 2011, Kap. 3003 Titel 685 04-139 sowie zur Exzellenzstrategie *BMF*, Bundeshaushaltsplan 2019, Kap. 3003 Titel 685 13–137.

1006 *Wagner*, DÖV 2011, 427 (429); ähnlich auch *Ohler*, AöR 131 (2006), 336 (339); *Groß/Karaalp*, DVBl. 2010, 1135 (1139); *Sieweke*, KritV 2010, 49 (56 f.).

gehabt.[1007] Auch im Rahmen der Exzellenzstrategie gilt nichts anderes. Für beide Förderprogramme ist eine zusätzliche gesetzliche Grundlage erforderlich.

Es bleibt also bei dem Ergebnis, dass sowohl die faktische Beleihung der Deutschen Forschungsgemeinschaft auf der ersten Stufe als auch die Übertragung der Förderentscheidungsbefugnisse auf die gruppenpluralistischen Entscheidungsgremien des Bewilligungsausschusses und der Exzellenzkommission auf der zweiten Stufe der Vergabeverfahren von Exzellenzinitiative und Exzellenzstrategie jeweils den institutionellen Gesetzesvorbehalt auslösen. Teilweise wird hier eingewandt, dass dem institutionellen Gesetzesvorbehalt jedenfalls durch die eindeutig vorliegende ausdrückliche Bereitstellung der Exzellenzfördermittel in den Haushaltsplänen durch die Haushaltsgesetzgeber des Bundes und der Länder Genüge getan wurde, da für die parlamentarische Legitimation im Rahmen des institutionellen Vorbehaltsprinzips jede parlamentarische Willensäußerung ausreiche.[1008] Im Bereich der Leistungsverwaltung wurde die etatmäßige Bereitstellung der zur Subventionierung erforderlichen Finanzmittel in der Rechtsprechung und von Teilen der Literatur als hinreichende parlamentarische Legitimation verwaltungsmäßigen Handelns anerkannt.[1009] Für einen Beleihungsakt kann dies jedoch nicht ausreichen. Allein der Bereitstellung der Fördermittel in den Haushaltsplänen lässt sich noch keine demokratische Legitimation für die Übertragung staatlicher Aufgaben an die Deutsche Forschungsgemeinschaft als Beliehene entnehmen. Die Haushaltsgesetze von Bund und Ländern enthalten lediglich allgemeine Zweckbestimmungen sowie den Gesamtbetrag der jeweils zur Verfügung gestellten Fördermittel. Sie ermächtigen daher lediglich die Verwaltung zur Verfügung der im Haushaltsplan bewilligten

---

1007 *Marzlin*, Die Exzellenzinitiative von Bund und Ländern auf dem verfassungsrechtlichen Prüfstand, S. 109 f.

1008 So *Sieweke*, DÖV 2009, 946 (950); *Jauch*, Wissenschaftsförderung nach der Reform des Föderalismus, S. 192; wohl auch *Wagner*, DÖV 2011, 427 (429), der aber bereits das Bestehen eines institutionellen Gesetzesvorbehalts angesichts der Einflussnahmemöglichkeiten von Bund und Ländern im Rahmen ihres haushaltsrechtlichen Instrumentariums ablehnt.

1009 BVerfGE 8, 155 (167 f.); *BVerwG*, NJW 1958, 1153 (1153); BVerwGE 18, 352 (353); *BVerwG*, NJW 1979, 2059 (2059); *BVerwG*, NJW 1992, 2496 (2500), wo der Haushaltsplan allerdings jedenfalls dann nicht als ausreichende gesetzliche Grundlage angesehen wird, wenn in die Grundrechte Dritter eingegriffen wird; *BVerwG*, NVwZ 1998, 273 (273); *Roth*, Verwaltungshandeln mit Drittbetroffenheit und Gesetzesvorbehalt, S. 360 f.; *Rupp*, Grundfragen der heutigen Verwaltungsrechtslehre, S. 145 f.; *Bleckmann*, DVBl. 2004, S. 333 ff.

Mittel entsprechend ihrer Zweckbestimmungen („finanzielles Ermächtigungsgesetz“[1010]). Die Steuerungs- und Legitimationswirkungen des parlamentarischen Budgetrechts sind hingegen marginal, sodass den Haushaltsgesetzen allgemein kaum ein legitimatorisch relevanter Eigenwert zukommt.[1011] Verstärkt wird dieser Befund vorliegend angesichts der faktischen Präjudizierung der Parlamente durch die Exekutivvereinbarungen im Rahmen der Gemeinschaftsaufgabe von Art. 91b I GG. Eine ausreichende sachlich-inhaltliche Legitimation für eine Aufgabenübertragung in Form der Beleihung bieten die Haushaltsgesetze demzufolge nicht. Den demokratischen und rechtsstaatlichen Anforderungen des institutionellen Gesetzesvorbehalts wird durch die etatmäßige Bereitstellung der Fördermittel keinesfalls Genüge getan. Die Aufgabenübertragung auf die Deutsche Forschungsgemeinschaft als privatrechtliche Einrichtung in Form einer Beleihung bedarf vielmehr eines *materiellen* Parlamentsgesetzes.[1012] Für die Übertragung der Förderentscheidungskompetenzen auf die gruppenpluralistischen Entscheidungsgremien der zweiten Stufe der Vergabeverfahren von Exzellenzinitiative und Exzellenzstrategie kann nichts anders gelten. Gründe für das Ausreichen eines geringeren Legitimationsniveaus bei der Übertragung von Vergabebefugnissen auf gruppenpluralistische Entscheidungsgremien gegenüber der Beleihung Privater sind im Übrigen nicht ersichtlich.[1013]

Sowohl Exzellenzinitiative als auch Exzellenzstrategie lösen mithin institutionelle Gesetzesvorbehalte aus und hätten einer parlamentarischen Regelung in Form materieller Gesetze bedurft. Beide Förderprogramme sind daher insoweit verfassungswidrig.

(2) Grundrechtlicher Gesetzesvorbehalt und Vereinbarkeit mit Art. 5 III 1 Alt. 2 GG

Die Exzellenzinitiative und die Exzellenzstrategie könnten darüber hinaus Grundrechtseingriffe der Verwaltung in die Wissenschaftsfreiheit gem. Art. 5 III 1 Alt. 2 GG sein und daher den grundrechtlichen Gesetzesvorbehalt verletzen. Auch der allgemeine grundrechtliche Gesetzesvorbehalt wird

---

1010 *Böckenförde*, Die Organisationsgewalt im Bereich der Regierung, S. 114.

1011 *Jestaedt*, Demokratieprinzip und Kondominialverwaltung, S. 338 f.

1012 *Marzlin*, Die Exzellenzinitiative von Bund und Ländern auf dem verfassungsrechtlichen Prüfstand, S. 112; *Hillgruber/Marzlin*, F&L 2016, 122 (123).

1013 *Jestaedt*, Demokratieprinzip und Kondominialverwaltung, S. 416 f.; *Marzlin*, Die Exzellenzinitiative von Bund und Ländern auf dem verfassungsrechtlichen Prüfstand, S. 112.

in seiner rechtsstaatlichen Dimension auf den sog. Eingriffsvorbehalt gestützt, der wenigstens für Eingriffe in „Freiheit und Eigentum“ der Bürgerin und des Bürgers eine gesetzliche Grundlage fordert. Um das Vorliegen eines solchen Eingriffs in die Wissenschaftsfreiheit zu prüfen, ist zunächst nach der Grundrechtsberechtigung insbesondere der antragsberechtigten Universitäten und der an ihnen tätigen Wissenschaftlerinnen und Wissenschaftler zu fragen. Darüber hinaus könnte jedoch der gesamte Wissenschaftsbereich von den grundrechtlichen Wirkungen der Exzellenzinitiative und Exzellenzstrategie betroffen sein.

Die Wissenschaftsfreiheit ist ein „Jedermann-Grundrecht“ und steht grundsätzlich allen natürlichen Personen zu.[1014] Grundrechtsberechtigt durch Art. 5 III 1 Alt. 2 GG ist „jeder, der in Wissenschaft, Forschung und Lehre tätig ist“[1015] oder tätig werden will.[1016] Geschützt werden demnach vor allem Hochschullehrende – eingeschlossen der an Fachhochschulen tätigen[1017] – als hauptberuflich in Forschung und Lehre Tätige.[1018] Unter den Schutz der Norm fallen ferner alle, die selbstständige wissenschaftliche Tätigkeiten im Rahmen von Dienst- oder Betreuungsverhältnissen ausüben,[1019] also wissenschaftliches Personal,[1020] dem Aufgaben in Forschung und Lehre übertragen wurde. Auch die Studierenden werden von Art. 5 III 1 Alt. 2 GG geschützt, soweit sie über ihre Studierfreiheit aus Art. 12 I GG hinaus eigene selbstständige wissenschaftliche Tätigkeiten verfolgen.[1021] Die Ausübung der Wissenschaftsfreiheit kann ferner auch außerhalb von Hochschulen, etwa in außeruniversitären Wissenschaftseinrichtungen, stattfinden sowie durch nicht hauptberuflich in der Wissenschaft

---

1014 *Lindner*, JURA 2018, 240 (242); *Starck/Paulus*, in: v. Mangoldt/Klein/Starck, GG, Art. 5 III Rn. 483; *Gärditz*, in: Maunz/Dürig, GG, Art. 5 III [Stand: 8/2019] Rn. 127.

1015 BVerfGE 35, 79 (111 f.).

1016 BVerfGE 15, 256 (263 f.); 35, 79 (111 f.); *Starck/Paulus*, in: v. Mangoldt/Klein/Starck, GG, Art. 5 III Rn. 483.

1017 BVerfGE 126, 1 (19 f.); 141, 143 (164); *Gärditz*, Hochschulorganisation und verwaltungsrechtliche Systembildung, S. 613 f.

1018 *Gärditz*, in: Maunz/Dürig, GG, Art. 5 III [Stand: 8/2019] Rn. 129; *Kempen*, in: Epping/Hillgruber, Art. 5 Rn. 184.

1019 *Gärditz*, in: Maunz/Dürig, GG, Art. 5 III [Stand: 8/2019] Rn. 129; *Kempen*, in: Epping/Hillgruber, Art. 5 Rn. 184; *ders.*, in: Hartmer/Detmer, Hochschulrecht, Kap. 1 Rn. 18.

1020 BVerfGE 35, 79 (125); *Bethge*, in: Sachs, GG, Art. 5 Rn. 208; *Lindner*, JURA 2018, 240 (242); *Gärditz*, in: Maunz/Dürig, GG, Art. 5 III [Stand: 8/2019] Rn. 129.

1021 Vgl. BVerfGE 141, 143 (164); *Bethge*, in: Sachs, GG, Art. 5 Rn. 208; *Britz*, in: Dreier, GG, Art. 5 III (Wissenschaftsfreiheit) Rn. 31 u. 63; *Starck/Paulus*, in: v. Mangoldt/Klein/Starck, GG, Art. 5 III Rn. 483; *Gärditz*, in: Maunz/Dürig, GG, Art. 5 III [Stand: 8/2019] Rn. 129.

Tätige erfolgen.[1022] Geschützt werden zudem wissenschaftliche Beschäftigte an Privathochschulen[1023] sowie Beschäftigte an öffentlich-rechtlichen Anstalten oder Stiftungen, soweit ihnen eigenverantwortliche und unabhängige Aufgaben in Forschung oder Lehre übertragen sind, die auf wissenschaftliche Richtigkeit verpflichten.[1024]

Für „juristische Personen" gelten die Grundrechte nach Art. 19 III GG nur, soweit sie ihrem Wesen nach auf diese anwendbar sind. Hierzu zählen insbesondere die Hochschulen, die nach § 58 I 1 HRG in der Regel Körperschaften des öffentlichen Rechts sind, und ihre organisatorischen Untergliederungen.[1025] Geschützt sind danach auch die ihr zugehörigen Fakultäten und Fachbereiche sowie die Institute, soweit diese eigenständige Funktionen in Forschung oder Lehre innehaben sowie über eine freie Willensbildung verfügen.[1026] Von der Grundrechtsberechtigung umfasst sind neben Universitäten auch die Fachhochschulen.[1027] Forschen können die Hochschulen jedoch nicht selbst, ihr Freiheitsschutz leitet sich daher von dem ihrer Mitglieder ab.[1028]

Die für die Fördermittel von Exzellenzinitiative und Exzellenzstrategie antragsberechtigten Universitäten sind also einschließlich der an ihnen tätigen Wissenschaftlerinnen und Wissenschaftler Grundrechtsberechtigte der Wissenschaftsfreiheit in Art. 5 III 1 Alt. 2 GG. Als solche könnten sie durch die Exzellenzförderprogramme zunächst in Form eines klassischen Eingriffs – also einer unmittelbaren, finalen (gezielten) und imperativen (mit Befehl und Zwang) hoheitlichen Maßnahme[1029] – in ihrer grundrechtlich geschützten

---

1022 *Gärditz*, in: Maunz/Dürig, GG, Art. 5 III [Stand: 8/2019] Rn. 130.

1023 BVerfGE 141, 143 (164); *Gärditz*, in: Maunz/Dürig, GG, Art. 5 III [Stand: 8/2019] Rn. 130.

1024 *Gärditz*, in: Maunz/Dürig, GG, Art. 5 III [Stand: 8/2019] Rn. 131.

1025 BVerfGE 141, 143 (164); *F. Kirchhof*, JZ 1998, 275 (278); *Bethge*, in: Sachs, GG, Art. 5 Rn. 210 f.; *Britz*, in: Dreier, GG, Art. 5 III (Wissenschaftsfreiheit) Rn. 66; *Lindner*, JURA 2018, 240 (242 f.); *Gärditz*, in: Maunz/Dürig, GG, Art. 5 III [Stand: 8/2019] Rn. 132; *ders.*, Hochschulorganisation und verwaltungsrechtliche Systembildung, S. 371 ff.

1026 BVerfGE 15, 256 (262); 61, 82 (102); 75, 192 (196); 93, 85 (93); 111, 333 (352); 141, 143 (164); *Britz*, in: Dreier, GG, Art. 5 III (Wissenschaftsfreiheit) Rn. 66; *Gärditz*, in: Maunz/Dürig, GG, Art. 5 III [Stand: 8/2019] Rn. 132.

1027 BVerfGE 126, 1 (20 ff.); 141, 143 (164); *Britz*, in: Dreier, GG, Art. 5 III (Wissenschaftsfreiheit) Rn. 66; *Gärditz*, in: Maunz/Dürig, GG, Art. 5 III [Stand: 8/2019] Rn. 132; *ders.*, Hochschulorganisation und verwaltungsrechtliche Systembildung, S. 613 f.

1028 *Gärditz*, in: Maunz/Dürig, GG, Art. 5 III [Stand: 8/2019] Rn. 172.

1029 *Maurer/Waldhoff*, Allgemeines Verwaltungsrecht, § 6 Rn. 16.

Wissenschaftsfreiheit beschränkt worden sein. Den Kern des Schutzbereiches von Art. 5 III 1 Alt. 2 GG stellen die auf wissenschaftlicher Eigengesetzlichkeit beruhenden Prozesse, Verhaltensweisen und Entscheidungen bei der Suche nach Erkenntnissen, ihrer Deutung und Weitergabe dar.[1030] Diesbezüglich legte die Exzellenzinitiative bzw. legt die Exzellenzstrategie allerdings keine zwingenden Angaben fest, sondern setzte bzw. setzt lediglich Anreize. Ein unmittelbarer Eingriff in Art. 5 III 1 Alt. 2 GG liegt somit erkennbar nicht vor.[1031]

Der moderne Eingriffsbegriff umfasst allerdings auch faktische und mittelbare Beeinträchtigungen.[1032] Von Teilen der Literatur wird ein möglicher mittelbarer Eingriff in Bezug auf die finanziellen Anreize, die im Rahmen der Exzellenzinitiative gesetzt wurden, thematisiert. Diese könnten aufgrund der Bedeutung der finanziellen Zuweisungen eine Beeinflussung der wissenschaftlichen Kommunikations- und Handlungsprozesse für die wissenschaftliche Tätigkeit grundsätzlich ermöglichen.[1033] Ferner wird vertreten, dass über die Konditionierung der Finanzmittel im Rahmen der Exzellenzinitiative aufgrund der Ressourcenabhängigkeit der Wissenschaft Steuerungseffekte erzielt worden sein.[1034] Der Umfang der Steuerungswirkung der leistungsorientierten Vergabeverfahren hänge dabei wiederum maßgeblich vom Umfang des Finanzvolumens der so verteilten Fördermittel ab.[1035] Die gleichen Anreizwirkungen und Steuerungseffekte kommen im Übrigen grundsätzlich auch für die insoweit vergleichbar ausgestaltete Exzellenzstrategie in Betracht. *Jauch* lehnt diesbezüglich Steuerungseffekte der Exzellenzinitiative ab, da der Drittmittelzuschuss für die Beeinflussung der Ausübung wissenschaftlicher Forschung und Lehre zu gering

---

1030 BVerfGE 35, 79 (112); 111, 333 (354); s. zu den Rechtsbegriffen der Wissenschaft, Forschung und Lehre auch oben A. III. 1.

1031 So auch *Sieweke*, DÖV 2009, 946 (949); *Wagner*, DÖV 2011, 427 (429).

1032 BVerfGE 105, 252 (257); 105, 279 (303); *Bethge*, VVDStRL 57 (1998), 7 (37 ff.); *Weber-Dürler*, VVDStRL 57 (1998), 57 ff.; *Hufen*, Staatsrecht II, § 8 Rn. 9 f.; *Maurer/Waldhoff*, Allgemeines Verwaltungsrecht, § 6 Rn. 16; s. ausführlich zur Entwicklung des Eingriffsbegriffs auch *Roth*, Verwaltungshandeln mit Drittbetroffenheit und Gesetzesvorbehalt, S. 134 ff.

1033 So *Sieweke*, DÖV 2009, 946 (949).

1034 *Trute*, Forschung zwischen grundrechtlicher Freiheit und staatlicher Institutionalisierung, S. 278; *Sieweke*, DÖV 2009, 946 (949); *Glaser*, in: Kahl/Waldhoff/Walter, BK-GG, Art. 91b [Stand: 8/2016] Rn. 33, der von einer mittelbar in die Wissenschaftsfreiheit eingreifenden „Anreizwirkung" ausgeht.

1035 *Sieweke*, DÖV 2009, 946 (949) mit Verweis auf *Schröder*, Beiträge zur Hochschulforschung 2/2004, 28 (48 f.).

sei. Für diese Feststellung stellt er auf die Auswirkungen der dritten Förderlinie „Zukunftskonzepte" der zweiten Programmphase ab, wonach jedem geförderten „Zukunftskonzept" im Jahr 2015 im Mittel 12,9 Mio. Euro zustand. Am Beispiel der Universität Hamburg führt er sodann aus, dass dieser Drittmittelzuschuss im Vergleich zu den jährlichen staatlichen Zuwendungen der Hochschule i.H.v. etwa 280 Mio. Euro zwar beachtlich, aber nicht existenziell sei.[1036] *Marzlin* setzt den Drittmittelzuschuss der dritten Förderlinie „Zukunftskonzepte" in der zweiten Programmphase der Exzellenzinitiative wiederum am Beispiel der Universität Bonn in Relation zur gesamten Drittmitteleinwerbung der Hochschulen und verweist zudem auf die verstärkte externe Einflussnahme in den anderen beiden Förderlinien, die ebenfalls zu berücksichtigen sei. Insgesamt geht er von einer die Wissenschaftsfreiheit beeinflussenden Wirkung der Drittmittelförderung im Allgemeinen und der Exzellenzinitiative im Speziellen aus.[1037] Diesbezüglich ist allerdings zunächst anzumerken, dass im Rahmen der ersten beiden Förderlinien „Graduiertenschulen" und „Exzellenzcluster" nicht nur die Universitäten, sondern häufig auch die mit ihnen kooperierenden außeruniversitären Wissenschaftseinrichtungen von den Fördermitteln profitiert haben.[1038] Ferner ist der Umfang des Drittmittelzuschusses der Exzellenzinitiative sowie im Übrigen auch der Exzellenzstrategie an der gesamten Drittmitteleinwerbung der Hochschulen im Hinblick auf Art. 5 III 1 Alt. 2 GG zunächst nicht maßgebend. Ausschlaggebend ist für die Anreizwirkung vielmehr das Verhältnis des besagten Drittmittelzuschusses zu den *staatlichen* Zuwendungen an die Hochschulen und insbesondere zur staatlichen Grundfinanzierung. Diesbezüglich ist festzustellen, dass die Hochschulen in öffentlicher Trägerschaft im Jahr 2016 zu 79,2 % durch die öffentliche Hand finanziert wurden, wobei die Grundfinanzierung mit ca. 71,1 % den größten Anteil der gesamten Finanzmittel der Hochschulen ausmachte.[1039] Der Anteil der Drittmittel an der Gesamtfinanzierung der Hochschulen lag hingegen bei etwa 20,1 %.[1040] Insgesamt ist der Anteil der

1036 *Jauch*, Wissenschaftsförderung nach der Reform des Föderalismus, S. 216 f.

1037 *Marzlin*, Die Exzellenzinitiative von Bund und Ländern auf dem verfassungsrechtlichen Prüfstand, S. 117 f.

1038 So auch *Jauch*, Wissenschaftsförderung nach der Reform des Föderalismus, S. 216.

1039 Die medizinischen Einrichtungen bzw. Gesundheitswissenschaften an den Universitäten sowie die Verwaltungsfachhochschulen bleiben außer Betracht, *Statistisches Bundesamt*, Monetäre hochschulstatistische Kennzahlen 2016, S. 175.

1040 Die medizinischen Einrichtungen bzw. Gesundheitswissenschaften an den Universitäten sowie die Verwaltungsfachhochschulen bleiben außer Betracht, *Statistisches Bundesamt*, Monetäre hochschulstatistische Kennzahlen 2016, S. 175.

Grundfinanzierung an der Gesamtfinanzierung der Hochschulen in den letzten Jahren allerdings rückläufig,[1041] wohingegen der Anteil der Drittmittel kontinuierlich steigt. Die Drittmitteleinwerbung gewinnt mithin zunehmend an Bedeutung für die Hochschulfinanzierung und die Drittmittel sind essenzieller Bestandteil der Hochschulfinanzierung geworden.[1042] Die Drittmittel bestehen jedoch nicht nur aus öffentlichen Drittmitteln, sondern zum größten Teil aus privaten Drittmitteln zur Auftragsforschung. Der Anteil öffentlicher Drittmittel an den gesamten Drittmitteleinnahmen der Hochschulen machte im Jahr 2016 ca. 30,7 % aus. An den gesamten Einnahmen der öffentlichen Hochschulen betrug der Anteil der öffentlichen Drittmittel allerdings nur etwa 4,3 %.[1043] Allein aufgrund des Umfangs des Finanzvolumens der im Rahmen der Exzellenzinitiative verteilten Fördermittel können mithin noch keine die Wissenschaftsfreiheit mittelbar beeinträchtigenden Steuerungseffekte angenommen werden. Gleiches gilt auch für die Exzellenzstrategie. So sieht die Förderlinie „Exzellenzuniversitäten“ jährlich 10 bis 15 Mio. Euro für Anträge einzelner Universitäten vor und ist somit hinsichtlich des Finanzumfangs mit dem durchschnittlichen Drittmittelzuschuss der dritten Förderlinie im Rahmen der zweiten Programmphase der Exzellenzinitiative i.H.v. etwa 12,9 Mio. Euro pro „Zukunftskonzept“ vergleichbar. Überdies beträgt der Anteil öffentlicher Drittmittel auch im Jahr 2017 lediglich 4,4 % an den gesamten Einnahmen der öffentlichen Hochschulen.[1044] Ferner unterscheidet sich die Gesamtsumme der Fördermittel im Rahmen der Exzellenzstrategie ab dem Jahr 2018 mit einer Höhe von insgesamt 533 Mio. Euro nur verhältnismäßig gering von der Fördersumme der Exzellenzinitiative im Jahr 2016, die sich auf insgesamt 525 Mio. Euro belief.

Der Steuerungseffekt der Fördermittel der Exzellenzinitiative könnte nach Ansicht *Siewekes* allerdings jedenfalls hypothetisch durch ihre Auswirkung auf die sonstige Drittmitteleinwerbung verstärkt werden. Die erfolgreiche Teilnahme einer Hochschule an der Exzellenzinitiative bringe eine erhöhte Attraktivität in der weiteren Drittmitteleinwerbung mit sich und könne sich überdies auch im Rahmen der leistungsorientierten Mittelverteilung[1045] positiv auf ihre

---

1041 *Statistisches Bundesamt*, Bildungsfinanzbericht 2018, S. 53.

1042 *Thieme*, Deutsches Hochschulrecht, Rn. 565; *Möller*, in: Hartmer/Detmer, Hochschulrecht, Kap. 15 Rn. 26 u. 31.

1043 *Statistisches Bundesamt*, Monetäre hochschulstatistische Kennzahlen 2016, S. 183.

1044 *Statistisches Bundesamt*, Monetäre hochschulstatistische Kennzahlen 2017, S. 183.

1045 Nach § 5 HRG orientiert sich die staatliche Finanzierung der Hochschulen an den in Forschung und Lehre erbrachten Leistungen. In den meisten Ländern wird ein Teil des Grundbudgets der Hochschulen (meist zwischen 15 und 30 %) leistungs- bzw.

Grundfinanzierung auswirken. Die Exzellenzinitiative schaffe somit eine nicht ganz unerhebliche Anreizwirkung, die die wissenschaftlichen Kommunikations- und Handlungsprozesse wenigstens in den ressourcenabhängigen Wissenschaftsdisziplinen mittelbar beeinflussen könne. Allerdings räumt er selbst ein, dass für diese nur geringen Auswirkungen keine sicheren Belege vorlägen, sodass im Ergebnis die Steuerungseffekte der Fördermittel auch nicht mittelbar durch ihre Auswirkung auf die sonstige Drittmitteleinwerbung in die Wissenschaftsfreiheit nach Art. 5 III 1 Alt. 2 GG eingreifen und mithin auch keinen grundrechtlichen Gesetzesvorbehalt auslösen würden.[1046] Eine hypothetische Gefährdung allein reicht für eine solche Annahme im Übrigen auch nach zutreffender Ansicht des Bundesverfassungsgerichts nicht aus, da sich die meisten hochschulorganisatorischen Entscheidungen „aufgrund der Angewiesenheit der wissenschaftlich Tätigen auf den öffentlich bereitgestellten und organisierten Wissenschaftsbetrieb mittelbar auf die wissenschaftliche Betätigung auswirken können".[1047]

Sieweke lehnt zwar einen mittelbaren Eingriff der Exzellenzinitiative in Art. 5 III 1 Alt. 2 GG in seiner Funktion als Abwehrrecht ab, bejaht indes einen grundrechtlichen Gesetzesvorbehalt im Hinblick auf die objektive Wertentscheidung[1048] der Norm für freie Wissenschaft, Forschung und Lehre. Seiner Ansicht nach sei die potenzielle externe Einflussnahme auf die wissenschaftlichen Kommunikations- und Handlungsprozesse durch die Exzellenzinitiative evident.[1049] Dem ist jedoch sowohl im Hinblick auf die Exzellenzinitiative als auch auf die Exzellenzstrategie entgegenzuhalten, dass der Staat hinsichtlich des Wissenschaftsbetriebs weithin ein faktisches Monopol[1050] besitzt und die Ausübung der Wissenschaftsfreiheit aus Art. 5 III 1 Alt. 2 GG daher zwingend mit

---

belastungsorientiert zwischen den Hochschulen verteilt. Relative Erfolge bzw. Misserfolge in Forschung und Lehre werden so im Rahmen der leistungsorientierten Mittelverteilung belohnt bzw. sanktioniert. Zu den Leistungsindikatoren gehören hier auch insbesondere eingeworbene Drittmittel, vgl. *Möller*, in: Hartmer/Detmer, Hochschulrecht, Kap. 15 Rn. 15.

1046 *Sieweke*, DÖV 2009, 946 (949) mit Verweis auf *Gläser/Lange/Laudel/Schimank*, in: Mayntz/Neidhardt/Weingart/Wengenroth, Wissensproduktion und Wissenstransfer, S. 163 ff.

1047 BVerfGE 111, 333 (355); dieser Ansicht folgend auch *Wagner*, DÖV 2011, 427 (430).

1048 BVerfGE 35, 79 (113 u. 119); 47, 327 (368); 81, 108 (116); 88, 129 (136); 90, 1 (11); 94, 268 (285); 111, 333 (353).

1049 *Sieweke*, DÖV 2009, 946 (949 f.); ähnlich auch *Kluth*, RdJB 2008, 257 (262).

1050 BVerfGE 35, 79 (114); auch heute besitzt diese Aussage des Bundesverfassungsgerichts noch Gültigkeit.

einer Teilhabe an staatlichen Leistungen verbunden ist.[1051] „Ohne entsprechende finanzielle Mittel, über die im Wesentlichen nur noch der Staat verfügt“, könne nach Ansicht des Bundesverfassungsgerichts „heute in weiten Bereichen der Wissenschaften [...] keine unabhängige Forschung und wissenschaftliche Lehre mehr betrieben werden“.[1052] Aus diesem Grund leitet das Bundesverfassungsgericht aus der objektiven Wertentscheidung eine Funktionsgewährleistungspflicht des Staates ab, wonach dieser zur Bereitstellung von personellen, finanziellen und organisatorischen Mitteln verpflichtet ist, um die Pflege der freien Wissenschaft und ihre Vermittlung an die nachfolgende Generation zu ermöglichen und zu fördern.[1053] Dieser Schutzpflicht aus Art. 5 III 1 Alt. 2 GG kommt der Staat mit der Forschungsförderung im Rahmen von Exzellenzinitiative und Exzellenzstrategie also gerade nach. Diesbezüglich stellt *Wagner* ferner klar, dass Art. 5 III 1 Alt. 2 GG dabei weder die bedingungslose Vergabe von Fördermitteln noch den Verzicht auf generelle programmatische Vorgaben des Geldgebers verlange. Ferner könnten Bund und Länder im Hinblick auf Art. 5 III 1 Alt. 2 GG auch verhaltensleitende Anreize schaffen, soweit der Kernbereich individueller wissenschaftlicher Tätigkeit dadurch unberührt bleibe.[1054] Die Garantie der Wissenschaftsfreiheit hat auch nach der Rechtsprechung des Bundesverfassungsgerichts „weder das überlieferte Strukturmodell der deutschen Universitäten zur Grundlage, noch schreibt sie überhaupt eine bestimmte Organisationsform des Wissenschaftsbetriebs an den deutschen Hochschulen vor“.[1055] Die externe Einflussnahme durch die Exzellenzinitiative und die Exzellenzstrategie auf die wissenschaftlichen Kommunikations- und Handlungsprozesse ist überdies begrenzt, denn es entscheiden im Rahmen dieser Programme nicht allein die staatlichen Geldgeber über die Höhe und Begünstigten der Förderung, sondern mehrheitlich die in den Entscheidungsgremien[1056] tätigen sachverständigen Wissenschaftlerinnen und Wissenschaftler. Dadurch wird der Wissenschaftsfreiheit in besonderer Weise Rechnung getragen.[1057] Darüber hinaus legen die

1051 BVerfGE 35, 79 (114).

1052 BVerfGE 35, 79 (114).

1053 BVerfGE 35, 79 (113 f.).

1054 *Wagner*, DÖV 2011, 427 (430).

1055 BVerfGE 111, 333 (115).

1056 S. zu den Entscheidungsgremien und der Durchführung der Förderung in Exzellenzinitiative und Exzellenzstrategie auch oben C. II. 1. d) und e) bb) (1).

1057 In diesem Sinne auch *Trute*, in: FS Schneider, S. 319, der die Entscheidungswirkung des Bewilligungsausschusses eher zurückhaltend bewertet, da seine Entscheidungen

Antragstellenden selbst fest, wofür sie eine Förderung beantragen.[1058] Ein mittelbarer Grundrechtseingriff kann demzufolge nicht angenommen werden.

Es ist somit zunächst festzuhalten, dass weder aus der Abwehrfunktion noch aus der objektiven Wertentscheidung der Wissenschaftsfreiheit ein grundrechtlicher Gesetzesvorbehalt aus rechtsstaatlichen Erwägungen für die Exzellenzprogramme folgt. Das Bundesverfassungsgericht hat sich von der rechtsstaatlich orientierten „Freiheit und Eigentum"-Formel allerdings gelöst und daneben die demokratische Komponente des grundrechtlichen Gesetzesvorbehalts in Gestalt der sog. Wesentlichkeitstheorie betont.[1059] Danach muss der Gesetzgeber „in grundlegenden normativen Bereichen […] alle wesentlichen Entscheidungen selbst […] treffen".[1060] Für das „Wesentliche" besteht demzufolge ein Entscheidungsmonopol des Gesetzgebers in Form eines Parlamentsvorbehalt.[1061] Dabei ist „im grundrechtsrelvanten Bereich" wesentlich, was „wesentlich für die Verwirklichung der Grundrechte"[1062] ist. Was „grundrechtsrelevant" bzw. „wesentlich" ist, lässt sich jedoch nicht generalisieren, sondern ist vielmehr im konkreten Fall zu bestimmen. Das Kriterium der Wesentlichkeit dient in diesem Kontext als eine Art Gleitformel in Bezug auf die erforderliche Regelungsdichte. Mit zunehmender Wesentlichkeit erhöhen sich danach auch die Anforderungen an den Gesetzgeber.[1063] Auch die von Exzellenzinitiative und Exzellenzstrategie ausgehenden grundrechtlichen Wirkungen könnten demnach den grundrechtlichen Gesetzesvorbehalt auslösen und eine gesetzliche Regelung erforderlich machen. Die Förderprogramme müssten hierfür „im grundrechtsrelevanten Bereich" als „wesentlich" für die Verwirklichung der in Art. 5 III 1 Alt. 2 GG verankerten Wissenschaftsfreiheit anzusehen sein.[1064]

---

durch die sachverständigen Begutachtungen der Fach- und Strategiekommission vorgezeichnet und vorgeprägt seien.

1058 So auch *Wagner*, DÖV 2011, 427 (431).

1059 *Ossenbühl*, in: Isensee/P. Kirchhof, HdbStR, Bd. V, § 101 Rn. 43.

1060 BVerfGE 49, 89 (126 f.) mit Verweis auf BVerfGE 34, 165 (192 f.); 40, 237 (249); 41, 251 (260); 45, 400 (417 f.); 47, 46 (78 ff.); 48, 210 (221).

1061 *Ossenbühl*, in: Isensee/P. Kirchhof, HdbStR, Bd. V, § 101 Rn. 53.

1062 BVerfGE 47, 46 (79) mit Verweis auf BVerfGE 34, 165 (192); 40, 237 (248 f.); 41, 251 (260 f.).

1063 *Grzeszick*, in: Maunz/Dürig, GG, Art. 20 [Stand: 12/2007] Rn. 106; *Maurer/Waldhoff*, Allgemeines Verwaltungsrecht, § 6 Rn. 14.

1064 Auch wenn die Wissenschaftsfreiheit in Art. 5 III 1 Alt. 2 GG keinen speziellen Gesetzesvorbehalt vorsieht, findet der allgemeine grundrechtliche Gesetzesvorbehalt dort Anwendung, *Maurer/Waldhoff*, Allgemeines Verwaltungsrecht, § 6 Rn. 8.

Hans-Heinrich Trute führt an, dass die durch die Programmstrukturen der Exzellenzinitiative herbeigeführten weitreichenden Strukturveränderungen für das gesamte Wissenschaftssystem den grundrechtlichen Gesetzesvorbehalt auslösen würden. Seines Erachtens sollen durch das wettbewerbliche Gesamtverfahren der Exzellenzinitiative nur wenige Universitäten „als Kristallisationskerne von Ressourcen“ gefördert werden, wohingegen „viele andere [...] auf Dauer [...] zu regionalen Lehruniversitäten“ würden. Er konstatiert ferner eine „enorme Stratifizierung des Universitätssystems“ als Folge der Exzellenzinitiative.[1065] Anders als von *Trute* befürchtet, wurden im Rahmen der Exzellenzinitiative jedoch nicht nur wenige Universitäten „als Kristallisationskerne von Ressourcen“ gefördert. Im Rahmen der Exzellenzinitiative konnten in der ersten Programmphase insgesamt 39 Graduiertenschulen, 37 Exzellenzcluster und neun Zukunftskonzepte sowie in der zweiten Programmphase 45 Graduiertenschulen, 43 Exzellenzcluster und elf Zukunftskonzepte gefördert werden. Auch die Exzellenzstrategie sieht für ein *Spitzen*forschungsprogramm relativ viele Förderfälle vor, was die Teilnahme für viele und nicht nur wenige Länder aussichtsreich macht.[1066] So werden im Rahmen der Exzellenzstrategie derzeit an 34 Universitäten „Exzellenzcluster“ und elf „Exzellenzuniversitäten“ gefördert. Für die zweite Ausschreibungsrunde mit Förderbeginn 2026 ist zudem eine Förderung von bis zu vier weiteren „Exzellenzuniversitäten“ möglich (vgl. § 4 I 2 ExS). Zu den Förderkriterien sowohl der Exzellenzinitiative als auch der Exzellenzstrategie gehört zudem die „universitätsübergreifende bzw. außeruniversitäre Kooperation“ (vgl. § 3 I ExV I / ExV II) bzw. „übergreifende Zusammenarbeit“ (vgl. § 1 II ExS), sodass häufig zusätzlich weitere Universitäten und außeruniversitäre Wissenschaftseinrichtungen in die Förderung miteinbezogen waren bzw. sind. Eine strukturelle Gefährdung der freien wissenschaftlichen Betätigung und Aufgabenerfüllung durch die wettbewerbliche Ausgestaltung der Exzellenzinitiative und Exzellenzstrategie liegt somit insgesamt nicht vor.

Der grundrechtliche Gesetzesvorbehalt könnte jedoch aufgrund der Grundrechtsrelevanz der Förderentscheidungen für die in den Verfahren nichtbegünstigten Konkurrenten eingreifen. Wie bereits festgestellt, besteht das Vorbehaltsprinzip grundsätzlich auch in der Leistungsverwaltung,[1067] denn auch hier kann sich die Einflussnahme des Staates auf die Bürgerin oder den

1065 *Trute*, in: FS Schneider, S. 320 f.

1066 *Speiser*, Der deutsche Wissenschaftsföderalismus auf dem Prüfstand, S. 172.

1067 *Ehlers*, Verwaltung in Privatrechtsform, S. 245; *Maurer/Waldhoff*, Allgemeines Verwaltungsrecht, § 6 Rn. 11.

Bürger ähnlich intensiv auswirken wie im Bereich der Eingriffsverwaltung.[1068] Ein Totalvorbehalt in der Leistungsverwaltung existiert hingegen nicht. Auch die Exekutive ist eigenständig mittelbar personell legitimiert[1069] und verfügt über einen eigenen „Kernbereich exekutiver Eigenverantwortung".[1070] Den grundrechtlichen Gesetzesvorbehalt können daher vorliegend nur solche Subventionen auslösen, die im Sinne der Wesentlichkeitstheorie als „wesentlich" für die Verwirklichung der Wissenschaftsfreiheit der nichtgefördeten Konkurrenten anzusehen sind. Maßgeblich ist dabei vor allem die Grundrechtsrelevanz der Regelungen. Nach Ansicht des Bundesverfassungsgerichts ist „mit Blick auf den jeweiligen Sachbereich und auf die Eigenart des betroffenen Regelungsgegenstandes, insbesondere die Intensität der Grundrechtseingriffe"[1071] zu ermitteln, wie weit die gesetzlichen Regelungen ins Einzelne gehen müssen.

Die Exzellenzförderprogramme sind zunächst insoweit grundrechtsrelevant, als sie die Rechtssphäre der von der Förderung ausgeschlossenen Hochschulen bzw. der an ihnen tätigen Wissenschaftlerinnen und Wissenschaftler im Bereich der Ausübung ihrer Wissenschaftsfreiheit nach Art. 5 III 1 Alt. 2 GG berühren und begrenzen. Es erscheint daher fraglich, ob die auf der Grundlage von Art. 91b GG abgeschlossenen Exzellenzvereinbarungen den verfassungsrechtlichen Anforderungen als Ermächtigungsgrundlagen genügen. Dies bedarf einer besonderen Prüfung anhand von verschiedenen, offenen und kumulativ gehandhabten Kriterien zur Bestimmung der Wesentlichkeit.[1072] Das Versagen der Förderung im Rahmen der Exzellenzinitiative und der Exzellenzstrategie ist im Ergebnis keine unzumutbare wesentliche Beeinträchtigung der Ausübung der Wissenschaftsfreiheit für die nichtbegünstigten Konkurrenten. Der Drittmittelzuschuss im Rahmen der Exzellenzvereinbarungen war bislang im Verhältnis zu den Gesamteinnahmen der Hochschulen zwar nicht gänzlich unbedeutend, jedoch nicht existenziell. Dies gilt auch (noch) trotz der derzeit rückläufigen öffentlichen Grundfinanzierung. Etwaige negative Auswirkungen der unterbleibenden Exzellenzförderung auf die weitere Drittmitteleinwerbung sind kaum sicher belegbar und dürften auch angesichts der (noch) überwiegenden

---

1068 BVerfGE 40, 237 (249); *Maurer/Waldhoff*, Allgemeines Verwaltungsrecht, § 6 Rn. 21.

1069 BVerfGE 49, 89 (125); *Ossenbühl*, Verwaltungsvorschriften und Grundgesetz, S. 187 ff.; *Böckenförde/Grawert*, AöR 95 (1970), 1 (25 f.).

1070 BVerfGE 67, 100 (139) mit Bezug auf *Scholz*, AöR 105 (1980), 564 (598); *Ossenbühl*, in: Isensee/P. Kirchhof, HdbStR, Bd. V, § 101 Rn. 23 u. 72.

1071 BVerfGE 111, 191 (217).

1072 *Grzeszick*, in: Maunz/Dürig, GG, Art. 20 [Stand: 12/2007] Rn. 107.

Finanzierung aus Grundmitteln der Länder eher gering ausfallen. Überdies dürfte dem Gesetzgeber der Sachverstand für die zu regelnde Materie vorliegend fehlen, was eine Beteiligung der von der Regelung betroffenen Wissenschaftlerinnen und Wissenschaftler sinnvoll erscheinen lässt. Angesichts der Entwicklungsoffenheit und Komplexität des Wissenschaftsbereichs unter Beachtung der notwendigen Flexibilität ist eine gesetzliche Grundlage schließlich nicht angebracht.[1073] Ein grundrechtlicher Gesetzesvorbehalt scheidet mithin auch im Sinne der Wesentlichkeitstheorie aus.[1074] Ob die Bereitstellung der Fördermittel durch die Haushaltsgesetzgeber von Bund und Ländern als parlamentarische Zustimmung den rechtsstaatlichen und demokratischen Anforderungen des grundrechtlichen Gesetzesvorbehalts genügen würden, bedarf hier daher keiner Erörterung.

(3) Zwischenergebnis

Im Ergebnis verletzen sowohl Exzellenzinitiative als auch Exzellenzstrategie den institutionellen Gesetzesvorbehalt. Sowohl die faktische Beleihung der privatrechtlich einzuordnenden Deutschen Forschungsgemeinschaft auf der ersten Stufe der Vergabeverfahren als auch die Übertragung der Fördervergabekompetenzen auf die gruppenpluralistisch besetzten Entscheidungsgremien der zweiten Stufe der Vergabeverfahren hätten einer parlamentarischen Legitimation in Form eines *materiellen* Gesetzes bedurft. Die Bereitstellung der Fördermittel durch die Haushaltsgesetzgeber von Bund und Ländern ist insoweit als demokratische Legitimation nicht ausreichend. Beide Förderprogramme sind daher im Ergebnis verfassungswidrig. Ein grundrechtlicher Gesetzesvorbehalt besteht hingegen weder im Rahmen der Exzellenzinitiative noch hinsichtlich der Exzellenzstrategie.

1073 Ähnlich BVerfGE 58, 257 (275 f.) mit Bezug auf das Schulwesen; einen grundrechtlichen Gesetzesvorbehalt ablehnend auch *Wagner*, DÖV 2011, 427 (431 ff.); *Jauch*, Wissenschaftsförderung nach der Reform des Föderalismus, S. 215 ff.; *Volkmann/Kaufhold*, in: v. Mangoldt/Klein/Starck, GG, Art. 91b Rn. 14; a.A. *Sieweke*, DÖV 2009, 946 (949 f.); *Marzlin*, Die Exzellenzinitiative von Bund und Ländern auf dem verfassungsrechtlichen Prüfstand, S. 118 f.

1074 So bzgl. der Exzellenzinitiative auch *Wagner*, DÖV 2011, 427 (430 f.); *Volkmann*, in: v. Mangoldt/Klein/Starck, GG, 6. Aufl. 2010, Art. 91b Rn. 7.

f) Zusammenfassung und Bewertung

Die Exzellenzinitiative und die Exzellenzstrategie sind auf der Grundlage der jeweils gültigen Fassung des Art. 91b GG im Rahmen der Gemeinschaftsaufgaben von Bund und Ländern zur Förderung exzellenter Forschung bzw. Universitäten verfassungswidrig abgeschlossen worden. Die dritte Förderlinie der zweiten Programmphase der Exzellenzinitiative reizte den verfassungsrechtlichen Wortlaut der *vorhaben*bezogenen Förderung von Hochschulen überdies bis zum Anschlag aus. Mit der Exzellenzstrategie wurde ferner erstmals von der verfassungsrechtlichen Möglichkeit der institutionellen Hochschulförderung auf der Grundlage des neuen Art. 91b I GG Gebrauch gemacht. Sowohl die Exzellenzinitiative als auch die Exzellenzstrategie sind inhaltlich in vielfacher Hinsicht zu kritisieren.

Zunächst spalten diese Förderprogramme die deutsche Forschungs- und Hochschullandschaft in „exzellent“ bzw. „nicht-exzellent“. Die Arbeit der „nicht-exzellenten“ Hochschulen ist dabei gleich in mehrfacher Hinsicht erschwert, denn in der Praxis erweist sich die „Exzellenz“ einer Hochschule letztlich als „Qualitätssignal“.[1075] Ihre Attraktivität ist folglich einerseits gegenüber Studierenden und Lehrenden, andererseits auch gegenüber Drittmittelgebern außerhalb der Exzellenzinitiative und der Exzellenzstrategie vermindert. Die verminderte Drittmittelattraktivität kann wiederum eine geringere Drittmitteleinwerbung insgesamt zur Folge haben. Die Drittmitteleinwerbung ist wiederum Kriterium für wissenschaftliche Exzellenz von Universitäten (vgl. § 4 III lit. a ExS), sodass hier eine Abwärtsspirale für „nicht-exzellente“ Universitäten droht. Darüber hinaus wird die Drittmitteleinwerbung teilweise auch im Rahmen der Grundmittelausstattung nach der sog. leistungsorientierten Mittelvergabe zusätzlich prämiert, sodass sich die durch die Einstufung als „nicht-exzellent“ bedingte verminderte Drittmittelattraktivität einer Hochschule sogar auf ihre Grundfinanzierung negativ auswirken kann. Auch wenn diese Steuerungswirkungen der Exzellenzinitiative und der Exzellenzstrategie insgesamt die Ausübung der Wissenschaftsfreiheit nach Art. 5 III 1 Alt. 1 GG (noch) nicht im Sinne eines mittelbaren Eingriffs beeinträchtigen, so sind diese im Hinblick auf den sinkenden Grundmittelanteil in der Hochschulfinanzierung und die damit einhergehende steigende Bedeutung der Drittmitteleinwerbung dennoch bedenklich. An dieser Stelle ist zudem darauf hinzuweisen, dass im Rahmen der leistungsorientierten Mittelvergabe häufig verstärkt auf quantitative Kriterien abgestellt wird, sodass

---

1075 *Mück*, in: Nida-Rümelin, Wunschmaschine Wissenschaft, S. 46 f.

langfristig überdies ein Qualitätsverfall der Wissenschaft droht.[1076] Dass die Vergabe von Forschungsfördermitteln nach leistungsorientierten Kriterien letztlich zu einer Konzentration der Mittel auf einige wenige exzellente Hochschulen „als Kristallisationskerne von Ressourcen"[1077] führt, hat sich hingegen bislang, wie bereits ausgeführt,[1078] nicht bestätigt. Nichtsdestotrotz dürften die als „exzellent" ausgezeichneten Hochschulen nach dem „Matthäus-Prinzip" von ihrem Status bei der weiteren Drittmitteleinwerbung sowie im Rahmen der leistungsorientierten Grundmittelausstattung profitieren: „Denn wer da hat, dem wird gegeben".[1079] Forschungsschwache „nicht-exzellente" Hochschulen dürften es bei der Drittmitteleinwerbung hingegen schwerer haben.[1080] Noch schwerer dürften sie es haben, wenn sie ihren Standort in leistungsschwachen Ländern haben.[1081] Vor diesem Hintergrund verwundert auch die Einfügung der Möglichkeit von Ergänzungszuweisungen zur Forschungsförderung an die Länder durch den Bund in Art. 107 II 6 Alt. 2 GG[1082] nicht mehr. Die Einfügung dieser Verfassungsnorm unterstreicht vielmehr, dass die Hochschulen insgesamt in unterschiedlichem Ausmaß von der Forschungsförderung nach Art. 91b I GG profitieren, was politisch freilich auch so gewollt ist. Gleichzeitig indiziert Art. 107 II 6 Alt. 2 GG aber auch, dass diese ungleiche Verteilung der Forschungsfördermittel zu einer korrekturbedürftigen Fehlverteilung im Bundesstaat führen kann. Ein fairer Wettbewerb um Drittmittelzuschüsse in Exzellenzförderprogrammen kann vielmehr nur auf der Grundlage einer angemessenen finanziellen Grundausstattung

---

1076 Für eine sinnvolle Steuerungswirkung ist im Rahmen der leistungsorientierten Mittelverteilung die Indikatorauswahl entscheidend. Hier besteht jedoch grundsätzlich die Gefahr der Überakzentuierung von quantitativen gegenüber qualitativen Kriterien, da die Qualität von Hochschulleistungen nur schwer messbar ist, *Möller*, in: Hartmer/Detmer, Hochschulrecht, Kap. 15 Rn. 16 f.

1077 So allerdings *Trute*, in: FS Schneider, S. 320.

1078 S. dazu oben C. II. 1. e) bb) (2).

1079 Lutherbibel 2017, Matthäus, 25, 29. In diesem Sinne auch *Merton*, Entwicklung und Wandel von Forschungsinteressen, S. 147 ff.; *Trute*, in: FS Schneider, S. 316 f.; *Sieweke*, DÖV 2009, 946 (951); *v. Coelln*, DVBl. 2009, 1090 (1098).

1080 *Hartmann*, RdJB 2011, 284 (286 ff.).

1081 *Hartmann*, Leviathan 38 (2010), 369 (375).

1082 Die Norm sieht Bundesergänzungszuweisungen für leistungs- und forschungsschwache Länder vor. Die Regelung wurde erst im Juli 2017 in das Grundgesetz eingefügt durch das Gesetz zur Änderung des Grundgesetzes (Art. 90, 91c, 104b, 104c, 107, 108, 109a, 114, 125c, 143d, 143e, 143f, 143g) v. 13.7.2017, BGBl. 2017 I S. 2347.

aller Hochschulen in allen Ländern sowie eines angemessenen bundesstaatlichen Finanzausgleichs stattfinden.

Berechtigt kritisiert wurde überdies die mangelnde Planungssicherheit der Hochschulen im Rahmen der Exzellenzinitiative. Die Förderung war hier auf maximal fünf Jahre begrenzt (§ 2 V ExV I / ExV II), wobei dieser Zeitraum für eine nachhaltige Entwicklung der Hochschulen hin zu wissenschaftlicher Exzellenz relativ kurz gewesen sei und langfristige, strategisch bedeutsame Investitionen verhindert habe.[1083] Die Befristung der Förderung war jedoch im Rahmen der Exzellenzvereinbarung II aufgrund ihrer Rechtsgrundlage in Art. 91b I 1 Nr. 2 GG (i.d.F. v. 2006) verfassungsrechtlich geboten („Vorhabenförderung“). Im Rahmen der Exzellenzstrategie können Hochschulen von überregionaler Bedeutung nach dem neuen Art. 91b I 1 GG nunmehr grundsätzlich dauerhaft von Bund und Ländern als „Exzellenzuniversitäten“ gefördert werden (§ 5 I 1 ExS). Dabei ist jedoch zu beachten, dass die „Exzellenzuniversitäten“ regelmäßig alle sieben Jahre einer unabhängigen und externen Evaluation mit selektivem Charakter unterzogen werden (§ 6 I 1 ExS). Nur sofern die Evaluation ergibt, dass die Voraussetzungen der gemeinsamen Förderung weiterhin erfüllt sind, wird die gemeinsame Förderung auch fortgesetzt (§ 6 II 1 ExS). Andernfalls entscheiden der Bund und das jeweilige Sitzland über die Modalitäten des Ausscheidens der „Exzellenzuniversität“ aus der gemeinsamen Förderung (§ 6 II 2 ExS). Überdies setzt die Förderung als „Exzellenzuniversität“ die Förderung von mindestens zwei „Exzellenzclustern“ an derselben Universität voraus (§ 4 I 5 ExS), deren Förderlaufzeit sich wiederum auf grundsätzlich zweimal sieben Jahre beläuft, wobei Neuanträge möglich sind (§ 3 VI ExS). Sollte die Förderung eines „Exzellenzclusters“ an einer Universität nach sieben Jahren ausgesetzt werden, kann dies auch die Voraussetzung für ihre Förderung als „Exzellenzuniversität“ entfallen lassen. Von dauerhafter Förderung bzw. wirklicher Planungssicherheit der Universitäten kann demzufolge nach wie vor nicht die Rede sein, wenngleich sich der Förderzeitraum von fünf Jahren auf wenigstens sieben Jahre erhöht hat. Eine Stärkung der Grundfinanzierung der Hochschulen ist mit der Exzellenzstrategie demnach nicht erfolgt. Die Fördermittel der Exzellenzstrategie erweitern als zusätzliche Drittmittel zwar den Handlungsspielraum der geförderten Universitäten, sie machen jedoch insgesamt nur einen geringen Anteil an der Gesamtfinanzierung der Hochschulen aus. Relevant für die Hochschulen sind hingegen vor allem das Prestige der Förderung[1084] sowie die

1083 So zur Exzellenzinitiative *Krull*, in: FS Teichler, S. 247.

1084 *Mück*, in: Nida-Rümelin, Wunschmaschine Wissenschaft, S. 47.

Auswirkung der Förderung auf die sonstige Drittmitteleinwerbung. Planbar ist für die Hochschulen allerdings weder ein Erfolg im Rahmen der Exzellenzstrategie noch ein Erfolg bei der darauffolgenden weiteren Drittmitteleinwerbung. Wirkliche Planungssicherheit kann den Hochschulen nur durch eine dauerhafte verlässliche Finanzierung insbesondere im Rahmen der Grundfinanzierung durch die Länder als ihre Träger gewährt werden. Als problematisch erweist sich hier wiederum die Ausgestaltung der Exzellenzstrategie als ergebnisoffener Wettbewerb im Hinblick auf die Kofinanzierungspflichten der Länder. Einerseits werden die freien Landesmittel durch die Kofinanzierungspflichten der Länder weiter verknappt, andererseits ist die Höhe der künftigen Haushaltsbelastungen der Länder durch sie unsicher.[1085]

Kritisch zu bewerten ist zudem, dass Studium und Lehre im Vergleich zur Forschung im Rahmen der Exzellenzinitiative und der Exzellenzstrategie nicht entsprechend gefördert wurden bzw. werden.[1086] Gegenüber der Exzellenzinitiative mit einem Gesamtfinanzvolumen von 4,6 Mrd. Euro im Zeitraum von 2006 bis 2017 sieht der „Qualitätspakt Lehre“[1087] für den Zeitraum von 2011 bis 2020 lediglich 1,9 Mrd. Euro vor. Die Exzellenzstrategie sieht ab dem Jahr 2018 wiederum eine jährliche Förderung von insgesamt 533 Mio. Euro vor, wohingegen die Vereinbarung „Innovation in der Hochschullehre“ ab dem Jahr 2021 lediglich eine Förderung von 150 Mio. Euro jährlich vorsieht.

Ferner genügt die Vergabe der staatlichen Fördermittel der Exzellenzinitiative und der Exzellenzstrategie durch den Deutsche Forschungsgemeinschaft e.V. als faktisch Beliehenen ohne parlamentarische materiell-gesetzliche Grundlage nicht den rechtsstaatlichen und demokratischen Anforderungen des institutionellen Grundsatzes vom Vorbehalt des Gesetzes. Die demokratischen Defizite der Verlagerung der Entscheidungsbefugnisse auf die Deutsche Forschungsgemeinschaft wiegen umso schwerer, als durch die Bund-Länder-Mischfinanzierung im Rahmen von Art. 91b I GG ohnehin schon erhebliche Einbußen demokratischer Verantwortungsklarheit und -zurechenbarkeit bestehen.

Insgesamt bleibt die Exzellenzstrategie hinsichtlich der neuen Möglichkeiten des Art. 91b I GG hinter den Intentionen des verfassungsändernden Gesetzgebers zurück. Das Förderprogramm führt insgesamt weder zu einer Stärkung der Grundfinanzierung der Hochschulen noch zu einer maßgeblichen Erhöhung

---

1085 *Speiser*, Der deutsche Wissenschaftsföderalismus auf dem Prüfstand, S. 21.

1086 Vgl. zum Bedeutungsverlust der Lehre im Rahmen der Exzellenzinitiative auch *Hartmann*, RdJB 2011, 284 (291 ff.).

1087 S. dazu auch unten C. II. 6. a).

der finanziellen Planungssicherheit der Hochschulen. Die neue Rechtsgrundlage führt im Übrigen auch nicht zu mehr Rechtssicherheit, wenngleich das noch im Rahmen der Exzellenzvereinbarung II bestehende Problem der erforderlichen „Vorhabenbezogenheit" der Förderung nun nicht mehr besteht. Der grundrechtliche Gesetzesvorbehalt wurde bzw. wird hinsichtlich Art. 5 III 1 Alt. 2 GG zwar (noch) nicht ausgelöst, angesichts der grundrechtsrelevanten Wirkungen der Exzellenzförderung und der insgesamt steigenden Bedeutung der Drittmitteleinwerbung für die Gesamtfinanzierung der Hochschulen ist dies zukünftig jedoch nicht ausgeschlossen. Überdies nimmt der Bund durch die nicht unerheblichen Fördergelder der Exzellenzstrategie und die Beteiligung an der Ausgestaltung der Förderbedingungen auf exekutiver Ebene nunmehr dauerhaft Einfluss auf den Hochschulbereich und damit auf originäre Länderaufgaben.

2. Hochschulpakt 2020 und Zukunftsvertrag „Studium und Lehre stärken"

Nach der Föderalismusreform I 2006 schlossen Bund und Länder am 20. August 2007 den Hochschulpakt 2020 als erste vorhabenbezogene Vereinbarung im Wissenschaftsbereich auf der Grundlage des Art. 91b I 1 Nr. 2 GG (i.d.F. v. 2006). Ziel des Hochschulpaktes 2020 ist es, bis zum Jahr 2020 ein der Nachfrage insgesamt entsprechendes Studienangebot bereitzustellen (Art. 1 § 1 I 1 HP I). Die umfassende Politik- und Finanzverflechtung im Rahmen der Fördermaßnahmen des Hochschulpaktes 2020 lief dabei dem mit der Föderalismusreform I verfolgten Ziel einer weitgehenden Entflechtung zuwider. Das gemeinsame Förderprogramm war jedoch angesichts steigender Studienanfängerinnen- und Studienanfängerzahlen, insbesondere durch doppelte Abiturjahrgänge und die Aussetzung der Wehrpflicht, steigender Studienanfängerinnen- und Studienanfängerquoten sowie des demografischen Wandels und des drohenden Fachkräftemangels zur Schaffung eines ausreichenden und bedarfsgerechten Studienangebots als notwendig erachtet worden (S. 3 Präambel des HP I / HP II / HP III).[1088] Der Hochschulpakt 2020 stützt sich dabei auf drei Säulen: das „Programm zur Aufnahme zusätzlicher Studienanfänger" (Art. 1 HP I / HP II / HP III), das „Programm zur Finanzierung von Programmpauschalen für von der Deutschen Forschungsgemeinschaft

---

1088 So auch *GWK*, Materialien der GWK, Heft 39, Hochschulpakt 2020 – Bericht zur Umsetzung im Jahr 2012, S. 3; BT-Drs. 17/6918, S. 3; vgl. zu den steigenden Studienanfängerinnen- und Studienanfängerzahlen sowie der steigenden Studienanfängerinnen- und Studienanfängerquote auch oben A. I.

geförderte Forschungsvorhaben" (Art. 2 HP I / HP II / HP III) sowie die qualitative Verbesserung der Studienbedingungen und der Lehrqualität im Rahmen des „Qualitätspakts Lehre", welcher an späterer Stelle gesondert zu untersuchen ist.[1089] Darüber hinaus gliedert sich die erste und zweite Säule des Hochschulpaktes 2020 in drei Programmphasen: der Hochschulpakt I[1090] mit einer Laufzeit von 2007 bis 2010, der Hochschulpakt II[1091] mit einer Laufzeit von 2011 bis 2015 und der Hochschulpakt III[1092] mit einer Laufzeit von 2016 bis 2020 sowie einer Ausfinanzierung bis 2023. Der Hochschulpakt 2020 ist mit einem Gesamtfördervolumen von etwa 38,4 Mrd. Euro[1093] allein für die erste Säule die mit Abstand volumenstärkste und weitflächig wirksamste Maßnahme auf der Grundlage von Art. 91b GG.[1094]

Am 6. Juni 2019 wurde überdies der Zukunftsvertrag „Studium und Lehre stärken"[1095] als dauerhafte Fortsetzung des Hochschulpaktes 2020 ab 2021 abgeschlossen, dessen Ziel die Verbesserung der Qualität von Studium und Lehre sowie der bedarfsgerechte Erhalt der Studienkapazitäten in Deutschland ist (Präambel, § 1 I ZV). Zur Erreichung dieser Ziele soll mit der dauerhaften Förderung insbesondere der Ausbau von unbefristeten Beschäftigungsverhältnissen des mit Studium und Lehre befassten Personals an den Hochschulen unterstützt werden (§ 1 II 1 ZV). Auch auf der Grundlage des neuen Art. 91b I GG ist der Zukunftsvertrag angesichts seines Fördervolumens das bei Weitem finanzstärkste und bedeutendste Förderprogramm.

1089 S. hierzu ausführlich unten C. II. 6. a).

1090 Verwaltungsvereinbarung zwischen Bund und Ländern über den Hochschulpakt 2020 v. 20.8.2007 („HP I"), BAnz 2007 S. 7480.

1091 Verwaltungsvereinbarung zwischen Bund und Ländern gemäß Artikel 91b Abs. 1 Nr. 2 des Grundgesetzes über den Hochschulpakt 2020 (zweite Programmphase) v. 24.6.2009 („HP II 2009"), BAnz 2009 S. 2419, zuletzt geändert durch Beschluss der Regierungschefinnen und Regierungschefs von Bund und Ländern v. 13.6.2013 (HP II 2013), BAnz AT 11.03.2014 B5.

1092 Verwaltungsvereinbarung zwischen Bund und Ländern gemäß Artikel 91b Abs. 1 Nr. 2 des Grundgesetzes über den Hochschulpakt 2020 v. 11.12.2014, BAnz 2015 S. 2646 („HP III").

1093 *BMBF*, Untersuchung der Auswirkungen des Hochschulpakts 2020, S. 1.

1094 *Speiser*, Der deutsche Wissenschaftsföderalismus auf dem Prüfstand, S. 150.

1095 Verwaltungsvereinbarung zwischen Bund und Ländern gemäß Artikel 91b Absatz 1 des Grundgesetzes über den Zukunftsvertrag *Studium und Lehre stärken* v. 6.6.2019 („ZV"), BAnz AT 04.09.2019 B3.

a) *Hochschulpakt I (2007–2010)*

Der Hochschulpakt I wurde am 20. August 2007 auf der Grundlage von Art. 91b I 1 Nr. 2 GG (i.d.F. v. 2006) zwischen Bund und Ländern abgeschlossen. Ziel des Hochschulpaktes I ist es, die Chancen der jungen Generation zur Aufnahme eines Studiums zu wahren, den notwendigen wissenschaftlichen Nachwuchs zu sichern und die Innovationskraft Deutschlands zu erhöhen (S. 2 der Präambel HP I). In der ersten Programmphase sollten hierfür insgesamt 91.370 zusätzliche Studienanfängerinnen und -anfänger im ersten Hochschulsemester an den Hochschulen aufgenommen werden (Art. 1 § 1 II HP I). Die Kosten für die zusätzlichen Studienanfängerinnen und -anfänger sollten dabei grundsätzlich zur Hälfte vom Bund finanziert werden (Art. 1 § 1 I S. 2 Hs. 2 HP I). Darüber hinaus sollte auch der Anteil der Plätze für Studienanfängerinnen und -anfänger an Fachhochschulen erhöht werden (Art. 1 § 1 IV HP I). Zur Erreichung dieser Ziele stellte der Bund für die erste Programmphase von 2007 bis 2010 insgesamt 565,7 Mio. Euro vorbehaltlich der Mittelbereitstellung durch die gesetzgebenden Körperschaften zur Verfügung (Art. 1 § 2 HP I), die Länder sicherten im Gegenzug die Gesamtfinanzierung ihrer Maßnahmen zu (Art. 1 § 1 III HP I).

Die Verteilung der Bundesmittel an die Länder erfolgte entsprechend der Vereinbarung nach einem bestimmten Verteilungsschlüssel (Art. 1 §§ 3 I, 4, 5 II HP I). Die Bundesmittel wurden den einzelnen Ländern dabei zweckgebunden für die Maßnahmen zur Erreichung der Ziele des Hochschulpaktes zur eigenen Bewirtschaftung zur Verfügung gestellt (Art. 1 § 5 I HP I). Die Hochschulpaktmittel des Bundes gingen mithin in die von den Ländern getragene Grundfinanzierung der Hochschulen ein. Die Länder Brandenburg, Mecklenburg-Vorpommern, Sachsen, Sachsen-Anhalt und Thüringen erhielten zudem jährlich eine Pauschale des Bundes als Sonderfinanzierung (Art. 1 § 3 III 1 HP I). Im Gegenzug verpflichteten sie sich, die jährlichen Studienanfängerinnen- und Studienanfängerzahlen auf der Basis des Jahres 2005 zu halten (Art. 1 § 3 III 2 HP I). Die Länder Bremen und Hamburg erhielten für die erste Programmphase wiederum jährlich eine Pauschale von 3,5 % der jährlichen Bundesmittel und verpflichteten sich ebenfalls im Gegenzug, die jährlichen Studienanfängerinnen- und Studienanfängerzahlen auf der Basis des Jahres 2005 zu halten (Art. 1 § 3 IV HP I). Im Übrigen erhielt das Land Berlin von 2007 bis 2010 jährlich eine Pauschale von 4 % der jährlichen Bundesmittel, wobei es sich im Gegenzug verpflichtete, eine bestimmte Studienanfängerinnen- und Studienanfängerzahl zu halten (Art. 1 § 3 V HP I). Alle Länder unterlagen zudem einer Berichtspflicht gegenüber dem Bund hinsichtlich der Durchführung des Programms (Art. 1 § 6 HP I).

Diese Berichte wurden einem besonderen Gremium der Gemeinsamen Wissenschaftskonferenz vorgelegt, dessen Abschlussbericht sodann der Gemeinsamen Wissenschaftskonferenz vorgelegt wurde (Protokollnotiz zu Art. 1 § 6). Die Gemeinsame Wissenschaftskonferenz veröffentlichte diese wiederum als Umsetzungsberichte zum Hochschulpakt 2020.

Durch die Maßnahmen des Hochschulpaktes I konnten insgesamt rund 185.000 zusätzliche Studienanfängerinnen und -anfänger in der ersten Programmphase gegenüber dem Basisjahr 2005 an den Hochschulen aufgenommen werden, also mehr als doppelt so viele wie ursprünglich geplant.[1096]

b) Hochschulpakt II (2011–2015)

Am 24. Juni 2009 schlossen Bund und Länder ebenfalls auf der Grundlage von Art. 91b I 1 Nr. 2 GG (i.d.F. v. 2006) den Hochschulpakt II zur Fortsetzung des Hochschulpaktes I ab. Mit dem Hochschulpakt II strebten Bund und Länder weiterhin ein bedarfsgerechtes Studienangebot bis zum Jahr 2020 an (Art. 1 § 1 I 1 HP II 2009). In der zweiten Programmphase sollten hierfür zunächst insgesamt 275.420 zusätzliche Studienanfängerinnen und -anfänger im ersten Hochschulsemester an den Hochschulen aufgenommen werden (Art. 1 § 1 I 2 HP II 2009). Darüber hinaus sollten neben dem Anteil der Studienanfängerinnen und -anfänger an Fachhochschulen auch der Anteil der Studienanfängerinnen und -anfänger in den „MINT-Fächern“[1097] gesteigert werden (Art. 1 § 1 VI 2 HP I 2009). Für die Ausfinanzierung der ersten Programmphase und für die Erreichung der Ziele der zweiten Programmphase von 2011 bis 2015 stellte der Bund vorbehaltlich der Mittelbereitstellung durch die gesetzgebenden Körperschaften insgesamt 3,217 Mrd. Euro zur Verfügung (Art. 1 § 2 HP II 2009), wobei sich der Bund an den erforderlichen Maßnahmen mit 13.000 Euro pro zusätzlicher Studienanfängerin bzw. pro zusätzlichem Studienanfänger sowie mit einem Betrag i.H.v. 5 % der für den Aufwuchs veranschlagten Bundesmittel für die zweite Programmphase (179,023 Mio. Euro) für die Erhaltung der Studienkapazitäten in den Ländern Berlin, Brandenburg, Mecklenburg-Vorpommern, Sachsen, Sachsen-Anhalt und Thüringen beteiligte (Art. 1 § 1 IV 1 HP II 2009). Die Länder stellten im Gegenzug die Gesamtfinanzierung ihrer Maßnahmen sicher (Art. 1 § 1 IV 2 HP II 2009).

1096 *GWK*, Materialien der GWK, Heft 39, Hochschulpakt 2020 – Bericht zur Umsetzung im Jahr 2012, S. 3.

1097 Unter der Bezeichnung „MINT-Fächer“ werden die Fächer Mathematik, Informatik, Naturwissenschaften und Technik zusammengefasst.

Der Hochschulpakt II musste in der Folgezeit jedoch von Bund und Ländern finanziell aufgestockt werden. So modifizierten Bund und Länder am 13. Juni 2013 anlässlich der Aussetzung der Wehrpflicht im Jahr 2011 sowie der neuen Vorausberechnung der Anzahl der Studienanfängerinnen und -anfänger durch die Kultusministerkonferenz aus dem Jahr 2012[1098] die Verwaltungsvereinbarung, um aufgrund höherer Studienanfängerinnen- und Studienanfängerzahlen die Finanzmittel anzuheben.[1099] In der zweiten Programmphase des Hochschulpaktes sollten nunmehr 623.787 zusätzliche Studienanfängerinnen- und Studienanfängerplätze geschaffen werden (Art. 1 § 1 I 2 HP II 2013). Nach dem modifizierten Hochschulpakt II stellte der Bund für die Ausfinanzierung der ersten Programmphase und für die zweite Programmphase von 2011 bis 2015 insgesamt 7,031 Mrd. Euro bereit (Art. 1 § 2 I 1 HP II 2013), wobei sich der Bund weiterhin pro zusätzlicher Studienanfängerin bzw. pro zusätzlichem Studienanfänger mit 13.000 Euro sowie mit einem Betrag i.H.v. etwa 179 Mio. Euro für die Erhaltung der Studienkapazitäten in den Ländern Berlin, Brandenburg, Mecklenburg-Vorpommern, Sachsen, Sachsen-Anhalt und Thüringen beteiligte (Art. 1 § 1 IV 1 HP II 2013). Parallel sicherten die Länder die Gesamtfinanzierung zu und verpflichteten sich, finanzielle Leistungen, die denen des Bundes vergleichbar sind, zu erbringen (Art. 1 § 1 V HP II 2013).

Die Verteilung der Bundesmittel auf die Länder richtete sich entsprechend der Vereinbarung nach einem bestimmten Verteilungsschlüssel (Art. 1 § 5 I i.V.m. Anlage 1 zum HP II 2013). Die Bundesmittel wurden den einzelnen Ländern zweckgebunden zur eigenen Bewirtschaftung zur Verfügung gestellt (Art. 1 § 6 I HP II 2013) und gingen folglich ebenfalls in die von den Ländern getragene Grundfinanzierung der Hochschulen ein. Die Länder Brandenburg, Mecklenburg-Vorpommern, Sachsen, Sachsen-Anhalt und Thüringen erhielten zudem eine Pauschale des Bundes als Sonderfinanzierung für die zweite Programmphase bis zum Jahr 2018 i.H.v. 179,023 Mio. Euro (Art. 1 § 5 III 1 HP II 2013). Berlin partizipierte aufgrund seiner überproportional in der Medizinausbildung vorgehaltenen Studienplätze an der Pauschale des Bundes für die neuen Länder i.H.v. insgesamt 10 Mio. Euro (Art. 1 § 5 III 2 HP II 2013). Darüber hinaus erhielten die Länder Brandenburg, Mecklenburg-Vorpommern, Sachsen, Sachsen-Anhalt und Thüringen

---

1098 *KMK*, Vorausberechnung der Studienanfängerzahlen 2012–2025 – Fortschreibung – (Stand: 24.01.2012).

1099 *GWK*, Materialien der GWK, Heft 53, Hochschulpakt 2020 – Bericht zur Umsetzung im Jahr 2015, S. 4.

eine Pauschale i.H.v. 324,369 Mio. Euro für die Jahre 2011 bis 2018 aus den an die Länder ausgeschütteten Bundesmitteln für die zweite Programmphase (Art. 1 § 5 IV 1 HP II 2013). Im Gegenzug verpflichteten sich die Länder Brandenburg, Mecklenburg-Vorpommern, Sachsen, Sachsen-Anhalt und Thüringen, die Kapazität für Studienanfängerinnen und -anfänger im ersten Hochschulsemester weitgehend aufrechtzuerhalten (Art. 1 § 5 VI HP II 2013). Die Länder Berlin, Mecklenburg-Vorpommern, Sachsen, Sachsen-Anhalt und Thüringen verpflichten sich überdies, die Studienanfängerinnen- und Studienanfängerkapazität des Jahres 2005 in den Fächern Human- und Zahnmedizin aufrechtzuerhalten (Art. 1 § 5 VII HP II 2013). Alle Länder unterlagen darüber hinaus weiterhin einer Berichtspflicht gegenüber dem Bund bezüglich der Durchführung des Programms (Art. 1 § 7 HP II 2013).

c) *Hochschulpakt III (2016–2023)*

Am 11. Dezember 2014 schlossen Bund und Länder auf der Grundlage von Art. 91b I 1 Nr. 2 GG (i.d.F. v. 2006) den Hochschulpakt III und damit die dritte und abschließende Programmphase des Hochschulpaktes 2020 ab. Die Vereinbarung regelt sowohl die Finanzierung der zweiten Programmphase ab 2015 als auch die Finanzierung der dritten Programmphase von 2016 bis 2020 sowie deren Ausfinanzierung bis zum Jahr 2023. Der Hochschulpakt 2020 soll in der dritten Programmphase ein Studienangebot für bis zu 760.033 zusätzliche Studienanfängerinnen und -anfänger bereitstellen (Art. 1 § 1 I 1 HP III). Darüber hinaus sollen mehr Studierende qualitätsgesichert zu einem erfolgreichen Abschluss geführt werden (Art. 1 § 1 III 4 HP III). Zudem soll neben dem Anteil der Studienanfängerinnen und -anfänger an Fachhochschulen auch der Anteil der Studienanfängerinnen und -anfänger in den „MINT-Fächern" während der dritten Programmphase des Hochschulpaktes gesteigert werden (Art. 1 § 1 III 5 HP III). Im Übrigen soll mehr beruflich Qualifizierten der Zugang zu den Hochschulen eröffnet werden (Art. 1 § 1 III 6 HP III).

Zur Erreichung dieser Ziele stellt der Bund in den Jahren von 2015 bis 2023 einen Höchstbetrag in Höhe von insgesamt 14,152 Mrd. Euro bereit (Art. 1 § 2 III HP III). Pro zusätzlicher Studienanfängerin bzw. zusätzlichem Studienanfänger stellt der Bund dabei weiterhin 13.000 Euro bereit (Art. 1 § 2 II HP III). Die Länder verpflichten sich im Gegenzug zur Sicherstellung der Gesamtfinanzierung zusätzliche finanzielle Leistungen zu erbringen, die den erhaltenen Bundesmitteln für zusätzliche Studienanfängerinnen und -anfänger gegenüber dem Referenzjahr 2005 entsprechen (Art. 1 § 2 V 1 HP III). Die Verteilung der Bundesmittel auf die Länder richtet sich der Vereinbarung entsprechend nach einem bestimmten Verteilungsschlüssel (Art. 1 § 3 I HP III). Die Bundesmittel werden an die einzelnen Länder zweckgebunden zur eigenen Bewirtschaftung zur Verfügung gestellt (Art. 1 § 6 I HP III) und fließen somit weiterhin in die von den Ländern getragene Grundfinanzierung ein. Die Länder Brandenburg, Mecklenburg-Vorpommern, Sachsen, Sachsen-Anhalt und Thüringen erhalten in der dritten Programmphase zudem eine Pauschale von zusammen 7,3328 % der jährlich an die Länder ausgeschütteten Bundesmittel, höchstens jedoch 726,488 Mio. Euro (Art. 1 § 3 II 1 HP III). Die Länder Berlin, Bremen und Hamburg erhalten in den Jahren von 2016 bis 2023 eine Pauschale von zusammen 1,1736 % der jährlich an die Länder ausgeschütteten Bundesmittel, höchstens jedoch 115,960 Mio. Euro (Art. 1 § 3 III 1 HP III). Im Übrigen unterliegen alle Länder weiterhin einer Berichtspflicht gegenüber dem Bund hinsichtlich der Durchführung des Programms (Art. 1 § 7 HP III).

d) Zukunftsvertrag „Studium und Lehre stärken" (ab 2021)

Am 6. Juni 2019 schlossen Bund und Länder den Zukunftsvertrag „Studium und Lehre stärken" auf der Grundlage des neuen Art. 91b I GG als unbefristete Nachfolge des Hochschulpaktes 2020 ab (§ 9 I ZV). Mit der dauerhaften gemeinsamen Förderung ab 2021 wird eine Verbesserung der Qualität von Studium und Lehre sowie der bedarfsgerechte Erhalt der Studienkapazitäten in Deutschland bezweckt (vgl. Präambel, § 1 I ZV). Um diese Ziele zu erreichen, soll mit der dauerhaften Förderung insbesondere der Ausbau unbefristeter Beschäftigungsverhältnisse des hauptberuflichen wissenschaftlichen und künstlerischen, mit Studium und Lehre befassten Personals an den Hochschulen unterstützt werden (§ 1 II 1 ZV). Damit soll auch eine Verbesserung der Betreuungsrelation bzw. der Betreuungssituation an den Hochschulen erreicht werden (§ 1 II 2 ZV). Der Zukunftsvertrag nimmt dabei alle Hochschultypen, Arten des Studiums, Fächergruppen und Abschlussarten (ohne Promotion) in den Blick (§ 1 IV ZV). Die Länder haben im Rahmen des Zukunftsvertrages jeweils in eigener Verantwortung und nach Konsultation mit dem Bund eine Verpflichtungserklärung mit einer Laufzeit von jeweils sieben Jahren erstellt (§ 2 I ZV). Die Verpflichtungserklärungen enthalten Erklärungen zur Betreuungssituation an den Hochschulen, erforderliche Maßnahmen zur Erreichung der Ziele des Zukunftsvertrages sowie Schwerpunktsetzungen bei der Verwendung der bereitgestellten Mittel (§ 2 II ZV). Für Aufbau, Struktur und Verfahren zur Erstellung der Verpflichtungserklärungen der Länder enthält der Zukunftsvertrag zudem detaillierte Vorgaben in Anlage 2 zum ZV (§ 2 II 5 ZV). Die Verpflichtungserklärungen der Länder sind der Gemeinsamen Wissenschaftskonferenz vorgelegt worden

(§ 2 III 1 ZV). Nach Kenntnisnahme der Gemeinsamen Wissenschaftskonferenz am 26. Juni 2020 wurden sie gültig und veröffentlicht (§ 2 III 2 ZV). Das Verfahren zur Erstellung der Verpflichtungserklärungen der Länder wird sich überdies jeweils im letzten Jahr ihrer Laufzeit wiederholen (§ 2 V 1 ZV).

Zur Umsetzung des Zukunftsvertrages wird der Bund von 2021 bis 2023 jährlich 1,88 Mrd. Euro und ab dem Jahr 2024 dauerhaft jährlich 2,05 Mrd. Euro bereitstellen (§ 3 I 1–2 ZV). Die Mittelbereitstellung wird dabei grundsätzlich zeitlich unbegrenzt erfolgen (§ 3 II ZV). Die Verteilung der jährlich bereitgestellten Bundesmittel auf die einzelnen Länder wird sich nach dem Anteil aller Hochschulen des Landes in staatlicher Trägerschaft sowie von staatlich anerkannten Hochschulen bemessen und anhand von kapazitäts- und qualitätsorientierten Parametern, wie der Zahl der Studienanfängerinnen und -anfänger mit einer Gewichtung i.H.v. 20 %, die Zahl der Studierenden mit einer Gewichtung i.H.v. 60 % sowie der Zahl der Absolventinnen und Absolventen mit einer Gewichtung i.H.v. 20 %, erfolgen (§ 3 III ZV). Die Verteilung der Bundesmittel auf die Länder wird dabei für jedes Jahr erneut berechnet (§ 3 IV 1 ZV). Der Bund wird die von ihm zur Verfügung zu stellenden Mittel den einzelnen Ländern zur eigenen Bewirtschaftung zuweisen, die diese in voller Höhe an ihren direkten Hochschulbereich weitergeben werden (§ 5 I 1–2 ZV). Die Fördermittel des Bundes werden demnach in die von den Ländern getragene Grundfinanzierung der Hochschulen fließen. Dabei sind sie zweckgebunden für Maßnahmen entsprechend den Verpflichtungserklärungen der Länder zu verwenden (§ 5 I 3 ZV). Die Länder werden die jährliche Zuweisung des Bundes überdies bedarfsgerecht abrufen (§ 5 II ZV) und dürfen aus den Bundesmitteln keine Rücklagen bilden (§ 5 III 3 ZV). Sie unterliegen ferner einer Berichtspflicht gegenüber dem Bund hinsichtlich der zweckentsprechenden Verwendung der Fördermittel (§ 5 III 1 ZV). Die Länder verpflichten sich im Übrigen über die Grundfinanzierung der Hochschulen hinaus zusätzliche Mittel in mindestens der Höhe der im jeweiligen Jahr erhaltenen Bundesmittel bereitzustellen (§ 6 I, II ZV). Die Mittelbereitstellung der Länder wird dabei ebenfalls grundsätzlich zeitlich unbegrenzt erfolgen (§ 6 III ZV). Sofern ein Land weniger eigene Mittel bereitstellen sollte, als es Bundesmittel erhalten hat, oder die Grundfinanzierung der Hochschulen in einem Land den für das Land i.S.d. Vereinbarung festgelegten Basiswert unterschreiten sollte, ist das Land zum Ausgleich des Differenzbetrages innerhalb der zwei folgenden Jahre verpflichtet (§ 6 IV 1 ZV). Erfolgt dieser Ausgleich nicht, so wird sich der Anspruch des betreffenden Landes auf Bundesmittel entsprechend reduzieren (§ 6 IV 2 ZV). Die Länder weisen im Übrigen die jeweiligen Bundes- und Landesmittel unter dem Förderzweck „Zukunftsvertrag Studium und Lehre stärken“ getrennt von den sonstigen Hochschulmitteln im

Haushalt aus (§ 6 V ZV). Ferner berichten die Länder im Rahmen eines jährlichen quantitativen Monitorings über die Umsetzung des Zukunftsvertrages (§ 7 I ZV). Um den Wechsel vom Hochschulpakt 2020 zum Zukunftsvertrag reibungsfrei zu ermöglichen, enthält der Zukunftsvertrag überdies diverse Übergangsregelungen (vgl. § 4 ZV). Darüber hinaus wird der Wissenschaftsrat den Zukunftsvertrag regelmäßig evaluieren (§ 8 ZV).

e) DFG-Programmpauschalen

Als zweite Säule des Hochschulpaktes 2020 haben Bund und Länder bereits 2007 ein „Programm zur Finanzierung von Programmpauschalen für von der Deutschen Forschungsgemeinschaft geförderte Forschungsvorhaben" abgeschlossen, welches sich über alle drei Programmphasen erstreckte. Danach erhielten die Antragstellenden der von der Deutschen Forschungsgemeinschaft geförderten Forschungsvorhaben einen pauschalen Zuschlag zur Deckung der mit der Förderung verbundenen indirekten, zusätzlichen und variablen Projektausgaben (sog. Programmpauschale). Dabei sollten diejenigen Ausgaben gedeckt werden, die bei betriebswirtschaftlicher Betrachtung durch die Forschungsprojekte der Deutschen Forschungsgemeinschaft verursacht wurden, aber diesen nicht unmittelbar und ausschließlich direkt zurechenbar waren (Art. 2 § 1 HP I / HP II / HP III). Über die Verwendung der Programmpauschale entschied die jeweilige Hochschule oder Forschungseinrichtung (Art. 2 § 2 I 2 HP I).

In der ersten Programmphase von 2007 bis 2010 betrug die Programmpauschale 20 % der von der Deutschen Forschungsgemeinschaft bewilligten und verausgabten direkten Projektmittel (Art. 2 § 2 I 1 HP I). Insgesamt wurden für die Finanzierung in den Jahren von 2007 bis 2010 bis zu 703,5 Mio. Euro bereitgestellt (Art. 2 § 2 II 1 HP I). Bis zum 31. Dezember 2010 wurden die Mittel der DFG-Programmpauschale im Rahmen einer Sonderzuweisung vom Bund getragen (Art. 2 § 2 III 1 HP I).

Während der zweiten Programmphase von 2011 bis 2015 betrug die Programmpauschale weiterhin 20 % der von der Deutschen Forschungsgemeinschaft bewilligten und verausgabten direkten Projektmittel (Art. 2 § 2 I 1 HP II 2013). Eine Begrenzung der Förderung erfolgte dabei anders als in der ersten Programmphase nicht. Die Mittel für die Förderung wurden bis zum 31. Dezember 2015 allerdings ebenfalls vom Bund als Sonderzuweisung getragen (Art. 2 § 2 II HP II 2013).

Für die dritte Programmphase des Hochschulpaktes 2020 beschlossen Bund und Länder, die bisherige Programmpauschale i.H.v. 20 % bis 2020 fortzuführen und für Neubewilligungen ab dem 1. Januar 2016 die Programmpauschale auf 22 % der von der Deutschen Forschungsgemeinschaft bewilligten und verausgabten direkten Projektmittel zu erhöhen (Art. 2 § 2 I HP III). Die Mittel für die Programmpauschale der bis zum 31. Dezember 2015 bewilligten Projekte wurden vom Bund getragen (Art. 2 § 2 II 1 HP III). Für die ab dem 1. Januar 2016 bewilligten Projekte tragen Bund und Länder die Mittel gemeinsam, wobei der Bund weiterhin 20 % und die Länder 2 % der von der Deutschen Forschungsgemeinschaft bewilligten und verausgabten direkten Projektmittel bereitstellen (Art. 2 § 2 II 2 HP III). Insgesamt stellen Bund und Länder in der dritten Programmphase bis zu 2,17 Mrd. Euro für die Finanzierung der DFG-Programmpauschalen zur Verfügung, wobei der Bund davon bis zu 2,05 Mrd. Euro und die Länder bis zu 124,6 Mio. Euro bereitstellen (Art. 2 § 2 III 2 HP III).

Durch die DFG-Programmpauschalen stehen den Hochschulen während der gesamten Programmphasen des Hochschulpaktes von 2007 bis 2020 insgesamt mehr als 4,5 Mrd. Euro zusätzlich zur Verfügung.[1100] Ab dem Jahr 2021 werden die DFG-Programmpauschalen nicht mehr als zweite Säule des Hochschulpaktes 2020 gefördert werden, sondern in der Ausführungsvereinbarung zum GWK-Abkommen über die gemeinsame Förderung der Deutschen Forschungsgemeinschaft (AV-DFG) verankert sein.

f) Rechtsgrundlagen und Verfassungsmäßigkeit

Rechtsgrundlage des Hochschulpaktes 2020 ist laut seiner Vereinbarungen in allen drei Programmphasen Art. 91b I 1 Nr. 2 GG (i.d.F. v. 2006), wonach Bund und Länder bei der Förderung von „Vorhaben der Wissenschaft und Forschung an Hochschulen" zusammenwirken konnten. Die Auffassung, den Hochschulpakt 2020 hätte man auf Art. 104b GG stützen können,[1101] kann nicht überzeugen. Zwar ist Art. 104b GG grundsätzlich auch auf dem Gebiet der Forschungsförderung neben Art. 91b I GG anwendbar,[1102] der Hochschulpakt ist jedoch zunächst explizit auf Art. 91b GG gestützt worden. Darüber hinaus wurden im

1100 *BMBF*, Bundesbericht Forschung und Innovation 2016, S. 259.

1101 *Butzer*, in: Kluth, Föderalismusreformgesetz, Art. 104b Rn. 23; *Wollenschläger*, RdJB 2007, 8 (19); *Schwarz*, RdJB 2008, 283 (289); *Nolte*, DVBl 2010, 84 (90); *Hellermann*, in: v. Mangoldt/Klein/Starck, GG, Art. 104b Rn. 47; so selbst BT-Drs. 16/2052, S. 7 u. BT-Drs. 16/2069, S. 42; einschränkend *Siekmann*, in: Sachs, Art. 104b Rn. 34, der darauf verweist, dass Zahlungen für nicht-investive Vorhaben nur unter den Voraussetzungen von Art. 91b GG geleistet werden dürfen.

1102 S. zur Anwendbarkeit von Art. 104b GG neben Art. 91b GG auch oben B. IV. 6.

Rahmen des Hochschulpaktes auch Zahlungen für nicht-investive Zwecke, wie etwa Personalausgaben, geleistet, die nicht auf Art. 104b I GG gestützt werden konnten.[1103] Im Übrigen deckt die Gesetzgebungskompetenz des Bundes in Art. 72, 74 I Nr. 33 GG den Förderbereich des Hochschulpakts nicht völlig ab.[1104] So hat der Bund beispielsweise keine Kompetenz zur Schaffung zusätzlicher Studienkapazitäten.[1105] Ferner wäre eine dauerhafte Kostenübernahme durch den Bund aufgrund des engen zeitlichen Befristungsgebots nach Art. 104b II 2 GG (i.d.F. v. 2006 u. 2009) nicht möglich gewesen. Angesichts der gebotenen äußerst restriktiven Anwendung von Art. 104b I GG wäre wohl schon die erste Programmphase des Hochschulpaktes nicht mit Art. 104b II 2 GG (i.d.F. v. 2006 u. 2009) vereinbar gewesen. Ferner wäre auch das Gebot zur degressiven Ausgestaltung der Bundesfinanzhilfen nach Art. 104b II 3 GG (i.d.F. v. 2006 u. 2009) nicht eingehalten worden.[1106] Hinzu kommt, dass die Bundesfinanzhilfen aus Sicht des Bundes als Gestaltungsinstrument in der Wissenschaftsfinanzierung auch wesentlich weniger attraktiv als die Gemeinschaftsaufgaben waren, da sie ihm nicht die Möglichkeit der inhaltlichen und finanziellen Mitwirkung der Länderaufgaben im Hochschul- und Wissenschaftsbereich gaben.[1107] Folglich ist Art. 104b I GG für den Hochschulpakt 2020 insgesamt keine mögliche Rechtsgrundlage gewesen.[1108] Die einzig taugliche Rechtsgrundlage für den Hochschulpakt 2020 ist vielmehr Art. 91b I 1 Nr. 2 GG (i.d.F. v. 2006). Fraglich ist jedoch, ob die gemeinsame Förderung im Rahmen des Hochschulpaktes 2020 in

---

1103 *Speiser*, Der deutsche Wissenschaftsföderalismus auf dem Prüfstand, S. 94 f.; wohl auch *Siekmann*, in: Sachs, GG, Art. 104b Rn. 34.

1104 *Jauch*, Wissenschaftsförderung nach der Reform des Föderalismus, S. 231; *Speiser*, Der deutsche Wissenschaftsföderalismus auf dem Prüfstand, S. 94 f.

1105 S. zur Gesetzgebungskompetenz des Bundes für die Hochschulzulassung in Art. 72, 74 I Nr. 33 Alt. 1 GG ausführlich oben B. II. 3. b) aa).

1106 So zutreffend auch *Jauch*, Wissenschaftsförderung nach der Reform des Föderalismus, S. 231; wohl auch *Meyer*, Die Föderalismusreform 2006, S. 277 f., der darauf verweist, dass über zwei Legislaturperioden andauernde Bundesfinanzhilfen nicht mehr zulässig seien; *Schlegel*, in: Adams/Keller, Vom Studentenberg zum Schuldenberg?, S. 58, der insoweit angesichts der Langfristigkeit des Vorhabens Art. 104b I GG als „unsichere rechtliche Grundlage“ ansieht.

1107 In diesem Sinne auch *Speiser*, Der deutsche Wissenschaftsföderalismus auf dem Prüfstand, S. 96 ff.

1108 *v. Heyden*, in: Blanke, Bildung und Wissenschaft als Standortfaktoren, S. 55 Fn. 6; *Jauch*, Wissenschaftsförderung nach der Reform des Föderalismus, S. 231; *Speiser*, Der deutsche Wissenschaftsföderalismus auf dem Prüfstand, S. 94 f.; wohl auch *Häde*, ZG 24 (2009), 1 (12).

seiner konkreten Form auch verfassungsrechtlich zulässig war. Für diese Untersuchung ist nachfolgend zwischen der ersten und zweiten Säule des Hochschulpaktes zu differenzieren.

Die erste Säule des Hochschulpaktes, das „Programm zur Aufnahme zusätzlicher Studienanfänger" (Art. 1 HP I / HP II / HP III), erfüllt die Voraussetzungen des Art. 91b I 1 Nr. 2 GG (i.d.F. v. 2006) zunächst insoweit, als dass es sich um Vereinbarungen in Form schriftlicher Verwaltungsabkommen handelte und die Förderung eines bedarfsgerechten Studienangebots von gesamtstaatlicher überregionaler Bedeutung war.[1109] Ferner stimmten alle Länder den Vereinbarungen zu, sodass auch das qualifizierte Beteiligungs- und Zustimmungserfordernis gem. Art. 91b I 2 GG (i.d.F. v. 2006) erfüllt worden ist. Auch die Aufteilung der Kosten zwischen Bund und Ländern war mit Art. 91b III GG (i.d.F. v. 2006) vereinbar. Fraglich ist hingegen, ob das Programm zur Aufnahme zusätzlicher Studienanfänger ein „Vorhaben der Wissenschaft und Forschung" ist. Die Steigerung der Ausbildungskapazitäten unterfällt zunächst der wissenschaftlichen Lehre,[1110] welche wiederum vom Wissenschaftsbegriff in Art. 91b I 1 Nr. 2 GG (i.d.F. v. 2006) umfasst war.[1111] Ferner müsste es sich beim Hochschulpakt, aber auch um ein „Vorhaben", also abgegrenzte Sachaufgaben mit konkreten wissenschaftlichen Zielen, d.h. einzelne Projekte, gehandelt haben. Es erscheint zweifelhaft, ob das „Programm zur Aufnahme zusätzlicher Studienanfänger" hinreichend konkret ist, um als „Vorhaben" i.S.d. Art. 91b I 1 Nr. 2 GG (i.d.F. v. 2006) zu gelten.

Gegen eine vorhabenbezogene Förderung wird zum Teil eingewandt, dass das Programm insgesamt zu allgemein gehalten sei.[1112] Dagegen ist jedoch einzuwenden, dass durch die erste Säule des Hochschulpaktes 2020 nur *neu* zu schaffende Studienplätze und nicht bereits bestehende gefördert werden. Ferner erfasst die Förderung nur Studienplätze für Studienanfängerinnen und -anfänger des ersten Semesters an deutschen Hochschulen, die überdies in den

1109 *Trute*, in: FS Schneider, S. 311, der die überregionale Bedeutung des Hochschulpakts 2020 für „evident" hält; *Jauch*, Wissenschaftsförderung nach der Reform des Föderalismus, S. 228.

1110 *Jauch*, Wissenschaftsförderung nach der Reform des Föderalismus, S. 228.

1111 BVerfGE 35, 79 (113); s. allgemein zum Wissenschaftsbegriff auch oben A. III. 1; zustimmend konkret bzgl. Art. 91b I 1 Nr. 2 GG (i.d.F. v. 2006) *Westerburg*, WissR 39 (2006), 338 (342); *Kluth*, RdJB 2008, 257 (264); *Nolte*, DVBl. 2010, 84 (91).

1112 So *Volkmann*, in: v. Mangoldt/Klein/Starck, GG, 6. Aufl. 2010, Art. 91b Rn. 13 Fn. 80; *Speiser*, Der deutsche Wissenschaftsföderalismus auf dem Prüfstand, S. 154 f. u. 166, der von einer „zeitlichen, thematischen und finanziellen Entgrenzung" spricht.

Vereinbarungen konkret beziffert worden sind. Mithin ist das „Programm zur Aufnahme zusätzlicher Studienanfänger“ sachlich hinreichend konkret sowie begrenzt und darüber hinaus auch jeweils zeitlich befristet worden.[1113] Die erste Säule des Hochschulpaktes 2020 erfüllte somit die verfassungsrechtlichen Anforderungen von Art. 91b I 1 Nr. 2 GG (i.d.F. v. 2006).[1114] Darüber hinaus könnte insbesondere in Anbetracht der hohen Fördersumme der aus dem Rechtsstaats- und Demokratieprinzip abgeleitete Grundsatz vom Vorbehalt des Gesetzes[1115] durch den Beschluss des Hochschulpaktes 2020 in Form einer Verwaltungsvereinbarung verletzt worden sein.

Der institutionelle Gesetzesvorbehalt[1116] verlangt in seiner demokratischen Dimension, dass grundlegende Entscheidungen organisatorischer Art vom Gesetzgeber selbst getroffen werden müssen. Die Exekutive darf sich ihrer parlamentarischen Kontrolle nicht beliebig entziehen. Das Programm zur Aufnahme zusätzlicher Studienanfänger ist jedoch einerseits kein wettbewerbliches Verfahren, bei dem nur einige ausgewählte Hochschulen gefördert werden sollen. Andererseits erfolgt keine Übertragung von Förderentscheidungskompetenzen an Private oder sonstige weisungsfreie Dritte. Der Bund stellt den Ländern seine Hochschulpaktmittel vielmehr unmittelbar zweckgebunden zur eigenen Bewirtschaftung zur Verfügung. Die Länder stellen diese wiederum zusammen mit ihren eigenen Hochschulpaktmitteln zur Erreichung der Ziele der Vereinbarung in die Grundfinanzierung aller Hochschulen ein. Die Exekutiven unterliegen hierbei der parlamentarischen Kontrolle und verfügen zudem selbst über eine eigenständige mittelbare personelle demokratische Legitimation im Sinne von Art. 20 II GG. Der institutionelle Gesetzesvorbehalt greift daher nicht ein. Ob die Bereitstellung der Fördermittel durch die Haushaltsgesetzgeber von Bund und Ländern den Anforderungen des institutionellen Gesetzesvorbehalts

---

1113 So auch *Jauch*, Wissenschaftsförderung nach der Reform des Föderalismus, S. 229, der an dieser Stelle auch zutreffend auf den weiten Beurteilungsspielraum der Vertragsparteien verweist.

1114 Zustimmend auch *Nierhaus/Radermacher*, LKV 2006, 385 (394); *Ennuschat/Ulrich*, VBlBW 2007, 121 (124); *Kluth*, RdJB 2008, 257 (264); *Nolte*, DVBl 2010, 84 (91), der trotzdem eine „pauschale Förderung“ annimmt; *Jauch*, Wissenschaftsförderung nach der Reform des Föderalismus, S. 228 f.; a.A. *Speiser*, Der deutsche Wissenschaftsföderalismus auf dem Prüfstand, S. 154 f., der von einer faktisch institutionellen Förderung ausgeht.

1115 S. zu Herkunft, Inhalt und Reichweite des Gesetzesvorbehalts ausführlich oben C. II. 1. e) bb).

1116 S. ausführlich zum institutionellen Gesetzesvorbehalt auch oben C. II. 1. e) bb) (1).

hinreichend genügt,[1117] bedarf hier daher keiner Ausführung. Bezüglich des grundrechtlichen Gesetzesvorbehalts[1118] ist zu beachten, dass der Hochschulpakt 2020 nicht zu Anreiz- oder Steuerungswirkungen in der deutschen Hochschullandschaft geführt hat, wie dies etwa bei der Exzellenzinitiative und der Exzellenzstrategie der Fall war. Darüber hinaus ist angesichts der allen Hochschulen gleichermaßen zustehenden Förderung zur Aufnahme neuer Studienanfängerinnen und -anfänger kein Eingriff in die Wissenschaftsfreiheit nach Art. 5 III 1 Alt. 2 GG ersichtlich, sodass auch der grundrechtliche Gesetzesvorbehalt hier nicht eingreift.[1119] Somit reichte Art. 91b I 1 Nr. 2 GG (i.d.F. v. 2006) als Ermächtigungsgrundlage für den Abschluss und die Durchführung der ersten Säule des Hochschulpaktes 2020 aus. Eine zusätzliche gesetzliche Grundlage war für die erste Säule der Vereinbarung daher nicht notwendig.

Rechtsgrundlage der zweiten Säule des Hochschulpaktes 2020 ist laut allen drei Vereinbarungen ebenfalls Art. 91b I 1 Nr. 2 GG (i.d.F. v. 2006).[1120] *Jauch* weist an dieser Stelle jedoch zutreffend daraufhin, dass für die DFG-Programmpauschalen grundsätzlich auch Art. 91b I 1 Nr. 1 GG (i.d.F. v. 2006) als Rechtsgrundlage in Betracht komme.[1121] Einerseits wären die Mittel der Programmpauschalen der Deutschen Forschungsgemeinschaft als Sonderfinanzierung ergänzend zur institutionellen Förderung zur Verfügung gestellt worden (vgl. Art. 2 § 2 III HP III). Somit hätte die Förderung im Rahmen der zweiten Säule des Hochschulpaktes außerhalb von Hochschulen stattgefunden. Dabei sei unerheblich, dass die Deutsche Forschungsgemeinschaft die Mittel an die Hochschulen weiterleite, da dies auch für die übrigen Zuwendungen der Deutschen Forschungsgemeinschaft gelte. Für diese Rechtsgrundlage spreche im Übrigen auch die Regelung des Art. 2 § 3 HP I i.V.m. § 3 II AV-DFG, wonach die gemeinsame institutionelle Förderung der Deutschen Forschungsgemeinschaft auch die DFG-Programmpauschalen umfasse. Ferner seien die Programmpauschalen unmittelbar projektbezogen eingesetzt worden und daher als „Vorhaben" i.S.v. Art. 91b I 1 Nr. 1 GG (i.d.F. v. 2006) zu werten. Die Förderung der Deutschen Forschungsgemeinschaft sei überdies auch von überregionaler Bedeutung.

1117 So *Jauch*, Wissenschaftsförderung nach der Reform des Föderalismus, S. 229; vgl. zum institutionellen Gesetzesvorbehalt auch oben C. II. 1. e) bb) (1).

1118 S. ausführlich zum grundrechtlichen Gesetzesvorbehalt auch oben C. II. 1. e) bb) (2).

1119 So auch *Jauch*, Wissenschaftsförderung nach der Reform des Föderalismus, S. 229.

1120 So auch *Volkmann*, in: v. Mangoldt/Klein/Starck, GG, 6. Aufl. 2010, Art. 91b Rn. 13 Fn. 80, der Art. 91b I 1 Nr. 2 GG (i.d.F. v. 2006) als Rechtsgrundlage anerkennt und zudem den dafür erforderlichen konkreten Projektbezug bejaht.

1121 *Jauch*, Wissenschaftsförderung nach der Reform des Föderalismus, S. 230.

Dieser Ansicht ist beizupflichten, sodass Art. 91b I 1 Nr. 1 GG (i.d.F. v. 2006) als Rechtsgrundlage der DFG-Programmpauschalen anzusehen ist. Darüber hinaus ist auch die alleinige Tragung der Kosten der DFG-Programmpauschalen durch den Bund im Rahmen der ersten beiden Programmphasen sowie die Kostenaufteilung zwischen Bund und Ländern im Rahmen der dritten Programmphase für Neubewilligungen ab 2016 mit Art. 91b III GG (i.d.F. v. 2006) vereinbar gewesen.

Zur Frage, ob für den Abschluss der zweiten Säule des Hochschulpaktes 2020 ein zusätzliches parlamentarisches Gesetz erforderlich gewesen wäre, ist auf die Ausführungen zur Deutschen Forschungsgemeinschaft zu verweisen.[1122] Die Fördermittel werden im Rahmen der zweiten Säule des Hochschulpaktes 2020 der Deutschen Forschungsgemeinschaft unmittelbar zur Verfügung gestellt (Art. 2 § 2 III HP III u. § 3 II AV-DFG), die diese wiederum an die erfolgreichen Antragstellerinnen und Antragsteller in den von ihr geförderten Forschungsvorhaben weiterleitet. Im Ergebnis ist hinsichtlich der gemeinsamen institutionellen Förderung der Deutschen Forschungsgemeinschaft durch Bund und Länder sowohl ein institutioneller als auch ein grundrechtlicher Gesetzesvorbehalt zu bejahen, sodass die zweite Säule des Hochschulpaktes 2020 einer zusätzlichen parlamentarischen Zustimmung bedarf. Die etatmäßige Bereitstellung in den Haushaltsplänen genügt hier ferner nicht den demokratischen und rechtsstaatlichen Anforderungen des Gesetzesvorbehalts. Der Hochschulpakt 2020 ist insoweit verfassungswidrig.

Rechtsgrundlage des Zukunftsvertrages „Studium und Lehre stärken" ist ausweislich der Vereinbarung der neue Art. 91b I GG. Hinsichtlich der Vereinbarkeit des Vertrages mit Art. 91b I GG bestehen hier keine Bedenken. Insbesondere die Dauerhaftigkeit der Förderung ist nach der Neufassung der Norm zulässig, die nunmehr auch die langfristige, institutionelle Förderung an Hochschulen gestattet.

Überdies erfolgt die Vergabe der Fördermittel an die Hochschulen auch im Rahmen des Zukunftsvertrages ohne Einschaltung Privater oder sonstiger Dritter. Der Bund weist den Ländern seine Fördermittel unmittelbar zur eigenen Bewirtschaftung zu. Die Länder geben diese wiederum in voller Höhe zusammen mit ihren eigenen Fördermitteln zur Erreichung der Ziele ihrer jeweiligen Verpflichtungserklärung in die Grundfinanzierung aller Hochschulen ein. Auch angesichts der eigenständigen mittelbaren personellen demokratischen Legitimation der Exekutiven im Sinne von Art. 20 II GG besteht im Ergebnis kein institutioneller Gesetzesvorbehalt. Die Förderung im Rahmen der Vereinbarung

---

1122 S. dazu unten C. III. 7.

ist im Übrigen nicht in einer Weise ausgestaltet, die die Ausübung der Wissenschaftsfreiheit nach Art. 5 III 1 Alt. 2 GG beeinträchtigen wird, sodass auch der grundrechtliche Gesetzesvorbehalt[1123] nicht ausgelöst wird. Mithin ist der Zukunftsvertrag „Studium und Lehre stärken" insgesamt verfassungsmäßig. Die DFG-Programmpauschalen werden im Übrigen zukünftig nicht mehr Teil der Förderung des Zukunftsvertrages, sondern in der AV-DFG[1124] verankert sein.

g) *Zusammenfassung und Bewertung*

Die erste Säule des Hochschulpaktes 2020 stellt zwar grundsätzlich eine verfassungsmäßige Vorhabenförderung an Hochschulen durch Bund und Ländern nach Art. 91b I 1 Nr. 2 GG (i.d.F. v. 2006) dar, mangels ausreichender parlamentarischer Beteiligung für die in der zweiten Säule vorgesehene Vorhabenförderung in Form der DFG-Programmpauschalen nach Art. 91b I 1 Nr. 3 GG (i.d.F. v. 2006) ist der Hochschulpakt jedoch insgesamt verfassungswidrig. Der Hochschulpakt 2020 ist insbesondere angesichts seines finanziellen Ausmaßes von überragender Bedeutung für den Hochschulbereich. Dabei stellt das „Programm zur Aufnahme zusätzlicher Studienanfänger" diejenige hochschulbezogene Einzelmaßnahme dar, für die der Bund mit 20,1 Mrd. Euro[1125] im Zeitraum von 2007 bis 2023 mit Abstand am meisten Mittel aufwendet.[1126] Dabei werden die Hochschulpaktmittel des Bundes an die Länder zweckgebunden überwiesen und gehen in die von ihnen getragene Grundfinanzierung der Hochschulen ein, was letztlich zu intransparenten Mittelströmen führt. Die Hochschulpaktmittel des Bundes werden im jeweiligen Landeshaushalt in einem Einnahmetitel verbucht und stehen dort mit mehreren Ausgabetiteln zur Verfügung, in die die Länder auch eigene Mittel einbringen. Daher ist es den Ländern nicht möglich bei den Ausgaben für den Hochschulpakt zwischen Bundes- und Landesmitteln zu differenzieren.[1127] Positiv hervorzuheben ist hier allerdings, dass durch die zweckgebundene Zuweisung der Hochschulpaktmittel des Bundes an die Länder zur eigenen Bewirtschaftung der Bundeseinfluss auf einzelne Fördermaßnahmen begrenzt und die Länderautonomie gestärkt ist.

1123 S. ausführlich zum grundrechtlichen Gesetzesvorbehalt oben C. II. 1. e) bb) (2).

1124 S. dazu unten C. III. 1. c).

1125 *BMBF*, Untersuchung der Auswirkungen des Hochschulpakts 2020, S. 1.

1126 *Speiser*, Beiträge zur Hochschulforschung 3/2016, 8 (18).

1127 *BRH*, Bericht an den Haushaltsausschuss des Deutschen Bundestages nach § 88 II BHO v. 7.5.2019, S. 16.

Betrachtet man die Grundfinanzierung der Hochschulen genauer, wird auch hier die herausragende Bedeutung des Hochschulpaktes für die Hochschulfinanzierung deutlich. So machten die Fördermittel des Hochschulpaktes beispielsweise im Zeitraum von 2007 bis 2015 mehr als die Hälfte der Steigerung der Grundmitteleinnahmen der Hochschulen aus.[1128] Der Hochschulpakt 2020 auf der Grundlage des Art. 91b I GG (i.d.F. v. 2006) konnte mithin eindeutig die Grundfinanzierung der Hochschulen stärken. Weniger eindeutig zu beziffern ist allerdings der Anteil, den die Länder zu diesem Mittelaufwuchs beigetragen haben. Es ist letztlich nicht nachweisbar, ob die Länder tatsächlich den Vereinbarungen entsprechend „zusätzliche" Mittel für die Erhöhung der Studienkapazitäten bereitstellten. Denn auch wenn die Länder formal betrachtet „zusätzliche" Mittel im Rahmen des Hochschulpaktes erbracht haben mögen, so war es ihnen dennoch möglich, ihre reguläre Grundfinanzierung um den obligatorischen Kofinanzierungsanteil aus dem Hochschulpakt zu kürzen und so letztlich Landesmittel durch Bundesmittel zu substituieren.[1129] In der Tat sanken trotz des „Programms zur Aufnahme zusätzlicher Studienanfänger" die laufenden Grundmittel pro Studierende bzw. Studierendem in einigen Ländern, wie der Bundesrechnungshof (BRH) in seinem Bericht über die Wirksamkeit und zweckentsprechende Verwendung von Hochschulpaktmitteln des Bundes aus dem Jahr 2019 kritisiert.[1130] Demgegenüber bildeten einige Länder zum Teil beachtliche Ausgabereste aus den Hochschulpaktmitteln.[1131]

Der Hochschulpakt erweist sich überdies als Reaktion von Bund und Ländern auf den stark gestiegenen Bildungs- und Ressourcenbedarf an den Hochschulen. Um ein bedarfsgerechtes Studienangebot herzustellen, werden während des gesamten Förderzeitraums von 2007 bis 2023 über 900.000 zusätzliche Studiermöglichkeiten für Studienanfängerinnen und -anfänger an den Hochschulen geschaffen.[1132] Mit der Aufnahme der zahlreichen zusätzlichen Studienanfängerinnen und -anfänger an den Hochschulen steigt jedoch auch ihr Bedarf an zusätzlichem Personal, wenn die Qualität der Lehre aufrechterhalten werden soll. Die bessere Personalausstattung von Hochschulen war hingegen

---

1128 *BMBF*, Untersuchung der Auswirkungen des Hochschulpakts 2020, S. 9.

1129 So auch *Speiser*, Der deutsche Wissenschaftsföderalismus auf dem Prüfstand, S. 166 Fn. 755.

1130 *BRH*, Bericht an den Haushaltsausschuss des Deutschen Bundestages nach § 88 II BHO v. 7.5.2019, S. 13.

1131 *BRH*, Bericht an den Haushaltsausschuss des Deutschen Bundestages nach § 88 II BHO v. 7.5.2019, S. 19.

1132 *BMBF*, Untersuchung der Auswirkungen des Hochschulpakts 2020, S. 3.

Ziel des „Qualitätspakts Lehre", der die dritte Säule des Hochschulpaktes 2020 bildet und an späterer Stelle eingehend untersucht wird.[1133] In diesem Kontext wurde zwar auch zusätzliches Personal an den Hochschulen eingestellt, dennoch haben sich die Betreuungsrelationen zumindest an den Universitäten seit dem Jahr 2007 verschlechtert.[1134] Hinsichtlich der Personalausstattung von Hochschulen besteht somit Verbesserungsbedarf, da auch künftig langfristig hohe Studienanfängerinnen- und Studienanfängerzahlen zu erwarten sind.[1135]

Mithin verfehlte vor allem die erste Säule des Hochschulpaktes 2020 einige seiner wichtigen Ziele und erscheint insgesamt als wenig effiziente Reaktion auf den verstärkten Bildungs- und Ressourcenbedarf an den Hochschulen. Im Hinblick auf die teilweise gesunkenen Pro-Kopf-Ausgaben für Studierende sowie der zum Teil gebildeten erheblichen Rücklagen der Hochschulpaktmittel in einigen Landeshaushalten drängt sich der Schluss auf, dass das „Programm zu Aufnahme zusätzlicher Studienanfänger" vor allem als attraktive zusätzliche Einnahmequelle für die Länder dient. Art. 91b GG fungiert hierbei als nützliches „Instrument der Lastenverschiebung zum Bund".[1136] Überdies verdeutlichen neben der ungenügenden Effizienz auch die mangelnde Transparenz sowie die Vermischung der Verantwortlichkeiten im Rahmen des Hochschulpaktes beispielhaft die Probleme, die Bund-Länder-Mischfinanzierungen im Rahmen der Gemeinschaftsaufgaben generell innewohnen.

Laut dem Koalitionsvertrag von CDU, CSU und SPD vom 12. März 2018 plante die Bundesregierung die Bundesfördermittel auf der Grundlage des neuen Art. 91b I 1 GG dauerhaft zu verstetigen, „um vor dem Hintergrund der anhaltend hohen Studiennachfrage eine qualitativ hochwertige Lehre sicherzustellen".[1137] Auch die DFG-Programmpauschalen sollen nach 2020 fortgeführt und weiterhin der Deutschen Forschungsgemeinschaft zur Administration zugewiesen werden. Ab 2025 wird zudem eine Erhöhung der Pauschalen auf

---

1133 S. dazu ausführlich unten C. II. 6. a).

1134 *BMBF*, Untersuchung der Auswirkungen des Hochschulpakts 2020 v. 8.12.2017, S. 5 u. 7; *BRH*, Bericht an den Haushaltsausschuss des Deutschen Bundestages nach § 88 II BHO v. 7.5.2019, S. 12.

1135 Prognosen gehen davon aus, dass die Studienanfängerinnen- und Studienanfängerzahl auf den für den Hochschulpakt relevanten Referenzwert von 2005 nicht vor 2045 wieder sinken wird, *CHE*, Arbeitspapier Nr. 186, Oktober 2015, S. 20.

1136 *Speiser*, Der deutsche Wissenschaftsföderalismus auf dem Prüfstand, S. 167.

1137 Ein neuer Aufbruch für Europa – Eine neue Dynamik für Deutschland – Ein neuer Zusammenhalt für unser Land, Koalitionsvertrag von CDU, CSU und SPD v. 12.3.2018, S. 32.

30 % angestrebt. Mit dem Zukunftsvertrag „Studium und Lehre stärken“ vom 6. Juni 2019 als dauerhafte Nachfolge des Hochschulpaktes 2020 hat die Bundesregierung ihre Planung bereits in die Tat umgesetzt. Der Zukunftsvertrag gewährleistet, dass bis 2023 jährlich eine gemeinsame Milliardeninvestition von Bund und Ländern i.H.v. rund 3,8 Mrd. Euro und ab 2024 i.H.v. insgesamt 4,1 Mrd. Euro zur Förderung von Studium und Lehre zur Verfügung stehen wird. Aufgrund der Dauerhaftigkeit der Förderung bietet der Zukunftsvertrag gegenüber dem Hochschulpakt 2020 den Hochschulen zunächst mehr Planungssicherheit, wenngleich der Zukunftsvertrag durchaus kündbar ist (§ 9 III ZV). Die mit der Reform im Jahr 2014 ausgedehnten Möglichkeiten des neuen Art. 91b I GG im Bereich der Hochschulförderung sind mithin durch den Zukunftsvertrag in vollem Umfang ausgeschöpft worden. Im Hinblick auf die Praxis erweist sich die fehlende Dynamisierung der Fördermittel des Zukunftsvertrages allerdings als problematisch. Der Vertrag sieht lediglich eine einmalige Steigerung der Fördersummen im Jahr 2024 vor. Ferner ist eine inhaltliche und finanzielle Anpassung erstmals nach sieben Jahren Laufzeit vorgesehen (§ 8 II ZV). Vor dem Hintergrund der anhaltenden Inflation und der bezweckten Förderung der Einstellung von unbefristetem Personal an den Hochschulen, deren Stellen wiederum Tarifsteigerungen unterliegen werden, wäre eine dynamischere Gestaltung durch einen jährlichen Mittelaufwuchs, wie er etwa beim Pakt für Forschung und Innovation IV[1138] vorgesehen ist, vorzugswürdig. Im Übrigen verspricht der Zukunftsvertrag durch die obligatorische gesonderte Ausweisung der Fördermittel in den Landeshaushalten und die Zweckbindung der Fördermittel entsprechend der Verpflichtungserklärungen der Länder aber mehr Transparenz gegenüber den Vorgängervereinbarungen, sodass eine zielorientierte und effektive Förderung eher möglich sein wird. Dabei gehen die detaillierten Angaben zur Gestaltung der Verpflichtungserklärungen auf die Kritik des Bundesrechnungshofes am Hochschulpakt 2020 aus dem Jahr 2019 zurück.

Kritisch zu würdigen ist hingegen das „Konsultationsverfahren“ zwischen den Ländern und dem Bund im Rahmen der Erstellung der Verpflichtungserklärungen der Länder. Dieses Verfahren bietet einerseits ein Einfallstor für eine erhebliche Einflussnahme des Bundes auf genuine Länderaufgaben im Hochschulbereich. Andererseits besitzt der Bund letztlich keine Durchsetzungsmacht hinsichtlich der konkreten Mittelverwendung durch die Länder, sodass die Verpflichtungserklärungen der Länder am Ende lediglich Selbstverpflichtungserklärungen sind.

1138 S. ausführlich dazu unten C. III. 8. d).

Überdies sieht der Zukunftsvertrag erstmals eine Art Sicherungsmechanismus hinsichtlich der Hochschulfinanzierung durch die Länder vor, um Fehlentwicklungen, wie sie im Rahmen des Hochschulpaktes 2020 aufgetreten sind, zu vermeiden. Für den Fall, dass ein Land weniger eigene zusätzliche Mittel bereitstellen sollte, als es Bundesmittel erhalten hat, oder die Grundfinanzierung der Hochschulen in einem Land den für das jeweilige Land i.S.d. Vereinbarung festgelegten Basiswert unterschreiten sollte, ist das betroffene Land zunächst zum Ausgleich verpflichtet (§ 6 IV 1 ZV). Kommt das Land dieser Pflicht nicht nach, so reduziert sich sein Anspruch auf Bundesmittel entsprechend (§ 6 IV 2 ZV). Der Zukunftsvertrag stärkt also grundsätzlich die Grundfinanzierung der Hochschulen, das Ausmaß des jeweiligen Mittelzuwachses steht dabei jedoch keinesfalls fest. Denn den insoweit zuständigen Ländern steht es aufgrund ihrer Haushaltsautonomie grundsätzlich nach wie vor, frei ihre Grundfinanzierung zu kürzen. Die Kürzung der Grundfinanzierung hat, sofern sie einen bestimmten festgelegten Basiswert unterschreitet, allerdings zur Folge, dass die Länder ausgleichspflichtig werden und die entstandene Differenz innerhalb der zwei folgenden Jahre ausgleichen müssen. Ob ein Land, welches seine Grundfinanzierung derart kürzt, tatsächlich in der Lage sein wird, dieser Ausgleichspflicht nachzukommen, ist jedoch fraglich. Sofern ein Land dies nicht tut oder kann, führt die Unterschreitung der Grundfinanzierung unter den Basiswert letztlich dazu, dass sich auch die Fördermittel des Bundes aus dem Zukunftsvertrag reduzieren. Die Grundfinanzierung der Hochschulen würde in diesem Fall zwar vielleicht noch gestärkt werden, jedoch weniger als eigentlich durch den Zukunftsvertrag vorgesehen. Denkbar wäre hier theoretisch sogar eine Schwächung der Grundfinanzierung. Es wird für die Entwicklung der Grundfinanzierung der Hochschulen daher entscheidend auf den Umgang der Länder mit ihren Verpflichtungen aus dem Zukunftsvertrag ankommen. Die Planungssicherheit der Hochschulen ist hinsichtlich ihrer Grundfinanzierung durch den Zukunftsvertrag demzufolge deutlich weniger gestärkt, als es zunächst den Anschein macht.

Darüber hinaus enthält der Zukunftsvertrag keine Sonderregelungen für einzelne Länder oder Ländergruppen mehr. Stattdessen sollen die Länder ihre Zuweisungen künftig *bedarfsgerecht* abrufen. Wie viele Fördermittel des Bundes ein Land erhalten wird, bemisst sich nach seinem Anteil an den bundesweiten Zahlen der Studienanfängerinnen und -anfänger, der Studierenden sowie der Absolventinnen und Absolventen. Mithin sind die Bemessungskriterien gegenüber dem Hochschulpakt nunmehr stärker qualitativ als quantitativ ausgerichtet, sodass auch weniger stark wachsende Hochschulen stärker von der Förderung profitieren können. Im Übrigen dürfen die Länder gegenüber dem Hochschulpakt keine Rücklagen mehr aus den Bundesmitteln bilden.

Im Ergebnis bewirkt der Zukunftsvertrag auf der Grundlage des neuen Art. 91b I GG die dauerhafte Mitfinanzierung einer originären Länderaufgabe durch den Bund. Das ist verfassungsrechtlich bedenklich. Gemeinschaftsaufgaben sind als Ausnahme vom grundsätzlichen Verbot der Mischverwaltung und Mischfinanzierung besonders rechtfertigungsbedürftig und dürfen nicht der *allgemeinen* Finanzierungsfunktion dienen. Der Zukunftsvertrag ist zwar verfassungsmäßig auf der Grundlage von Art. 91b I GG abgeschlossen worden, er besitzt jedoch angesichts der Dauerhaftigkeit der Förderung und der Höhe der Fördermittel kaum noch Ausnahmecharakter. Die gemeinsame Hochschulförderung von Bund und Ländern ist vielmehr ausgeweitet, verstetigt und damit zur Regel geworden. Dies entspricht im Übrigen auch gerade der Intention des verfassungsändernden Gesetzgebers, der mit der Reform von Art. 91b GG die Grundfinanzierung der Hochschulen stärken sowie den Hochschulen mehr Planungssicherheit in der Praxis bieten wollte.[1139]

3. Professorinnenprogramm

Obwohl in Deutschland Frauen derzeit häufiger Abitur machen und studieren sowie fast die Hälfte aller Dissertationen verfassen, ist nur etwa jede vierte Professur mit einer Frau besetzt.[1140] Um diesem Missstand zu begegnen, schlossen Bund und Länder im Jahr 2008 das Professorinnenprogramm auf der Grundlage von Art. 91b I 1 Nr. 2 GG (i.d.F. v. 2006), welches in den Folgejahren aufgrund seines Erfolgs zweifach verlängert wurde.

a) Die ersten beiden Programmphasen (2008–2012 und 2013–2017)

Das Professorinnenprogramm[1141] wurde von Bund und Ländern mit einer Laufzeit bis zum 31. Dezember 2012 (§ 7 I PP I) mit dem Ziel abgeschlossen, die Gleichstellung von Frauen und Männern in Hochschulen zu unterstützen, die Repräsentanz von Frauen auf allen Qualifikationsstufen im Wissenschaftssystem nachhaltig zu verbessern und die Anzahl der Wissenschaftlerinnen in den Spitzenfunktionen im Wissenschaftsbereich zu steigern (S. 2 der Präambel des PP I).

1139 Vgl. BT-Drs. 18/2710, S. 6.

1140 *Statistisches Bundesamt*, Pressemitteilung Nr. 059 v. 26.2.2020; *BMBF*, Bildung und Forschung in Zahlen 2019, S. 46 u. 57.

1141 Bund-Länder-Vereinbarung gemäß Artikel 91b Abs. 1 Nr. 2 des Grundgesetzes über das Professorinnenprogramm des Bundes und der Länder zur Förderung der Gleichstellung von Frauen und Männern in Wissenschaft und Forschung an deutschen Hochschulen v. 19.11.2007, BAnz 2008 S. 1073 („PP I").

Antragstellerinnen und Empfängerinnen der Programmfördermittel waren die Hochschulen (§ 1 II, 4 IV PP I). Diese qualifizierten sich für die Förderung ausschließlich durch Gleichstellungskonzepte, die durch ein externes Begutachtungsgremium[1142] positiv bewertet worden sein mussten (§ 3 I PP I). Hochschulen, die ein überzeugendes Gleichstellungskonzept vorlegen konnten, bekamen als Anschubfinanzierung der Erstberufung von Frauen auf Professuren eine Förderung für bis zu drei Stellen für weiblich besetzte Professuren für höchstens fünf Jahre (§§ 1 I, 2 IV PP I). In der ersten Programmphase von 2008 bis 2012 reichten insgesamt 152 Hochschulen ein Gleichstellungskonzept ein, von denen 124 Konzepte erfolgreich waren. Insgesamt erhielten 111 Hochschulen in dieser Zeit mindestens eine geförderte Professur und es wurden 274 mit Frauen besetzte Professuren gefördert.[1143] Im Jahr 2012 wurde die erste Programmphase des Professorinnenprogramms positiv evaluiert (gem. § 7 I 2 PP I)[1144], woraufhin noch im selben Jahr mit dem Professorinnenprogramm II[1145] die Fortsetzung des Programms unter der gleichen Zielsetzung mit einer Laufzeit bis zum 31. Dezember 2017 geschlossen wurde (S. 2 der Präambel des PP II / § 7 I PP II). Das Förderverfahren und die Förderdauer von höchstens fünf Jahren blieben im Übrigen unverändert (vgl. §§ 1 II, 2 IV, 3, 4 PP II). In der zweiten Programmphase des Professorinnenprogramms konnten sich allerdings auch Hochschulen, die in der ersten Programmphase bereits erfolgreich waren, mit der Dokumentation zur Umsetzung ihrer Gleichstellungskonzepte erneut qualifizieren (vgl. Anlage zum PP II). In der zweiten Phase des Professorinnenprogramms von 2013 bis 2017 reichten insgesamt 184 Hochschulen ein Gleichstellungskonzept oder eine Dokumentation der erfolgreichen Umsetzung des bereits in der ersten Programmphase positiv bewerteten Gleichstellungskonzepts ein, von denen 147 Konzepte bzw. Dokumentationen erfolgreich waren. Insgesamt erhielten in

---

1142 Das Begutachtungsgremium wird vom Bundesministerium für Bildung und Forschung im Benehmen mit den Ländern eingesetzt und besteht aus maximal zwölf in Gleichstellungsfragen ausgewiesenen Expertinnen und Experten aus Wissenschaft, Forschung, dem Hochschulmanagement und anderen Bereichen (§ 4 II PP I).

1143 *GWK*, Evaluationsbericht zum Professorinnenprogramm v. Januar 2017, S. 3, 17 u. 21.

1144 Vgl. *Institut für Hochschulforschung*, Bericht zur Evaluation des „Professorinnenprogramms des Bundes und der Länder“, HoF-Arbeitsbericht 6‘2012.

1145 Bund-Länder-Vereinbarung gemäß Artikel 91b Absatz 1 Nummer 2 des Grundgesetzes über die Fortsetzung des Professorinnenprogramms des Bundes und der Länder zur Förderung der Gleichstellung von Frauen und Männern in der Wissenschaft und Forschung an deutschen Hochschulen (Professorinnenprogramm II) v. 6.12.2012, BAnz AT 27.12.2012 B7 („PP II“).

dieser Zeit 120 Hochschulen mindestens eine Förderung und es wurden 250 mit Frauen besetzte Professuren gefördert.[1146]

Für die Finanzierung der ersten beiden Programmphasen stellten Bund und Länder gemeinsam jeweils insgesamt 150 Mio. Euro zur Verfügung, welche je zur Hälfte von Bund und Ländern getragen und bedarfsgerecht zur Verfügung gestellt wurden (§ 2 I PP I / PP II). Die höchstmögliche Fördersumme je Berufung betrug dabei 150.000 Euro jährlich (§ 5 I 1 PP I / PP II). Die maximal erreichbare Fördersumme der Hochschule betrug insgesamt 2,25 Mio. Euro für die jeweilige Programmlaufzeit (§ 5 I 2 PP I / PP II). Die Länder unterlagen überdies einer Berichtspflicht gegenüber der Gemeinsamen Wissenschaftskonferenz hinsichtlich der Durchführung des Programms (§ 6 PP I / PP II).

b) Professorinnenprogramm III (2018–2022)

Das Professorinnenprogramm wurde 2017 erneut positiv evaluiert (vgl. § 7 III PP II),[1147] woraufhin als Fortsetzung das Professorinnenprogramm III[1148] mit einer dritten Programmphase von 2018 bis 2022 von Bund und Ländern geschlossen wurde. Ziel des Programms ist weiterhin unverändert die Gleichstellung von Frauen und Männern in Hochschulen zu unterstützen, die Repräsentanz von Frauen auf allen Qualifikationsstufen im Wissenschaftssystem nachhaltig zu verbessern und die Anzahl der Wissenschaftlerinnen in den Spitzenfunktionen im Wissenschaftsbereich zu steigern (S. 2 der Präambel des PP III).

Zur Finanzierung der Förderung stellen Bund und Länder in der dritten Programmphase insgesamt 200 Mio. Euro zur Verfügung, die je zur Hälfte vom Bund und den Ländern getragen werden (§ 2 I PP III). Antragstellerinnen und Empfängerinnen der Programmfördermittel sind weiterhin die Hochschulen (§ 1 II, 4 IV PP III). Je Hochschule können ferner bis zu drei Erstberufungen von Frauen vorrangig als vorgezogene Professur oder als Regelberufung über einen Zeitraum von höchstens fünf Jahren gefördert werden (§ 2 IV 1 PP III). Darüber

---

1146 *GWK*, Evaluationsbericht zum Professorinnenprogramm v. Januar 2017, S. 3, 17 u. 21 (Stand: 6.1.2017).

1147 Vgl. *GWK*, Evaluationsbericht zum Professorinnenprogramm v. Januar 2017.

1148 Bund-Länder-Vereinbarung gemäß Artikel 91 b Absatz 1 des Grundgesetzes über die Fortsetzung des Professorinnenprogramms des Bundes und der Länder zur Förderung der Gleichstellung von Frauen und Männern in Wissenschaft und Forschung an deutschen Hochschulen (Professorinnenprogramm III) v. 10.11.2017, BAnz AT 21.02.2018 B4 („PP III").

hinaus können nunmehr pro Einreichungsverfahren jeweils bis zu zehn Hochschulen, die für ihr Gleichstellungskonzept für den Bereich Personalentwicklung und -gewinnung auf dem Weg zur Professur eine Bestbewertung erhalten haben, eine weitere Förderung für eine vierte Erstberufung erhalten (§ 2 IV 2 PP III). Hochschulen, die zum zweiten Mal am Programm teilnehmen, können sich mit der Dokumentation der erfolgreichen Umsetzung ihres positiv bewerteten Gleichstellungskonzepts, erneut qualifizieren. Hochschulen, die bereits zum dritten Mal teilnehmen, können sich wiederum mit einem Gleichstellungszukunftskonzept erneut qualifizieren (§ 3 I PP III). Die höchstmögliche Fördersumme je Berufung wurde in der dritten Programmphase erhöht und beträgt nunmehr 165.000 Euro jährlich, welche je zur Hälfte von Bund und Land getragen werden (§ 5 I 1 PP III). Die maximal erreichbare Fördersumme der Hochschule beträgt i.d.R. 2,475 Mio. Euro, bei Hochschulen, die sich für eine vierte Berufung qualifiziert haben, 3,3 Mio. Euro für die Programmlaufzeit (§ 5 I 2 PP III). Die Länder unterliegen erneut einer Berichtspflicht gegenüber der Gemeinsamen Wissenschaftskonferenz hinsichtlich der Durchführung des Programms (§ 6 PP III). Im Jahr 2021 wird das Professorinnenprogramm erneut einer Evaluation hinsichtlich seiner Zielsetzungen unterzogen werden (§ 7 II PP III).

c) Rechtsgrundlagen und Verfassungsmäßigkeit

Rechtsgrundlage für die ersten beiden Programmphasen des Professorinnenprogramms war laut Vereinbarung Art. 91b I 1 Nr. 2 GG (i.d.F. v. 2006). Das Programm zur Förderung der Gleichstellung von Männern und Frauen in Wissenschaft und Forschung ist jedoch kein „Vorhaben der Wissenschaft und Forschung" im Sinne der Verfassungsnorm.[1149] Wissenschaft ist „alles, was nach Inhalt und Form als ernsthafter planmäßiger Versuch zur Ermittlung der Wahrheit anzusehen ist".[1150] Wissenschaftliche Forschung ist wiederum „die geistige Tätigkeit mit dem Ziele, in methodischer, systematischer und nachprüfbarer Weise neue Erkenntnisse zu gewinnen".[1151] Zweck des Professorinnenprogramms war aber weder die Förderung der Wahrheitsermittlung noch der Gewinnung neuer Erkenntnisse. Das Professorinnenprogramm strebte überdies nicht die Förderung der Vermittlung des selbst oder von anderen Erforschten sowie keine Kapazitätserweiterung der Professuren an den Hochschulen an,

---

1149 So auch *Volkmann*, in: v. Mangoldt/Klein/Starck, GG, 6. Aufl. 2010, Art. 91b Rn. 13; *Jauch*, Wissenschaftsförderung nach der Reform des Föderalismus, S. 238 f.

1150 BVerfGE 35, 79 (113); 47, 327 (367); 90, 1 (12).

1151 BVerfGE 35, 79 (114).

sodass auch keine Förderung der wissenschaftlichen Lehre, die ebenfalls zulässiger Förderzweck von Art. 91b I 1 Nr. 2 GG (i.d.F. v. 2006) war, vorlag. Ziel des Programms war „lediglich", den Anteil der weiblich besetzten Professuren in Deutschland anzuheben, um eine Gleichstellung von Frauen und Männern in Wissenschaft und Forschung zu erreichen. Wenngleich Bund und Ländern im Rahmen des Art. 91b I 1 Nr. 2 GG (i.d.F. v. 2006) ein weiter Beurteilungsspielraum zukam, wurde dieser hier überschritten. Daran vermag auch die „Staatsaufgabe"[1152] bzw. der „Verfassungsauftrag"[1153] oder das „Staatsziel"[1154] in Art. 3 II 2 GG nichts zu ändern. Es ist ferner anzumerken, dass Bund-Länder-Mischfinanzierungen Ausnahmetatbestände vom Grundsatz der Konnexität von Aufgaben- und Ausgabenverantwortung in Art. 104a I GG darstellen und nur in den von der Verfassung explizit genannten Aufgabenbereichen zulässig sind. Weder in Art. 91b I 1 Nr. 2 GG (i.d.F. v. 2006) noch in den übrigen Gemeinschaftsaufgaben lässt sich im Ergebnis für die ersten beiden Programmphasen des Professorinnenprogramms eine ausreichende Rechtsgrundlage finden.[1155] Mithin waren die ersten beiden Programmphasen des Professorinnenprogramms verfassungswidrig.

Für das Professorinnenprogramm III ist laut Vereinbarung nunmehr der neue Art. 91b I 1 GG Rechtsgrundlage. Doch auch die dritte Programmphase verfolgt keinen verfassungsrechtlich zulässigen Förderzweck. Die Förderung der Gleichstellung von Frauen und Männern in Wissenschaft und Forschung ist keine „Förderung von Wissenschaft, Forschung und Lehre" i.S.v. Art. 91b I 1 GG. Wie bereits ausgeführt, sind die Ziele des Professorinnenprogramms weder auf die Förderung der wissenschaftlichen Forschung noch auf die Förderung der wissenschaftlichen Lehre ausgerichtet. Auch das Professorinnenprogramm III dient nach wie vor „lediglich" der Erhöhung der Anzahl der weiblich besetzten Professuren an deutschen Hochschulen. Mithin ist auch das Professorinnenprogramm III verfassungswidrig.

Das Professorinnenprogramm ist somit in allen drei Förderphasen verfassungswidrig auf Art. 91b I GG gestützt worden. Dabei kann im Übrigen offenbleiben, ob die bevorzugte Besetzung von Professuren mit weiblichen

---

1152 *Baer/Markhard*, in: v. Mangoldt/Klein/Starck, GG, Art. 3 Rn. 353.

1153 *Langenfeld*, in: Maunz/Dürig, GG, Art. 3 II [Stand: 5/2015] Rn. 56, 58; *Heun*, in: Dreier, GG, Art. 3 Rn. 102.

1154 BT-Drs. 12/6000, S. 50; *Sodan*, in: ders., GG, Art. 3 Rn. 26; *Hufen*, Staatsrecht II, § 40 Rn. 2.

1155 *Jauch*, Wissenschaftsförderung nach der Reform des Föderalismus, S. 238 f.

Personen auch gegen das Gleichbehandlungsgebot in Art. 3 II 1 GG und / oder in Art. 33 II GG verstößt sowie den Gesetzesvorbehalt verletzt.

d) Zusammenfassung und Bewertung

Das Professorinnenprogramm fand angesichts der hohen Anzahl der partizipierenden Hochschulen großen Anklang in der Praxis. Ferner konnten im Rahmen der ersten beiden Programmphasen bereits 524 mit Frauen besetzte Professuren gefördert werden. Aus der Sicht der Praxis erweist sich indes die Befristung der Förderung in allen drei Programmphasen auf jeweils höchstens fünf Jahre als problematisch. Es handelte bzw. handelt sich bei der Förderung mithin lediglich um eine Anschubfinanzierung mit finanzieller Unterstützung des Bundes. Nach Ablauf der Förderzeit obliegt die weitere Finanzierung der bislang gemeinsam geförderten Professuren hingegen allein den Ländern. Auf diese Weise werden nicht unerhebliche Landesmittel für den Hochschulbereich langfristig gebunden. Dabei hätte für das Professorinnenprogramm III auf der Grundlage des neuen Art. 91b I GG durchaus eine dauerhafte gemeinsame Finanzierung vorgesehen werden können.

Allerdings ist das Projektziel der Gleichstellung von Frauen und Männern in Hochschulen, die verbesserte Repräsentanz von Frauen auf allen Qualifikationsstufen im Wissenschaftssystem sowie eine gesteigerte Anzahl von Wissenschaftlerinnen in den Spitzenfunktionen im Wissenschaftsbereich zwar der Sache nach durchaus lobenswert, der Zweck heiligt aber bekanntermaßen nicht alle Mittel. Folglich ist an dieser Stelle festzuhalten, dass das Professorinnenprogramm in allen drei Förderphasen gegen Art. 91b I GG verstößt, sich auch nicht auf eine sonstige Rechtsgrundlage stützen lässt und daher verfassungswidrig ist. Die Förderung der Gleichstellung von Frauen und Männern in Wissenschaft und Forschung müsste daher nicht gemeinsam, sondern getrennt durch Bund und Länder im Rahmen ihrer jeweiligen Kompetenzen erfolgen. Bei der Ausgestaltung dieser Förderung wäre im Übrigen zwingend eine Vereinbarkeit mit Art. 3 II 1 GG und Art. 33 II GG sicherzustellen. Vor diesem Hintergrund ist die Befristung des Professorinnenprogramms III letztlich nicht zu kritisieren, da anderenfalls die verfassungswidrige Förderung dauerhaft verstetigt werden würde.

4. Forschung und Entwicklung an Fachhochschulen

Bereits vor der Föderalismusreform I im Jahr 2006 war die Förderung der Forschung und Entwicklung an Fachhochschulen ein wichtiges gemeinsames

Anliegen von Bund und Ländern.[1156] Mit dem 2008 abgeschlossenen gemeinsamen Förderprogramm „Forschung und Entwicklung an Fachhochschulen"[1157] setzten Bund und Länder schließlich auf der Grundlage des reformierten Art. 91b I 1 Nr. 2 GG (i.d.F. v. 2006) die Förderung der Forschung an Fachhochschulen in den Jahren von 2008 bis 2013 fort (§ 1 I FuE-FH 2008). Zweck des Programms war die Förderung der Fachhochschulforschung und des Ingenieurnachwuchses, die es den Fachhochschulen ermöglichen sollte, zum Nutzen der Wirtschaft ihr Potenzial und spezifisches Profil in der angewandten Forschung nachhaltig zu entwickeln und die forschungsorientierte Ausbildung des Ingenieurnachwuchses voranzubringen (§ 1 II 1 FuE-FH 2008). Das vom Bundesministerium für Bildung und Forschung durchgeführte Förderprogramm wurde überdies im Jahr 2013[1158] auf der gleichen Rechtsgrundlage und 2018[1159] auf der Grundlage des neuen Art. 91b I GG jeweils um eine fünfjährige Förderphase verlängert (§ 6 FuE-FH 2013 / FuE-FH 2018). Antragsberechtigt im Förderverfahren waren bzw. sind Fachhochschulen und Hochschulen für angewandte Wissenschaften (§ 2 I FuE-FH 2008 / FuE-FH 2013 / FuE-FH 2018). Über die Förderanträge der einzelnen Hochschulen entschied bzw. entscheidet das Bundesministerium für Bildung und Forschung (§ 2 II FuE-FH 2008 / FuE-FH 2013 / FuE-FH 2018). Das Programm umfasste bzw. umfasst dabei stets mehrere spezifische Förderlinien.

a) Finanzierung

Die finanzielle Förderung der in das Programm aufgenommenen Projekte an den Fachhochschulen erstreckte sich in der Programmlaufzeit von 2008 bis 2013 auf die Freistellung von Fachhochschulprofessorinnen und -professoren bzw.

1156 GWK, Jahresbericht 2009, S. 4; vgl. hierzu auch die Vereinbarung zwischen Bund und Ländern über die Förderung der angewandten Forschung und Entwicklung an Fachhochschulen nach Artikel 91b des Grundgesetzes v. 3.11.2003, BAnz 2003 S. 24921 („FuE-Programm").

1157 Vereinbarung zwischen Bund und Ländern über die Förderung der angewandten Forschung und Entwicklung an Fachhochschulen nach Artikel 91 b des Grundgesetzes (FuE-FH 2008) v. 17.10.2008, BAnz 2008 S. 3961.

1158 Vereinbarung zwischen Bund und Ländern über die Förderung der angewandten Forschung und Entwicklung an Fachhochschulen nach Art. 91b GG (FuE-FH 2013) v. 28.6.2013, BAnz AT 27.09.2013 B4.

1159 Vereinbarung zwischen Bund und Ländern über die Förderung der angewandten Forschung und Entwicklung an Fachhochschulen nach Art. 91b GG (FuE-FH 2018) v. 26.11.2018, BAnz AT 21.12.2018 B12.

deren Vertretung, auf Personal- und Sachmittel sowie auf die Vorbereitung und Durchführung des Wissens- und Personaltransfers (§ 3 I FuE-FH 2008). Darüber hinaus wurden auch die Kosten der Projektträgerschaft sowie für die Evaluation aus dem Programm getragen (§ 3 II FuE-FH 2008). Die zuwendungsfähigen Ausgaben der in das Programm aufgenommenen Projekte finanzierte der Bund (§ 4 S. 1 FuE-FH 2008). Das jeweilige Sitzland trug wiederum durch Bereitstellung der Grundausstattung (Personal- und Sachausstattung) hingegen mindestens 10 % der Gesamtkosten der Projekte (§ 4 S. 2 FuE-FH 2008).

Die finanzielle Förderung der in das Programm aufgenommenen Projekte erstreckte sich in der Programmlaufzeit von 2014 bis 2018 auf die durch die Projekte unmittelbar entstandenen Ausgaben und umfasste die Personalausgaben, die sächlichen Verwaltungsausgaben sowie die Ausgaben für Geräte und andere Investitionen (§ 3 I FuE-FH 2013). Ferner wurden auch die Kosten der Projektträgerschaft sowie für Evaluierungen aus dem Programm getragen (§ 3 II FuE-FH 2013). Die zuwendungsfähigen Ausgaben der durch das Programm geförderten Projekte wurden dabei vom Bund finanziert (§ 4 S. 1 FuE-FH 2013). Das jeweilige Sitzland beteiligte sich wiederum an den vorhabenbezogenen Gesamtausgaben im Rahmen der Finanzierung der Grundausstattung (§ 4 S. 2 FuE-FH 2013).

Für den Zeitraum von 2019 bis 2023 umfasst die finanzielle staatliche Projektförderung der Fachhochschulen die Personalausgaben, die sächlichen Verwaltungsausgaben sowie die Ausgaben für Geräte und andere projektbezogene Investitionen (§ 3 I 1 FuE-FH 2018). Ferner erhalten die Hochschulen bei Forschungsprojekten zusätzlich eine Projektpauschale i.H.v. 20 % der Projektausgaben (§ 3 I 2 FuE-FH 2018). Aus dem Programm werden zudem auch die Kosten der Projektträgerschaft sowie für die Evaluierungen getragen (§ 3 II FuE-FH 2018). Die zuwendungsfähigen Ausgaben der durch das Programm geförderten Projekte werden dabei vom Bund i.H.v. jährlich mind. 60 Mio. Euro finanziert (§ 4 S. 1 FuE-FH 2018) und werden insofern erstmals in der Vereinbarung direkt beziffert. Das jeweilige Sitzland beteiligt sich an den vorhabenbezogenen Gesamtausgaben wiederum im Rahmen der Finanzierung der Grundausstattung (§ 4 S. 2 FuE-FH 2018).

b) Rechtsgrundlagen und Verfassungsmäßigkeit

Laut den Vereinbarungen von Bund und Ländern aus den Jahren 2008 und 2013 ist jeweils Art. 91b GG (i.d.F. v. 2006) die Rechtsgrundlage. Genauer gesagt bildet Art. 91b I 1 Nr. 2 GG (i.d.F. v. 2006) die Rechtsgrundlage beider Vereinbarungen. Die gemeinsame Förderung der Forschung und Entwicklung an Fachhochschulen durch Bund und Länder war auf der Grundlage dieser Verfassungsnorm auch verfassungsrechtlich zulässig. Da auch in Fachhochschulen grundsätzlich wissenschaftliche Forschung und Lehre betrieben werden kann[1160] und der Begriff der Hochschule in Art. 91b I 1 Nr. 2 GG (i.d.F. v. 2006) weit zu verstehen ist,[1161] war die gemeinsame Förderung auch von Fachhochschulen möglich. Im Übrigen bestehen an der Vereinbarkeit der Vereinbarungen mit Art. 91b I 1 Nr. 2 GG (i.d.F. v. 2006) keine Zweifel. Die Vereinbarung von Bund und Ländern aus dem 2018 wurde ihrem Wortlaut nach ebenfalls auf Art. 91b GG gestützt. Rechtsgrundlage für die jüngste Fortsetzung des Programms „Forschung und Entwicklung an Fachhochschulen" ist der neue Art. 91b I 1 GG. Gegen eine Vereinbarkeit des Programms mit den Vorgaben dieser Verfassungsnorm bestehen ebenfalls keine Bedenken.

Im Übrigen wird auch der institutionelle Gesetzesvorbehalt[1162] durch die drei Vereinbarungen nicht ausgelöst, welcher in seiner demokratischen Dimension verlangt, dass grundlegende Entscheidungen organisatorischer Art vom Gesetzgeber selbst getroffen werden müssen. Die Exekutive darf sich danach ihrer parlamentarischen Kontrolle nicht beliebig entziehen. Die Förderentscheidungen im Rahmen des Förderprogramms werden jedoch unmittelbar durch das Bundesministerium für Bildung und Forschung vorgenommen und nicht etwa an Private oder sonstige weisungsfreie Dritte übertragen. Die Exekutive unterliegt dabei einerseits der parlamentarischen Kontrolle, andererseits ist sie selbst eigenständig mittelbar personell demokratisch legitimiert im Sinne von Art. 20 II GG. Das Programm gefährdet ferner nicht die Ausübung der Wissenschaftsfreiheit nach Art. 5 III 1 Alt. 2 GG, sodass der grundrechtliche Gesetzesvorbehalt ebenfalls nicht einschlägig ist. Die Vereinbarungen des Förderprogramms „Forschung und Entwicklung an Fachhochschulen" aus den Jahren 2008, 2013 und 2018 sind mithin verfassungsgemäß geschlossen worden.[1163]

1160 BVerfGE 126, 1 (1).

1161 *Henneke*, in: Schmidt-Bleibtreu/Hofmann/ders., GG, 13. Aufl. 2014, Art. 91b Rn. 14; *Siekmann*, in: Sachs, GG, 7. Aufl. 2014, Art. 91b Rn. 15 ff.; *Volkmann*, in: v. Mangoldt/Klein/Starck, GG, 6. Aufl. 2010, Art. 91b Rn. 11.

1162 S. ausführlich zum institutionellen Gesetzesvorbehalt auch oben C. II. 1. e) bb) (1).

1163 So hinsichtlich der ersten beiden Vereinbarungen im Ergebnis auch *Jauch*, Wissenschaftsförderung nach der Reform des Föderalismus, S. 240.

c) *Zusammenfassung und Bewertung*

Im Zeitraum von 2006 bis 2015 konnten bundesweit rund 1.500 Forschungsprojekte mit einem Gesamtfördervolumen von 321 Mio. Euro gefördert werden, wobei bereits mehr als 125 Fachhochschulen im Förderprogramm „Forschung und Entwicklung an Fachhochschulen“ profitieren konnten.[1164] Die gemeinsame Förderung durch Bund und Länder war überdies in allen drei Förderphasen verfassungsrechtlich zulässig. Auffällig ist, dass Bund und Länder hinsichtlich der jüngsten Fortschreibung des Förderprogramms von der in Art. 91b I GG neu geschaffenen verfassungsrechtlichen Möglichkeit zur dauerhaften Förderung der Fachhochschulen keinen Gebrauch gemacht haben. Eine wesentliche Stärkung der Planungssicherheit für die Fachhochschulen bzw. für die Hochschulen für angewandte Wissenschaften ist mithin nicht erfolgt. Angesichts des Ausnahmecharakters der Gemeinschaftsaufgaben sowie des Demokratieprinzips in Art. 20 I, II GG wäre eine dauerhafte (Mit-)Finanzierung einer originären Länderaufgabe wie der Fachhochschulfinanzierung allerdings auch verfassungsrechtlich bedenklich. Die Hochschulrektorenkonferenz kritisierte hinsichtlich der jüngsten Fortsetzung des Programms ferner, dass die Fördermittel nur geringfügig um 4 Mio. Euro auf 60 Mio. Euro jährlich gegenüber dem Vorgängerprogramm gesteigert wurden.[1165]

Problematisch am Bund-Länder-Förderprogramm „Forschung und Entwicklung an Fachhochschulen“ war überdies, dass eine gemeinsame Förderung der Fachhochschullehre parallel zur Forschungsförderung lange unterblieb. Erst im Jahr 2018 schlossen Bund und Länder ein gemeinsames befristetes Programm[1166] zur Förderung der Personalgewinnung und -entwicklung an Fachhochschulen ab.

5. Wettbewerb „Aufstieg durch Bildung: offene Hochschulen“

Bund und Länder schlossen am 8. Juli 2010 auf der Grundlage von Art. 91b I 1 Nr. 2 GG (i.d.F. v. 2006) den Wettbewerb „Aufstieg durch

---

1164 Vgl. *technopolis group*, Empirische Begleitung des Programms „Forschung und Entwicklung an Fachhochschulen“ – Abschlussbericht v. 13.5.2016, S. 1.

1165 *HRK*, Pressemitteilung v. 20.11.2018.

1166 Vereinbarung zwischen Bund und Ländern gemäß Artikel 91b Absatz 1 des Grundgesetzes über ein Programm zur Förderung der Gewinnung und Entwicklung von professoralem Personal an Fachhochschulen v. 26.11.2018, BAnz AT 21.12.2018 B11 („FH-Personal“); s. dazu ausführlich unten C. II. 11.

Bildung: offene Hochschulen"[1167] zur Förderung des Auf- und Ausbaus weiterbildender Studienangebote für neue Zielgruppen an deutschen Hochschulen ab. Das Programm richtet sich dabei insbesondere an Berufstätige, Personen mit Familienpflichten, Berufsrückkehrende, arbeitslose Akademikerinnen und Akademiker, beruflich Qualifizierte ohne formale Hochschulzugangsberechtigung sowie Bachelor-Absolventinnen und -Absolventen, die nach beruflicher Erfahrung berufsbegleitend studieren wollen (S. 3 u. 4 der Präambel der Vereinbarung). Ziel des Programms ist die dauerhafte Sicherung des Fachkräfteangebots, die Verbesserung der Durchlässigkeit zwischen beruflicher und akademischer Bildung, die schnellere Integration neuen Wissens in die Praxis sowie die Stärkung der internationalen Wettbewerbsfähigkeit des Wissenschaftssystems durch nachhaltige Profilbildung der Hochschulen im lebenslangen wissenschaftlichen Lernen und beim berufsbegleitenden Studium (S. 1 der Präambel der Vereinbarung).

a) *Durchführung und Finanzierung*

Mit dem Wettbewerb „Aufstieg durch Bildung: offene Hochschulen" sollten während der Programmlaufzeit von 2010 bis 2018 rund 30 bis 40 positiv von einer Jury[1168] bewertete Konzepte im Bildungsbereich, in der außeruniversitären Forschung sowie in Wirtschaft und Verwaltung gefördert werden (§§ 1 I 1, 2 I, 3 I der Vereinbarung). Antragstellerinnen und Empfängerinnen der Fördermittel waren die staatlichen und staatlich anerkannten Hochschulen (§ 1 II 1 der Vereinbarung). Außeruniversitäre Forschungseinrichtungen und andere außerhochschulische Einrichtungen konnten sich wiederum in Kooperation mit einer Hochschule ebenfalls am Programm beteiligen (§ 1 II 3 der Vereinbarung). Der Wettbewerb fand in zwei Bewilligungsrunden in den Jahren

1167 Bund-Länder-Vereinbarung gemäß Artikel 91b Absatz 1 Nummer 2 des Grundgesetzes über den Wettbewerb „Aufstieg durch Bildung: offene Hochschule" zur Förderung von Wissenschaft und Forschung an deutschen Hochschulen v. 8.7.2010, BAnz 2010 S. 2528.

1168 Die Jury bestand aus höchstens zwölf Mitgliedern, die vom Bundesministerium für Bildung und Forschung im Benehmen mit den Ländern eingesetzt wurden. Die Mitglieder sollten national und international ausgewiesene Expertinnen und Experten im Management von Hochschulen und Forschungseinrichtungen sowie Vertreterinnen und Vertreter aus anderen Bereichen, wie etwa Bildungsinstitutionen, Wirtschaft/Verwaltung oder Studierende, sein (§ 4 II der Vereinbarung). Sie bewertete die eingereichten Konzepte in einem zweistufigen Verfahren (§ 4 V, VII der Vereinbarung) anhand der in § 3 II der Vereinbarung festgelegten Förderkriterien.

2010 und 2012 statt (§ 2 III der Vereinbarung). Zur Programmdurchführung wurde seitens des Bundesministeriums für Bildung und Forschung die „VDI/VDE Innovation + Technik GmbH“ als Projektträger beauftragt (§ 4 I 1 der Vereinbarung). Für die Finanzierung des Wettbewerbs wurden während der Programmlaufzeit insgesamt 250 Mio. Euro zur Verfügung gestellt (§ 2 I der Vereinbarung). Der Bund trug dabei die direkten, durch die Projekte verursachten Ausgaben allein (§ 2 II 1 der Vereinbarung). Förderfähig waren dabei nur die für die Durchführung des beantragten Vorhabens erforderlichen Personal-, Sach- und Betriebsausgaben, nicht hingegen die Ausgaben zur Deckung der Grundausstattung (§ 6 I der Vereinbarung). Die Länder stellten wiederum die Gesamtfinanzierung ihrer Projekte sicher (§ 2 II 2 der Vereinbarung). Die Einzelförderung der Projekte erfolgte für höchstens sechs Jahre (§ 2 IV der Vereinbarung).

b) Rechtsgrundlage und Verfassungsmäßigkeit

Die Rechtsgrundlage der Bund-Länder-Vereinbarung für den Wettbewerb „Aufstieg durch Bildung: offene Hochschulen“ war Art. 91b I 1 Nr. 2 GG (i.d.F. v. 2006). Hinsichtlich der Verfassungsmäßigkeit des Förderprogramms bestehen insbesondere hinsichtlich seiner Einordnung als „Vorhaben der Wissenschaft und Forschung an Hochschulen“ Zweifel. Zwar waren die Einzelprojekte des Programms zeitlich und sachlich hinreichend begrenzt und erfüllten mithin die Voraussetzungen des Vorhabenbegriffs, fraglich ist aber, ob die Weiterbildung auch die „Wissenschaft und Forschung“ förderte. Da das Programm auf die Vermittlung der durch Forschung gewonnenen Erkenntnisse an neue Zielgruppen der Hochschulen und außeruniversitären Wissenschaftseinrichtungen abzielt, kommt hier ausschließlich die Förderung der wissenschaftlichen Lehre in Betracht, welche – wie bereits festgestellt – ebenfalls zulässiger Förderzweck von Art. 91b I 1 Nr. 2 GG (i.d.F. v. 2006) war („Wissenschaft“). *Jauch* weist an dieser Stelle zutreffend darauf hin, dass die Schaffung eines weiterbildenden Studienangebots für neue Zielgruppen der Hochschulen und der außeruniversitären Wissenschaftseinrichtungen nicht mehr in den klassischen Aufgabenbereich der Hochschullehre falle, die eher auf die klassische Studierendenschaft im Sinne von Abiturientinnen und Abiturienten ohne oder mit nur geringer Berufserfahrung ausgelegt sei. Ferner sei zu beachten, dass Art. 91b I 1 Nr. 2 GG (i.d.F. v. 2006) als systemwidriger Ausnahmetatbestand restriktiv zu handhaben sei.[1169]

1169 *Jauch*, Wissenschaftsförderung nach der Reform des Föderalismus, S. 242, der folglich das Vorliegen eines Vorhabens „der Wissenschaft und Forschung“ i.S.v.

Überdies war das Förderprogramm auch auf die Arbeitswelt jenseits der Hochschulen ausgerichtet, indem es unter anderem auf die Sicherung des Fachkräfteangebots und auf die schnellere Integration neuen Wissens in die Praxis abzielte. Allerdings stand Bund und Ländern im Rahmen der Gemeinschaftsaufgabe des Art. 91b I GG (i.d.F. v. 2006), wie bereits festgestellt, ein weiter Beurteilungsspielraum zu. Zudem ist auch der Wissenschaftsbegriff aufgrund der Offenheit und Unabgeschlossenheit des Lebenssachverhalts selbst weitgehend offen.[1170] Ferner ist nicht ersichtlich, warum die wissenschaftliche Lehre auf den von *Jauch* beschriebenen klassischen Aufgabenbereich oder die „regulär immatrikulierte [...] Studierendenschaft“[1171] reduziert sein sollte. Mithin war auch der Auf- und Ausbau weiterbildender Studienangebote für neue Zielgruppen an Hochschulen in Form des lebenslangen Lernens sowie des berufsbegleitenden Studiums von der wissenschaftlichen Lehre umfasst und konnte auf der Grundlage von Art. 91b I 1 Nr. 2 GG (i.d.F. v. 2006) entsprechend gefördert werden. Im Übrigen zählt die Weiterbildung auch gem. § 2 I 1 HRG zu den Aufgaben der Hochschulen. Der Wettbewerb „Aufstieg durch Bildung: offene Hochschulen“ war mithin ein Vorhaben „der Wissenschaft und Forschung“ i.S.d. Art. 91b I 1 Nr. 2 GG (i.d.F. v. 2006). Die übrigen Tatbestandsvoraussetzungen der Verfassungsnorm sind ferner eindeutig erfüllt.

Darüber hinaus wird der institutionelle Gesetzesvorbehalt ausgelöst, da Bund und Länder die Förderentscheidungen an die Jury delegieren. Bund und Länder verfügen in dieser Jury über keine Vertreterinnen und Vertreter (§ 4 II der Vereinbarung), sodass deren Mitglieder als Private weisungsfrei und ohne staatlichen Einfluss entscheiden konnten. Auch wenn die Mitglieder der Jury von den mittelbar demokratisch legitimierten Exekutiven von Bund und Ländern eingesetzt wurden, wurde das demokratische Legitimationsniveau hinsichtlich der Förderentscheidungen durch die weitere Delegation auf die Jury zu stark herabgesetzt. Mit der Übertragung der Vergabekompetenzen auf die Jury wurde die unmittelbare exekutive Leitungsgewalt beschränkt und der parlamentarischen Kontrolle entzogen. Der Abschluss des Wettbewerbs „Aufstieg durch Bildung: offene Hochschulen“ bedurfte demzufolge einer gesetzlichen Grundlage. Es stellt sich daher die Frage, welche Anforderungen hier an die erforderliche demokratische Legitimation zu stellen sind.

Art. 91b I 1 Nr. 2 GG (i.d.F. v. 2006) ablehnt.

1170 *Starck/Paulus*, in: v. Mangoldt/Klein/Starck, GG, Art. 5 Rn. 475; *Gärditz*, in: Maunz/Dürig, GG, Art. 5 III [Stand: 8/2019] Rn. 70.

1171 *Jauch*, Wissenschaftsförderung nach der Reform des Föderalismus, S. 242.

Ein Beleihungsakt kommt mangels Privatrechtsform der Jury trotz selbstständiger Ausübung staatlicher Aufgaben vorliegend nicht für eine Legitimation in Betracht. Zwar enthält die Vereinbarung keine Angaben über die Rechtsform der Jury, es gilt jedoch bei Wahrnehmung einer öffentlich-rechtlichen Aufgabe durch einen Träger hoheitlicher Gewalt eine Vermutung für öffentlich-rechtliches Handeln.[1172] Für die Annahme einer privatrechtlichen Gestaltung müssten hingegen im Einzelfall besondere Umstände vorliegen,[1173] die vorliegend nicht ersichtlich sind. Auch die Übertragung von Entscheidungsbefugnissen an weisungsfreie Private im Rahmen der öffentlichen Verwaltung erfordert jedoch eine parlamentarische Legitimation. Die Bereitstellung der Fördermittel im Bundeshaushaltsplan durch den Bundeshaushaltsgesetzgeber genügte dabei allerdings nicht den rechtsstaatlichen und demokratischen Anforderungen des institutionellen Gesetzesvorbehalts. Der allgemeinen Zweckbestimmung sowie dem Gesamtbetrag der zur Verfügung gestellten Fördermittel im Haushaltsgesetz lässt sich keine hinreichende sachlich-inhaltliche Legitimation hinsichtlich der Übertragung der Vergabekompetenzen auf die Jury entnehmen. Dies gilt umso mehr im Hinblick auf die der Bund-Länder-Mischfinanzierung ohnehin innewohnenden demokratischen Legitimationsdefizite.[1174] Hinzu kommt, dass dem Haushaltsgesetzgeber im Rahmen der Gemeinschaftsaufgaben im Wissenschaftsbereich ohnehin nur wenig Entscheidungsspielraum bei der Bewilligung des Haushalts zukommt. Trotz des Haushaltsvorbehalts in der vorliegenden Vereinbarung entfaltet diese faktisch präjudizierende Wirkung für das Parlament, das unter dem politischen Druck steht, die auf exekutiver Ebene zustande gekommenen Bund-Länder-Vereinbarungen zu akzeptieren.[1175] Das Parlament droht bei ausschließlich formeller Beteiligung in der Haushaltsbewilligung zu einem „rein ‚notariellen' Ratifizierungsorgan" zu werden, dem „einzig die Absegnung und Besiegelung anderweitig getroffener Entscheidungen verbleibt".[1176] Die etatmäßige Bereitstellung der Fördermittel im Bundeshaushalt genügt demnach nicht den rechtsstaatlichen und demokratischen Anforderungen des institutionellen Gesetzesvorbehalts. Erforderlich war ein zusätzliches Parlamentsgesetz, welches die Übertragung der Förderentscheidungskompetenzen

1172 *BGH*, NJW 1975, 106 (107); *BVerwG*, NJW 1990, 1435 (1436); *Schmitz*, in: Stelkens/Bonk/Sachs, VwVfG, § 1 Rn. 102.

1173 *BGH*, NJW 1975, 106 (107).

1174 S. dazu oben B. IV. 4. d) aa).

1175 *Frowein*, VVDStRL 31 (1973), 13 (24); *Tomuschat*, Der Staat 19 (1980), 1 (8).

1176 *Oeter*, Integration und Subsidiarität im deutschen Bundesstaat, S. 458.

auf die Jury hätte regeln müssen. Der grundrechtliche Gesetzesvorbehalt wurde indes angesichts der geringen Summe der verteilten Fördermittel, der Befristung des Förderprogramms und der Weite des Adressatenkreises nicht ausgelöst. Eine entsprechende Beeinträchtigung der Ausübung der Wissenschaftsfreiheit durch den Förderwettbewerb ist nicht ersichtlich.

Der Wettbewerb „Aufstieg durch Bildung: offene Hochschulen" erfüllte somit insgesamt zwar alle Tatbestandsvoraussetzungen seiner Ermächtigungsgrundlage in Art. 91b I 1 Nr. 2 GG (i.d.F. v. 2006), war jedoch mangels ausreichender parlamentarischer Legitimation verfassungswidrig.

c) *Zusammenfassung und Bewertung*

Auch der Wettbewerb „Aufstieg durch Bildung: offene Hochschulen" fand in der Praxis großen Anklang. Umgesetzt wurde folglich eine Fülle von Angeboten von insgesamt 73 geförderten Einzel- und Verbundvorhaben mit unterschiedlichen Laufzeiten. Insgesamt entstanden bislang 359 wissenschaftliche Weiterbildungsangebote im Rahmen des Bund-Länder-Wettbewerbs, wovon 251 Angebote auf die Projekte der ersten Wettbewerbsrunde und 108 Angebote auf die Projekte der zweiten Wettbewerbsrunde entfallen. Die letzte Wettbewerbsrunde ist allerdings noch nicht abgeschlossen, sodass sich die Anzahl der implementierten Weiterbildungsangebote voraussichtlich noch weiter erhöhen wird.[1177] Die gemeinsame Förderung im Rahmen des Bund-Länder-Wettbewerbs „Aufstieg durch Bildung: offene Hochschulen" ist jedoch verfassungswidrig.

Die Befristung der Förderung der einzelnen Projekte bedeutete bzw. bedeutet für die Hochschulen überdies wenig Planungssicherheit. Ferner stehen die Länder vor dem Problem, dass sie nach Ablauf der Förderzeit die entstandenen weiterbildenden Studienangebote alleine vollständig weiterfinanzieren müssen, da sich die finanzielle Beteiligung des Bundes lediglich in der befristeten Anschubfinanzierung erschöpft. Es erscheint zweifelhaft, ob die Länder ohne die finanzielle Beteiligung des Bundes künftig die derzeit implementierten Weiterbildungsangebote an den Hochschulen in gleicher Form aufrechterhalten werden können. Eine Verlängerung des Programms auf der Grundlage des neuen Art. 91b I 1 GG ist daher wahrscheinlich. Ob Bund und Länder von der neuen Möglichkeit zur dauerhaften institutionellen Förderung der Hochschullehre Gebrauch machen werden, bleibt indes abzuwarten.

1177 Wissenschaftliche Begleitung des Bund-Länder-Wettbewerbs „Aufstieg durch Bildung: offene Hochschulen", Übersicht der implementierten Angebote aus den Förderprojekten 2011–2019, S. 1 (Stand: 8/2019).

6. Qualitätspakt Lehre und „Innovation in der Hochschullehre"

Am 18. Oktober 2010 schlossen Bund und Länder den Qualitätspakt Lehre[1178] als dritte Säule des Hochschulpaktes 2020 zur Verbesserung der Studienbedingungen und der Lehrqualität ab (S. 1 der Präambel QpL). Konkrete Ziele des gemeinsamen Förderprogramms sind die Verbesserung der Personalausstattung von Hochschulen für Lehre, Betreuung und Beratung (§ 1 I lit. a QpL), die Unterstützung von Hochschulen bei der Qualifizierung bzw. Weiterqualifizierung ihres Personals für die Aufgaben in Lehre, Betreuung und Beratung (§ 1 I lit. b QpL) sowie die Sicherung und Weiterentwicklung einer qualitativ hochwertigen Lehre (§ 1 I lit. c QpL). Der Qualitätspakt Lehre ist mithin als qualitatives Element für die Lehre ohne Kapazitätserhöhung (S. 3 der Präambel QpL, § 6 QpL) anzusehen. Die Förderung im Rahmen des Qualitätspaktes wurde bis zum Ende des Jahres 2020 befristet (§ 9 I QpL).

Am 6. Juni 2019 haben Bund und Länder sodann die Verwaltungsvereinbarung „Innovation in der Hochschullehre"[1179] als dauerhafte Nachfolge des Qualitätspakts Lehre abgeschlossen. Ziel dieser Vereinbarung ist es wiederum, eine qualitativ hochwertige und international wettbewerbsfähige Lehre an deutschen Hochschulen dauerhaft zu stärken sowie die Hochschulen bei einer möglichst umfassend qualitätsorientierten Weiterentwicklung von Studium und Lehre zu unterstützen (S. 1 u. 6 der Präambel IidH).

a) Qualitätspakt Lehre (2011–2020)

Antragsberechtigt für die Fördermittel des Qualitätspakts Lehre waren die Hochschulen in staatlicher Trägerschaft einschließlich der Hochschulen in Trägerschaft einer Stiftung des öffentlichen Rechts (§ 2 S. 1 QpL). Aus den Fördermitteln des Programms gefördert werden konnten sowohl Maßnahmen zur Verbesserung der Personalausstattung (§ 3 Nr. 1 QpL) als auch Maßnahmen zur Qualifizierung bzw. Weiterqualifizierung des Personals und Sicherung der Lehrqualität (§ 3 Nr. 2 QpL) sowie Maßnahmen zur weiteren Optimierung

---

1178 Verwaltungsvereinbarung zwischen Bund und Ländern gemäß Artikel 91b Absatz 1 Nummer 2 des Grundgesetzes über ein gemeinsames Programm für bessere Studienbedingungen und mehr Qualität in der Lehre v. 18.10.2010, BAnz 2010 S. 3631 („QpL").

1179 Verwaltungsvereinbarung zwischen Bund und Ländern gemäß Artikel 91b Absatz 1 des Grundgesetzes über Innovation in der Hochschullehre gemäß dem Beschluss der Regierungschefinnen und Regierungschefs von Bund und Ländern v. 6.6.2019, BAnz 28.08.2019 B4 („IidH").

der Studienbedingungen und zur Entwicklung innovativer Studienmodelle (§ 3 Nr. 3 QpL). Zu beachten war dabei allerdings stets die Kapazitätsneutralität der Maßnahme (§ 6 QpL). Voraussetzung für die Programmförderung war eine datengeschützte Bestandsaufnahme der jeweiligen Hochschule über ihre Stärken und Schwächen in der Betreuung und Beratung von Studierenden sowie in der Lehrqualität (§ 4 S. 1 QpL). Die von der Hochschule beantragten Maßnahmen wurden sodann danach bewertet, ob sie mit Blick auf die spezifische Ausgangslage und den begründeten Bedarf der einzelnen Hochschule zur Erreichung der in § 1 QpL genannten Ziele geeignet waren (§ 4 S. 3 QpL). Die Förderung setzte überdies ein positives Begutachtungsverfahren durch ein Auswahlgremium[1180] voraus (§ 5 I, II, VI, VII QpL). Der Qualitätspakt Lehre sah im Übrigen zwei Bewilligungsrunden in den Jahren 2011 und 2012 vor (§ 5 III 1 QpL). Dabei konnten an der zweiten Bewilligungsrunde auch Hochschulen, die in erster Bewilligungsrunde nicht erfolgreich waren, teilnehmen (§ 5 III 2 QpL). Maßnahmen konnten im Rahmen des Paktes für einen Zeitraum von zunächst bis zu fünf Jahren gefördert werden (§ 7 II 1 QpL). Im Falle einer positiven Zwischenbegutachtung durch das Auswahlgremium war zudem eine erneute Förderung für weitere bis zu fünf Jahre möglich, aber höchstens bis zum Ende der Laufzeit des Programms am 31. Dezember 2020 (§ 7 II 2 QpL). Für das Jahr 2019 war überdies eine programmbegleitende, unabhängige Evaluation hinsichtlich der Auswirkungen des Qualitätspakts Lehre auf die Studienbedingungen und die Lehrsituation vorgesehen (§ 8 QpL).

Für die Finanzierung des Qualitätspakts Lehre stellte der Bund bis 2020 insgesamt rund 1,9 Mrd. Euro bereit. Die Ausgaben des Bundes verteilten sich dabei im Jahr 2011 auf bis zu 140 Mio. Euro, im Jahr 2012 auf bis zu 175 Mio. Euro und in den Jahren 2013 bis 2020 jeweils auf bis zu 200 Mio. Euro (§ 7 I 1 QpL). Für Bewilligungen in der ersten Bewilligungsrunde standen bis zu 70 % der Programmmittel und in der zweiten Bewilligungsrunde mindestens 30 % der Programmmittel zur Verfügung (§ 7 I 2 QpL). Der Bund finanzierte mit seinen Fördermitteln die für die Durchführung der Maßnahmen erforderlichen

1180 Das Auswahlgremium bestand aus zwölf im Bereich der Hochschullehre ausgewiesenen Expertinnen und Experten aus Wissenschaft, Studierendenschaft und Hochschulmanagement sowie je zwei Vertreterinnen und Vertretern des Bundes und der Länderseite. Die Expertinnen und Experten wurden von Bund und Ländern einvernehmlich benannt (§ 5 I QpL). Die Entscheidungen des Auswahlgremiums wurden mit einfacher Mehrheit der abgegebenen Stimmen getroffen, wobei jedes Mitglied eine Stimme führte (§ 5 I 4–5 QpL).

Personal- und Sachausgaben der Hochschulen (§ 7 III 1 QpL). Zudem trug er die Kosten des Verfahrens und der Evaluation (§ 7 IV QpL). Die Länder stellten hingegen die Gesamtfinanzierung sicher (§ 7 III 2 QpL).

b) „Innovation in der Hochschullehre" (ab 2021)

Die gemeinsame Förderung von Bund und Ländern im Rahmen der Verwaltungsvereinbarung „Innovation in der Hochschullehre" soll die deutsche Hochschullandschaft in der Breite adressieren und langfristige staatliche und gesellschaftliche Bildungsziele verfolgen (§ 1 I 1 IidH). Ferner soll sie Anreize für die Hochschullehrenden und Hochschulleitungen setzen, sich weiterhin verstärkt für Qualitätsverbesserungen in Studium und Lehre einzusetzen (§ 1 I 2 IidH). Das Förderprogramm soll zudem die Fähigkeit der Hochschullehre stärken, sich laufend und nachhaltig zu erneuern, um den jeweiligen Herausforderungen eines sich kontinuierlich wandelnden Umfeldes besser gerecht zu werden (§ 1 I 3 IidH). Zur Erreichung dieser Ziele sollen im Rahmen der Vereinbarung Projekte mit zukunftsweisendem Charakter gefördert, der Austausch und die Vernetzung relevanter Akteure unterstützt und der Wissenstransfer für einen breiten Anwenderkreis organisiert werden (§ 1 II IidH). Vorgesehen ist dabei eine Förderung der Projekte im Rahmen von Förderlinien, insbesondere zur strategisch-strukturellen Stärkung der Hochschulen in Studium und Lehre, zu aktuellen, themenbezogenen Herausforderungen in Studium und Lehre sowie zur themenoffenen Erprobung von neuen Ideen bzw. dem Transfer erprobter Ansätze auf andere Fächer und Hochschulen (§ 2 I 1 IidH). Die Auswahl der Projekte wird in einem wissenschaftsgeleiteten Verfahren nach Maßgabe der Förderbekanntmachungen, die unter anderem Einzelheiten zu den konkreten Zielen und zu Voraussetzungen der Förderung einschließlich Antragsberechtigung zum Inhalt haben werden, erfolgen (§ 2 III 1 IidH). Antragsberechtigt werden die Hochschulen ungeachtet ihrer fachlichen Ausrichtung, ihres Typs und ihrer Größe sein (§ 5 S. 1 IidH). Auch private Hochschulen sollen davon nicht grundsätzlich ausgeschlossen sein (§ 5 S. 2 IidH). Zudem werden sich auch außerhochschulische Einrichtungen und Vereinigungen, zu deren satzungsgemäßem Zweck die Förderung von Studium und Lehre gehört, grundsätzlich in Zusammenarbeit mit antragsberechtigten Hochschulen, welche die Federführung übernehmen müssen, an diesem Programm beteiligen können (§ 5 S. 3 IidH). Für die Förderung der Projekte, die Unterstützung des Austauschs zwischen relevanten Akteuren sowie die Organisation des Wissenstransfers ist die dauerhafte Einrichtung einer rechtlich unselbstständigen Organisationseinheit unter dem Dach einer bereits bestehenden rechtsfähigen Trägerinstitution vorgesehen

(§ 6 IidH). Am 6. Dezember 2019 haben Bund und Länder in der Gemeinsamen Wissenschaftskonferenz die „Toepfer Stiftung gGmbH“ als Trägerinstitution zur Ansiedlung der Organisationseinheit gem. § 7 IidH ausgewählt, die mit dem Aufbau der Organisation unter ihrem Dach zügig beginnen soll.[1181]

Die finanzielle Förderung der Organisationseinheit wird von Bund und Ländern zur Deckung der zuwendungsfähigen Ausgaben geleistet werden (§ 10 I 1 IidH). Dabei werden die zuwendungsfähigen Ausgaben in den Jahren von 2021 bis 2023 vom Bund allein und ab 2024 von Bund und Ländern gemeinsam aufgebracht werden (§ 10 I 2 IidH), wobei die Länder ihren Anteil nach dem sog. Königsteiner Schlüssel[1182] erbringen werden (§ 10 I 3 IidH). Für die Jahre von 2021 bis 2023 ist eine Zuwendung von jeweils 150 Mio. Euro durch den Bund vorgesehen (§ 10 III 4 IidH). Ab dem Jahr 2024 ist wiederum eine Zuwendung von jährlich insgesamt 150 Mio. Euro angesetzt, die in Höhe von 110 Mio. Euro durch den Bund und in Höhe von 40 Mio. Euro durch die Länder aufgebracht werden wird (§ 10 III 5 IidH). In besonders begründeten Einzelfällen werden Bund und Länder bei zusätzlichen Aufgaben, die durch die Organisationseinheit vorgenommen werden, überdies abweichende Regelungen treffen können (§ 10 I 4 IidH). Die finanzielle Förderung der Organisationseinheit wird überdies auf der Grundlage eines jährlich, durch die Gemeinsame Wissenschaftskonferenz zu billigenden Teilwirtschaftsplans der Trägerinstitution der „Toepfer Stiftung gGmbH“ gewährt werden (§ 10 II 1 IidH). Die Bewirtschaftung der Mittel durch die Organisationseinheit wird sich nach den haushaltsrechtlichen Regelungen des Bundes richten (§ 12 I 1 IidH). Die Organisationseinheit wird im Übrigen regelmäßig alle sieben Jahre – erstmals spätestens nach fünf Jahren – einer unabhängigen Evaluation unterzogen werden (§ 11 I IidH). Die Verwaltungsvereinbarung „Innovation in der Hochschullehre“ ist im Übrigen auf unbestimmte Zeit geschlossen worden (§ 13 I 1 IidH), wobei eine Kündigung erstmals nach sieben Jahren durch den Bund oder von mindestens vier Ländern möglich ist (§ 13 I 2 IidH).

1181 *GWK*, Pressemitteilung v. 6.12.2019.

1182 Der sog. Königsteiner Schlüssel regelt die Aufteilung des Länderanteils bei gemeinsamen Finanzierungen. Die Bezeichnung leitet sich dabei von der Stadt Königstein im Taunus ab, wo die Verhandlungen über das Staatsabkommen der Länder der Bundesrepublik Deutschland über die Finanzierung wissenschaftlicher Forschungseinrichtungen (sog. Königsteiner Staatsabkommen) v. 12.9.1950 (GVBl. Hessen 1950 S. 179) stattfanden.

c) *Rechtsgrundlage und Verfassungsmäßigkeit*

Rechtsgrundlage des Qualitätspakts Lehre ist laut Vereinbarung Art. 91b I 1 Nr. 2 GG (i.d.F. v. 2006). Gegen seine Verfassungsmäßigkeit bestehen allerdings erhebliche Zweifel, da fraglich erscheint, ob die Vereinbarung tatsächlich ein „Vorhaben der Wissenschaft und Forschung" im Sinne der Norm ist. In Betracht kommt vorliegend allenfalls ein Vorhaben zur Förderung der wissenschaftlichen Hochschullehre. Die wissenschaftliche Lehre ist, wie bereits ausgeführt, vom Wissenschaftsbegriff in Art. 91b I 1 Nr. 2 GG (i.d.F. v. 2006) erfasst, sodass der Anwendungsbereich der Norm grundsätzlich eröffnet ist. Sowohl die Maßnahmen zur Verbesserung der Personalausstattung als auch die Maßnahmen zur Qualifizierung bzw. Weiterqualifizierung des Personals und Sicherung der Lehrqualität sowie die Maßnahmen zur weiteren Optimierung der Studienbedingungen und zur Entwicklung innovativer Studienmodelle (vgl. § 3 QpL) stellen Maßnahmen zur Förderung der Vermittlung von Forschungsinhalten an Hochschulen dar und dienen somit der Förderung der wissenschaftlichen Lehre. Der Qualitätspakt Lehre muss überdies „Vorhaben" i.S.v. Art. 91b I 1 Nr. 2 GG (i.d.F. v. 2006) sein, also abgegrenzte Sachaufgaben mit konkreten wissenschaftlichen Zielen, d.h. einzelne Projekte, zum Inhalt haben. In dieser Hinsicht bestehen ebenfalls keine Bedenken. Der Zuschnitt der möglichen Fördermaßnahmen im Kontext des Qualitätspakts ist in § 3 QpL sachlich hinreichend begrenzt worden. Die zeitliche Begrenzung des Förderpakts war indes nicht suffizient. Zwar ist der Pakt explizit gem. §§ 7 I u. II, 9 I QpL befristet worden, jedoch umfasst seine Programmlaufzeit von 2011 bis 2020 mit einer gesamten Dekade einen nicht unerheblichen Zeitraum. Darüber hinaus zielt der Qualitätspakt maßgeblich auf die *nachhaltige* Schaffung besserer Strukturen für die Lehre ab (vgl. Präambel QpL u. § 4 S. 2, 3 lit. c QpL).[1183] Ein zeitlich hinreichend begrenztes Einzelvorhaben liegt hier mithin nicht mehr vor.[1184] Der Qualitätspakt Lehre verstößt folglich gegen Art. 91b I 1 Nr. 2 GG (i.d.F. v. 2006) und ist insoweit verfassungswidrig. Ob der Qualitätspakt darüber hinaus den allgemeinen Gesetzesvorbehalt verletzt, kann im Übrigen dahinstehen.

Rechtsgrundlage der Verwaltungsvereinbarung „Innovation in der Hochschullehre" ist ausweislich Vereinbarung der neue Art. 91b I GG, dessen Tatbestandsvoraussetzungen ohne Ausnahme eingehalten sind. Zunächst ist die

---

1183 *Seckelmann*, DÖV 2012, 701 (706).

1184 *Seckelmann*, DÖV 2012, 701 (706); *Siekmann*, in: Sachs, GG, 7. Aufl. 2014, Art. 91b Rn. 19; a.A. *Jauch*, Wissenschaftsförderung nach der Reform des Föderalismus, S. 236.

zugrunde liegende Bund-Länder-Vereinbarung in Form eines schriftlichen Verwaltungsabkommens abgeschlossen worden. Ferner ist das qualifizierte Beteiligungs- und Zustimmungserfordernis aller Länder nach Art. 91b I 2 GG erfüllt. Auch die alleinige Kostentragung durch den Bund in den Jahren von 2021 bis 2023 sowie die gemeinsame Kostentragung durch Bund und Länder ab 2014 ist mit Art. 91b III GG vereinbar. Darüber hinaus ist die Verbesserung der Studienbedingungen und der Lehrqualität an den Hochschulen von gesamtstaatlicher, überregionaler Bedeutung. Die Bund-Länder-Vereinbarung dient zudem unzweifelhaft der „Förderung von Wissenschaft, Forschung und Lehre". Ziel der Verwaltungsvereinbarung „Innovation in der Hochschullehre" ist die dauerhafte Förderung der Weiterentwicklung der wissenschaftlichen Vermittlung von Forschungsinhalten, also der wissenschaftlichen Hochschullehre. Die Dauerhaftigkeit der Förderung ist dabei im Übrigen unproblematisch, da der neue Art. 91b I GG dies gerade zulässt.

Ob der institutionelle Gesetzesvorbehalt einschlägig ist, wird von der konkreten Ausgestaltung des Förderverfahrens und der Förderentscheidungsbefugnisse abhängen. Angesichts der Bund-Länder-Förderpraxis des Qualitätspakts sowie im übrigen Wissenschaftsbereich erscheint eine Übertragung der Vergabekompetenzen auf ein Expertengremium ohne Sperrminorität staatlicher Beteiligter allerdings wahrscheinlich. Der institutionelle Gesetzesvorbehalt könnte demgemäß eine zusätzliche parlamentarische Beteiligung für die Förderung erforderlich machen. Darüber hinaus ist die Förderung im Rahmen der Vereinbarung jedoch nicht in einer Weise ausgestaltet, die die Ausübung der Wissenschaftsfreiheit nach Art. 5 III 1 Alt. 2 GG gefährden wird, sodass jedenfalls der grundrechtliche Gesetzesvorbehalt nicht verletzt ist. Eine abschließende Bewertung der Verfassungsmäßigkeit der Vereinbarung „Innovation in der Hochschullehre" ist derzeit allerdings noch nicht möglich.

d) Zusammenfassung und Bewertung

Der Qualitätspakt Lehre fand in der Praxis großen Anklang. So wurden in der ersten Förderperiode von 2011 bis 2016 insgesamt 186 Hochschulen unterschiedlicher Größe und Ausrichtung mit Mitteln aus dem Qualitätspakt gefördert. In der zweiten Förderperiode von 2016 bis 2020 werden noch 156 Hochschulen weiterhin gefördert. Dabei sind insgesamt alle 16 Länder mit je einem bis zu 21 Projekten vertreten.[1185] Insgesamt wird allein der Bund im Zeitraum von

1185 *ZQ/Prognos*, Evaluation des Bund-Länder-Programms für bessere Studienbedingungen und mehr Qualität in der Lehre (Qualitätspakt Lehre), Ergebnisbericht – über

2011 bis 2020 rund 1,9 Mrd. Euro an Fördermitteln im Rahmen des Qualitätspakts Lehre in die Hochschullehre investieren. Der Qualitätspakt erweist sich dabei allerdings als verfassungswidriger Umgehungsversuch der mit der Föderalismusreform I eingeführten Beschränkungen des Art. 91b I 1 Nr. 2 GG (i.d.F. v. 2006), da er auf die nachhaltige, also dauerhafte Schaffung besserer Strukturen für die Lehre abzielt. Eine mit der Exzellenzinitiative bzw. Exzellenzstrategie korrespondierende Förderung der Hochschullehre ist aus der Sicht der Praxis jedoch erforderlich gewesen und auch weiterhin notwendig.

Mit der Verwaltungsvereinbarung „Innovation in der Hochschullehre" wird der Qualitätspakt, wie bereits im Koalitionsvertrag von CDU, CSU und SPD aus dem Jahr 2018 vorgesehen,[1186] ab 2021 nunmehr ausdrücklich dauerhaft fortgesetzt. Bund und Länder haben mit dem Abschluss dieser Vereinbarung Gebrauch von den erweiterten Möglichkeiten der neuen Rechtsgrundlage in Art. 91b I GG gemacht, die die dauerhafte, strukturelle Förderung der Hochschullehre nunmehr gestattet. Insoweit schafft der neue Art. 91b I GG hier Rechtssicherheit, wenngleich die beständige und erhebliche Finanzierung einer originären Länderaufgabe durch den Bund im Hinblick auf das Demokratieprinzip in Art. 20 I, II GG verfassungsrechtlich bedenklich ist.[1187] Die Dauerhaftigkeit der Förderung bietet den Hochschulen im Übrigen auch nur bedingt mehr Planungssicherheit, da im Rahmen der Verwaltungsvereinbarung „Innovation in der Hochschullehre" weiterhin nur eine Projektförderung vorgesehen ist. In der Praxis werden deshalb voraussichtlich weiterhin Befristungsgründe für die Förderung bestehen. Darüber hinaus sind die insgesamt zur Verfügung stehenden Fördermittel gegenüber dem Qualitätspakt Lehre gekürzt worden. Beliefen sich die Fördermittel des Qualitätspakts Lehre in den Jahren von 2013 bis 2020 noch auf jeweils 200 Mio. Euro pro Jahr (§ 7 I 1 QpL), sieht die neue Verwaltungsvereinbarung „Innovation in der Hochschullehre" jährlich nur noch 150 Mio. Euro vor (§ 10 III 4–5 IidH). Im Übrigen wird die neu zu schaffende Organisationseinheit zusätzlichen Verwaltungs- und Finanzaufwand bedeuten.

---

den Evaluationszeitraum 2013–2018, S. 1 u. 16.

1186 Koalitionsvertrag „Ein neuer Aufbruch für Europa – Eine neue Dynamik für Deutschland – Ein neuer Zusammenhalt für unser Land" von CDU, CSU und SPD v. 12.3.2018, S. 32.

1187 Vgl. hierzu auch oben B. IV. 4. d) aa).

7. Qualitätsoffensive Lehrerbildung

Auf der Grundlage von Art. 91b I 1 Nr. 2 GG (i.d.F. v. 2006) schlossen Bund und Länder am 12. April 2013 die Qualitätsoffensive Lehrerbildung[1188] zur Verbesserung der Qualität der Lehrerausbildung ab. Ziele des Programms sind nachhaltige Verbesserungen vor allem in der Profilierung und Optimierung der Strukturen der Lehrerbildung an den Hochschulen (§ 1 I lit. a QoL), in der Qualitätsverbesserung des Praxisbezugs in der Lehrerausbildung (§ 1 I lit. b QoL), in der professionsbezogenen Beratung und Begleitung der Studierenden in der Lehrerbildung (§ 1 I lit. c QoL), in der Fortentwicklung der Lehrerbildung in Bezug auf die Anforderungen der Heterogenität und Inklusion (§ 1 I lit. d QoL) sowie in der Fortentwicklung der Fachlichkeit, Didaktik und Bildungswissenschaften (§ 1 I lit. e QoL). Zudem sollen die Vergleichbarkeit lehramtsbezogener Studienleistungen und Lehramtsabschlüsse sowie der gleichberechtigte Zugang bzw. die gleichberechtigte Einstellung in Vorbereitungs- und Schuldienst und damit die verbesserte Mobilität von Studierenden und Lehrkräften verbindlich und nachhaltig gewährleistet werden (S. 9 der Präambel QoL, § 1 I lit. f QoL). Bund und Länder streben dabei eine möglichst breit wirksame Förderung von lehrerausbildenden Hochschulen auf wettbewerblicher Basis an (§ 1 II 1 QoL). Die Programmlaufzeit wurde hierfür befristet auf den Zeitraum von 2013 bis 2023.

a) Förderverfahren und Finanzierung

Antragsberechtigt für die Mittel des Förderprogramms sind Hochschulen in staatlicher Verantwortung sowie in kirchlicher oder privater Trägerschaft, die einen staatlich anerkannten Studiengang in der Lehramtsausbildung anbieten (§ 2 I 1 QoL). Mit ihrem Antrag verpflichten sich die Hochschulen zugleich, an der Vorbereitung und Durchführung von internen Qualitätszirkeln der geförderten Hochschulen und von Fachtagungen mitzuwirken (§ 2 II QoL). Mit der Qualitätsoffensive werden (Verbund-)Projekte zur Förderung der o.g. Programmziele gefördert (vgl. § 3 QoL). Zu beachten ist dabei allerdings stets die Kapazitätsneutralität der Maßnahmen (§ 8 QoL). Voraussetzung für eine Förderung aus den Programmmitteln ist eine evidenzbasierte und datengestützte Bestandsaufnahme der jeweiligen Hochschule über ihre Stärken und Schwächen in der Lehrerausbildung (§ 4 S. 1 QoL). Die einzelnen Förderanträge der Hochschulen werden sodann anhand der in § 4 QoL festgelegten Förderkriterien von einem

1188 Bund-Länder-Vereinbarung über ein gemeinsames Programm „Qualitätsoffensive Lehrerbildung“ gemäß Art. 91b GG v. 12.4.2013 („QoL“), BAnz AT 31.05.2013 B7.

Auswahlgremium[1189] auf ihre Förderwürdigkeit hin überprüft (§ 5 VI QoL). Das Auswahlgremium entscheidet dabei über die Förderung der als förderwürdig bewerteten Anträge sowie über die Förderhöhe im Rahmen der verfügbaren Programmmittel (§ 5 VII QoL). Die ausgewählten Projekte werden zunächst für einen Zeitraum von bis zu fünf Jahren gefördert (§ 6 II 1 QoL). Nach positiver Zwischenbegutachtung durch das Auswahlgremium ist zudem eine Förderung für weitere bis zu fünf Jahre möglich, höchstens aber bis zum Ende der Programmlaufzeit am 31. Dezember 2023 (§§ 6 II 2–3, 10 I 1 QoL). Die Qualitätsoffensive Lehrerbildung sieht im Übrigen zwei Förderphasen in den Jahren von 2014 bis 2018 und von 2019 bis 2023 vor (§ 5 III 1 QoL). Dabei wurde das Programm in der ersten Förderphase in zwei Bewilligungsrunden in den Jahren 2014 und 2015 durchgeführt (§ 5 III 2 QoL). An der zweiten Bewilligungsrunde können sich dabei auch Hochschulen, die in der ersten Bewilligungsrunde nicht erfolgreich waren, erneut beteiligen (§ 5 III 3 QoL).

Zur Finanzierung des Programms stellt der Bund, vorbehaltlich der Mittelbereitstellung durch die gesetzgebenden Körperschaften, ein Gesamtvolumen von bis zu 500 Mio. Euro bis 2023 zur Verfügung (§ 6 I 1 QoL). In der ersten Bewilligungsrunde standen bis zu 70 % der Programmmittel und in der zweiten Bewilligungsrunde mindestens 30 % der Programmmittel bereit (§ 6 I 2 QoL). Förderfähig sind die für die Durchführung der bewilligten Maßnahmen erforderlichen Personal- und Sachausgaben der Hochschulen (§ 6 III 1 QoL). Die Förderung erfolgt als Zuwendung des Bundesministeriums für Bildung und Forschung an die Hochschulen und wird bedarfsgerecht ausgezahlt (§§ 5 X, 6 III 2 QoL). Im Übrigen trägt der Bund auch die Kosten des Verfahrens und der Evaluation sowie von Fachtagungen (§ 6 III 3 QoL).

b) Anerkennung von Lehramtsabschlüssen und Studienleistungen

Zur Verbesserung der Mobilität von Studierenden und Lehrkräften gewährleisten die Länder und Hochschulen gem. § 7 I QoL die gegenseitige Anerkennung von

---

1189 Das Auswahlgremium setzt sich aus zwölf im Bereich der Hochschullehre ausgewiesenen Expertinnen und Experten aus Wissenschaft, Studierendenschaft und der schulpraktischen Professionalisierung sowie aus zwei Vertreterinnen und Vertretern des Bundes und vier der Länder, von denen zwei der Hochschulseite und zwei der Schulseite angehören, zusammen (§ 5 I 1 QoL). Jedes Mitglied führt eine Stimme, die Vertreterinnen und Vertreter des Bundes führen je zwei Stimmen (§ 5 I 3 QoL). Die Entscheidungen des Auswahlgremiums werden mit einfacher Mehrheit der abgegebenen Stimmen getroffen (§ 5 I 4 QoL).

lehramtsbezogenen Studien- und Prüfungsleistungen, sofern keine wesentlichen Unterschiede bestehen. Zu diesem Zweck können aus den Programmmitteln beispielsweise Projekte gefördert werden, die insbesondere die Zusammenarbeit von Fachwissenschaften, Fachdidaktiken, Bildungswissenschaften und schulpraktischen Lernorten verbessern, um eine stärkere Abstimmung und Kooperation unter den für die Ausbildung verantwortlichen Personen und Institutionen zu erreichen (§ 3 S. 1 lit. a QoL). Ferner können diesbezüglich auch Projekte gefördert werden, die die Inhalte der Ausbildung stärker aufeinander abstimmen, um eine kohärentere Lehrerausbildung über alle Phasen hinweg zu ermöglichen (§ 3 S. 1 lit. b QoL).

Überdies gewährleisten die Länder gem. § 7 II QoL den Zugang zum Vorbereitungsdienst. Sie gewährleisten ferner nach § 7 III QoL allen Absolventinnen und Absolventen eines Vorbereitungsdienstes für ein Lehramt gleichermaßen den Berufszugang. Zu diesem Zweck können aus den Programmmitteln wiederum Projekte gefördert werden, die insbesondere Maßnahmen der berufsbiografischen Förderung von Lehrkräften im Vorbereitungsdienst und der mit der Ausbildung im Vorbereitungsdienst Beauftragten sowie von Lehrkräften im Schuldienst entwickeln (§ 3 S. 1 lit. i QoL). Zu beachten ist allerdings auch hier die Kapazitätsneutralität der Maßnahmen (§ 8 QoL).

c) Rechtsgrundlage und Verfassungsmäßigkeit

Die Rechtsgrundlage der Qualitätsoffensive Lehrerbildung ist ausweislich der Vereinbarung Art. 91b I 1 Nr. 2 GG (i.d.F. v. 2006). Ob die Vereinbarung die Förderung eines „Vorhabens der Wissenschaft und Forschung“ im Sinne der Verfassungsnorm bezweckt, ist allerdings fraglich. In Betracht kommt ausschließlich die Förderung eines Vorhabens der wissenschaftlichen Lehre, die, wie bereits ausgeführt, vom Wissenschaftsbegriff in Art. 91b I 2 GG (i.d.F. v. 2006) als zulässiger Förderzweck umfasst ist. Im Folgenden ist zwischen den Maßnahmen zur Verbesserung der Lehrerbildung einerseits und den Maßnahmen zur Verbesserung der Mobilität von Studierenden und Lehrkräften andererseits zu differenzieren.

Mit der Förderung von Maßnahmen zur Verbesserung der Lehrerbildung bezweckt die Vereinbarung die qualitative nachhaltige Verbesserung für den gesamten Prozess der Lehrerbildung und damit grundsätzlich der wissenschaftlichen Lehre. Die Qualitätsoffensive Lehrerbildung müsste überdies ein „Vorhaben“ sein, also abgegrenzte Sachaufgaben mit konkreten wissenschaftlichen Zielen, d.h. einzelne Projekte, zum Inhalt haben. Die Maßnahmen zur Verbesserung der Lehrerbildung sind zwar sachlich hinreichend auf einzelne konkrete Projekte beschränkt (vgl. dazu § 3 QoL) sowie formal zeitlich begrenzt (§§ 6, 10 I QoL), sie zielen allerdings ähnlich wie der Qualitätspakt Lehre auf eine dauerhafte Strukturbildung ab. Mit der Qualitätsoffensive Lehrerbildung soll eine qualitativ „nachhaltige" Verbesserung für den gesamten Prozess der Lehrerbildung an den Hochschulen inhaltlich und „strukturell" erreicht werden (vgl. S. 8 Präambel QoL, § 1 I QoL). Exemplarisch werden überdies Maßnahmen, die „effizientere Strukturen der Lehraus- und -weiterbildung in den Hochschulen" verankern (§ 3 S. 1 lit. g QoL), sowie „neue Formen und Strukturen der Organisation von Lehrerbildung entwickeln" (§ 3 S. 1 lit. o QoL) als förderfähige Projekte benannt. Im Ergebnis besteht hier ebenso wie beim Qualitätspakt Lehre kein hinreichend begrenztes Einzelvorhaben mehr. Die Maßnahmen zur Verbesserung der Lehrerbildung im Rahmen der Qualitätsoffensive Lehrerbildung verstoßen folglich gegen die Tatbestandsgrenzen des Art. 91b I 1 Nr. 2 GG (i.d.F. v. 2006) und sind insoweit verfassungswidrig.

Hinsichtlich der Maßnahmen zur Verbesserung der Mobilität von Studierenden und Lehrkräften ist hingegen schon fraglich, ob überhaupt noch ein Vorhaben zur Förderung der *wissenschaftlichen Lehre* i.S.v. Art. 91b I 1 Nr. 2 GG (i.d.F. v. 2006) vorliegt. Jedenfalls ist aber die Projektförderung trotz formal zeitlicher Begrenzung auf die Programmlaufzeit (§ 10 I QoL) inhaltlich von dauerhaftem Charakter und somit kein zeitlich hinreichend begrenztes Einzelvorhaben mehr. Die mit der Vergleichbarkeit von lehramtsbezogenen Studienleistungen und Lehramtsabschlüssen sowie dem gleichberechtigten Zugang bzw. der gleichberechtigten Einstellung in Vorbereitungs- und Schuldienst erreichte verbesserte Mobilität von Studierenden und Lehrkräften soll „verbindlich und nachhaltig" gewährleistet werden (S. 9 der Präambel QoL). Sowohl die Übereinkunft der Länder zur gegenseitigen Anerkennung von Lehramtsabschlüssen und Studienleistungen als auch die Gewährleistung des gleichberechtigten Zugangs bzw. der gleichberechtigten Einstellung in Vorbereitungs- und Schuldienst sind mithin keine zulässigen Fördergegenstände. Somit verstößt auch die Förderung der Maßnahmen zur Verbesserung der Mobilität von Studierenden und Lehrkräften im Rahmen der Qualitätsoffensive gegen Art. 91b I 1 Nr. 2 GG (i.d.F. v. 2006) und ist daher ebenfalls verfassungswidrig.

Insgesamt verstößt die Qualitätsoffensive Lehrerbildung vollumfänglich gegen Art. 91b I 1 Nr. 2 GG (i.d.F. v. 2006) und ist schlichtweg verfassungswidrig. Ob darüber hinaus der allgemeine Gesetzesvorbehalt verletzt ist, kann insoweit dahinstehen.

d) Zusammenfassung und Bewertung

Auch die Qualitätsoffensive Lehrerbildung stieß in der Praxis auf große Resonanz. So wurden in der ersten Förderphase insgesamt 59 lehrerausbildende Hochschulen aus allen 16 Ländern im Rahmen von 49 Projekten gefördert.[1190] Die Qualitätsoffensive erweist sich dabei allerdings als verfassungswidriger Umgehungsversuch der mit der Föderalismusreform I eingeführten Beschränkungen des Art. 91b I 1 Nr. 2 GG (i.d.F. v. 2006), da sie auf die nachhaltige, also dauerhafte Schaffung besserer Strukturen für die Lehrerbildung und die Mobilität von Studierenden und Lehrkräften abzielt.

Auf der Grundlage des neuen Art. 91b I GG könnte die gemeinsame Förderung indes grundsätzlich dauerhaft beschlossen werden, da die Norm nunmehr auch eine institutionelle Förderung an Hochschulen zulässt. Dabei ist jedoch zu beachten, dass der Bildungsbereich nach wie vor nicht vom Anwendungsbereich des Art. 91b I GG umfasst ist. Die institutionelle Förderung der Maßnahmen wäre demnach weiterhin auf den Hochschulbereich beschränkt. Eine Fortsetzung des Bund-Länder-Programms ist bislang allerdings noch nicht beschlossen worden.

8. Forschungsbauten, Großgeräte und Nationales Hochleistungsrechnen an Hochschulen

Nachdem der allgemeine Hochschulbau als obligatorischer Fördergegenstand durch die Föderalismusreform I im Jahr 2006 aus Art. 91a I Nr. 1 GG (i.d.F. v. 1969) gestrichen,[1191] das Hochschulbauförderungsgesetz (HBFG) gemäß Art. 125c I GG zum 1. Januar 2007 außer Kraft gesetzt wurde und die Aufgabe des allgemeinen Hochschulbaus von da an allein den Ländern oblag, hielten Bund und Länder gemeinsame Investitionen in Forschungsbauten an Hochschulen einschließlich Großgeräten für erforderlich. Daher schlossen sie am 21. Mai 2007

1190 *Ramboll Management Consulting GmbH*, Qualitätsoffensive Lehrerbildung – Zwischenbericht der Evaluation (2018), S. 7 u. 17.

1191 Für den Wegfall der Gemeinschaftsaufgabe Hochschulbau in Art. 91a I Nr. 1 GG (i.d.F. v. 1970) im Zuge der Föderalismusreform I erhielten die Länder allerdings Kompensationsbeträge des Bundes bis zum 31.12.2019 nach Art. 143c GG, deren genaue Höhe und Verteilung im Entflechtungsgesetz (Art. 13 des Föderalismusreform-Begleitgesetzes v. 5.9.2006, BGBl. 2006 I S. 2098, 2102) geregelt worden ist. Nach Art. 143c II Nr. 2 GG unterlagen die Beträge bis zum 31.12.2013 einer Zweckbindung an den Aufgabenbereich der bisherigen Mischfinanzierungen (vgl. dazu § 5 des Entflechtungsgesetzes).

die Ausführungsvereinbarung Forschungsbauten an Hochschulen einschließlich Großgeräten (AV-FuG)[1192] auf der Grundlage von Art. 91b I 1 Nr. 3 GG (i.d.F. v. 2006) ab, um die investiven Voraussetzungen der deutschen Hochschulen für eine erfolgreiche Teilnahme am nationalen und internationalen Wettbewerb in der Forschung zu verbessern (§ 1 AV-FuG). Die AV-FuG wurde dabei auf unbestimmte Zeit geschlossen (§ 13 I AV-FuG).

Am 1. Januar 2019 wurde die AV-FuG schließlich durch die Ausführungsvereinbarung Forschungsbauten, Großgeräte und Nationales Hochleistungsrechnen (AV-FGH)[1193] abgelöst, welche am 26. November 2018 aufgrund des Art. 3 II GWK-Abkommen von Bund und Ländern zur Ausführung der Gemeinschaftsaufgabe in Art. 91b I GG abgeschlossen wurde. Ziel der AV-FGH ist es, die infrastrukturellen Voraussetzungen der deutschen Hochschulen und die Möglichkeiten des Hochleistungsrechnens für eine erfolgreiche Teilnahme am nationalen und internationalen Wettbewerb in der Forschung zu verbessern (§ 1 S. 1 AV-FGH). Auch die AV-FGH wurde auf unbestimmte Zeit geschlossen (§ 21 I 1 AV-FGH).

a) Förderung nach der AV-FuG bis 2019

Bis zum 31. Dezember 2018 richtete sich die gemeinsame Förderung von Forschungsbauten an Hochschulen einschließlich Großgeräten durch Bund und Länder nach der AV-FuG.

aa) Fördergegenstand und -verfahren

Gegenstand der gemeinsamen Förderung nach der AV-FuG war die Realisierung von „Forschungsbauten an Hochschulen einschließlich Großgeräten“ (§ 2 I AV-FuG). Gefördert werden konnten Maßnahmen sowohl an staatlichen Hochschulen als auch an nichtstaatlichen institutionell akkreditierten Hochschulen

---

1192 Ausführungsvereinbarung über die gemeinsame Förderung von Forschungsbauten an Hochschulen einschließlich Großgeräten – Ausführungsvereinbarung Forschungsbauten an Hochschulen einschließlich Großgeräten (AV-FuG) – v. 21.5.2007, BAnz 2007 S. 5863, geändert durch das Verwaltungsabkommen zwischen Bund und Ländern über die Errichtung einer Gemeinsamen Wissenschaftskonferenz v. 11.9.2007, BAnz 2007 S. 7787, zuletzt geändert durch Beschluss der Gemeinsamen Wissenschaftskonferenz v. 24.6.2016, BAnz AT 20.09.2016 B4.

1193 Ausführungsvereinbarung zum GWK-Abkommen über die gemeinsame Förderung von Forschungsbauten, Großgeräten und des Nationalen Hochleistungsrechnens an Hochschulen (AV-FGH) v. 26.11.2018, BAnz AT 21.12.2018 B9.

(§ 2 II AV-FuG). Die förderungsfähigen Investitionsvorhaben für die Hochschulforschung mussten sich überdies durch „exzellente wissenschaftliche Qualität und nationale Bedeutung“ auszeichnen (§ 2 III AV-FuG). Im Übrigen ist nachfolgend zwischen der Förderung von Forschungsbauten und Großgeräten zu differenzieren.

Unter Forschungsbauten waren laut der Vereinbarung eine für die Forschung benötigte abgrenzbare und zusammenhängende Infrastruktur, die durch eine Forschungsprogrammatik bestimmt wird, zu verstehen. Vom Begriff umfasst waren danach sowohl Liegenschaften als auch Neu-, Um- und Erweiterungsbauten mit Erstausstattung einschließlich Großgeräten (§ 3 I AV-FuG). Nicht gefördert werden konnten hingegen Gebäude, die ganz oder überwiegend der Lehre dienten, sowie Nebenanlagen wie Verwaltungsgebäude, Bauten der studentischen Fürsorge wie Wohnheime oder Mensen sowie Parkhäuser.[1194] Es ergaben sich hier jedoch zahlreiche Abgrenzungsschwierigkeiten, da Gebäude selten ausschließlich oder überwiegend der Forschung dienen.[1195] Bei gemischt genutzten Gebäuden kam es sodann auf den Schwerpunkt der geplanten Gebäudenutzung an,[1196] wobei strikt darauf zu achten war, dass die Entscheidung des verfassungsändernden Gesetzgebers, die Gemeinschaftsaufgabe Hochschulbau abzuschaffen, nicht unterlaufen wurde.[1197] Die Förderung erfolgte thematisch offen und im Rahmen in der Gemeinsamen Wissenschaftskonferenz vereinbarter programmatisch-struktureller Linien (§ 3 II AV-FuG). Eine Förderung konnte jedoch nur erfolgen, sofern die Infrastruktur weit überwiegend der Forschung diente, die Forschung von überregionaler Bedeutung war und die Investitionskosten die sog. Bagatellgrenze von 5 Mio. Euro überstiegen

---

1194 *Hellermann*, in: Starck, Föderalismusreform, Rn. 305; *Meyer*, Die Föderalismusreform 2006, S. 261; *Nolte*, DVBl. 2010, 84 (92); *Volkmann*, in: v. Mangoldt/Klein/Starck, GG, 6. Aufl. 2010, Art. 91b Rn. 12; *Mager*, in: v. Münch/Kunig, GG, Art. 91b Rn. 24; *Henneke*, in: Schmidt-Bleibtreu/Hofmann/ders., GG, 13. Aufl. 2014, Art. 91b Rn. 17; BT-Drs. 17/10956, S. 7.

1195 *Hellermann*, in: Starck, Föderalismusreform, Rn. 305; *Schmidt-De Caluwe*, in: Kluth, Föderalismusreformgesetz, Art. 91b Rn. 12; *Kluth*, RdJB 2008, 257 (264); *Meyer*, Die Föderalismusreform 2006, S. 261; *Siekmann*, in: Sachs, GG, 7. Aufl. 2014, Art. 91b Rn. 20.

1196 *Schmidt-Aßmann*, in: FS Isensee, S. 415; *Schmidt-De Caluwe*, in: Kluth, Föderalismusreformgesetz, Art. 91b Rn. 12; *Kluth*, RdJB 2008, 257 (264); *Meyer*, Die Föderalismusreform 2006, S. 261; *Oebbecke*, in: Isensee/P. Kirchhof, HdbStR, Bd. VI, § 136 Rn. 151; *Nolte*, DVBl. 2010, 84 (92); *Mager*, in: v. Münch/Kunig, GG, Art. 91b Rn. 24.

1197 *Siekmann*, in: Sachs, GG, 7. Aufl. 2014, Art. 91b Rn. 20.

(§ 3 III Nr. 1–3 AV-FuG).[1198] Ihre Anträge auf Förderung von Forschungsbauten legten die Länder dem Bund und dem Wissenschaftsrat vor (§ 3 IV 1 AV-FuG). Der Wissenschaftsrat gab sodann gegenüber der Gemeinsamen Wissenschaftskonferenz eine Empfehlung ab, welche Maßnahmen realisiert werden sollten (§ 3 IV 2 AV-FuG). Daraufhin entschied die Gemeinsame Wissenschaftskonferenz mindestens einmal jährlich über die Aufnahme der Vorhaben in die gemeinsame Förderung (§ 3 IV 4 AV-FuG). Die Vorhaben wurden sodann mit einem Höchstbetrag in die Förderung aufgenommen. Etwaige Kostenerhöhungen wurden nicht mitfinanziert (§ 5 I AV-FuG).

Großgeräte definierte die Vereinbarung wiederum als die Summe der Geräteteile einschließlich Zubehör, die für einen vorgesehenen Betriebszustand eine Betriebseinheit bilden (§ 8 I 1 AV-FuG). Die gemeinsame Förderung von Großgeräten bezog sich ausschließlich auf das Großgerät ohne Baukosten mit Beschaffungskosten bis 5 Mio. Euro (§ 8 II AV-FuG). Die Beschaffung eines Großgeräts konnte nur gefördert werden, sofern das Gerät weit überwiegend der Forschung diente (§ 8 III Nr. 1 AV-FuG) und die Kosten für die Beschaffung des Geräts einschließlich Zubehör an Fachhochschulen 100.000 Euro und an anderen Hochschulen 200.000 Euro überstiegen (§ 8 III Nr. 2 AV-FuG). Die Anträge auf Förderung eines Großgeräts konnten jederzeit eingereicht werden und wurden der Deutschen Forschungsgemeinschaft zur Begutachtung und Förderentscheidung vorgelegt. Die Länder bzw. gegebenenfalls die Hochschulen versicherten dabei die Kofinanzierung (§ 8 IV, V AV-FuG).

bb) Finanzierung

Die Mittel für die Finanzierung des Programms wurden je zur Hälfte von Bund und dem jeweiligen Sitzland getragen (§ 9 I AV-FuG). Der Bund stellte dabei 298 Mio. Euro jährlich bis zum 31. Dezember 2019 zur Verfügung (§ 9 II 1 AV-FuG). Davon wurden 85 Mio. Euro jährlich für die Förderung von Großgeräten eingesetzt (§ 9 II 2 AV-FuG). Die konkrete finanzielle Abwicklung der Förderung erfolgte auf der Basis der Entscheidung der Gemeinsamen Wissenschaftskonferenz zwischen dem Bund und dem jeweiligen Land (§ 9 III 1 AV-FuG). Wurde ein Forschungsbau oder ein Großgerät nicht zweckentsprechend genutzt, musste das Land an den Bund einen Betrag in Höhe der Hälfte des Verkehrswertes zurückzahlen, es sei denn, die Gemeinsame Wissenschaftskonferenz billigte eine andere Verwendung (§ 10 S. 1 AV-FuG). Wurden die vom Bund

1198 Bereits der verfassungsändernde Gesetzgeber legte eine „Bagatellgrenze“ von 5 Mio. Euro als Orientierungsgröße für Forschungsbauten fest, BT-Drs. 16/813, S. 17.

zur Verfügung gestellten Haushaltsmittel zweckwidrig verwendet, waren diese überdies vom Zeitpunkt der zweckwidrigen Verwendung an vom Land in Höhe von 3,5 Prozentpunkten über dem jeweiligen Basiszinssatz nach § 247 BGB zu verzinsen (§ 10 S. 2 AV-FuG).

cc) Rechtsgrundlage und Verfassungsmäßigkeit

Rechtsgrundlage der AV-FuG ist laut der Vereinbarung Art. 91b I 1 Nr. 3 GG (i.d.F. v. 2006). Die Ausführungsvereinbarung wurde im Übrigen in verfassungsrechtlich zulässiger Weise auf der Grundlage dieser Norm geschlossen. Die AV-FuG stellt eine Bund-Länder-Vereinbarung in Form einer schriftlichen Verwaltungsvereinbarung dar. Zudem ist die in der Vereinbarung geregelte gemeinsame Kostentragung mit Art. 91b III GG (i.d.F. v. 2006) vereinbar. Die überregionale Bedeutung der Förderung ergab sich nicht aus der in der AV-FuG ziffernmäßig festgelegten Mindestfördersumme, sondern vielmehr aus den konkret zu fördernden Forschungsbauvorhaben bzw. Großgeräten. Gleichwohl war es naheliegend, dass die geförderten Forschungsbauten und Großgeräte, deren Investitions- bzw. Beschaffungskosten oberhalb der Bagatellgrenze von 5. Mio. Euro bzw. 100.000 Euro an Fachhochschulen oder 200.000 Euro an Hochschulen lagen, in der Regel auch von gesamtstaatlicher, überregionaler Bedeutung waren. Die Ausführungsvereinbarung entsprach überdies zweifelsfrei den übrigen Anforderungen des Art. 91b I 1 Nr. 3 GG (i.d.F. v. 2006). Die Norm stand dabei insbesondere der Dauerhaftigkeit der gemeinsamen Förderung nicht entgegen.

Darüber hinaus bestand im Fall der Förderung von Forschungsbauten auch kein institutioneller Gesetzesvorbehalt,[1199] welcher in seiner demokratischen Dimension verlangt, dass grundlegende Entscheidungen organisatorischer Art vom Gesetzgeber selbst getroffen werden müssen. Die Exekutive darf sich danach ihrer parlamentarischen Kontrolle nicht beliebig entziehen. Vorliegend wurden die Förderentscheidungen über die Forschungsbauten durch die Gemeinsame Wissenschaftskonferenz auf Empfehlungen des Wissenschaftsrates getroffen. Die Empfehlungen des Wissenschaftsrates beruhten wiederum auf der Basis programmatisch-struktureller Linien der Gemeinsamen Wissenschaftskonferenz. Den maßgeblichen Einfluss auf die Förderentscheidungen hatte mithin die Gemeinsame Wissenschaftskonferenz, der ausschließlich die für die Wissenschaft und Forschung sowie Finanzen zuständigen Ministerinnen und Minister

1199 S. ausführlich zum institutionellen Gesetzesvorbehalt auch oben C. II. 1. e) bb) (1).

des Bundes und der Länder angehören.[1200] Die Exekutive entzog sich hier also zum einen nicht der parlamentarischen Kontrolle und zum anderen besitzt sie auch selbst eine eigenständige mittelbare demokratische Legitimation im Sinne von Art. 20 II GG.

Im Fall der Förderung von Großgeräten, bei dem der nichtstaatliche Deutsche Forschungsgemeinschaft e.V.[1201] die Förderentscheidungen im sog. Normalverfahren ohne staatliche Stimmenmehrheit traf,[1202] war der institutionelle Gesetzesvorbehalt hingegen einschlägig. Die Exekutive ist nicht berechtigt, die ihr obliegenden staatlichen Aufgaben ohne gesetzliche Ermächtigung an die Deutsche Forschungsgemeinschaft zu übertragen. Auch wenn hier aufgrund der staatlichen Mitwirkung im sog. Normalverfahren keine *selbstständige* Aufgabenwahrnehmung der Gemeinschaft, und damit auch keine Beleihung in Betracht kam, konnten die nichtstaatlichen Mitglieder des Hauptausschusses ihre Entscheidung weisungsfrei treffen. Die parlamentarischen Kontrollmöglichkeiten sind in der Folge entsprechend beschränkt. Die staatlichen Vertreterinnen und Vertreter in dem gruppenpluralistischen Entscheidungsgremium konnten wegen ihrer fehlenden Sperrminorität überdies keinen bestimmenden Einfluss auf die Förderentscheidungen nehmen und daher keinesfalls das bestehende parlamentarische Legitimationsdefizit ausgleichen. Die Übertragung der Förderentscheidungskompetenz auf die Deutsche Forschungsgemeinschaft erforderte mithin eine gesetzliche Grundlage. Die Bereitstellung der Fördermittel in den Haushaltsplänen durch die Haushaltsgesetzgeber von Bund und Ländern war ferner nicht ausreichend, um den rechtsstaatlichen und demokratischen Anforderungen des institutionellen Gesetzesvorbehalts zu genügen. Die Haushaltsgesetzgeber konnten zwar die grundsätzliche Entscheidung über das „Ob" der Förderung treffen, die Haushaltsansätze enthielten jedoch nur allgemeine schlagwortartige Zweckbestimmungen sowie den Förderbetrag in der Gesamtsumme. Eine ausreichende sachlich-inhaltliche Legitimation des Parlaments für die Übertragung der Vergabekompetenzen war hierin nicht zu erkennen. Dies galt umso mehr

1200 S. zur Zusammensetzung und Beschlussfassung der Gemeinsamen Wissenschaftskonferenz auch oben C. I. 2. d).

1201 S. ausführlich zur Rechtsnatur der Deutschen Forschungsgemeinschaft oben C. II. 1. e) bb) (1).

1202 Im sog. Normalverfahren entscheidet der Hauptausschuss der Deutschen Forschungsgemeinschaft über die Förderanträge (§§ 10 Nr. 1, 12 Nr. 4 DFG-Satzung). In diesem verfügen die staatlichen Vertreterinnen und Vertreter von Bund und Ländern über 32 von 73 Stimmen (§§ 9 Nr. 3, 10 Nr. 3 DFG-Satzung) und besitzen somit keine Stimmenmehrheit bzw. Sperrminorität. Vgl. dazu auch unten C. III. 7. a).

angesichts der allgemein zu konstatierenden demokratischen Legitimationsdefizite im Rahmen der bundesstaatlichen Mischfinanzierung. Ferner waren die Parlamente faktisch präjudiziert, da sie unter dem politischen Druck standen, die auf exekutiver Ebene ausgehandelte Bund-Länder-Vereinbarung zu akzeptieren.

Ein grundrechtlicher Gesetzesvorbehalt griff darüber hinaus weder im Fall der Förderung von Forschungsbauten noch im Fall der Förderung von Großgeräten ein. Eine strukturelle Beeinträchtigung der Wissenschaftsfreiheit in Art. 5 III 1 Alt. 2 GG ist jedenfalls nicht erkennbar, auch wenn nie völlig auszuschließen ist, dass sich die Förderentscheidungen in Einzelfällen aufgrund der Angewiesenheit der wissenschaftlich Tätigen auf den öffentlich bereitgestellten und organisierten Wissenschaftsbetrieb mittelbar auf ihre wissenschaftliche Betätigung auswirken können.[1203]

Die gemeinsame Förderung von Forschungsbauten an Hochschulen einschließlich Großgeräten durch Bund und Länder auf der Grundlage der AV-FuG verletzte jedoch den institutionellen Gesetzesvorbehalt und war folglich mangels hinreichender parlamentarischer Beteiligung insgesamt verfassungswidrig.

b) Förderung nach der AV-FGH seit 2019

Seit dem 1. Januar 2019 richtet sich die gemeinsame Förderung von Forschungsbauten einschließlich Großgeräten sowie des Nationalen Hochleistungsrechnens durch Bund und Länder nach der AV-FGH, welche aufgrund des Art. 3 II GWK-Abkommen zur Ausführung der Gemeinschaftsaufgabe in Art. 91b I GG von Bund und Ländern abgeschlossen wurde und die AV-FuG ablöste.

aa) Fördergegenstand und -verfahren

Gegenstand der gemeinsamen Förderung von Bund und Ländern nach der AV-FGH sind die Realisierung von Forschungsbauten (§ 2 I Nr. 1 AV-FGH), die Beschaffung von Großgeräten (§ 2 I Nr. 2 AV-FGH) sowie das Nationale Hochleistungsrechnen (§ 2 I Nr. 3 AV-FGH).

Unter Forschungsbauten ist laut Ausführungsvereinbarung eine für die Forschung benötigte, abgrenzbare und zusammenhängende Infrastruktur zu verstehen. Erfasst sind danach sowohl Neu- und Umbauten als auch Erweiterungsbauten mit Ersteinrichtung einschließlich Großgeräten (§ 3 I 1 AV-FGH). Dass Gebäude in der Praxis regelmäßig nicht nur Forschungs-, sondern auch Lehrzwecken dienen, ist im Rahmen der AV-FGH insoweit unproblematisch,

---

1203 BVerfGE 111, 333 (355).

als auch der allgemeine Hochschulbau nach Art. 91b I 1 GG gemeinsam durch Bund und Länder gefördert werden kann.[1204] Die Abgrenzungsschwierigkeiten, die sich bei der Förderung von gemischt genutzten Gebäuden im Rahmen der AV FuG ergaben, bestehen nun hinsichtlich ihrer Förderfähigkeit nicht mehr. Relevant kann die Abgrenzung allerdings für die Rückausnahme vom qualifizierten Beteiligungs- und Zustimmungserfordernis nach Art. 91b I 3 GG werden. Diesbezüglich kann zur Abgrenzung weiterhin auf das insoweit übertragbare Schwerpunktprinzip zurückgegriffen werden.[1205] Förderungsfähig sind überdies ausschließlich Forschungsbauten mit Investitionskosten oberhalb der „Bagatellgrenze" von 5 Mio. Euro, sofern sie weit überwiegend der Forschung dienen und durch eine Forschungsprogrammatik bestimmt werden (§ 3 I 2 AV-FGH). Sofern Großgeräte diese Bedingungen ebenfalls erfüllen, gelten sie jedoch nur dann als Forschungsbauten, wenn ihre Investitionskosten mindestens 7,5 Mio. Euro betragen (§ 3 I 3 AV-FGH). Die Förderung erfolgt thematisch offen und im Rahmen in der Gemeinsamen Wissenschaftskonferenz vereinbarter programmatisch-struktureller Linien (§ 3 II AV-FGH). Ihre Anträge auf Förderung von Forschungsbauten legen die Länder dem fachlich zuständigen Bundesressort und dem Wissenschaftsrat vor (§ 4 I 1 AV-FGH). Der Wissenschaftsrat empfiehlt der Gemeinsamen Wissenschaftskonferenz, welche Maßnahmen realisiert werden sollen (§ 4 III 1 AV-FGH), die sodann mindestens einmal jährlich über die Aufnahme der Vorhaben in die gemeinsame Förderung entscheidet (§ 4 IV 1 AV-FGH). Der Förderzeitraum beträgt maximal fünf Jahre (§ 4 IV 3 AV-FGH). Der Bund stellt seine Fördermittel dabei nach einem typisierten Bauablauf pauschal bereit (§ 4 IV 4 AV-FGH).

Die ebenfalls förderfähigen Großgeräte werden von der Vereinbarung als Summe der Geräteteile (Grundgerät) einschließlich Zubehör ohne Baukosten, die für einen vorgesehenen Betriebszustand eine Funktionseinheit bildet, definiert (§ 7 I 1 AV-FGH). Auch vernetzte Infrastrukturplattformen sind förderfähig (§ 7 I 2 AV-FGH). Die Beschaffung von Großgeräten kann jedoch nur dann gefördert werden, wenn die Großgeräte weit überwiegend der Forschung dienen, sie nicht im Rahmen eines Forschungsbaus beantragt wurden und die Beschaffungskosten mindestens 200.000 Euro und weniger als 7,5 Mio. Euro betragen (§ 7 II 1 AV-FGH). Für die Beschaffung an Hochschulen für angewandte Wissenschaften liegt der Mindestwert indes bei 100.000 Euro (§ 7 II 2 AV-FGH). Die Beschaffungskosten eines Großgeräts können im

1204 Vgl. detailliert dazu auch oben B. IV. 3. b) cc) (5).
1205 S. dazu auch ausführlich oben B. IV. 3. b) bb) (2).

Übrigen auch über 7,5 Mio. Euro liegen, wenn ein Forschungsgroßgerät ohne spezifische Forschungsprogrammatik für verschiedene Anwendungen an der Hochschule genutzt werden soll (§ 7 II 3 AV-FGH). Die Anträge auf Förderung eines Großgeräts werden nach Maßgabe der jeweiligen Landesregelungen bei der Deutschen Forschungsgemeinschaft eingereicht, wobei die Länder oder die Hochschulen die Mitfinanzierung bestätigen (§ 8 I AV-FGH). Die Deutsche Forschungsgemeinschaft begutachtet die Förderanträge und entscheidet über die Bewilligung der Fördermittel (§ 8 II 1 AV-FGH). Ferner stellt sie die anteiligen Bundesmittel auf Anforderung zweckgebunden zur Verfügung (§ 8 II 2 AV-FGH). Die Beschaffung der Großgeräte selbst erfolgt durch die Hochschulen (§ 8 II 3 AV-FGH).

Das im Übrigen nunmehr ebenfalls förderfähige Nationale Hochleistungsrechnen besteht aus einem koordinierten Verbund, dem NHR-Verbund, von in die Förderung aufgenommenen Hochleistungsrechenzentren, den NHR-Zentren, (§ 11 I AV-FGH). Mit der Errichtung und dem Betrieb eines Verbunds von NHR-Zentren soll deren überregional bedeutsamer, nachhaltiger und ressourceneffizienter Einsatz im Dienst der Wissenschaft gefördert werden (§ 11 II AV-FGH). Zentrale Ziele der Förderung sind die flächendeckende und bedarfsgerechte Bereitstellung von Hochleistungsrechenkapazitäten für wissenschaftliche Forschung an Hochschulen (§ 11 II 2 Nr. 1 AV-FGH) sowie die Förderung der standortübergreifenden und interdisziplinären Zusammenarbeit und von Kooperationen in einer gemeinsamen Koordinationsstruktur, die für eine deutschlandweite Nutzung geöffnet ist (§ 11 II 2 Nr. 2 AV-FGH). Darüber hinaus soll die Stärkung der Methodenkompetenz der Nutzerinnen und Nutzer, die Förderung des wissenschaftlichen Nachwuchses sowie die Aus- und Weiterbildung im Wissenschaftlichen Rechnen gefördert werden (§ 11 II 2 Nr. 3 AV-FGH). Auch die Förderung und Weiterentwicklung des Wissenschaftlichen Rechnens ist Ziel der Förderung (§ 11 II 2 Nr. 4 AV-FGH). Dabei koordiniert der NHR-Verbund die NHR-Zentren nach Maßgabe der Entscheidung der Gemeinsamen Wissenschaftskonferenz (§ 12 III 1 AV-FGH). Die Aufnahme von Rechenzentren in die Förderung erfolgt im Rahmen eines wettbewerblichen und wissenschaftsgeleiteten Verfahrens (§ 13 I AV-FGH). Die Förderantragstellung erfolgt über das Sitzland der Hochschule bzw. die Trägerländer eines Hochschulverbunds (§ 13 II AV-FGH). Die Deutsche Forschungsgemeinschaft führt die Ausschreibung und die Begutachtung der Anträge auf Grundlage des von der Gemeinsamen Wissenschaftskonferenz beschlossenen Ausschreibungskonzepts durch und legt dem Strategieausschuss[1206] ihre Förderempfehlung vor (§ 13 II AV-FGH). Die Gemeinsame Wissenschaftskonferenz entscheidet sodann über die Aufnahme von Rechenzentren in die Förderung und über die Weiterförderungen auf der Grundlage der Empfehlung des Strategieausschusses (§ 13 IV AV-FGH). Die Dauer der Förderung eines in das Nationale Hochleistungsrechnen aufgenommenen Zentrums beträgt grundsätzlich zehn Jahre, wobei eine Weiterförderung grundsätzlich möglich ist (§ 13 V 1–2 AV-FGH).

bb) Finanzierung

Hinsichtlich der Finanzierung der gemeinsamen Förderung auf der Grundlage der AV-FGH ist zwischen den einzelnen Fördergegenständen zu differenzieren. Für die Förderung von Forschungsbauten werden die Fördermittel vom Bund und vom jeweiligen Sitz-/Trägerland der begünstigten Hochschule je zur Hälfte getragen (§ 5 I 1 AV-FGH). Der Bund stellt dafür jährlich 200,5 Mio. Euro zur Verfügung (§ 5 I 2 AV-FGH). Die finanzielle Abwicklung der Förderung erfolgt nach Maßgabe der jeweiligen Förderentscheidung der Gemeinsamen Wissenschaftskonferenz zwischen dem Bund und dem jeweiligen Land (§ 5 II 1 AV-FGH). Die Fördermittel des Bundes werden in Höhe des von der Gemeinsamen Wissenschaftskonferenz beschlossenen Höchstbetrags, höchstens jedoch in Höhe der tatsächlich anfallenden Kosten gewährt (§ 5 II 2 AV-FGH).

Die Mittel für die Förderung von Großgeräten werden vom Bund und vom jeweiligen Sitz-/Trägerland der begünstigten Hochschule ebenfalls je zur Hälfte getragen (§ 10 S. 1 AV-FGH). Hierfür stellt der Bund jährlich 85 Mio. Euro zur Verfügung (§ 10 S. 2 AV-FGH). Die Fördermittel des Bundes werden in den Wirtschaftsplan der Deutschen Forschungsgemeinschaft eingestellt (§ 10 S. 4 AV-FGH).

Die gemeinsame Finanzierung des Nationales Hochleistungsrechnens erstreckt sich wiederum auf Investitionen (einschließlich Rechnerneubeschaffungen) und den Betrieb der NHR-Zentren einschließlich der wissenschaftlichen Fachberatung sowie die Kosten des NHR-Verbunds (§ 15 I 1 AV-FGH). Ferner

---

1206 Der Strategieausschuss wird von der Gemeinsamen Wissenschaftskonferenz als unabhängiges, selbstständiges Gremium eingesetzt. Ihm gehören acht von der Deutschen Forschungsgemeinschaft und dem Wissenschaftsrat vorgeschlagene wissenschaftliche Mitglieder, die jeweils zwei Stimmen führen, der Bund, der acht Stimmen führt, sowie acht Mitglieder von Länderseite, die jeweils eine Stimme führen, an. Mindestens fünf der Mitglieder von Länderseite vertreten Sitz-/Trägerländer von NHR-Zentren (§ 12 I 1 u. 2 AV-FGH).

sind auch die Kosten des Strategieausschusses, der Auswahlverfahren und der Evaluation von der Förderung umfasst (§ 15 I 3 AV-FGH). Die Finanzierung erfolgt auf der Grundlage eines jährlichen, vom NHR-Verbund aufgestellten und von der Gemeinsamen Wissenschaftskonferenz genehmigten Gesamtwirtschaftsplans (§ 15 I 2 AV-FGH). Bund und Länder stellen hierfür zu Beginn der gemeinsamen Förderung jährlich bis zu 62,5 Mio. Euro je zur Hälfte zur Verfügung (§ 15 II 1 AV-FGH). Die Aufbringung des Länderanteils und die finanzielle Abwicklung der Förderung sind in den FGH-Verfahrensgrundsätzen zu der AV-FGH[1207] geregelt worden (§ 15 II 2 AV-FGH). Danach wird in den ersten fünf Haushaltsjahren seit Beginn der Förderung des ersten NHR-Zentrums der Länderanteil der auf das jeweilige NHR-Zentrum entfallenden Kosten durch das Sitzland bzw. die Trägerländer des einzelnen NHR-Zentrums aufgebracht (zu § 15 II lit. a FGH-VerfG). In demselben Zeitraum weisen der Bund und gegebenenfalls die Trägerländer ihre Mittel den Sitzländern der NHR-Zentren zu, die gegenüber den jeweiligen NHR-Zentren bzw. den diese tragenden Hochschulen die Bewilligungen aussprechen (zu § 15 II lit. b FGH-VerfG).

Für alle Förderlinien gilt, dass nicht zweckentsprechend verwendete Haushaltsmittel, die der Bund zur Verfügung gestellt hat, diesem verzinst zu erstatten sind (§ 17 I AV-FGH). Auch nach Feststellung des Verfalls eines Förderbeschlusses über einen Forschungsbau muss das jeweilige Land die ausgezahlten Bundesmittel an den Bund erstatten (§ 17 II AV-FGH). Wird ein geförderter Forschungsbau nicht zweckentsprechend genutzt, so muss das jeweilige Land dem Bund ebenfalls die ausgezahlten Bundesmittel erstatten, sofern nicht die Gemeinsame Wissenschaftskonferenz die andere Nutzung des Forschungsbaus billigt (§ 17 III AV-FGH).

cc) Rechtsgrundlage und Verfassungsmäßigkeit

Rechtsgrundlage der gemeinsamen Förderung von Forschungsbauten, Großgeräten und Nationalem Hochleistungsrechnen durch Bund und Länder auf der Grundlage der AV-FGH ist laut der Vereinbarung der neue Art. 91b I GG (vgl. § 2 I AV-FGH). Die Voraussetzungen der Rechtsgrundlage sind im Rahmen der AV-FGH im Übrigen auch alle erfüllt. Anzumerken bleibt, dass sich die überregionale Bedeutung der Förderung von Forschungsbauten und Großgeräten nicht aus der in der AV-FGH ziffernmäßig festgelegten Mindestfördersumme,

---

1207 Einzelheiten der Ausgestaltung der Verfahren zur Förderung von Forschungsbauten, Großgeräten und des Nationalen Hochleistungsrechnens an Hochschulen nach der AV-FGH (FGH-VerfG), Beschluss der GWK v. 16.11.2018.

sondern vielmehr aus den konkret zu fördernden Fördergegenständen ergibt. Allerdings liegt es auf der Hand, dass die geförderten Forschungsbauten und Großgeräte, deren Investitions- bzw. Beschaffungskosten oberhalb der Bagatellgrenze von 5. Mio. Euro oder 7,5 Mio. Euro bzw. 100.000 Euro an Hochschulen für angewandte Wissenschaften oder 200.000 Euro an Hochschulen liegen, in der Regel auch von gesamtstaatlicher, überregionaler Bedeutung sind. Überdies bestehen auch gegen die Dauerhaftigkeit der gemeinsamen Förderung keine verfassungsrechtlichen Bedenken in Bezug auf Art. 91b I GG.

Darüber hinaus besteht im Fall der Förderung von Forschungsbauten auch kein institutioneller Gesetzesvorbehalt, da hier wie bereits beim Vorgängerprogramm AV-FuG die Förderentscheidungen durch die Gemeinsame Wissenschaftskonferenz, deren Mitglieder ausschließlich staatliche Vertreterinnen und Vertreter des Bundes und der Länder sind, vorgenommen werden.[1208] Im Fall der Förderung von Großgeräten, bei dem die Deutsche Forschungsgemeinschaft die Förderentscheidung im sog. Normalverfahren ohne staatliche Stimmenmehrheit trifft,[1209] wird hingegen ebenso wie bereits im Rahmen der AV-FuG ein institutioneller Gesetzesvorbehalt ausgelöst, der eine gesetzliche Grundlage für die Übertragung der Entscheidungskompetenzen erforderlich macht. Auch hier ist die Bereitstellung der Fördermittel in den Haushaltsplänen durch die Haushaltsgesetzgeber von Bund und Ländern aus den gleichen Gründen wie bereits im Rahmen der AV-FuG nicht ausreichend, um den rechtsstaatlichen und demokratischen Anforderungen des institutionellen Gesetzesvorbehalts zu genügen.

Im Rahmen der Förderung des Nationalen Hochleistungsrechnens werden die Förderentscheidungen wiederum von der Gemeinsamen Wissenschaftskonferenz getroffen, sodass kein institutioneller Gesetzesvorbehalt einschlägig ist. Daran ändert im Ergebnis auch weder die Beteiligung der Deutschen Forschungsgemeinschaft noch des Strategieausschusses etwas. Die Ausschreibung und Begutachtung der Förderanträge durch die Deutsche Forschungsgemeinschaft wird zum einen maßgeblich von dem von der Gemeinsamen Wissenschaftskonferenz beschlossenen Ausschreibungskonzept bestimmt. Zum anderen legt die Deutsche Forschungsgemeinschaft dem Strategieausschuss lediglich Förder*empfehlungen* vor. Der Strategieausschuss, in dem die staatlichen Vertreterinnen und Vertreter im Übrigen über eine Sperrminorität verfügen, gibt daraufhin wiederum selbst ebenfalls nur Förder*empfehlungen* an die

---

1208 S. dazu bereits oben C. II. 8. a) cc).

1209 Vgl. dazu oben C. II. 8. a) cc) Fn. 387.

Gemeinsame Wissenschaftskonferenz ab, die sodann selbstständig die endgültigen Förderentscheidungen trifft. Die Exekutive entzog sich hier also ebenso wie im Fall der Förderung von Forschungsbauten nicht der parlamentarischen Kontrolle und besaß darüber hinaus auch selbst eine eigenständige mittelbare demokratische Legitimation im Sinne von Art. 20 II GG. Das Bestehen eines grundrechtlichen Gesetzesvorbehalts ist bezüglich der Förderung von Forschungsbauten und Großgeräten mangels struktureller Gefährdung der Wissenschaftsfreiheit in Art. 5 III 1 Alt. 2 GG auch in der Fortsetzung des Programms nicht ersichtlich. Hinsichtlich des Nationalen Hochleistungsrechnens ist hingegen anzumerken, dass die Aufnahme von NHR-Zentren in die Förderung nach einem wettbewerblichen und wissenschaftsgeleiteten Auswahlverfahren ablaufen wird. In diesem Verfahren wird sicherzustellen sein, dass die Ausübung der Wissenschaftsfreiheit nach Art. 5 III 1 Alt. 2 GG nicht gefährdet, sondern vielmehr gefördert wird. Die Ausgestaltung des konkreten Auswahlverfahrens im Rahmen des noch zu konstituierenden NHR-Verbunds bleibt indes abzuwarten.

Insgesamt ist AV-FGH mangels gesetzlicher Grundlage, die die Übertragung der Entscheidungskompetenzen an die Deutsche Forschungsgemeinschaft im Rahmen der Förderung von Großgeräten parlamentarisch hinreichend legitimiert, verfassungswidrig geschlossen worden.

c) Zusammenfassung und Stellungnahme

Von 2007 bis 2019 wurden insgesamt 178 Forschungsbauvorhaben mit einem Gesamtvolumen von ca. 5,1 Mrd. Euro gemeinsam von Bund und Ländern gefördert.[1210] Dabei sind die Fördermittel für Forschungsbauten, die im Rahmen der AV-FGH von Bund und Ländern gemeinsam seit 2019 bereitgestellt werden, gegenüber der AV-FuG allerdings von insgesamt 596 Mio. Euro jährlich auf insgesamt 401 Mio. Euro im Jahr gekürzt worden. Die gemeinsame Förderung von Großgeräten durch Bund und Länder war bzw. ist sowohl im Rahmen der AV-FuG als auch im Rahmen der AV-FGH zudem verfassungsrechtlich unzulässig.

Kritisch zu würdigen sind überdies einerseits die erheblichen Kofinanzierungspflichten der Länder im Rahmen der auf unbestimmte Zeit geschlossenen AV-FuG sowie der AV-FGH. Andererseits wirkt der Bund hier in beachtlichem Maße finanziell fortwährend an Länderaufgaben mit, auf die er durch seine

---

1210 *GWK*, Förderung von Forschungsbauten auf der Grundlage der Ausführungsvereinbarung Forschungsbauten und Großgeräte (bis 2018) bzw. AV-FGH (ab 2019), Liste der in die Förderung aufgenommenen Forschungsbauvorhaben (Stand: 29.7.2020), S. 1 ff.

Mitverwaltungszuständigkeit auch erheblichen Einfluss nehmen kann. Angesichts des Ausnahmecharakters der Mischverwaltung und -finanzierung im Rahmen der Gemeinschaftsaufgabe des Art. 91b I GG und vor dem Hintergrund des Demokratie- und Rechtsstaatsprinzips erscheint dies verfassungsrechtlich bedenklich.

Im Übrigen bestehen die bisherigen Abgrenzungsschwierigkeiten bei der Förderung von gemischt genutzten Gebäuden nun hinsichtlich ihrer Förderfähigkeit nach der Neufassung von Art. 91b I GG nicht mehr, die auch die gemeinsame Förderung des allgemeinen Hochschulbaus zulässt. Abgrenzungsprobleme können sich nunmehr allenfalls im Hinblick auf die Rückausnahme vom qualifizierten Beteiligungs- und Zustimmungserfordernis nach Art. 91b I 3 GG ergeben. Die AV-FGH macht von der neuen Möglichkeit zur Förderung des allgemeinen Hochschulbaus in Art. 91b I 1 GG indes keinen Gebrauch, da sie für die Förderung von Forschungsbauten und Großgeräten weiterhin voraussetzt, dass diese Fördergegenstände „weit überwiegend der Forschung dienen" (§§ 3 I 2, 7 II 1 AV-FGH) und einer Förderung von Gebäuden, die ausschließlich oder überwiegend der Lehre dienen, mithin ausscheidet.

9. Förderinitiative „Innovative Hochschule"

Die Förderinitiative „Innovative Hochschule"[1211] wurde von Bund und Ländern am 16. Juni 2016 auf der Grundlage des Art. 91b I GG abgeschlossen, um den forschungsbasierten Ideen-, Wissens- und Technologietransfer an deutschen Hochschulen zu fördern. Die Förderinitiative soll dabei insbesondere der Stärkung von Fachhochschulen sowie kleinen und mittleren Universitäten in Fällen überregionaler Bedeutung dienen (S. 2 der Präambel der Vereinbarung). Ziel der gemeinsamen Programmförderung ist zum einen die Stärkung der strategischen Rolle der Hochschule im regionalen Innovationssystem (§ 1 I lit. a der Vereinbarung) und zum anderen die Unterstützung von Hochschulen, die bereits über eine kohärente Strategie für ihre Interaktion mit Wirtschaft und Gesellschaft sowie Strukturen und Erfahrungen im Ideen-, Wissens- und Technologietransfer verfügen, in der Profilierung im Ideen-, Wissens- und Technologietransfer der gesamten Hochschule oder in ausgewählten thematischen Bereichen der

1211 Verwaltungsvereinbarung zwischen Bund und Ländern gemäß Artikel 91b Absatz 1 des Grundgesetzes zur Förderung des forschungsbasierten Ideen-, Wissens- und Technologietransfers an deutschen Hochschulen – „Innovative Hochschule" – v. 19.10.2016, BAnz AT 27.10.2016 B7.

Hochschule (§ 1 I lit. b der Vereinbarung). Die Vereinbarung ist hinsichtlich ihrer Laufzeit bis Ende 2027 befristet worden (§ 8 der Vereinbarung).

a) Förderverfahren

Antragsberechtigt für die Programmförderung der Förderinitiative sind staatliche Hochschulen, einschließlich Hochschulen in Trägerschaft einer Stiftung des öffentlichen Rechts, und staatlich anerkannte Hochschulen, die staatlich refinanziert werden (§ 3 I 1 der Vereinbarung). Zudem ist eine gemeinsame Antragstellung mehrerer Hochschulen als Verbund möglich (§ 3 I 2 der Vereinbarung). Bei einem gemeinsamen Antrag können grundsätzlich auch Unternehmen der gewerblichen Wirtschaft, außeruniversitäre Bildungs- und Forschungseinrichtungen sowie gemeinnützige Organisationen und Vereine in räumlicher Nähe gefördert werden (§ 3 II der Vereinbarung). Mit ihrem Antrag erklärt die Hochschule zugleich ihre Bereitschaft zur Vorbereitung und Durchführung von Fachtagungen bzw. Veranstaltungen zum Erfahrungsaustausch sowie zur Mitwirkung an der Verbreitung guter Praxis (§ 3 V der Vereinbarung).

Aus den Programmmitteln gefördert werden Vorhaben zur Umsetzung der Transferstrategie für die Profilierung der gesamten Hochschule oder in thematischen Schwerpunkten im Ideen-, Wissens- und Technologietransfer (§ 2 der Vereinbarung). Die Förderinitiative wurde im Jahr 2016 ausgeschrieben, Förderbeginn war am 1. Januar 2018 (§ 6 IV der Vereinbarung). Die Förderung findet dabei in zwei Auswahlrunden statt (§ 5 III 1 der Vereinbarung). In der ersten Auswahlrunde werden Vorhaben für einen Zeitraum von bis zu fünf Jahren gefördert (§ 5 III 2 der Vereinbarung). An der zweiten Auswahlrunde können sich auch die bereits in der ersten Auswahlrunde geförderten Hochschulen zur Fortsetzung der Förderung beteiligen (§ 5 III 3 der Vereinbarung). Dabei werden Vorhaben in der zweiten Auswahlrunde ebenfalls für einen Zeitraum von bis zu fünf Jahren gefördert, höchstens jedoch bis zum Ende der Laufzeit des Programms (§ 5 III 5 i.V.m. § 8 der Vereinbarung).

Die Förderanträge der Hochschulen werden in einem wissenschaftsgeleiteten Verfahren von einem Auswahlgremium[1212] begutachtet und auf ihre

1212 Das Auswahlgremium setzt sich zusammen aus zwölf im Bereich der Hochschulgovernance und -strategie, des Ideen-, Wissens- und Technologietransfers, durch Erfahrungen und Kompetenzen im Innovationsprozess oder in Zusammenarbeit zwischen Wissenschaft, Wirtschaft und Gesellschaft ausgewiesenen Expertinnen und Experten aus Wissenschaft, Wirtschaft und Gesellschaft, zwei Vertreterinnen oder Vertretern des Bundes sowie vier Vertreterinnen oder Vertretern der

Förderwürdigkeit hin überprüft (§ 5 VIII der Vereinbarung). Anschließend entscheidet das Auswahlgremium mit einfacher Stimmenmehrheit über die Förderung und die Förderhöhe der als förderwürdig angesehenen Anträge im Rahmen der für die Förderinitiative verfügbaren Mittel (§ 5 I 4, IX der Vereinbarung). Die Förderung erfolgt als Zuwendung durch das Bundesministerium für Bildung und Forschung an die Hochschulen und ihre förderberechtigten Kooperationspartner (§ 5 X der Vereinbarung). Bund und Länder behalten sich überdies eine unabhängige Evaluation des Programms und seiner Wirkung vor (§ 7 der Vereinbarung).

b) Finanzierung

Zur Finanzierung des Programms stellen Bund und Länder, vorbehaltlich der Mittelbereitstellung durch ihre gesetzgebenden Körperschaften, bis zu insgesamt 550 Mio. Euro für zehn Jahre zur Verfügung (§ 6 I 1 der Vereinbarung). Die Mittel werden dabei vom Bund und vom jeweiligen Sitzland im Verhältnis 90:10 getragen (§ 6 I 2 der Vereinbarung). Die bereitgestellten Mittel umfassen zugleich 22 % der zuwendungsfähigen Projektausgaben von Hochschulen zur Deckung der mit der Förderung verbundenen indirekten Ausgaben (§ 6 I 3 der Vereinbarung). Von dieser Projektpauschale werden vom Bund wiederum 20 % und vom jeweiligen Sitzland 2 % der zuwendungsfähigen Projektausgaben getragen (§ 6 I 4 der Vereinbarung). Für Anträge einzelner Hochschulen werden jährlich Mittel in Höhe von jeweils bis zu 2 Mio. Euro und für Anträge von Verbünden Mittel bis zu 3 Mio. Euro veranschlagt (§ 6 II 1 der Vereinbarung). Mindestens die Hälfte der ausgewählten Förderfälle müssen Fachhochschulen oder Verbünde unter Koordination einer Fachhochschule bilden. Ferner muss mindestens die Hälfte der insgesamt je Auswahlrunde zur Verfügung gestellten Mittel für ausgewählte Anträge von Fachhochschulen oder von Verbünden unter Koordination einer Fachhochschule bereitgestellt werden (§ 6 II 2 der Vereinbarung).

Die Zuwendungen im Rahmen der Programmförderung werden im Wege der Projektförderung als nicht rückzahlbare Zuschüsse gewährt (§ 6 III der Vereinbarung). Die Kosten des Verfahrens, der Evaluation sowie gegebenenfalls einer wissenschaftlichen Begleitforschung werden aus den Programmmitteln des Bundes getragen (§ 6 V der Vereinbarung).

Länderseite (§ 5 I 1 der Vereinbarung). Die Vertreterinnen und Vertreter des Bundes führen jeweils zwei Stimmen, die übrigen Mitglieder führen jeweils eine Stimme (§ 5 I 3 der Vereinbarung).

c) Rechtsgrundlage und Verfassungsmäßigkeit

Die Rechtsgrundlage der Förderinitiative „Innovative Hochschule" ist ausweislich ihrer Vereinbarung der neue Art. 91b I GG. Die Initiative erfüllt alle Voraussetzungen der Verfassungsnorm. Zum einen handelt es sich bei ihr um eine Bund-Länder-Vereinbarung in Form einer schriftlichen Verwaltungsvereinbarung, der zudem alle Länder entsprechend dem qualifizierten Beteiligungs- und Zustimmungserfordernis nach Art. 91b I 2 GG zugestimmt haben. Zum anderen ist auch die gemeinsame Kostentragung mit Art. 91b III GG vereinbar. Darüber hinaus ist die Förderung des forschungsbasierten Ideen-, Wissens- und Technologietransfers an deutschen Hochschulen auch von gesamtstaatlicher, überregionaler Bedeutung. Der durch die Förderinitiative bezweckte Ideen- und Wissenstransfer dient ferner der Förderung der wissenschaftlichen Forschung, indem neue Möglichkeiten der Erkenntnisgewinnung geschaffen werden.

Allerdings besteht aufgrund der Übertragung der Förderentscheidungsbefugnisse auf das Auswahlgremium ein institutioneller Gesetzesvorbehalt. Ein grundsätzlich erwägbarer Ausgleich der demokratischen Legitimationsdefizite durch die Beteiligung der staatlichen Vertreterinnen und Vertreter des Bundes und der Länder in dem Auswahlgremium kommt dabei angesichts ihrer fehlenden Sperrminorität keineswegs in Betracht. Ferner bietet auch die Bereitstellung der Fördermittel in den Haushaltsplänen durch die Haushaltsgesetzgeber von Bund und Ländern keine ausreichende parlamentarische Grundlage für die Übertragung der Vergabekompetenzen der Forschungsförderung. Dies gilt umso mehr angesichts der darüber hinaus generell vorliegenden demokratischen Legitimationsdefizite im Rahmen der Bund-Länder-Mischfinanzierung auf der Grundlage von Art. 91b I GG.[1213] Auch der nur geringe Entscheidungsspielraum der Haushaltsgesetzgeber im Rahmen der Gemeinschaftsaufgaben im Wissenschaftsbereich führt zu keiner anderen Bewertung. Trotz der Haushaltsvorbehalte in der Förderinitiative sind die Parlamente faktisch dem politischen Druck ausgesetzt, die von den Exekutiven ausgehandelte Bund-Länder-Vereinbarung zu akzeptieren. Erforderlich ist somit aus rechtsstaatlichen und demokratischen Erwägungen ein Parlamentsgesetz, welches die Übertragung der Förderentscheidungskompetenzen auf das Auswahlgremium festlegt. Der grundrechtliche Gesetzesvorbehalt wird durch die Förderinitiative hingegen nicht berührt, da sie angesichts der verhältnismäßig geringen Summe der verteilten Fördermittel, der Befristung des Förderprogramms sowie der Weite des Adressatenkreises nicht

---

1213 S. dazu oben B. IV. 4. d) aa).

geeignet ist, die Wissenschaftsfreiheit in Art. 5 III 1 Alt. 2 GG wesentlich zu beeinträchtigen.

Die Förderinitiative „Innovative Hochschule“ erfüllt insgesamt zwar alle Voraussetzungen ihrer Rechtsgrundlage in Art. 91b I GG, die Norm enthält jedoch keine Befreiung vom allgemeinen Gesetzesvorbehalt und genügt vorliegend nicht als Ermächtigungsgrundlage. Da auch die etatmäßige Bereitstellung der Fördermittel in den Haushaltsplänen dem Gesetzesvorbehalt nicht genügt, ist die Förderinitiative verfassungswidrig.

d) Zusammenfassung und Bewertung

Die auf der Rechtsgrundlage des neuen Art. 91b I 1 GG erlassene Förderinitiative „Innovative Hochschule“ erhielt großen Zuspruch in der Praxis. So wurden in der ersten Auswahlrunde der Förderinitiative im Jahr 2017 bereits 48 Hochschulen in 19 Einzel- und 10 Verbundvorhaben zur Förderung ausgewählt.[1214] Die gemeinsame Förderung im Rahmen der Förderinitiative ist jedoch verfassungswidrig auf der Grundlage von Art. 91b I GG abgeschlossen worden. Bund und Länder machten von den durch die Reform von 2014 neu geschaffenen Möglichkeiten zur dauerhaften gemeinsamen Förderung an Hochschulen nach Art. 91b I GG überdies keinen Gebrauch. Die gemeinsame Förderung wurde einerseits hinsichtlich der Förderdauer der Projekte auf bis zu höchstens fünf Jahren und andererseits hinsichtlich der gesamten Programmlaufzeit bis Ende 2027 zeitlich beschränkt. Die Planungssicherheit und Grundfinanzierung der Hochschulen kann auf diese Weise kaum nachhaltig gestärkt werden. Auch die Hochschulrektorenkonferenz kritisierte, dass die finanzielle Ausstattung der Hochschulen im Rahmen des Programms mit Blick auf ihre strukturelle Unterfinanzierung zu gering sei.[1215] Eine dauerhafte Beteiligung des Bundes an der Ausführung und Finanzierung originärer Länderaufgaben wäre indes hinsichtlich des Ausnahmecharakters von Art. 91b I GG sowie des Demokratieprinzips in Art. 20 I, II GG verfassungsrechtlich nicht unbedenklich.

1214 *GWK*, Bund-Länder-Initiative zur Förderung des forschungsbasierten Ideen-, Wissens- und Technologietransfers an deutschen Hochschulen – „Innovative Hochschule“, Liste der zur Förderung ausgewählten Hochschulen und Hochschulverbünde (Stand: 4.7.2017).

1215 *HRK*, Pressemitteilung v. 20.5.2016.

10. Programm zur Förderung des wissenschaftlichen Nachwuchses

Am 16. Juni 2016 wurde das Programm zur Förderung des wissenschaftlichen Nachwuchses[1216] von Bund und Ländern auf der Grundlage des neuen Art. 91b I GG abgeschlossen, um die Karrierewege des wissenschaftlichen Nachwuchses an Universitäten und gleichgestellten Hochschulen besser planbar und transparenter zu gestalten (S. 3 der Präambel der Vereinbarung). Schwerpunkt des Programms ist die stärkere Etablierung der Tenure-Track-Professuren an deutschen Universitäten als eigenständigen Karriereweg neben den herkömmlichen Qualifizierungsformen hin zur Professur sowie die Förderung von zusätzlichen 1.000 Tenure-Track-Professuren (S. 7–8 der Präambel der Vereinbarung, § 1 lit. b der Vereinbarung). Weitere Ziele des Programms sind die Erhöhung der Attraktivität und Wettbewerbsfähigkeit des deutschen Wissenschaftssystems (§ 1 lit. a der Vereinbarung) sowie die Erweiterung der Karriereperspektiven für den wissenschaftlichen Nachwuchs durch Schaffung von mehr dauerhaften Professuren (§ 1 lit. c der Vereinbarung). Ferner soll mithilfe des Programms eine frühere Entscheidung über einen dauerhaften Verbleib von Nachwuchswissenschaftlerinnen und -wissenschaftlern im Wissenschaftssystem ermöglicht werden (§ 1 lit. d der Vereinbarung). Das Programm bezweckt mit der Etablierung der Tenure-Track-Professur darüber hinaus die Förderung eines Kulturwandels und Weiterentwicklung der Personalstruktur an der gesamten Universität (S. 9 der Präambel der Vereinbarung, § 1 lit. e der Vereinbarung) sowie die Verbesserung von Chancengerechtigkeit und Vereinbarkeit von Beruf und Familie (§ 1 lit. f der Vereinbarung). Das Programm zur Förderung des wissenschaftlichen Nachwuchses ist bis Ende 2032 befristet worden (§ 10 I der Vereinbarung) und wird durch ein programmbegleitendes Monitoring sowie eine unabhängige Evaluation bewertet (§ 9 der Vereinbarung).

a) Förderverfahren und Finanzierung

Antragsberechtigt für die Fördermittel des Programms waren die Universitäten und die ihnen gleichgestellten Hochschulen der Länder (§ 2 der Vereinbarung). Voraussetzung für die Teilnahme am Programm war zunächst eine verbindliche Grundsatzentscheidung der antragstellenden Hochschule für die

---

1216 Verwaltungsvereinbarung zwischen Bund und Ländern gemäß Artikel 91b Absatz 1 des Grundgesetzes über ein Programm zur Förderung des wissenschaftlichen Nachwuchses v. 16.6.2016, BAnz AT 27.10.2016 B8.

Implementierung des Karrierewegs der Tenure-Track-Professur gemäß den in § 4 der Vereinbarung geregelten Anforderungen (§ 5 I 1 der Vereinbarung). Der Antrag der Hochschule musste zudem ein Gesamtkonzept enthalten, welches Aussagen zur Bestandsaufnahme und Weiterentwicklung der Personalstruktur und des Berufungs-, und Karrieresystems sowie zur Implementierung der Tenure-Track-Professur und der besseren Vereinbarkeit von Familie und Beruf enthält (§ 5 II der Vereinbarung). Gefördert werden können im Rahmen des Programms sowohl Personalaufwendungen für Tenure-Track-Professuren mit einer Laufzeit von bis zu sechs Jahren[1217] pro Tenure-Track-Professur (§ 3 Nr. 1 der Vereinbarung) als auch Personalaufwendungen für Anschlussstellen, die W2- oder W3-äquivalent sind, für bis zu zwei Jahre bei positiver Tenure-Evaluation (§ 3 Nr. 2 der Vereinbarung). Ferner können Ausstattungsausgaben für die soeben genannten Positionen gefördert werden (§ 3 Nr. 3 der Vereinbarung). Ebenfalls Gegenstand der Programmförderung ist ein Strategieaufschlag i.H.v. 15 % auf die Förderung der o.g. Fördergegenstände (§ 3 Nr. 4 der Vereinbarung). Mit Letzterem können Aufwendungen gefördert werden, die der Implementierung der Tenure-Track-Professur, der Beförderung des mit ihrer Etablierung verbundenen Kulturwandels und der Weiterentwicklung der Personalstruktur des wissenschaftlichen Personals an der gesamten Universität dienen. Das Gesamtkonzept der antragstellenden Hochschule wurde sodann auf seine Förderwürdigkeit hin bewertet (§ 5 III der Vereinbarung). Über die Förderung der als förderwürdig erachteten Anträge und über die Förderhöhe entschied ein Auswahlgremium[1218] mit einfacher Stimmenmehrheit in einem wettbewerblichen Verfahren im Rahmen der verfügbaren Programmmittel (§ 6 II, V 5 der Vereinbarung). Das Programm zur Förderung des wissenschaftlichen Nachwuchses wurde in zwei Bewilligungsrunden in den Jahren 2017 und 2019 durchgeführt (§ 6 I 1 der Vereinbarung). Dabei konnten in der zweiten Bewilligungsrunde auch die Hochschulen teilnehmen, die in der ersten Bewilligungsrunde nicht erfolgreich waren (§ 6 I 2 der Vereinbarung).

1217 Ggf. können bei Geburt oder Adoption eines Kindes auch Verlängerungsjahre gefördert werden (§ 3 Nr. 1 S. 2 u. 3 der Vereinbarung).

1218 Das Auswahlgremium bestand aus zwölf ausgewiesenen Expertinnen und Experten aus der Wissenschaft, dem Hochschulmanagement, Vertreterinnen und Vertretern des wissenschaftlichen Nachwuchses sowie aus zwei Vertreterinnen und Vertretern des Bundes und vier Vertreterinnen und Vertretern der Länder (§ 6 V 1 der Vereinbarung). Jedes Mitglied führte eine Stimme, die Vertreterinnen und Vertreter des Bundes führten je zwei Stimmen (§ 6 V 4 der Vereinbarung).

Für die Programmfinanzierung stellt der Bund ab dem Jahr 2017 ein Gesamtvolumen von bis zu 1 Mrd. Euro für die Gesamtlaufzeit des Programms bis 2032 zur Verfügung (§ 7 I 1 der Vereinbarung). Davon stehen in der ersten Bewilligungsrunde bis zu 50 % der Mittel und in der zweiten Bewilligungsrunde die übrigen Mittel bereit (§ 7 I 2 der Vereinbarung). Die Programmförderung erfolgt dabei als Zuwendung des Bundesministeriums für Bildung und Forschung an die Hochschulen (§ 7 II der Vereinbarung). Die Zuwendung an die Hochschule wird für einen Zeitraum von bis zu 13 Jahren innerhalb der Programmlaufzeit gewährt (§ 7 III der Vereinbarung). Der Bund finanziert die Fördergegenstände in Form einer Pauschale i.H.v. insgesamt 118.045 Euro pro Jahr (§ 7 IV der Vereinbarung). Die Kosten für das programmbegleitende Monitoring und die Evaluation trägt der Bund aus den Programmmitteln (§§ 7 X, 9 III der Vereinbarung). Das jeweilige Sitzland stellt wiederum die Gesamtfinanzierung des Programms sicher (§ 7 VIII der Vereinbarung). Zudem stellt jedes Land sicher, dass die mit dem Programm erreichte Gesamtzahl der Tenure-Track-Professuren an ihren Hochschulen auch nach Ende des Programms erhalten bleibt (§ 8 II der Vereinbarung). Darüber hinaus sagen die Länder zu, dass sich die Anzahl der unbefristet beschäftigten Professorinnen und Professoren an ihren antragsberechtigten Hochschulen insgesamt nach Ende des Programms im Umfang der durch das Programm geschaffenen Tenure-Track-Professuren erhöht hat (§ 8 III der Vereinbarung).

b) Rechtsgrundlage und Verfassungsmäßigkeit

Laut der Vereinbarung des Programms zu Förderung des wissenschaftlichen Nachwuchses ist seine Rechtsgrundlage der neue Art. 91b I GG. Hinsichtlich der Vereinbarkeit des Programms mit der Verfassungsnorm bestehen keine Bedenken. Dass das Tenure-Track-Programm trotz formeller Befristung auf eine dauerhafte Etablierung dieses neuen Karriereweges in der akademischen Laufbahn angelegt ist und somit einen „Kulturwandel" der Personalstruktur an den Hochschulen bezweckt, ist dabei unproblematisch. Der neue Art. 91b I 1 GG gestattet gerade auch die langfristige, institutionelle Förderung an Hochschulen.

Durch die Übertragung der Förderentscheidungsbefugnisse auf das Auswahlgremium, in welchem die staatlichen Vertreterinnen und Vertreter überdies keine Sperrminorität haben, besteht allerdings mangels hinreichender parlamentarischer Kontrollmöglichkeiten ein institutioneller Gesetzesvorbehalt. Diesem wird ferner auch nicht mit der parlamentarischen Bereitstellung der Fördermittel durch den Bundeshaushaltsgesetzgeber entsprochen. Allein den Haushaltsansätzen des Bundes lässt sich noch keine sachlich-inhaltlich ausreichende demokratische Legitimation für die Übertragung von Vergabekompetenzen auf weisungsfreie Private innerhalb des Auswahlgremiums entnehmen. Die Haushaltsgesetze genügen daher im Ergebnis nicht den rechtsstaatlichen und demokratischen Anforderungen des institutionellen Gesetzesvorbehalts. Insbesondere vor dem Hintergrund der bundesstaatlichen Verantwortungsvermischung[1219] im Rahmen der Gemeinschaftsaufgaben ist eine materiell-gesetzliche Grundlage erforderlich, um ein ausreichendes demokratisches Legitimationsniveau für die gemeinsame Förderung herzustellen. Hinzu gesellt sich das Problem der faktischen Präjudizierung des Haushaltsgesetzgebers im Rahmen der Gemeinschaftsaufgaben im Wissenschaftsbereich, dem hier letztlich kaum Entscheidungsspielraum zuteilwird. Trotz des Haushaltsvorbehalts in der vorliegenden Vereinbarung steht das Parlament faktisch unter dem politischen Druck, die Exekutivvereinbarungen zu billigen. Der grundrechtliche Gesetzesvorbehalt wird durch das Förderprogramm hingegen nicht ausgelöst, da dieses keine Maßnahme darstellt, die geeignet ist die Wissenschaftsfreiheit in Art. 5 III 1 Alt. 2 GG oder das Leistungsprinzip in Art. 33 II GG zu gefährden. Im Ergebnis ist das Programm zur Förderung des wissenschaftlichen Nachwuchses dennoch mangels ausreichender parlamentarischer Legitimation insgesamt verfassungswidrig.

c) Zusammenfassung und Bewertung

In der ersten Bewilligungsrunde im September 2017 haben deutschlandweit 468 Tenure-Track-Professuren an 34 Universitäten eine Förderzusage erhalten,[1220] womit bereits fast die Hälfte der angestrebten 1.000 Tenure-Track-Professuren in der ersten Bewilligungsrunde erreicht wurde. Das Programm zur Förderung des wissenschaftlichen Nachwuchses wurde allerdings verfassungswidrig auf der Grundlage des neuen Art. 91b GG erlassen. Zugleich wurde die neue Möglichkeit zur institutionellen Förderung an Hochschulen genutzt, indem die Tenure-Track-Professur als neuer eigenständiger Karriereweg in der akademischen Laufbahn dauerhaft etabliert und somit ein Wandel der Personalstruktur an den Hochschulen erreicht werden soll. Dennoch wurde die allein vom Bund zu tragende Programmförderung auf eine Laufzeit von insgesamt zehn Jahren befristet. Die Förderung der Personalaufwendungen für Tenure-Track-Professuren wurde wiederum auf bis zu sechs Jahre und für

---

1219 S. dazu oben B. IV. 4. d) aa).

1220 *GWK*, Bund-Länder-Programm zur Förderung des wissenschaftlichen Nachwuchses, Liste der vom Auswahlgremium zur Förderung ausgewählten Universitäten (Stand: 21.9.2017).

W2- oder W3-äquivalente Anschlussstellen auf bis zu zwei Jahre bei positiver Tenure-Evaluation zeitlich begrenzt. Die Weiterfinanzierung der Stellen der positiv evaluierten Tenure-Kandidatinnen und -Kandidaten obliegt wiederum allein der Hochschule bzw. dem jeweiligen Land als Träger. Der Bund leistet im Rahmen des Programms demzufolge lediglich eine Anschubfinanzierung. Da jede Tenure-Stelle überdies nach Übernahme oder Ausscheiden einer Stelleninhaberin bzw. eines Stelleninhabers wieder neu ausgeschrieben werden muss, werden weitere langfristige finanzielle und strukturelle Bindungen der Länder erzeugt, die für die Länder eine erhebliche zusätzliche Finanzbelastung bedeuten werden.[1221] Die angestrebten Ziele der jüngsten Reform von Art. 91b I GG, nämlich die Verbesserung der Planungssicherheit an den Hochschulen und die Stärkung der Grundfinanzierung der Hochschulen, werden im Rahmen des Programms deshalb nicht erreicht. Vielmehr sorgen die Förderkriterien des Bund-Länder-Programms dafür, dass mit den Bundesmitteln zusätzliche Landesmittel in den Dienst des wesentlich vom Bund definierten Programmziels gestellt werden und somit eine hohe Steuerungswirkung des Bundes, auch auf die Personalstruktur der Landeshochschulen besteht.[1222] Darüber hinaus kritisierte die Hochschulrektorenkonferenz, dass die in der Vereinbarung vorgesehene finanzielle Ausstattung pro Tenure-Track-Stelle absehbar weit unter dem erforderlichen Wert liege.[1223]

11. Personalgewinnung und -entwicklung an Fachhochschulen

Bund und Länder schlossen am 26. November 2018 auf der Grundlage des neuen Art. 91b I GG das gemeinsame Programm zur Förderung der Gewinnung und Entwicklung von professoralem Personal an Fachhochschulen[1224] mit dem Ziel ab, die Fachhochschulen bei der Gewinnung von Professorinnen und Professoren durch die Einführung oder den Ausbau strukturwirksamer Instrumente zur Personalrekrutierung und -qualifizierung zu unterstützen (S. 2 der Präambel FH-Personal). Die Programmlaufzeit ist bis Ende 2028 befristet (§ 9 I FH-Personal).

1221 *Speiser*, Der deutsche Wissenschaftsföderalismus auf dem Prüfstand, S. 170.

1222 *Speiser*, Der deutsche Wissenschaftsföderalismus auf dem Prüfstand, S. 170.

1223 *HRK*, Pressemitteilung v. 20.5.2016.

1224 Vereinbarung zwischen Bund und Ländern gemäß Artikel 91b Absatz 1 des Grundgesetzes über ein Programm zur Förderung der Gewinnung und Entwicklung von professoralem Personal an Fachhochschulen v. 26.11.2018, BAnz AT 21.12.2018 B11 („FH-Personal").

a) *Förderverfahren und Finanzierung*

Antragsberechtigt sind im Rahmen des Förderverfahrens sowohl die Fachhochschulen in staatlicher Trägerschaft, einschließlich der Hochschulen in Trägerschaft einer Stiftung des öffentlichen Rechts, als auch die staatlich anerkannten Fachhochschulen, die staatlich refinanziert werden (§ 3 I FH-Personal). Ferner können mehrere Fachhochschulen als Verbund gemeinsam Anträge stellen (§ 3 II FH-Personal). Im Rahmen der Förderanträge können überdies grundsätzlich auch Unternehmen der gewerblichen Wirtschaft, Universitäten, gleichgestellte Hochschulen, andere Bildungs- und Forschungseinrichtungen sowie gemeinnützige Organisationen und Vereine gefördert werden (§ 3 III 1 FH-Personal). Für die Durchführung des Förderprogramms hat das Bundesministerium für Bildung und Forschung außerdem die Projektträgerin „Forschungszentrum Jülich GmbH" beauftragt (§ 5 IV FH-Personal). Im weiteren Verlauf des Förderverfahrens ist zwischen der Förderung der sog. Konzeptbildung und der Förderung in der sog. Umsetzungsphase zu differenzieren.

Mit der Förderung der Konzeptbildung soll den Fachhochschulen eine intensive Befassung mit dem Thema Gewinnung von professoralem Personal ermöglicht werden, um eine belastbare und datengestützte Stärken-Schwächen-Analyse zu erstellen und hierauf aufbauend ein strategisch überzeugendes und nachhaltiges Konzept zu entwickeln (§ 4 I 2 FH-Personal). Für eine solche Konzeptbildung kann eine Fachhochschule vor dem Beginn der Umsetzungsphase einmalig eine Förderung i.H.v. maximal 50.000 Euro erhalten (§ 5 I 1 FH-Personal). Die Verwendung dieser Fördermittel muss dem Ziel einer umfassenden Stärken-Schwächen-Analyse und des darauf aufbauenden Konzepts zur Gewinnung und Entwicklung professoralen Personals dienen (§ 5 I 2 FH-Personal). Die Förderlaufzeit der Konzeptbildungsförderung ist dabei auf höchstens acht Monate begrenzt (§ 5 I 5 FH-Personal). Der Bewilligung der Förderung zur Konzeptbildung geht im Übrigen eine Prüfung der Anträge der Fachhochschulen anhand der in § 4 I FH-Personal festgelegten Förderkriterien voraus.

Die Förderung in der sog. Umsetzungsphase wird wiederum in zwei Bewilligungsrunden in den Jahren 2020 und 2022 durchgeführt (§ 5 II lit. a FH-Personal). Der Anteil der Gesamtförderung, der für die Fachhochschulen eines Landes je Bewilligungsrunde höchstens zur Verfügung steht, bestimmt sich nach einem in der Vereinbarung festgelegten Schlüssel (§ 5 II lit. b FH-Personal). Voraussetzung für die Förderung in der Umsetzungsphase ist eine belastbare datengestützte und geschlechterspezifische Stärken-Schwächen-Analyse der Fachhochschule zum Thema Gewinnung professoralen Personals (§ 4 II 1 FH-Personal). Die Beteiligung im Rahmen der Konzeptbildungsförderung ist hingegen keine Voraussetzung für die Förderung in der Umsetzungsphase (§ 5 I 6 FH-Personal). Die Fachhochschulen richten ihre Anträge auf Förderung in der Umsetzungsphase an die beauftragte Projektträgerin (§ 5 II lit. c FH-Personal). Die Anträge werden sodann auf der Grundlage der in § 4 II FH-Personal festgelegten Förderkriterien in einem wissenschaftsgeleiteten Verfahren von einem Auswahlgremium[1225] begutachtet und auf ihre Förderwürdigkeit hin bewertet (§ 5 II lit. d S. 1 FH-Personal). Das Auswahlgremium entscheidet ferner in einem wettbewerblichen Verfahren über die Förderung der als förderwürdig eingestuften Anträge und über die jeweilige Förderhöhe (§ 5 II lit. d S. 2 FH-Personal). Bewilligte Maßnahmen in der Umsetzungsphase können je Bewilligungsrunde für einen Zeitraum von bis zu sechs Jahren gefördert werden (§ 6 IV FH-Personal).

Für die Finanzierung des gesamten Förderprogramms stellen Bund und Länder insgesamt 431,5 Mio. Euro über einen Zeitraum von zehn Jahren zur Verfügung (§ 6 I 1 FH-Personal). Die Mittel für die Förderung werden in den Jahren von 2019 bis 2022 allein vom Bund, in den Jahren 2023 bis 2026 von Bund und Ländern im Verhältnis 75:25 und in den Jahren 2027 bis 2028 von Bund und Ländern im Verhältnis 50:50 getragen (§ 6 II 1 FH-Personal). Der Bund und das jeweilige Sitzland weisen ihren Finanzierungsanteil dabei der begünstigten Fachhochschule zu (§ 6 II 3 FH-Personal). Förderfähig sind die direkten, durch die Projekte verursachten Personal- und Sachausgaben (§ 6 III 2 FH-Personal). Das jeweilige Sitzland der Fachhochschule stellt die Gesamtfinanzierung sicher (§ 6 V FH-Personal).

b) Rechtsgrundlage und Verfassungsmäßigkeit

Rechtsgrundlage des Förderprogramms zur Förderung der Gewinnung und Entwicklung von professoralem Personal an Fachhochschulen ist laut der Vereinbarung der neue Art. 91b I GG. Gegen die Vereinbarkeit des Programms mit

---

1225 Das Auswahlgremium setzt sich zusammen aus mindestens 16 ausgewiesenen Expertinnen und Experten, u.a. aus der angewandten Wissenschaft, Personalexpertinnen und -experten aus dem Hochschulmanagement, Vertreterinnen und Vertretern der Wirtschaft, sowie darüber hinaus aus zwei Vertreterinnen und Vertretern des Bundes und vier Vertreterinnen und Vertreter der Länder (§ 5 II lit. e S. 1 FH-Personal). Jedes Mitglied führt eine Stimme, die Vertreterinnen und Vertreter des Bundes führen je zwei Stimmen (§ 5 II lit. e S. 5 FH-Personal). Die Entscheidungen des Auswahlgremiums werden mit einfacher Mehrheit der abgegebenen Stimmen getroffen (§ 5 II lit. e S. 6 FH-Personal).

der Verfassungsnorm bestehen keine Einwände. Das Bund-Länder-Programm dient vor allem eindeutig der Förderung der wissenschaftlichen Lehre, die auch an den staatlichen und staatlich anerkannten Fachhochschulen stattfindet.[1226]

Allerdings ist der institutionelle Gesetzesvorbehalt angesichts der Übertragung der Förderentscheidungsbefugnisse auf das Auswahlgremium, in welchem die staatlichen Vertreterinnen und Vertreter des Bundes und der Länder derzeit keine Stimmenmehrheit haben (§ 5 II lit. e FH-Personal) einschlägig.[1227] Ihm wird ferner auch nicht durch die Bereitstellung der Fördermittel durch die Haushaltsgesetzgeber Genüge getan. Die Haushaltsansätze enthalten lediglich eine generelle schlagwortartige Zweckbestimmung der Fördermittel sowie deren Gesamtbetrag, jedoch keine Aussagen bezüglich der Übertragung von Vergabekompetenzen auf das gruppenpluralistisch besetzte Auswahlgremium. Zudem ist das demokratische Legitimationsniveau im Rahmen der Bund-Länder-Mischfinanzierung nach Art. 91b I GG ohnehin bereits in Mitleidenschaft gezogen.[1228] Den Haushaltsgesetzgebern kommt im Rahmen der Gemeinschaftsaufgaben im Wissenschaftsbereich trotz der Haushaltsvorbehalte in der vorliegenden Vereinbarung auch nur wenig Entscheidungsspielraum zu. Die Parlamente von Bund und Ländern sind faktisch präjudiziert und stehen unter politischem Zugzwang, die auf exekutiver Ebene zustande gekommenen Bund-Länder-Vereinbarungen abzusegnen. In rechtstaatlicher und demokratischer Hinsicht können die Haushaltsgesetze als parlamentarische Legitimation daher vorliegend nicht genügen. Ob auch der grundrechtliche Gesetzesvorbehalt durch eine wesentliche Beeinträchtigung der Verwirklichung der Wissenschaftsfreiheit in Art. 5 III 1 Alt. 2 GG insbesondere für nicht begünstigte Konkurrenten eingreift, kann noch nicht abschließend bewertet werden. Einerseits kann sich die Förderung aufgrund der deutlich voneinander abweichenden Budgets der zahlreichen staatlichen Fachhochschulen in Deutschland unterschiedlich stark grundrechtlich auswirken, andererseits liegen noch keine Zahlen zu Anzahl und Höhe der geförderten Anträge vor.

Das Bund-Länder-Förderprogramm zur Förderung der Gewinnung und Entwicklung von professoralem Personal an Fachhochschulen ist jedoch

---

1226 BVerfGE 126, 1 (1).

1227 Derzeit ist das Auswahlgremium neben zwei Vertreterinnen und Vertretern des Bundes und vier Vertreterinnen und Vertretern der Länder mit 20 Expertinnen und Experten besetzt, sodass die staatlichen Vertreterinnen und Vertreter lediglich über acht von 20 Stimmen verfügen.

1228 S. dazu oben B. IV. 4. d) aa).

bereits durch die Verletzung des institutionellen Gesetzesvorbehalts insgesamt verfassungswidrig.

c) Zusammenfassung und Bewertung

Das Bund-Länder-Programm auf der Grundlage des neuen Art. 91b I GG ist mangels materiell-gesetzlicher Grundlage verfassungswidrig zur Förderung der Fachhochschullehre abgeschlossen worden. Auf eine unbefristete Förderung wurde überdies verzichtet. Das Programm bleibt insoweit hinter den verfassungsrechtlichen Möglichkeiten des neuen Art. 91b I GG zurück. Die fehlende Dauerhaftigkeit der Förderung dürfte in der Praxis jedoch zu mangelnder Planungssicherheit an den Fachhochschulen führen. Darüber hinaus erweist sich nicht nur der kontinuierlich steigende Länderanteil an der Gesamtfinanzierung des Programms, sondern auch die alleinige Kostentragung etwaiger implementierter Maßnahmen – wie etwa Schwerpunktprofessuren – durch die Länder nach Ablauf der Programmlaufzeit als problematisch. Der Bund leistet im Rahmen des Förderprogramms letztlich nur eine befristete, degressive Anschubfinanzierung, die zu erheblichen Bindungen künftiger Landesmittel führt und die Grundfinanzierung der Fachhochschulen keineswegs nachhaltig stärkt.

12. Gemeinsame Förderung von Hochschulen im Überblick

Die gemeinsame Förderung von Hochschulen durch Bund und Länder belief sich im Jahr 2019 im Rahmen der oben aufgeführten aktuellen Programme auf der Grundlage von Art. 91b GG auf insgesamt etwa 5,69 Mrd. Euro.[1229] Dabei wichen die einzelnen Fördersummen je nach Förderprogramm allerdings stark voneinander ab. Folgendes Diagramm zeigt die gemeinsame Förderung von Hochschulen durch Bund und Länder nach Förderprogramm im Überblick:

1229 *GWK*, Gemeinsame Förderung des Bundes und der Länder auf der Grundlage von Art. 91b I GG, Stand: 9.1.2020.

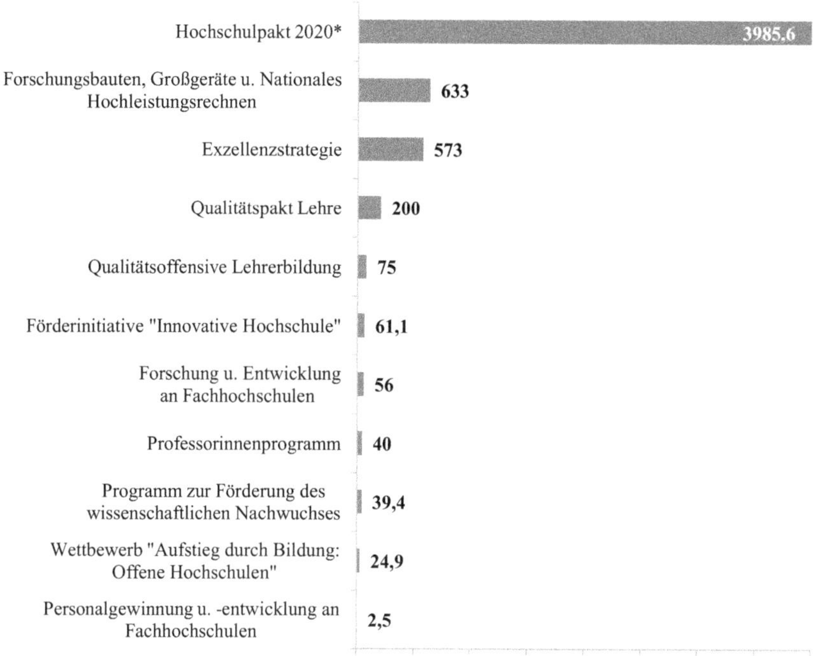

Abb. 1: Gemeinsame Förderung von Hochschulen im Überblick – Gesamtmittel in Mio. Euro (2019). *GWK*, Gemeinsame Förderung des Bundes und der Länder auf der Grundlage von Art. 91b I GG, Stand: 9.1.2020. * *Gesamtmittel umfassen Mittel für das „Programm zur Aufnahme zusätzlicher Studienanfänger“ (1. Säule) sowie für das Programm zur Finanzierung der DFG-Programmpauschalen (2. Säule).*

Bei der Analyse der Fördersummen der einzelnen Bund-Länder-Förderprogramme an Hochschulen im Jahr 2019 sticht der Hochschulpakt 2020 aufgrund seiner mit Abstand umfangreichsten Fördersumme deutlich heraus. Mit etwa 4 Mrd. Euro entfielen rund 70 % der insgesamt von Bund und Ländern gemeinsam aufgewendeten Fördermittel auf der Grundlage von Art. 91b GG allein auf den Hochschulpakt 2020, welcher folglich auch von herausragender Bedeutung für die Hochschulen war. Auch die gemeinsame Förderung im Rahmen der Forschungsbauten an Hochschulen einschließlich Großgeräten und des Nationalen Hochleistungsrechnens, der Exzellenzstrategie sowie des Qualitätspakts Lehre war angesichts der hohen Fördersummen bedeutend für die Finanzierung der Hochschulen. In Relation dazu bewegten sich die einzelnen Fördersummen im Rahmen der Qualitätsoffensive Lehrerbildung, der Förderinitiative „Innovative

Hochschule", der Forschung und Entwicklung an Fachhochschulen, des Professorinnenprogramms, des Programms zu Förderung des Wissenschaftlichen Nachwuchses sowie des Wettbewerbs „Aufstieg durch Bildung: offene Hochschulen" in einem deutlich niedrigeren Bereich. Im Rahmen des erst 2019 gestarteten Programms zur Förderung der Gewinnung und Entwicklung von professoralem Personal an Fachhochschulen konnten bereits erste Zuwendungen in einem Umfang von bis zu ca. 2,5 Mio. Euro als Fördermittel gewährt werden.

Neben den einzelnen Fördersummen variierten auch die Finanzierungsanteile von Bund und Ländern je nach Förderprogramm stark. Folgendes Diagramm zeigt die Finanzierungsanteile von Bund und Ländern im Rahmen der gemeinsamen Förderung von Hochschulen im Jahr 2019 im Überblick:

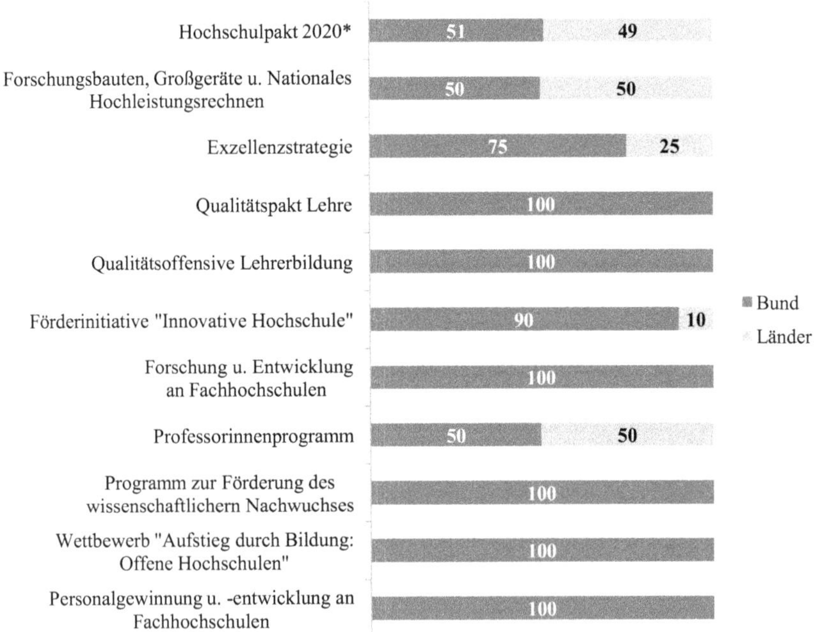

Abb. 2: Gemeinsame Förderung von Hochschulen im Überblick – Prozentuale Finanzierungsanteile von Bund und Ländern (2019). *GWK*, Gemeinsame Förderung des Bundes und der Länder auf der Grundlage von Art. 91b I GG, Stand: 9.1.2020.
** Der Finanzierungsanteil bezieht sich auf das „Programm zur Aufnahme zusätzlicher Studienanfänger" (1. Säule).*

Bei der Analyse der prozentualen Finanzierungsanteile von Bund und Ländern im Rahmen der gemeinsamen Förderprogramme an den Hochschulen im Jahr 2019 lässt sich feststellen, dass die Finanzierungsanteile des Bundes insgesamt deutlich überwogen. Allein sechs von elf Bund-Länder-Förderprogrammen finanzierte der Bund in diesem Jahr im Alleingang. Dazu zählten der Qualitätspakt Lehre, die Qualitätsoffensive Lehrerbildung, die Forschung und Entwicklung an Fachhochschulen, das Programm zur Förderung des wissenschaftlichen Nachwuchses, der Wettbewerb „Aufstieg durch Bildung: offene Hochschulen" sowie die Förderung zur Gewinnung und Entwicklung von professoralem Personal an Fachhochschulen. Neben dem weniger finanzintensiven Professorinnenprogramm, welches von Bund und Ländern jeweils zur Hälfte getragen wurde, finanzierten Bund und Länder auch die umfangreichsten Programme des Hochschulpaktes 2020, der AV-FGH zur Förderung von Forschungsbauten, Großgeräten und Nationalem Hochleistungsrechnen sowie der Exzellenzstrategie gemeinsam. Die Förderung von Forschungsbauten, Großgeräten und Nationalem Hochleistungsrechnen übernahmen Bund und Länder dabei ebenfalls jeweils hälftig. Die Fördermittel der Exzellenzstrategie wurden wiederum zu 75 % vom Bund und zu 25 % von den Ländern getragen. Die Finanzierungsanteile des mit erheblichem Abstand finanzstärksten Programms des Hochschulpaktes 2020 beliefen sich hinsichtlich der ersten Säule beim Bund auf etwa 51 % und bei den Ländern auf ca. 49 %. Insgesamt brachten Bund und Länder im Rahmen aller genannten Programme im Jahr 2019 rund 5,69 Mrd. Euro an Fördermitteln auf, wovon etwa 3,43 Mrd. Euro vom Bund und ca. 2,26 Mrd. Euro von den Ländern stammten. Der prozentuale Finanzierungsanteil des Bundes an der gesamten gemeinsamen Finanzierung der Hochschulen belief sich mithin auf rund 60 %, der der Länder hingegen auf etwa 40 %.

13. Zusammenfassung und Bewertung

Der Blick auf die Staatspraxis offenbart zunächst, dass Bund und Länder auch nach der verfassungsrechtlichen Einengung der Gemeinschaftsaufgabe auf die Vorhabenförderung an Hochschulen durch die Föderalismusreform I vielfach von den Möglichkeiten des Zusammenwirkens nach Art. 91b I 1 Nr. 2 u. 3 GG (i.d.F. v. 2006) Gebrauch gemacht haben und so insgesamt große Fördersummen in den Hochschulbereich flossen. Dies zeigt deutlich, wie sehr der seinerzeit erhobene polemische Vorwurf eines im Hochschulbereich bestehenden „Kooperationsverbotes"[1230] ins Leere

1230 Vgl. zum Begriff des „Kooperationsverbotes" auch oben A. IV. 1.

ging.[1231] Vielmehr veranschaulichen die zahlreichen und umfangreichen Bund-Länder-Förderprogramme die finanzwirtschaftliche Bedeutung, die Art. 91b I 1 Nr. 2 GG (i.d.F. v. 2006) für den Hochschulbereich hatte. Die verfassungsrechtliche Prüfung der auf dieser Grundlage geschlossenen Bund-Länder-Förderprogramme ergibt allerdings, dass sowohl die ersten beiden Phasen des Professorinnenprogramms, der Qualitätspakt Lehre als auch die Qualitätsoffensive Lehrerbildung gegen die Vorgaben von Art. 91b I 1 Nr. 2 GG (i.d.F. v. 2006) verstoßen und die gemeinsame Förderung daher verfassungswidrig ist. Darüber hinaus reizten die dritte Förderlinie der zweiten Programmphase der Exzellenzinitiative („Zukunftskonzepte") sowie das finanzstarke „Programm zur Aufnahme zusätzlicher Studienanfänger" im Rahmen des Hochschulpaktes 2020 (1. Säule) den Wortlaut der Norm bis zum Äußersten aus. Verfassungsrechtliche Probleme ergaben sich vor der jüngsten Reform von Art. 91b I GG überdies vor allem in Bezug auf die rechtsstaatlichen und demokratischen Anforderungen des institutionellen Gesetzesvorbehalts, der sowohl durch die Exzellenzinitiative, die DFG-Programmpauschalen des Hochschulpaktes 2020 (2. Säule), die Förderinitiative „offene Hochschule" als auch die AV-FuG jeweils verletzt wurde. Verfassungsgerichtlich überprüft wurden diese Vereinbarungen indes nie.

Auch nach der jüngsten Reform von Art. 91b I GG im Jahr 2014 haben Bund und Länder bereits umfassend Gebrauch von den Möglichkeiten zur gemeinsamen Förderung von Hochschulen gemacht. Dabei sind sowohl der Zukunftsvertrag „Studium und Lehre stärken" als auch die letzte Fortsetzung des Programms zur Förderung der Forschung und Entwicklung der Fachhochschulen verfassungsmäßig auf der neuen Rechtsgrundlage geschlossen worden. Die Verfassungsmäßigkeit der Verwaltungsvereinbarung „Innovation in der Hochschullehre" lässt sich indes noch nicht abschließend beurteilen; sie erfüllt aber jedenfalls mit die Voraussetzungen von Art. 91b I GG. Verfassungswidrig mangels zusätzlicher Parlamentsgesetze sind hingegen die Exzellenzstrategie, die Ausführungsvereinbarung zur Förderung von Forschungsbauten, Großgeräten und Nationalem Hochleistungsrechnen an Hochschulen, die Förderinitiative „Innovative Hochschule", das Programm zur Förderung des wissenschaftlichen Nachwuchses sowie das Programm zur Personalgewinnung und -entwicklung an Fachhochschulen. Bei jedem dieser Programme greift der institutionelle Gesetzesvorbehalt, dessen rechtsstaatlichen und demokratischen Anforderungen

1231 *Henneke*, Aufgaben und Finanzbeziehungen von Bund, Ländern und Kommunen ab 2020, S. 162; ähnlich auch *Risse/Hoppe*, in: EZFF, Jahrbuch des Föderalismus 2017, S. 43.

allein mit der jeweiligen Bereitstellung der Fördermittel durch die Haushaltsgesetzgeber von Bund und Ländern nicht hinreichend Genüge getan wurde. Darüber hinaus ist das Professorinnenprogramm auch in seiner dritten Programmphase bereits mangels zulässigen Fördergegenstands verfassungswidrig. Von einer Verbesserung der Rechtssicherheit nach der Reform von 2014 kann demzufolge insgesamt nicht die Rede sein.

Hinsichtlich der Auswirkungen der Reform auf die Planungssicherheit der Hochschulen ist festzuhalten, dass Bund und Länder mehrfach die nunmehr bestehende Option zur dauerhaften, institutionellen Förderung von Hochschulen nutzten. Sowohl die Exzellenzstrategie als auch der Zukunftsvertrag sowie die Verwaltungsvereinbarung „Innovation in der Hochschullehre" wurden auf unbestimmte Zeit geschlossen. Zeitlich unbegrenzt wurde ferner die AV-FGH geschlossen, die die bereits auf der Grundlage von Art. 91b I 1 Nr. 3 GG (i.d.F. v. 2006) unbefristet abgeschlossene AV-FuG ablöste. Allerdings befristeten Bund und Länder auch einige auf der Grundlage des neuen Art. 91b I GG abgeschlossenen Förderprogramme wie die zweite Fortsetzung des Professorinnenprogramms, die jüngste Fortführung der Förderung von Forschung und Entwicklung an Fachhochschulen, die Förderinitiative „Innovative Hochschule", das Programm zur Förderung des wissenschaftlichen Nachwuchses sowie die Vereinbarung zur Förderung von Personalgewinnung und -entwicklung an Fachhochschulen. Die Planungssicherheit der Hochschulen konnte folglich durch die in der Praxis befristet geschlossenen Bund-Länder-Förderprogramme nur bedingt verbessert werden. Doch auch die persistent angelegten Fördervereinbarungen verbessern die Planungssicherheit der Hochschulen in der Praxis nur wenig. Die Möglichkeit zur gemeinsamen dauerhaften, institutionellen Förderung von Hochschulen wurde letztlich nur durch den Zukunftsvertrag „Studium und Lehre stärken" wirklich ausgeschöpft, der die Planungssicherheit der Hochschulen auch entsprechend stärkt. Allerdings wurde der Anspruch der Länder auf die Fördermittel des Bundes hier einerseits an die Bereitstellung zusätzlicher Landesmittel sowie andererseits an die länderseitige Gewährleistung der Grundfinanzierung der Hochschulen in einer bestimmten Höhe geknüpft. Die ebenfalls auf unbestimmte Zeit abgeschlossene Verwaltungsvereinbarung „Innovation in der Hochschullehre" sieht demgegenüber weiterhin nur eine Projektförderung vor, was in der Praxis künftig vermutlich zu Befristungen der Förderung führen wird. Die unbefristete Exzellenzstrategie sieht in ihrer Förderlinie „Exzellenzuniversitäten" zwar dem Wortlaut nach eine dauerhafte Förderung von Hochschulen vor (§ 5 I 1 ExS), die Förderung als „Exzellenzuniversität" setzt nach § 4 I 5 ExS allerdings die Förderung von mindestens zwei „Exzellenzclustern" an derselben Universität voraus. Deren Förderlaufzeit beläuft sich wiederum auf grundsätzlich zweimal sieben Jahre, wobei Neuanträge möglich sind (§ 3 VI ExS). Sollte die Förderung eines „Exzellenzclusters“ an einer Universität nach sieben Jahren ausgesetzt werden, kann dies also auch die Voraussetzung für ihre Förderung als „Exzellenzuniversität“ entfallen lassen. Von wirklicher Planungssicherheit der Hochschulen kann daher auch in hier nach wie vor nicht die Rede sein. Die auf unbestimmte Zeit geschlossene AV-FGH sieht wiederum zeitliche Beschränkungen für die Förderung von Forschungsbauten und Großgeräten von maximal fünf Jahren vor (§ 4 IV 3 AV-FGH). Zudem ist auch die Förderung eines in das Nationale Hochleistungsrechnen aufgenommenen Zentrums auf grundsätzlich zehn Jahre beschränkt, wobei eine Weiterförderung möglich ist (§ 13 V 1–2 AV-FGH).

Auffallend ist überdies das Übergewicht des Bundes hinsichtlich der prozentualen Finanzierungsanteile an den gemeinsamen Programmen zur Förderung der Hochschulen, der insgesamt rund 60 % der gemeinsamen Programmmittel aufbringt. Der Bund unterstützt die Länder demgemäß finanziell in erheblichem Maße und spielt eine bedeutende Rolle in der eigentlich den Ländern obliegenden Aufgabe der Hochschulfinanzierung. Dabei ist die umfangreiche Mitfinanzierung der Hochschulen durch den Bund in mehrfacher Hinsicht zu kritisieren. Zum einen stellt die Gemeinschaftsaufgabe einen Ausnahmetatbestand im Grundgesetz dar; die gemeinsame Hochschulförderung von Bund und Ländern ist demgegenüber jedoch ausgeweitet, verstetigt und damit zur Regel geworden. Zum anderen leistet die Mischverwaltung und -finanzierung im Rahmen der Gemeinschaftsaufgabe des Art. 91b I GG der Intransparenz und Ineffizienz Vorschub. So besteht beispielsweise das Problem der sog. Overhead-Kosten im Rahmen der gemeinsamen Projektförderung an Hochschulen durch Bund und Länder auch auf der Grundlage des neuen Art. 91b GG in der Praxis weiter. Die durch die Teilnahme an den Förderprogrammen entstehenden indirekten Kosten der Hochschulen werden in der Regel nicht durch die Fördersumme aus dem jeweiligen Bund-Länder-Programm gedeckt, sodass diese grundsätzlich aus den Eigenmitteln der Hochschulen bestritten werden müssen.

Weiterhin ist die Mitverwaltung und -finanzierung des Bundes im Hinblick auf die Verantwortungszurechenbarkeit, die Eigenstaatlichkeit und Haushaltsautonomie der Länder sowie die bundesstaatliche Kompetenzordnung des Grundgesetzes bedenklich, denn der Bund kann den Hochschulbereich auf diese Weise maßgeblich beeinflussen und somit Einfluss auf eine originäre Länderaufgabe nehmen. Dieser Bundeseinfluss ist im Rahmen der unbefristeten Fördervereinbarungen nunmehr dauerhaft festgeschrieben worden. Im Übrigen sind Verwaltungsvereinbarungen auch nach der jüngsten Reform von Art. 91b I GG im Bereich der gemeinsamen Hochschulförderung die Regel. Der institutionelle

Gesetzesvorbehalt wurde jedoch vor und nach der Reform von Art. 91b I GG durch zahlreiche Bund-Länder-Förderprogramme verletzt. Als prekär erweist sich in diesem Zusammenhang neben der mangelnden Verantwortungsklarheit und -zurechenbarkeit im Rahmen der Bund-Länder-Mischfinanzierungen vor allem die von den Fördervereinbarungen ausgehende faktische Bindung bzw. Präjudizierung der Parlamente von Bund und Ländern, denen politisch kaum mehr ein Gestaltungsspielraum im Rahmen der Haushaltsgesetzgebung zukommt. Faktisch wird somit die Budgethoheit der Parlamente durch Exekutivvereinbarungen geschwächt. Die Gemeinschaftsaufgaben entpuppen sich insgesamt als Vehikel der Machtverlagerung von den Parlamenten auf die Exekutiven. Die umfangreiche Kooperation von Bund und Ländern im Hochschulbereich auf der Grundlage von Art. 91b I GG erfolgt letztlich auf Kosten der parlamentarischen Demokratie.

Darüber hinaus deutet die im Rahmen der Hochschulförderung von Art. 91b I GG erzeugte Umverteilung der Finanzlasten auf den Bund auf ein Ressourcendefizit seitens der Länder und mithin auf eine grundlegende Fehlverteilung im Rahmen des vertikalen Steuerverteilungs- und Finanzausgleichssystems hin. Die Gemeinschaftsaufgaben erweisen sich aus Sicht der Länder angesichts ihrer strukturellen Unterfinanzierung als attraktive zusätzliche Einnahmequelle, wenngleich damit aufgrund von Kofinanzierungspflichten mitunter nicht unerhebliche Bindungen eigener Landesmittel verbunden sind. Die Grundfinanzierung der Hochschulen wird indes durch die Bund-Länder-Programme auf der Grundlage des neuen Art. 91b GG insgesamt kaum nachhaltig gestärkt. Vielmehr „erkauft" sich der Bund über seine umfangreiche finanzielle Mitwirkung aufgrund von Art. 91b I GG in erster Linie Einfluss auf originäre Aufgaben der Länder.

III. Gemeinsame Förderung von außeruniversitären Wissenschaftseinrichtungen

Bund und Länder fördern auf der Grundlage von Art. 91b I GG auch im außeruniversitären Forschungsbereich gemeinsam Wissenschaftseinrichtungen von überregionaler Bedeutung, wozu insbesondere die Deutsche Forschungsgemeinschaft als Forschungsförderungsorganisation und die vier größten außeruniversitären Wissenschaftseinrichtungen Deutschlands – die Fraunhofer-Gesellschaft, die Helmholtz-Gemeinschaft, die Leibniz-Gemeinschaft und die Max-Planck-Gesellschaft – zählen. Die öffentliche institutionelle Förderung dieser Institutionen erfolgt dabei jeweils gemäß einer aufgrund von Art. 3 II GWK-Abkommen erlassenen Ausführungsvereinbarung bzw. im Fall der Helmholtz-Gemeinschaft aufgrund sog. Konsortialverträge. Darüber hinaus fördern Bund und Länder im Rahmen der Gemeinsamen Wissenschaftskonferenz auch die außeruniversitären Wissenschaftseinrichtungen der Deutschen Akademie der Naturforscher Leopoldina (§ 1 I Nr. 6 der Anlage zum GWK-Abkommen), des Wissenschaftskollegs zu Berlin (§ 1 I Nr. 7 der Anlage zum GWK-Abkommen) sowie der acatech – Deutschen Akademie der Technikwissenschaften (§ 1 I Nr. 8 der Anlage zum GWK-Abkommen) gemeinsam, deren Förderung im Vergleich insgesamt allerdings deutlich geringer ausfällt und daher im Folgenden ebenso wie das von der Union der deutschen Akademien der Wissenschaften e.V. koordinierte Akademienprogramm (§ 1 I Nr. 10 der Anlage zum GWK-Abkommen) nicht vertiefend untersucht wird. Zudem können Bund und Länder im Rahmen der Gemeinsamen Wissenschaftskonferenz auch andere Forschungseinrichtungen und Einrichtungen mit Servicefunktion für die Forschung, Trägerorganisation derartiger Einrichtungen sowie Forschungsförderungsorganisationen gemeinsam fördern, sofern ihr jährlicher Zuwendungsbedarf zu den laufenden Kosten eine bestimmte Größenordnung übersteigt (§ 1 I Nr. 9 der Anlage zum GWK-Abkommen).

Im Übrigen ist zu diskutieren, ob Art. 91b GG eine ausreichende Ermächtigungsgrundlage für die Beschlüsse der Ausführungsvereinbarungen bzw. Konsortialverträge im Rahmen der gemeinsamen Förderung der Deutschen Forschungsgemeinschaft sowie der vier größten außeruniversitären Wissenschaftseinrichtungen ist oder der allgemeine Gesetzesvorbehalt eingreift, der ein zusätzliches Parlamentsgesetz erforderlich macht.

Zu untersuchen ist ferner der Pakt für Forschung und Innovation (PFI), der der Deutschen Forschungsgemeinschaft, der Fraunhofer-Gesellschaft, der Helmholtz-Gemeinschaft, der Leibniz-Gemeinschaft und der Max-Planck-Gesellschaft regelmäßige Etatsteigerungen der gemeinsam von Bund und Ländern getragenen Grundfinanzierung zusichert. Abschließend ist überdies bündig auf das Wissenschaftsfreiheitsgesetz einzugehen, welches den außeruniversitären Wissenschaftseinrichtungen seit Ende 2012 mehr Autonomie und Eigenverantwortung in vielen Bereichen übertrug.

1. Deutsche Forschungsgemeinschaft (DFG)

Die Deutsche Forschungsgemeinschaft[1232] ist die mit Abstand wichtigste Einrichtung der Forschungsförderung in

1232 Vgl. ausführlich zur Deutschen Forschungsgemeinschaft *Zierold*, Forschungsförderung in drei Epochen; *Trute*, Die Forschung zwischen grundrechtlicher Freiheit und

Deutschland.[1233] Sie ist neben der Forschungsförderung auch für die Beratung und Repräsentation der deutschen Wissenschaft zuständig.[1234] Organisiert ist sie in der Form eines gemeinnützigen eingetragenen Vereins nach bürgerlichem Recht (§§ 21 ff. BGB) mit Sitz in Bonn. Die Wahl der Rechtsform sollte dabei traditionell eine gewisse Distanz zum Staat ausdrücken.[1235] In ihrem Bestand geht die Deutsche Forschungsgemeinschaft auf die Vorgängerorganisation der „Notgemeinschaft der Deutschen Wissenschaft" zurück, welche bereits kurz nach Ende des Ersten Weltkrieges 1920 ebenfalls in privater Rechtsform gegründet und 1929 in „Deutsche Gemeinschaft zur Erhaltung und Förderung der Forschung" umbenannt wurde.[1236] Nach Ende des Zweiten Weltkrieges wurde 1949 die „Notgemeinschaft der Deutschen Wissenschaft" wiedergegründet und der „Deutsche Forschungsrat" als Verbindungsstelle zwischen Staat und Wissenschaft sowie als Beratungsinstanz von Bund und Ländern in Forschungsangelegenheiten konstituiert.[1237] Die „Notgemeinschaft der Deutschen Wissenschaft" fusionierte 1951 schließlich mit dem „Deutschen Forschungsrat" zur Deutschen Forschungsgemeinschaft.[1238]

---

staatlicher Institutionalisierung, S. 661 ff.; *Salaw-Hanslmaier*, Die Rechtsnatur der Deutschen Forschungsgemeinschaft.

1233 *Streiter*, Wissenschaftsförderung durch Mittlerorganisationen, S. 86; *Groß/Karaalp/Wilden*, Regelungsstrukturen der Forschungsförderung, S. 47.

1234 *Trute*, Die Forschung zwischen grundrechtlicher Freiheit und staatlicher Institutionalisierung, S. 670 f.; *Groß/Karaalp/Wilden*, Regelungsstrukturen der Forschungsförderung, S. 47.

1235 *Trute*, Die Forschung zwischen grundrechtlicher Freiheit und staatlicher Institutionalisierung, S. 671; *Streiter*, Wissenschaftsförderung durch Mittlerorganisationen, S. 88; s. zur Rechtsnatur der Deutschen Forschungsgemeinschaft auch oben C. II. 1. e) bb) (1).

1236 *v. Massow*, Wissenschaft und Wissenschaftsförderung in der Bundesrepublik Deutschland, S. 61; *Streiter*, Wissenschaftsförderung durch Mittlerorganisationen, S. 86 f.; *Groß/Karaalp/Wilden*, Regelungsstrukturen der Forschungsförderung, S. 48.

1237 *Eickemeyer*, Abschlussbericht des Deutschen Forschungsrates, S. 13 ff.; *Groß/Karaalp/Wilden*, Regelungsstrukturen der Forschungsförderung, S. 49.

1238 *Zierold*, Forschungsförderung in drei Epochen, S. 299 ff.; *Meusel*, Außeruniversitäre Forschung im Wissenschaftsrecht, § 6 Rn. 92; *Heinrich*, Die rechtliche Systematik der Forschungsförderung, S. 70; *Streiter*, Wissenschaftsförderung durch Mittlerorganisationen, S. 91; *Groß/Karaalp/Wilden*, Regelungsstrukturen der Forschungsförderung, S. 49; *v. Massow*, Wissenschaft und Wissenschaftsförderung in der Bundesrepublik Deutschland, S. 61.

Mitglieder der Deutschen Forschungsgemeinschaft sind nach § 3 I DFG-Satzung Hochschulen, Forschungseinrichtungen, Wissenschaftsakademien sowie wissenschaftliche Verbände „von allgemeiner Bedeutung". Die Deutsche Forschungsgemeinschaft ist demnach eine „Selbstverwaltungseinrichtung der Wissenschaft".[1239] Die Gesamtausgaben der Deutschen Forschungsgemeinschaft für die Forschungsförderung betrugen im Jahr 2018 etwa 3,4 Mrd. Euro, mit denen sie im selben Jahr über 33.000 Projekte förderte.[1240] Sie ist mithin die wichtigste Drittmittelgeberin der universitären Forschung.[1241] Dabei gewann sie als solche angesichts der kontinuierlich sinkenden Grundausstattung der Hochschulen durch die Länder in den letzten Jahren weiter an Bedeutung.

a) Zweck

Nach § 1 DFG-Satzung dient die Deutsche Forschungsgemeinschaft der Wissenschaft in allen ihren Zweigen durch die finanzielle Unterstützung von Forschungsarbeiten und durch die Förderung der nationalen und internationalen Zusammenarbeit der Forscherinnen und Forscher. Im Fokus soll dabei insbesondere die Förderung des wissenschaftlichen Nachwuchses stehen. Die Deutsche Forschungsgemeinschaft bezweckt mit ihrer Arbeit ferner die Förderung der Gleichstellung von Frauen und Männern in der Wissenschaft. Im Übrigen berät sie Parlamente und im öffentlichen Interesse tätige Einrichtungen in wissenschaftlichen Fragen. Auch die Pflege von Verbindungen der Forschung zu Gesellschaft und Wirtschaft gehört laut Satzung zum Aufgabenbereich der Gemeinschaft.

b) Förderprogramme der DFG

Die Deutsche Forschungsgemeinschaft unterhält zahlreiche, verschiedene Programme zur Forschungsförderung. Zu den Förderverfahren der Gemeinschaft gehören sowohl die Einzelförderung thematisch und zeitlich begrenzter Einzelvorhaben als auch die Exzellenzinitiative bzw. -strategie des Bundes und der Länder.[1242] Ferner fördert die Deutsche Forschungsgemeinschaft internationale Projektkooperationen, koordinierte Programme, wie beispielsweise

---

1239 *Wilden*, Die Erforderlichkeit gesetzlicher Regelungen für die außeruniversitäre Forschungsförderung, S. 66.

1240 *DFG*, Jahresbericht 2018, S. 188 f. u. 242 ff.

1241 *Groß/Karaalp*, DVBl. 2010, 1135 (1135); *Sieweke*, KritV 2010, 49 (49 f.).

1242 S. ausführlich zur Exzellenzinitiative und -strategie oben C. II. 1.

Graduiertenkollegs oder DFG-Forschungszentren sowie die nationale Forschungsdateninfrastruktur (NFDI),[1243] die der systematischem Erschließung, nachhaltigen Sicherung, Zugänglichmachung sowie der (inter-)nationalen Vernetzung von Datenbeständen der Wissenschaft und Forschung dient. Darüber hinaus gehört auch die Verleihung wissenschaftlicher Preise, wie z.B. des Gottfried Wilhelm Leibniz-Preises, zu den Förderverfahren der Deutschen Forschungsgemeinschaft.[1244]

Die Forschungsförderung erfolgt dabei durch das sog. Normalverfahren, Schwerpunktprogramme und die Einrichtung von Sonderforschungsbereichen sowie durch verschiedene Sonderprogramme.[1245] Diese Förderverfahren können im Folgenden nicht alle einzeln untersucht werden. Jedoch wird die Mehrzahl der Anträge im sog. Normalverfahren gestellt, in welchem folglich auch der größte Teil der Fördergelder verteilt wird.[1246] In diesem Verfahren entscheidet der Hauptausschuss der Deutschen Forschungsgemeinschaft über die Förderanträge (§§ 12 I, 16 IV DFG-Satzung), die von Wissenschaftlerinnen und Wissenschaftlern oder wissenschaftlichen Einrichtungen aus allen Wissenschaftsdisziplinen auf finanzielle Förderung von Forschungsvorhaben gestellt werden können (§ 16 I DFG-Satzung). Die Deutsche Forschungsgemeinschaft verteilt in diesem Verfahren also die staatlichen Fördergelder im Kontext des Art. 91b GG zur Forschungsförderung und fungiert als „Hybrideinrichtung zwischen Staat und Wissenschaft"[1247] bzw. als „zentrale deutsche Mittlerorganisation der Forschungsförderung".[1248] Bezüglich der Exzellenzinitiative und Exzellenzstrategie entschied bzw. entscheidet hingegen nicht der Hauptausschuss der Deutschen Forschungsgemeinschaft, sondern ein eigens eingesetzter Bewilligungsausschuss bzw. die sog. Exzellenzkommission über die Förderanträge.[1249]

1243 Bund-Länder-Vereinbarung zu Aufbau und Förderung einer Nationalen Forschungsdateninfrastruktur (NFDI) v. 26.11.2018, BAnz AT 21.12.2018 B10.

1244 *Wilden*, Die Erforderlichkeit gesetzlicher Regelungen für die außeruniversitäre Forschungsförderung, S. 61; *Groß/Karaalp/Wilden*, Regelungsstrukturen der Forschungsförderung, S. 49.

1245 *Trute*, Die Forschung zwischen grundrechtlicher Freiheit und staatlicher Institutionalisierung, S. 663.

1246 *Trute*, Die Forschung zwischen grundrechtlicher Freiheit und staatlicher Institutionalisierung, S. 664.

1247 *Trute*, in: FS Schneider, S. 313.

1248 *Streiter*, Wissenschaftsförderung durch Mittlerorganisationen, S. 86.

1249 S. ausführlich zur Durchführung von Exzellenzinitiative und -strategie oben C. II. 1. d).

c) *Finanzierung und ihre Rechtsgrundlage*

Die Gesamteinnahmen der Deutschen Forschungsgemeinschaft betrugen im Jahr 2018 etwa 3,4 Mrd. Euro und wurden überwiegend von Bund (69,3 %) und Ländern (29,7 %) getragen, wobei sich die öffentliche institutionelle Förderung auf etwa 2,6 Mrd. Euro belief (80,5 %).[1250] Die Deutsche Forschungsgemeinschaft ist damit faktisch ein Instrument der Mischfinanzierung von Bund und Ländern.[1251] Darüber hinaus bezog die Gemeinschaft neben eigenen Einnahmen auch Zuwendungen für die allgemeine Forschungsförderung aus Haushaltsmitteln der WGL-Einrichtungen, Mittel des Stifterverbands für die Deutsche Wissenschaft sowie Zuwendungen der Europäischen Union und aus dem privaten Bereich.[1252]

Zunächst erfolgte die gemeinsame institutionelle Förderung der Deutschen Forschungsgemeinschaft auf der Rechtsgrundlage von Art. 91b S. 1 GG (i.d.F. v. 1969) als Einrichtung der wissenschaftlichen Forschung von überregionaler Bedeutung. Nach der früher geltenden Rahmenvereinbarung Forschungsförderung (RV-Fo)[1253] von 1975 förderten der Bund und die Länder gemeinsam die Investitions- und Betriebskosten im Verhältnis 58:42 (Art. 5 I, 6 I 1 Nr. 1, 7 I RV-Fo). Seit der Föderalismusreform I und dem Außerkrafttreten der RV-Fo zum 1. Januar 2008 erfolgt die öffentliche institutionelle Förderung der Deutschen Forschungsgemeinschaft gemäß der aufgrund von Art. 3 II GWK-Abkommen auf unbestimmte Zeit geschlossenen Ausführungsvereinbarung DFG (AV-DFG)[1254] durch Bund und Länder gemeinsam (§§ 1, 6 I AV-DFG). Die finanzielle Förderung von Bund und Ländern zur Deckung der zuwendungsfähigen Ausgaben wird danach weiterhin im Verhältnis 58:42 erbracht, soweit nicht von der Gemeinsamen Wissenschaftskonferenz im Einzelfall ein abweichender Schlüssel vereinbart wird (§ 3 I 1–2 AV-DFG). Aufgrund einer Vereinbarung mit

---

1250 *DFG*, Jahresbericht 2018, S. 238.

1251 *Kämmerer*, RdJB 2004, 152 (158).

1252 *DFG*, Jahresbericht 2018, S. 238.

1253 Rahmenvereinbarung zwischen Bund und Ländern über die gemeinsame Förderung der Forschung nach Artikel 91b GG – Rahmenvereinbarung Forschungsförderung (RV-Fo) – v. 28.11.1975, BAnz 1975 Nr. 240 S. 4, zuletzt geändert durch Vereinbarung v. 25.10.2001, BAnz 2001 S. 25218.

1254 Ausführungsvereinbarung zum GWK-Abkommen über die gemeinsame Förderung der Deutschen Forschungsgemeinschaft – Ausführungsvereinbarung DFG (AV-DFG) – v. 27.10.2008, BAnz 2009 Nr. 18a S. 4, geändert durch Beschluss der Gemeinsamen Wissenschaftskonferenz v. 17.4.2015, BAnz AT 16.07.2015 B5.

der Deutschen Forschungsgemeinschaft können der Bund oder einzelne Länder ihr ferner Leistungen zur Abgeltung der Kosten von Einzelaufträgen gewähren (§ 3 III AV-DFG). Der Zuwendungsbedarf ist in jedem Fall stets bei der Aufstellung der jeweiligen Haushalte zu berücksichtigen (§ 3 VI AV-DFG). Der auf die Länder entfallende Teil des Zuwendungsbetrages wird im Übrigen zu zwei Dritteln nach dem Verhältnis der Steuereinnahmen und zu einem Drittel nach dem Verhältnis der Bevölkerungszahl aufgebracht (§ 4 I 1 AV-DFG). Als Steuereinnahmen gelten dabei die im Länderfinanzausgleich zugrunde gelegten Steuereinnahmen der Länder (§ 4 I 2 AV-DFG). Ab 2021 werden überdies die DFG-Programmpauschalen, die bislang als 2. Säule des Hochschulpaktes 2020 gefördert wurden, in der AV-DFG verankert sein.[1255]

Die institutionelle Förderung der Deutschen Forschungsgemeinschaft durch Bund und Länder erfolgte zunächst auf der Rechtsgrundlage von Art. 91b I 1 Nr. 1 GG (i.d.F. v. 2006). Danach erhielt diese die finanziellen Mittel unmittelbar als außeruniversitäre Einrichtung der wissenschaftlichen Forschung im Sinne der Bestimmung. Dass die Deutsche Forschungsgemeinschaft ihrerseits mit den ihr zugewendeten Mitteln Forschungsförderung betreibt, stand der gemeinsamen Förderung nicht entgegen. Auch die mittelbare Forschungsförderung war von Art. 91b I 1 Nr. 1 GG (i.d.F. v. 2006) erfasst.[1256] Da die Deutsche Forschungsgemeinschaft über 90 % der staatlichen Fördergelder an Hochschulen weiterleitet,[1257] durfte sie gem. Art. 91b I 1 Nr. 2 GG (i.d.F. 2006) allerdings nur Vorhaben von überregionaler Bedeutung fördern. Ausgaben zur Deckung der Grundausstattung der Hochschulen durften hingegen nicht von ihr finanziert werden.[1258] Die Förderung der Deutschen Forschungsgemeinschaft selbst war nach Art. 91b I 1 Nr. 1 GG (i.d.F. v. 2006) indes auch dauerhaft möglich. Ferner war das qualifizierte Beteiligungs- und Zustimmungserfordernis aller Länder nach Art. 91b I 2 GG (i.d.F. v. 2006) hinsichtlich der GWK-Abkommen und AV-DFG erfüllt. Für nachgeordnete geförderte Einrichtungen gilt dieses Erfordernis im Übrigen nicht mehr.[1259] Überdies war auch die Förderung von

1255 S. zu den DFG-Programmpauschalen im Rahmen des Hochschulpaktes 2020 auch oben C. II. 2. e).

1256 *Heun*, in: Dreier, GG, 2. Aufl. 2008, Art. 91b Rn. 13; *Volkmann*, in: v. Mangoldt/Klein/Starck, GG, 6. Aufl. 2010, Art. 91b Rn. 10; so auch BT-Drs. 16/813, S. 17.

1257 *Mönikes/Faber/Gieseke*, Gemeinschaftsaufgaben von Bund und Ländern im Hochschulbereich, S. 35.

1258 *Mönikes/Faber/Gieseke*, Gemeinschaftsaufgaben von Bund und Ländern im Hochschulbereich, S. 36.

1259 *Jauch*, Wissenschaftsförderung nach der Reform des Föderalismus, S. 177.

Forschungsbauten und Großgeräten durch die Deutsche Forschungsgemeinschaft mit Art. 91b I 1 Nr. 3 GG (i.d.F. v. 2006) vereinbar.

Seit 2015 ist der neue Art. 91b I 1 GG die Rechtsgrundlage für die gemeinsame Förderung der Deutschen Forschungsgemeinschaft, der nicht mehr zwischen der Förderung von „Einrichtungen" und „Vorhaben" sowie zwischen der Förderung an oder außerhalb von Hochschulen differenziert. Im Übrigen hat sich die Regelungsmaterie des Art. 91b I 1 GG gegenüber der Vorgängerfassung nicht verändert.[1260] Die Deutsche Forschungsgemeinschaft kann dementsprechend auch nach neuer Rechtslage als außeruniversitäre Forschungsförderungseinrichtung gemeinsam institutionell von Bund und Ländern gem. Art. 91b I 1 GG gefördert werden und die staatlichen Fördergelder an Hochschulen verteilen.

Die gemeinsame Förderung der Deutschen Forschungsgemeinschaft durch Bund und Länder könnte allerdings sowohl einen institutionellen als auch einen grundrechtlichen Gesetzesvorbehalt auslösen, der eine zusätzliche parlamentarische Ermächtigung erforderlich macht.[1261]

2. Hermann von Helmholtz-Gemeinschaft Deutscher Forschungszentren e.V. (HGF)

Die heutige Helmholtz-Gemeinschaft[1262] geht zurück auf den 1958 gegründeten „Arbeitsausschuss für Verwaltungs- und Betriebsfragen der deutschen Reaktorstationen", in welchem sich die während 1956 und 1960 gegründeten ersten sechs Großforschungseinrichtungen[1263] auf dem Gebiet der Kernforschung bzw. Elementarteilchenphysik lose zusammenschlossen, um ihre Interessen gemeinsam einheitlich nach außen zu vertreten.[1264] Nachdem sich in den 1960er-Jahren

1260 Vgl. dazu auch ausführlich oben B. IV. 2.-3.

1261 S. zum Gesetzesvorbehalt unten C. III. 7; s. zum Gesetzesvorbehalt im Rahmen der Exzellenzinitiative und -strategie oben C. I. 1. e) bb).

1262 Benannt nach dem Naturwissenschaftler und Präsident der Physikalisch-Technischen Reichsanstalt (1888–1894) Hermann Ludwig Ferdinand von Helmholtz (1821–1894).

1263 Zu diesen Großforschungseinrichtungen zählten das Kernforschungszentrum Karlsruhe (KFK), die Kernforschungsanlage in Jülich (KFA), und die Gesellschaft für Kernenergieverwertung in Schiffbau und Schiffahrt (GKSS), das Hahn-Meitner-Institut (HMI), das Max-Planck-Institut für Plasmaphysik (IPP) und die Gesellschaft für Strahlenforschung (GSF), *Hohn/Schimank*, Konflikte und Gleichgewichte im Forschungssystem, S. 236; *Helling-Moegen*, Forschen nach Programm, S. 89 f.

1264 *Hohn/Schimank*, Konflikte und Gleichgewichte im Forschungssystem, S. 248; *Trute*, Die Forschung zwischen grundrechtlicher Freiheit und staatlicher

das Bild der Großforschung wandelte und der Begriff nun auch auf andere Forschungsbereiche und -einrichtungen außerhalb der Kernforschung erstreckt wurde, schlossen sich die Großforschungseinrichtungen 1970 schließlich in der „Arbeitsgemeinschaft der Großforschungseinrichtungen" (AGF)[1265] zusammen, um eine gemeinsame Koordinations- und Gesprächsplattform zu etablieren und ihre Interessen nach außen zu vertreten.[1266] Im Jahr 1995 wurde die Arbeitsgemeinschaft der Großforschungseinrichtungen sodann in die Helmholtz-Gemeinschaft Deutscher Forschungszentren umgewandelt, welche seit 2001 als gemeinnütziger eingetragener Verein bürgerlichen Rechts (§§ 21 ff. BGB) rechtlich selbstständiger Mitglieder organisiert ist.[1267] Im gleichen Jahr kam es ferner zu einer Umstellung der bisherigen institutionellen Förderung zur sog. programmorientierten Förderung, in deren Rahmen die Forschungsmittel nunmehr grundsätzlich themen- und leistungsbezogen im Wettbewerb zwischen und innerhalb der Forschungszentren vergeben werden.[1268]

Die Hermann von Helmholtz-Gemeinschaft Deutscher Forschungszentren e.V. hat ihren Sitz in Bonn (§ 1 II HGF-Satzung) und umfasst derzeit 19 Forschungszentren[1269] mit Standorten in ganz Deutschland, wobei weitere

---

Institutionalisierung, S. 698; *Meusel*, Außeruniversitäre Forschung im Wissenschaftsrecht, § 6 Rn. 105.

1265 Vgl. hierzu auch *Hohn/Schimank*, Konflikte und Gleichgewichte im Forschungssystem, S. 248 u. 261; *Szöllösi-Janze*, Geschichte der Arbeitsgemeinschaft der Großforschungseinrichtungen; *Trute*, Die Forschung zwischen grundrechtlicher Freiheit und staatlicher Institutionalisierung, S. 698 ff.; *Krech*, in: Flämig et al., Handbuch Wissenschaftsrecht, Bd. 2, Kap. 50 S. 1323 f.

1266 *Hohn/Schimank*, Konflikte und Gleichgewichte im Forschungssystem, S. 235; *Helling-Moegen*, Forschen nach Programm, S. 94; *Trute*, Die Forschung zwischen grundrechtlicher Freiheit und staatlicher Institutionalisierung, S. 698; *Meusel*, Außeruniversitäre Forschung im Wissenschaftsrecht, § 6 Rn. 106, § 7 Rn. 130; *Streiter*, Wissenschaftsförderung durch Mittlerorganisationen, S. 43 f.

1267 *Streiter*, Wissenschaftsförderung durch Mittlerorganisationen, S. 44 Fn. 140; *Helling-Moegen*, Forschen nach Programm, S. 101 f., 144 f.

1268 *Heinrich*, Die rechtliche Systematik der Forschungsförderung, S. 73 f.; *Streiter*, Wissenschaftsförderung durch Mittlerorganisationen, S. 44.

1269 Die Mitgliedseinrichtungen der Helmholtz-Gemeinschaft sind das Alfred-Wegener-Institut Helmholtz-Zentrum für Polar- und Meeresforschung (AWI), das Deutsche Elektronen-Synchrotron (DESY), das Deutsche Zentrum für Luft- und Raumfahrt (DLR), das Deutsche Krebsforschungszentrum (DKFZ), das Deutsche Zentrum für Neurodegenerative Erkrankungen (DZNE), das Forschungszentrum Jülich (FZJ), das GEOMAR Helmholtz-Zentrum für Ozeanforschung Kiel, das GSI Helmholtzzentrum für Schwerionenforschung, das Helmholtz-Zentrum Berlin für Materialien

Mitglieder auf Antrag in den Verein aufgenommen werden können (§ 5 I HGF-Satzung). Die Helmholtz-Gemeinschaft gliedert sich ferner in sechs Forschungsbereiche,[1270] die wiederum verschiedene Forschungsprogramme enthalten. Mit mehr als 40.000 Beschäftigten sowie einem jährlichen Gesamtbudget i.H.v. 4,81 Mrd. Euro im Jahr 2019[1271] ist die Helmholtz-Gemeinschaft derzeit die größte Wissenschaftsorganisation Deutschlands.

a) Zweck

Die in der Helmholtz-Gemeinschaft zusammengefassten Einrichtungen verfolgen langfristige Forschungsziele unter Einschluss der Grundlagenforschung in wissenschaftlicher Autonomie. Zweck der Helmholtz-Gemeinschaft ist dabei die Förderung von Wissenschaft und Forschung einschließlich beruflicher Bildung im Bereich des Wissenschaftsmanagements (§ 2 I 1–2 HGF-Satzung). Verwirklicht werden soll der Satzungszweck insbesondere durch zentrenübergreifende Koordination und Abstimmung der Forschungs- und Entwicklungsarbeiten seiner Mitglieder im Rahmen einer programmorientierten Förderung und Evaluation sowie die Wahrnehmung gemeinsamer Interessen der Mitglieder nach außen (§ 2 I 3 HGF-Satzung). Die Umsetzung der Programmanteile der einzelnen Mitglieder obliegt dabei nicht der Helmholtz-Gemeinschaft, sondern den rechtlich selbstständigen Mitgliedszentren in eigener Verantwortung (§ 2 I 4–5 HGF-Satzung).

---

und Energie (HZB), das Helmholtz-Zentrum Dresden-Rossendorf (HZDR), das Helmholtz-Zentrum für Infektionsforschung (HZI), das Helmholtz-Zentrum für Informationssicherheit (CISPA), das Helmholtz-Zentrum für Umweltforschung (UFZ), das Helmholtz-Zentrum Geesthacht Zentrum für Material- und Küstenforschung (HZG), das Helmholtz Zentrum München – Deutsches Forschungszentrum für Gesundheit und Umwelt HMGU), das Helmholtz-Zentrum Potsdam – Deutsches GeoForschungszentrum (GFZ), das Karlsruher Institut für Technologie (KIT), das Max-Delbrück-Centrum für Molekulare Medizin in der Helmholtz-Gemeinschaft (MDC) sowie das Max-Planck-Institut für Plasmaphysik (IPP), Stand: 6/2020.

1270 Die Forschungsbereiche der Helmholtz-Gemeinschaft nennen sich „Energie", „Erde und Umwelt", „Gesundheit", „Luftfahrt, Raumfahrt und Verkehr", „Materie" sowie „Schlüsseltechnologien".

1271 *HGF*, Jahresbericht 2019, S. 46.

b) *Finanzierung und ihre Rechtsgrundlage*

Das Gesamtbudget der Helmholtz-Gemeinschaft belief sich im Jahr 2019 auf 4,81 Mrd. Euro, wovon etwa 70 % aus öffentlichen Mitteln des Bundes und der Länder stammten. Fast 30 % ihres Gesamtbudgets warben die Helmholtz-Institute hingegen selbst als Drittmittel ein.[1272]

Zunächst waren allein die Länder für die Finanzierung des Bereichs der Forschungsförderung zuständig. Die Kernforschung und Kerntechnik entwickelte sich auf diesem Gebiet jedoch zum „Trojanischen Pferd" des Bundes. Durch das Atomgesetz des Bundes von 1959,[1273] die Errichtung und weitere Entwicklung des Bundesministeriums für Atomfragen sowie die Fortschreibung der Atomprogramme drängte der Bund den Einfluss der Länder hier stark zurück. Die Kostensteigerungen in den ersten Großforschungseinrichtungen überstiegen bald die Finanzkraft der Länder und der Bund sprang ohne ausreichende verfassungsrechtliche Grundlage zunehmend in die Deckungslücken ein.[1274] Bald nach der Kodifizierung der Gemeinschaftsaufgabe der Forschungsförderung in Art. 91b GG durch die Finanzreform von 1969 förderten der Bund und die jeweils beteiligten Sitzländer die Investitions- und Betriebskosten der Großforschungseinrichtungen nach der früher geltenden RV-Fo von 1975 gemeinsam im Verhältnis 90:10 (Art. 5 I, 6 I 1 Nr. 4, 7 II RV-Fo). Dabei erfolgte die gemeinsame Förderung der Großforschungseinrichtungen nunmehr auf der Rechtsgrundlage von Art. 91b S. 1 GG (i.d.F. v. 1969) als Einrichtungen der wissenschaftlichen Forschung von überregionaler Bedeutung. Die Förderung der wissenschaftlichen Großforschung gilt in der Praxis seit dem Entwurf des sog. Flurbereinigungsabkommens aus dem Jahr 1971 als ungeschriebene Aufgabe des Bundes kraft Natur der Sache, die neben die Länderzuständigkeit tritt.[1275] Die gemeinsame Kostentragung war im Übrigen mit Art. 91b S. 2 GG (i.d.F. v. 1969) vereinbar.

Nach der Föderalismusreform und dem Außerkrafttreten der RV-Fo zum 1. Januar 2008 wurden die Einzelheiten der institutionellen Förderung anders als bei der Deutschen Forschungsgemeinschaft, der Max-Planck-Gesellschaft,

---

1272 *HGF*, Jahresbericht 2019, S. 46.

1273 Gesetz über die friedliche Verwendung der Kernenergie und den Schutz gegen ihre Gefahren (Atomgesetz) v. 23.12.1959, BGBl. 1959 I S. 814.

1274 *Szöllösi-Janze*, in: Flämig et al., Handbuch des Wissenschaftsrechts, Bd. 2, Kap. 44 S. 1216.

1275 S. ausführlich zu den ungeschriebenen Kompetenzen des Bundes im Bereich der Großforschung oben B. III. 2. b) und B. IV. 7.

der Fraunhofer-Gesellschaft und der Leibniz-Wissenschaftsgemeinschaft nicht in einer Ausführungsvereinbarung geregelt, sondern für jede Helmholtz-Einrichtung gesondert in sog. Konsortialverträgen, wobei das Finanzierungsverhältnis von Bund und beteiligten Sitzländern von 90:10 an den einzelnen Helmholtz-Einrichtungen insgesamt beibehalten wurde.[1276] Im Rahmen der sog. programmorientierten Forschung erhielten die Mitgliedseinrichtungen der Helmholtz-Gemeinschaft die Zuwendungen nach § 2 II der Anlage zum GWK-Abkommen (i.d.F. v. 2007) unmittelbar. Rechtsgrundlage für die gemeinsame institutionelle Förderung der Helmholtz-Gemeinschaft durch Bund und Länder war bis 2015 Art. 91b I 1 Nr. 1 GG (i.d.F. v. 2006). Die gemeinsame Kostentragung war im Übrigen mit Art. 91b III GG (i.d.F. v. 2006) vereinbar. Als problematisch erwies sich die gemeinsame Finanzierung auf dieser Rechtsgrundlage allerdings, sofern Helmholtz-Einrichtungen mit staatlich finanzierten Hochschulen kooperierten, wie beispielsweise im Rahmen der Helmholtz-Institute. Insbesondere die gemeinsame Förderung der „Zwittereinrichtung" des Karlsruher Instituts für Technologie (KIT), welches 2009 durch einen Zusammenschluss der Universität Karlsruhe mit der Forschungszentrum Karlsruhe GmbH gegründet wurde,[1277] war verfassungsrechtlich bedenklich. Kern des Problems war, dass eine institutionelle Förderung von Hochschulen nach Art. 91b I 1 Nr. 2 GG (i.d.F. v. 2006) nicht zulässig war. Nur eine strikte Trennung der Aufgaben und Finanzströme des vom Land finanzierten Universitätsbereichs und des gemeinsam von Bund und Sitzland finanzierten Großforschungsbereichs (vgl. §§ 1 I, 2 I KITG) ermöglichte eine verfassungsrechtlich zulässige gemeinsame Förderung des KIT nach Art. 91b I 1 Nr. 1 GG (i.d.F. v. 2006).[1278]

Seit 2015 ist der neue Art. 91b I 1 GG die Rechtsgrundlage für die gemeinsame Förderung der Helmholtz-Gemeinschaft, der nicht mehr zwischen der Förderung von Einrichtungen und Vorhaben sowie zwischen der Förderung an und außerhalb von Hochschulen differenziert. Mithin können „Zwittereinrichtungen" nach der neuen Rechtsgrundlage nunmehr unproblematisch gemeinsam dauerhaft gefördert werden, da auch die institutionelle Förderung von Hochschulen zulässig ist. Im Übrigen hat sich die Regelungsmaterie des Art. 91b I 1 GG gegenüber der Vorgängerfassung nicht verändert. Die Helmholtz-Gemeinschaft bzw.

1276 *Jauch*, Wissenschaftsförderung nach der Reform des Föderalismus, S. 183; vgl. hierzu exemplarisch auch LT-Drs. MV 6/1305, S. 5; LT-Drs. SH 17/1493, S. 22.

1277 S. dazu auch oben B. IV. 3. b) cc) (3).

1278 So im Ergebnis auch *Wagner*, VBlBW 2010, 133 (133 ff.); a.A. *Sieweke*, VBlBW 2009, 290 (291 ff.).

ihre Einrichtungen können auch auf der Rechtsgrundlage des Art. 91b I 1 GG gemeinsam institutionell von Bund und beteiligten Ländern gemäß dem jeweiligen Konsortialvertrag gefördert werden.

Allerdings könnte sowohl ein institutioneller als auch ein grundrechtlicher Gesetzesvorbehalt durch die gemeinsame Förderung der Helmholtz-Gemeinschaft eingreifen, der eine zusätzliche parlamentarische Ermächtigung erforderlich macht.[1279]

3. Max-Planck-Gesellschaft zur Förderung der Wissenschaften e.V. (MPG)

Die 1948 gegründete Max-Planck-Gesellschaft[1280] mit Sitz in Berlin (§ 2 MPG-Satzung) ist ein Zusammenschluss von wissenschaftlichen Instituten, die beinahe vollständig im Bereich der Grundlagenforschung tätig sind. Sie wurde bereits 1911 unter dem Namen „Kaiser-Wilhelm-Gesellschaft zur Förderung der Wissenschaften e.V." (KWG) errichtet, um von den Hochschulen wissenschaftlich und rechtlich unabhängige Forschungsinstitute zu schaffen.[1281] Die Gründung der Max-Planck-Gesellschaft und die Auflösung der Kaiser-Wilhelm-Gesellschaft waren letztlich die Folge alliierter Forschungskontrollpolitik. Die Max-Planck-Gesellschaft setzt laut ihrer Satzung allerdings die Tradition der Kaiser-Wilhelm-Gesellschaft fort (§ 1 I 3 MPG-Satzung) und knüpft damit auch an das Selbstverständnis als Selbstverwaltungsorganisation der Wissenschaft an.[1282] Organisiert ist die Max-Planck-Gesellschaft ebenso wie ihre Vorgängerin als eingetragener Verein bürgerlichen Rechts (§§ 21 ff. BGB). Die Max-Planck-Gesellschaft unterhält derzeit 88 Forschungsinstitute und -einrichtungen (Stand: 5/2020). Überdies können neue Einrichtungen nach Beschluss der Gemeinsamen Wissenschaftskonferenz gefördert werden (§ 2 I AV-MPG). Die Liste der geförderten Einrichtungen der Max-Planck-Gesellschaft lässt sich

---

1279 S. zum Gesetzesvorbehalt unten C. III. 7.

1280 Benannt nach dem Physiker, Nobelpreisträger (1918) und Präsident der Kaiser-Wilhelm-Gesellschaft (1930–1937 und 1945–1946) Max Planck (1858–1947).

1281 *Hohn/Schimank*, Konflikte und Gleichgewichte im Forschungssystem, S. 79 ff.; *Trute*, Die Forschung zwischen grundrechtlicher Freiheit und staatlicher Institutionalisierung, S. 515 f.; *Meusel*, Außeruniversitäre Forschung im Wissenschaftsrecht, § 6 Rn. 95a; *Streiter*, Wissenschaftsförderung durch Mittlerorganisationen, S. 39 f.

1282 *Hohn/Schimank*, Konflikte und Gleichgewichte im Forschungssystem, S. 91; *Trute*, Die Forschung zwischen grundrechtlicher Freiheit und staatlicher Institutionalisierung, S. 515 f.; *Streiter*, Wissenschaftsförderung durch Mittlerorganisationen, S. 41.

der Anlage zu der aufgrund von Art. 3 II GWK-Abkommen geschlossenen Ausführungsvereinbarung über die gemeinsame Förderung der Max-Planck-Gesellschaft (AV-MPG)[1283] entnehmen (§ 1 II AV-MPG). Leitlinie für die Gründung und thematische Ausrichtung der einzelnen Forschungsinstitute ist das sog. Harnack-Prinzip,[1284] nach dem Institute um eine bedeutende Forscherin oder einen bedeutenden Forscher herum gebildet werden. Die einzelnen Institute verfolgen ihre Forschung sodann frei und unabhängig von der Generalverwaltung der Max-Planck-Gesellschaft und politischen Einflüssen.[1285] Die Institute besitzen dabei in der Regel keine Rechtsfähigkeit (§ 28 I MPG-Satzung). Ausnahmen bilden die rechtsfähige Stiftung des Max-Planck-Instituts für Kohlenforschung und die Max-Planck-Institut für Eisenforschung GmbH als eigenständige juristische Personen. Mit einem Gesamthaushalt von rund 2,4 Mrd. Euro[1286] und etwa 24.000 Beschäftigten[1287] im Jahr 2018 ist Max-Planck-Gesellschaft heute eine der tragenden Säulen der deutschen Forschungslandschaft.[1288]

a) Zweck

Die Max-Planck-Gesellschaft verfolgt den Zweck, die Wissenschaften zu fördern (§ 1 I 1 MPG-Satzung). Der Satzungszweck wird dabei insbesondere durch die Unterhaltung von Forschungsinstituten verwirklicht (§ 1 I 2 MPG-Satzung), die ihre wissenschaftliche Forschung frei und unabhängig betreiben (§ 1 II MPG-Satzung). Besonderes Anliegen der Max-Planck-Gesellschaft ist es zudem, Diskriminierungen aller Art entgegenzuwirken (§ 1 I 4 MPG-Satzung).

b) Finanzierung und ihre Rechtsgrundlage

Im Jahr 2018 betrug das Gesamtbudget der Max-Planck-Gesellschaft ca. 2,4 Mrd. Euro, wobei die institutionelle Förderung von Bund und Ländern

---

1283 Ausführungsvereinbarung zum GWK-Abkommen über die gemeinsame Förderung der Max-Planck-Gesellschaft zur Förderung der Wissenschaften e.V. – Ausführungsvereinbarung MPG (AV-MPG) – v. 27.10.2008, BAnz 2009 Nr. 18a S. 5, geändert durch Beschluss der Gemeinsamen Wissenschaftskonferenz (GWK) v. 17.5.2016, BAnz AT 08.06.2016 B3.

1284 Benannt nach dem ersten Präsidenten der Kaiser-Wilhelm-Gesellschaft (1911–1930) Adolf von Harnack (1851–1930).

1285 *Streiter*, Wissenschaftsförderung durch Mittlerorganisationen, S. 40.

1286 *MPG*, Jahresbericht 2018, S. 45.

1287 *MPG*, Jahresbericht 2018, S. 40.

1288 *Heinrich*, Die rechtliche Systematik der Forschungsförderung, S. 71 f.

i.H.v. ca. 1,8 Mrd. Euro rund 81 % ausmachte. Im Übrigen finanzierte sich die Max-Planck-Gesellschaft durch Drittmittel aus Projektförderungen von Bund und Ländern sowie der Europäischen Union, Zuwendungen von privater Seite sowie Spenden und Entgelte für eigene Leistungen.[1289]

Die Max-Planck-Gesellschaft erhielt erst ab 1957 Bundesmittel, die zunächst auf bestimmte Zwecke beschränkt waren.[1290] Das 1964 abgeschlossene Verwaltungsabkommen[1291] von Bund und Ländern sah schließlich die hälftige Finanzierung des Zuschussbedarfs der Max-Planck-Gesellschaft durch Bund und Länder vor. Ab 1975 erfolgte die gemeinsame institutionelle Förderung der Max-Planck-Gesellschaft wiederum nach der RV-Fo, wonach Bund und die Länder gemeinsam die Investitions- und Betriebskosten der Gesellschaft weiterhin im Verhältnis 50:50 trugen (Art. 2 I Nr. 3, 5 I, 6 I 1 Nr. 5, 7 I RV-Fo). Die Max-Planck-Gesellschaft wurde sodann auf der Rechtsgrundlage von Art. 91b S. 1 GG (i.d.F. v. 1969) als Einrichtung der wissenschaftlichen Forschung von überregionaler Bedeutung gefördert.

Seit der Föderalismusreform I und dem Außerkrafttreten der RV-Fo zum 1. Januar 2008 erfolgt die öffentliche institutionelle Förderung der Max-Planck-Gesellschaft gemäß der aufgrund von Art. 3 II GWK-Abkommen auf unbestimmte Zeit geschlossenen AV-MPG gemeinsam durch Bund und Länder (§§ 1 I, 5 I AV-MPG), die bis heute im Wesentlichen fortgilt. Bund und Länder fördern danach neue Aufgabenbereiche der Max-Planck-Gesellschaft, welche wesentliche zusätzliche öffentliche Mittel erfordern können, sowie neue Einrichtungen der Gesellschaft nach vorherigem Beschluss der Gemeinsamen Wissenschaftskonferenz (§ 2 I AV-MPG). Durch die gemeinsame Förderung soll die personelle Verbindung der Max-Planck-Gesellschaft mit den Hochschulen verstärkt werden (§ 2 II Nr. 1 AV-MPG). Ferner soll bei der Festlegung des Standorts neuer Einrichtungen der Max-Planck-Gesellschaft neben wissenschaftspolitischen Gesichtspunkten auch eine ausgewogene regionale Verteilung berücksichtigt werden (§ 2 II Nr. 2 AV-MPG). Die finanzielle Förderung zur Deckung der zuwendungsfähigen Ausgaben der Max-Planck-Gesellschaft bringen Bund und Länder dabei weiterhin im Verhältnis 50:50 auf (§ 3 I 1–2 AV-MPG). Der auf die Länder entfallende Teil des Zuwendungsbetrages wird dabei zu 50 % vom

---

1289 *MPG*, Jahresbericht 2018, S. 45.

1290 *Hohn/Schimank*, Konflikte und Gleichgewichte im Forschungssystem, S. 111 ff.; *Meusel*, Außeruniversitäre Forschung im Wissenschaftsrecht, § 6 Rn. 101.

1291 Verwaltungsabkommen zwischen Bund und Ländern zur Förderung von Wissenschaft und Forschung v. 4.6.1964, MBl. NW 1965 S. 3.

jeweiligen Sitzland der Einrichtungen der Max-Planck-Gesellschaft (sog. Interessenquote des Sitzlandes) und zu 50 % von allen Ländern gemeinsam aufgebracht (§ 4 I 1 AV-MPG). Der auf die Länder entfallende Teil des Zuwendungsbetrages für die Generalverwaltung und für Einrichtungen im Ausland wird hingegen von allen Ländern gemeinsam aufgebracht (§ 4 I 2 AV-MPG). Der auf die Ländergesamtheit entfallende Teil des Zuwendungsbetrages wird wiederum zu zwei Dritteln nach dem Verhältnis der Steuereinnahmen und zu einem Drittel nach dem Verhältnis der Bevölkerungszahl der Länder aufgebracht (§ 4 II AV-MPG). Im Übrigen können der Bund oder einzelne Länder der Max-Planck-Gesellschaft oder ihren Einrichtungen aufgrund einer Vereinbarung mit ihnen Leistungen zur Abgeltung der Kosten von Einzelaufträgen gewähren (§ 3 II AV-MPG). Der Zuwendungsbedarf der Max-Planck-Gesellschaft ist in jedem Fall bei der Aufstellung der Haushalte des Bundes und der Länder stets zu berücksichtigen (§ 3 V AV-MPG). Abweichend von der soeben dargestellten Finanzierung wird das Max-Planck-Institut für Plasmaphysik (IPP), welches zwar Teil der Max-Planck-Gesellschaft ist, als assoziiertes Mitglied der Helmholtz-Gemeinschaft vom Bund und den Sitzländern Bayern und Mecklenburg-Vorpommern nach den Regelungen für Mitgliedseinrichtungen der Helmholtz-Gemeinschaft im Verhältnis 90:10 finanziert (vgl. Protokollnotiz zu § 1 II AV-MPG).[1292]

Rechtsgrundlage für die gemeinsame Finanzierung der Max-Planck-Gesellschaft durch Bund und Länder war nach der Föderalismusreform I zunächst Art. 91b I 1 Nr. 1 GG (i.d.F. v. 2006). Die Max-Planck-Gesellschaft wurde nach § 2 I der Anlage zum GWK-Abkommen unmittelbar als Einrichtung der wissenschaftlichen Forschung von überregionaler Bedeutung außerhalb von Hochschulen gefördert. Auch die Förderung von Kooperationen zwischen Max-Planck-Gesellschaft bzw. ihren Instituten und Hochschulen im Rahmen der sog. Max-Planck-Forschungsgruppen wahrte aufgrund ihrer sachlichen Abgrenzung und ihrer fünfjährigen Befristung die Vorgaben von Art. 91b I 1 Nr. 2 GG (i.d.F. v. 2006),[1293] wonach eine institutionelle Förderung von Hochschulen nicht zulässig war. Überdies war die gemeinsame Kostentragung durch Bund und Länder mit Art. 91b III GG (i.d.F. v. 2006) vereinbar.

Seit 2015 ist der neue Art. 91b I 1 GG die Rechtsgrundlage für die gemeinsame Finanzierung der Max-Planck-Gesellschaft und ihrer Einrichtungen durch Bund und Länder, der nicht mehr zwischen der Förderung von Einrichtungen und Vorhaben sowie zwischen der Förderung an oder außerhalb von Hochschulen

---

1292 S. zur Finanzierung der Helmholtz-Gemeinschaft auch oben C. III. 2. c).

1293 *Jauch*, Wissenschaftsförderung nach der Reform des Föderalismus, S. 178.

differenziert. Im Übrigen entspricht die Regelungsmaterie des Art. 91b I 1 GG der ihrer Vorgängerfassung. Die Max-Planck-Gesellschaft kann somit auch nach neuer Rechtslage als außeruniversitäre Wissenschaftseinrichtung gemeinsam institutionell nach Art. 91b I 1 GG durch Bund und Länder gefördert werden. Dabei ist im Übrigen nun auch eine langfristige, institutionelle Förderung von Hochschulen im Wege von Kooperationen zulässig. Die gemeinsame Förderung der Max-Planck-Gesellschaft durch Bund und Länder könnte jedoch eine zusätzliche parlamentarische Ermächtigung erforderlich machen.[1294]

4. Fraunhofer-Gesellschaft zur Förderung der angewandten Forschung e. V. (FhG)[1295]

Gegründet wurde die Fraunhofer-Gesellschaft[1296] im Jahr 1949 auf Initiative des Bayerischen Wirtschaftsministeriums und der Industrie in der Form eines gemeinnützigen eingetragenen Vereins bürgerlichen Rechts (§ 2 IV FhG-Satzung, §§ 21 ff. BGB), um primär angewandte Forschung zu fördern.[1297] Die Forschungstätigkeit der in München ansässigen Fraunhofer-Gesellschaft ist daher vor allem an den Bedürfnissen des Marktes und der praktischen Anwendung sowie der Umsetzung wissenschaftlicher Ergebnisse in neue Projekte, Verfahren und Dienstleistungen orientiert und findet hauptsächlich im Bereich der Natur- und Ingenieurwissenschaften statt.[1298] Vertragspartner und Auftraggeber der Fraunhofer-Gesellschaft sind Industrie- und Dienstleistungsunternehmen sowie die öffentliche Hand.[1299] Die eigentliche Forschungsarbeit der Fraunhofer-Gesellschaft wird in ihren derzeit 74 Instituten und Forschungseinrichtungen durchgeführt, in denen insgesamt rund 28.600 Mitarbeiterinnen und Mitarbeiter

---

1294 S. zum Gesetzesvorbehalt unten C. III. 7.

1295 Vgl. dazu ausführlich *Trischler/v. Bruch*, Forschung für den Markt; *Arnold*, Die Bedeutung der Wissenschaftsfreiheit für die Fraunhofer-Gesellschaft.

1296 Benannt nach dem Münchener Forscher, Erfinder und Unternehmer Joseph von Fraunhofer (1787–1826).

1297 *Trischler/v. Bruch*, Forschung für den Markt, S. 31; *Szöllösi-Janze*, in: Flämig et al., Handbuch des Wissenschaftsrechts, Bd. 2, Kap. 44 S. 1213; *Heinrich*, Die rechtliche Systematik der Forschungsförderung, S. 72; *Arnold*, Die Bedeutung der Wissenschaftsfreiheit für die Fraunhofer-Gesellschaft, S. 20; *Streiter*, Wissenschaftsförderung durch Mittlerorganisationen, S. 42.

1298 *Arnold*, Die Bedeutung der Wissenschaftsfreiheit für die Fraunhofer-Gesellschaft, S. 29.

1299 *Heinrich*, Die rechtliche Systematik der Forschungsförderung, S. 72; *Arnold*, Die Bedeutung der Wissenschaftsfreiheit für die Fraunhofer-Gesellschaft, S. 30; *Streiter*, Wissenschaftsförderung durch Mittlerorganisationen, S. 42.

beschäftigt sind.[1300] Die Institute der Fraunhofer-Gesellschaft sind dabei zwar nicht rechtlich selbstständig, sind in ihrer wissenschaftlichen und wirtschaftlichen Tätigkeit jedoch unabhängig.[1301] Insgesamt ist die Fraunhofer-Gesellschaft heute neben der Helmholtz-Gemeinschaft, der Leibniz-Gemeinschaft und der Max-Planck-Gesellschaft eine der tragenden Säulen der außeruniversitären Forschung in Deutschland.[1302]

a) Zweck

Die Fraunhofer-Gesellschaft verfolgt den Zweck, die angewandte Forschung zu fördern. Hierzu führt sie frei gewählte Forschungsvorhaben, von Bund und Ländern übertragene Aufgaben sowie Vertragsforschung durch (§ 1 I FhG-Satzung). Verwirklicht wird der Satzungszweck der Fraunhofer-Gesellschaft insbesondere durch die Errichtung und den Unterhalt von Forschungsinstituten und ähnlichen Einrichtungen (§ 1 II Nr. 1 FhG-Satzung). Ferner verfolgt die Fraunhofer-Gesellschaft den Satzungszweck dadurch, dass sie für die praktische Anwendung wissenschaftlicher Erkenntnisse sorgt und die Kräfte der angewandten Forschung und der Praxis zusammenführt (§ 1 II Nr. 2 FhG-Satzung). Auch der Betrieb von Hilfseinrichtungen für die wissenschaftliche Arbeit und für deren Auswertung in der angewandten Forschung trägt zur Verwirklichung des Satzungszwecks bei (§ 1 II Nr. 3 FhG-Satzung). Der Förderung der angewandten Forschung dient zudem die Zusammenarbeit mit anderen Forschungseinrichtungen bei der Erfüllung der satzungsmäßigen Aufgaben (§ 1 II Nr. 4 FhG-Satzung). Im Übrigen soll der Satzungszweck durch die Förderung der Aus- und Weiterbildung auf technischem und wirtschaftlichem Gebiet durch Einrichtungen und den Betrieb von Aus- und Weiterbildungsstätten sowie durch Vorhaben, bei denen innovative Techniken vermittelt werden, verwirklicht werden (§ 1 II Nr. 5 FhG-Satzung).

b) Finanzierung und ihre Rechtsgrundlage

Das jährliche Finanzvolumen der Fraunhofer-Gesellschaft belief sich im Jahr 2019 auf 2,8 Mrd. Euro, wovon etwa 2,3 Mrd. Euro aus dem Kernbereich der Vertragsforschung stammten. Rund 70 % dieses Bereichs erwirtschaftete

---

1300 *Arnold*, Die Bedeutung der Wissenschaftsfreiheit für die Fraunhofer-Gesellschaft, S. 30; *FhG*, Jahresbericht 2019, S. 14 (Stand: 1/2020).

1301 *Streiter*, Wissenschaftsförderung durch Mittlerorganisationen, S. 42 f.

1302 *Arnold*, Die Bedeutung der Wissenschaftsfreiheit für die Fraunhofer-Gesellschaft, S. 29.

die Fraunhofer-Gesellschaft mit Aufträgen aus der Industrie und mit öffentlich finanzierten Forschungsprojekten. Rund 30 % wurden ihr wiederum im Wege der institutionellen Förderung durch Bund und Länder zur Verfügung gestellt.[1303] Dabei erfolgt die staatliche Grundfinanzierung seit der Einführung des sog. Fraunhofer-Modells im Jahr 1975 erfolgsorientiert. Nach diesem Modell wird die Höhe der institutionellen Förderung vom Umfang der aus der Vertragsforschung für Wirtschaft und Staat akquirierten Mittel abhängig gemacht, woraus sich ein starker Anreiz zur Drittmitteleinwerbung ergibt.[1304]

Obwohl bereits 1949 gegründet, wurde die Fraunhofer-Gesellschaft erst 1968 in die gemeinsame institutionelle Förderung durch Bund und Länder aufgenommen.[1305] Dabei erfolgte die Förderung zunächst auf der Rechtsgrundlage von Art. 91b S. 1 GG (i.d.F. v. 1969) als Einrichtung der wissenschaftlichen Forschung von überregionaler Bedeutung. Der Bund und die jeweils beteiligten Sitzländer förderten gemeinsam die Investitions- und Betriebskosten der Fraunhofer-Gesellschaft nach der früher geltenden RV-Fo von 1975 im Verhältnis 90:10 (Art. 5 I, 6 I 1 Nr. 6, 7 II RV-Fo). Seit der Föderalismusreform I und dem Außerkrafttreten der RV-Fo zum 1. Januar 2008 erfolgt die gemeinsame, öffentliche institutionelle Förderung der Fraunhofer-Gesellschaft gemäß der aufgrund von Art. 3 II GWK-Abkommen auf unbestimmte Zeit geschlossenen Ausführungsvereinbarung FhG (AV-FhG)[1306] (§§ 1 I, 7 I AV-FhG). Forschungspolitische Zielsetzung der gemeinsamen finanziellen Förderung ist die Begünstigung der praktischen Anwendung wissenschaftlicher Erkenntnisse auf dem Gebiet der angewandten Forschung (§ 2 I AV-FhG). Bund und Länder streben mit ihrer Unterstützung überdies eine verstärkte Zusammenarbeit der Fraunhofer-Gesellschaft mit Einrichtungen der Grundlagenforschung insbesondere den Hochschulen an (§ 2 II Alt. 1 AV-FhG). Die finanzielle Förderung von Bund und Ländern zur Deckung der zuwendungsfähigen Ausgaben der

---

1303 *FhG*, Jahresbericht 2019, S. 14 (Stand: 1/2020).

1304 *Hohn/Schimank*, Konflikte und Gleichgewichte im Forschungssystem, S. 175; *Meusel*, Außeruniversitäre Forschung im Wissenschaftsrecht, § 6 Rn. 103; *Trischler/v. Bruch*, Forschung für den Markt, S. 133; *Heinrich*, Die rechtliche Systematik der Forschungsförderung, S. 72; *Arnold*, Die Bedeutung der Wissenschaftsfreiheit für die Fraunhofer-Gesellschaft, S. 27.

1305 *Hohn/Schimank*, Konflikte und Gleichgewichte im Forschungssystem, S. 171.

1306 Ausführungsvereinbarung zum GWK-Abkommen über die gemeinsame Förderung der Fraunhofer-Gesellschaft zur Förderung der angewandten Forschung e.V. – Ausführungsvereinbarung FhG (AV-FhG) v. 27.10.2008, BAnz 2008 Nr. 18a S. 12, zuletzt geändert am 17.4.2015, BAnz AT 16.07.2015 B6.

Fraunhofer-Gesellschaft wird weiterhin im Verhältnis 90:10 erbracht (§ 3 I 1 AV-FhG). Aufgrund einer Vereinbarung mit der Fraunhofer-Gesellschaft können der Bund oder einzelne Länder überdies Leistungen zur Abgeltung der Kosten von Aufträgen oder Projekten gewähren (§ 3 III AV-FhG). Der Zuwendungsbedarf ist in jedem Fall stets bei der Aufstellung der jeweiligen Haushalte zu berücksichtigen (§ 3 V AV-FhG). Der auf die Länder entfallende Teil des Zuwendungsbetrages wird auf die Länder in Höhe von einem Drittel nach dem Verhältnis ihrer Steuereinnahmen und ihrer Bevölkerungszahl umgelegt, wobei das Verhältnis der Steuereinnahmen für zwei Drittel und das der Bevölkerungszahl für ein Drittel dieses Betrages maßgeblich ist (§ 4 I 1 AV-FhG). Als Steuereinnahmen gelten dabei die im Länderfinanzausgleich zugrunde gelegten Steuereinnahmen der Länder (§ 4 I 2 AV-FhG). In Höhe von zwei Dritteln wird der auf die Länder entfallende Teil des Zuwendungsbetrages entsprechend dem Verhältnis des Zuwendungsbedarfs aller Einrichtungen der Fraunhofer-Gesellschaft, die in einem Land ihren Sitz haben, auf die Länder umgelegt (§ 4 I 5 AV-FhG). Dabei werden die Ausgaben für die Zentralverwaltung nicht in Ansatz gebracht (§ 4 I 6 AV-FhG). Die Länder können hinsichtlich des auf sie entfallenden Teils des Zuwendungsbetrages auch abweichende Regelungen vereinbaren, solange ein nicht unbeträchtlicher Teil des Zuwendungsbetrages auf die Länder umgelegt wird (§ 4 II AV-FhG). Besonderheit der öffentlichen Finanzierung der Fraunhofer-Gesellschaft ist, dass diese nach dem sog. Fraunhofer-Modell vom Umfang der Gesamterlöse der Fraunhofer-Gesellschaft aus Forschung und Entwicklung abhängig gemacht werden sollen (§ 2 III AV-FhG). Danach bemisst sich die Höhe der öffentlichen Grundfinanzierung weitgehend erfolgsabhängig nach der Höhe der Wirtschaftserträge.

Rechtsgrundlage der institutionellen Förderung der Fraunhofer-Gesellschaft durch Bund und Länder war nach der Föderalismusreform I zunächst Art. 91b I 1 Nr. 1 GG (i.d.F. v. 2006). Nach § 2 II der Anlage zum GWK-Abkommen (i.d.F. v. 2007) erhielten unmittelbar die Mitgliedseinrichtungen der Fraunhofer-Gesellschaft die finanziellen Mittel von Bund und den beteiligten Ländern als Einrichtungen der wissenschaftlichen Forschung außerhalb von Hochschulen von überregionaler Bedeutung im Sinne der Verfassungsnorm. Die Fraunhofer-Gesellschaft ist zwar selbst keine Forschungseinrichtung der Industrie, jedoch betreibt sie in ihren Mitgliedseinrichtungen auch Industrieforschung, welche wiederum nach Art. 91b I 1 Nr. 1 GG (i.d.F. v. 2006) förderungsfähig war.[1307] Auch wenn gemäß der Protokollnotiz zu § 1 I der Anlage zum

1307 S. dazu auch ausführlich oben B. IV. 3. b) cc) (1).

GWK-Abkommen die Förderung der Industrieforschung nicht Gegenstand der gemeinsamen institutionellen Förderung von Bund und Ländern ist, verzichtete die Gemeinsame Wissenschaftskonferenz mit der AV-FhG aus dem Jahr 2008 bewusst auf diese selbst auferlegte Einschränkung.[1308] Überdies war die gemeinsame Kostentragung durch Bund und Länder mit Art. 91b III GG (i.d.F. v. 2006) vereinbar.

Seit 2015 ist der neue Art. 91b I 1 GG die Rechtsgrundlage für die gemeinsame Förderung der Fraunhofer-Gesellschaft durch Bund und Länder, der nicht mehr zwischen der Förderung von Einrichtungen und Vorhaben sowie zwischen der Förderung an oder außerhalb von Hochschulen differenziert. Im Übrigen stimmt die Regelungsmaterie des Art. 91b I 1 GG mit der ihrer Vorgängerfassung überein. Dass die Fraunhofer-Gesellschaft seit 2015 ihre öffentlichen finanziellen Mittel nach § 2 I der Anlage zum GWK-Abkommen nun unmittelbar als außeruniversitäre Einrichtung der wissenschaftlichen Forschung von überregionaler Bedeutung vom Bund und allen Ländern gemeinsam erhält, ist im Übrigen auch mit Art. 91b I 1, III GG vereinbar. Die Fraunhofer-Gesellschaft kann demzufolge auch nach neuer Rechtslage als außeruniversitäre Wissenschaftseinrichtung gemeinsam institutionell gem. Art. 91b I 1 GG gefördert werden. Für die gemeinsame Förderung der Fraunhofer-Gesellschaft könnte allerdings eine zusätzliche parlamentarische Ermächtigung erforderlich sein.[1309]

5. Wissenschaftsgemeinschaft Gottfried Wilhelm Leibniz e.V. (WGL)

Nach Ende des Zweiten Weltkrieges einigten sich die Länder darauf, 33 verschiedene Forschungsinstitute mit überregionaler Bedeutung und von im gesamtstaatlichen Interesse stehenden Serviceeinrichtungen für die Wissenschaft gemeinsam zu finanzieren (sog. Königsteiner Institute). Der finanzielle Verteilungsschlüssel wurde durch das sog. Königsteiner Staatsabkommen[1310] von 1949 festgelegt. Mit der Einfügung von Art. 91b GG in das Grundgesetz im Jahr 1969 entstand seitens der Länder und des Bundes sodann der Wunsch, die Königsteiner Institute in eine gemeinsame Bund-Länder-Förderung zu übernehmen.[1311]

1308 *Jauch*, Wissenschaftsförderung nach der Reform des Föderalismus, S. 181.

1309 S. zum Gesetzesvorbehalt unten C. III. 7.

1310 Staatsabkommen der Länder der Bundesrepublik Deutschland über die Finanzierung wissenschaftlicher Forschungseinrichtungen v. 12.9.1950, GVBl. Hessen 1950 S. 179.

1311 *Hohn/Schimank*, Konflikte und Gleichgewichte im Forschungssystem, S. 135 ff.; *Meusel*, Außeruniversitäre Forschung im Wissenschaftsbereich, § 6 Rn. 113.

Neben der RV-Fo von 1975 einigten sich Bund und Länder im Jahr 1977 auf die Ausführungsvereinbarung Forschungseinrichtungen (AV-FE),[1312] die die gemeinsame Förderung konkretisierte und in ihrem Anhang eine auf blauem Papier gedruckte Liste der gemeinsam geförderten Wissenschaftseinrichtungen[1313] enthielt, die ihnen schließlich den Namen „Blaue-Liste-Einrichtungen“ gab.[1314] Nach der Wiedervereinigung Deutschlands kam es durch die Aufnahme zahlreicher Institute aus den neuen Bundesländern und Ost-Berlin fast zu einer Verdopplung der „Blaue-Liste-Einrichtungen“, deren Zahl von 47 auf 83 bis zum 1. Januar 1992 anstieg.[1315] Dabei erwies sich die „Blaue Liste“ letztlich als Auffangbecken für Einrichtungen, die in den bestehenden Organisationen oder Fördermodellen keinen Platz fanden.[1316] Die geförderten Institute schlossen sich 1990 zur besseren Interessenvertretung und zur Intensivierung der Kooperation zur „Arbeitsgemeinschaft Blaue Liste“ (AG-BL) zusammen, die im Jahr 1997 schließlich in „Wissenschaftsgemeinschaft Gottfried Wilhelm Leibniz[1317] e.V.“ umbenannt wurde.[1318]

1312 Ausführungsvereinbarung zur Rahmenvereinbarung Forschungsförderung über die gemeinsame Förderung von Einrichtungen der wissenschaftlichen Forschung – Ausführungsvereinbarung Forschungseinrichtungen (AV-FE) v. 5./6.5.1977, zuletzt geändert durch Vereinbarung v. 25.10.2001, BAnz 2001 S. 25218.

1313 Von den früheren Königsteiner Instituten wurden 22 in die „Blaue Liste“ übernommen. Hinzu kamen sechs weitere Einrichtungen, die schon vorher in Anlehnung an das Königsteiner Abkommen gemeinsam von den Ländern getragen worden sind sowie 16 Einrichtungen aus der alleinigen Trägerschaft des Sitzlandes bzw. des Bundes, *Meusel*, Außeruniversitäre Forschung im Wissenschaftsbereich, § 6 Rn. 115.

1314 *Meusel*, Außeruniversitäre Forschung im Wissenschaftsbereich, § 6 Rn. 113; *Streiter*, Wissenschaftsförderung durch Mittlerorganisationen, S. 45; vgl. zur Entstehungsgeschichte der „Blauen Liste“ auch ausführlich *Hohn/Schimank*, Konflikte und Gleichgewichte im Forschungssystem, S. 135 ff.

1315 *Meusel*, Außeruniversitäre Forschung im Wissenschaftsbereich, § 6 Rn. 115; *Streiter*, Wissenschaftsförderung durch Mittlerorganisationen, S. 45. Die Länder Brandenburg, Mecklenburg-Vorpommern, Sachsen, Sachsen-Anhalt und Thüringen sind der AV-FE durch Vereinbarung v. 17./21.12.1990 mit Wirkung zum 1.1.1991 beigetreten, BAnz 1991 S. 683.

1316 *Hohn/Schimank*, Konflikte und Gleichgewichte im Forschungssystem, S. 141; *Meusel*, Außeruniversitäre Forschung im Wissenschaftsbereich, § 6 Rn. 115; *Brill*, Von der „Blauen Liste“ zur gesamtdeutschen Wissenschaftsorganisation, S. 20.

1317 Benannt nach dem deutschen Philosophen und Mathematiker Gottfried Wilhelm Leibniz (1646–1716).

1318 *Meusel*, Außeruniversitäre Forschung im Wissenschaftsbereich, § 6 Rn. 115, § 7 Rn. 131; *Streiter*, Wissenschaftsförderung durch Mittlerorganisationen, S. 46;

Die Leibniz-Gemeinschaft mit Sitz in Berlin (§ 1 II WGL-Satzung) ist in der Rechtsform eines gemeinnützigen eingetragenen Vereins bürgerlichen Rechts (§ 2 II WGL-Satzung, §§ 21 ff. BGB) organisiert und verbindet heute 96 rechtlich selbstständige Forschungseinrichtungen in ganz Deutschland, die nach der Ausführungsvereinbarung zum GWK-Abkommen über die gemeinsame Förderung der Mitgliedseinrichtungen der Leibniz-Gemeinschaft (AV-WGL)[1319] gemeinsam von Bund und Ländern gefördert werden.[1320] Ihre Ausrichtung ist wie bereits bei den „Blaue-Liste-Einrichtungen" stark heterogen.[1321] Sie werden im Übrigen fünf Sektionen zugeordnet (vgl. § 12 WGL-Satzung), die diverse Wissenschaftsdisziplinen umfassen: Geisteswissenschaften und Bildungsforschung; Wirtschafts- und Sozialwissenschaften, Raumwissenschaften; Lebenswissenschaften; Mathematik, Natur- und Ingenieurwissenschaften sowie Umweltwissenschaften. In den Einrichtungen wird überdies sowohl Grundlagenforschung und anwendungsorientierte Forschung als auch Auftragsforschung betrieben. Auch hinsichtlich der Rechtsnatur der geförderten Institute besteht keine Einheitlichkeit. Die Leibniz-Einrichtungen sind als Stiftungen oder Anstalten des öffentlichen Rechts sowie als eingetragene Vereine, (gemeinnützige) GmbHs oder Stiftungen bürgerlichen Rechts organisiert.

Die Mitgliedseinrichtungen müssen zudem von überregionaler Bedeutung und gesamtstaatlichem wissenschaftspolitischem Interesse sein (§ 1 I 1 AV-WGL). Ein gesamtstaatliches wissenschaftspolitisches Interesse verlangt ausweislich der Ausführungsvereinbarung unter anderem, dass die Höhe des von der öffentlichen Hand zu deckenden Zuwendungsbedarfs der Einrichtung ein Zusammenwirken von Bund und Ländern bei der Förderung rechtfertigt (§ 1 I 2 AV-WGL). Der Ausschuss der Gemeinsamen Wissenschaftskonferenz

---

vgl. ausführlich zur Entstehungsgeschichte der Leibniz-Gemeinschaft *Brill*, Von der „Blauen Liste" zur gesamtdeutschen Wissenschaftsorganisation.

1319 Ausführungsvereinbarung zum GWK-Abkommen über die gemeinsame Förderung der Mitgliedseinrichtungen der Wissenschaftsgemeinschaft Gottfried Wilhelm Leibniz e.V. – Ausführungsvereinbarung WGL (AV-WGL) – v. 27.10.2008, BAnz 2009 Nr. 18a S. 8, zuletzt geändert am 20.4.2012, BAnz AT 12.02.2013 B3.

1320 Vgl. Liste in der Anlage zur Ausführungsvereinbarung WGL gem. § 1 II AV-WGL (Stand: 6/2020).

1321 Bzgl. der „Blaue-Liste-Einrichtungen" *Meusel*, Grundprobleme des Rechts der außeruniversitären „staatlichen" Forschung, S. 30 f.; *ders.*, Außeruniversitäre Forschung im Wissenschaftsbereich, § 6 Rn. 115; *Helfrich*, WissR 23 (1990), 244 (246 ff.); *Trute*, Die Forschung zwischen grundrechtlicher Freiheit und staatlicher Institutionalisierung, S. 701.

hat am 16. September 2008 festgestellt, dass ein Zusammenwirken dann gerechtfertigt sein kann, wenn der Zuwendungsbedarf bei der Neuaufnahme in der Regel 5 Mio. Euro bei Einrichtungen ingenieur-, natur-, biowissenschaftlicher oder medizinischer Fachrichtungen bzw. 1,5 Mio. Euro bei Einrichtungen geistes-, sozial- und wirtschaftswissenschaftlicher Fachrichtungen überschreitet. In begründeten Fällen kann jedoch ein Abweichen von diesen Beträgen gerechtfertigt sein, sodass die Beträge hier erforderlichenfalls auf ihre Angemessenheit hin zu überprüfen sind (vgl. Fn. 1 zu § 1 I 2 AV-WGL). Auf diese Weise wurde das gesamtstaatliche wissenschaftspolitische Interesse mithin quantitativ festgelegt.[1322] Die Gemeinsame Wissenschaftskonferenz überprüft im Übrigen turnusmäßig, spätestens aber nach sieben Jahren, ob die Mitgliedseinrichtungen der Leibniz-Gemeinschaft noch die Voraussetzungen der überregionalen Bedeutung und des gesamtstaatlichen wissenschaftspolitischen Interesses erfüllen (§ 1 IV AV-WGL). Kommt die Gemeinsame Wissenschaftskonferenz hierbei zu einem negativen Ergebnis, so entscheidet sie über das Ausscheiden der Einrichtung aus der gemeinsamen Förderung (§ 6 I AV-WGL). Die gemeinsame Förderung einer Mitgliedseinrichtung kann ferner durch jeden an der Finanzierung Beteiligten gekündigt werden (§ 6 II 1 AV-WGL). Kündigt ein Land, welches nicht Sitzland der Einrichtung ist, die gemeinsame Förderung, wird diese vom Bund und von den übrigen Ländern fortgesetzt, wobei der Finanzierungsanteil des ausscheidenden Lands von den anderen an der Finanzierung beteiligten Ländern anteilig übernommen wird (§ 6 II 6–7 AV-WGL).

a) Zweck

Die Leibniz-Gemeinschaft fördert und unterstützt ihre Mitgliedseinrichtungen und deren Zusammenarbeit und nimmt ihre gemeinschaftlichen Interessen wahr (§ 2 I WGL-Satzung). Zweck der Leibniz-Wissenschaftsgemeinschaft ist die Förderung von Wissenschaft und Forschung (§ 2 III 1 WGL-Satzung). Der Satzungszweck wird dabei gem. § 2 III 2 WGL-Satzung insbesondere durch die Wahrnehmung der gemeinsamen Anliegen im Verhältnis zu Bund, Ländern, anderen Wissenschaftsorganisationen und der Öffentlichkeit verwirklicht. Ferner strebt die Leibniz-Gemeinschaft eine Stärkung der Qualität sowie der Leistungs- und Wettbewerbsfähigkeit der Mitgliedseinrichtungen an. Auch die wissenschaftliche Zusammenarbeit der Mitgliedseinrichtungen und der Erfahrungs- und Informationsaustausch in wissenschaftlichen, wissenschaftspolitischen und

1322 *Jauch*, Wissenschaftsförderung nach der Reform des Föderalismus, S. 185.

administrativen Angelegenheiten wird gefördert. Zudem werden Seminare und wissenschaftliche Konferenzen durchgeführt und gefördert. Gefördert wird ferner die Zusammenarbeit mit Hochschulen und anderen nationalen, europäischen und internationalen wissenschaftlichen Einrichtungen. Die Anbahnung und Pflege europäischer und internationaler Kontakte zählt ebenfalls zu den Aufgaben der Leibniz-Gemeinschaft. Die Gemeinschaft fördert überdies die Gleichstellung der Geschlechter und die Diversität. Darüber hinaus werden der wissenschaftliche und der wissenschaftsunterstützende Nachwuchs gefördert und die Forschungsethik gewährleistet. Aufgabe der Leibniz-Gemeinschaft ist im Übrigen die Förderung des Transfers wissenschaftlicher Erkenntnis in alle Bereiche der Gesellschaft, die Bereitstellung wissenschaftlicher Dienstleistungen und des freien Zugangs zu Forschungsergebnissen und Forschungsdaten.

b) Finanzierung und ihre Rechtsgrundlage

Das Gesamtbudget der Leibniz-Gemeinschaft betrug im Jahr 2018 etwa 1,9 Mrd. Euro, wovon rund 1,2 Mrd. Euro aus der institutionellen Förderung durch Bund und Länder stammten. Im Übrigen erhielt die Leibniz-Gemeinschaft ca. 460 Mio. Euro durch öffentliche und private Drittmittel sowie 188 Mio. Euro aus sonstigen Erträgen.[1323]

Die institutionelle Förderung der „Blaue-Liste-Einrichtungen" bzw. der Leibniz-Mitgliedseinrichtungen erfolgte durch Bund und Länder gemeinsam nach der RV-Fo von 1975 und der aufgrund von Art. 2 III RV-Fo geschlossenen AV-FE von 1977 in der Regel im Verhältnis 50:50 (Art. 2 I Nr. 5 u. 6, Art. 6 I Nr. 6 u. 7, Art. 7 I Alt. 3 u. 4 RV-Fo). Der auf die Länder entfallende Teil des Zuwendungsbetrages wurde wiederum vom jeweiligen Sitzland zu 75 % bzw. bei den Serviceeinrichtungen zu 25 % getragen (§ 6 1 Nr. 2 AV-FE). Der übrige Teil des auf die Länder entfallenden Zuwendungsbetrages wurde wiederum von allen Ländern gemeinsam zu zwei Dritteln nach dem Verhältnis ihrer Steuereinnahmen und zu einem Drittel nach dem Verhältnis ihrer Bevölkerungszahl getragen (§ 6 I Nr. 1 AV-FE).

Rechtsgrundlage der gemeinsamen institutionellen Förderung der „Blaue-Liste-Einrichtungen" sowie der Leibniz-Einrichtungen war Art. 91b S. 1 GG (i.d.F. v. 1969). Danach wurden die „Blaue Liste-Einrichtungen" und seit 1997 auch die Leibniz-Mitgliedseinrichtungen als außeruniversitäre Wissenschaftseinrichtungen von überregionaler Bedeutung gefördert. Dabei war im Übrigen auch die

1323 *WGL*, Geschäftsbericht 2019, S. 5.

gemeinsame Kostentragung durch Bund und Länder mit Art. 91b S. 2 GG (i.d.F. v. 1969) vereinbar.

Im Jahr 2008 wurde die RV-Fo schließlich durch das GWK-Abkommen abgelöst (Art. 10 II Nr. 2 GWK-Abkommen). Seitdem richtet sich die gemeinsame institutionelle Förderung der Leibniz-Gemeinschaft nach der noch im gleichen Jahr aufgrund des Art. 3 II GWK-Abkommen auf unbestimmte Zeit geschlossenen AV-WGL, die grundsätzlich weiterhin eine finanzielle Förderung von Bund und Ländern zur Deckung der zuwendungsfähigen Ausgaben im Verhältnis von 50:50 vorsieht (§§ 3 I, 8 I AV-WGL), wobei im Einzelfall zwischen Bund und Ländern auch ein abweichender Schlüssel vereinbart werden kann (§ 3 I 3 Hs. 2 AV-WGL).[1324] Auch der auf die Länder entfallende Anteil des Zuwendungsbetrages wird danach weiterhin vom jeweiligen Sitzland in Höhe von 75 % bzw. bei Einrichtungen, die in erheblichem Umfang wissenschaftliche Infrastrukturaufgaben wahrnehmen,[1325] in Höhe von 25 % aufgebracht (§ 5 Nr. 2 AV-WGL). Die Sitzländer bringen zudem den auf die Länder entfallenden Teil des Zuwendungsbetrages für Bauinvestitionen auf (§ 5 a.E. AV-WGL). Der übrige Teil des auf die Länder entfallenden Zuwendungsbetrages wird ebenfalls weiterhin von allen Ländern gemeinsam nach dem Verhältnis ihrer Steuereinnahmen (zwei Drittel) und ihrer Bevölkerungszahl (ein Drittel) getragen (§ 5 Nr. 1 AV-WGL). Davon abweichend können der Bund und die einzelnen Länder einer gemeinsam geförderten Einrichtung der Leibniz-Gemeinschaft auch Leistungen zur Abgeltung der Kosten von Einzelaufträgen aufgrund einer Vereinbarung gewähren (§ 3 II AV-WGL).

Die gemeinsame Förderung der einzelnen Leibniz-Einrichtungen erfolgt im Übrigen in Höhe der Zuwendungen des jeweiligen Sitzlandes nach §§ 23, 44 I LHO (§ 3 VI 1 AV-WGL). Die Leibniz-Einrichtungen liegen dabei außerhalb der Landesverwaltung und erfüllen mithin die erste Voraussetzung des § 23 LHO. Weitere Voraussetzung des § 23 LHO ist, dass das jeweilige Land

1324 Die unterschiedlichen Förderquoten von Bund und Ländern hinsichtlich der einzelnen WGL-Einrichtungen lassen sich der Anlage zur AV-WGL entnehmen. Abweichende Bund-Länder-Finanzierungsschlüssel weisen die FIZ Karlsruhe – Leibniz-Institut für Informationsinfrastruktur GmbH (75:25), der GESIS-Leibniz-Institut für Sozialwissenschaften e.V. (80:20), das DIW Berlin für die Abteilung „Sozioökonomisches Panel“ (2/3:1/3), die Wissenschaftszentrum Berlin für Sozialforschung gGmbH (75:25), die Akademie für Raumentwicklung in der Leibniz-Gemeinschaft (30:70) sowie die TIB Hannover (30:70) auf.

1325 Welche Einrichtungen im Einzelnen in erheblichem Umfang wissenschaftliche Infrastrukturaufgaben wahrnehmen, lässt sich der Anlage zur AV-WGL entnehmen.

an den Zuwendungen ein erhebliches Interesse hat, welches ohne die Zuwendungen nicht oder nicht im notwendigen Umfang befriedigt werden kann, welche ebenfalls erfüllt ist.[1326] Die Norm des § 44 I LHO verweist wiederum auf die Voraussetzungen des § 23 LHO. Bei Mitgliedseinrichtungen, die in den Haushaltsplan eines Landes aufgenommen sind, umfasst die gemeinsame finanzielle Förderung wiederum den Zuschussbetrag (§ 3 VI 2 AV-WGL). In welchem Land die jeweiligen Leibniz-Einrichtungen ihren Sitz haben, lässt sich der Anlage zu § 1 II AV-WGL entnehmen.

Rechtsgrundlage für die gemeinsame finanzielle Förderung der Mitgliedseinrichtungen der Leibniz-Gemeinschaft war nach der Föderalismusreform I zunächst Art. 91b I 1 Nr. 1 GG (i.d.F. v. 2006). Danach förderten Bund und Länder die WGL-Einrichtungen als außeruniversitäre Wissenschaftseinrichtungen von überregionaler Bedeutung. Auch die gemeinsame Kostentragung war mit Art. 91b III GG (i.d.F. v. 2006) vereinbar.

Auch auf der Rechtsgrundlage des neuen Art. 91b I 1 GG ist die gemeinsame institutionelle Förderung der Leibniz-Mitgliedseinrichtungen durch Bund und Länder im Rahmen der AV-WGL weiterhin verfassungsrechtlich zulässig. Notwendig könnte jedoch eine zusätzliche parlamentarische Ermächtigung für die gemeinsame Förderung der Leibniz-Gemeinschaft durch Bund und Länder sein.[1327]

6. Förderung sonstiger außeruniversitärer Wissenschaftseinrichtungen im Rahmen der Gemeinsamen Wissenschaftskonferenz

Neben der Deutschen Forschungsgemeinschaft, der Helmholtz-Gemeinschaft, der Max-Planck-Gesellschaft, der Fraunhofer-Gesellschaft und der Leibniz-Gemeinschaft werden im Rahmen der Gemeinsamen Wissenschaftskonferenz noch weitere außeruniversitäre Wissenschaftseinrichtungen von überregionaler Bedeutung gemeinsam von Bund und Ländern gefördert. Dazu zählen insbesondere die Deutsche Akademie der Naturforscher Leopoldina – Nationale Akademie der Wissenschaften e.V.[1328] (§ 1 I Nr. 6 Anlage zum GWK-Abkommen),

1326 So auch *Jauch*, Wissenschaftsförderung nach der Reform des Föderalismus, S. 186.

1327 S. dazu unten C. III. 7.

1328 Die Deutsche Akademie der Naturforscher Leopoldina wurde 1652 als „*Academia Naturae Curiosorum*“ in Schweinfurt gegründet und ist seit 2008 Nationale Akademie der Wissenschaften. Benannt ist sie nach Kaiser Leopold I., der die Akademie im 1677 offiziell bestätigte. Finanziert wird sie zu 80 % vom Bund und zu 20 % vom Sitzland Sachsen-Anhalt. S. auch ausführlich zur Leopoldina *Parthier*,

das Wissenschaftskolleg zu Berlin e.V.[1329] (§ 1 I Nr. 7 Anlage zum GWK-Abkommen) sowie acatech – Deutsche Akademie der Technikwissenschaften e.V.[1330] (§ 1 I Nr. 8 Anlage zum GWK-Abkommen). Darüber hinaus können aber auch andere Forschungseinrichtungen und Einrichtungen mit Servicefunktion für die Forschung, Trägerorganisationen derartiger Einrichtungen sowie Forschungsförderungsorganisationen, im Rahmen der Gemeinsamen Wissenschaftskonferenz gemeinsam durch Bund und Länder gefördert werden, sofern ihr jährlicher Zuwendungsbedarf zu den laufenden Kosten eine bestimmte Größenordnung übersteigt (§ 1 I Nr. 9 Anlage zum GWK-Abkommen). Auf dieser Grundlage wird etwa das Deutsche Zentrum für Hochschul- und Wissenschaftsforschung (DZHW)[1331] gefördert. Im Übrigen wird auch das von der Union der deutschen Akademien der Wissenschaften e.V. koordinierte Akademienprogramm[1332] im Rahmen der Gemeinsamen Wissenschaftskonferenz gemeinsam durch Bund und Länder gefördert (§ 1 I Nr. 10 Anlage zum GWK-Abkommen).

Die Leopoldina; *Deutsche Akademie der Naturforscher Leopoldina*, in: Parthier/v. Engelhardt, 350 Jahre Leopoldina – Anspruch und Wirklichkeit; ferner *Streiter*, Wissenschaftsförderung durch Mittlerorganisationen, S. 48 f.

1329 Das Wissenschaftskolleg zu Berlin wurde 1981 gegründet und verfolgt das Ziel, Wissenschaftlerinnen und Wissenschaftlern die Möglichkeit zu geben, sich für ein akademisches Jahr frei von Verpflichtungen auf ein selbst gewähltes Arbeitsvorhaben zu konzentrieren. S. ausführlich zur Entstehungsgeschichte des Wissenschaftskollegs *Grimm*, 25 Jahre Wissenschaftskolleg zu Berlin.

1330 Ausführungsvereinbarung zum GWK-Abkommen über die gemeinsame Förderung der acatech – Deutsche Akademie der Technikwissenschaften – Ausführungsvereinbarung acatech (AV-acatech) – v. 27.10.2008, BAnz 2009 Nr. 18a S. 16, zuletzt geändert durch Beschluss der Gemeinsamen Wissenschaftskonferenz v. 10.11.2017, BAnz AT 17.01.2018 B3. Die acatech e.V. wurde 2002 als Wissenschaftsakademie für Technik und angewandte Wissenschaften gegründet, *Streiter*, Wissenschaftsförderung durch Mittlerorganisationen, S. 48.

1331 Ausführungsvereinbarung zum GWK-Abkommen über die gemeinsame Förderung des Deutschen Zentrums für Hochschul- und Wissenschaftsforschung (DZHW) – Ausführungsvereinbarung DZHW (AV-DZHW) – v. 28.6.2013, BAnz AT 27.09.2013 B5, geändert durch Beschluss der Gemeinsamen Wissenschaftskonferenz v. 27.6.2014, BAnz AT 26.08.2014 B5. Die DZHW GmbH wurde 2013 durch Ausgliederung des HIS-Instituts für Hochschulforschung aus der damaligen HIS GmbH gegründet. Seit 2016 ist auch das Institut für Forschungsinformation und Qualitätssicherung e.V. (iFQ Berlin) Teil der DZHW GmbH, deren Gesellschafter der Bund und die Länder sind.

1332 Ausführungsvereinbarung zum GWK-Abkommen über die gemeinsame Förderung des von der Union der deutschen Akademien der Wissenschaften e.V. koordinierten

7. Gesetzesvorbehalt

Die gemeinsame institutionelle Förderung der Deutschen Forschungsgemeinschaft, der Mitgliedseinrichtungen der Helmholtz-Gemeinschaft, der Max-Planck-Gesellschaft, der Fraunhofer-Gesellschaft sowie der Mitgliedseinrichtungen der Leibniz-Gemeinschaft könnte insgesamt verfassungswidrig sein, sofern mit dem Abschluss der jeweiligen Ausführungsvereinbarungen (AV-DFG, AV-MPG, AV-FhG und AV-WGL) bzw. der Konsortialverträge der aus dem Rechtsstaats- und Demokratieprinzip hergeleitete Grundsatz vom Vorbehalt des Gesetzes[1333] verletzt wurde. Wie bereits festgestellt, lässt Art. 91b GG zwar grundsätzlich Verwaltungsvereinbarungen zu, die Norm enthält jedoch keine Spezialregelung des Gesetzesvorbehalts.[1334]

Der allgemeine Grundsatz vom Vorbehalt des Gesetzes erfasst verfassungsrechtlich das Kompetenzproblem zwischen den Wirkungsbereichen von Parlament und Exekutive und besteht für solche Bereiche, die dem Gesetz und somit einer parlamentarischen Beteiligung vorenthalten sind.[1335] Das Demokratieprinzip in Art. 20 I, II GG verlangt in Verbindung mit der sog. Wesentlichkeitstheorie des Bundesverfassungsgerichts, dass das Parlament als einzig unmittelbar demokratisch legitimiertes Verfassungsorgan in grundlegenden normativen Bereichen alle wesentlichen Entscheidungen selbst in Form eines Gesetzes treffen muss.[1336] Die Verwaltung darf in solchen Fragen demnach nur dann tätig werden, wenn sie durch ein Gesetz dazu ermächtigt worden ist.[1337] Aus dem Rechtsstaatsprinzip folgt vor allem, dass die Rechtsbeziehungen zwischen Staat und Bürgerin bzw. Bürger durch allgemeine Gesetze geregelt werden müssen, die „eindeutig, berechenbar und stabil"[1338] sind. Das Vorbehaltsprinzip gilt ferner nicht nur im Bereich der Eingriffsverwaltung, sondern findet auch

---

Programms – Ausführungsvereinbarung Akademienprogramm (AV-AK) – v. 27.10.2008, BAnz 2009 Nr. 18a S. 17. S. zum Akademienprogramm auch *Meusel*, Außeruniversitäre Forschung im Wissenschaftsrecht, § 6 Rn. 121; *Streiter*, Wissenschaftsförderung durch Mittlerorganisationen, S. 48 f.

1333 S. ausführlich zum Grundsatz des Vorbehalts des Gesetzes oben C. II. 1. e) bb).

1334 S. dazu oben B. IV. 3. b) bb) (1).

1335 *Ossenbühl*, in: Isensee/P. Kirchhof, HdbStR, Bd. V, § 101 Rn. 11 u. 22.

1336 BVerfGE 49, 89 (126 f.) mit Verweis auf BVerfGE 34, 165 (192 f.); 40, 237 (249); 41, 251 (260); 45, 400 (417 f.); 47, 46 (78 ff.); 48, 210 (221); *Böckenförde*, Gesetz und gesetzgebende Gewalt, S. 383; *Ossenbühl*, in: Isensee/P. Kirchhof, HdbStR, Bd. V, § 101 Rn. 34.

1337 *Maurer/Waldhoff*, Allgemeines Verwaltungsrecht, § 6 Rn. 3 u. 6.

1338 *Maurer/Waldhoff*, Allgemeines Verwaltungsrecht, § 6 Rn. 6.

in der Leistungsverwaltung Anwendung.[1339] Ein Totalvorbehalt besteht auf diesem Gebiet jedoch nicht, denn auch die Exekutive ist einerseits im Sinne des Art. 20 II GG eigenständig mittelbar personell demokratisch legitimiert[1340] und verfügt andererseits auch über einen eigenen „Kernbereich exekutiver Eigenverantwortung".[1341]

a) *Institutioneller Gesetzesvorbehalt*

Der institutionelle Gesetzesvorbehalt[1342] greift aus demokratischen Erwägungen bereits durch die gemeinsame institutionelle Finanzierung der Deutschen Forschungsgemeinschaft,[1343] der Mitgliedseinrichtungen der Helmholtz-Gemeinschaft, der Max-Planck-Gesellschaft, der Fraunhofer-Gesellschaft sowie der Mitgliedseinrichtungen der Leibniz-Gemeinschaft von Bund und Ländern ein und macht eine zusätzliche Zustimmung des Parlaments erforderlich. Die dauerhafte institutionalisierte Einbeziehung dieser aus der Verwaltungshierarchie ausgegliederten nichtstaatlichen Einrichtungen in die staatliche Forschungsförderung ist im Sinne der Wesentlichkeitstheorie eine grundlegende organisatorische Entscheidung, die allein dem Gesetzgeber vorbehalten ist. Indem die außeruniversitären Forschungsförderungs- und Wissenschaftseinrichtungen ihre erhaltenen staatlichen Mittel aus der öffentlichen institutionellen Förderung ihrerseits an Forschungsvorhaben, Hochschulen sowie ihre Mitgliedseinrichtungen bzw. -zentren in wissenschaftlicher Selbstverwaltung weiterreichen, üben sie dauerhaft hoheitliche Förderentscheidungsbefugnisse aus. Die dauerhafte Übertragung dieser Entscheidungskompetenzen auf die außeruniversitären Forschungsförderungs- und Wissenschaftsorganisationen führt dabei insgesamt zu einer deutlichen Abnahme der demokratisch-parlamentarischen Kontrolldichte.[1344] Jede Art von Ausgliederung von Selbstverwaltungsbereichen

---

1339 *Ehlers*, Verwaltung in Privatrechtsform, S. 245; *Maurer/Waldhoff*, Allgemeines Verwaltungsrecht, § 6 Rn. 11.

1340 BVerfGE 49, 89 (125); *Ossenbühl*, Verwaltungsvorschriften und Grundgesetz, S. 187 ff.; *Böckenförde/Grawert*, AöR 95 (1970), 1 (25 f.).

1341 BVerfGE 67, 100 (139) mit Bezug auf *Scholz*, AöR 105 (1980), 564 (598); *Ossenbühl*, in: Isensee/P. Kirchhof, HdbStR, Bd. V, § 101 Rn. 23 u. 72.

1342 S. ausführlich zum institutionellen Gesetzesvorbehalt oben C. II. 1. e) bb) (1).

1343 S. ausführlich zur Rechtsnatur der Deutschen Forschungsgemeinschaft oben C. II. 1. e) bb) (1).

1344 So *Ossenbühl*, VVDStRL 29 (1971), 137 (172 ff.); *Köstlin*, Die Kulturhoheit des Bundes, S. 121 ff.; *v. Brünneck*, JA 1989, 165 (171); *Trute*, DVBl. 1996, 950 (957); *Böckenförde*, Die Organisationsgewalt im Bereich der Regierung, S. 96 f.; *Streiter*,

aus der Verwaltungshierarchie sowohl in Form der Beleihung als auch in Gestalt der Bildung weisungsfreier Organe innerhalb der staatlichen Verwaltung, die Entscheidungskompetenzen ausüben, beschränkt die unmittelbare Leitungsgewalt der Exekutive und zieht die parlamentarischen Kontrollmöglichkeiten entsprechend in Mitleidenschaft.[1345]

Zum Teil wird jedoch vertreten, dass die Übertragung staatlicher Förderentscheidungsbefugnisse auf nichtstaatliche Einrichtungen angesichts des Demokratieprinzips in Art. 20 I, II GG den institutionellen Gesetzesvorbehalt nicht auslöse, sofern die jeweiligen gruppenpluralistischen Entscheidungsgremien in diesen Einrichtungen, welche über die Weitergabe der staatlichen Fördermittel bestimmen, mehrheitlich mit staatlichen Vertreterinnen und Vertretern besetzt sind.[1346] Es erscheint fraglich, ob eine mehrheitliche Beteiligung staatlicher Vertreterinnen und Vertreter in den Entscheidungsgremien tatsächlich die nach dem institutionellen Vorbehaltsprinzip erforderliche demokratische Legitimation der einzelnen Fördermaßnahmen sicherstellen könnte. Doch auch sofern man dieser Ansicht folgte, würde in Anbetracht der Besetzung der jeweiligen Entscheidungsgremien von Deutscher Forschungsgemeinschaft, Helmholtz-Gemeinschaft, Max-Planck-Gesellschaft, Fraunhofer-Gesellschaft sowie Leibniz-Gemeinschaft ein institutioneller Gesetzesvorbehalt eingreifen. So erhält die Deutsche Forschungsgemeinschaft die gemeinsamen Zuwendungen von Bund und Ländern als Dachorganisation unmittelbar (§ 1 I Nr. 1 der Anlage zum GWK-Abkommen). Hinsichtlich der staatlichen Beteiligung in ihren Entscheidungsgremien ist zunächst zwischen dem sog. Normalverfahren, in dem die Mehrzahl der Förderanträge gestellt wird, und der Durchführung der Exzellenzinitiative und Exzellenzstrategie zu differenzieren. Im sog. Normalverfahren entscheidet der Hauptausschuss über die finanzielle Förderung der Forschung (§ 12 I DFG-Satzung), in dem die staatlichen Vertreterinnen und Vertreter lediglich über 32 von 73 Stimmen verfügen und folglich keine Stimmenmehrheit haben (§§ 4 II 1, 11 III, 12 III DFG-Satzung). Im Rahmen der Durchführung der Exzellenzinitiative und Exzellenzstrategie verfügen die staatlichen Vertreterinnen und Vertreter im Übrigen ebenfalls weder im Bewilligungsausschuss

---

Wissenschaftsförderung durch Mittlerorganisationen, S. 224 ff.; *Jauch*, Wissenschaftsförderung nach der Reform des Föderalismus, S. 192.

1345 *Köstlin*, Die Kulturhoheit des Bundes, S. 122; *Böckenförde*, Die Organisationsgewalt im Bereich der Regierung, S. 96 f.

1346 *Trute*, DVBl. 1996, 950 (957); *ders.*, in: FS Schneider, S. 319; *Sieweke*, DÖV 2009, 946 (948 f.).

(32 von 71 Stimmen) noch in der Exzellenzkommission (32 von 71 Stimmen) über die für die Förderbeschlüsse erforderliche Mehrheit der Stimmen.[1347] Auch die Max-Planck-Gesellschaft und die Fraunhofer-Gesellschaft erhalten die gemeinsamen Fördermittel von Bund und Ländern zur weiteren Verteilung unmittelbar als Dachorganisation (§ 1 I Nr. 3 u. 4 der Anlage zum GWK-Abkommen), allerdings verfügen die staatlichen Vertreterinnen und Vertreter auch hier in den jeweiligen Entscheidungsgremien der Senate über keine Stimmenmehrheiten (vgl. §§ 12 I, IV, VI u. VII, 13 II, 26 III MPG-Satzung bzw. §§ 10 I, 12 II-III u. VI, 24 I-II FhG-Satzung). Im Rahmen der Förderung der Helmholtz-Gemeinschaft und der Leibniz-Gemeinschaft erhalten die Mitgliedseinrichtungen die staatlichen Fördermittel hingegen direkt ohne Einbeziehung der Dachorganisationen (§ 1 I Nr. 2 u. 5 der Anlage zum GWK-Abkommen). Die Helmholtz-Gemeinschaft und die Leibniz-Gemeinschaft können aber dennoch als Dachorganisationen über die Aufnahme von Mitgliedseinrichtungen entscheiden (§ 5 IV HGF-Satzung u. §§ 3 I, 5 VI WGL-Satzung) und geben überdies Förderempfehlungen an die Zuwendungsgeber bzw. die Gemeinsame Wissenschaftskonferenz ab (§ 9 III lit. c HGF-Satzung u. § 6 IV WGL-Satzung). In den entscheidenden Gremien der Mitgliederversammlung und Senate haben die staatlichen Vertreterinnen und Vertreter in beiden Fällen ebenfalls keine Stimmenmehrheit (vgl. §§ 5 IV, 12 II, 15 I u. III und § 9 I, III lit. c, VII-VIII HGF-Satzung bzw. § 5 II, VI-VII und § 6 I WGL-Satzung). Mithin verfügen die staatlichen Vertreterinnen und Vertreter in keiner der Entscheidungsgremien der untersuchten außeruniversitären Forschungsförderungs- und Wissenschaftseinrichtungen über eine Stimmenmehrheit, sodass selbst dieser Ansicht folgend keine hinreichende demokratische Legitimation vorläge, die eine zusätzliche parlamentarische Beteiligung entbehrlich machen könnte.

Die Bereitstellung der Fördermittel in den Haushaltsplänen von Bund und Ländern durch die Haushaltsgesetzgeber genügt ferner nicht den Anforderungen des institutionellen Gesetzesvorbehalts. Die Haushaltsansätze enthalten zwar generelle Zweckbestimmungen sowie die jeweils insgesamt bereitgestellten Förderbeträge pro Einrichtung, jedoch keine Angaben bezüglich der Übertragung von Förderentscheidungsbefugnissen. Eine ausreichende sachlich-inhaltliche Legitimation für die Kompetenzübertragung auf die Wissenschaftseinrichtungen bieten die Haushaltsgesetze daher nicht. In rechtsstaatlicher und demokratischer Hinsicht kann dies im Ergebnis nicht genügen. Vor allem vor dem Hintergrund der darüber hinaus bereits bestehenden demokratischen Legitimationsdefizite

1347 S. dazu auch ausführlich oben C. II. 1. d) und e) bb) (1).

im Rahmen der bundesstaatlichen Mischfinanzierungen erscheint die parlamentarische Beteiligung allein im Haushaltsverfahren nicht ausreichend. Der gestalterische Spielraum der Haushaltsgesetzgeber ist im Rahmen der Gemeinschaftsaufgaben im Wissenschaftsbereich trotz der Haushaltsvorbehalte in den vorliegenden Ausführungsvereinbarungen und Konsortialverträgen ohnehin auf ein Minimum reduziert. Die Parlamente von Bund und Ländern sind vielmehr faktisch präjudiziert und stehen unter dem politischen Druck, die auf exekutiver Ebene zustande gekommenen Bund-Länder-Vereinbarungen zu akzeptieren. Der institutionelle Gesetzesvorbehalt ist demzufolge verletzt und verlangt ein zusätzliches Parlamentsgesetz, welches die Übertragung der Fördermittelvergabekompetenzen auf die Forschungseinrichtungen regelt.

b) Grundrechtlicher Gesetzesvorbehalt und Vereinbarkeit mit Art. 5 III 1 Alt. 2 GG

Die institutionelle Förderung der außeruniversitären Forschungsförderungs- und Wissenschaftseinrichtungen durch Bund und Länder könnte darüber hinaus einen Grundrechtseingriff der Exekutive in die Wissenschaftsfreiheit gem. Art. 5 III 1 Alt. 2 GG sein und daher auch den grundrechtlichen Gesetzesvorbehalt[1348] verletzen. In seiner rechtsstaatlichen Dimension verlangt der grundrechtliche Gesetzesvorbehalt wenigstens für Eingriffe in „Freiheit und Eigentum“ des Bürgers eine gesetzliche Grundlage (sog. Eingriffsvorbehalt).[1349] Dabei schützt die Wissenschaftsfreiheit als „Jedermann-Grundrecht“ zunächst „jede[n], der in Wissenschaft, Forschung und Lehre tätig ist“[1350] oder tätig werden will.[1351] Die Ausübung der Wissenschaftsfreiheit kann ferner auch in außeruniversitären Wissenschaftseinrichtungen stattfinden.[1352] Für „juristische Personen“ gelten die Grundrechte nach Art. 19 III GG nur, soweit sie ihrem Wesen nach auf diese anwendbar sind. Dazu zählen auch die außeruniversitären Forschungseinrichtungen, sofern sie über eine wissenschaftsadäquate Binnenorganisation verfügen.[1353]

1348 S. ausführlich zum grundrechtlichen Gesetzesvorbehalt oben C. II. 1. e) bb) (2).

1349 *Burmeister*, Herkunft, Inhalt und Struktur des institutionellen Gesetzesvorbehalts, S. 35; *Böckenförde*, Die Organisationsgewalt im Bereich der Regierung, S. 93; *Ossenbühl*, in: Isensee/P. Kirchhof, HdbStR, Bd. V, § 101 Rn. 18 u. 40.

1350 BVerfGE 35, 79 (111 f.).

1351 BVerfGE 15, 256 (263 f.); 35, 79 (111 f.).

1352 *Gärditz*, in: Maunz/Dürig, GG, Art. 5 III [Stand: 8/2019] Rn. 130.

1353 *Lindner*, JURA 2018, 240 (242); *Gärditz*, in: Maunz/Dürig, GG, Art. 5 III [Stand: 8/2019] Rn. 135.

Ein unmittelbarer Eingriff in den Kern des Schutzbereiches von Art. 5 III 1 Alt. 2 GG in Form eines klassischen Eingriffs – also einer unmittelbaren, finalen (gezielten) und imperativen (mit Befehl und Zwang) hoheitlichen Maßnahme[1354] – ist zunächst nicht ersichtlich. Im Rahmen der institutionellen Förderung werden keine Vorgaben hinsichtlich der auf wissenschaftlicher Eigengesetzlichkeit beruhenden Prozesse, Verhaltensweisen und Entscheidungen bei der Suche nach Erkenntnissen, ihrer Deutung und Weitergabe gemacht und der Kern des Schutzbereichs der Wissenschaftsfreiheit somit nicht verletzt.

Die wissenschaftlichen Kommunikations- und Handlungsprozesse für die wissenschaftliche Tätigkeit könnten nach dem modernen Eingriffsbegriff jedoch auch faktisch und mittelbar beeinträchtigt werden.[1355] Die institutionelle Förderung der außeruniversitären Forschungsförderungs- und Wissenschaftseinrichtungen erfolgt vorliegend allerdings nicht etwa in einem wettbewerblichen Verfahren, sodass dementsprechend auch keine Orientierung der Einrichtungen an extern gesetzten Bewertungskriterien zu befürchten ist. Auch wenn in Einzelfällen eine mittelbare Beeinträchtigung von Art. 5 III 1 Alt. 2 GG aufgrund der Angewiesenheit der wissenschaftlich Tätigen auf den öffentlich bereitgestellten und organisierten Wissenschaftsbetrieb nie völlig auszuschließen ist,[1356] liegt hier jedenfalls keine strukturelle Gefährdung der freien wissenschaftlichen Betätigung vor. Der Kernbereich der Wissenschaftsfreiheit in Art. 5 III 1 Alt. 2 GG wird durch die institutionelle Forschungsförderung jedenfalls nicht berührt.

Das Bundesverfassungsgericht hat sich von der rechtsstaatlich orientierten „Freiheit und Eigentum"-Formel allerdings gelöst und daneben die demokratische Komponente des grundrechtlichen Gesetzesvorbehalts in Gestalt der sog. Wesentlichkeitstheorie betont.[1357] Danach muss der Gesetzgeber „in grundlegenden normativen Bereichen [...] alle wesentlichen Entscheidungen selbst [...] treffen".[1358] Für das „Wesentliche" besteht demzufolge ein Entscheidungsmonopol

1354 *Maurer/Waldhoff*, Allgemeines Verwaltungsrecht, § 6 Rn. 16.

1355 BVerfGE 105, 252 (257); 105, 279 (303); *Bethge*, VVDStRL 57 (1998), 7 (37 ff.); *Weber-Dürler*, VVDStRL 57 (1998), 57 ff.; *Maurer/Waldhoff*, Allgemeines Verwaltungsrecht, § 6 Rn. 16; *Hufen*, Staatsrecht II, § 8 Rn. 9 f.; s. ausführlich zur Entwicklung des Eingriffsbegriffs auch *Roth*, Verwaltungshandeln mit Drittbetroffenheit und Gesetzesvorbehalt, S. 134 ff.

1356 BVerfGE 111, 333 (355).

1357 *Ossenbühl*, in: Isensee/P. Kirchhof, HdbStR, Bd. V, § 101 Rn. 43.

1358 BVerfGE 49, 89 (126 f.) mit Verweis auf BVerfGE 34, 165 (192 f.); 40, 237 (249); 41, 251 (260); 45, 400 (417 f.); 47, 46 (78 ff.); 48, 210 (221).

des Gesetzgebers in Form eines Parlamentsvorbehalt.[1359] Dabei ist „im grundrechtsrelevanten Bereich" wesentlich, was „wesentlich für die Verwirklichung der Grundrechte"[1360] ist. Was „grundrechtsrelevant" bzw. „wesentlich" ist, lässt sich jedoch nicht allgemein festlegen, sondern ist vielmehr im konkreten Fall zu bestimmen. Das Kriterium der Wesentlichkeit dient in diesem Kontext als eine Art Gleitformel in Bezug auf die erforderliche Regelungsdichte. Mit zunehmender Wesentlichkeit erhöhen sich danach auch die Anforderungen an den Gesetzgeber.[1361] Dabei erfasst das grundrechtliche Vorbehaltsprinzip nicht nur die Eingriffsverwaltung, sondern grundsätzlich auch den Bereich der Leistungsverwaltung,[1362] denn auch hier kann sich die Einflussnahme des Staates auf die Bürgerin oder den Bürger ähnlich intensiv auswirken wie ein Eingriff in Freiheit und Eigentum.[1363]

Im Wissenschaftsbereich gewährleistet regelmäßig erst die staatliche Finanzierung, dass die Wissenschaftlerinnen und Wissenschaftler in den außeruniversitären Forschungsförderungs- und Wissenschaftseinrichtungen ihre in Art. 5 III 1 Alt. 2 GG grundrechtlich garantierte Wissenschaftsfreiheit ausüben können. Daher wird mit der staatlichen Entscheidung über die Aufnahme einer Forschungseinrichtung in die gemeinsame öffentliche institutionelle Förderung auch maßgeblich über die Existenz und Reichweite ihrer individuellen Wissenschaftsfreiheit entschieden.[1364] Etwas anderes dürfte freilich im Fall der Fraunhofer-Gesellschaft gelten, deren staatlicher Finanzierungsanteil bei nur 30 % liegt. Mit der Auswahl der Einrichtungen für die institutionelle Bund-Länder-Finanzierung wird jedoch eine für den gesamten Forschungsbereich wichtige Strukturentscheidung getroffen, die gleichzeitig zu einer wesentlichen Benachteiligung nicht geförderter oder abgelehnter Forschungseinrichtungen führt.[1365] Auch von der institutionellen Förderung der Fraunhofer-Gesellschaft

---

1359 *Ossenbühl*, in: Isensee/P. Kirchhof, HdbStR, Bd. V, § 101 Rn. 53.

1360 BVerfGE 47, 46 (79) mit Verweis auf BVerfGE 34, 165 (192); 40, 237 (248 f.); 41, 251 (260 f.).

1361 *Grzeszick*, in: Maunz/Dürig, GG, Art. 20 [Stand: 12/2007] Rn. 106; *Maurer/Waldhoff*, Allgemeines Verwaltungsrecht, § 6 Rn. 14.

1362 *Ehlers*, Verwaltung in Privatrechtsform, S. 245; *Maurer/Waldhoff*, Allgemeines Verwaltungsrecht, § 6 Rn. 11; s. dazu auch oben C. II. 1. e) bb).

1363 BVerfGE 40, 237 (249); *Maurer/Waldhoff*, Allgemeines Verwaltungsrecht, § 6 Rn. 21.

1364 *Köstlin*, Die Kulturhoheit des Bundes, S. 226; zur Deutschen Forschungsgemeinschaft auch *Salaw-Hanslmaier*, Die Rechtsnatur der DFG, S. 211.

1365 *Trute*, Die Forschung zwischen grundrechtlicher Freiheit und staatlicher Institutionalisierung, S. 462.

gehen demnach wesentliche grundrechtliche Wirkungen für Dritte aus. Insgesamt greift der grundrechtliche Gesetzesvorbehalt daher aufgrund der Grundrechtsrelevanz der institutionellen außeruniversitären Forschungsförderung von Deutscher Forschungsgemeinschaft, Helmholtz-Gemeinschaft, Max-Planck-Gesellschaft, Fraunhofer-Gesellschaft und Leibniz-Gemeinschaft und macht ein zusätzliches parlamentarisches Gesetz erforderlich,[1366] welches die Vergabe der staatlichen Fördermittel im Einzelnen verbindlich und voraussehbar regelt sowie entsprechende subjektive Rechte vermittelt. Im sozialen Rechtsstaat kommt es nicht nur auf die „Freiheit *vom* Staat, sondern auch auf die Freiheit *im* Staat und *durch* den Staat" an.[1367]

Die Bereitstellung der Fördermittel in den Haushaltsplänen durch die Haushaltsgesetzgeber von Bund und Ländern genügt dem grundrechtlichen Gesetzesvorbehalt im Übrigen unter rechtstaatlichen Gesichtspunkten aufgrund Allgemeinheit der Zweckbestimmungen, der fehlenden Außenwirkung und ihres Charakters als „Ausgaben- und Verpflichtungsermächtigung" nicht (vgl. Art. 110 I, IV GG). *Fritz Ossenbühl* kritisiert diesbezüglich zutreffend, dass die weitgreifenden und hochabstrakten Ziel- und Zwecksetzungen, die in Haushaltvermerken zum Ausdruck kommen, nur eine „minimale Orientierung" der Verwaltung am Gesetz darstellten, sodass von einer Gesetzesbindung der Exekutive keine Rede sein könne.[1368] Vielmehr bedarf es in diesem Fall demnach grundsätzlich eines materiellen Parlamentsgesetzes, welches Organisation und Förderverfahren wenigstens in den Grundzügen regelt.[1369] Zudem kann die parlamentarische Beteiligung im Verfahren der Haushaltsplanerstellung nicht als demokratische Legitimation ausreichen, denn die Auswahl der zu fördernden Einrichtungen steht hier nicht mehr zur Disposition. Vielmehr ist mit dem Abschluss der Verwaltungsvereinbarungen über die Förderung von Deutscher Forschungsgemeinschaft, Helmholtz-Gemeinschaft, Max-Planck-Gesellschaft,

---

1366 *Köstlin*, Die Kulturhoheit des Bundes, S. 226 u. 243 ff.; *Trute*, Die Forschung zwischen grundrechtlicher Freiheit und staatlicher Institutionalisierung, S. 461 f.; *Streiter*, Wissenschaftsförderung durch Mittlerorganisationen, S. 225 f.; *Mager*, in: v. Münch/Kunig, GG, Art. 91b Rn. 12; zur Deutschen Forschungsgemeinschaft auch *Salaw-Hanslmaier*, Die Rechtsnatur der DFG, S. 212.

1367 *Maurer/Waldhoff*, Allgemeines Verwaltungsrecht, § 6 Rn. 21.

1368 *Ossenbühl*, in: Isensee/P. Kirchhof, HdbStR, Bd. V, § 101 Rn. 27.

1369 BVerfGE 8, 274 (325 f.); 17, 306 (313 f.); 20, 150 (158); BVerwGE 90, 112 (126); 75, 109 (117); *Roth*, Verwaltungshandeln mit Drittbetroffenheit und Gesetzesvorbehalt, S. 363 f.; *Sieweke*, DÖV 2009, 946 (950); *Jauch*, Wissenschaftsförderung nach der Reform des Föderalismus, S. 193.

Fraunhofer-Gesellschaft und Leibniz-Gemeinschaft bereits eine exekutive Vorentscheidung über die Aufnahme bestimmter Institutionen in die gemeinsame institutionelle Forschungsförderung von Bund und Ländern getroffen worden.

8. Pakt für Forschung und Innovation

Eines der aufgrund seines Finanzvolumens bedeutendsten Vorhaben, welches von Bund und Ländern auf der Grundlage von Art. 91b I GG geschlossen wurde, ist der Pakt für Forschung und Innovation (PFI). Dieser wurde im Jahr 2005 mit dem Ziel vereinbart, den Wissenschaftsstandort Deutschland nachhaltig zu stärken und seine internationale Wettbewerbsfähigkeit weiter zu verbessern.[1370] Um den institutionell geförderten außeruniversitären Forschungsförderungs- und Wissenschaftseinrichtungen finanzielle Planungssicherheit zu geben, sieht der Pakt einen jährlichen Zuwachs der finanziellen Zuwendungen an die Deutsche Forschungsgemeinschaft, die Helmholtz-Gemeinschaft, die Max-Planck-Gesellschaft, die Fraunhofer-Gesellschaft und Leibniz-Gemeinschaft vor. Die erste Förderphase des Paktes für Forschung und Innovation erstreckte sich über den Zeitraum von 2005 bis 2010. In der Folgezeit wurde der PFI aber noch mehrmals fortgeschrieben. Der PFI II wurde mit einer Programmlaufzeit von 2011 bis 2015, der PFI III mit einer Programmlaufzeit von 2016 bis 2020 und der PFI IV zuletzt mit einer Programmlaufzeit von 2021 bis 2030 geschlossen.

a) Pakt für Forschung und Innovation I (2005–2010)

Am 23. Juni 2005 schlossen Bund und Länder den „Pakt für Forschung und Innovation (PFI)“ ab. Während seiner Laufzeit von 2005 bis 2010 sollten die gemeinsam von Bund und Ländern getragenen finanziellen Zuwendungen der außeruniversitären Forschungsförderungs- und Wissenschaftseinrichtungen um mindestens 3 % jährlich gesteigert werden. Im Gegenzug verpflichteten sich die geförderten Forschungsförderungs- und Wissenschaftseinrichtungen ihre erfolgreichen Forschungsaktivitäten weiter fortzuführen und die Leistungsfähigkeit ihres Instrumentariums der Forschungsförderung und Qualitätssicherung weiter auszubauen. Hierfür sollte der Wettbewerb durch Konzentration auf Exzellenz innerhalb und zwischen den Forschungseinrichtungen verstärkt sowie die Kooperation und Vernetzung zwischen den außeruniversitären Forschungseinrichtungen, Hochschulen und der Wirtschaft vorangetrieben werden. Ferner sollten die laufenden und geplanten Forschungsaktivitäten besser koordiniert

1370 Pakt für Forschung und Innovation v. 23.6.2005 („PFI I“).

und Maßnahmen für eine strukturierte, qualitativ hochwertige und international konkurrenzfähige Förderung des wissenschaftlichen Nachwuchses weiterentwickelt und verbessert werden. Neue Forschungsbereiche sollten strategisch erschlossen werden und dabei die Chancen für risikoreiche und unkonventionelle Forschungsansätze erhöhen. Die Forschungsförderungs- und Wissenschaftseinrichtungen sollten ferner verstärkt auf die Wirtschaft zugehen sowie Instrumente zur Förderung von Ausgründungen aus Forschungseinrichtungen und zur Nutzung von Forschungs- und Entwicklungsergebnissen in Netzwerken weiter ausbauen (vgl. PFI I). Die Gemeinsame Wissenschaftskonferenz überprüfte in einem jährlichen sog. Monitoring-Bericht aufgrund entsprechender Berichterstattung durch die Wissenschafts- und Forschungseinrichtungen über den Erfolg der ergriffenen Maßnahmen.

b) Pakt für Forschung und Innovation II (2011–2015)

Im Jahr 2009 wurde die Fortsetzung des Paktes für Forschung und Innovation mit einer Laufzeit von 2011 bis 2015 geschlossen.[1371] In dieser zweiten Phase der Förderung wurde die Etatsteigerung der von Bund und Ländern gemeinsamen finanziellen Zuwendungen an die Deutsche Forschungsgemeinschaft, die Helmholtz-Gemeinschaft, die Max-Planck-Gesellschaft, die Fraunhofer-Gesellschaft und die Leibniz-Gemeinschaft auf jährlich 5 % festgelegt und damit gegenüber der Vorgängervereinbarung deutlich erhöht (Ziff. 1 des Beschlusses der GWK v. 22.04.2009). Bund und Länder sowie die außeruniversitären Wissenschaftsorganisationen verfolgten dabei die forschungspolitischen Ziele, das Wissenschaftssystem dynamisch zu entwickeln (Ziff. 1 des PFI II), die Vernetzung im Wissenschaftssystem leistungssteigernd und dynamisch zu gestalten (Ziff. 2 des PFI II), neue Strategien der internationalen Zusammenarbeit zu entwickeln und umzusetzen (Ziff. 3 des PFI II), nachhaltige Partnerschaften zwischen Wissenschaft und Wirtschaft zu etablieren (Ziff. 4 des PFI II) sowie die Besten dauerhaft für die deutsche Wissenschaft zu gewinnen (Ziff. 5 des PFI II).

c) Pakt für Forschung und Innovation III (2016–2020)

Die weitere Fortschreibung des Paktes für Forschung und Innovation für den Zeitraum von 2016 bis 2020 wurde zuletzt im Dezember 2014 abgeschlossen,[1372]

1371 Pakt für Forschung und Innovation – Fortschreibung 2001–2015, Beschluss der GWK v. 22.4.2009 („PFI II").

1372 Pakt für Forschung und Innovation – Fortschreibung 2016–2020 („PFI III").

wonach den außeruniversitären Forschungsförderungs- und Wissenschaftseinrichtungen der Deutschen Forschungsgemeinschaft, der Helmholtz-Gemeinschaft, der Max-Planck-Gesellschaft, der Fraunhofer-Gesellschaft und der Leibniz-Gemeinschaft jährlich ein Aufwuchs der finanziellen Zuwendungen von 3 % gewährt werden soll. Die Finanzierung des Aufwuchses soll hierbei nunmehr jedoch allein durch den Bund erfolgen, wohingegen die Länder den Hochschulen adäquate Steigerungen der Mittelausstattung zur Verfügung stellen sollen. Im Übrigen bleiben die jeweiligen Bund-Länder-Finanzierungsschlüssel unberührt. Mit der dritten Phase der Förderung wollen Bund und Länder im Einvernehmen mit den Wissenschaftsorganisationen die forschungspolitischen Ziele erreichen, das Wissenschaftssystem dynamisch zu entwickeln und zu vernetzen (Ziff. 1 u. 2 des PFI III), die internationale und europäische Zusammenarbeit zu vertiefen (Ziff. 3 des PFI III), den Austausch der Wissenschaft mit Wirtschaft und Gesellschaft zu stärken (Ziff. 4 des PFI III), die besten Köpfe für die deutsche Wissenschaft zu gewinnen (Ziff. 5 des PFI III) sowie chancengerechte und familienfreundliche Strukturen und Prozesse zu gewährleisten (Ziff. 6 PFI III).

d) Pakt für Forschung und Innovation IV (2021–2030)

Die bislang letzte Fortschreibung des Paktes für Forschung und Innovation mit einer Laufzeit von 2021 bis 2030 wurde am 6. Juni 2019 geschlossen.[1373] Diese sieht wiederum eine jährliche Steigerung der gemeinsam von Bund und Ländern getragenen Zuwendungen an die außeruniversitären Forschungsförderungs- und Wissenschaftseinrichtungen der Deutschen Forschungsgemeinschaft, der Helmholtz-Gemeinschaft, der Max-Planck-Gesellschaft, der Fraunhofer-Gesellschaft und der Leibniz-Gemeinschaft in Höhe von 3 % vor. Dabei wird der jährliche Aufwuchs von Bund und Ländern nach den in den jeweiligen Ausführungsvereinbarungen festgelegten Schlüsseln erbracht werden. Der während der Laufzeit des PFI III je Einrichtung erreichte Bundesanteil, um den der tatsächliche Bundesanteil vom schlüsselgerechten Bundesanteil abweicht, wird ab dem Jahr 2024 in sieben gleichmäßigen Schritten zulasten des Länderanteils zurückgeführt. Ab dem Jahr 2030 erfolgt die Finanzierung des Aufwuchses dann vollständig nach den in den Ausführungsvereinbarungen festgelegten Schlüsseln (vgl. Ziff. II PFI IV). Im Rahmen des PFI IV haben Bund und Länder mit den einzelnen außeruniversitären Forschungsförderungs- und

1373 Pakt für Forschung und Innovation IV in den Jahren 2021–2030 („PFI IV“).

Wissenschaftseinrichtungen erstmals Zielvereinbarungen für die jeweilige organisationsspezifische Umsetzung der folgenden forschungspolitischen Ziele vereinbart: Förderung der dynamischen Entwicklung, Stärkung des Transfers in Wirtschaft und Gesellschaft, Vertiefung der Vernetzung, Gewinnung und Halten der besten Köpfe sowie Stärkung der Infrastrukturen für die Forschung (vgl. Ziff. I u. III PFI IV).

e) Rechtsgrundlagen und Verfassungsmäßigkeit

Die Rechtsgrundlage des Paktes für Forschung und Innovation ist zunächst nicht eindeutig zu bestimmen. Die Vereinbarung selbst schweigt hinsichtlich ihrer Rechtsgrundlage. Zum Teil wird vertreten, es handele sich beim Pakt für Forschung und Innovation über weite Strecken um eine Absichtserklärung mit unverbindlichem Charakter. Der Pakt diene dieser Auffassung zufolge lediglich der Umsetzung der Lissabon-Strategie[1374] sowie nun des Nachfolgeprogramms Europa 2020[1375] der Europäischen Union.[1376] *Winfried Kluth* ist zudem der Ansicht, dass der Pakt für Forschung und Innovation „nicht auf einer förmlichen Vereinbarung nach Art. 91b GG“ beruhe, sondern lediglich eine „Abmachung zwischen der Bundesregierung, den 16 Landesregierungen und den am Pakt beteiligten Forschungseinrichtungen, die sich auf eine gemeinsame Vorgehensweise geeinigt haben“, sei.[1377] Die Tatsache, dass der PFI der Implementierung der Lissabon-Strategie sowie des Nachfolgeprogramms Europa 2020 der Europäischen Union dient, schließt jedoch nicht aus, dass der Pakt für Forschung und Innovation zugleich auch eine Gemeinschaftsaufgabe von Bund und Ländern darstellt. So dient beispielsweise auch der Hochschulpakt 2020[1378] der Umsetzung des 3 %-Ziels der Lissabon-Strategie und ist dennoch Gemeinschaftsaufgabe nach

---

1374 Die Lissabon-Strategie beschreibt die im März 2000 in Lissabon erklärte Absicht des Europäischen Rats, Europa bis 2010 zum „wettbewerbsfähigsten und dynamischsten wissensbasierten Wirtschaftsraum der Welt“ zu machen. Dafür sollten die Ausgaben für Forschung und Entwicklung bis 2010 auf 3 % des BIP gesteigert werden.

1375 Europa 2020 ist ein auf zehn Jahre angelegtes Wirtschaftsprogramm der EU, welches am 17.6.2010 als Nachfolgeprogramm der Lissabon-Strategie vom Europäischen Rat verabschiedet wurde. Ziel des Programms ist die Schaffung eines intelligenten, nachhaltigen und integrativen wirtschaftlichen Wachstums, das verbunden werden soll mit einem hohen Beschäftigungs- und Produktivitätsniveau und mit sozialer Kohäsion.

1376 *Volkmann/Kaufhold*, in: v. Mangoldt/Klein/Starck, GG, Art. 91b Rn. 17 Fn. 16.

1377 *Kluth*, RdJB 2008, 257 (262 Fn. 28).

1378 S. dazu ausführlich oben C. II. 2. a)-c).

Art. 91b I GG. Für die Annahme einer Gemeinschaftsaufgabe spricht ferner, dass der Pakt für Forschung und Innovation als Pendant zur Exzellenzinitiative[1379] abgeschlossen wurde, welche als Gemeinschaftsaufgabe ihre Rechtsgrundlage ebenfalls in Art. 91b I GG hat.[1380] Im Übrigen stützt auch der Inhalt der Vereinbarungen des Paktes für Forschung und Innovation diese Annahme, wonach die auf der Grundlage von Art. 91b I 1 Nr. 1 GG (i.d.F. v. 2006) bzw. Art. 91b I GG bereits bestehende institutionelle Förderung außeruniversitärer Forschungsförderungs- und Wissenschaftseinrichtungen jeweils erhöht wurde. Mithin ist Art. 91b GG in seiner jeweils gültigen Fassung Rechtsgrundlage des Paktes für Forschung und Innovation in all seinen vier Förderphasen. Für die erste Förderphase war dies Art. 91b S. 1 Alt. 2 GG (i.d.F. v. 1969), für die zweite und dritte Förderphase Art. 91b I 1 Nr. 1 GG (i.d.F. v. 2006) und für die vierte Förderphase der neue Art. 91b I 1 GG. Gegen eine Vereinbarkeit des Paktes für Forschung und Innovation mit der jeweils gültigen Verfassungsnorm bestehen keine Bedenken.

Jedoch besteht in allen vier Phasen des Paktes ein institutioneller Gesetzesvorbehalt aus vergleichbaren Gründen wie bereits im Rahmen der zugrunde liegenden gemeinsamen institutionellen Förderung der Deutschen Forschungsgemeinschaft, der Mitgliedseinrichtungen der Helmholtz-Gemeinschaft, der Max-Planck-Gesellschaft, der Fraunhofer-Gesellschaft sowie der Mitgliedseinrichtungen der Leibniz-Gemeinschaft. Zwar gewährt der Pakt für Forschung und Innovation den außeruniversitären Forschungsförderungs- und Wissenschaftseinrichtungen die staatlichen Aufwuchsmittel nicht dauerhaft, die Forschungseinrichtungen leiten die erhaltenen Fördermittel dennoch ihrerseits an Forschungsvorhaben, Hochschulen sowie ihre Mitgliedseinrichtungen bzw. -zentren in wissenschaftlicher Selbstverwaltung weiter und üben daher diesbezüglich auch hoheitliche Förderentscheidungsbefugnisse aus. Aus diesem Grund ist die demokratisch-parlamentarische Kontrolle während der Programmlaufzeit hinsichtlich der Weitergabe der Fördermittel deutlich eingeschränkt. Die Bereitstellung der Fördermittel in den Haushaltsansätzen durch die Haushaltsgesetzgeber genügt dabei im Übrigen in keiner der vier Phasen des Paktes dem institutionellen Gesetzesvorbehalt in seiner demokratischen und rechtsstaatlichen Dimension. Insoweit ergeben sich keine Unterschiede gegenüber der bereits untersuchten institutionellen Forschungsförderung der Deutschen Forschungsgemeinschaft, der Mitgliedseinrichtungen der Helmholtz-Gemeinschaft

1379 S. dazu ausführlich oben C. II. 1. a)-b).

1380 *Jauch*, Wissenschaftsförderung nach der Reform des Föderalismus, S. 223.

und Leibniz-Gemeinschaft, der Max-Planck-Gesellschaft sowie der Fraunhofer-Gesellschaft.[1381] Der Pakt für Forschung und Innovation ist daher insoweit verfassungswidrig.

Darüber hinaus wird auch der grundrechtliche Gesetzesvorbehalt durch den Pakt für Forschung und Innovation kraft Grundrechtsrelevanz der Förderung ausgelöst. Zwar sieht der Pakt „nur" einen Aufwuchs der jährlichen Fördermittel der institutionellen Förderung der außeruniversitären Wissenschaftseinrichtungen in Höhe von 3 % bzw. 5 % vor, die Gesamtsumme der Förderung ist mit etwa 285 Mio. Euro im Jahr 2019 dennoch von erheblicher Bedeutung für die Ausübung der Wissenschaftsfreiheit. Im Kontext des Paktes für Forschung und Innovation kann also auch hinsichtlich des grundrechtlichen Gesetzesvorbehalts nichts anderes gelten als für die institutionelle Förderung der Deutschen Forschungsgemeinschaft, der Mitgliedseinrichtungen der Helmholtz-Gemeinschaft und Leibniz-Gemeinschaft, der Max-Planck-Gesellschaft sowie der Fraunhofer-Gesellschaft.[1382] Der Pakt für Forschung und Innovation verletzt den grundrechtlichen Gesetzesvorbehalt und bedarf eines zusätzlichen materiellen Parlamentsgesetzes. Der Pakt für Forschung und Innovation ist daher in all seinen vier Förderphasen insgesamt verfassungswidrig.

f) Zusammenfassung und Bewertung

Mit dem Pakt für Forschung und Innovation und seinen Fortsetzungen wurden bzw. werden der Deutschen Forschungsgemeinschaft sowie den Mitgliedseinrichtungen der Helmholtz-Gemeinschaft, der Max-Planck-Gesellschaft, der Fraunhofer-Gesellschaft sowie den Mitgliedseinrichtungen der Leibniz-Gemeinschaft zusätzliche jährliche Etatsteigerungen i.H.v. 3 % bzw. 5 % während der gesamten Programmlaufzeit von 2005 bis 2030 garantiert. Während sich Bund und Länder die Kosten für diese jährlichen Etatsteigerungen im Zeitraum von 2005 bis 2015 noch teilten, trägt der Bund von 2016 bis 2020 den jährlichen Aufwuchs der Zuwendungen an die außeruniversitären Wissenschaftseinrichtungen allein. Ab dem Jahr 2021 wird der jährliche Aufwuchs der Förderung i.H.v. 3 % von Bund und Ländern hingegen gemeinsam nach den in den jeweiligen Ausführungsvereinbarungen festgelegten Schlüsseln erbracht werden. Durch die erneut eingeführte Kofinanzierungspflicht der Länder werden zukünftig daher wieder Landesmittel in beachtlicher Höhe gebunden.

1381 S. dazu oben C. III. 7. a).
1382 S. dazu oben C. III. 7. b).

Die Dynamisierung der institutionellen Fördermittel für die außeruniversitären Forschungsförderungs- und Wissenschaftseinrichtungen ist im Übrigen insgesamt positiv zu bewerten, da diesen so über viele Jahre hinweg Planungssicherheit gewährleistet wird und die anhaltende Inflation sowie die Tarifsteigerungen des wissenschaftlichen Personals durch den Mittelzuwachs ausgeglichen werden können. Zwar gibt der Pakt für Forschung und Innovation in allen Förderphasen forschungspolitische Ziele vor, die die „Leitplanken für das strategische Handeln der Wissenschaftsorganisationen" bilden sollen, die Zielvereinbarungen der geförderten außeruniversitären Forschungsförderungs- und Wissenschaftseinrichtungen sind jedoch relativ allgemein gehalten und enthalten kaum quantitativ messbare Zielvorgaben. Im Übrigen werden die Zielvereinbarungen in der Mitte der Laufzeit des neuen PFI IV im Jahr 2025 zwar hinsichtlich der erreichten Ergebnisse von der Gemeinsamen Wissenschaftskonferenz bewertet und weiterentwickelt, der jährliche finanzielle Aufwuchs ist den Instituten jedoch in jedem Fall sicher. Hier werden zugleich erhebliche Unterschiede gegenüber der gemeinsamen Förderung der Hochschulen nach dem neuen Zukunftsvertrag[1383] deutlich, in dessen Rahmen lediglich eine einmalige Steigerung der Fördersummen im Jahr 2024 vorgesehen ist (§ 3 I 2 ZV). Darüber hinaus müssen die Länder hier detaillierte Verpflichtungserklärungen abgeben (§ 2 ZV, Anlage 1 u. 2 des ZV) und die Förderung wird erstmals im Jahr 2027 unter Berücksichtigung der Ergebnisse der Evaluation durch den Wissenschaftsrat angepasst (§ 8 ZV). Hintergrund für diese ungleiche Ausgestaltung dürfte die Tatsache sein, dass der Bund auf die Hochschulen, für die weiterhin grundsätzlich die Länder zuständig sind, nur im Rahmen des Zukunftsvertrages auf der Grundlage von Art. 91b I GG Einfluss nehmen kann. Hinsichtlich der außeruniversitären Forschungsförderungs- und Wissenschaftseinrichtungen kann er hingegen auch mittels seiner Vertreterinnen und Vertreter in den verschiedenen Gremien Einfluss auf die Verwendung der Fördermittel nehmen. Im Übrigen bleibt zu erwähnen, dass die vollständige Aufwuchsübernahme durch den Bund während der dritten Förderphase zu einer nicht ganz unwesentlichen Entlastung der Länderhaushalte führt, allerdings zugleich einen mittelverknappenden Effekt seitens des Bundes hat, der ein weiteres finanzielles Engagement des Bundes etwa im Hochschulbereich wiederum beschränkt.[1384] Abschließend ist festzuhalten, dass der Pakt für Forschung und Innovation in all seinen vier Förderphasen mangels ausreichender parlamentarischer Beteiligung verfassungswidrig ist.

1383 S. zum Zukunftsvertrag auch oben C. II. 2. d).

1384 *Speiser*, Der deutsche Wissenschaftsföderalismus auf dem Prüfstand, S. 46.

9. Gemeinsame Förderung von außeruniversitären Wissenschaftseinrichtungen im Überblick

Die gemeinsame institutionelle Förderung von außeruniversitären Wissenschaftseinrichtungen durch Bund und Länder im Rahmen der Gemeinschaftsaufgabe Forschungsförderung nach Art. 91b I GG belief sich im Jahr 2019 auf etwa 9,6 Mrd. Euro, wovon rund 9,5 Mrd. Euro auf die Deutsche Forschungsgemeinschaft, Fraunhofer-Gesellschaft, Helmholtz-Gemeinschaft, Leibniz-Gemeinschaft und Max-Planck-Gesellschaft entfielen.[1385] Dabei wichen die einzelnen Fördersummen je nach Wissenschaftseinrichtung allerdings deutlich voneinander ab. Folgendes Diagramm zeigt die gemeinsame institutionelle Förderung von Deutscher Forschungsgemeinschaft, Helmholtz-Gemeinschaft, Max-Planck-Gesellschaft, Fraunhofer-Gesellschaft und Leibniz-Gemeinschaft durch Bund und Länder im Jahr 2019 im Überblick:

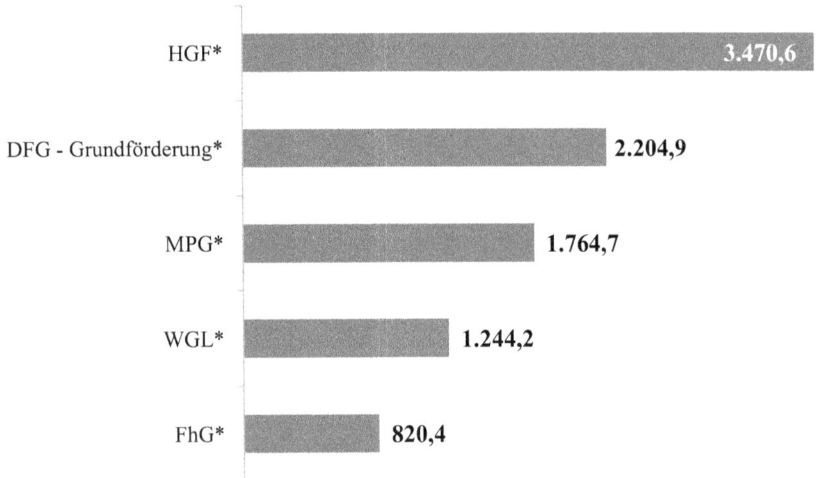

Abb. 3: Gemeinsame Förderung von außeruniversitären Wissenschaftseinrichtungen im Überblick – Gesamtmittel in Mio. Euro (2019). *GWK*, Gemeinsame Förderung des Bundes und der Länder auf der Grundlage von Art. 91b I GG, Stand: 9.1.2020. * *Einschließlich des Zuwachses gemäß dem Pakt für Forschung und Innovation.*

1385 *GWK*, Gemeinsame Förderung des Bundes und der Länder auf der Grundlage von Art. 91b I GG, Stand: 9.1.2020.

Im Jahr 2019 erhielten die Mitgliedseinrichtungen der Helmholtz-Gemeinschaft mit 3,47 Mrd. Euro den größten Anteil an gemeinsamen institutionellen Fördermitteln des Bundes und der Länder. Die Fördersumme der Helmholtz-Gemeinschaft machte dabei rund 36,1 % der gesamten gemeinsamen institutionellen Förderung außeruniversitärer Wissenschaftseinrichtungen in Deutschland aus. Die Deutsche Forschungsgemeinschaft erhielt im selben Jahr mit etwa 2,2 Mrd. Euro einen ebenfalls bedeutenden Anteil an der gemeinsamen institutionellen Förderung als Grundförderung. Die Max-Planck-Gesellschaft und die Leibniz-Gemeinschaft wurden mit rund 1,76 Mrd. Euro bzw. 1,24 Mrd. Euro gemeinsam institutionell von Bund und Ländern gefördert. Das Schlusslicht bildete die Fraunhofer-Gesellschaft, die mit rund 820 Mio. Euro dennoch einen beachtlichen Anteil der gemeinsamen institutionellen Fördermittel von Bund und Ländern erhielt.

Neben den einzelnen Fördersummen variieren auch die Finanzierungsanteile von Bund und Ländern je nach Wissenschaftseinrichtung. Folgendes Diagramm zeigt die in der Regel bestehenden Finanzierungsanteile von Bund und Ländern im Rahmen der gemeinsamen Förderung der Deutschen Forschungsgemeinschaft, Helmholtz-Gemeinschaft, Max-Planck-Gesellschaft, Fraunhofer-Gesellschaft und Leibniz-Gemeinschaft und im Jahr 2019 im Überblick:

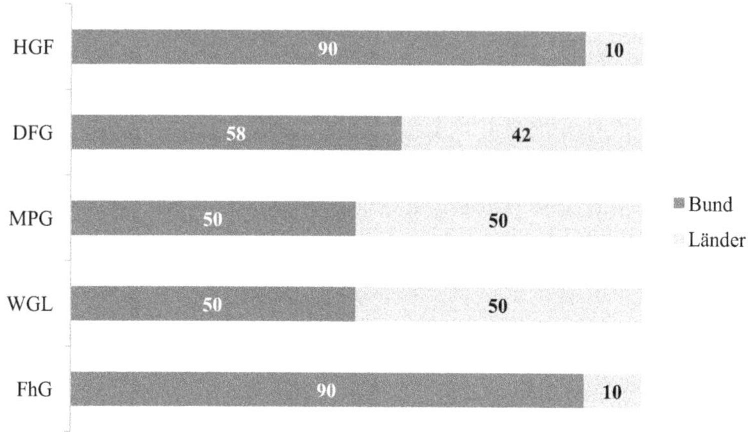

Abb. 4: Gemeinsame Förderung von außeruniversitären Wissenschaftseinrichtungen im Überblick – grundsätzliche Finanzierungsanteile von Bund und Ländern (2019). Vgl. § 3 I 1 AV-DFG, § 3 I 1 AV-FhG, Konsortialverträge der HGF-Einrichtungen, § 3 I 2 AV-WGL und § 3 I 2 AV-MPG.

Bei der Analyse der einzelnen Finanzierungsanteile von Bund und Ländern im Rahmen der gemeinsamen institutionellen Förderung der Deutschen Forschungsgemeinschaft, Helmholtz-Gemeinschaft, Max-Planck-Gesellschaft, Fraunhofer-Gesellschaft und Leibniz-Gemeinschaft fällt zunächst auf, dass die Finanzierungsanteile des Bundes insgesamt deutlich überwiegen. Insbesondere an der finanzintensiven Förderung der Großforschungseinrichtungen der Helmholtz-Gemeinschaft ist der Bund mit 90 % weit überwiegend beteiligt. Dies überrascht allerdings insoweit kaum, als der Bund für die Finanzierung der Großforschung eine ungeschriebene Verwaltungskompetenz aus der Natur der Sache[1386] hat und somit nach Art. 104 I GG auch über eine eigene Finanzierungszuständigkeit verfügt. Darüber hinaus trägt der Bund ebenfalls 90 % der gemeinsamen Förderung an der institutionellen Förderung der Fraunhofer-Gesellschaft. Auch an der Grundförderung der Deutschen Forschungsgemeinschaft überwiegt der Finanzierungsanteil des Bundes mit 58 % gegenüber den Ländern. Einzig die Förderung der Max-Planck-Gesellschaft und Leibniz-Gemeinschaft tragen Bund und Länder zu gleichen Teilen. Insgesamt belief sich die gemeinsame institutionelle Förderung von außeruniversitären Wissenschaftseinrichtungen im Jahr 2019 auf rund 9,6 Mrd. Euro, wobei der Bund 72,8 % und die Länder 27,2 % der Finanzierung trugen.[1387]

10. Wissenschaftsfreiheitsgesetz – WissFG

Mit dem im Jahr 2012 auf der Grundlage von Art. 72, 74 I Nr. 13 Alt. 2 GG und Art. 109 I GG[1388] beschlossenen Wissenschaftsfreiheitsgesetz (WissFG)[1389] soll die Leistungsfähigkeit und die internationale Wettbewerbsfähigkeit der außeruniversitären Wissenschaftseinrichtungen überdies „durch mehr Autonomie, Eigenverantwortung und Effizienz in den Bereichen Haushalt, Personal, Beteiligungen und Durchführung von Baumaßnahmen" gestärkt werden (§ 1 WissFG). Die oben untersuchten außeruniversitären Forschungsförderungs- und

1386 S. dazu auch oben B. III. 2. b).

1387 Die Berechnung erfolgte auf der Grundlage von *GWK*, Gemeinsame Förderung des Bundes und der Länder auf der Grundlage von Art. 91b I GG, Stand: 9.1.2020.

1388 So auch BT-Drs. 17/10037, S. 10; *Jauch*, Wissenschaftsförderung nach der Reform des Föderalismus, S. 196; *ders.*, NVwZ 2013, 32 (33).

1389 Gesetz zur Flexibilisierung von haushaltsrechtlichen Rahmenbedingungen außeruniversitärer Wissenschaftseinrichtungen (Wissenschaftsfreiheitsgesetz – WissFG) v. 5.12.2012 (BGBl. 2012 I S. 2457), das durch Art. 122 der Verordnung v. 31.8.2015 (BGBl. 2015 I S. 1474) geändert worden ist.

Wissenschaftseinrichtungen Deutsche Forschungsgemeinschaft, Fraunhofer-Gesellschaft, Max-Planck-Gesellschaft sowie die Mitgliedseinrichtungen der Helmholtz-Gemeinschaft und Leibniz-Gemeinschaft sind allesamt vom Anwendungsbereich des Gesetzes erfasst (§ 2 Nr. 1–5 WissFG). Ihnen gewährt das Wissenschaftsfreiheitsgesetz mehr Eigenverantwortung und Freiheiten hinsichtlich ihrer Haushaltsführung, damit sie ihre finanziellen Mittel flexibler und damit wirksamer, effizienter und zielorientierter als bisher einsetzen können. So können die Wissenschaftseinrichtungen nunmehr Globalhaushalte für den Einsatz ihrer Personal-, Sach- und Investitionsmittel aufstellen (§ 3 WissFG). Darüber hinaus bietet das Wissenschaftsfreiheitsgesetz auch verbesserte Handlungsmöglichkeiten für Personalentscheidungen. So dürfen Einrichtungen nunmehr verstärkt Drittmittel aus nicht-öffentlichen Quellen einsetzen, um hochqualifizierte Forscherinnen und Forscher zu gewinnen oder zu halten (vgl. § 4 WissFG). Ferner sieht das Wissenschaftsfreiheitsgesetz vereinfachte Genehmigungsverfahren für Unternehmensbeteiligungen vor, die vor allem der Beschleunigung des Verfahrens dienen (vgl. § 5 WissFG). Auch hinsichtlich Forschungsbauten gewährt das WissFG den Wissenschaftseinrichtungen mehr Selbstständigkeit und Eigenverantwortung, sofern sie selbst über den für die Baumaßnahmen erforderlichen Sachverstand und ein adäquates Controlling verfügen (§ 6 WissFG). Das Wissenschaftsfreiheitsgesetz erweist sich somit insgesamt als administrative Ergänzung zu den finanziellen Förderprogrammen von Bund und Ländern.[1390]

Im Jahr 2017 stellte der Bundesrechnungshof fest, dass die außeruniversitären Wissenschaftseinrichtungen in den vergangenen Jahren als Folge der Flexibilisierung der haushaltsrechtlichen Rahmenbedingungen strukturell bedingt eine weiter rasch anwachsende „Bugwelle" nicht verausgabter Selbstbewirtschaftungsmittel in erheblichem Umfang von über 1 Mrd. Euro angehäuft haben.[1391] Ferner wurde korrekterweise konstatiert, dass die Möglichkeiten von Wissenschaftseinrichtungen, ihre Mittel effizient für die vorgesehenen Zwecke und Projekte zu verwenden, mit dem Anstieg der Zuwendungen nicht immer Schritt gehalten haben. Die dadurch bedingte Überfinanzierung ist mithin nicht nur haushaltsrechtlich problematisch, sondern erhöht auch die Gefahr, dass nicht

---

1390 *Jauch*, NVwZ 2013, 32 (32).

1391 *BRH*, Bericht an den Haushaltsausschuss des Deutschen Bundestages nach § 88 II BHO über die Wirkungen des Wissenschaftsfreiheitsgesetzes auf die Haushalts- und Wirtschaftsführung des Bundes und der Wissenschaftseinrichtungen v. 19.5.2017, S. 8 u. 33.

zwingend notwendige und unwirtschaftliche Maßnahmen finanziert werden.[1392] Überdies sah der Bundesrechnungshof die Anforderungen an ein wirksames output-orientiertes Controlling als noch nicht ausreichend erfüllt an.[1393]

11. Zusammenfassung und Bewertung

Die gemeinsame institutionelle Förderung der Deutschen Forschungsgemeinschaft, der Helmholtz-Gemeinschaft, der Max-Planck-Gesellschaft, der Fraunhofer-Gesellschaft und der Leibniz-Gemeinschaft durch Bund und Länder im Rahmen der Gemeinschaftsaufgabe des Art. 91b I GG belief sich im Jahr 2019 auf etwa 9,5 Mrd. Euro einschließlich des Zuwachses gemäß dem Pakt für Forschung und Innovation, wovon der Bund rund 67 % und die Länder ca. 33 % aufbrachten.[1394] Im Zeitraum von 2021 bis 2030 werden Bund und Länder den soeben genannten außeruniversitären Forschungsförderungs- und Wissenschaftseinrichtungen schätzungsweise rund 100 Mrd. Euro auf der Grundlage von Art. 91b I GG zur Verfügung stellen, was die außerordentliche finanzwirtschaftliche Bedeutung dieser Norm im außeruniversitären Bereich demonstriert. Im Übrigen fällt die erhebliche Differenz hinsichtlich der Höhe der gemeinsamen finanziellen Förderung zwischen universitärer und außeruniversitärer Forschung ins Auge. Ursächlich für diesen Unterschied ist vor allem die mit der Föderalismusreform I herbeigeführte Begrenzung der Förderung an den Hochschulen auf Vorhaben, die in der Vergangenheit zu erheblichen Verschiebungen der finanziellen Mittel zugunsten der außeruniversitären Wissenschaftseinrichtungen führte, da diese nach der alten Rechtslage anders als die Hochschulen auch institutionell gefördert werden konnten.[1395] Der Bund finanziert die außeruniversitären Forschungsförderungs- und Wissenschaftseinrichtungen insgesamt in signifikantem Maße mit und spielt folglich eine gewichtige

1392 *BRH*, Bericht an den Haushaltsausschuss des Deutschen Bundestages nach § 88 II BHO über die Wirkungen des Wissenschaftsfreiheitsgesetzes auf die Haushalts- und Wirtschaftsführung des Bundes und der Wissenschaftseinrichtungen v. 19.5.2017, S. 29.

1393 *BRH*, Bericht an den Haushaltsausschuss des Deutschen Bundestages nach § 88 II BHO über die Wirkungen des Wissenschaftsfreiheitsgesetzes auf die Haushalts- und Wirtschaftsführung des Bundes und der Wissenschaftseinrichtungen v. 19.5.2017, S. 13.

1394 *GWK*, Gemeinsame Förderung des Bundes und der Länder auf der Grundlage von Art. 91b I GG, Stand: 9.1.2020.

1395 *Geis*, ZG 28 (2013), 305 (308 f.); *Glaser*, in: Kahl/Waldhoff/Walter, BK-GG, Art. 91b [Stand: 8/2016] Rn. 7.

Rolle bei der Finanzierung des außeruniversitären Wissenschaftsbereichs. Dabei ist jedoch zu beachten, dass der Bund im Bereich der Großforschung anders als im Hochschulbereich auch über eigene ungeschriebene Verwaltungskompetenzen aus der Natur der Sache[1396] und somit nach Art. 104a I GG auch über eigene Finanzierungskompetenzen verfügt. Eine finanzielle Beteiligung der Länder auf diesem Gebiet ist daher nicht zwingend und erscheint angesichts der Finanznot einiger Länder fragwürdig sowie hinsichtlich der vom Bundesrechnungshof 2017 attestierten Überfinanzierung der Wissenschaftseinrichtungen auch entbehrlich.

Soweit es allerdings um die Mitwirkung des Bundes an den Forschungsförderungsaufgaben der Länder geht, erscheint der hohe Finanzierungsanteil des Bundes ebenso wie im Rahmen der gemeinsamen Bund-Länder-Förderprogramme an den Hochschulen in mehrfacher Hinsicht problematisch. Zum einen deutet die erhebliche Mitfinanzierung des Bundes auf eine Fehlverteilung im Rahmen des vertikalen Steuerverteilungs- und Finanzausgleichssystems hin, die mit Hilfe von Art. 91b I GG als Instrument der finanziellen Translokation korrigiert werden soll. Zum anderen ist die umfangreiche Mitwirkung und Mitfinanzierung in der außeruniversitären Forschungsförderung durch den Bund auch im Hinblick auf die Eigenstaatlichkeit der Länder sowie die Kompetenzordnung des Grundgesetzes heikel, denn mit Geld wird üblicherweise auch Einfluss auf die betroffene Materie genommen. Der Regelungsgegenstand der wissenschaftlichen Forschungsförderung obliegt jedoch, wie bereits festgestellt, – abgesehen von der Großforschung – nach Art. 30 GG den Ländern.

Darüber hinaus ist die gemeinsame institutionelle Förderung der Deutschen Forschungsgemeinschaft, der Helmholtz-Gemeinschaft, der Max-Planck-Gesellschaft, der Fraunhofer-Gesellschaft und der Leibniz-Gemeinschaft durch Bund und Länder auf der Grundlage von Art. 91b I GG mangels materiellgesetzlicher Grundlage verfassungswidrig. Die Forschungsförderung auf der Grundlage der jeweiligen Ausführungsvereinbarungen und Konsortialverträge genügt den rechtsstaatlichen und demokratischen Anforderungen des institutionellen und grundrechtlichen Gesetzesvorbehalts nicht. Auch im Bereich der außeruniversitären Forschungsförderung wird deutlich, dass die seit Jahrzehnten gelebte Staatspraxis der gemeinsamen Förderung auf der Grundlage von Verwaltungsvereinbarungen zu einer Machtverlagerung von den Parlamenten zu den Exekutiven führt. Einerseits ist die parlamentarische Kontrolle durch die Ausgliederung der Förderentscheidungen auf die nichtstaatlichen

1396 S. dazu auch ausführlich oben B. III. 2. b).

außeruniversitären Forschungsförderungs- und Wissenschaftseinrichtungen beschränkt, andererseits werden die Parlamente durch die auf exekutiver Ebene ausgehandelten Vereinbarungen im Haushaltsverfahren weitgehend präjudiziert. Besonders prekär erscheint diese faktische Entmachtung der Parlamente vor dem Hintergrund des ohnehin beeinträchtigten demokratischen Legitimationsniveaus im Rahmen der extensiven bundesstaatlichen Mischverwaltung und -finanzierung auf der Grundlage von Art. 91b I 1 GG.[1397]

Sofern Hochschulen durch die gemeinsame Förderung der außeruniversitären Forschungsförderungs- und Wissenschaftseinrichtungen mittelbar betroffen sind, wie etwa im Rahmen der sog. Max-Planck-Forschungsgruppen oder im Rahmen der Förderung der Deutschen Forschungsgemeinschaft, richtet sich die Förderung nunmehr ausschließlich nach der neuen einheitlichen Rechtsgrundlage in Art. 91b I 1 GG. Die Differenzierung zwischen Förderung an und außerhalb von Hochschulen ist durch die Reform von 2014 aufgehoben worden. Lediglich hinsichtlich des qualifizierten Beteiligungs- und Zustimmungserfordernisses der Länder nach Art. 91b I 2 GG ist noch auf diese Unterscheidung abzustellen. Im Übrigen differenziert der neue Art. 91b I 1 GG nicht mehr zwischen Projektförderung und institutioneller Förderung. Verfassungsrechtliche Bedenken hinsichtlich der Finanzierung sog. Zwittereinrichtungen wie dem KIT bestehen demnach grundsätzlich nicht mehr, da nunmehr auch die gemeinsame institutionelle Förderung an Hochschulen zulässig ist. Im Hinblick auf Kooperationen von außeruniversitären Forschungsförderungs- und Wissenschaftseinrichtungen mit Hochschulen ist daher auch mehr Rechts- und Planungssicherheit gewährleistet.

Auf der Grundlage von Art. 91b GG haben Bund und Länder überdies den Pakt für Forschung und Innovation und dessen mehrmalige Fortführung abgeschlossen, welcher der Deutschen Forschungsgemeinschaft, der Fraunhofer-Gesellschaft, der Max-Planck-Gesellschaft sowie den Mitgliedseinrichtungen der Helmholtz-Gemeinschaft und Leibniz-Gemeinschaft zusätzliche jährliche Etatsteigerungen in Höhe von 3 % bzw. 5 % im Zeitraum von 2005 bis 2030 garantiert. Von der alleinigen Kostentragung des Bundes im Rahmen des PFI III rückt der neue PFI IV ab, indem er für den Zeitraum von 2021 bis 2030 wieder eine Aufteilung der Kosten zwischen Bund und Ländern vorsieht. Dadurch werden die Länderhaushalte erneut zusätzlich belastet und Haushaltsmittel der Länder in beachtlicher Höhe über Jahre an den außeruniversitären Wissenschaftsbereich gebunden. Die Forschungsförderung im Rahmen des Paktes für

1397 S. hierzu ausführlich oben B. IV. 4. d) aa).

Forschung und Innovation ist überdies mangels materiell-gesetzlicher Grundlage verfassungswidrig.

Darüber hinaus gewährt das Wissenschaftsfreiheitsgesetz der Deutschen Forschungsgemeinschaft, der Helmholtz-Gemeinschaft, der Max-Planck-Gesellschaft, der Fraunhofer-Gesellschaft und der Leibniz-Gemeinschaft seit Ende 2012 mehr Autonomie, Eigenverantwortung und Effizienz in den Bereichen Haushalt, Personal, Beteiligungen und Durchführung von Baumaßnahmen. Als Folge der Flexibilisierung der haushaltsrechtlichen Rahmenbedingungen im Rahmen des Wissenschaftsfreiheitsgesetzes häuften die außeruniversitären Forschungsförderungs- und Wissenschaftseinrichtungen in den letzten Jahren allerdings über 1 Mrd. Euro nicht verausgabter Selbstbewirtschaftungsmittel an.

D. Reformperspektiven der bundesstaatlichen Wissenschaftsfinanzierung

Die bisherigen Untersuchungsergebnisse haben zunächst die mäandernde Normgeschichte von Art. 91b GG sowie seine erhebliche finanzwirtschaftliche Bedeutung in der Staatspraxis für den gesamten Wissenschaftsbereich deutlich gemacht. Nach der jüngsten Reform von Art. 91b GG im Jahr 2014 wurde von den neuen, erweiterten Möglichkeiten der Gemeinschaftsaufgabe bereits umfangreich Gebrauch gemacht. Der novellierte Art. 91b GG ist daher weiterhin die zentrale Norm für die umfassende und institutionalisierte Mitwirkung und -finanzierung des Bundes an bzw. von Länderaufgaben im Hochschul- und Wissenschaftsbereich. Die Extension der Verfassungsnorm im Jahr 2014 erweist sich dabei insgesamt als „Antwort auf ein Ressourcendefizit"[1398] seitens der Länder und dient in der Praxis vor allem der Translokation der länderseitigen Finanzverantwortung zum Bund hin. Ursächlich für diese Entwicklung ist letztlich, dass der deutsche Wissenschaftsföderalismus dadurch charakterisiert ist, dass der Bund zwar über die meisten Mittel, aber über nur wenige Kompetenzen im Hochschul- und Wissenschaftsbereich verfügt, während die Länder nur über begrenzte finanzielle Mittel verfügen, aber dennoch nach Art. 104a I GG grundsätzlich für die Hochschul- und Wissenschaftsfinanzierung zuständig sind.[1399] Diese paradoxe Konstellation bietet mithin den optimalen Nährboden für die zahlreichen Politik- und Finanzverflechtungen auf diesem Gebiet.

Gegen diese umfangreichen Verflechtungen im Kontext von Art. 91b GG bestehen allerdings, wie im Rahmen dieser Untersuchung festgestellt, erhebliche verfassungsrechtliche Bedenken vor allem im Hinblick auf das Demokratieprinzip in Art. 20 I, II GG. Die Untersuchungsergebnisse haben ferner deutlich gemacht, dass die jüngste Reform von Art. 91b GG bei Weitem nicht alle Probleme der bundesstaatlichen Hochschul- und Wissenschaftsfinanzierung löst bzw. lösen kann. Selbst die Intentionen des verfassungsändernden Gesetzgebers – die Stärkung der Grundfinanzierung der Hochschulen sowie die

1398 So treffend *Speiser*, Der deutsche Wissenschaftsföderalismus auf dem Prüfstand, S. 160.

1399 *Seckelmann*, DÖV 2012, 701 (707); *Wieland*, ZG 27 (2012), 266 (267); in diesem Sinne auch *Risse/Hoppe*, in: EZFF, Jahrbuch des Föderalismus 2017, S. 48.

Schaffung verlässlicher Perspektiven und Planungssicherheit für die Hochschulen – wurden bislang auf der Grundlage des neuen Art. 91b GG in der Praxis nur bedingt erreicht. Ferner besteht als Konsequenz der Föderalismusreform I weiterhin eine erhebliche finanzielle Schere zwischen der universitären und der außeruniversitären staatlichen Forschungsförderung.

Die Reform von Art. 91b GG im Jahr 2014 kann daher im Bemühen um eine aufgabenadäquate bundesstaatliche Hochschul- und Wissenschaftsfinanzierung nicht das letzte Wort sein, es besteht vielmehr nach wie vor Reformbedarf. Nachfolgend sind mithin Reformperspektiven der bundesstaatlichen Hochschul- und Wissenschaftsfinanzierung *de constitutione lata* und *de constitutione ferenda* aufzuzeigen und verschiedene Lösungsansätze zu erläutern.

I. Status quo – de constitutione lata

Zu diskutieren sind zunächst Reformoptionen des verfassungsrechtlichen Status quo für die bundesstaatliche Hochschul- und Wissenschaftsfinanzierung, wobei zwischen den Handlungsmöglichkeiten des Bundes und der Länder zu differenzieren ist.

1. Reformoptionen des Bundes

Um die Länderhaushalte weiterhin finanziell zu entlasten, stehen dem Bund mehrere Handlungsoptionen *de constitutione lata* zur Mitwirkung und -finanzierung auf diesem Gebiet zur Verfügung. Dazu zählen insbesondere die Gemeinschaftsaufgabe zur Förderung der Forschung nach Art. 91b GG, die Gewährung von Bundesfinanzhilfen nach Art. 104b GG sowie ungeschriebene Kompetenzen kraft Natur der Sache. Im Übrigen besteht nach dem verfassungsrechtlichen Status quo noch die Reformoption der bundesgesetzlichen Neuregelung der Umsatzsteuerverteilung zwischen Bund und Ländern nach Art. 106 III 4, IV GG, um die Einnahmen der Länder insgesamt zu erhöhen, wovon grundsätzlich auch der Hochschul- und Wissenschaftsbereich profitieren könnte.

a) Gemeinschaftsaufgaben – Art. 91b GG

Auf der Grundlage des Art. 91b GG wirken Bund und Länder aufgrund von Vereinbarungen in Fällen überregionaler Bedeutung bei der Förderung von Wissenschaft, Forschung und Lehre derzeit bereits in erheblichem Ausmaß zusammen. Auch von der erst seit der Reform im Jahr 2014 bestehenden Möglichkeit der institutionellen Förderung von Hochschulen, haben Bund und Länder mit der

Exzellenzstrategie und dem Zukunftsvertrag Gebrauch gemacht.[1400] Zudem können nunmehr auch sog. Zwittereinrichtungen, also institutionelle Verbindungen von Hochschulen mit außeruniversitären Wissenschaftseinrichtungen, im Rahmen der Gemeinschaftsaufgabe institutionell gefördert werden. Auch eine finanzielle Beteiligung des Bundes an der Länderaufgabe des Hochschulbaus ist durch den novellierten Art. 91b GG verfassungsrechtlich möglich geworden, wenngleich diese Option bislang nicht instrumentalisiert wurde. Angesichts des hohen Sanierungsbedarfs[1401] an den Hochschulen und der anhaltend hohen Studiennachfrage wäre ein finanzielles Engagement des Bundes *de constitutione lata* hier aus Sicht der Hochschulen allerdings durchaus wünschenswert.

Um die Länderhaushalte weiter finanziell zu entlasten, könnte der Bund zudem nicht nur seine Finanzierungsanteile am BAföG,[1402] sondern auch im Rahmen der gemeinsamen Förderungen auf der Grundlage von Art. 91b I GG erhöhen. An den Hochschulen käme hier insbesondere eine Steigerung seines Anteils an der Finanzierung der Forschungsbauten, Großgeräte und des Nationalen Hochleistungsrechnens sowie im Rahmen des Zukunftsvertrages in Betracht.[1403] Überdies wäre auch eine bundesfinanzierte Dynamisierung der Fördermittel vergleichbar mit dem Pakt für Forschung und Innovation[1404] für die Förderprogramme an den Hochschulen denkbar, um Inflation und Kostensteigerungen besser abfangen zu können. Auch außerhalb des Hochschulbereichs könnte der Bund höhere Anteile an der Finanzierung der außeruniversitären Forschungsförderungs- und Wissenschaftseinrichtungen übernehmen. Ein höherer Anteil des Bundes an der Finanzierung der Deutschen Forschungsgemeinschaft würde zudem zu einer gesteigerten indirekten Förderung der Hochschulen mit Bundesmitteln führen, da rund 90 %[1405] der von der Deutschen

---

1400 S. dazu auch oben C. II. 1. c) und C. II. 2. d).

1401 Der Sanierungsbedarf an den staatlichen Hochschulen wurde 2012 auf etwa 30 Mrd. Euro geschätzt, wobei sich diese Zahl mangels transparenter Datenlage nicht sicher wissenschaftlich stützen lässt, *Stratmann/Stibbe*, Forschung & Lehre 3/2015, 176 (176).

1402 S. dazu auch oben B. IV. 5. b).

1403 Sowohl für die Förderung von Forschungsbauten, Großgeräten und Nationalem Hochleistungsrechnen als auch im Rahmen des Zukunftsvertrages ist aktuell ein Finanzierungsanteil des Bundes an der gesamten Förderung i.H.v. 50 % vorgesehen. Vgl. dazu auch oben C. II. 2. d) und C. II. 8. b).

1404 S. dazu auch oben C. III. 8.

1405 *Mönikes/Faber/Gieseke*, Gemeinschaftsaufgaben von Bund und Ländern im Hochschulbereich, S. 35.

Forschungsgemeinschaft weitergeleiteten Fördermittel an die Hochschulen fließen. Denkbar wäre im außerhochschulischen Bereich ferner eine Entlastung der Länderhaushalte durch die Verschiebung einzelner Forschungsinstitute von einer weniger zu einer stärker bundesfinanzierten Trägerorganisation, wie etwa im Fall der Verschiebung des IFM-GEMOAR von der Leibniz-Gemeinschaft zur Helmholtz-Gemeinschaft zum 1. Januar 2012.[1406]

Gegen die soeben aufgezeigten Möglichkeiten des Bundes zur Ausweitung seines finanziellen Engagements an den Länderaufgaben im Wissenschaftsbereich im Rahmen von Art. 91b GG bestehen jedoch in allen Fällen angesichts der damit verbundenen umfassenden Zuständigkeitsverflechtungen – wie generell bei Mischfinanzierungen – verfassungsrechtliche Bedenken insbesondere im Hinblick auf das ubiquitär geltende Demokratieprinzip in Art. 20 I, II GG. So lässt sich bereits die 2014 erfolgte Extension von Art. 91b I GG, durch die letztlich eine „uferlose Mischfinanzierung"[1407] im Wissenschaftsbereich ermöglicht wurde, nicht mehr als Korrekturmechanismus einer strengen Vollzugskausalität bzw. als Ausnahmetatbestand in der Verfassung zur sachgerechten Lösung der bundesstaatlichen Wissenschaftsfinanzierung rechtfertigen. Aus diesem Grund empfehlen sich auch die extensiven Handlungsoptionen des Bundes auf der Grundlage dieser umstrittenen Verfassungsnorm letztlich nicht. Im Übrigen bleibt die Frage, warum die gemeinsame Aufgabenwahrnehmung durch Bund und Länder im Rahmen der Gemeinschaftsaufgaben einer autonomen Aufgabenerfüllung durch die Länder bei hinreichender finanzieller Ausstattung überlegen sein sollte, unbeantwortet.[1408] Ferner liefe eine weitere Ausdehnung der finanziellen Beteiligung des Bundes im Rahmen von Art. 91b GG der Aufgabe der Finanzverfassung als „Folgeverfassung"[1409] zuwider. Anstatt die Finanzausstattung der Länder entsprechend ihrer verfassungsmäßig zugewiesenen Aufgaben zu stärken, also das Geld der Aufgabe folgen zu lassen, folgt mit der Einbeziehung des Bundes in die den Ländern obliegende Hochschul- und Wissenschaftsfinanzierung letztlich die Aufgabe dem Geld. Wenn sich das Verhältnis zwischen den Einnahmen und Ausgaben des Bundes und der Länder jedoch wesentlich ändert, die Länder also gegenüber dem Bund tatsächlich stark

---

1406 *Risse/Hoppe*, in: EZFF, Jahrbuch des Föderalismus 2017, S. 48; *Speiser*, Der deutsche Wissenschaftsföderalismus auf dem Prüfstand, S. 167 f.

1407 So bereits zur Entwurfsfassung *Siekmann*, in: Sachs, GG, 7. Aufl. 2014, Art. 91b Rn. 40.

1408 *Speiser*, RuP 2015, 86 (90).

1409 *F. Kirchhof*, VVDStRL 52 (1993), 71 (80).

unterfinanziert sind, sind nach Art. 106 IV 1 GG die Anteile von Bund und Ländern an der Umsatzsteuer neu festzusetzen.[1410] Es ist bereits Aufgabe der primären vertikalen Steuerverteilung, eine aufgabenangemessene Finanzausstattung von Bund und Ländern als Grundlage ihrer Eigenstaatlichkeit und haushaltsrechtlichen Autonomie sicherzustellen.[1411] Im Übrigen ist an dieser Stelle noch zu betonen, dass alle Kooperationsmöglichkeiten des Art. 91b GG jedenfalls *de jure* lediglich fakultativ ausgestaltet sind, die Länder also keineswegs einen Anspruch auf die Mitwirkung oder -finanzierung des Bundes haben. Zum Schutz der Kulturhoheit und der Eigenstaatlichkeit der Länder ist es ferner auch erforderlich, dass der Bund nicht ohne Einvernehmen der Länder an deren Aufgaben im Wissenschaftsbereich mitwirken kann. Einschränkend kommt hinzu, dass ein Zusammenwirken nach Art. 91b GG nur in Fällen überregionaler Bedeutung möglich ist, wenngleich dieser Begriff aufgrund seiner Unbestimmtheit in der Praxis bislang kaum begrenzende Wirkung erzeugt hat. Bei Bund-Länder-Vereinbarungen, die im Schwerpunkt Hochschulen betreffen, ist zudem das qualifizierte Beteiligungs- und Einstimmigkeitserfordernis nach Art. 91b I 2 GG zu beachten. Im Übrigen bleibt darauf hinzuweisen, dass auch nur der tertiäre Bildungsbereich, nicht hingegen der Schulbereich und der Bereich frühkindlicher Bildung vom Anwendungsbereich des Art. 91b GG erfasst ist.

b) Finanzhilfen des Bundes – Art. 104b I GG

Die Möglichkeiten des Bundes zur Gewährung von Finanzhilfen an die Länder nach Art. 104b I 1 GG sind im Hochschul- und Wissenschaftsbereich in mehrfacher Hinsicht begrenzt. Zunächst gestattet die Norm Finanzhilfen nur für Sachinvestitionen, welche die Länder oder Gemeinden bzw. Gemeindeverbände selbst vornehmen oder bei Dritten fördern. Darlehen, Kapitalzuweisungen oder sonstige Finanzinvestitionen sind hingegen nicht vom Investitionsbegriff umfasst. Ebenso wenig können Folgekosten, wie Unterhaltungs- und Betriebskosten sowie der Verwaltungsaufwand, vom Bund finanziert werden. Aus der Verwendung des Begriffs „Hilfe" folgt zudem, dass der Bund nur eine Teil-, keine Vollfinanzierung leisten darf. Die Länder müssten sich also stets mit einem Eigenanteil beteiligen, der ihren übrigen finanziellen Gestaltungsspielraum entsprechend einschränken würde.[1412] Darüber hinaus müssen die Investitionen besonders bedeutsam sein, also in Ausmaß und Wirkung besonderes

---

1410 S. dazu sogleich unten D. I. 1. d).

1411 *Waldhoff*, in: Isensee/P. Kirchhof, HdbStR, Bd. V, § 116 Rn. 67.

1412 *Risse/Hoppe*, in: EZFF, Jahrbuch des Föderalismus 2017, S. 43.

Gewicht haben, sowie überregionale, gesamtstaatliche Effekte auslösen. Eine weitere Beschränkung liegt darin, dass der Bund Finanzhilfen nur in den Bereichen, in denen ihm auch Gesetzgebungsbefugnisse zustehen, gewähren darf. Denkbar sind daher lediglich Bundesfinanzhilfen für die außerschulische Bildung und Weiterbildung auf der Grundlage von Art. 74 I Nr. 11 GG sowie für die Hochschulzulassung und Hochschulabschlüsse auf der Grundlage von Art. 74 I Nr. 33 GG.[1413] Zudem hat der Bund die konkurrierende Gesetzgebungszuständigkeit nach Art. 74 I Nr. 13 GG für die Regelung der Ausbildungsbeihilfen sowie für die Förderung der wissenschaftlichen Forschung, sodass auch hier grundsätzlich Bundesfinanzhilfen möglich sind. Für die Förderung der wissenschaftlichen Lehre hat der Bund allerdings ebenso wenig wie im Bereich der schulischen Bildung eine Gesetzgebungskompetenz, sodass für diesen Zweck keine Bundesfinanzhilfen nach Art. 104b I 1 GG gewährleistet werden können. Überdies sind Bundesfinanzhilfen im Wissenschaftsbereich generell nur zur Förderung des wissenschaftlichen Wachstums nach Art. 104b I 1 Nr. 3 GG denkbar. Ferner sind jegliche Bundesfinanzhilfen nach Art. 104b II 6–7 GG stets befristet und degressiv auszugestalten, sodass eine langfristige und systematische Förderung des Bundes mittels Finanzhilfen auf diesem Gebiet *de constitutione lata* ausscheidet.

Außerhalb des Bereichs seiner Gesetzgebungskompetenzen sind Bundesfinanzhilfen im Übrigen kaum vorstellbar, da auch ein Bildungsnotstand keine „außergewöhnliche Notsituation“ im Sinne von Art. 104b I 2 GG ist. Keine Auswirkungen auf den Hochschul- und Wissenschaftsbereich hat zudem der 2017 neu eingefügte Art. 104c GG, welcher lediglich Investitionen im primären und sekundären Bildungsbereich ermöglicht.

c) *Kompetenzen des Bundes kraft Natur der Sache*

In der Staatspraxis stützt der Bund seine Verwaltungs- und Finanzierungszuständigkeit zudem häufig auf ungeschriebene Kompetenzen kraft Natur der Sache. Ein solcher Rückgriff setzt allerdings stets voraus, dass die vom Bund betriebene Wissenschaftsförderung eine Aufgabe von eindeutig überregionalem Charakter ist, die ein Land allein nicht sinnvoll und wirksam erfüllen kann. Eine solche ungeschriebene Bundeszuständigkeit wird vor allem im Bereich der außerhochschulischen Großforschung angenommen, die neben die entsprechende Landeskompetenz tritt. Der Bund verzichtet auf diesem Gebiet bislang allerdings auf die

1413 So bereits auch BT-Drs. 16/813, S. 19.

alleinige Ausübung dieser Kompetenz. So erfolgt beispielsweise die Förderung der Helmholtz-Zentren, für die sich im Einzelfall durchaus eine ungeschriebene Bundeskompetenz begründen ließe, gemeinsam durch den Bund und die Länder. Ein weiteres Eindringen des Bundes in den Zuständigkeitsbereich der Länder über die Ausübung ungeschriebener Bundeskompetenzen kraft Natur der Sache wäre im Übrigen verfassungsrechtlich sehr bedenklich und folglich nicht zu empfehlen. Die ungeschriebenen Bundeskompetenzen bestehen nur in äußerst engen Grenzen und können nur in Ausnahmesituationen geltend gemacht werden. Angesichts der ihnen innewohnenden Gefahr der Aushöhlung der Länderzuständigkeit kann der Rückgriff auf ungeschriebene Bundeskompetenzen letztlich nur ein Notbehelf sein.[1414] Zugleich mindern ungeschriebene Zuständigkeiten die Verfassungsklarheit und Rechtssicherheit, sodass ihre systematische, planvolle und damit aufgabenadäquate Extension in der Wissenschaftsförderung im Ergebnis faktisch ausgeschlossen ist.[1415]

d) Neuregelung der Umsatzsteuerverteilung – Art. 106 III 4, IV GG

Angesichts der in der Praxis großen finanzwirtschaftlichen Bedeutung von Art. 91b I GG sowie der umfassenden Translokation von länderseitiger Finanzverantwortung hin zum Bund im Rahmen der Gemeinschaftsaufgabe, stellt sich die Frage, ob nicht die eigenständige Aufgabenwahrnehmung und -finanzierung durch die Länder der einzig sinnvolle Lösungsweg aus der „Verflechtungsfalle" mit ihren zahlreichen insbesondere demokratischen Defiziten ist. Aufgabe der Finanzverfassung als „Folgeverfassung"[1416] ist es, Bund und Länder mit finanziellen Mitteln entsprechend ihrer verfassungsmäßig zugewiesenen Aufgaben auszustatten. Die für die Hochschul- und Wissenschaftsfinanzierung grundsätzlich zuständigen Länder haben daher nach Art. 106 III 4 GG einen Anspruch auf Deckung ihrer notwendigen Ausgaben. Dabei ist der Umfang ihrer Ausgaben unter Berücksichtigung einer mehrjährigen Finanzplanung zu ermitteln. Ferner sind die Deckungsbedürfnisse des Bundes und der Länder nach Art. 106 III 4 Nr. 2 GG so aufeinander abzustimmen, dass ein billiger Ausgleich erzielt, eine Überbelastung der Steuerpflichtigen vermieden und die Einheitlichkeit der Lebensverhältnisse im Bundesgebiet gewahrt wird. Sofern sich das Verhältnis zwischen den Einnahmen und Ausgaben des Bundes und der Länder

---

1414 *Wieland*, in: ders./Dohmen, Bildungsföderalismus und Bildungsfinanzierung, S. 41.
1415 *Speiser*, Der deutsche Wissenschaftsföderalismus auf dem Prüfstand, S. 75 f.
1416 *F. Kirchhof*, VVDStRL 52 (1993), 71 (80).

wesentlich, also nachhaltig, offensichtlich und erheblich,[1417] ändert, die Länder also gegenüber dem Bund tatsächlich stark unterfinanziert sind, sind nach Art. 106 IV 1 GG die Anteile von Bund und Ländern an der Umsatzsteuer durch Bundesgesetz mit Zustimmung des Bundesrates neu festzusetzen. Es ist, wie schon erwähnt, bereits Aufgabe der primären vertikalen Steuerverteilung, eine aufgabenangemessene Finanzausstattung von Bund und Ländern als Grundlage ihrer Eigenstaatlichkeit und haushaltsrechtlichen Autonomie sicherzustellen.[1418]

Auf diese Weise könnte die Eigenständigkeit der Länder durch mehr Finanzautonomie gestärkt und zugleich die finanzielle Abhängigkeit der Länder vom Bund reduziert werden, sodass die Länder im Ergebnis weniger auf die im Wege der Gemeinschaftsaufgaben angebotenen Bundesmittel angewiesen wären. Gleichzeitig würden die Kooperationsoptionen im Rahmen der Gemeinschaftsaufgaben nach Art. 91b GG sowie die Möglichkeiten zur Gewährung von Bundesfinanzhilfen nach Art. 104b GG hierdurch grundsätzlich nicht berührt. Überdies könnte nicht nur der Wissenschaftsbereich, sondern der gesamte Bildungsbereich von einer Stärkung der Landesfinanzen profitieren. Für diese Lösung spricht ferner, dass die Umsatzsteuerverteilung nach Art. 106 IV GG stets flexibel den tatsächlichen finanziellen Machtverhältnissen von Bund und Ländern anzupassen ist, sofern sich das Verhältnis zwischen den Einnahmen und Ausgaben des Bundes und der Länder wesentlich anders entwickelt. Zudem kann nur im Fall einer angemessenen Finanzausstattung der Länder ein fruchtbarer Wettbewerb zwischen den Ländern sowie eine Kooperation zwischen Bund und Ländern auf Augenhöhe im Hochschul- und Wissenschaftsbereich erreicht werden. Darüber hinaus haben die Hochschulen erst im Rahmen einer ausreichenden Grundfinanzierung durch die Länder als ihre Träger wirklich die Chance, erfolgreich an den wettbewerblichen Vergabeverfahren für zusätzliche staatliche Drittmittel wie etwa der Exzellenzstrategie teilzunehmen. Ob die Steuermehreinnahmen der Länder letztlich allerdings wirklich in vollem Umfang oder wenigstens teilweise in den Wissenschaftsbereich fließen, ist freilich nicht garantiert.

Eine Änderung der Umsatzsteuerverteilung nach Art. 106 III 4, IV GG ist in nächster Zeit allerdings vonseiten der Politik nicht zu erwarten. Der Bund möchte mit dem Einsatz seiner Finanzmittel vor allem im Rahmen der extensivierten

---

1417 *Seiler*, in: Maunz/Dürig, GG, Art. 106 [Stand: 9/2017] Rn. 154; *Kube*, in: Epping/Hillgruber, GG, Art. 106 Rn. 28.

1418 *Schwarz*, in: Blanke/Schwanengel, Zustand und Perspektiven des deutschen Bundesstaats, S. 109 f.; *Waldhoff*, in: Isensee/P. Kirchhof, HdbStR, Bd. V, § 116 Rn. 67.

Gemeinschaftsaufgabe von Art. 91b I GG, aber auch durch seine erweiterten und neu eingefügten Finanzhilfen nach Art. 104b GG und Art. 104c GG gerade Einfluss auf den Bildungsbereich nehmen,[1419] was die Länder in jüngster Zeit auch bereitwillig geschehen ließen. Insbesondere Art. 91b GG dient dem Bund seit seiner Einführung in das Grundgesetz als Instrument, um sich Einfluss auf originäre Länderangelegenheiten zu „erkaufen".[1420] Die Ausweitung der Bundeskompetenzen im Bildungsbereich in den letzten Jahren verdeutlicht diese Absicht im Übrigen und offenbart einen starken antidemokratischen Reflex derart, dass den Ländern ein verantwortungsvoller und zweckgerechter Umgang mit (zusätzlichen) nicht zweckgebundenen Mitteln nicht zugetraut wird.[1421] Da eine Änderung der Umsatzsteuerverteilung mithin aus (verfassungs-)politischen Gründen alsbald nicht zu erhoffen ist, wird die Lösung einer aufgabenadäquaten bundesstaatlichen Hochschul- und Wissenschaftsfinanzierung weiterhin pragmatisch „über den kleinsten gemeinsamen Nenner" zu suchen sein.

2. Reformoptionen der Länder

Auch den Ländern stehen *de constitutione lata* grundsätzlich mehrere Reformoptionen insbesondere im Bereich der Hochschulfinanzierung zu. Zunächst könnten sie die grundsätzlich ihnen gem. Art. 104a I GG obliegende Grundfinanzierung der Hochschulen erhöhen, indem sie ihre Ausgabenprioritäten entsprechend verändern. Darüber hinaus bietet sich vor allem die Möglichkeit der Einführung allgemeiner Studiengebühren für das Erststudium an öffentlichen Hochschulen sowie alternativ die landesgesetzliche Regelung einer nachgelagerten Akademikerabgabe an, um die Einnahmen der Hochschulen zu steigern.

a) Umverteilung der Länderausgaben zugunsten der Hochschulen

Die für die Grundfinanzierung zuständigen Länder könnten diese im Rahmen ihrer verfassungsrechtlich garantierten Haushaltsautonomie nach Art. 109 I GG zunächst durch eine Veränderung ihrer Ausgabenprioritäten erhöhen. Denkbar wäre die Umverteilung der Länderausgaben zugunsten der Hochschulen sowohl innerhalb der Bildungsressorts als auch in den Gesamthaushalten der Länder.

1419 Ähnlich *Speiser*, DÖV 2014, 555 (562).

1420 In diesem Sinne bereits *Seeger*, DÖV 1968, 781 (782); zuletzt auch *Speiser*, Der deutsche Wissenschaftsföderalismus auf dem Prüfstand, S. 162 ff.; *Waldhoff*, Das andere Grundgesetz, S. 46.

1421 *Siekmann*, in: Sachs, GG, Art. 91b Rn. 44.

Von einer Umschichtung der Länderausgaben *im Bildungshaushalt* ist jedoch dringend abzuraten, da die öffentlichen Bildungsinvestitionen je Schülerin bzw. Schüler im primären, sekundären und postsekundären Bildungsbereich im internationalen Vergleich zwar zuletzt deutlich über dem OECD-Schnitt lagen, der Anstieg der Ausgaben pro Schülerin bzw. Schüler jedoch auf einen deutlichen Rückgang der Anzahl der Schülerinnen und Schüler in diesem Bereich zurückzuführen ist, während die öffentlichen Gesamtausgaben zwischen 2010 und 2015 sogar sanken.[1422] Überdies lässt der Abschluss des DigitalPakts Schule im Jahr 2019 deutlich erkennen, dass die finanzielle Ausstattung des Schulbereichs angesichts des technischen Fortschritts bereits defizitär ist. Weitere Kürzungen der Landesmittel auf diesem Gebiet sind auch deshalb keinesfalls vertretbar, weil so letztlich den Hochschulen der fruchtbare Boden, nämlich gut vorbereitete und ausgebildete Hochschulberechtigte, entzogen würden. Im Übrigen senken frühe Bildungsinvestitionen die Kosten späterer Investitionen.[1423]

Eine Umverteilung der Ausgaben in den Gesamthaushalten der Länder zugunsten des Wissenschaftsbereichs ginge wiederum stets zulasten anderer Ressorts. Eine entsprechende politische Veränderung der Ausgabenprioritäten dürfte demnach auf erheblichen politischen Widerstand stoßen. Die Bedeutung der Hochschulbildung für den Wissenschaftsstandort Deutschlands erfordert es jedoch, die Ausgabenverteilung in den Länderhaushalten zu überdenken. Die Bildung hochqualifizierter Arbeitskräfte ist in einem rohstoffarmen Land wie Deutschland eine wichtige Grundlage für die zukünftige Wirtschaftskraft der Bundesrepublik. Insbesondere die aus der Übernahme der gesamten BAföG-Finanzierung durch den Bund frei gewordenen Landesmittel i.H.v. etwa 1,1 Mrd. Euro jährlich sollten daher tunlichst vollständig in den Hochschulbereich investiert werden. Angesichts insgesamt nur geringer „freier Spitzen“ in den Landeshaushalten und der Finanznot einiger Länder kann eine Veränderung der Ausgabenpräferenzen zugunsten der Hochschulen derzeit dennoch nur ein Teil der Lösung für die Gewährleistung einer aufgabenangemessenen, wissenschaftsadäquaten Hochschulfinanzierung sein. Zu einer Erhöhung der insgesamt vorhandenen Finanzmittel der Länder kann ihre Umverteilung in den Landeshaushalten allein freilich nicht führen.

1422 *OECD*, Ländernotiz Deutschland – Bildung auf einen Blick 2018: OECD-Indikatoren, S. 7.

1423 *Wößmann*, ZfE 2008, 214 (220 f.).

b) Einführung allgemeiner Studiengebühren

Eine weitere verfassungskonservative Reformoption ist die (Wieder-)Einführung allgemeiner Studiengebühren für das Erststudium an öffentlichen Hochschulen, die seit 2014 grundsätzlich in keinem Land mehr erhoben werden.[1424] Allerdings sind in einigen Ländern Studiengebühren für Langzeitstudierende,[1425] für das Zweitstudium,[1426] für das Seniorenstudium,[1427] für das berufsbegleitende Studium[1428] sowie für internationale Studierende aus dem Nicht-EU-Ausland[1429] vorgesehen bzw. durch die Hochschulen festlegbar. Die Einführung einer allgemeinen Abgabepflicht für das Erststudium an öffentlichen Hochschulen müsste mit dem Teilhaberecht auf Zulassung zum Hochschulstudium aus Art. 12 I GG i.V.m. dem Gleichheitssatz des Art. 3 I GG und dem Sozialstaatsprinzip der Art. 20 I, Art. 28 I 1 GG vereinbar sein. Die allgemeinen Studiengebühren müssten daher sozialverträglich gestaltet werden und dürften „keine unüberwindliche soziale Barriere vor dem Hochschulzugang errichten".[1430]

1424 Die in mehreren westdeutschen Ländern während der 2000er Jahre eingeführten Studiengebühren für das Erststudium an öffentlichen Hochschulen sind nach und nach, zuletzt in Bayern zum Wintersemester 2013/14 und in Niedersachsen zum Wintersemester 2014/15, abgeschafft worden.

1425 Studiengebühren für ein Langzeitstudium sind derzeit in Bremen (§ 5 StudKontG, jedoch zum Wintersemester 2020/2021 aufgrund der Corona-Pandemie abgeschafft), Niedersachsen (§ 13 NHG), Sachsen (§ 12 II SächsHSFG) und Thüringen (§ 4 ThürHGEG) vorgesehen.

1426 Studiengebühren für ein Zweitstudium sind derzeit in Baden-Württemberg (§ 8 LHGebG), Rheinland-Pfalz (§ 70 III HochSchG i.V.m. Nr. 3.6 der Anlage zur Landesverordnung über die Gebühren in den Bereichen Wissenschaft, Weiterbildung und Forschung v. 27.11.2014) vorgesehen bzw. optional in Sachsen (§ 12 IV SächsHSFG) und Sachsen-Anhalt (§ 111 III HSG LSA) durch die Hochschulen festlegbar.

1427 Studiengebühren für ein Seniorenstudium sind in Sachsen-Anhalt (§ 111 IV HSG LSA) und Thüringen (§ 10 ThürHGEG) vorgesehen.

1428 Studiengebühren für ein berufsbegleitendes Studium sind in Baden-Württemberg (§ 8 LHGebG), Bayern (Art. 71 II BayHSchG) vorgesehen bzw. optional in Sachsen-Anhalt (§ 111 III HSG LSA) durch die Hochschulen festlegbar.

1429 Studiengebühren für Studierende aus dem Nicht-EU-Ausland sind derzeit vorgesehen bzw. optional in Baden-Württemberg (§ 3 LHGebG) Sachsen (§ 12 III SächsHSFG) durch die Hochschulen festlegbar. Vgl. zur verfassungs- und völkerrechtlichen Zulässigkeit von Studiengebühren für internationale Studierende aus dem Nicht-EU-Ausland auch *v. Weschpfennig*, OdW 2017, S. 175 ff.

1430 BVerfGE 134, 1 (14).

Die Sozialverträglichkeit ließe sich etwa über den Aufbau eines adäquaten, flankierenden Stipendiensystems erreichen, an dem es in der Vergangenheit allerdings bereits mangels politischen Willens fehlte. Studienstipendien existieren in Deutschland allein im Rahmen der Begabtenförderung, die nur wenigen Prozent aller Studierenden zugutekommt und die soziale Bedürftigkeit außer Acht lässt.[1431] Auch zukünftig ist es wenig wahrscheinlich, dass sich ein politischer Wille zum Aufbau eines solchen Stipendiensystems formt. Um die Studiengebühren dennoch sozialverträglich zu gestalten, kommt hingegen auch eine generelle Studiengebührenbefreiung etwa für BAföG-Leistungen beziehende Studierende in Betracht, die die Mehreinnahmen und die Planungssicherheit der Hochschulen allerdings schwächen würde. Möglich wäre im Rahmen des BAföG wiederum auch die Regelung einer angemessenen Maximalverschuldung, wie sie viele Länder bereits vorsehen, die jedenfalls zu einer faktischen Studiengebührenbefreiung führen könnte,[1432] ohne dass die Hochschulen auf Einnahmen verzichten müssten. Da der Bund mittlerweile die Kosten des BAföG vollständig aufbringt, läge das Ausfallrisiko mithin allein bei ihm. Allgemeine Studiengebühren für das Erststudium an öffentlichen Hochschulen lassen sich grundsätzlich also durchaus sozialverträglich gestalten. Für eine Solidarfinanzierung aus Steuermitteln bei zusätzlicher Gewährleistung von BAföG-Leistungen an bedürftige Studierende gilt dieser Grundsatz allerdings auch. Im Übrigen können Studiengebühren bei sozialverträglicher Gestaltung nie vollständig die Kosten eines Studienabschlusses[1433] decken, sodass sie grundsätzlich nur als Ergänzung zur staatlichen Hochschulfinanzierung in Betracht kommen können.

Die Einführung allgemeiner Studiengebühren ist dennoch insgesamt nicht erstrebenswert. Zwar würde die Erhebung allgemeiner Studiengebühren für ein Erststudium grundsätzlich zu Mehreinnahmen an den öffentlichen Hochschulen führen, sofern diese jedoch nicht flächendeckend in allen Ländern eingeführt werden, ist mit erheblichen Ausweichbewegungen der Studierenden zu rechnen. Ferner lässt sich auch bei sozialverträglicher Gestaltung der Gebühren die Gefahr einer erhöhten sozialen Selektion beim Hochschulzugang nicht

---

1431 *Pasternack*, in: Adams/Keller, Vom Studentenberg zum Schuldenberg?, S. 153 f.

1432 *Pasternack*, in: Adams/Keller, Vom Studentenberg zum Schuldenberg?, S. 154.

1433 Die vom jeweiligen Hochschulträger aufgebrachten Ausgaben für einen universitären Studienabschluss lagen 2015 durchschnittlich bei 52.600 Euro, wobei die Kosten für einen Studienabschluss aufgrund der unterschiedlichen hochschulspezifischen Fächerstrukturen, Studiendauern und Forschungsintensitäten stark variieren, *Statistisches Bundesamt*, Hochschulen auf einen Blick 2018, S. 52.

völlig bannen.[1434] Zudem ist nicht ausgeschlossen, dass viele Studienberechtigte sich von Studiengebühren abschrecken ließen und die Zahl der Studienanfängerinnen und -anfänger mittelfristig insgesamt sinken würde.[1435] Da Wissenschaft und Forschung laut Koalitionsvertrag von CDU, CSU und SPD von 2018 aber als „die Schlüsselthemen für Deutschlands Zukunft"[1436] gelten sollen und angesichts des demografischen Wandels ein Fachkräftemangel droht, sind hohe Studienanfängerinnen- und Studienanfängerzahlen sowie eine breite Bildungsbeteiligung politisch gerade erwünscht. Um den Abschreckungseffekt sowie den Erwerbsdruck[1437] während des Studiums für die Studierenden zu vermindern, bieten daher nachgelagerte sozialverträgliche Studiengebühren grundsätzlich eine bessere Alternative.[1438] Im Übrigen besteht bei lebensnaher Betrachtung die Gefahr, dass die Mehreinnahmen der Hochschulen durch die Studiengebühren mittelfristig durch analoge Kürzungen der staatlichen Mittel substituiert werden.[1439]

Die Erhebung allgemeiner Studiengebühren kann mithin nicht die erste Wahl sein, um den Hochschulen langfristig verlässliche Mehreinnahmen zu verschaffen. Ferner dürfte die Einführung allgemeiner Studiengebühren derzeit weder in der Politik noch in der Bevölkerung auf große Akzeptanz stoßen. So sind die in einigen Ländern in der Vergangenheit eingeführten allgemeinen Studiengebühren erst unlängst auch auf Druck aus der Bevölkerung hin abgeschafft

---

1434 *Pasternack*, in: Adams/Keller, Vom Studentenberg zum Schuldenberg?, S. 155.

1435 Laut einer Studie der HIS GmbH verzichteten im Jahr 2006 durch die Einführung von Studiengebühren etwa 6.000–18.000 Studienberechtigte, insbesondere Frauen und Studienberechtigte aus bildungsfernen Schichten auf das ursprünglich beabsichtigte Studium, *Heine/Quast/Spangenberg*, HIS: Forum Hochschule 15/2008, S. 1 u. 15 f.

1436 „Ein neuer Aufbruch für Europa – Eine neue Dynamik für Deutschland – Ein neuer Zusammenhalt für unser Land", Koalitionsvertrag der 19. Legislaturperiode zwischen CDU, CSU und SPD v. 7.2.2018, S. 28.

1437 Derzeit beziehen bereits etwa 68 % aller Studierenden ihren Lebensunterhalt mit Mitteln aus Erwerbstätigkeit neben dem Studium. Die Erwerbstätigenquote an Universitäten ist mit 69 % gar so hoch wie noch nie, *DZHW*, Die wirtschaftliche und soziale Lage der Studierenden in Deutschland 2016, S. 60.

1438 S. dazu sogleich unten D. I. 2. c).

1439 *Pasternack*, in: Adams/Keller, Vom Studentenberg zum Schuldenberg?, S. 156 u. 158, der zudem darauf verweist, dass auch gegenteilige politische Absichtserklärungen keine Sicherheit spenden könnten.

worden.[1440] Politisch ist die Einführung allgemeiner Studiengebühren für die Aufnahme eines Erststudiums an öffentlichen Hochschulen daher alsbald auch nicht zu erwarten. Die bereits in einigen Ländern bestehenden Studiengebühren für das Zweitstudium, das berufsbegleitende Studium, das Seniorenstudium und für Langzeitstudierende dienen wiederum eher Steuerungszwecken als vornehmlich der Hochschulfinanzierung. Auch die derzeit erhobenen Studiengebühren für internationale Studierende aus dem Nicht-EU-Ausland dürften im Ergebnis kaum geeignet sein, sich maßgeblich auf die Finanzierung der Hochschulen auszuwirken.

c) *Einführung einer nachgelagerten Akademikerabgabe*

Als weitere Reformoption der Länder *de constitutione lata* käme grundsätzlich auch die landesgesetzliche Ausgestaltung einer Akademikerabgabe als zweckgebundene Sonderabgabe mit Finanzierungsfunktion in Betracht. Allerdings müsste eine solche ebenso wie das konkurrierende Institut der Steuer „voraussetzungslos", also ohne Abhängigkeit von einer Gegenleistung, ausgestaltet werden.[1441] Sofern die Akademikerabgabe an den Besuch einer deutschen öffentlichen Hochschule anknüpfte, bestünde jedoch eine korrespondierende Gegenleistung der öffentlichen Hand. Darüber hinaus müsste die Sonderabgabe einen Sachzweck verfolgen, der über die bloße Mittelbereitstellung hinausginge, was nicht der Fall ist, wenn die Akademikerabgabe zur Grundfinanzierung der Hochschulen genutzt werden soll.[1442] Das Aufkommen aus derartigen Abgaben darf nicht zur Finanzierung allgemeiner Staatsaufgaben verwendet werden.[1443] Ferner wäre die ebenfalls erforderliche besondere Finanzierungsverantwortung[1444] der abgabepflichtigen Akademikerinnen und Akademiker für die Hochschulfinanzierung nicht ersichtlich, sodass eine nachgelagerte Akademikerabgabe als Sonderabgabe mit Finanzierungsfunktion insgesamt verfassungswidrig wäre.[1445]

1440 So wurde etwa in Bayern das Volksbegehren „Grundrecht auf Bildung ernst nehmen – Studienbeiträge abschaffen!" erfolgreich initiiert und schließlich vom Bayerischen Landtag am 24.4.2013 angenommen, LT-Drs. BY 16/16556.

1441 *v. Weschpfennig*, Rechtliche Grenzen von allgemeinen Studienabgaben, S. 180 u. 471 mit Verweis auf BVerfGE 55, 274 (298); 123, 132 (141).

1442 *v. Weschpfennig*, Rechtliche Grenzen von allgemeinen Studienabgaben, S. 180 u. 471.

1443 BVerfGE 55, 274 (298).

1444 BVerfGE 122, 316 (336); *Ossenbühl*, DVBl. 2005, 667 (671 f.); *v. Weschpfennig*, Rechtliche Grenzen von allgemeinen Studienabgaben, S. 180 u. 474.

1445 *v. Weschpfennig*, Rechtliche Grenzen von allgemeinen Studienabgaben, S. 473 ff.

Denkbar ist allerdings auch die Ausgestaltung einer Akademikerabgabe als sozialverträgliche nachgelagerte Studiengebühr, die unmittelbar von den öffentlichen Hochschulen bei Erwerbstätigkeit ihrer Absolventinnen und Absolventen oder ihrer Besucherinnen und Besucher für einen bestimmten Zeitraum und ab einer bestimmten Einkommenshöhe erhoben werden könnte. In dieser Konstellation als Gebühr wäre der vorhandene Gegenleistungsbezug für die Akademikerabgabe nicht nur unschädlich, sondern sogar erforderlich.[1446] Nachgelagerte Studiengebühren dürften dabei im Vergleich zu den allgemeinen Studiengebühren einen geringeren Abschreckungseffekt gegenüber Studierwilligen haben, da diese nur im Fall eines erfolgreichen Berufseinstiges und bei entsprechender Solvenz erhoben werden. Eine kostendeckende Finanzierung bietet dieses Modell allerdings nicht, da die Länder mit einer gewissen Ausfallquote zu leben hätten. Nachgelagerte Studiengebühren können daher grundsätzlich auch nur einen ergänzenden Beitrag zur herkömmlichen Hochschulfinanzierung leisten. Eine politische Umsetzung einer solchen nachgelagerten Studiengebühr erscheint derzeit jedoch wenig wahrscheinlich. Einzig Hamburg wagte in der Vergangenheit mit Wirkung zum Wintersemester 2008/09 überhaupt einen Vorstoß in dieser Art,[1447] schaffte sein Modell einer kostendeckend ausgestalteten nachgelagerten Studiengebühr aber mit Wirkung zum Wintersemester 2012/13 bereits nach wenigen Jahren wieder ab.[1448] Nichtsdestotrotz bietet sich die Einführung nachgelagerter Studiengebühren als Reformoption an, um den finanziellen Handlungsspielraum der Länder zu vergrößern. Die Gefahr der Substituierung der Mehreinnahmen der Hochschulen durch analoge Kürzungen der staatlichen Mittel besteht freilich auch im Fall nachgelagerter Studiengebühren.

3. Zusammenfassung und Bewertung

Grundsätzlich sind die Länder nach Art. 104a I GG für die Finanzierung des Hochschul- und Wissenschaftsbereichs zuständig. Der Bund verfügt auf diesem Gebiet nur über wenige Finanzierungskompetenzen. Zentrale Norm für die Mitwirkung und -finanzierung des Bundes an den Wissenschaftsaufgaben der Länder ist *de constitutione lata* Art. 91b I GG, auf dessen Grundlage in der Praxis zahlreiche Bund-Länder-Kooperationen vereinbart worden sind, die Gegenstand vorliegender Arbeit sind. Gegen eine umfassende Mischverwaltung

---

1446 *v. Weschpfennig*, Rechtliche Grenzen von allgemeinen Studienabgaben, S. 476 ff.

1447 Verordnung über die Stundung und Einziehung von Studiengebühren (Studiengebührenverordnung – StudGebVO) v. 7.10.2008, HmbGVBl. I 2008 S. 361.

1448 Gesetz zur Abschaffung der Studiengebühren v. 20.12.2011, HmbGVBl. I 2011 S. 550.

und -finanzierung im Rahmen der Gemeinschaftsaufgabe bestehen jedoch erhebliche verfassungsrechtliche Bedenken vor allem im Hinblick auf das Demokratieprinzip in Art. 20 I, II GG, weshalb von einer extensiven Nutzung des Art. 91b I GG im Ergebnis verfassungspolitisch abzuraten ist. Die Finanzhilfen des Bundes nach Art. 104b I GG eignen sich demgegenüber aufgrund ihrer obligatorischen Befristung und degressiven Ausgestaltung von vornherein nicht, um eine langfristige und systematische Förderung des Bundes zu ermöglichen. Zudem kann der Bund seine Verwaltungs- und Finanzierungstätigkeiten im Wissenschaftsbereich insbesondere im Bereich der Großforschung auf ungeschriebene Kompetenzen des Bundes kraft Natur der Sache stützen. Einer weiteren Inanspruchnahme dieser Kompetenz sind jedoch im Hinblick auf die Vorgaben von Art. 91b GG und Art. 104b I GG Grenzen gesetzt. Es empfiehlt sich folglich im Rahmen der verfassungskonservativen Reformoptionen des Bundes letztlich nur eine bundesgesetzliche Änderung der Umsatzsteuerverteilung nach Art. 106 III 4, IV GG zugunsten der Länder, die jedoch aus verfassungspolitischen Gründen kaum alsbald umgesetzt werden dürfte.

Die Länder könnten wiederum *de constitutione lata* zwar grundsätzlich ihre Ausgaben zugunsten der Hochschulen innerhalb ihrer Bildungsressorts und/ oder innerhalb ihrer Gesamthaushalte umverteilen, eine solche Umschichtung ist jedoch politisch alsbald nicht zu erwarten. Angesichts der besonderen Bedeutung der Hochschulbildung empfiehlt es sich jedoch, wenigstens die Ausgabenprioritäten in den Gesamthaushalten der Länder zu überdenken. Ferner steht den Ländern allerdings grundsätzlich auch die Möglichkeit zur Einführung allgemeiner Studiengebühren für das Erststudium an öffentlichen Hochschulen offen, sofern diese sozialverträglich gestaltet werden. Aufgrund der Abschreckungseffekte auf Studierwillige sowie des Erwerbsdrucks während des Studiums auf die Studierenden empfiehlt sich die Einführung allgemeiner Studiengebühren zur Hochschulfinanzierung allerdings nicht. Aus politischer Sicht ist mit einer Einführung allgemeiner Studiengebühren alsbald ohnehin nicht zu rechnen. Als Reformoption der Länder nach dem verfassungsrechtlichen Status quo wäre hingegen eine Akademikerabgabe in Form einer sozialverträglich ausgestalteten nachgelagerten Studiengebühr zu empfehlen, mit der die Länder ihren finanziellen Handlungsspielraum erweitern könnten. Auf eine Substitution der hochschulischen Mehreinnahmen aus der nachgelagerten Studiengebühr durch analoge Kürzungen der staatlichen Mittel sollte dringend verzichtet werden.

II. Verfassungsänderungen – *de constitutione ferenda*

Die Reformperspektiven der bundesstaatlichen Hochschul- und Wissenschaftsfinanzierung *de constitutione lata* sind – wie gerade gezeigt – im Ergebnis aus verschiedenen Gründen wenig ergiebig, so dass im Folgenden einige Reformperspektiven *de constitutione ferenda* aufzuzeigen sind. Dabei ist zunächst zwischen Reformen im Rahmen der bestehenden grundsätzlichen bundesstaatlichen Kompetenzverteilung einerseits und einer grundlegenden Reform der Bund-Länder-Finanzbeziehungen andererseits zu differenzieren.

1. Reformen im Rahmen der bestehenden bundesstaatlichen Aufgaben- und Finanzierungskompetenzen

Im Rahmen der derzeit bestehenden bundesstaatlichen Verteilung der Aufgaben- und Finanzierungskompetenzen kommen als Reformoptionen *de constitutione ferenda* sowohl eine erneute Reform von Art. 91b GG als auch eine Lockerung des Neuverschuldungsverbots in Art. 109 III GG für Bildungsinvestitionen in Betracht.

a) Erneute Reform von Art. 91b GG

In Betracht kommt eine erneute Reform von Art. 91b GG mit gesetzestechnischen Korrekturen am Wortlaut, die die grundlegende bundesstaatliche Verteilung der Aufgaben- und Finanzkompetenzen unberührt lässt. Dabei böte sich zunächst die Streichung des umstrittenen Tatbestandsmerkmals der „überregionalen Bedeutung" an, da dieser Rechtsbegriff zum einen ausgesprochen zeit- und kontextabhängig ist und zum anderen in der Praxis ohnehin kaum begrenzende Wirkung entfaltet hat. Dort wurde zur Bestimmung der überregionalen Bedeutung vielmehr regelmäßig auf den Umfang oder Breite der Förderung statt auf den Fördergegenstand selbst abgestellt. Das Tatbestandsmerkmal ist aufgrund seiner Unbestimmtheit zudem Einfallstor für Kopplungsgeschäfte. Auf das Erfordernis der überregionalen Bedeutung könnte daher in Art. 91b GG konsequenterweise vollständig verzichtet werden. Ferner kommt die Streichung des qualifizierten Beteiligungs- und Einstimmigkeitserfordernisses der Länder in Art. 91b I 2 GG in Betracht, um Blockademöglichkeiten durch einzelne Länder abzubauen und um die Unterscheidung zwischen Förderung an und außerhalb von Hochschulen endgültig aufzugeben.[1449] Ferner entfielen so auch die

1449 So *Seckelmann*, NVwZ 2015, 248 (251), die stattdessen die Festlegung bestimmter Quoren durch die Gemeinsame Wissenschaftskonferenz in ihrer Geschäftsordnung

Abgrenzungsschwierigkeiten sowohl hinsichtlich der Bestimmung der schwerpunktmäßigen Betroffenheit der Hochschulen als auch bei der Einordnung von Hochschulbauten als Forschungsbauten im Rahmen von Art. 91b I 3 GG. Das Einstimmigkeitserfordernis im Hochschulbereich trägt jedoch der föderalen Gleichheit sowie der Neutralität der Förderentscheidungen des Bundes auf ausgewogene Weise Rechnung,[1450] sodass von einer Streichung trotz aller berechtigten Kritik abgesehen werden sollte.

Darüber hinaus ist aus Klarstellungsgründen zu erwägen, die gemeinsame Förderung des allgemeinen Hochschulbaus ausdrücklich als Fördergegenstand in den Tatbestand von Art. 91b I GG aufzunehmen. Ferner empfiehlt sich die Einführung eines Zusatzes in Art. 91b GG, der vergleichbar mit der Regelung in Art. 104b II 5 GG ist („Die Mittel des Bundes werden zusätzlich zu eigenen Mitteln der Länder bereitgestellt."), um sicherzustellen, dass Bundesmittel im Rahmen der Gemeinschaftsaufgabe additiv gewährt werden und nicht lediglich Landesmittel substituieren. Nach einer erneuten Reform könnte Art. 91b GG mithin wie folgt lauten:

(1) „Bund und Länder können aufgrund von Vereinbarungen bei der Förderung von Wissenschaft, Forschung und Lehre einschließlich des Ausbaus und Neubaus von Hochschulen sowie Hochschulkliniken zusammenwirken. Vereinbarungen die im Schwerpunkt Hochschulen betreffen, bedürfen der Zustimmung aller Länder. Dies gilt nicht für Vereinbarungen über Forschungsbauten einschließlich Großgeräten.

(2) […]

(3) Die Kostentragung wird in der Vereinbarung geregelt. Die Mittel des Bundes werden zusätzlich zu eigenen Mitteln der Länder bereitgestellt."

Für die Option der erneuten Reform von Art. 91b GG spricht allgemein, dass die Mitfinanzierungsmöglichkeiten des Bundes im Rahmen der Gemeinschaftsaufgabe einerseits eine flexible Antwort auf unterschiedliche Bedürfnisse, die sich aus der Entwicklung der Gesellschaft und der Wissenschaft ergeben, ermöglichen und andererseits der Hochschul- und Wissenschaftsbereich von zusätzlichen Bundesmitteln profitieren kann. Gegen die erneute Reform von Art. 91b GG spricht jedoch, dass die soeben vorgeschlagenen Wortlautkorrekturen in der

---

vergleichbar mit den Mehrheitsanforderungen in der Geschäftsordnung der Kultusministerkonferenz vorschlägt.

1450 *Löwer*, A-Drs. 18(18)48 i, S. 4; *Wolff*, DÖV 2015, 771 (780); *Glaser*, in: Kahl/Waldhoff/Walter, BK-GG, Art. 91b [Stand: 8/2016] Rn. 69.

Praxis im Ergebnis wohl zu einer erneuten Ausweitung, jedenfalls aber zu einer Perpetuierung der vielfach kritisierten Aufgaben- und Finanzverflechtung im Rahmen der gemeinsamen Forschungsförderung führen würden. Auch wenn Wissenschaft und Forschung von zusätzlichen Bundesmitteln profitieren würden, bestehen gegen die extensive Mischverwaltung und -finanzierung grundsätzlich erhebliche verfassungsrechtliche Bedenken insbesondere im Hinblick auf das Demokratieprinzip in Art. 20 I, II GG. Diese könnten im Übrigen auch nicht durch die teilweise in der Literatur geforderte Einfügung eines Gesetzesvorbehalts in Art. 91b GG,[1451] wie ihn etwa Art. 91a II GG vorsieht, ausräumen lassen, da Art. 91b GG, soweit er exekutive Vereinbarungen zulässt, ohnehin keine Befreiung vom Gesetzesvorbehalt enthält.[1452]

Die Option der erneuten Reform von Art. 91b GG allein erweist sich mithin insgesamt nicht als optimale Lösung für die bundesstaatliche Hochschul- und Wissenschaftsfinanzierung, wenngleich ihre Durchsetzung politisch derzeit nicht unmöglich erscheint. Die Gemeinschaftsaufgabe des Art. 91b GG sollte jedoch nicht dauerhaft als Korrektiv für eine unangemessene bundesstaatliche Finanzverteilung dienen. Die Gemeinschaftsaufgaben sind als Ausnahme vom Konnexitätsgrundsatz in Art. 104a I GG grundsätzlich restriktiv auszulegen und anzuwenden sowie in ihrer Existenz in besonderem Maße rechtfertigungsbedürftig. Solange weniger verfassungsrechtlich bedenkliche Reformoptionen für die bundesstaatliche Hochschul- und Wissenschaftsfinanzierung bestehen, sollten diese zunächst ausgeschöpft werden.

b) Lockerung des Neuverschuldungsverbots in Art. 109 III 1 u. 5 GG für Bildungsinvestitionen

Ohne die bestehende bundesstaatliche Verteilung der Aufgaben- und Finanzierungskompetenzen zu berühren, ist zudem die Normierung einer Ausnahme von dem durch die Föderalismusreform II[1453] im Jahr 2009 eingeführten sog. Neuverschuldungsverbot in Art. 109 III GG für Bildungsinvestitionen denkbar, dessen Verfassungsmäßigkeit im Hinblick auf Art. 109 I GG sowie

1451 *Schmidt-Aßmann*, in: FS Isensee, S. 418; *Mager*, in: v. Münch/Kunig, GG, Art. 91b Rn. 40.

1452 S. dazu auch oben B. IV. 3. b) bb) (1).

1453 Gesetz zur Änderung des Grundgesetzes (Artikel 91c, 91d, 104b, 109, 109a, 115, 143d) v. 29.7.2009, BGBl. I 2009 S. 2248.

das Demokratie- und Bundesstaatsprinzip ohnehin nicht gänzlich unumstritten ist.[1454] Nach Art. 109 III 1 GG sind die Haushalte von Bund und Ländern grundsätzlich ohne Einnahmen aus Krediten auszugleichen. Ausnahmen sieht Art. 109 III 2 GG explizit lediglich für Regelung zur im Auf- und Abschwung symmetrischen Berücksichtigung der Auswirkungen einer von der Normallage abweichenden konjunkturellen Entwicklung sowie für eine Regelung für Naturkatastrophen oder außergewöhnliche Notsituationen, die sich der Kontrolle des Staates entziehen und die staatliche Finanzlage erheblich beeinträchtigen, vor. Für den Bund kommt die Einführung einer Ausnahme von Art. 109 III 1 GG für Bildungsinvestitionen allerdings von vornherein nicht infrage. Zum einen besteht dafür kaum die Notwendigkeit solange die Bildungsfinanzierung hauptsächlich den Ländern obliegt. Zum anderen ist der Bund bereits jetzt an weitreichenden und umfangreichen (Mit-)Finanzierungen im Wissenschaftsbereich beteiligt. Darüber hinaus kann der Bund mittels seiner umfangreichen Steuergesetzgebungskompetenzen in Art. 105 GG großen Einfluss auf seine Einnahmen nehmen.

Die Schaffung einer Ausnahme vom sog. Neuverschuldungsverbot wäre daher nur zugunsten der Länder sinnvoll, um ihren Handlungsspielraum auf der Einnahmenseite zu vergrößern. Da die Länder anders als der Bund über nur wenige Kompetenzen in der Steuergesetzgebung verfügen, können sie ihre Steuereinnahmen auch nur geringfügig beeinflussen. Eine solche Ausnahme könnte sowohl relativ weit als auch nur unter strengen Voraussetzungen, beispielsweise ausschließlich für besonders bedeutsame Bildungsinvestitionen unter Beachtung spezieller Tilgungsvorgaben, geregelt werden. Der so ausgeweitete finanzielle Handlungsspielraum der Länder im gesamten Bildungsbereich würde bei entsprechenden Investitionen allerdings insgesamt eine zunehmende Verschuldung der Länder nach sich ziehen. Daraus könnten künftig wiederum neue

---

1454 Befürwortend *Christ*, NVwZ 2009, 1333 (1338 f.); *Kemmler*, DÖV 2009, 549 (555 f.); *Lenz/Burgbacher*, NJW 2009, 2561 (2565 f.); *Waldhoff/Dieterich*, ZG 24 (2009), 97 (113 ff.); *Kube*, in: Maunz/Dürig, GG, Art. 109 [Stand: 5/2011] Rn. 118 u. 153; *G. Kirchhof*, in: v. Mangoldt/Klein/Starck, GG, Art. 109 Rn. 110 ff.; ablehnend *Schneider*, in: Kommission von Bundestag und Bundesrat zur Modernisierung der bundesstaatlichen Ordnung, Komm.-Drs. 134; *Fassbender*, NVwZ 2009, 737 (740); *Hancke*, DVBl. 2009, 621 (626); einschränkend wiederum *Selmer*, NVwZ 2009, 1255 (1261), der jedenfalls im Rahmen einer nicht hinreichenden Länderfinanzausstattung nichtkreditärer Art von einem Verstoß gegen Art. 79 III GG ausgeht; kritisch ferner *Korioth*, JZ 2009, 729 (732), der von „verfassungspolitische[r] Fragwürdigkeit" spricht.

finanzielle Abhängigkeiten der Länder auch in anderen Bereichen gegenüber dem Bund erwachsen. Allein in der Lockerung des sog. Neuverschuldungsverbots in Art. 109 III 1 u. 5 GG für Bildungsinvestitionen der Länder sollte daher nicht die Lösung für eine aufgabenadäquate bundesstaatliche Hochschul- und Wissenschaftsfinanzierung gesucht werden. Sie kann allenfalls Teil einer solchen sein. Im Übrigen bleibt indes fraglich, inwieweit eine Lockerung des Neuverschuldungsverbots politische Zustimmung finden würde.

2. Grundlegende Reform der Bund-Länder-Finanzbeziehungen

Wie soeben festgestellt, sollte eine erneute Reform von Art. 91b GG *de constitutione ferenda* im Rahmen der bestehenden bundesstaatlichen Kompetenzverteilung nicht die erste Wahl sein. Es ist unter dem Gesichtspunkt der Vorhersehbarkeit und der Rechtsstaatlichkeit ohnehin nicht ratsam, ohne Not ständig die Verfassung zu verändern.[1455] Fraglich ist daher, inwiefern grundlegende Reformen der Bund-Länder-Finanzbeziehungen Abhilfe für die bundesstaatlichen Probleme der Hochschul- und Wissenschaftsfinanzierung schaffen könnten. In Betracht kommen hier mehrere Reformoptionen. Denkbar wäre zunächst die Einführung einer eigenständigen Gemeinschaftsaufgabe Bildung. Alternativ bietet sich allerdings auch eine Streichung von Art. 91b GG als Reformoption an. Ferner kommt eine Streichung der Bundesergänzungszuweisungen nach Art. 107 II 6 Alt. 2 GG in Betracht.

a) Einführung einer eigenständigen Gemeinschaftsaufgabe Bildung

Angesichts der vielfach geforderten Abschaffung des „Kooperationsverbotes" für den gesamten Bildungsbereich[1456] sowie der kürzlich bereits erfolgten Aufweichung desselben durch die Einführung und Ausweitung von Art. 104c GG, wäre grundsätzlich auch die Einführung einer eigenständigen Gemeinschaftsaufgabe Bildung in das Grundgesetz, beispielsweise in Form einer entsprechenden Ergänzung von Art. 91b GG, denkbar. Der Bund könnte sich so umfassend finanziell an den eigentlich den Ländern obliegenden Aufgaben im gesamten Bildungsbereich beteiligen und überdies Einfluss auf das Bildungswesen

---

1455 *Seckelmann*, DÖV 2012, 701 (709), die sich grundsätzlich für eine „Gesamtlösung" unter Einschluss des Politikfelds Bildung ausspricht. Allgemein hinsichtlich der Änderungsfrequenz des Grundgesetzes kritisch auch *Waldhoff*, Das andere Grundgesetz, S. 43 ff.

1456 BT-Drs. 18/2747; BT-Drs. 18/3162; wohl auch *Seckelmann*, NVwZ 2015, 248 (251).

nehmen. Dies entspräche jedoch im Ergebnis einer völligen Entgrenzung der Gemeinschaftsaufgaben als Ausnahmetatbestände in der Verfassung. Die damit einhergehende ausgedehnte Aufgaben- und Finanzverflechtung kann allerdings im Hinblick auf die seit Langem vielfach kritisierten Wirkungen von Bund-Länder-Mischfinanzierungen in Form der Verantwortungsvermischung, Intransparenz, Einflussnahme bzw. Steuerung durch das Medium Geld sowie Ineffizienz insbesondere vor dem Hintergrund des Demokratieprinzips in Art. 20 I, II GG nicht gerechtfertigt werden. Ferner hinge die gemeinsame Bildungsfinanzierung aufgrund der in Art. 91b I GG normierten Freiwilligkeit der Kooperation weiterhin stets vom Konsens aller Beteiligten ab. Die gemeinsame Forschungsförderung in Art. 91b I GG bliebe durch die Einführung einer eigenständigen Gemeinschaftsaufgabe Bildung im Übrigen unberührt, sodass die bereits ausführlich aufgezeigten verfassungsrechtlichen und rechtspolitischen Bedenken gegen diese Regelung bestehen blieben. Die Einführung einer eigenständigen Gemeinschaftsaufgabe Bildung erweist sich mithin insgesamt nicht als empfehlenswerte Reformoption für die bundesstaatliche Hochschul- und Wissenschaftsfinanzierung. Es bleibt jedoch abschließend darauf hinzuweisen, dass eine solche verfassungsrechtliche Kodifizierung in puncto Transparenz und Verantwortungsklarheit dennoch gegenüber etwaigen künftigen parakonstitutionellen Umgehungsversuchen vorzugswürdig wäre.

b) Streichung von Art. 91b GG

Im Rahmen der Reformperspektiven *de constitutione ferenda* kommt zudem die vollständige Streichung von Art. 91b GG in Betracht, um der umfassenden Politik- und Finanzverflechtung im Wissenschaftsbereich Einhalt zu gebieten. Im Fall einer solchen Abschaffung würde sich zunächst die Frage nach der Ausgestaltung der kompetenziellen bundesstaatlichen Aufgaben- und Ausgabenverteilung der bisherigen Gemeinschaftsaufgabe stellen. Eine ausschließliche Länderzuständigkeit auf dem Regelungsgebiet von Art. 91b GG würde ohne jegliche Kompensation zu einer finanziellen Überforderung der Länder führen. Daher wäre auch in Anbetracht der bundesstaatlichen Wissenschaftsfinanzierung in der Staatspraxis eine Verlagerung der Förderung der außeruniversitären wissenschaftlichen Forschung von überregionaler Bedeutung auf den Bund naheliegend, der nach Art. 104a I GG sodann auch für die Finanzierung dieser Aufgabe zuständig wäre. Der Bund wäre im Fall einer solchen Ausgestaltung mithin allein für die Finanzierung der Großforschungseinrichtungen, wie der

Max-Planck-Institute[1457], Fraunhofer-Institute und Helmholtz-Einrichtungen, zuständig. Für die anderen Aufgaben des Art. 91b GG wären im Übrigen die Länder zuständig.[1458]

Bei einer Streichung der Gemeinschaftsaufgabe müssten den Ländern für den Wegfall der Fördermittel des Bundes in jedem Fall entsprechende Finanzmittel als Kompensation zugewiesen werden.[1459] Denn eine entsprechende Erhöhung der Ausgaben insbesondere der Grundfinanzierung der Hochschulen durch die zuständigen Länder wäre trotz frei werdender Mittel aus dem Bereich der außerhochschulischen Förderung der wissenschaftlichen Forschung von überregionaler Bedeutung ohne Verstoß gegen Art. 109 III 1 GG eher unwahrscheinlich bis unmöglich. Eine Kompensation könnte zunächst durch eine Änderung der Umsatzsteuerverteilung gem. Art. 106 III, IV GG in entsprechendem Umfang erfolgen.[1460] Zusätzlich würde sich die Schaffung einer Übergangsregelung in der Verfassung empfehlen, wonach die bisherigen Bundesmittel für die Gemeinschaftsaufgabe beispielsweise als Vorwegabzug vom Bund an die Länder zweckgebunden zugewiesen werden könnten.[1461] Eine solche Übergangsregelung könnte dabei ähnlich der Kompensationsbeträge für den Wegfall der Gemeinschaftsaufgabe Hochschulbau in Art. 143c GG gestaltet werden. Nach Ablauf der festzulegenden Übergangszeit fielen die zweckgebundenen Kompensationsbeträge allerdings weg und den Ländern stünde „nur" noch das erhöhte Umsatzsteueraufkommen zu. Ob die Länder die zusätzlichen Mittel aus dem Umsatzsteueraufkommen sodann tatsächlich in die nunmehr ihnen zufallenden Aufgaben des Art. 91b GG investieren würden, bliebe abzuwarten.

1457 Der Bund schlug bereits in den Verhandlungen zur Verlängerung des sog. Königsteiner Abkommens im Jahr 1954 die Übernahme der vollständigen Finanzierung der Max-Planck-Gesellschaft vor, *Stamm-Kuhlmann*, Zwischen Staat und Selbstverwaltung, S. 258; *Hohn/Schimank*, Konflikte und Gleichgewichte im Forschungssystem, S. 110. Im Jahr 2003 schlug der Bund ferner die vollständige Übernahme der Finanzierung der Deutschen Forschungsgemeinschaft, Max-Planck-Gesellschaft, Helmholtz-Gemeinschaft und Fraunhofer-Gesellschaft vor, *Bundesregierung*, in: Hrbek/Eppler, Deutschland vor der Föderalismus-Reform, S. 34 f.

1458 Ähnlich bereits *F. Kirchhof*, ZG 19 (2004), 219 (222).

1459 *Wendt*, in: Isensee/P. Kirchhof, HdbStR, Bd. IV, 2. Aufl. 1999, § 104 Rn. 94; *Merten*, in: Blanke/Schwanengel, Zustand und Perspektiven des deutschen Bundesstaates, S. 85; *Waldhoff*, KritV 2008, 213 (230).

1460 *Wendt*, in: Isensee/P. Kirchhof, HdbStR, Bd. IV, 2. Aufl. 1999, § 104 Rn. 94; *F. Kirchhof*, ZG 19 (2004), 219 (221).

1461 *F. Kirchhof*, ZG 19 (2004), 219 (221 f.).

Alternativ kämen bei einer Streichung von Art. 91b GG aber auch Finanzhilfen nach Art. 104b GG als kompensatorisches Steuerungselement für den Bund in Betracht.[1462] Dabei erscheint vor dem Hintergrund der vollständigen Streichung der Gemeinschaftsaufgabe von Art. 91b GG grundsätzlich auch eine Lockerung der Tatbestandsvoraussetzungen von Art. 104b GG bzw. die Ermöglichung von Bundesfinanzhilfen für den Hochschul- und Wissenschaftsbereich vertretbar. Zwar würden durch eine solche Reform der Bundesfinanzhilfen auch neue Mischfinanzierungstatbestände geschaffen, allerdings sind gewisse Korrekturmechanismen einer strengen Vollzugskausalität für den praktisch arbeitenden Bundesstaat notwendig.[1463] Sie sind letztlich unvermeidbare Konsequenz der Interdependenz der Frage der Finanzierungskompetenz mit der allgemeinen bundesstaatlichen und finanzverfassungsrechtlichen Zuständigkeitsordnung.[1464]

Eine vollständige Streichung des gerade erst erweiterten Art. 91b GG wird in absehbarer Zukunft jedoch kaum politische Zustimmung finden. Aber selbst wenn der politische Wille zur Abschaffung der Gemeinschaftsaufgabe vorhanden wäre, würden die Fördermittel des Bundes vermutlich wieder *contra constitutionem* wie bereits vor 1969 weiterfließen.[1465] Der Blick in die Geschichte der Hochschul- und Wissenschaftsfinanzierung zeigt, dass Bund und Länder auch jenseits der Verfassung stets Mittel und Wege gefunden haben, zusammenzuwirken. Das Problem der Intransparenz und Unklarheit der Verantwortungszurechnung wäre im Fall solcher parakonstitutionellen Umgehungskonstruktionen um ein Vielfaches größer, als in einer verfassungsrechtlich geregelten Gemeinschaftsaufgabe. Diese Gefahr bestünde vor allem solange die Länder nicht im Wege einer erhöhten Beteiligung am Umsatzsteueraufkommen eine entsprechende Kompensation erhalten, die ihnen eine aufgabenadäquate Hochschul- und Wissenschaftsfinanzierung ermöglicht. Die Bundesfinanzhilfen könnten im Übrigen auch additiv zu einer Änderung der Umsatzsteuerverteilung zwecks Kompensation reformiert werden.[1466]

1462 *Waldhoff*, KritV 2008, 213 (230); bereits zur Vorgängerfassung *Huber*, in: Blanke/Schwanengel, Zustand und Perspektiven des deutschen Bundesstaates, S. 44 ff.; *Schmidt-Jortzig*, ZG 20 (2005), 16 (26 f.).

1463 *Heun*, Der Staat 31 (1992), 205 (210); *Korioth*, ZG 22 (2007), 1 (6); *Waldhoff*, KritV 2008, 213 (230).

1464 *Waldhoff*, KritV 2008, 213 (230).

1465 In diesem Sinne auch *Kesper*, NdsVBl. 2006, 145 (153).

1466 S. zu möglichen Kombinationen von Reformoptionen sogleich unten D. III.

c) Streichung von Art. 107 II 6 Alt. 2 GG

Als weitere Reformoption *de constitutione ferenda* ist die Streichung der Forschungsförderungszuweisungen in Art. 107 II 6 Alt. 2 GG in Betracht zu ziehen, die erst im Juli 2017 neu in das Grundgesetz eingefügt worden sind.[1467] Nach dieser Norm kann der Bund solchen leistungsschwachen Ländern, deren Anteile an den Fördermitteln nach Art. 91b GG ihre Einwohneranteile unterschreiten, Bundesergänzungszuweisungen gewähren. Die einfach-gesetzliche Konkretisierung dieser Zuweisungen findet sich wiederum in § 11 VI FAG 2017. Danach sind Ergänzungszuweisungen für solche leistungsschwachen Länder vorgesehen, die aus den Mitteln der Forschungsförderung nach Art. 91b GG einen Forschungsnettozufluss in Höhe von weniger als 95 % des den Ländern durchschnittlich gewährten Forschungsnettozuflusses erhalten haben. Wann ein Land als leistungsschwach anzusehen ist, bestimmt sich gemäß § 11 VI 4 FAG 2017 entsprechend den allgemeinen Regelungen für Bundesergänzungszuweisungen in § 11 II 2 FAG 2017. Diese leistungsschwachen und forschungsschwachen Länder können sodann pro Einwohnerin bzw. Einwohner Ergänzungszuweisungen in Höhe von 35 % des zu 95 % des durchschnittlich von den Ländern vereinnahmten Forschungsnettozufluss fehlenden Betrages erhalten. Unter Forschungsnettozufluss ist dabei wiederum der Nettozufluss pro Einwohnerin bzw. Einwohner in der von der Gemeinsamen Wissenschaftskonferenz für das dem Ausgleichsjahr sieben Jahre vorausgehende Jahr festgestellten Höhe zu verstehen. Die Forschungsförderungszuweisungen nach Art. 107 II 6 Alt. 2 GG unterliegen indes keiner Zweckbindung, so dass die Länder als Empfänger keineswegs verpflichtet sind, die ergänzenden Zuweisungen des Bundes in den Hochschul- und Wissenschaftsbereich zu investieren. Dadurch reduziert Art. 107 II 6 Alt. 2 GG allerdings letztlich den Anreiz für leistungsschwache Länder sich an den Mischfinanzierungen nach Art. 91b GG überhaupt zu beteiligen, wo die zugewendeten Mittel zwingend in die Wissenschaftsförderung fließen müssen.[1468]

Darüber hinaus ist die Norm des Art. 107 II 6 Alt. 2 GG auch aus verfassungsrechtlicher Sicht problematisch. Die Bundesergänzungszuweisungen nach Art. 107 II 6 Alt. 2 GG erweisen sich nicht nur als rechtspolitisch völlig

---

1467 Durch das Gesetz zur Änderung des Grundgesetzes (Art. 90, 91c, 104b, 104c, 107, 108, 109a, 114, 125c, 143d, 143e, 143f, 143g) v. 13.7.2017, BGBl. 2017 I S. 2347.

1468 *Heun/Thiele*, in: Dreier, GG, Art. 107 Rn. 49; *Seiler*, in: Maunz/Dürig, GG, Art. 107 [Stand: 8/2018] Rn. 137; *Siekmann*, in: Sachs, GG, Art. 107 Rn. 79, der allgemein auf die Gefahr von „(neuen) Ineffizienzen beim Einsatz öffentlicher Mittel“ hinweist.

verfehlt,[1469] sie verknüpfen auch zwei völlig unabhängige Sachverhalte miteinander. Art. 91b GG enthält keinerlei Bezug zu den Einwohnerinnen und Einwohnern des jeweiligen Landes und steht zudem nicht mit der allgemeinen Finanzierungssituation des betreffenden Landes in Zusammenhang. Ferner liegt die Intention der Gemeinschaftsaufgaben in der Mitwirkung des Bundes an Länderaufgaben mithilfe zweckgebundener Zuweisungen. Die Bundesergänzungszuweisungen dienen hingegen als Teil des Finanzausgleichs der allgemeinen, bedarfsunabhängigen Angleichung der unterschiedlichen Finanzkraft der Länder. Durch die Regelung des Art. 107 II 6 Alt. 2 GG wird im Rahmen der Finanzausgleichsberechnungen nunmehr systemwidrig ein einwohnerbezogener Finanzierungsbedarf für Forschungseinrichtungen der Länder unterstellt.[1470] Es handelt sich damit um eine fragwürdige Koppelung von zweckgebundener Förderung auf der einen und zweckungebundenen Bundesergänzungszuweisungen auf der anderen Seite.[1471] Vor dem Hintergrund der bundesstaatlich gebotenen Gleichbehandlung aller Länder ist darüber hinaus problematisch, dass auch leistungsstarke Länder unter Umständen unterdurchschnittliche Fördermittel nach Art. 91b GG erhalten können, ihnen jedoch keine Bundesergänzungszuweisungen nach Art. 107 II 6 Alt. 2 GG gewährt werden können.[1472] Das bundesstaatliche Finanzausgleichssystem muss zwar eine Finanzausstattung der Länder sicherstellen, die es ihnen ermöglicht, ihre verfassungsmäßig zugewiesenen Aufgaben selbstständig wahrnehmen zu können; Bundesergänzungszuweisungen als Teil des sekundären vertikalen Finanzausgleichs sind jedoch grundsätzlich systemfremd sowie subsidiär und sollten daher nur als *ultima ratio* herangezogen werden.[1473] Die Kompensation der unterdurchschnittlichen Fördermittel

---

1469 Für *Henneke*, DVBl. 2017, 214 (217 f.), sind die Bundesergänzungszuweisungen nach Art. 107 II 6 Alt. 2 GG „rechtspolitisch schlicht ein Skandal".

1470 *Scheller*, in: *EZFF*, Jahrbuch des Föderalismus 2017, S. 245; *Heun/Thiele*, in: Dreier, GG, Art. 107 Rn. 49; *Siekmann*, in: Sachs, GG, Art. 107 Rn. 79; ferner *Risse/Hoppe*, in: EZFF, Jahrbuch des Föderalismus 2017, S. 48, die von einer Einführung der Einwohnerzahl eines Landes als Kriterium für die Förderung nach Art. 91b GG „über die Hintertür" sprechen.

1471 *Segmiller*, Sekundärer Finanzausgleich in Deutschland und der Schweiz, S. 153; ähnlich auch *Korioth*, in: Junkernheinrich et al., Verhandlungen zum Finanzausgleich: Jahrbuch für öffentliche Finanzen 1–2016, S. 128.

1472 *Heun/Thiele*, in: Dreier, GG, Art. 107 Rn. 49; ähnlich *Siekmann*, in: Sachs, GG, Art. 107 Rn. 79, der kritisiert, dass das Prinzip der föderalen Gleichbehandlung durch Zuweisungen nach Art. 107 II 6 Alt. 2 GG „(weiter) relativiert" werde.

1473 BVerfGE 101, 158 (225); 116, 327 (377).

nach Art. 91b GG durch Bundesergänzungszuweisungen konterkariert zudem die Zielsetzung der aufgabenbezogenen Mischfinanzierung.[1474] Im Ergebnis sollte auf die Regelung des Art. 107 II 6 Alt. 2 GG besser verzichtet werden. Vorzugswürdig wäre eine Erhöhung des Ausgleichsniveaus nach Art. 107 II 1–4 GG oder notfalls auch desjenigen der allgemeinen Ergänzungszuweisungen nach Art. 107 II 5 GG auf einfach-gesetzlicher Ebene.[1475] Überdies wäre eine Überprüfung bzw. Reform der bundesstaatlichen Forschungsförderung nach Art. 91b GG sinnvoller, um die Existenz forschungsschwacher Länder von vornherein zu vermeiden.[1476]

3. Zusammenfassung und Bewertung

Die zunächst im Rahmen der bestehenden bundesstaatlichen Kompetenzverteilung mögliche erneute Reform von Art. 91b GG mit gesetzestechnischen Korrekturen am Wortlaut der Norm erweist sich im Ergebnis nicht als optimale Lösung für die bundesstaatliche Hochschul- und Wissenschaftsfinanzierung in der Bundesrepublik Deutschland. Die möglichen und sinnvollen Korrekturen des Wortlauts von Art. 91b GG könnten schließlich nichts an den bereits seit Langem vielfach kritisierten Wirkungen der Aufgaben- und Finanzverflechtungen auf dem Gebiet der gemeinsamen Forschungsförderung ändern. Vielmehr würde eine solche Reform die Gemeinschaftsaufgabe weiter beibehalten und in der Praxis wohl eher zu einer Ausweitung, jedenfalls aber zu einer Perpetuierung der extensiven bundesstaatlichen Mischverwaltung und -finanzierung im Wissenschaftsbereich führen. Die Gemeinschaftsaufgabe des Art. 91b GG sollte jedoch nicht dauerhaft als Korrektiv für eine unangemessene bundesstaatliche Finanzverteilung dienen. Es empfiehlt sich daher lediglich die Einfügung eines Zusatzes in der Norm vergleichbar mit der Regelung in Art. 104b II 5 GG, um sicherzustellen, dass die Bundesmittel im Rahmen der Gemeinschaftsaufgabe additiv gewährt werden und nicht lediglich Landesmittel substituieren. Auch die Einführung einer verfassungsrechtlichen Ausnahme vom sog. Neuverschuldungsverbot in Art. 109 III GG für Bildungsinvestitionen der Länder würde zwar den Handlungsspielraum der Länder im Bereich der gesamten Bildungsfinanzierung maßgeblich erweitern, kann im Ergebnis jedoch nicht die Lösung für eine

---

1474 *Henneke*, DVBl. 2017, 214 (218); *Scheller*, in: *EZFF*, Jahrbuch des Föderalismus 2017, S. 245.

1475 *Heun/Thiele*, in: Dreier, GG, Art. 107 Rn. 49.

1476 *Segmiller*, Sekundärer Finanzausgleich in Deutschland und der Schweiz, S. 153; *Seiler*, in: Maunz/Dürig, GG, Art. 107 [Stand: 8/2018] Rn. 137.

aufgabenadäquate bundesstaatliche Hochschul- und Wissenschaftsfinanzierung, sondern allenfalls Teil einer solchen sein. Zum einen löst eine solche Ausnahme nicht das Problem der Altschuldenlast der Länder, zum anderen würde die Verschuldung der Länder im Rahmen dieser Reformoption durch entsprechende Bildungsinvestitionen insgesamt weiter zunehmen, was künftig wiederum neue finanzielle Abhängigkeiten auch in anderen Bereichen gegenüber dem Bund schaffen könnte, die es gerade zu vermeiden gilt. Überdies ist eine politische Zustimmung zu dieser möglichen Verfassungsreform derzeit nicht ersichtlich.

Der Einführung einer eigenständigen Gemeinschaftsaufgabe Bildung stehen angesichts der damit einhergehenden umfassenden Ausweitung der Mischverwaltung und -finanzierung ebenfalls erhebliche verfassungsrechtliche Bedenken im Hinblick auf das Demokratieprinzip in Art. 20 I, II GG gegenüber. Eine solch immense Ausweitung der Gemeinschaftsaufgaben ginge zulasten des Föderalismus und der Parlamente und ist auch in Anbetracht ihres Ausnahmecharakters in der Verfassung nicht zu rechtfertigen. In Betracht zu ziehen ist vielmehr die vollständige Streichung der Gemeinschaftsaufgabe in Art. 91b GG und die Verlagerung der Förderung der außeruniversitären wissenschaftlichen Forschung von überregionaler Bedeutung auf den Bund. Für den Wegfall der übrigen Fördermittel des Bundes müssten den Ländern allerdings Kompensationsmittel zur Verfügung gestellt werden. Denkbar wäre hier sowohl eine Änderung der Umsatzsteuerverteilung gem. Art. 106 III u. IV GG in entsprechendem Umfang verbunden mit einer Übergangsregelung in der Verfassung ähnlich Art. 143c GG als auch Finanzhilfen des Bundes nach Art. 104b GG. Eine vollständige Streichung des gerade erst erweiterten Art. 91b GG wird in absehbarer Zukunft jedoch kaum politische Zustimmung finden. Im Übrigen steht zu befürchten, dass der Bund, solange die Länder nicht im Wege einer erhöhten Beteiligung am Umsatzsteueraufkommen eine entsprechende Kompensation erhalten, die ihnen eine aufgabenadäquate Hochschul- und Wissenschaftsfinanzierung ermöglicht, seine Fördermittel vermutlich wieder *contra constitutionem* wie bereits vor 1969 fließen lassen würde. Zuletzt empfiehlt sich die vollständige Abschaffung der Forschungsförderungszuweisungen in Art. 107 II 6 Alt. 2 GG, da die so erfolgende Kompensation der unterdurchschnittlichen Fördermittel nach Art. 91b GG die Zielsetzung der aufgabenbezogenen Mischfinanzierung konterkariert und den Ländern letztlich den Anreiz nimmt, sich an den Mischfinanzierungen im Rahmen von Art. 91b GG überhaupt zu beteiligen. Grundsätzlich sollten Bundesergänzungszuweisungen nur als *ultima ratio* herangezogen werden.

III. Kombination verschiedener Reformoptionen

Die soeben vorgeschlagenen Reformoptionen *de constitutione lata et ferenda* der bundesstaatlichen Wissenschaftsfinanzierung schließen sich einander nicht alle zwingend aus, sondern lassen sich vielmehr auch sinnvoll kombinieren und wechselseitig ergänzen. Gegen einige aufgezeigte Reformoptionen bestehen jedoch bereits bei singulärer Betrachtung, wie soeben ausgeführt, rechtspolitische und/oder verfassungsrechtliche Bedenken, sodass auch Kombinationen dieser Lösungsansätze für eine aufgabenadäquate Reform der bundesstaatlichen Wissenschaftsfinanzierung wenig sinnvoll erscheinen. Als mögliche und ratsame Kombination empfiehlt sich hingegen eine Änderung der Umsatzsteuerverteilung nach Art. 106 III 4, IV GG verbunden mit einer vollständigen Streichung von Art. 91b GG und Art. 107 II 6 Alt. 2 GG. Im Fall einer Streichung von Art. 91b GG böte sich zudem die Verlagerung der Förderung der außeruniversitären wissenschaftlichen Forschung von überregionaler Bedeutung auf den Bund an, der sodann nach Art. 104a I GG allein für die Finanzierung der außeruniversitären Großforschungseinrichtungen zuständig wäre, an deren Finanzierung er im Übrigen bereits jetzt umfassend beteiligt ist. Darüber hinaus könnte ergänzend auch eine Lockerung des Neuverschuldungsverbots in Art. 109 III 1 GG für Bildungsinvestitionen der Länder in Betracht gezogen werden. Die politische Umsetzung dieser kombinierten Reformoptionen ist bei realistischer Betrachtung jedoch alsbald nicht zu erwarten, sodass mit dem Fortbestand der Gemeinschaftsaufgabe in Art. 91b GG weiterhin zu leben sein wird.

Die Gemeinschaftsaufgabe in Art. 91b GG sollte insoweit jedoch wenigstens *de constitutione ferenda* um einen Zusatz ähnlich der Regelung in Art. 104b II 5 GG ergänzt werden, um sicherzustellen, dass die Bundesmittel im Rahmen der Gemeinschaftsaufgabe additiv gewährt werden und nicht lediglich Landesmittel substituieren. Aus der Sicht der Staatspraxis empfiehlt sich auf der Grundlage von Art. 91b GG im Übrigen die finanzielle Beteiligung des Bundes am allgemeinen Hochschulbau angesichts des hohen Sanierungsbedarfs der Hochschulen. Ferner sollte der Bund im Hochschulbereich seine Finanzierungsanteile insbesondere im Rahmen der Finanzierung von Forschungsbauten, Großgeräten und Nationalem Hochleistungsrechnen sowie des Zukunftsvertrages steigern. Darüber hinaus böte sich zusätzlich eine dauerhafte bundesfinanzierte Dynamisierung der Fördermittel für die Hochschulen entsprechend dem Pakt für Forschung und Innovation an. Der Bund könnte ferner einen höheren Anteil an der Finanzierung der Deutschen Forschungsgemeinschaft in Betracht ziehen, um die Hochschulen dauerhaft indirekt zu fördern und die Länderhaushalte weiter zu entlasten. Die Länder sollten ihrerseits die Hochschulfinanzierung entsprechend ihrer Bedeutung in ihrer Ausgabenpolitik priorisieren und auch die Einführung nachgelagerter Studiengebühren als zusätzliche Einnahmequelle in Betracht ziehen.

E. Fazit und Ausblick

Die Gemeinschaftsaufgabe des Art. 91b I GG dient dem Bund seit seiner jüngsten Reform im Jahr 2014 mehr denn je als verfassungsrechtliche Pforte für den Einstieg in die grundsätzlich gem. Art. 30, 104a I GG den Ländern obliegende Hochschul- und Wissenschaftsfinanzierung. Die Verfassungsnorm ist für den Bund als Finanzierungskompetenz auf diesem Gebiet von überragender Bedeutung. So kommt es in der Staatspraxis auf der Grundlage von Art. 91b I GG auf Kosten des Föderalismus und der Parlamente zu einer umfassenden Translokation der länderseitigen Finanzierungsverantwortung im Hochschul- und Wissenschaftsbereich hin zum Bund. Hintergrund dieser Entwicklung ist die bundesstaatliche Verteilung der Kompetenzen im Hochschul- und Wissenschaftsbereich. Während der Bund auf diesem Gebiet kaum Kompetenzen besitzt, gleichzeitig aber über vergleichsweise große finanzielle Möglichkeiten verfügt, sind die Länder zwar weitgehend zuständig, verfügen jedoch nur über verhältnismäßig wenige Finanzmittel. Diese paradoxe Konstellation des deutschen Wissenschaftsföderalismus bot bereits in der Vergangenheit den optimalen Nährboden für zahlreiche verfassungsrechtlich bedenkliche Politik- und Finanzverflechtungen in der Praxis. Die Reform von Art. 91b I GG im Jahr 2014 hat an diesem Umstand im Grundsatz nichts geändert. Vielmehr wurde die Gemeinschaftsaufgabe Forschungsförderung mit ihrer jüngsten Reform derart ausgeweitet, dass nunmehr nahezu uferlose Bund-Länder-Mischfinanzierungen im Hochschul- und Wissenschaftsbereich möglich sind. Die Reform erweist sich dabei letztlich als Anpassung der Verfassung an die Finanzierungsrealität der Staatspraxis, denn bereits vor der Reform im Jahr 2014 wirkte der Bund umfassend auf der Grundlage von Art. 91b I 1 Nr. 2 GG (i.d.F. v. 2006) an der Hochschulfinanzierung mit und reizte dabei die tatbestandlichen Grenzen der Verfassungsnorm nicht nur mehrfach aus, sondern überschritt diese teils sogar. Vor dem Hintergrund des Ausnahmecharakters der Gemeinschaftsaufgaben in der Verfassung sowie des Demokratieprinzips in Art. 20 I, II GG ist die 2014 erfolgte Extension von Art. 91b I GG verfassungsrechtlich fragwürdig und kaum zu rechtfertigen. Weder die Bedeutung der Hochschulen für die Wissenschafts- und Forschungslandschaft Deutschlands, die gesamtstaatliche Bedeutung von Wissenschaft und Forschung allgemein noch die Internationalisierung und Europäisierung in der Wissenschaft erzwingen eine derart ausgedehnte Mischfinanzierung. Auch das Postulat „einheitlicher“ oder „gleichwertiger Lebensverhältnisse im Bundesgebiet“ sowie die negativen Spill-over-Effekte von Wissenschaftsinvestitionen können im Ergebnis die Extension von Art. 91b I GG nicht überzeugend begründen. Ob die gemeinsame Aufgabenwahrnehmung im Bereich der Forschungsförderung gegenüber der autonomen Aufgabenwahrnehmung durch die Länder abseits des lastenverschiebenden Effekts tatsächlich zwingend effizienter ist, erscheint überdies zweifelhaft. Insgesamt erscheinen im Hinblick auf die der Mischfinanzierung anhaftende Verantwortungsvermischung, Intransparenz, Ineffizienz sowie Einflussnahme des Bundes auf originäre Länderaufgaben andere weniger verfassungspolitisch und -rechtlich bedenkliche Reformoptionen der bundesstaatlichen Hochschul- und Wissenschaftsfinanzierung vorzugswürdig. Vor allem die Finanzausstattung der Länder sollte im Wege einer Änderung der Umsatzsteuerverteilung nach Art. 106 III 4, IV GG aufgabenadäquat angepasst werden, um die Länder aus der finanziellen Abhängigkeit des Bundes und seinem „goldenen Zügel" dauerhaft zu befreien. Das bereits seit Jahrzehnten betriebene System des „Macht-Mittel-Kalküls"[1477] sollte durchbrochen werden, in dessen Zentrum Art. 91b I GG als Plattform für den Austausch von Einfluss und Finanzmittel steht. Nur auf der Grundlage einer aufgabenadäquaten Finanzausstattung der Länder kann eine Gemeinschaftsaufgabe wie Art. 91b I GG überhaupt sinnvoll genutzt werden, um bestimmte Aufgaben in gemeinsamer bundesstaatlicher Verantwortung zu priorisieren. Solange mit dem Fortbestand dieser Verfassungsnorm zu leben ist, sollte von seinen neuen Möglichkeiten in der Staatspraxis jedenfalls sinnvoll Gebrauch gemacht werden, um den aktuellen Herausforderungen des deutschen Hochschul- und Wissenschaftssystems zu begegnen.

Die Analyse der Staatspraxis der gemeinsamen Wissenschaftsfinanzierung vor und nach der Reform von Art. 91b I GG hat jedoch erhebliche rechtsstaatliche und demokratische Defizite offenbart. Die von Bund und Ländern präferierte Kooperation auf der Grundlage gemeinsamer Verwaltungsvereinbarungen wirkt hier als Mittel der Machtverlagerung von den Parlamenten auf die Exekutiven, da die Parlamente lediglich im Rahmen der Haushaltsbewilligung beteiligt werden und dabei zugleich von den Exekutivvereinbarungen faktisch präjudiziert sind. Zukünftig sollte daher den rechtstaatlichen und demokratischen Anforderungen des Grundsatzes des Vorbehalts des Gesetzes Genüge getan und eine hinreichende parlamentarische Beteiligung gewährleistet werden. Der Blick auf die Staatspraxis hat ferner gezeigt, dass trotz umfassender Anwendung des neuen Art. 91b I GG die Ziele des verfassungsändernden Gesetzgebers von 2014 bislang nicht zufriedenstellend erreicht wurden. Die Grundfinanzierung der

1477 *Speiser*, Der deutsche Wissenschaftsföderalismus auf dem Prüfstand, S. 162.

Hochschulen wird durch den Zukunftsvertrag ab 2021 zwar insgesamt dauerhaft gestärkt werden, das tatsächliche Ausmaß des jeweiligen Mittelzuwachses der einzelnen Hochschulen steht dabei jedoch keinesfalls fest. Ferner fehlt es im Rahmen der gemeinsamen Grundfinanzierung der Hochschulen an der erforderlichen Dynamisierung der Fördermittel. Im Übrigen wurde auch die Planungssicherheit der Hochschulen auf der Grundlage des neuen Art. 91b I GG bislang nur bedingt und allein im Kontext des Zukunftsvertrages gestärkt. Eine mögliche gemeinsame Förderung des allgemeinen Hochschulbaus ist bislang nicht vorgesehen. Insgesamt erweist sich die bundesstaatliche Hochschul- und Wissenschaftsfinanzierung weiterhin als reformbedürftig.

Mit Blick auf die zukünftige Gestaltung der bundesstaatlichen Hochschul- und Wissenschaftsfinanzierung ist zunächst zu konstatieren, dass die Norm des Art. 91b I GG von erheblicher finanzwirtschaftlicher Bedeutung im deutschen Bundesstaat ist. Die für die Hochschul- und Wissenschaftsfinanzierung grundsätzlich zuständigen Länder sind aufgrund knapper eigener Finanzmittel regelmäßig auf die Zuwendungen des Bundes im Rahmen der Gemeinschaftsaufgabe angewiesen. Da eine maßgebliche Stärkung der Finanzausstattung der Länder etwa im Wege einer Neuregelung der Umsatzsteuerverteilung politisch alsbald nicht zu erwarten ist und seit 2020 das sog. Neuverschuldungsverbot in Art. 109 III GG für die Länder gilt, werden die Länder voraussichtlich auch zukünftig auf die Finanzmittel des Bundes angewiesen sein, um die Förderung von Wissenschaft und Forschung ausreichend sicherzustellen. Dennoch sieht Art. 91b I GG auch nach der Reform im Jahr 2014 lediglich ein fakultatives Zusammenwirken von Bund und Ländern vor. Der Bund unterliegt mithin keiner Beteiligungs*pflicht* hinsichtlich der Länderaufgabe der Hochschulfinanzierung. Im Übrigen sind auch die auf unbestimmte Zeit geschlossenen Vereinbarungen auf der Grundlage des neuen Art. 91b I GG kündbar. Im Bereich der Förderung der außeruniversitären Wissenschaftseinrichtungen ist indes wohl von einer faktischen Bindungspflicht des Bundes angesichts der vorangegangenen Förderung auszugehen, wenngleich ein Verfassungsanspruch auf eine Finanzierung durch den Bund nicht besteht. Auch der reformierte Art. 91b I GG wird zukünftig weiterhin als Austauschplattform für Einfluss und Finanzmittel fungieren und in erster Linie der Translokation von Finanzierungsverantwortung von den Ländern zum Bund hin dienen. Der Bund möchte weiterhin Einfluss auf den Hochschul- und Wissenschaftsbereich nehmen, da so vermeintlich politische Erfolge erzielt werden können. Darüber hinaus veranschaulichen die Einfügung von Art. 104c GG im Jahr 2017 und dessen Ausweitung im Jahr 2019 deutlich die derzeitige bedenkliche Tendenz zur Ausweitung der Kompetenzen des Bundes und seiner Einflussmöglichkeiten auf weitere originäre Länderaufgaben im

Bildungsbereich. Die Länder dürften über diese Entwicklung als eigenständige Gebietskörperschaften indes nicht sonderlich erfreut sein. Dennoch werden sie sich angesichts ihrer finanziellen Abhängigkeit vom finanzstarken Bund voraussichtlich weiterhin und sogar zunehmend am „goldenen Zügel" des Bundes im Bildungsbereich führen lassen (müssen). Darüber hinaus ist ein Abweichen der Praxis des Zusammenwirkens auf der Grundlage von Verwaltungsvereinbarungen nicht zu erwarten, sodass die Parlamente weiterhin vielfach die „Verlierer" der Kooperation von Bund und Ländern im Hochschul- und Wissenschaftsbereich sein werden.

Anhang: Synopse von Art. 91b GG

Wortlaut seit dem 1.1.2015:

(1) [1] Bund und Länder können auf Grund von Vereinbarungen in Fällen überregionaler Bedeutung bei der Förderung von Wissenschaft, Forschung und Lehre zusammenwirken. [2] Vereinbarungen, die im Schwerpunkt Hochschulen betreffen, bedürfen der Zustimmung aller Länder. [3] Dies gilt nicht für Vereinbarungen über Forschungsbauten einschließlich Großgeräten.
(2) Bund und Länder können auf Grund von Vereinbarungen zur Feststellung der Leistungsfähigkeit des Bildungswesens im internationalen Vergleich und bei diesbezüglichen Berichten und Empfehlungen zusammenwirken.
(3) Die Kostentragung wird in der Vereinbarung geregelt.

Wortlaut vom 1. September 2006 bis zum 1.1.2015:

(1) [1] Bund und Länder können auf Grund von Vereinbarungen in Fällen überregionaler Bedeutung zusammenwirken bei der Förderung von:
1. Einrichtungen und Vorhaben der wissenschaftlichen Forschung außerhalb von Hochschulen;
2. Vorhaben der Wissenschaft und Forschung an Hochschulen;
3. Forschungsbauten an Hochschulen einschließlich Großgeräten.

[2] Vereinbarungen nach Satz 1 Nr. 2 bedürfen der Zustimmung aller Länder.
(2) Bund und Länder können auf Grund von Vereinbarungen zur Feststellung der Leistungsfähigkeit des Bildungswesens im internationalen Vergleich und bei diesbezüglichen Berichten und Empfehlungen zusammenwirken.
(3) Die Kostentragung wird in der Vereinbarung geregelt.

Wortlaut vom 1. Januar bis zum 1. September 2000:

[1] Bund und Länder können auf Grund von Vereinbarungen bei der Bildungsplanung und bei der Förderung von Einrichtungen und Vorhaben der wissenschaftlichen Forschung von überregionaler Bedeutung zusammenwirken. [2] Die Aufteilung der Kosten wird in der Vereinbarung geregelt.

Literaturverzeichnis

Ackermann, Marie, Verwaltungshilfe zwischen Werkzeugtheorie und funktionaler Privatisierung, Berlin 2016.

Anschütz, Gerhard, Reichsaufsicht und Reichsexekution, in: *Anschütz, Gerhard / Thoma, Richard (Hrsg.)*, Handbuch des Deutschen Staatsrechts, Band 1, Tübingen 1930, S. 363–380 (zitiert: HdbDStR).

Arnim, Hans H. von, Finanzzuständigkeit, in: *Isensee, Josef / Kirchhof, Paul (Hrsg.)*, Handbuch des Staatsrechts der Bundesrepublik Deutschland, Band VI: Bundesstaat, 3. Auflage, Heidelberg 2008, § 138 S. 837–874 (zitiert: HdbStR).

Arnold, Natalie, Die Bedeutung der Wissenschaftsfreiheit für die Fraunhofer-Gesellschaft – Grundrechtliche Einordnung und Anforderungen an Organisation und Finanzierung, Baden-Baden 2007.

Bachof, Otto, Über öffentliches Recht, in: Verwaltungsrecht zwischen Freiheit, Teilhabe und Bindung: Festgabe aus Anlaß des 25jährigen Bestehens des Bundesverwaltungsgerichts, München 1978, S. 1–22 (zitiert: FG 25 Jahre BVerwG).

Baedeker, Hans J., Die Organisationsgewalt im Bund und der Vorbehalt des Gesetzes – Eine Untersuchung zur Stellung der Organisationsgewalt im System der Staatsgewalten, Köln 1969.

Barbarino, Otto, Zur Revision des Grundgesetzes: Planerische und finanzielle Aspekte des Bund-Länder-Verhältnisses unter besonderer Berücksichtigung der Gemeinschaftsaufgaben, DÖV 1973, S. 19–23.

Bartz, Olaf, Der Wissenschaftsrat – Entwicklungslinien der Wissenschaftspolitik in der Bundesrepublik Deutschland 1957–2007, Stuttgart 2007.

Bartz, Olaf, Die Föderalismusreform von 2006 in zeithistorischer Perspektive, in: *Seckelmann, Margrit / Lange, Stefan / Horstmann, Thomas (Hrsg.)*, Die Gemeinschaftsaufgaben von Bund und Ländern in der Wissenschafts- und Bildungspolitik: Analysen und Erfahrungen, Baden-Baden 2010, S. 91–106.

Bartz, Olaf, Wissenschaftsrat und Hochschulplanung – Leitbildwandel und Planungsprozesse in der Bundesrepublik Deutschland zwischen 1957 und 1975, Stuttgart 2007 (zitiert: Wissenschaftsrat und Hochschulplanung).

Battis, Ulrich / Eder, Niklas, Der Krebsgang der Föderalismusreform, NVwZ 2019, S. 592–598.

Battis, Ulrich / Grigoleit, Klaus J., Die Statusgesetzgebung des Bundes – Dienstrechtliche Gesetzgebungskompetenz und Gesetzgebungspflicht des Bundes nach der Föderalismusreform –, ZBR 2008, S. 1–9.

Benz, Arthur, Föderalismusreform in der „Entflechtungsfalle", in: *Europäisches Zentrum für Föderalismus-Forschung Tübingen (EZFF) (Hrsg.)*, Jahrbuch des Föderalismus 2007 – Föderalismus, Subsidiarität und Regionen in Europa, Bd. 8, S. 180–190 (zitiert: EZFF, Jahrbuch des Föderalismus 2007).

Benz, Winfried, Der Wissenschaftsrat, in: *Flämig, Christian / Kimminich, Otto / Krüger, Hartmut / Meusel, Ernst-Joachim / Rupp, Hans-Heinrich / Scheven, Dieter / Schuster, Hermann J. / Stenbock-Fermor, Friedrich Graf (Hrsg.)*, Handbuch des Wissenschaftsrechts, Bd. 2, 2. Aufl., Berlin u.a. 1996, Kap. 69 S. 1667–1687 (zitiert: Flämig et al., Handbuch des Wissenschaftsrechts).

Bethge, Herbert, Der Grundrechtseingriff, VVDStRL 57 (1998), S. 7–56.

Bettermann, Karl A., Vom Rechtsschutz und Rechtsweg des Bürgers gegen Rundfunk-Rufmord – Bemerkungen zu BGHZ 66, 182 = NJW 1976, 1198, NJW 1977, S. 513–519.

Bleckmann, Albert, Der Gesetzesbegriff des Grundgesetzes – Zur Funktion des Haushaltsplans im Subventionsrecht, DVBl. 2004, S. 333–342.

Böckenförde, Ernst-Wolfgang, Die Organisationsgewalt im Bereich der Regierung – Eine Untersuchung zum Staatsrecht der Bundesrepublik Deutschland, 2. Aufl., Berlin 1998.

Böckenförde, Ernst-Wolfgang, Gesetz und gesetzgebende Gewalt – Von den Anfängen der deutschen Staatsrechtslehre bis zur Höhe des staatsrechtlichen Positivismus, 2. Aufl., Berlin 1981.

Böckenförde, Ernst-Wolfgang / Grawert, Rolf, Sonderverordnungen zur Reglung besonderer Gewaltverhältnisse, AöR 95 (1970), S. 1–37.

Bode, Christian, Möglichkeiten und Grenzen einer Gesetzgebung des Bundes zur Förderung der wissenschaftlichen Forschung, WissR 5 (1972), S. 222–238.

Borell, Rolf, Mischfinanzierungen: Darstellung, Kritik, Reformüberlegungen, Wiesbaden 1981 (zitiert: Mischfinanzierungen).

Brill, Ariane, Von der „Blauen Liste" zur gesamtdeutschen Wissenschaftsorganisation. Die Geschichte der Leibniz-Gemeinschaft, Leipzig 2017.

Brockmeyer, Hans B., Ungeschriebene Finanzierungszuständigkeiten des Bundes, in: *Kirchhof, Paul / Offerhaus, Klaus / Schöberle, Horst* (Hrsg.), Steuerrecht, Verfassungsrecht, Finanzpolitik: Festschrift für Franz Klein, Köln 1994, S. 633–650 (zitiert: FS Klein).

Brünneck, Alexander von, Die Freiheit der Wissenschaft und Forschung, JA 1989, S. 165–171.

Bullinger, Martin, Die Zuständigkeit der Länder zur Gesetzgebung I., DÖV 1970, S. 761–777.

Bundesregierung, „Modernisierung der bundesstaatlichen Ordnung. Position des Bundes“ (09.04.2003), in: *Hrbek, Rudolf / Eppler, Annegret (Hrsg.)*, Deutschland vor der Föderalismus-Reform – Eine Dokumentation, Tübingen 2003, S. 32–35.

Burgi, Martin, Der Beliehene – ein Klassiker im modernen Verwaltungsrecht, in: *Geis, Max-Emanuel (Hrsg.)*, Staat, Kirche, Verwaltung – Festschrift für Hartmut Maurer zum 70. Geburtstag, München 2001, S. 581–594 (zitiert: FS Maurer).

Burgi, Martin, Verwaltungsorganisationsrecht, in: *Ehlers, Dirk / Pünder, Hermann (Hrsg.)*, Allgemeines Verwaltungsrecht, 15. Aufl., Berlin u.a. 2016, S. 255–324.

Burmeister, Günter C., Herkunft, Inhalt und Stellung des institutionellen Gesetzesvorbehalts – Zugleich ein Beitrag zur Dogmatik des Verwaltungsorganisationsrechts, Berlin 1991.

Buscher, Daniel, Der Bundesstaat in Zeiten der Finanzkrise – Ein Beitrag zur Reform der deutschen Finanz- und Haushaltsordnung (Föderalismusreform), Berlin 2010.

Carl, Dieter, Kompetenz und Pflicht des Bundes zur Unterstützung strukturschwacher Regionen – Eine Untersuchung am Beispiel der Stahlregionen, AöR 114 (1989), S. 450–491.

Christ, Josef, Neue Schuldenregel für den Gesamtstaat: Instrument zur mittelfristigen Konsolidierung der Staatsfinanzen, NVwZ 2009, S. 1333–1339.

Classen, Claus D., Wissenschaftsfreiheit außerhalb der Hochschule – Zur Bedeutung von Artikel 5 Absatz 3 Grundgesetz für außeruniversitäre Forschung und Forschungsförderung, Tübingen 1994.

Coelln, Christian von, Universitäten im Wettbewerb, DVBl. 2009, S. 1090–1098.

Collin, Peter, Entwicklungslinien verfassungsrechtlicher Konturierung und verfassungsdogmatischer Problematisierung der Gemeinschaftsaufgaben im Bildungs- und Forschungsbereich, in: *Seckelmann, Margrit / Lange, Stefan / Horstmann, Thomas (Hrsg.)*, Die Gemeinschaftsaufgaben von Bund und Ländern in der Wissenschafts- und Bildungspolitik: Analysen und Erfahrungen, Baden-Baden 2010, S. 37–64.

Dahrendorf, Ralf, Bildung ist Bürgerrecht: Plädoyer für eine aktive Bildungspolitik, Bramsche/Osnabrück 1965.

Däubler, Wolfgang, Die Einheitlichkeit als Verfassungsgebot, in: *Däubler-Gmelin, Herta / Kinkel, Klaus / Meyer, Hans / Simon, Helmut (Hrsg.)*, Gegenrede: Aufklärung – Kritik – Öffentlichkeit, Festschrift für Ernst Gottfried Mahrenholz, Baden-Baden 1994, S. 455–471 (zitiert: FS Mahrenholz).

Degenhart, Christoph, Staatsrecht I Staatsorganisationsrecht, 35. Aufl., Heidelberg 2019.

Denninger, Erhard Hoffmann-Riem, Wolfgang / Schneider, Hans-Peter / Stein, Ekkehart (Hrsg.), Kommentar zum Grundgesetz für die Bundesrepublik Deutschland (Reihe Alternativkommentare), Loseblattsammlung, 3. Auflage, Neuwied u.a. 2001, (zitiert: *Bearbeiter*, in: AK-GG).

Deutsche Akademie der Naturforscher Leopoldina, in: *Parthier, Benno / Engelhardt, Dietrich v. (Hrsg.)*, 350 Jahre Leopoldina – Anspruch und Wirklichkeit, Festschrift der Deutschen Akademie der Naturforscher Leopoldina 1652–2002, Halle a.d.S. 2002.

Dolzer, Rudolf, Das parlamentarische Regierungssystem und der Bundesrat – Entwicklungsstand und Reformbedarf, VVDStRL 58 (1998), S. 7–34.

Dörr, Dieter / Schiedermair, Stephanie, Die zukünftige Finanzierung der deutschen Universitäten – Ein Beitrag zu den verfassungsrechtlichen Vorgaben unter Berücksichtigung der Rechtsprechung zur Finanzausstattung des öffentlich-rechtlichen Rundfunks, Rechtsgutachten im Auftrag des Deutschen Hochschulverbandes, Bonn 2004.

Dreier, Horst (Hrsg.), Grundgesetz, Kommentar, Band III (Art. 83–146), 2. Auflage, Tübingen 2008 (zitiert: *Bearbeiter*, in: Dreier, GG, 2. Aufl. 2008).

Dreier, Horst (Hrsg.), Grundgesetz, Kommentar, Band I (Art. 1–19), 3. Auflage, Tübingen 2013; Band II (Art. 20–82), 3. Auflage, Tübingen 2015; Band III (Art. 83–146), 3. Auflage, Tübingen 2018 (zitiert: *Bearbeiter*, in: Dreier, GG).

Eberbach, Wolfram / Hommelhoff, Peter / Lappe, Johannes, Eine Kooperationsform für die Wissenschaft, OdW 2017, S. 1–11.

Ehlers, Dirk, Ungeschriebene Kompetenzen, JURA 2000, S. 323–329.

Ehlers, Dirk, Verwaltung in Privatrechtsform, Berlin 1984.

Eickemeyer, Hellmuth, Abschlussbericht des Deutschen Forschungsrates (DFR) über seine Tätigkeit von seiner Gründung am 9. März 1949 an bis zum 15. August 1951: mit einem kurzen Abriß der Gründungsgeschichte und der Überleitungsarbeiten in die „Deutsche Forschungsgemeinschaft" bis Ende 1952, München 1953 (zitiert: Abschlussbericht des Deutschen Forschungsrates).

Engell, Hans-Jürgen, Über den Wissenschaftsrat und die Notwendigkeit von Differenzierung im Hochschulsystem, in: *Wissenschaftsrat* (Hrsg.), Wissenschaftsrat 1957–1982, Köln 1983, S. 20–26.

Engels, Dieter, Bericht zu den Finanzbeziehungen zwischen Bund und Ländern – Mischfinanzierungen nach Art. 91, 91b und 104a Abs. 4 Grundgesetz, Stuttgart 2002.

Ennuschat, Jörg / Ulrich, Carsten, Neuverteilung der Kompetenzen von Bund und Ländern im Schul- und Hochschulbereich nach der Föderalismusreform, VBlBW 2007, S. 121–125.

Epping, Volker / Hillgruber, Christian (Hrsg.), Grundgesetz Kommentar, 3. Auflage, München 2020 (zitiert: *Bearbeiter*, in: Epping/Hillgruber, GG).

Erbguth, Wilfried, Die Neugliederung des Bundesgebiets: eine Standortbestimmung, JZ 2011, S. 433–438.

Faber, Klaus / Gieseke, Ludwig / Gramm, Christof / Wesseler, Mechthild, Gemeinschaftsaufgaben von Bund und Ländern im Hochschulbereich – Texte mit Einführungen und Hinweisen, Bad Honnef 1991.

Fabian, Gregor / Briedis, Kolja, Aufgestiegen und erfolgreich – Ergebnisse der dritten HIS-Absolventenbefragung des Jahrgangs 1997 zehn Jahre nach dem Examen, HIS: Forum Hochschule 2/2009, [www.dzhw.eu/pdf/pub_fh/fh-200902.pdf] (besucht am: 18.3.2020).

Fassbender, Bardo, Eigenstaatlichkeit und Verschuldungsfähigkeit der Länder – Verfassungsrechtliche Grenzen der Einführung einer „Schuldenbremse" für die Länder, NVwZ 2009, S. 737–741.

Flehinghaus, Wolfgang, Die Bundesfondsverwaltung – Verfassungsrechtliche Probleme der staatlichen Verwaltung durch Vergabe von Subventionen und Zuschüssen, München 1962.

Friauf, Karl H. (Begr.) / Höfling, Wolfram (Hrsg.), Berliner Kommentar zum Grundgesetz, Loseblattsammlung (Stand: 12/2019), Berlin (zitiert: *Bearbeiter*, in: Friauf/Höfling, Berliner Komm. zum GG).

Frowein, Jochen, Gemeinschaftsaufgaben im Bundesstaat, VVDStRL 31 (1973), S. 13–50.

Gaehtgens, Peter, Die Exzellenzinitiative im Kontext Bund/Länder-finanzierter Forschungsförderprogramme, Wissenschaftspolitik im Dialog 1/2012, Eine Schriftenreihe der Berlin-Brandenburgischen Akademie der Wissenschaften, Berlin 2012.

Gärditz, Klaus F., Hochschulorganisation und verwaltungsrechtliche Systembildung, Tübingen 2009.

Geis, Max-Emanuel, Das „Kooperationsverbot" des Art. 91b GG, ZG 28 (2013), S. 305–318.

Geis, Max-Emanuel, Die „Kulturhoheit der Länder" – Historische und verfassungsrechtliche Aspekte des Kulturföderalismus am Beispiel der Bundesrepublik Deutschland, DÖV 1992, S. 522–529.

Geis, Max-Emanuel / Krausnick, Daniel, Das Hochschulrecht im föderalen System der Bundesrepublik Deutschland, in: *Härtel, Ines* (Hrsg.), Handbuch Föderalismus – Föderalismus als demokratische Rechtsordnung und Rechtskultur in Deutschland, Europa und der Welt, Bd. III: Entfaltungsbereiche des Föderalismus, Berlin u.a. 2012, § 63 S. 275–299 (zitiert: Handbuch Föderalismus).

Gieseke, Ludwig, Mit der Zulassung sollte auch der Zugang zum Studium bundesrechtlich geregelt sein, WissR 40 (2007), S. 180–194.

Gläser, Jochen / Lange, Stefan / Laudel, Grit / Schimank, Uwe, Evaluationsbasierte Forschungsfinanzierung und ihre Folgen, in: *Mayntz, Renate / Neidhardt, Friedhelm / Weingart, Peter / Wengenroth, Ulrich (Hrsg.)*, Wissensproduktion und Wissenstransfer – Wissen im Spannungsfeld von Wissenschaft, Politik und Öffentlichkeit, Bielefeld, 2008, S. 145–170.

Greulich, Susanne, Länderneugliederung und Grundgesetz – Entwicklungsgeschichte und Diskussion der Länderneugliederungsoption nach dem Grundgesetz, Baden-Baden 1995.

Grimm, Dieter (Hrsg.), 25 Jahre Wissenschaftskolleg zu Berlin 1981–2006, Berlin 2006.

Groß, Thomas / Karaalp, Remzi N., Die Übertragbarkeit verwaltungsrechtlicher Verfahrensgrundsätze auf das Begutachtungsverfahren der DFG, DVBl. 2010, S. 1135–1145.

Groß, Thomas / Karaalp, Remzi N. / Wilden, Anke, Regelungsstrukturen der Forschungsförderung, Staatliche Projektfinanzierung mittels Peer-Review in Deutschland, Frankreich und der EU, Baden-Baden 2010.

Guckelberger, Annette, Bildungsevaluation als neue Gemeinschaftsaufgabe gemäß Art. 91b Abs. 2 GG, RdJB 2008, S. 267–282.

Guckelberger, Annette, Leistungsmessungen im Bildungsbereich – eine neue Gemeinschaftsaufgabe?, in: *Seckelmann, Margrit / Lange, Stefan / Horstmann, Thomas (Hrsg.)*, Die Gemeinschaftsaufgaben von Bund und Ländern in der Wissenschafts- und Bildungspolitik, Analysen und Erfahrungen, Baden-Baden 2010, S. 215–235.

Habermas, Jürgen, Faktizität und Geltung: Beiträge zur Diskurstheorie des Rechts und des demokratischen Rechtsstaats, Frankfurt a.M. 1992.

Häde, Ulrich, Entflechtung und Verflechtung – Eine Zwischenbilanz der ersten Stufe der Föderalismusreform, ZG 24 (2009), S. 1–17.

Häde, Ulrich, Finanzausgleich – Die Verteilung der Aufgaben, Ausgaben und Einnahmen im Recht der Bundesrepublik Deutschland und der Europäischen Union, Tübingen 1996 (zitiert: Finanzausgleich).

Häde, Ulrich, Zur Föderalismusreform in Deutschland, JZ 2006, S. 930–940.

Haug, Volker M., Die Föderalismusreform – Zum Ringen von Bund und Ländern um die Macht im Staat, DÖV 2004, S. 190–197.

Haug, Volker M., Die Gemeinsame Wissenschaftskonferenz (GWK): Das zentrale Steuerungsorgan der nationalen Wissenschaftsförderung, OdW 2016, S. 85–93.

Haug, Volker M., Perspektiven der gemeinsamen Bund-Länder-Förderung unter dem neuen Art. 91b GG: Chancen und Streitpunkte, OdW 2017, S. 267–272.

Hancke, Johannes, Defizitbegrenzung im Bundesstaat – Verfassungsmäßigkeit einer verbindlichen Verschuldungsregel für die Bundesländer, DÖV 2009, S. 621–627.

Hanebeck, Alexander, Der demokratische Bundesstaat des Grundgesetzes, Berlin 2004.

Hansalek, Erik, Die neuen Kompetenzen des Bundes im Hochschulrecht, NVwZ 2006, S. 668–670.

Hartmann, Michael, Die Exzellenzinitiative und ihre Folgen, Leviathan 38 (2010), S. 369–387.

Hartmann, Michael, Funktionale oder vertikale Differenzierung – Die Folgen der Exzellenzinitiative, RdJB 2011, S. 284–296.

Heidtmann, Jürgen, Grundlagen der Privathochschulfreiheit, Berlin 1980.

Heine, Christoph / Quast, Heiko / Spangenberg, Heike, Studiengebühren aus der Sicht von Studienberechtigten – Finanzierung und Auswirkungen auf Studienpläne und -strategien, in: HIS: Forum Hochschule, 15/2008 [www.dzhw.eu/pdf/pub_fh/fh-200815.pdf], (besucht am: 25.8.2020).

Heinrich, Oliver, Die rechtliche Systematik der Forschungsförderung in Deutschland und den Europäischen Gemeinschaften unter Beachtung von Wissenschaftsfreiheit und Wettbewerbsrecht, Münster 2003 (zitiert: Die rechtliche Systematik der Forschungsförderung).

Helfrich, Marcus, Forschungsförderung durch Bund und Länder im Rahmen der sog. „Blauen Liste", WissR 23 (1990), S. 244–263.

Helling-Moegen, Sabine, Forschen nach Programm – Die programmorientierte Förderung in der Helmholtz-Gemeinschaft: Anatomie einer Reform, Marburg 2009.

Henneke, Hans-Günter, Aufgaben und Finanzbeziehungen von Bund, Ländern und Kommunen ab 2020 – Die Reformen von 2017 und 2019: Lehrstücke ohne Lehre?, 2. Aufl., Wiesbaden 2019.

Henneke, Hans-Günter, „Die wilden 13": Orientiert sich der übergreifende informationstechnische Zugang zu Verwaltungsleistungen nach Notifikation beim Bundespräsidenten bis zu seiner Aufhebung an gesamtstaatlich bedeutsamen Investitionen finanzschwacher Gemeinden im Bereich der kommunalen Bildungsinfrastruktur?, DVBl. 2017, S. 214–222.

Henneke, Hans-Günter, Öffentliches Finanzwesen, Finanzverfassung – eine systematische Darstellung, 2. Aufl., Heidelberg 2000 (zitiert: Öffentliches Finanzwesen).

Henneke, Hans-Günter, Veränderungsanfälligkeit der Finanzverfassung in Zeiten Großer Koalitionen, in: *Europäisches Zentrum für Föderalismus-Forschung Tübingen (EZFF) (Hrsg.)*, Jahrbuch des Föderalismus 2017 – Föderalismus, Subsidiarität und Regionen in Europa, Bd. 18, Baden-Baden 2017, S. 89–103 (zitiert: EZFF, Jahrbuch des Föderalismus 2017).

Hettlage, Karl M., Diskussionsbeitrag, VVDStRL 31 (1973), S. 99–104.

Heun, Werner, Die Zusammenführung der Aufgaben- und Ausgabenverantwortung von Bund, Ländern und Gemeinden als Aufgabe einer Reform der Finanzverfassung – Probleme und Risiken, DVBl. 1996, S. 1020–1027.

Heun, Werner, Strukturprobleme des Finanzausgleichs Finanzverfassungsrechtliche Integration der neuen Bundesländer und die Frage einer Reform der grundgesetzlichen Finanzverfassung, Der Staat 31 (1992), S. 205–232.

Heyden, Wedig von, Die deutsche Hochschulpolitik zwischen föderaler Vielfalt und gesamtstaatlicher Verantwortung, in: *Blanke, Hermann-Josef (Hrsg.)*, Bildung und Wissenschaft als Standortfaktoren, Tübingen 2007, S. 49–62.

Hillgruber, Christian, Klare Verantwortungsteilung von Bund, Ländern und Gemeinden?, JZ 2004, S. 837–846.

Hintze, Patrick, Kooperative Wissenschaftspolitik – Verhandlungen und Einfluss in der Zusammenarbeit von Bund und Ländern, Wiesbaden 2020.

Höfling, Wolfram / Engels, Andreas, Finanzverfassungsrechtliche Aspekte des Kinderförderungsgesetzes – eine Skizze, RdJB 2008, S. 292–304.

Hohn, Hans-Willy / Schimank, Uwe, Konflikte und Gleichgewichte im Forschungssystem – Akteurskonstellationen und Entwicklungspfade in der staatlich finanzierten außeruniversitären Forschung, Frankfurt u.a. 1990.

Holch, Georg, Die Finanzhilfen des Bundes nach Art. 104 a Abs. 4 GG, DÖV 1973, S. 115–121.

Holch, Georg, Unzulässige Mischfinanzierung – und kein Ende in Sicht, DÖV 1970, S. 841–845.

Hömig, Dieter (Begr.) / Wolff, Heinrich A. (Hrsg.), Grundgesetz für die Bundesrepublik Deutschland – Handkommentar, 12. Auflage, Baden-Baden 2018 (zitiert: *Bearbeiter*, in: Hömig/Wolff, GG).

Huber, Peter, Das Bund-Länder-Verhältnis de constitutione ferenda, in: *Blanke, Hermann-Josef / Schwanengel, Wito (Hrsg.)*, Zustand und Perspektiven des deutschen Bundesstaats, Tübingen 2005, S. 21–57.

Huber, Peter, Deutschland in der Föderalismusfalle?, Heidelberg 2003.

Huber, Peter, Gutachten D für den 65. Juristentag, „Klare Verantwortungsteilung von Bund, Ländern und Kommunen?“, in: Verhandlungen des 65. Deutschen

Juristentages, Bonn 2004, Bd. I, München 2004 (zitiert: Gutachten D für den 65. DJT, 2004).

Hufen, Friedhelm, Staatsrecht II: Grundrechte, 7. Aufl., München 2018.

Ipsen, Hans P., Verwaltung durch Subventionen, VVDStRL 25 (1967), S. 257–307.

Isensee, Josef, Idee und Gestalt des Föderalismus im Grundgesetz, in: *Isensee, Josef / Kirchhof, Paul (Hrsg.)*, Handbuch des Staatsrechts der Bundesrepublik Deutschland, Band VI: Bundesstaat, 3. Aufl., Heidelberg 2008, § 126 S. 3–200 (zitiert: HdbStR).

Janssen, Albert, Wege aus der Krise des deutschen Bundesstaates – Anmerkungen zu einem notwendigen Vorschlag zur Reform des Grundgesetzes, ZG 15 (2000), S. 41–63.

Janssen, Albert, Die Reformbedürftigkeit des deutschen Bundesstaates aus verfassungsrechtlicher Sicht, in: *Henneke, Hans-Günter (Hrsg.)*, Verantwortungsteilung zwischen Kommunen, Ländern, Bund und Europäischer Union: Professorengespräch 2001 des Deutschen Landkreistages am 22. und 23. März 2001 in Syke/Landkreis Diepholz, Stuttgart 2001, S. 59–88.

Janssen, Albert, Über die Grenzen des legislativen Zugriffsrechts – Untersuchungen zu den demokratischen und grundrechtlichen Schranken der gesetzgeberischen Befugnisse, Tübingen 1990.

Jarass, Hans D., Der Vorbehalt des Gesetzes bei Subventionen, NVwZ 1984, S. 473–480.

Jarass, Hans D. / Pieroth, Bodo (Begr.) / Kment, Martin (Hrsg.), Grundgesetz für die Bundesrepublik Deutschland – Kommentar, 16. Aufl., München 2020 (zitiert: *Bearbeiter*, in: Jarass/Pieroth, GG).

Jauch, Oliver, Das Wissenschaftsfreiheitsgesetz des Bundes, NVwZ 2013, S. 32–35.

Jauch, Oliver, Wissenschaftsförderung nach der Reform des Föderalismus – Kompetenzen und Zusammenwirken von Bund und Ländern im Bereich Wissenschaft und Forschung in der Bundesrepublik Deutschland unter besonderer Berücksichtigung der Gemeinschaftsaufgaben, elektronisch veröffentlicht 2013, [https://ediss.sub.uni-hamburg.de/volltexte/2013/6167/pdf/Dissertation.pdf].

Jesch, Dietrich, Gesetz und Verwaltung – Eine Problemstudie zum Wandel des Gesetzmäßigkeitsprinzipes, 2. Aufl., Tübingen 1968.

Jestaedt, Matthias, Demokratieprinzip und Kondominalverwaltung – Entscheidungsteilhabe Privater an der öffentlichen Verwaltung auf dem Prüfstand des Verfassungsprinzips Demokratie, Berlin 1993.

Jèze, Gaston, Allgemeine Theorie des Budgets, Tübingen 1927.

Kahl, Wolfgang / Waldhoff, Christian / Walter, Christian, (Hrsg.), Bonner Kommentar zum Grundgesetz, Loseblattsammlung (Stand: 5/2020, 203. Ergänzungslieferung), Heidelberg (zitiert: *Bearbeiter*, in: Kahl/Waldhoff/Walter, BK-GG).

Kämmerer, Jörn A., Gemeinschaftsaufgabe Forschungsförderung versus Elitehochschulförderung aus Bundesmitteln: Vom kooperativen zum korrumpierten Bundesstaat?, RdJB 2004, S. 152–173.

Karpen, Ulrich, Verfassungsänderung und Föderalismus, ZG 10 (1995), S. 356–364.

Kaufhold, Ann-Katrin, Die Lehrfreiheit – ein verlorenes Grundrecht? Zu Eigenständigkeit und Gehalt der Gewährleistung freier Lehre in Art. 5 Abs. 3 GG, Berlin 2006.

Kemmler, Iris, Schuldenbremse und Benchmarking im Bundesstaat, DÖV 2009, S. 549–557.

Kempen, Bernhard, Grundfragen des institutionellen Hochschulrechts, in: *Hartmer, Michael / Detmer, Hubert (Hrsg.)*, Hochschulrecht: ein Handbuch für die Praxis, 3. Aufl., Heidelberg 2017, Kap. 1 S. 1–52 (zitiert: Hartmer/Detmer, Hochschulrecht).

Kesper, Irene, Reform des Föderalismus in der Bundesrepublik Deutschland – Die geplanten Änderungen im Überblick, NdsVbl. 2006, S. 145–158.

Kewenig, Wilhelm, Diskussionsbeitrag, VVDStRL 31 (1973), S. 111–114.

Kiefer, Günther, Die Beleihung: (K)ein unbekanntes Wesen?, NVwZ 2011, S. 1300–1303.

Kirchhof, Ferdinand, Ein neuer Ansatz zur Reform des Grundgesetzes – Zu den Bemühungen der Föderalismuskommission um die Erneuerung des Bundesstaates, ZG 19 (2004), S. 219–225.

Kirchhof, Ferdinand, Grundsätze der Finanzverfassung des vereinten Deutschlands, VVDStRL 52 (1993), S. 71–107.

Kirchhof, Ferdinand, Gutachten D für den 61. Juristentag, „Empfehlungen sich Maßnahmen, um in der Finanzverfassung Aufgaben- und Ausgabenverantwortung von Bund, Ländern und Gemeinden stärker zusammenzuführen?“, in: Verhandlungen des 61. Deutschen Juristentages Karlsruhe 1996, Bd. I, München 1996 (zitiert: Gutachten D für den 61. DJT, 1996).

Kirchhof, Ferdinand, Klare Verantwortungsteilung von Bund, Ländern und Kommunen?, DVBl. 2004, S. 977–986.

Kirchhof, Ferdinand, Rechtliche Grundsätze der Universitätsfinanzierung, JZ 1998, S. 275–282.

Kirchhof, Paul, Das Parlament als Mitte der Demokratie, in: *Brenner, Michael / Huber, Peter / Möstl, Markus (Hrsg.)*, Der Staat des Grundgesetzes – Kontinuität und Wandel: Festschrift für Peter Badura zum 70. Geburtstag, Tübingen 2004, S. 237–262 (zitiert: FS Badura).

Kirchhof, Paul, Diskussionsbeitrag, VVDStRL 52 (1993), S. 147–151.

Kirste, Ulrike, Die Finanzhilfen des Bundes an die neuen Länder nach Artikel 104a Absatz 4 Grundgesetz, Sinzheim 1995 (zitiert: Finanzhilfen des Bundes).

Kisker, Gunter, Kooperation im Bundesstaat – Eine Untersuchung zum kooperativen Föderalismus in der Bundesrepublik Deutschland, Tübingen 1971.

Kisker, Gunter, Ideologische und theoretische Grundlagen der bundesstaatlichen Ordnung in der Bundesrepublik Deutschland – Zur Rechtfertigung des Föderalismus, in: Probleme des Föderalismus: Referate auf dem Symposium „Föderalismus in der SFR Jugoslawien und in der Bundesrepublik Deutschland – ein Vergleich" vom 19.-21.03.1984 in Belgrad, Tübingen 1985, S. 23–37 (zitiert: Probleme des Föderalismus).

Klein, Oliver / Schneider, Karsten, Art. 72 Abs. 2 n.F. im Kompetenzgefüge der Föderalismusreform, DVBl. 2006, S. 1549–1556.

Kloepfer, Michael, Der Vorbehalt des Gesetzes im Wandel, JZ 1984, S. 685–695.

Kloepfer, Michael, Verfassungsrecht I, Grundlagen, Staatsorganisationsrecht, Bezüge zum Völker- und Europarecht, München 2011.

Kluth, Winfried, Die Auswirkungen der Neufassung von Art. 91b Absatz 1 GG auf die Wissenschaftsförderung in Deutschland, RdJB 2008, S. 257–266.

Kluth, Winfried (Hrsg.), Föderalismusreformgesetz, Baden-Baden 2007 (zitiert: *Bearbeiter*, in: Kluth, Föderalismusreformgesetz).

Knack, Hans J. (Begr.) / Henneke, Hans-Günter (Hrsg.), Verwaltungsverfahrensgesetz – Kommentar, 11. Aufl., Köln 2020 (zitiert: *Bearbeiter*, in: Knack/Henneke, VwVfG).

Knopp, Lothar, Föderalismusreform – zurück zur Kleinstaaterei? An den Beispielen des Hochschul-, Bildungs- und Beamtenrechts, NVwZ 2006, S. 1216–1220.

Konegen-Grenier, Christiane, Hochschulfinanzierung 2020 – Strategien nach Ende des Hochschulpakts und der Exzellenzinitiative, Köln 2014.

Konegen-Grenier, Christiane / Plünnecke, Axel / Tröger, Michael, Nachfrageorientierte Hochschulfinanzierung – Gutscheine sorgen für Effizienz, Köln 2007.

Korioth, Stefan, Beteiligung des Bundes an den Sozialhilfekosten?, DVBl. 1993, S. 356–364.

Korioth, Stefan, Das neue Staatsschuldenrecht – zur zweiten Stufe der Föderalismusreform, JZ 2009, S. 729–737.

Korioth, Stefan, Der Finanzausgleich zwischen Bund und Ländern, Tübingen 1997.

Korioth, Stefan, Die finanzverfassungsrechtliche Problematik des Beschlusses der Ministerpräsidentenkonferenz vom 3. Dezember 2015 – eine erste Einschätzung, in: *Junkernheinrich, Martin /Korioth, Stefan /Lenk, Thomas / Scheller, Henrik / Woisin, Matthias (Hrsg.)*, Verhandlungen zum Finanzausgleich: Jahrbuch für öffentliche Finanzen 1–2016, 11. Kap. S. 121–130 (zitiert: Junkernheinrich et. al., Verhandlungen zum Finanzausgleich: Jahrbuch für öffentliche Finanzen 1–2016).

Korioth, Stefan, Neuordnung der Bund-Länder-Finanzbeziehungen?, ZG 22 (2007), S. 1–21.

Köstlin, Thomas, Die Kulturhoheit des Bundes: eine Untersuchung zum Kompetenz- und Organisationsrecht des Grundgesetzes unter Berücksichtigung der Staatspraxis in der Bundesrepublik Deutschland, Berlin 1989.

Köttgen, Arnold, Fondsverwaltung in der Bundesrepublik: zur Rolle des Haushalts in einem Verwaltungsstaat, Stuttgart (u.a.) 1965.

Krebs, Walter, Vorbehalt des Gesetzes und Grundrechte – Vergleich des traditionellen Eingriffsvorbehalts mit den Grundrechtsbestimmungen des Grundgesetzes, Berlin 1975.

Krech, Helmut, Großforschungseinrichtungen und AGF, in: *Flämig, Christian / Kimminich, Otto / Krüger, Hartmut / Meusel, Ernst-Joachim / Rupp, Hans-Heinrich / Scheven, Dieter / Schuster, Hermann J. / Stenbock-Fermor, Friedrich Graf (Hrsg.)*, Handbuch des Wissenschaftsrechts, Bd. 2, 2. Aufl., Berlin u.a. 1996, Kap. 50 S. 1307–1324 (zitiert: Flämig et al., Handbuch des Wissenschaftsrechts).

Krieger, Wolfgang, Zur Geschichte von Technologiepolitik und Forschungsförderung in der Bundesrepublik Deutschland: Eine Problemskizze, Vierteljahreshefte für Zeitgeschichte 35 (1987), Heft 2, S. 247–271.

Krull, Wilhelm, Die Exzellenzinitiative und ihre Folgen. Deutsche Hochschulen vor neuen Herausforderungen, in: *Kehm, Barbara M. (Hrsg.)*, Hochschule im Wandel – Die Universität als Forschungsgegenstand, Festschrift für Ulrich Teichler, Frankfurt a.M. 2008, S. 247–251 (zitiert: FS Teichler).

Kuhn, Gustav, Die Rahmenkompetenz des Bundes für das Hochschulwesen, DVBl. 1969, S. 727–732.

Kunze, Renate, Kooperativer Föderalismus in der Bundesrepublik – Zur Staatspraxis der Koordinierung von Bund und Ländern, Stuttgart 1968.

Lenz, Christofer / Burgbacher, Ernst, Die neue Schuldenbremse im Grundgesetz, NJW 2009, S. 2561–2567.

Lerche, Peter, Forschungsfreiheit und Bundesstaatlichkeit, in: Festschrift für Theodor Maunz: Zum 80. Geburtstag am 1.9.1981, München 1981, S. 215–227 (zitiert: FS für Maunz, 1981).

Lindner, Josef F., Das Grundrecht der Wissenschaftsfreiheit, JURA 2018, S. 240–249.

Löwer, Wolfgang, Freiheit wissenschaftlicher Forschung und Lehre, in: *Merten, Detlef / Papier, Hans-Jürgen (Hrsg.)*, Handbuch der Grundrechte in Deutschland und Europa, Bd. IV: Einzelgrundrechte I, Heidelberg 2011, § 99 S. 699–765.

Löwer, Wolfgang, Möglichkeiten und Grenzen des Art. 91b GG aus juristischer Perspektive nebst einigen Vorbemerkungen zur föderalen Kompetenzverteilung in der Wissenschaftspolitik, WissR 50 (2017), S. 263–284.

Luther, Siegfried, Die Lastenverteilung zwischen Bund und Ländern nach der Finanzreform, Münster 1974.

Mangoldt, Herrmann von (Begr.) / Klein, Friedrich / Pestalozza, Christian (Hrsg.), Kommentar zum Grundgesetz, Band 8 (Art. 70–75); 3. Aufl., München 1996 (zitiert: *Bearbeiter*, in: v. Mangoldt/Klein/Pestalozza, GG, 3. Aufl. 1996).

Mangoldt, Herrmann von (Begr.) / Klein, Friedrich / Starck, Christian (Hrsg.), Kommentar zum Grundgesetz, Band 3 (Art. 83–146); 6. Aufl., München 2010 (zitiert: *Bearbeiter*, in: v. Mangoldt/Klein/Starck, GG, 6. Aufl. 2010).

Mangoldt, Herrmann von (Begr.) / Klein, Friedrich / Starck, Christian (Hrsg.), Kommentar zum Grundgesetz, Band 1 (Präambel, Art. 1–19), 7. Aufl., München 2018; Band 2 (Art. 20–82), 7. Aufl., München 2018; Band 3 (Art. 83–146), 7. Aufl., München 2018 (zitiert: *Bearbeiter*, in: v. Mangoldt/Klein/Starck, GG).

Marnitz, Siegfried, Die Gemeinschaftsaufgaben des Art. 91a GG als Versuch einer verfassungsrechtlichen Institutionalisierung der bundesstaatlichen Kooperation - eine verfassungsrechtliche und verfassungspolitische Untersuchung, Berlin 1974 (zitiert: Die Gemeinschaftsaufgaben des Art. 91a GG).

Marzlin, Christian, Die Exzellenzinitiative von Bund und Ländern auf dem verfassungsrechtlichen Prüfstand – Zuständigkeiten, Grundrechte und Rechtsschutz, Frankfurt a.M. 2015.

Massow, Valentin von, Organisation der Wissenschaft und der Wissenschaftsförderung in der Bundesrepublik Deutschland, Frankfurt a.M. 1968.

Massow, Valentin von, Wissenschaft und Wissenschaftsförderung in der Bundesrepublik Deutschland, Bonn 1986.

Maunz, Theodor / Dürig, Günter (Begr.) / Herzog, Roman / Herdegen, Matthias / Klein, Hans H. / Scholz, Rupert (Hrsg.), Grundgesetz Kommentar, Loseblattsammlung (Stand: 2/2020, 90. Ergänzungslieferung), München 2020 (zitiert: *Bearbeiter*, in: Maunz/Dürig, GG).

Maurer, Hartmut / Waldhoff, Christian, Allgemeines Verwaltungsrecht, 19. Aufl., München 2017.

Maurer, Hartmut, Staatsrecht I, Grundlagen, Verfassungsorgane, Staatsfunktionen, 6. Aufl., München 2010.

Merkl, Adolf J., Diskussionsbeitrag, VVDStRL 14 (1956), S. 85–86.

Merten, Detlef, Die Reform der funktionalen Kompetenzverteilung im Bund-Länder-Verhältnis, in: *Blanke, Hermann-Josef / Schwanengel, Wito (Hrsg.)*, Zustand und Perspektiven des deutschen Bundesstaats, Tübingen 2005, S. 73–88.

Merton, Robert K., Entwicklung und Wandel von Forschungsinteressen – Aufsätze zur Wissenschaftssoziologie, Frankfurt a.M. 1985.

Meusel, Ernst-Joachim, Außeruniversitäre Forschung im Wissenschaftsrecht, 2. Aufl., Köln u.a. 1999.

Meusel, Ernst-Joachim, Außeruniversitäre Forschung in der Verfassung, in: *Flämig, Christian / Kimminich, Otto / Krüger, Hartmut / Meusel, Ernst-Joachim / Rupp, Hans-Heinrich / Scheven, Dieter / Schuster, Hermann J. / Stenbock-Fermor, Friedrich Graf (Hrsg.)*, Handbuch des Wissenschaftsrechts, Band 2, 2. Aufl., Berlin u.a. 1996, Kap. 46 S. 1235–1284 (zitiert: Flämig et al., Handbuch des Wissenschaftsrechts, Bd. 2).

Meusel, Ernst-Joachim, Grundprobleme des Rechts der außeruniversitären „staatlichen" Forschung, Darmstadt 1982.

Meyer, Hans, Die Föderalismusreform 2006: Konzeption, Kommentar, Kritik, Berlin 2008.

Möller, Gerhard, Hochschulfinanzierung und -steuerung, in: *Hartmer, Michael / Detmer, Hubert (Hrsg.)*, Hochschulrecht: ein Handbuch für die Praxis, 3. Aufl., Heidelberg 2017, Kap. 15 S. 873–903 (zitiert: Hartmer/Detmer, Hochschulrecht).

Möllers, Christoph, Der parlamentarische Bundesstaat – Das vergessene Spannungsverhältnis von Parlament, Demokratie und Bundesstaat, in: *Aulehner, Josef / Dengler, Andreas / Konrad, Karlheinz / Langer, Stefan / Leisner, Anna / Lepsuis, Oliver / Möller, Johannes / Möstl, Markus / Pfab, Susanne / Stender, Michael / Waldhoff, Christian (Hrsg.)*, Föderalismus – Auflösung oder Zukunft der Staatlichkeit? – 37. Tagung der Wissenschaftlichen Mitarbeiterinnen und Mitarbeiter der Fachrichtung „Öffentliches Recht", München 1997, Stuttgart u.a. 1997, S. 81–111 (zitiert: Aulehner et al., Föderalismus – Auflösung oder Zukunft der Staatlichkeit?).

Möllers, Christoph, Staat als Argument, München 2000.

Mönikes, Wolfgang / Faber, Klaus / Gieseke, Ludwig, Gemeinschaftsaufgaben von Bund und Ländern im Hochschulbereich – Rechtliche Texte mit Einführungen und Hinweisen, 3. Aufl., Bad Honnef 1997.

Mück, Christiane, Wissenschaft im Wettbewerb: Was bringt die Exzellenzinitiative den Hochschulen?, in: *Nida-Rümelin, Julian* (Hrsg.), Wunschmaschine Wissenschaft: von der Lust und dem Nutzen des Forschens – Standpunkte junger Forschung, Hamburg 2006.

Müller-Volbehr, Jörg, Fonds- und Investitionshilfekompetenz des Bundes, München 1975.

Münch, Ingo von, Gemeinschaftsaufgaben im Bundesstaat, VVDStRL 31 (1973), S. 51–86

Münch, Ingo von (Begr.) / Kunig, Philip (Hrsg.), Grundgesetz: Kommentar, Band 3 (Artikel 70–146), 5. Aufl., München 2003 (zitiert: *Bearbeiter*, in: v. Münch/ Kunig, GG, 5. Aufl. 2003).

Münch, Ingo von (Begr.) / Kunig, Philip (Hrsg.), Grundgesetz: Kommentar, Band 2 (Artikel 70–146), 6. Aufl., München 2012 (zitiert: *Bearbeiter*, in: v. Münch/ Kunig, GG).

Münkler, Laura, Der Nichtakt – Eine dogmatische Rekonstruktion, Berlin 2015.

Musil, Andreas, Steuerbegriff und Non-Affektationsprinzip, DVBl. 2007, S. 1526–1532.

Mutert, Susanne, Großforschung zwischen staatlicher Politik und Anwendungsinteresse der Industrie, Frankfurt a.M. 2000.

Neumann, Ariane, Die Exzellenzinitiative – Deutungsmacht und Wandel im Wissenschaftssystem, Wiesbaden 2015.

Neumann, Manfred, Der PISA-Schock – Eine rechtspolitische Nachbetrachtung, ZRP 2003, S. 200–204.

Nierhaus, Michael / Rademacher, Sonja, Die große Staatsreform als Ausweg aus der Föderalismusfalle?, LKV 2006, S. 385–395.

Nolte, Jakob J., Die Zuständigkeit des Bundes für das Hochschulwesen, DVBl. 2010, S. 84–92.

Obermayer, Klaus, Das Bundesverfassungsgericht und der Vorbehalt des Gesetzes – Kritische Bemerkungen zum Beschluß des BVerfG vom 6.5.1958 über die Vereinbarkeit des § 346 Satz 1 LAG mit dem Grundgesetz, DVBl. 1959, S. 354–358.

Oebbecke, Janbernd, Verwaltungszuständigkeit, in: *Isensee, Josef / Kirchhof, Paul (Hrsg.)*, Handbuch des Staatsrechts der Bundesrepublik Deutschland, Band VI: Bundesstaat, 3. Aufl., Heidelberg 2008, § 136 S. 743–809 (zitiert: HdbStR).

Oeter, Stefan, Integration und Subsidiarität im deutschen Bundesstaat – Untersuchungen zur Bundesstaatstheorie unter dem Grundgesetz, Tübingen 1998.

Ohler, Christoph, Der institutionelle Vorbehalt des Gesetzes, AöR 131 (2006), S. 336–377.

Oppermann, Thomas, Gemeinsame Bildungs- und Forschungsfinanzierung durch Bund und Länder nach Art. 91b und Art. 104a Grundgesetz, DÖV 1972, S. 591–598.

Oppermann, Thomas, Kulturverwaltungsrecht – Bildung, Wissenschaft, Kunst, Tübingen 1969.

Ossenbühl, Fritz, Die Erfüllung von Verwaltungsaufgaben durch Private, VVDStRL 29 (1971), S. 137–209.

Ossenbühl, Fritz, Verwaltungsvorschriften und Grundgesetz, Bad Homburg v.d.H. u.a. 1968.

Ossenbühl, Fritz, Vorrang und Vorbehalt des Gesetzes, in: *Isensee, Josef / Kirchhof, Paul(Hrsg.)*, Handbuch des Staatsrechts der Bundesrepublik Deutschland, Band V: Rechtsquellen, Organisation, Finanzen, 3. Aufl., Heidelberg 2008, § 101 S. 183–221 (zitiert: HdbStR).

Ossenbühl, Fritz, Zur Rechtfertigung von Sonderabgaben mit Finanzierungszweck, DVBl. 2005, S. 667–675.

Parthier, Benno, Die Leopoldina – Bestand und Wandel der ältesten deutschen Akademie, Festschrift des Präsidiums der Deutschen Akademie der Naturforschung zum 300. Jahrestag der Gründung der heutigen Martin-Luther-Universität Halle-Wittenberg, Halle a.d.S. 1994.

Pasternack, Peer, Die föderale Kompetenzverteilung im deutschen Hochschulwesen: Entwicklung und Status, in: *Pasternack, Peer (Hrsg.)*, Hochschulen nach der Föderalismusreform, Leipzig 2011, S. 21–60.

Pasternack, Peer, Konkurrenzföderalistischer Feldversuch – Studiengebühren im Bildungsföderalismus, in: *Adams, Andrea / Keller, Andreas (Hrsg.)*, Vom Studentenberg zum Schuldenberg? – Perspektiven der Hochschul- und Studienfinanzierung, Bielefeld 2008, S. 151–159.

Pfeiffer, Gerd, Selbstkoordinierung und Gemeinschaftseinrichtungen der Länder, NJW 1962, S. 565–567.

Picht, Georg, Die deutsche Bildungskatastrophe: Analyse und Dokumentation, Olten 1964.

Raiser, Ludwig, Die Aufgaben des Wissenschaftsrates, Köln 1963.

Kopp, Ferdinand (Begr.) / Ramsauer, Ulrich (Hrsg.), Verwaltungsverfahrensgesetz – Kommentar, 20. Aufl., München 2019 (zitiert: *Bearbeiter*, in: Kopp/Ramsauer, VwVfG).

Risse, Horst, Bildungs- und Hochschulwesen: Trennsystem oder Ingerenzen des Bundes?, in: *Henneke, Hans-Günter (Hrsg.)*, Föderalismus in Deutschland – Bestandsaufnahme der Kommissionsarbeit und Umsetzungsperspektiven, Professorengespräch 2005 des Deutschen Landkreistages am 2./3. März in Frankfurt am Main, Stuttgart u.a. 2005.

Risse, Horst, Föderalismusreform in der Sackgasse? Bericht über die Kommission von Bundestag und Bundesrat zur Modernisierung der bundesstaatlichen Ordnung, in: *Merten, Detlef (Hrsg.)*, Die Zukunft des deutschen Föderalismus in Deutschland und Europa, Berlin 2007.

Risse, Horst, Reformbestrebungen zur bundesstaatlichen Ordnung – Aufgaben, Arbeitsweise und Ergebnisse der Föderalismuskommission I, in: *Härtel, Ines* (Hrsg.), Handbuch Föderalismus – Föderalismus als demokratische Rechtsordnung und Rechtskultur in Deutschland, Europa und der Welt, Bd. II: Probleme, Reformen, Perspektiven des deutschen Föderalismus, Berlin u.a. 2012, § 44 S. 493–525 (zitiert: Handbuch Föderalismus).

Risse, Horst, Zur Entwicklung der Zustimmungsbedürftigkeit von Bundesgesetzen nach der Föderalismusreform 2006, ZfP 2007, S. 707–712.

Risse, Horst / Hoppe, Tilman, Ohne Geld ist alles nichts: 10 Jahre Reform der Bund-Länder-Finanzen, in: *Europäisches Zentrum für Föderalismus-Forschung Tübingen (EZFF) (Hrsg.)*, Jahrbuch des Föderalismus 2017 – Föderalismus, Subsidiarität und Regionen in Europa, Bd. 18, Baden-Baden 2017, S. 37–51 (zitiert: EZFF, Jahrbuch des Föderalismus 2017).

Röhl, Hans C., Der Wissenschaftsrat – Kooperation zwischen Wissenschaft, Bund und Ländern und ihre rechtlichen Determinanten, Baden-Baden 1994.

Ronellenfitsch, Michael, Die Mischverwaltung im Bundesstaat, Erster Teil: Der Einwand der Mischverwaltung – Studien über die Verwaltungsformen in der Verfassungsentwicklung 1866–1975, Berlin 1975.

Roth, Andreas, Verwaltungshandeln mit Drittbetroffenheit und Gesetzesvorbehalt, Berlin 1991.

Rupp, Hans H., Bemerkungen zur Bundeseigenverwaltung nach Art. 87 III 1 GG, in: *Maurer, Hartmut (Hrsg.)*, Das akzeptierte Grundgesetz: Festschrift für Günter Dürig zum 70. Geburtstag, München 1990, S. 387–399 (zitiert: FS Dürig).

Rupp, Hans H., Grundfragen der heutigen Verwaltungsrechtslehre – Verwaltungsnorm und Verwaltungsrechtsverhältnis, 2. Aufl., Tübingen 1991.

Ruthig, Josef / Storr, Stefan, Öffentliches Wirtschaftsrecht, 4. Aufl., Heidelberg 2015.

Sachs, Michael (Hrsg.), Grundgesetz, Kommentar, 7. Aufl., München 2014 (zitiert: *Bearbeiter*, in: Sachs, GG, 7. Aufl. 2014).

Sachs, Michael (Hrsg.), Grundgesetz, Kommentar, 8. Aufl., München 2018 (zitiert: *Bearbeiter*, in: Sachs, GG).

Salaw-Hanslmaier, Stefanie, Die Rechtsnatur der Deutschen Forschungsgemeinschaft: Auswirkungen auf den Rechtsschutz des Antragstellers, Hamburg 2003.

Sanden, Joachim, Die Weiterentwicklung der föderalen Strukturen der Bundesrepublik Deutschland – Staatsrechtliche Studie zu einem postmodernen Ansatz der Bundesstaatsreform, Berlin 2005.

Scharpf, Fritz W., Die Politikverflechtungsfalle, in: PVS 26 (1985), S. 323–356.

Scharpf, Fritz W., Föderalismusreform – Kein Ausweg aus der Politikverflechtungsfalle?, Frankfurt a.M. u.a. 2009 (zitiert: Föderalismusreform).

Scharpf, Fritz W., Optionen des Föderalismus in Deutschland und Europa, Frankfurt a.M. u.a. 1994.

Scharpf, Fritz W., Verfassungsreform mit Vetospielern, in: *Seckelmann, Margrit / Lange, Stefan / Horstmann, Thomas (Hrsg.)*, Die Gemeinschaftsaufgaben von Bund und Ländern in der Wissenschafts- und Bildungspolitik: Analysen und Erfahrungen, Baden-Baden 2010, S. 23–36.

Scheller, Henrik, Der deutsche Bildungsföderalismus: Seismograph deutscher Bundesstaatlichkeit in Zeiten wachsender Kooperationsanforderungen, in: *Europäisches Zentrum für Föderalismus-Forschung Tübingen (EZFF) (Hrsg.)*, Jahrbuch des Föderalismus 2017 – Föderalismus, Subsidiarität und Regionen in Europa, Bd. 18, Baden-Baden 2017, S. 238–251 (zitiert: EZFF, Jahrbuch des Föderalismus 2017).

Schlegel, Jürgen, Auswirkungen der Föderalismusreform auf die Finanzarchitektur des deutschen Hochschulsystems, in: *Adams, Andrea / Keller, Andreas (Hrsg.)*, Vom Studentenberg zum Schuldenberg? – Perspektiven der Hochschul- und Studienfinanzierung, Bielefeld 2008, S. 45–59.

Schmidt, Detlef, Die Unterscheidung von privatem und öffentlichem Recht, Baden-Baden 1985.

Schmidt-Aßmann, Eberhard, Bundeskompetenzen für die Wissenschaftsförderung nach der Föderalismusreform, in: *Depenheuer, Otto / Heintzen, Markus / Jestaedt, Matthias / Axer, Peter (Hrsg.)*, Staat im Wort: Festschrift für Josef Isensee, Heidelberg 2007, S. 405–421 (zitiert: FS Isensee).

Schmidt-Bleibtreu, Bruno (Begr.) / Hofmann, Hans / Henneke, Hans-Günter (Hrsg.), Kommentar zum Grundgesetz, 13. Aufl., Köln 2014 (zitiert: *Bearbeiter*, in: Schmidt-Bleibtreu/Hofmann/Henneke, GG. 13. Aufl. 2014).

Schmidt-Bleibtreu, Bruno (Begr.) / Hofmann, Hans / Henneke, Hans-Günter (Hrsg.), Kommentar zum Grundgesetz, 14. Aufl., Köln 2018 (zitiert: *Bearbeiter*, in: Schmidt-Bleibtreu/Hofmann/Henneke, GG).

Schmidt-Jortzig, Edzard, Die fehlgeschlagene Verfassungsreform, ZG 20 (2005), S. 16–28.

Schoch, Friedrich / Wieland, Joachim, Finanzierungsverantwortung für gesetzgeberisch veranlasste kommunale Aufgaben, Baden-Baden 1995 (zitiert: Finanzierungsverantwortung).

Scholz, Rupert, Parlamentarischer Untersuchungsausschuß und Steuergeheimnis, AöR 105 (1980), S. 564–622.

Schröder, Thomas, Der Einsatz leistungsorientierter Ressourcensteuerungsverfahren im deutschen Hochschulsystem – Eine empirische Untersuchung ihrer Ausgestaltung und Wirkungsweise, Beiträge zur Hochschulforschung 2/2004, S. 28–58.

Schwab, Martin, Rechtsfragen der Politikberatung im Spannungsfeld zwischen Wissenschaftsfreiheit und Unternehmerschutz, Tübingen 1999.

Schwarz, Kyrill-A., Der Finanzausgleich als Ordnungsrahmen effektiver Aufgabenerfüllung, in: *Blanke, Hermann-Josef / Schwanengel, Wito (Hrsg.)*, Zustand und Perspektiven des deutschen Bundesstaats, Tübingen 2005, S. 107–125.

Schwarz, Kyrill-A., Die Finanzierung von Bildung und Erziehung in der bundesstaatlichen Ordnung, RdJB 2008, S. 283–291.

Schwarz, Kyrill-A., Länderneugliederungen – ein Beitrag zur Reform der bundesstaatlichen Ordnung?, in: *Härtel, Ines* (Hrsg.), Handbuch Föderalismus – Föderalismus als demokratische Rechtsordnung und Rechtskultur in Deutschland, Europa und der Welt, Bd. II: Probleme, Reformen, Perspektiven des deutschen Föderalismus, Berlin u.a. 2012, § 47 S. 539–607 (zitiert: Handbuch Föderalismus).

Seckelmann, Margrit, Bildung und Wissenschaft im Bundesstaat – Entwurf eines Gesetzes zur Förderung der föderalen Kooperation im Wissenschaftsbereich, ZRP 2013, S. 82–85.

Seckelmann, Margrit, Das sog. „Kooperationsverbot“ und die Mittel zu seiner Behebung – Sollen Art. 91b bzw. Art. 104b GG modifiziert werden?, DÖV 2012, S. 701–709.

Seckelmann, Margrit, „Föderalismusreform III“ im Wissenschaftsbereich? Zur aktuellen Neuordnung der föderalen Kooperation, NVwZ 2015, S. 248–252.

Seckelmann, Margrit, Konvergenz und Entflechtung im Wissenschaftsföderalismus von 1998 bis 2009 – insbesondere in den beiden Etappen der Föderalismusreform, in: *Seckelmann, Margrit / Lange, Stefan / Horstmann, Thomas (Hrsg.)*, Die Gemeinschaftsaufgaben von Bund und Ländern in der Wissenschafts- und Bildungspolitik: Analysen und Erfahrungen, Baden-Baden 2010, S. 65–90.

Seckelmann, Margrit, „Renaissance" der Gemeinschaftsaufgaben in der Föderalismusreform II? – Zu den Gemeinschaftsaufgaben und den Möglichkeiten kooperativen Handelns im Bundesstaat (insbesondere zu den Art. 91a und b GG n.F. sowie zur Aufnahme der Art. 91c und d GG in das Grundgesetz) –, DÖV 2009, S. 747–757.

Seeger, Julius, Finanzierung von Länderaufgaben durch den Bund, DÖV 1968, S. 781–788.

Segmiller, Sebastian, Sekundärer Finanzausgleich in Deutschland und der Schweiz – Ein Rechtsvergleich, Baden-Baden 2017.

Sellmann, Christian, Privatisierung mit oder ohne gesetzliche Ermächtigung, NVwZ 2008, S. 817–823.

Selmer, Peter, Die Föderalismusreform II – Ein verfassungsrechtliches monstrum simile, NVwZ 2009, S. 1255–1262.

Selmer, Peter, Grundsätze der Finanzverfassung des vereinten Deutschlands, VVDStRL 52 (1993), S. 10–62.

Siekmann, Helmut, Finanzzuweisungen des Bundes an die Länder auf unklarer Kompetenzgrundlage, DÖV 2002, S. 629–639.

Sieweke, Simon, Die Rechte der Antragsteller in den Förderverfahren der DFG, KritV 2010, S. 49–64.

Sieweke, Simon, Verfassungsrechtliche Anforderungen an die Fortsetzung der Exzellenzinitiative, DÖV 2009, S. 946–954.

Sieweke, Simon, Zur Verfassungsmäßigkeit der Fusion der Universität Karlsruhe mit dem Forschungszentrum Karlsruhe, VBlBW 2009, S. 290–294.

Smend, Rudolf, Das Recht der freien Meinungsäußerung, VVDStRL 4 (1927), S. 44–73.

Smend, Rudolf, Ungeschriebenes Verfassungsrecht im monarchischen Bundesstaat, in: Festgabe für Otto Mayer zum siebzigsten Geburtstag, Tübingen 1916, S. 245–270 (zitiert: FG Mayer).

Smith, Stephan, Konfliktlösung im demokratischen Bundesstaat: eine Untersuchung zur Gesetzgebung zwischen Recht und Politik, Berlin 2011.

Sodan, Helge (Hrsg.), Beck'sche Kompakt-Kommentare Grundgesetz, 4. Aufl. 2018, München 2018 (zitiert: *Bearbeiter*, in: Sodan, GG).

Speiser, Guido, Bundesfinanzhilfen im Bildungsbereich – Der neue Art. 104c GG –, DÖV 2020, S. 14–23.

Speiser, Guido, Das „Kooperationsverbot" – Status quo und Handlungsoptionen, DÖV 2014, S. 555–563.

Speiser, Guido, Der deutsche Wissenschaftsföderalismus auf dem Prüfstand – der neue Art. 91b Abs. 1 GG, elektronisch veröffentlicht 2017 [https://dopus.

uni-speyer.de/frontdoor/deliver/index/docId/2504/file/Speiser+Dissertation.pdf].

Speiser, Guido, Der neue Art. 91b GG – zentrale Regelungen und praktische Bedeutung, RuP 2015, S. 86–93.

Speiser, Guido, Die Rolle des Bundes in der Hochschulfinanzierung, Beiträge zur Hochschulforschung 3/2016, S. 8–25, [www.bzh.bayern.de/uploads/media/3-2016-gesamt.pdf].

Staff, Ilse, Wissenschaftsförderung im Gesamtstaat, Berlin 1971.

Stamm-Kuhlmann, Thomas, Zwischen Staat und Verwaltung – Die deutsche Forschung im Wiederaufbau 1945–1965, Köln 1981.

Starck, Christian, Föderalismusreform – Einführung, München 2007 (zitiert: *Bearbeiter*, in: Starck, Föderalismusreform).

Steiner, Udo, Öffentliche Verwaltung durch Private – Allgemeine Lehren, Hamburg 1975.

Steinkemper, Ursula, Die verfassungsrechtliche Stellung der Privathochschule und ihre staatliche Förderung – Verantwortungsteilung im Dualen Hochschulsystem, Berlin 2002.

Stelkens, Paul / Bonk, Heinz J. (Begr.) / Sachs, Michael (Hrsg.), Verwaltungsverfahrensgesetz – Kommentar, 9. Aufl., München 2018 (zitiert: *Bearbeiter*, in: Stelkens/Bonk/Sachs, VwVfG).

Stern, Klaus, Das Staatsrecht der Bundesrepublik Deutschland, Band II: Staatsorgane, Staatsfunktionen, Finanz- und Haushaltsverfassung, Notstandsverfassung, München 1980.

Stern, Christian, Diskussionsbeitrag, VVDStRL 31 (1973), S. 106–111.

Stratmann, Friedrich / Stibbe, Jana, Parallelwelten im Hochschulbau – Bau- und Instandsetzungsbedarf in den Universitäten, Forschung & Lehre 3/2015, S. 176–178.

Streiter, Felix, Wissenschaftsförderung durch Mittlerorganisationen, Freiburg 2007.

Stucke, Andreas, Der Wissenschaftsrat, in: *Falk, Svenja / Rehfeld, Dieter / Römmele, Andrea / Thunert, Martin (Hrsg.)*, Handbuch Politikberatung, Wiesbaden 2006, S. 248–254.

Szöllösi-Janze, Margit, Geschichte der Arbeitsgemeinschaft der Großforschungseinrichtungen, 1958–1980, Frankfurt a.M. u.a. 1990.

Szöllösi-Janze, Margit, Geschichte der außeruniversitären Forschung in Deutschland, in: *Flämig, Christian / Kimminich, Otto / Krüger, Hartmut / Meusel, Ernst-Joachim / Rupp, Hans-Heinrich / Scheven, Dieter / Schuster, Hermann J. / Stenbock-Fermor, Friedrich Graf (Hrsg.)*, Handbuch des Wissenschaftsrechts,

Band 2, 2. Aufl., Berlin u.a. 1996, Kap. 44 S. 1187–1218 (zitiert: Flämig et al., Handbuch des Wissenschaftsrechts, Bd. 2).

Tappe, Henning / Wernsmann, Rainer, Öffentliches Finanzrecht, 2. Aufl., Heidelberg 2019.

Thieme, Werner, Das Hochschulrahmengesetz, WissR 9 (1976), S. 193–221.

Thieme, Werner, Deutsches Hochschulrecht: das Recht der wissenschaftlichen, künstlerischen, Gesamt- und Fachhochschulen in der Bundesrepublik Deutschland, 3. Aufl., Köln u.a. 2004.

Tiemann, Burkhard, Gemeinschaftsaufgaben von Bund und Ländern in verfassungsrechtlicher Sicht, Berlin 1970.

Tomuschat, Christian, Die parlamentarische Haushalts- und Finanzkontrolle in der Bundesrepublik Deutschland, Der Staat 19 (1980), S. 1–28.

Trischler, Helmuth / Bruch, Rüdiger vom, Forschung für den Markt – Geschichte der Fraunhofer-Gesellschaft, München 1999.

Trute, Hans-Heinrich, Die Forschung zwischen grundrechtlicher Freiheit und staatlicher Institutionalisierung: das Wissenschaftsrecht als Recht kooperativer Verwaltungsvorgänge, Tübingen 1994.

Trute, Hans-Heinrich, Die Verwaltung und das Verwaltungsrecht zwischen gesellschaftlicher Selbstregulierung und staatlicher Steuerung, DVBl. 1996, S. 950–964.

Trute, Hans-Heinrich, Verwaltungskompetenzen im deutschen Bundesstaat, in: *Härtel, Ines* (Hrsg.), Handbuch Föderalismus – Föderalismus als demokratische Rechtsordnung und Rechtskultur in Deutschland, Europa und der Welt, Bd. II: Probleme, Reformen, Perspektiven des deutschen Föderalismus, Berlin u.a. 2012, § 28 S. 39–77 (zitiert: Handbuch Föderalismus).

Trute, Hans-Heinrich, Verwaltungskompetenzen nach der Föderalismusreform – zwischen Entflechtung und Verflechtung, in: *Hufen, Friedhelm* (Hrsg.), Verfassungen – Zwischen Recht und Politik, Festschrift zum 70. Geburtstag für Hans-Peter Schneider, Baden-Baden 2008, S. 302–322 (zitiert: FS Schneider).

Unruh, Peter, Der Verfassungsbegriff des Grundgesetzes: eine verfassungstheoretische Rekonstruktion, Tübingen 2002.

Vogel, Hans-Jochen, Die bundesstaatliche Ordnung, in: *Benda, Ernst / Maihofer, Werner / Vogel, Hans-Jochen* (Hrsg.), Handbuch des Verfassungsrechts der Bundesrepublik Deutschland, 2. Aufl., Berlin u.a. 1995, § 22 S. 1041–1102 (zitiert: Handbuch des Verfassungsrechts).

Volkmann, Uwe, Bundesstaat in der Krise?, DÖV 1998, S. 613–623.

Wagner, Hellmut, Das KIT-Gesetz verfassungswidrig?, VBlBW 2010, S. 133–141.

Wagner, Hellmut, Die Verfassungsmäßigkeit der Exzellenzinitiative des Bundes und der Länder – Eine Erwiderung auf den Beitrag von Simon Sieweke, Verfassungsrechtliche Anforderungen an die Fortsetzung der Exzellenzinitiative, DÖV 2009, 946 ff., DÖV 2011, S. 427–437.

Waldhoff, Christian, Das andere Grundgesetz – Gedanken über Verfassungskultur, München 2019.

Waldhoff, Christian, Finanzautonomie und Finanzverflechtung in gestuften Rechtsordnungen, VVDStRL 66 (2007), S. 216–276.

Waldhoff, Christian, Grundzüge des Finanzrechts des Grundgesetzes, in: *Isensee, Josef / Kirchhof, Paul* (Hrsg.), Handbuch des Staatsrechts der Bundesrepublik Deutschland, Band V: Rechtsquellen, Organisation, Finanzen, 3. Aufl., Heidelberg 2008, § 116 S. 813–933 (zitiert: HdbStR).

Waldhoff, Christian, Mischfinanzierungen in der Bundesstaatsreform, KritV 2008, S. 213–230.

Waldhoff, Christian, Normative und faktische Gleichheitserwartungen – die magische Formel von den „gleichwertigen Lebensverhältnissen“ im Bundesgebiet, ZG 34 (2019), S. 97–113.

Weber-Dürler, Beatrice, Der Grundrechtseingriff, VVDStRL 57 (1998), S. 57–99.

Weisel, Klaus, Das Verhältnis von Privatisierung und Beleihung, Baden-Baden 2003.

Wendt, Rudolf, Finanzhoheit und Finanzausgleich, in: *Isensee, Josef / Kirchhof, Paul (Hrsg.)*, Handbuch des Staatsrechts der Bundesrepublik Deutschland, Band IV: Finanzverfassung – Bundesstaatliche Ordnung, 2. Auflage, Heidelberg 1999, § 104 S. 1021–1089 (zitiert: HdbStR, Bd. IV, 2. Aufl. 1999).

Werner, Georg, Abbau von Mischfinanzierungen, ZG 17 (2002), S. 14–48.

Weschpfennig, Armin v., Rechtliche Grenzen von allgemeinen Studienabgaben – Studienbeiträge oder Akademikersteuer?, Baden-Baden 2015.

Weschpfennig, Armin v., Verfassungs- und völkerrechtliche Zulässigkeit von Studiengebühren für Internationale Studierende – Novelle des baden-württembergischen Landeshochschulgebührengesetzes (LHGebG), OdW 2017, S. 175–193.

Westerburg, Sandra, Auswirkungen der Föderalismusreform auf die rechtlichen Rahmenbedingungen von Wissenschaft und Forschung, WissR 39 (2006), S. 338–344.

Wieland, Joachim, Bildungsföderalismus, in: *Wieland, Joachim / Dohmen, Dieter* (Hrsg.), Bildungsföderalismus und Bildungsfinanzierung, Berlin 2011, S. 11–47.

Wieland, Joachim, Einen und Teilen – Grundsätze der Finanzverfassung des vereinten Deutschlands, DVBl. 1992, S. 1181–1193.

Wieland, Joachim, Ungeschriebene Ausgabenkompetenzen, in: *Makswit, Jürgen / Schoch, Friedrich* (Hrsg.), Aktuelle Fragen der Finanzordnung im internationalen und nationalem Recht, 26. Tagung der Wissenschaftlichen Mitarbeiter „Öffentliches Recht" vom 11. bis 14. März 1986 in Kiel, Berlin 1986, S. 129–150 (zitiert: Makswit/Schoch, Aktuelle Fragen der Finanzordnung).

Wieland, Joachim, Von der Verhinderungsverfassung zur Ermöglichungsverfassung, ZG 27 (2012), S. 266–278.

Wilden, Anke, Die Erforderlichkeit gesetzlicher Regelungen für die außeruniversitäre Forschung und die Forschungsförderung, Frankfurt a.M. 2009.

Wollenschläger, Ferdinand, Die Föderalismusreform: Genese, Grundlinien und Auswirkungen auf die Bereiche Bildung und Wissenschaft, RdJB 2007, S. 8–20.

Wolff, Hans J., Der Unterschied zwischen öffentlichem und privatem Recht, AöR 76 (1950), S. 205–217.

Wolff, Johanna, Der neue Artikel 91b GG – erweiterte Kooperation im Wissenschaftsföderalismus, DÖV 2015, S. 771–780.

Wößmann, Ludger, Die Bildungsfinanzierung in Deutschland im Licht der Lebenszyklusperspektive: Gerechtigkeit im Widerstreit mit Effizienz?, ZfE 2008, S. 214–233.

Würtenberger, Thomas, Neugliederung, in: *Isensee, Josef / Kirchhof, Paul (Hrsg.)*, Handbuch des Staatsrechts der Bundesrepublik Deutschland, Band VI: Bundesstaat, 3. Auflage, Heidelberg 2008, § 132 S. 413–454 (zitiert: HdbStR).

Zierold, Kurt, Die Deutsche Forschungsgemeinschaft als Selbstverwaltungsorganisation der Wissenschaft, DÖV 1960, S. 481–485

Zierold, Kurt, Forschungsförderung in drei Epochen – Deutsche Forschungsgemeinschaft: Geschichte · Arbeitsweise · Kommentar, Wiesbaden 1968 (zitiert: Forschungsförderung in drei Epochen).

Zypries, Brigitte, Die Föderalismusreform, in: *Hufen, Friedhelm* (Hrsg.), Verfassungen – Zwischen Recht und Politik, Festschrift zum 70. Geburtstag für Hans-Peter Schneider, Baden-Baden 2008, S. 323–338 (zitiert: FS Schneider).

Quellenverzeichnis

Reichsgesetzblatt

RGBl. 1871 S. 63	Verfassung des Deutschen Reiches v. 16.4.1871.
RGBl. 1919 S. 1383	Verfassung des Deutschen Reiches v. 11.8.1919 [„Weimarer Verfassung"].

Bundesgesetzblatt

BGBl. 1955 I S. 817	Gesetz zur Änderung und Ergänzung der Finanzverfassung (Finanzverfassungsgesetz) v. 23.12.1955.
BGBl. 1957 I S. 667	Rahmengesetz zur Vereinheitlichung des Beamtenrechts (Beamtenrahmenrechtsgesetz – BRRG) v. 1.7.1957.
BGBl. 1959 I S. 814	Gesetz über die friedliche Verwendung der Kernenergie und den Schutz gegen ihre Gefahren (Atomgesetz) v. 23.12.1959.
BGBl. 1969 I S. 359	Einundzwanzigstes Gesetz zur Änderung des Grundgesetzes (Finanzreformgesetz) v. 12.5.1969. [„Finanzreform von 1969"]
BGBl. 1969 I S. 363	Zweiundzwanzigstes Gesetz zur Änderung des Grundgesetzes v. 12.5.1969.
BGBl. 1969 I S. 1556	Gesetz über die Gemeinschaftsaufgabe „Ausbau und Neubau von wissenschaftlichen Hochschulen" (Hochschulbauförderungsgesetz) v. 1.9.1969.
BGBl. 1971 I S. 206	Achtundzwanzigste Gesetz zur Änderung des Grundgesetzes (Artikel 74a GG) v. 18.3.1971.
BGBl. 1971 I S. 1409	Bundesgesetz über die individuelle Förderung der Ausbildung (Bundesausbildungsförderungsgesetz – BAföG) v. 26.8.1971.
BGBl. 1976 I S. 185	Hochschulrahmengesetz (HRG) v. 26.1.1976.
BGBl. 1994 I S. 3146	Gesetz zur Änderung des Grundgesetzes (Artikel 3, 20a, 28, 29, 72, 74, 75, 76, 77, 80, 87, 93, 118a und 125a) v. 27.10.1994.

BGBl. 1999 I S. 18	Bekanntmachung der Neufassung des Hochschulrahmengesetzes v. 19.1.1999.
BGBl. 1999 I S. 654	Bekanntmachung der Neufassung des Beamtenrechtsrahmengesetzes v. 31.3.1999.
BGBl. 2002 I S. 693	Fünftes Gesetz zur Änderung des Hochschulrahmengesetzes und anderer Vorschriften (5. HRGÄndG) v. 16.2.2002.
BGBl. 2002 I S. 3138	Sechstes Änderungsgesetz zur Änderung des Hochschulrahmengesetzes (6. HRGÄndG) v. 8.8.2002.
BGBl. 2004 I S. 2298	Siebtes Gesetz zur Änderung des Hochschulrahmengesetzes (7. HRGÄndG) v. 28.8.2004.
BGBl. 2004 I S. 3835	Gesetz zur Änderung dienst- und arbeitsrechtlicher Vorschriften im Hochschulbereich (HdaVÄndG) v. 27.12.2004.
BGBl. 2006 I S. 2034	Gesetz zur Änderung des Grundgesetzes (Artikel 22, 23, 33, 52, 72, 73, 74, 74a, 75, 84, 85, 87c, 91a, 91b, 93, 98, 104a, 104b, 105, 107, 109, 125a, 125b, 125c, 143c) v. 28.08.2006 [„Föderalismusreform I"].
BGBl. 2006 I S. 2098	Föderalismusreform-Begleitgesetz v. 5.9.2006.
BGBl. 2007 I S. 506	Gesetz zur Änderung arbeitsrechtlicher Vorschriften in der Wissenschaft v. 12.4.2007.
BGBl. 2008 I S. 1010	Gesetz zur Regelung des Statusrechts der Beamtinnen und Beamten in den Ländern (Beamtenstatusgesetz – BeamtStG) v. 17.6.2008.
BGBl. 2009 I S. 416	Gesetz zur Sicherung von Beschäftigung und Stabilität in Deutschland v. 2.3.2009.
BGBl. 2009 I S. 2248	Gesetz zur Änderung des Grundgesetzes (Artikel 91c, 91d, 104b, 109, 109a, 115, 143d) v. 29.7.2009 [„Föderalismusreform II"].
BGBl. 2010 I S. 1864	Gesetz über die weitere Bereinigung von Bundesrecht v. 8.12.2010.
BGBl. 2011 I S. 678	Gesetz zur Änderung wehrrechtlicher Vorschriften 2011 (Wehrrechtsänderungsgesetz 2011 – WehrRÄndG 2011) v. 28.4.2011.

BGBl. 2012 I S. 2457	Gesetz zur Flexibilisierung von haushaltrechtlichen Rahmenbedingungen außeruniversitärer Wissenschaftseinrichtungen (Wissenschaftsfreiheitsgesetz – WissFG) v. 5.12.2012.
BGBl. 2014 I S. 2438	Gesetz zur Änderung des Grundgesetzes (Artikel 91b) v. 23.12.2014.
BGBl. 2014 I S. 2475	Fünfundzwanzigstes Gesetz zur Änderung des Bundesausbildungsförderungsgesetzes (25. BAföGÄndG) v. 23.12.2014.
BGBl. 2015 I S. 974	Gesetz zur Förderung von Investitionen finanzschwacher Kommunen und zur Entlastung von Ländern und Kommunen bei der Aufnahme und Unterbringung von Asylbewerbern v. 24.6.2015.
BGBl. 2015 I S. 1474	Zehnte Zuständigkeitsanpassung v. 31.8.2015.
BGBl. 2017 I S. 1228	Gesetz zur Neuregelung des Mutterschutzrechts v. 23.5.2017.
BGBl. 2017 I S. 2347	Gesetz zur Änderung des Grundgesetzes (Art. 90, 91c, 104b, 104c, 107, 108, 109a, 114, 125c, 143d, 143e, 143f, 143g) v. 13.7.2017.
BGBl. 2018 I, S. 2232	Gesetz zur Änderung des Beamtenstatusgesetzes und des Bundesbeamtengesetzes sowie weiterer dienstrechtlicher Vorschriften v. 29.11.2018.
BGBl. 2019 I S. 404	Gesetz zur Änderung des Grundgesetzes (Art. 104b, 104c, 104d, 125c, 143e) v. 28.3.2019.
BGBl. 2019 I S. 1622	Achtes Gesetz zur Änderung des Hochschulrahmengesetzes v. 15.11.2019.

Landesgesetzblätter

Amtsbl. Saarland I 2016 S. 1080	Saarländisches Hochschulgesetz (SHSG) v. 30.11.2016.
Amtsbl. Saarland I 2019 S. 412	Gesetz Nr. 1962 zur Stärkung des Wissenschaftsstandorts Saar v. 10.4.2019.
Brem. GBl. 2007 S. 339	Bremisches Hochschulgesetz (BremHG) v. 9.5.2007.

Brem. GBl. 2020 S. 712	Gesetz zur Änderung hochschulrechtlicher Bestimmungen im Zusammenhang mit den Anforderungen aus der Corona-Krise v. 14.7.2020.
GBl. BW 2005 S. 1	Gesetz über die Hochschulen in Baden-Württemberg (Landeshochschulgesetz – LHG) v. 1.1.2005.
GBl. BW 2009 S. 317	Gesetz zur Zusammenführung der Universität Karlsruhe und der Forschungszentrum Karlsruhe GmbH im Karlsruher Institut für Technologie (KIT-Zusammenführungsgesetz) v. 14.7.2009.
GBl. BW 2020 S. 426	Gesetz zur Änderung des Landeshochschulgesetzes und des Studierendenwerksgesetztes v. 24.6.2020.
GVBl. BB I 2014 Nr. 18	Brandenburgisches Hochschulgesetz (BbgHG) v. 28.4.2014.
GVBl. BB I 2019 Nr. 20	Drittes Gesetz zur Änderung des Landeshaushaltsordnung v. 5.6.2019.
GVBl. Berlin 2011 S. 378	Gesetz über die Hochschulen im Land Berlin (Berliner Hochschulgesetz – BerlHG) in der Fassung vom 26.7.2011.
GVBl. Berlin 2019 S. 795	Gesetz über die Errichtung eines Sondervermögens Schulbaufinanzierungsfonds v. 17.12.2019.
GVBl. BY 2006 S. 245	Bayerisches Hochschulgesetz (BayHSchG) v. 23.5.2006.
GVBl. BY 2019 S. 98	Verordnung zur Anpassung des Landesrechts an die geltende Geschäftsverteilung v. 26.3.2019.
GVBl. Hessen 1950 S. 179	Gesetz über das Staatsabkommen der Länder der Bundesrepublik Deutschland über die Finanzierung wissenschaftlicher Forschungseinrichtungen v. 12.9.1950.
GVBl. Hessen I 2009 S. 666	Hessisches Hochschulgesetz v. 14.12.2009.
GVBl. Hessen 2017 S. 482	Gesetz zu dem Studienakkreditierungsstaatsvertrag und zur Änderung des Hessischen Hochschulgesetzes sowie weiterer hochschulbezogener Vorschriften v. 18.12.2017.

GVBl. LSA 2010 S. 600	Hochschulgesetz des Landes Sachsen-Anhalt (HSG LSA) in der Fassung der Bekanntmachung v. 14.12.2010.
GVBl. LSA 2020 S. 334	Gesetz zur Änderung des Hochschulgesetzes des Landes Sachsen-Anhalt und anderer Vorschriften v. 2.7.2020.
GVBl. R-P 2010 S. 463	Hochschulgesetz (HochSchG) in der Fassung der Bekanntmachung v. 19.11.2010.
GVBl. R-P 2019 S. 101	Landesgesetz zum Erlass eines Körperschaftsstatusgesetzes sowie zur Änderung des Landesgesetzes über den Austritt aus Religionsgemeinschaften, des Kirchensteuergesetzes und des Hochschulgesetzes v. 18.6.2019.
GVBl. Thüringen 2018 S. 149	Thüringer Hochschulgesetz (ThürHG) v. 10.5.2018.
GVBl. Thüringen 2018 S. 731	Thüringer Verwaltungsreformgesetz 2018 (ThürVwG) v. 18.12.2018.
GV. NRW 2014 S. 547	Gesetz über die Hochschulen des Landes Nordrhein-Westfalen (Hochschulgesetz – HG) v. 16.9.2014.
GV. NRW 2020 S. 218b	Gesetz zur konsequenten und solidarischen Bewältigung der COVID-19-Pandemie in Nordrhein-Westfalen und zur Anpassung des Landesrechts im Hinblick auf die Auswirkungen der Pandemie v. 14.4.2020.
GVOBl. M-V 2011 S. 18	Gesetz über die Hochschulen des Landes Mecklenburg-Vorpommern (Landeshochschulgesetz – LHG M-V) in der Fassung der Bekanntmachung v. 25.1.2011.
GVOBl. M-V 2019 S. 705	Gesetz zur Änderung des Hochschulrechts v. 26.11.2019.
GVOBl. Schl.-H. 2016 S. 39	Gesetz über die Hochschulen und das Universitätsklinikum Schleswig-Holstein (Hochschulgesetz – HSG) in der Fassung der Bekanntmachung v. 5.2.2016.

GVOBl. Schl.-H. 2020 S. 220	Gesetz zur Änderung schul- und hochschulrechtlicher Vorschriften, des Lehrkräftebildungsgesetzes, des Pflegeberufekammergesetzes, des Heilberufekammergesetzes, diverser Sozialgesetze, des KiTa-Reformgesetzes, des Kindertagesstättengesetzes, des Kindertagesförderungsgesetzes sowie des Finanzausgleichsgesetzes aufgrund der Corona-Pandemie v. 8.5.2020.
HmbGVBl. 2001 S. 171	Hamburgisches Hochschulgesetz (HmbHG) v. 18.7.2001.
HmbGVBl. I 2008 S. 361	Verordnung über die Stundung und Einziehung von Studiengebühren (Studiengebührenverordnung – StudGebVO) v. 7.10.2008.
HmbGVBl. I 2011 S. 550	Gesetz zu Abschaffung von Studiengebühren v. 20.12.2011.
HmbGVBl. 2020 S. 380	Gesetz zur Erleichterung der Gremienarbeit aus Anlass der COVID-19-Pandemie und zur Schaffung der Voraussetzungen für Fördermaßnahmen im Hochschulbereich v. 26.6.2020.
Nds. GVBl. 2007 S. 69	Niedersächsisches Hochschulgesetz (NHG) in der Fassung der Bekanntmachung v. 26.2.2007.
Nds. GVBl. 2019 S. 261	Gesetz zur Änderung des Niedersächsischen Hochschulgesetzes v. 11.9.2019.
SächsGVBl. 2013 S. 3	Sächsisches Hochschulfreiheitsgesetz in der Fassung der Bekanntmachung v. 15.1.2013.
SächsGVBl. 2019 S. 245	Sächsisches Verwaltungskostenrechtsneuordnungsgesetz v. 5.4.2019.

Gesetzesmaterialien und Parlamentsdrucksachen (Bund)

A-Drs. 17(18)265 g	Stellungnahme von Prof. Dr. Wolfgang Löwer in der Öffentlichen Anhörung zum Thema „Verfassungsrechtliche Grenzen und Perspektiven einer besseren Zusammenarbeit von Bund und Ländern in Bildung und Wissenschaft“ am 19.3.2012.

A-Drs. 18(18)48 i	Stellungnahme von Prof. Dr. Wolfgang Löwer in der Öffentlichen Anhörung zum Gesetzentwurf der Bundesregierung „Entwurf eines Gesetzes zur Änderung des Grundgesetzes (Artikel 91b)" – BT-Drs. 18/2710 am 3.11.2014.
BR-Drs. 750/03	Einsetzung einer gemeinsamen Kommission von Bundestag und Bundesrat zur Modernisierung der bundesstaatlichen Ordnung (Antrag aller Länder).
BR-Drs. 178/06	Entwurf eines Gesetzes zur Änderung des Grundgesetzes (Artikel 22, 23, 33, 52, 72, 73, 74, 74a, 75, 84, 85, 87c, 91a, 91b, 93, 98, 104a, 104b, 105, 107, 109, 125a, 125b, 125c, 143c) [„Föderalismusreform I"].
BR-Drs. 179/06	Entwurf eines Föderalismusreform-Begleitgesetzes.
BR-Drs. 352/07	Entwurf eines Gesetzes zur Aufhebung des Hochschulrahmengesetzes.
BR-Drs. 43/12	Antrag des Landes Schleswig-Holstein – Entschließung des Bundesrates zum Bildungsföderalismus v. 24.1.2012.
BR-Drs. 63/12	Antrag der Freien und Hansestadt Hamburg – Entschließung des Bundesrates zum Bildungsföderalismus v. 3.2.2012.
BR-Drs. 323/2/14	Antrag des Landes Schleswig-Holstein – Entwurf eines Gesetzes zur Änderung des Grundgesetzes (Artikel 91b) v. 17.9.2014.
BR-Drs. 570/14(B)	Beschluss des Bundesrates – Gesetz zur Änderung des Grundgesetzes (Artikel 91b) v. 19.12.2014.
BR-Prot. 334/69	Bundesrat, Bericht über die 334. Sitzung in der 5. Legislaturperiode v. 7.2.1969.
BT-Drs. 4/68	Antrag der Fraktion SPD – betr. Einsetzung einer Expertenkommission zur Vorbereitung der Finanzreform.
BT-Drs. 5/2166	Bericht über den Stand der Maßnahmen auf dem Gebiet der Bildungsplanung v. 13.10.1967.
BT-Drs. 5/2280	Antrag der Fraktion der FDP.
BT-Drs. 5/2861	Entwurf eines ....Gesetzes zur Änderung und Ergänzung des Grundgesetzes (Finanzreformgesetz).

BT-Drs. 5/3605	Schriftlicher Bericht des Rechtsausschusses (12. Ausschuss).
BT-Drs. 5/3826	Einberufung des Vermittlungsausschusses zum Zwanzigsten Gesetz zur Änderung des Grundgesetzes.
BT-Drs. 5/3896	Mündlicher Bericht des Ausschusses nach Artikel 77 des Grundgesetzes (Vermittlungsausschuss) zu dem Zwanzigsten Gesetz zur Änderung des Grundgesetzes.
BT-Drs. 6/1975	Entwurf eines Bundesgesetzes über individuelle Förderung der Ausbildung (Ausbildungsförderungsgesetz) – BAföG – (Gesetzentwurf der Bundesregierung).
BT-Drs. 7/1474	Unterrichtung durch die Bundesregierung – Bildungsgesamtplan v. 20.12.1973.
BT-Drs. 7/5924	Schlussbericht der Enquete-Kommission Verfassungsreform gemäß Beschluss des Deutschen Bundestages v. 9.12.1976.
BT-Drs. 9/2012	Unterrichtung durch die Bundesregierung – Bericht der Bundesregierung zum Stand der Beratungen sowie zum weiteren Verfahren der Bund-Länder-Kommission für Bildungsplanung und Forschungsförderung zur Fortschreibung des Bildungsgesamtplans v. 1.10.1982.
BT-Drs. 12/1618	Unterrichtung durch die Bundesregierung – Jahresgutachten 1991/92 des Sachverständigenrates zur Begutachtung der gesamtwirtschaftlichen Entwicklung v. 18.11.1991.
BT-Drs. 12/6000	Bericht der Gemeinsamen Verfassungskommission v. 5.11.1993.
BT-Drs. 14/4792	Unterrichtung durch die Bundesregierung – Jahresgutachten 2000/01 des Sachverständigenrates zur Begutachtung der gesamtwirtschaftlichen Entwicklung v. 29.11.2000.

BT-Drs. 15/1685	Einsetzung einer gemeinsamen Kommission von Bundestag und Bundesrat zur Modernisierung der bundesstaatlichen Ordnung (Antrag der Fraktionen SPD, CDU/CSU, BÜNDNIS 90/DIE GRÜNEN und FDP).
BT-Drs. 16/160	Unterrichtung durch den Bundesrechnungshof – Bemerkungen des Bundesrechnungshofes 2005 zur Haushalts- und Wirtschaftsführung des Bundes (einschließlich der Feststellungen zur Jahresrechnung 2004) v. 12.12.2005.
BT-Drs. 16/330	Antwort der Bundesregierung auf die Kleine Anfrage der Abgeordneten Krista Sager, Priska Hinz (Herborn), Kai Boris Gehring, weiterer Abgeordneter und der Fraktion BÜNDNIS 90/DIE GRÜNEN – Drucksache 16/223 – Auswirkungen der geplanten Föderalismusreform auf die Situation von Bildung und Forschung v. 30.12.2005.
BT-Drs. 16/813	Entwurf eines Gesetzes zur Änderung des Grundgesetzes (Artikel 22, 23, 33, 52, 72, 73, 74, 74a, 75, 84, 85, 87c, 91a, 91b, 93, 98, 104a, 104b, 105, 107, 109, 125a, 125b, 125c, 143c) [„Föderalismusreform I"].
BT-Drs. 16/814	Entwurf eines Föderalismusreform-Begleitgesetzes.
BT-Drs. 16/2052	Entschließungsantrag der Fraktionen der CDU/CSU und SPD zu der dritten Beratung des Gesetzentwurfs der Fraktion der CDU/CSU und SPD – Drucksachen 16/813, 16/2010 – Entwurf eines Gesetzes zur Änderung des Grundgesetzes (Artikel 22, 23, 33, 52, 72, 73, 74, 74a, 75, 84, 85, 87c, 91a, 91b, 93, 98, 104a, 104b, 105, 107, 109, 125a, 125b, 125c, 143c) v. 28.6.2006.
BT-Drs. 16/2069	Bericht des Rechtsausschusses (6. Ausschuss) v. 29.6.2006.
BT-Drs. 16/6122	Gesetzentwurf der Bundesregierung – Entwurf eines Gesetzes zur Aufhebung des Hochschulrahmengesetzes v. 23.7.2007.

BT-Drs. 16/11550	Antwort der Bundesregierung auf die Kleine Anfrage der Abgeordneten Kai Gehring, Krista Sager, Priska Hinz (Herborn), weiterer Abgeordneter und der Fraktion BÜNDNIS 90/DIE GRÜNEN.
BT-Drs. 16/12410	Gesetzentwurf der Fraktionen der CDU/CSU und SPD – Entwurf eines … Gesetzes zur Änderung des Grundgesetzes (Artikel 91c, 91d, 104b, 109, 109a, 115, 143d) v. 24.3.2009.
BT-Drs. 17/785	Antrag der Abgeordneten Dr. Rosemarie Hein, Agnes Alpers, Nicole Gohlke, Ralph Lenkert, Dr. Petra Sitte und der Fraktion DIE LINKE. – Kooperationsverbot in der Bildung unverzüglich aufheben v. 23.2.2010.
BT-Drs. 17/1984	Antrag der Abgeordneten Priska Hinz (Herborn), Krista Sager, Kai Gehring, Sylvia Kotting-Uhl, Markus Kurth, Ekin Deligöz, Katja Dörner, Agnes Krumwiede, Monika Lazar, Brigitte Pothmer, Tabea Rößner und der Fraktion BÜNDNIS 90/DIE GRÜNEN – Gemeinsam für gute Schulen und Hochschulen sorgen – Kooperationsverbot von Bund und Ländern in der Bildung abschaffen v. 9.6.2010.
BT-Drs. 17/6094	Antrag der Abgeordneten Dr. Rosemarie Hein, Dr. Petra Sitte, Agnes Alpers, Ulla Jelpke, Jan Korte, Petra Pau, Jens Petermann, Ingrid Remmers, Raju Sharma, Kersten Steinke, Sabine Stüber, Frank Tempel, Halina Wawzyniak und der Fraktion DIE LINKE. – Bildungsverantwortung gemeinsam wahrnehmen v. 8.6.2011.
BT-Drs. 17/6918	Antrag der Abgeordneten Kai Gehrin, Krista Sager, Ekin Deligöz, Sylvia Kotting-Uhl, Katja Dörner, Ute Koczy, Agnes Krumwiede, Monika Lazar, Tabea Rößner, Till Seiler und der Fraktion BÜNDNIS 90/DIE GRÜNEN – Den Hochschulpakt weiterentwickeln: Mehr Studienplätze, bessere Studienbedingungen und höhere Lehrqualität schaffen v. 6.9.2011.

BT-Drs. 17/8296 Kleine Anfrage der Abgeordneten Kai Gehring, Krista Sager, Ekin Deligöz, Katja Dörner, Agnes Krumwiede, Monika Lazar, Tabea Rößner, Ulrich Schneider und der Fraktion BÜNDNIS 90/DIE GRÜNEN v. 3.1.2012.

BT-Drs. 17/8455 Antrag der Abgeordneten Marianne Schieder (Schwandorf); Swen Schulz (Spandau), Dr. Ernst Dieter Rossmann, Christine Lambrecht, Willi Brase, Bernhard Brinkmann (Hildesheim), Ulla Burchardt, Sebastian Edathy, Ingo Egloff, Petra Ernstberger, Dr. Edgar Franke, Michael Gerdes, Iris Gleicke, Klaus Hagemann, Petra Hinz (Essen), Dr. Eva Högl, Christel Humme, Oliver Kaczmarek, Ute Kumpf, Burkhard Lischka, Caren Marks, Katja Mast, Thomas Oppermann, Florian Pronold, René Röspel, Sonja Steffen, Christoph Strässer, Dagmar Ziegler, Dr. Frank-Walter Steinmeier und der Fraktion der SPD – Kooperativen Bildungsföderalismus stärken v. 24.1.2012.

BT-Drs. 17/8902 Antrag der Abgeordneten Kai Gehring, Krista Sager, Ekin Deligöz, Sylvia Kotting-Uhl, Katja Dörner, Agnes Krummwiede, Monika Lazar, Tabea Rößner, Ulrich Schneider und der Fraktion BÜNDNIS 90/DIE GRÜNEN – Kooperation ermöglichen – Gemeinsam Verantwortung für die großen Herausforderungen in Bildung und Wissenschaft übernehmen v. 7.3.2012.

BT-Drs. 17/10037 Gesetzentwurf der Bundesregierung – Entwurf eines Gesetzes zur Flexibilisierung von haushaltsrechtlichen Rahmenbedingungen außeruniversitärer Wissenschaftseinrichtungen (Wissenschaftsfreiheitsgesetz – WissFG) v. 19.6.2012.

BT-Drs. 17/10956 Gesetzentwurf der Bundesregierung – Entwurf eines Gesetzes zur Änderung des Grundgesetzes (Artikel 91b) v. 10.10.2012.

BT-Drs. 18/588	Antrag der Abgeordneten Dr. Rosemarie Hein, Diana Golze, Matthias W. Birkwald, Nicole Gohlke, Sigrid Hupach, Cornelia Möhring, Harald Petzold, Dr. Petra Sitte, Katrin Werner, Jörn Wunderlich und der Fraktion DIE LINKE. – Kooperationsverbot abschaffen – Gemeinschaftsaufgabe Bildung im Grundgesetz verankern v. 19.2.2014.
BT-Drs. 18/2663	Gesetzentwurf der Bundesregierung – Entwurf eines Fünfundzwanzigsten Gesetzes zur Änderung des Bundesausbildungsförderungsgesetzes (25. BAföGÄnd) v. 25.9.2014.
BT-Drs. 18/2710	Entwurf eines Gesetzes zur Änderung des Grundgesetzes (Artikel 91b).
BT-Drs. 18/2747	Antrag der Abgeordneten Kai Gehring, Katja Dörner, Ekin Deligöz, Özcan Mutlu, Beate Walter-Rosenheimer, Dr. Franziska Brantner, Anja Hajduk, Maria Klein-Schmeink, Tabea Rößner, Elisabeth Scharfenberg, Ulle Schauws, Kordula Schulz-Asche, Dr. Harald Terpe, Doris Wagner und der Fraktion BÜNDNIS 90/DIE GRÜNEN – Kooperationsverbot kippen – Zusammenarbeit von Bund und Ländern für bessere Bildung und Wissenschaft ermöglichen v. 8.10.2014.
BT-Drs. 18/3141	Beschlussempfehlung und Bericht des Ausschusses für Bildung, Forschung und Technikfolgenabschätzung (18. Ausschuss) v. 11.11.2014.
BT-Drs. 18/3162	Änderungsantrag der Abgeordneten Dr. Rosemarie Hein, Nicole Gohlke, Sigrid Hupach, Ralph Lenkert, Cornelia Möhring, Harald Petzold (Havelland), Katrin Werner, Jörn Wunderlich und der Fraktion DIE LINKE. v. 12.11.2014.
BT-Drs. 18/8186	Antwort der Bundesregierung auf die Kleine Anfrage der Abgeordneten Nicole Gohlke, Sigrid Hupach, Dr. Rosemarie Hein, weiterer Abgeordneter und der Fraktion DIE LINKE.

BT-Drs. 18/11131	Gesetzentwurf der Bundesregierung – Entwurf eines Gesetzes zur Änderung des Grundgesetzes (Artikel 90, 91c, 104b, 104c, 107, 108, 109a, 114, 125c, 143d, 143e, 143f, 143g) v. 13.2.2017.
BT-Drs. 18/12302	Unterrichtung der Bundesregierung – Bericht über die Verwendung der 2016 in den Landeshaushalten freigewordenen BAföG-Mittel v. 5.5.2017.
BT-Drs. 19/2498	Unterrichtung der Bundesregierung – Bericht über die Verwendung der 2017 in den Landeshaushalten freigewordenen BAföG-Mittel v. 31.5.2018.
BT-Drs. 19/3440	Gesetzentwurf der Bundesregierung – Entwurf eines Gesetzes zur Änderung des Grundgesetzes (Artikel 104c, 104d, 125c, 143e) v. 18.7.2018.
BT-Drs. 19/6144	Beschlussempfehlung und Bericht des Haushaltsausschusses (8. Ausschuss) v. 28.11.2018.
BT-Drs. s19/10412	Unterrichtung der Bundesregierung – Bericht über die Verwendung der 2018 in den Landeshaushalten freigewordenen BAföG-Mittel v. 23.5.2019.
BT-Drs. 19/13330	Antwort der Bundesregierung v. 18.9.2019.
BT-Drs. 19/19630	Unterrichtung der Bundesregierung – Bericht über die Verwendung der 2019 in den Landeshaushalten freigewordenen BAföG-Mittel v. 28.5.2020.
BT-Prot. 5/204	Deutscher Bundestag, 204. Sitzung in der 5. Legislaturperiode, Stenografischer Bericht v. 11.12.1968.
BT-Prot. 16/44	Deutscher Bundestag, 44. Sitzung in der 16. Legislaturperiode, Stenografischer Bericht v. 30.6.2006.
BT-Prot. 16/115	Deutscher Bundestag, 115. Sitzung in der 16. Legislaturperiode, Stenografischer Bericht v. 20.9.2007.

Gesetzesmaterialien und Parlamentsdrucksachen (Länder)

LT-Drs. BY 16/16556	Beschluss des Bayerischen Landtags v. 24.4.2013.

LT-Drs. MV 6/1305	Unterrichtung durch die Landesregierung – Entwurf einer Änderung zur Ausführungsvereinbarung zum Verwaltungsabkommen zwischen dem Bund und Ländern über die Errichtung einer Gemeinsamen Wissenschaftskonferenz (GWK-Abkommen) nach Artikel 91b Grundgesetz vom 11. September 2007 (Konsortialvertrag vom 3. April 2009, zuletzt geändert durch 1. Nachtrag vom 12. Oktober 2011) über die gemeinsame Förderung des „Deutschen Zentrums für Neurodegenerative Erkrankungen e.V. (DZNE e.V.)" v. 13.11.2012.
LT-Drs. SH 17/1493	Gesetzentwurf der Landesregierung – Gesetz über das Helmholtz-Zentrum für Ozeanforschung Kiel (GEOMAR) v. 10.5.2011.
MBl. NW 1965 S. 3	Verwaltungsabkommen zwischen Bund und Ländern zur Förderung von Wissenschaft und Forschung v. 4.6.1964.
SächsABl. 2009 S. 173	Richtlinie des Sächsischen Staatsministeriums für Wissenschaft und Kunst über die Gewährung von Zuwendungen im Rahmen der Exzellenzinitiative des Freistaates Sachsen für Forschungskomplexe auf der Basis von Spitzentechnologieclustern an den Universitäten des Freistaates Sachsen (RL Landesexzellenzinitiative) v. 18.12.2008.
SächsABl. SDr. S. 905	Verwaltungsvorschrift des Sächsischen Staatsministeriums für Wissenschaft und Kunst über die geltenden Verwaltungsvorschriften des Staatsministeriums für Wissenschaft und Kunst v. 10.12.2013.

Verwaltungsvorschriften, -vereinbarungen und sonstige Rechtsvorschriften

„Bulletin" des Presse- und Informationsamtes der Bundesregierung v. 3.7.1970 Nr. 90 S. 891	Verwaltungsabkommen zwischen Bund und Ländern über die Errichtung einer gemeinsamen Kommission für Bildungsplanung (BLK-Abkommen) v. 25.6.1970.

BAnz 1970 Nr. 26 S. 2	Abkommen zwischen Bund und Ländern über die Errichtung eines Deutschen Bildungsrates (GV. NW. 1966, S. 73) mit Zusatzabkommen v. 12.2.1970.
BAnz 1975 Nr. 240 S. 4	Rahmenvereinbarung zwischen Bund und Ländern über die gemeinsame Förderung der Forschung nach Artikel 91b GG – Rahmenvereinbarung Forschungsförderung (RV-Fo) – v. 28.11.1975, zuletzt geändert durch Vereinbarung v. 25.10.2001, BAnz 2001 S. 25218.
BAnz 1991 S. 683	Verwaltungsabkommen zwischen Bund und Ländern über die Errichtung einer gemeinsamen Kommission für Bildungsplanung (BLK-Abkommen) v. 25.06.1970, „Bulletin" des Presse- und Informationsamtes der Bundesregierung v. 3.7.1970, Nr. 90, S. 891, in der Fassung v. 17./21.12.1990.
BAnz 2001 S. 25218	Ausführungsvereinbarung zur Rahmenvereinbarung Forschungsförderung über die gemeinsame Förderung von Einrichtungen der wissenschaftlichen Forschung (AV-FE) v. 5./6.5.1977, zuletzt geändert durch Vereinbarung v. 25.10.2001.
BAnz 2003 S. 24291	Vereinbarung zwischen Bund und Ländern über die Förderung der angewandten Forschung und Entwicklung an Fachhochschulen nach Artikel 91b des Grundgesetzes v. 3.11.2003.
BAnz 2005 S. 13347	Bund-Länder-Vereinbarung gemäß Artikel 91b des Grundgesetzes (Forschungsförderung) über die Exzellenzinitiative des Bundes und der Länder zur Förderung von Wissenschaft und Forschung an deutschen Hochschulen – Exzellenzvereinbarung (ExV) v. 18.7.2005 [„Exzellenzvereinbarung I"].
BAnz 2007 S. 5861	Verwaltungsabkommen über das Zusammenwirken von Bund und Ländern gemäß Artikel 91b Abs. 2 des Grundgesetzes (Feststellung der Leistungsfähigkeit des Bildungswesens im internationalen Vergleich) v. 21.5.2007.

BAnz 2007 S. 5863	Ausführungsvereinbarung über die gemeinsame Förderung von Forschungsbauten an Hochschulen einschließlich Großgeräten – Ausführungsvereinbarung Forschungsbauten an Hochschulen einschließlich Großgeräten (AV-FuG) – v. 21.5.2007.
BAnz 2007 S. 7480	Verwaltungsvereinbarung zwischen Bund und Ländern über den Hochschulpakt 2020 v. 20.8.2007 [„Hochschulpakt I“].
BAnz 2007 S. 7787	Verwaltungsabkommen zwischen Bund und Ländern über die Errichtung einer Gemeinsamen Wissenschaftskonferenz (GWK-Abkommen) v. 11.9.2007.
BAnz 2008 Nr. 18a S. 12	Ausführungsvereinbarung zum GWK-Abkommen über die gemeinsame Förderung der Fraunhofer-Gesellschaft zur Förderung der angewandten Forschung e.V. – Ausführungsvereinbarung FhG (AV-FhG) v. 27.10.2008.
BAnz 2008 S. 1073	Bund-Länder-Vereinbarung gemäß Artikel 91b Abs. 1 Nr. 2 des Grundgesetzes über das Professorinnenprogramm des Bundes und der Länder zur Förderung der Gleichstellung von Frauen und Männern in Wissenschaft und Forschung an deutschen Hochschulen v. 19.11.2007 [„Professorinnenprogramm I“].
BAnz 2008 S. 3961	Vereinbarung zwischen Bund und Ländern über die Förderung der angewandten Forschung und Entwicklung an Fachhochschulen nach Artikel 91 b des Grundgesetzes (FuE-FH 2008) v. 17.10.2008 [„Forschung und Entwicklung an Fachhochschulen“].
BAnz 2009 Nr. 18a S. 4	Ausführungsvereinbarung zum GWK-Abkommen über die gemeinsame Förderung der Deutschen Forschungsgemeinschaft – Ausführungsvereinbarung DFG (AV-DFG) – v. 27.10.2008.

BAnz 2009 Nr. 18a S. 5	Ausführungsvereinbarung zum GWK-Abkommen über die gemeinsame Förderung der Max-Planck-Gesellschaft zur Förderung der Wissenschaften e.V. – Ausführungsvereinbarung MPG (AV-MPG) – v. 27.10.2008.
BAnz 2009 Nr. 18a S. 8	Ausführungsvereinbarung zum GWK-Abkommen über die gemeinsame Förderung der Mitgliedseinrichtungen der Wissenschaftsgemeinschaft Gottfried Wilhelm Leibniz e.V. – Ausführungsvereinbarung WGL (AV-WGL) – v. 27.10.2008.
BAnz 2009 Nr. 18a S. 16	Ausführungsvereinbarung zum GWK-Abkommen über die gemeinsame Förderung der acatech – Deutsche Akademie der Technikwissenschaften – Ausführungsvereinbarung acatech (AV-acatech) – v. 27.10.2008.
BAnz 2009 Nr. 18a S. 17	Ausführungsvereinbarung zum GWK-Abkommen über die gemeinsame Förderung des von der Union der deutschen Akademien der Wissenschaften e.V. koordinierten Programms – Ausführungsvereinbarung Akademienprogramm (AV-AK) – v. 27.10.2008.
BAnz 2009 S. 2416	Verwaltungsvereinbarung zwischen Bund und Ländern gemäß Artikel 91b Abs. 1 Nr. 2 des Grundgesetzes über die Fortsetzung der Exzellenzinitiative des Bundes und der Länder zur Förderung von Wissenschaft und Forschung an deutschen Hochschulen – Exzellenzvereinbarung II (ExV II) v. 24.6.2009 [„Exzellenzvereinbarung II"].
BAnz 2009 S. 2419	Verwaltungsvereinbarung zwischen Bund und Ländern gemäß Artikel 91b Absatz 1 Nummer 2 des Grundgesetzes über den Hochschulpakt 2020 (zweite Programmphase) v. 24.6.2009 [„Hochschulpakt II 2009"].

BAnz 2010 S. 2528	Bund-Länder-Vereinbarung gemäß Artikel 91b Absatz 1 Nummer 2 des Grundgesetzes über den Wettbewerb „Aufstieg durch Bildung: offene Hochschule" zur Förderung von Wissenschaft und Forschung an deutschen Hochschulen v. 8.7.2010.
BAnz 2010 S. 3631	Verwaltungsvereinbarung zwischen Bund und Ländern gemäß Artikel 91b Absatz 1 Nummer 2 des Grundgesetzes über ein gemeinsames Programm für bessere Studienbedingungen und mehr Qualität in der Lehre v. 18.10.2010 [„Qualitätspakt Lehre"].
BAnz AT 27.12.2012 B7	Bund-Länder-Vereinbarung gemäß Artikel 91b Absatz 1 Nummer 2 des Grundgesetzes über die Fortsetzung des Professorinnenprogramms des Bundes und der Länder zur Förderung der Gleichstellung von Frauen und Männern in der Wissenschaft und Forschung an deutschen Hochschulen (Professorinnenprogramm II) v. 6.12.2012.
BAnz AT 12.02.2013 B3	Ausführungsvereinbarung zum Verwaltungsabkommen zwischen Bund und Ländern über die Errichtung einer Gemeinsamen Wissenschaftskonferenz (GWK-Abkommen) (hier: Bekanntmachung einer Änderung der Ausführungsvereinbarung zum GWK-Abkommen über die gemeinsame Förderung der Mitgliedseinrichtungen der Wissenschaftsgemeinschaft Gottfried Wilhelm Leibniz e.V. – Ausführungsvereinbarung WGL (AV-WGL) –) v. 31.1.2013.
BAnz AT 31.05.2013 B7	Bund-Länder-Vereinbarung über ein gemeinsames Programm „Qualitätsoffensive Lehrerbildung" gemäß Artikel 91 b des Grundgesetzes v. 12.4.2013.
BAnz AT 27.09.2013 B4	Vereinbarung zwischen Bund und Ländern über die Förderung der angewandten Forschung und Entwicklung an Fachhochschulen nach Art. 91b GG v. 28.6.2013.

BAnz AT 27.09.2013 B5	Ausführungsvereinbarung zum GWK-Abkommen über die gemeinsame Förderung des Deutschen Zentrums für Hochschul- und Wissenschaftsforschung (DZHW) – Ausführungsvereinbarung DZHW (AV-DZHW) – v. 28.6.2013.
BAnz AT 11.03.2014 B5	Verwaltungsvereinbarung zwischen Bund und Ländern gemäß Artikel 91b Absatz 1 Nummer 2 des Grundgesetzes über den Hochschulpakt 2020 (zweite Programmphase) v. 24.6.2009, BAnz 2009 S. 2419, zuletzt geändert durch Beschluss der Regierungschefinnen und Regierungschefs von Bund und Ländern v. 13.6.2013 [„Hochschulpakt II 2013"].
BAnz AT 26.08.2014 B5	Ausführungsvereinbarung zum GWK-Abkommen über die gemeinsame Förderung des Deutschen Zentrums für Hochschul- und Wissenschaftsforschung (DZHW) – Ausführungsvereinbarung DZHW (AV-DZHW) – v. 28.6.2013, BAnz AT 27.09.2013 B5, geändert durch Beschluss der Gemeinsamen Wissenschaftskonferenz v. 27.6.2014.
BAnz AT 16.07.2015 B5	Ausführungsvereinbarung zum GWK-Abkommen über die gemeinsame Förderung der Deutschen Forschungsgemeinschaft – Ausführungsvereinbarung DFG (AV-DFG) – v. 27.10.2008, BAnz 2009 Nr. 18a S. 4, geändert durch Beschluss der Gemeinsamen Wissenschaftskonferenz v. 17.4.2015.
BAnz AT 16.07.2015 B6	Ausführungsvereinbarung zum GWK-Abkommen über die gemeinsame Förderung der Fraunhofer-Gesellschaft zur Förderung der angewandten Forschung e.V. – Ausführungsvereinbarung FhG (AV-FhG) v. 27.10.2008, BAnz 2008 Nr. 18a S. 12, zuletzt geändert am 17.4.2015, BAnz AT 16.07.2015 B6.

BAnz 2015 S. 2646	Verwaltungsvereinbarung zwischen Bund und Ländern gemäß Artikel 91b Absatz 1 Nummer 2 des Grundgesetzes über den Hochschulpakt 2020 v. 11.12.2014 [„Hochschulpakt III“].
BAnz AT 08.06.2016 B3	Ausführungsvereinbarung zum GWK-Abkommen über die gemeinsame Förderung der Max-Planck-Gesellschaft zur Förderung der Wissenschaften e.V. – Ausführungsvereinbarung MPG (AV-MPG) – v. 27.10.2008, BAnz 2009 Nr. 18a S. 5, geändert durch Beschluss der Gemeinsamen Wissenschaftskonferenz (GWK) v. 17.5.2016.
BAnz AT 20.09.2016 B4	Ausführungsvereinbarung über die gemeinsame Förderung von Forschungsbauten an Hochschulen einschließlich Großgeräten – Ausführungsvereinbarung Forschungsbauten an Hochschulen einschließlich Großgeräten (AV-FuG) – v. 21.5.2007 (BAnz 2007 S. 5863), geändert durch Verwaltungsabkommen zwischen Bund und Ländern über die Errichtung einer Gemeinsamen Wissenschaftskonferenz v. 11.9.2007 (BAnz 2007 S. 7787), zuletzt geändert durch Beschluss der Gemeinsamen Wissenschaftskonferenz v. 24.6.2016.
BAnz AT 27.10.2016 B6	Verwaltungsvereinbarung zwischen Bund und Ländern gemäß Artikel 91b Absatz 1 des Grundgesetzes zur Förderung von Spitzenforschung an Universitäten – „Exzellenzstrategie“ – gemäß Beschluss der Regierungschefinnen und Regierungschefs von Bund und Ländern v. 16.6.2016 [„Exzellenzstrategie“].
BAnz AT 27.10.2016 B7	Verwaltungsvereinbarung zwischen Bund und Ländern gemäß Artikel 91b Absatz 1 des Grundgesetzes zur Förderung des forschungsbasierten Ideen-, Wissens- und Technologietransfers an deutschen Hochschulen – „Innovative Hochschule“ – v. 19.10.2016.

BAnz AT 27.10.2016 B8	Verwaltungsvereinbarung zwischen Bund und Ländern gemäß Artikel 91b Absatz 1 des Grundgesetzes über ein Programm zur Förderung des wissenschaftlichen Nachwuchses v. 16.6.2016.
BAnz AT 17.01.2018 B2	Verwaltungsabkommen zwischen Bund und Ländern über die Errichtung einer Gemeinsamen Wissenschaftskonferenz (GWK-Abkommen) v. 11.9.2007, BAnz 2007 S. 7787, zuletzt geändert durch Beschluss der Gemeinsamen Wissenschaftskonferenz (GWK) v. 10.11.2017.
BAnz AT 17.01.2018 B3	Ausführungsvereinbarung zum GWK-Abkommen über die gemeinsame Förderung der acatech – Deutsche Akademie der Technikwissenschaften – Ausführungsvereinbarung acatech (AV-acatech) – v. 27.10.2008, BAnz 2009 Nr. 18a S. 16, zuletzt geändert durch Beschluss der Gemeinsamen Wissenschaftskonferenz v. 10.11.2017.
BAnz AT 21.02.2018 B4	Bund-Länder-Vereinbarung gemäß Artikel 91 b Absatz 1 des Grundgesetzes über die Fortsetzung des Professorinnenprogramms des Bundes und der Länder zur Förderung der Gleichstellung von Frauen und Männern in Wissenschaft und Forschung an deutschen Hochschulen (Professorinnenprogramm III) v. 10.11.2017.
BAnz AT 21.12.2018 B9	Ausführungsvereinbarung zum GWK-Abkommen über die gemeinsame Förderung von Forschungsbauten, Großgeräten und Nationalem Hochleistungsrechnen (AV-FGH) v. 26.11.2018.
BAnz AT 21.12.2018 B10	Bund-Länder-Vereinbarung zu Aufbau und Förderung einer Nationalen Forschungsdateninfrastruktur (NFDI) v. 26.11.2018.

BAnz AT 21.12.2018 B11	Vereinbarung zwischen Bund und Ländern gemäß Artikel 91b Absatz 1 des Grundgesetzes über ein Programm zur Förderung der Gewinnung und Entwicklung von professoralem Personal an Fachhochschulen v. 26.11.2018 [„FH-Personal"].
BAnz AT 21.12.2018 B12	Vereinbarung zwischen Bund und Ländern über die Förderung der angewandten Forschung und Entwicklung an Fachhochschulen nach Art. 91b GG v. 26.11.2018.
BAnz AT 14.06.2019 B2	Verwaltungsvereinbarung über die Gewährung von Finanzhilfen des Bundes an die Länder nach Artikel 104c des Grundgesetzes zur Förderung der kommunalen Bildungsinfrastruktur (Verwaltungsvereinbarung DigitalPakt Schule 2019 bis 2024) v. 16.5.2019.
BAnz AT 28.08.2019 B4	Verwaltungsvereinbarung zwischen Bund und Ländern gemäß Artikel 91b Absatz 1 des Grundgesetzes über Innovation in der Hochschullehre gemäß dem Beschluss der Regierungschefinnen und Regierungschefs von Bund und Ländern v. 6.6.2019 [„Innovation in der Hochschullehre"].
BAnz AT 04.09.2019 B3	Verwaltungsvereinbarung zwischen Bund und Ländern gemäß Artikel 91b Absatz 1 des Grundgesetzes über den Zukunftsvertrag *Studium und Lehre stärken* gemäß dem Beschluss der Regierungschefinnen und Regierungschefs von Bund und Ländern v. 6.6.2019 [„Zukunftsvertrag *Studium und Lehre stärken*"].
GMBl. 1957 S. 553	Verwaltungsabkommen zwischen Bund und Ländern über die Errichtung eines Wissenschaftsrates v. 5.9.1957, in der ab 1.1.2008 geltenden Fassung (BAnz 2007 S. 5863).
GMBl. 1964 S. 315	Verwaltungsabkommen zwischen Bund und Ländern zur Förderung von Wissenschaft und Forschung v. 4.6.1964.
GMBl. 1968 S. 98	Verwaltungsabkommen zwischen Bund und Ländern zur Förderung von Wissenschaft und Forschung v. 8.2.1968.

GMBl. 2001 Nr. 16/17/18 S. 307	Allgemeine Verwaltungsvorschriften zur Bundeshaushaltsordnung (VV-BHO) v. 14.3.2001, i.d.F. des BMF-Rundschreibens v. 25.3.2020 – II A 3 – H 1012-6/19/10001:003, DOK 2019/0782102 –.
(ohne amtliche Fundstelle)	Einzelheiten der Ausgestaltung der Verfahren zur Förderung von Forschungsbauten, Großgeräten und des Nationalen Hochleistungsrechnens an Hochschulen nach der AV-FGH (FGH-VerfG), Beschluss der GWK v. 16.11.2018, [www.gwk-bonn.de/fileadmin/Redaktion/Dokumente/Papers/AV-FGH-VerfG.pdf], (besucht am: 26.3.2019).
(ohne amtliche Fundstelle)	„Entschlossen in der Krise, stark für den nächsten Aufschwung“ – Pakt für Beschäftigung und Stabilität in Deutschland zur Sicherung der Arbeitsplätze, Stärkung der Wachstumskräfte und Modernisierung des Landes v. 12.1.2009 [„Konjunkturpaket II“].
(ohne amtliche Fundstelle)	Pakt für Forschung und Innovation, [www.gwk-bonn.de/fileadmin/Redaktion/Dokumente/Papers/pakt-fuer-forschung-und-innovation__1_.pdf], (besucht am: 8.6.2020).
(ohne amtliche Fundstelle)	Pakt für Forschung und Innovation – Fortschreibung 2001–2015, Beschluss der GWK v. 22.4.2009, [www.gwk-bonn.de/fileadmin/Redaktion/Dokumente/Papers/PFI-2011-2015.pdf], (besucht am: 8.6.2020).
(ohne amtliche Fundstelle)	Pakt für Forschung und Innovation – Fortschreibung 2016–2020, [www.gwk-bonn.de/fileadmin/Redaktion/Dokumente/Papers/PFI-III-2016-2020.pdf], (besucht am: 8.6.2020).
(ohne amtliche Fundstelle)	Pakt für Forschung und Innovation IV in den Jahren 2021–2030, [www.gwk-bonn.de/fileadmin/Redaktion/Dokumente/Papers/PFI-IV-2021-2030.pdf], (besucht am: 8.6.2020).

(ohne amtliche Fundstelle)	Verwaltungsvereinbarung Investitionsprogramm „Zukunft Bildung und Betreuung“ 2003 – 2007 v. 29.4.2003.

Sonstige Veröffentlichungen und Gutachten

Bundesministerium der Finanzen (BMF)	Bundeshaushaltsplan 2011 [www.bundesfinanzministerium.de/Content/DE/Standardartikel/Themen/Oeffentliche_Finanzen/Bundeshaushalt/Haushalts_und_Vermoegensrechnungen_des_Bundes/haushaltsrechnung-und-vermoegensrechnung-des-bundes-Haushaltsrechnung-2011.pdf?__blob=publicationFile&v=3], (abgerufen am: 23.7.2020).
Bundesministerium der Finanzen (BMF)	Bundeshaushaltsplan 2019 [www.bundeshaushalt.de/fileadmin/de.bundeshaushalt/content_de/dokumente/2019/soll/Haushaltsgesetz_2019_Bundeshaushaltsplan_Gesamt.pdf], (abgerufen am: 17.4.2020).
Bundesministerium der Finanzen (BMF)	Die Finanzbeziehungen zwischen Bund, Ländern und Gemeinden aus finanzverfassungsrechtlicher Sicht, Bonn 1982.
Bundesministerium für Bildung und Forschung (BMBF)	Bildung und Forschung in Zahlen 2019, [www.datenportal.bmbf.de/portal/de/bildung_und_forschung_in_zahlen_2019.pdf], (besucht am: 18.5.20).
Bundesministerium für Bildung und Forschung (BMBF)	Bundesbericht Forschung und Innovation 2016, [www.bundesbericht-forschung-innovation.de/files/bmbf_bufi2016_hauptband_barrierefrei.pdf], (besucht am: 6.3.2018).

Bundesministerium für Bildung und Forschung (BMBF)	Bundesbericht Forschung und Innovation 2018, [www.bmbf.de/upload_filestore/pub/Bufi_2018_Hauptband.pdf], (besucht am: 21.4.2020).
Bundesministerium für Bildung und Forschung (BMBF)	Untersuchung der Auswirkungen des Hochschulpakts 2020 – Abschlussbericht / Kurzfassung v. 8.12.2017, [www.bmbf.de/files/08.12.2017%20Kurzfassung%20Untersuchung%20HSP%20iit_BARRIEREFREI.PDF], (besucht am: 20.3.2019).
Bundesrat	Die Arbeit des Bundesrates im Spiegel der Zahlen (Stand: 22.11.2017), [www.bundesrat.de/Shared/Docs/downloads/DE/statistik/gesamtstatistik.pdf?__blob=publicationFile&v=9] (besucht am: 20.11.19).
Bundesrechnungshof (BRH)	Bericht an den Haushaltsausschuss des Deutschen Bundestages nach § 88 Abs. 2 BHO – Prüfung der Wirksamkeit und zweckentsprechenden Verwendung von Hochschulpaktmitteln des Bundes v. 7.5.2019, [www.bundesrechnungshof.de/de/veroeffentlichungen/produkte/beratungsberichte/langfassungen/langfassungen-2019/2019-bericht-wirksamkeit-und-zweckentsprechenden-verwendung-von-hochschulpaktmitteln-des-bundes%28pdf%29], (besucht am: 14.5.2020).

Bundesrechnungshof (BRH) — Bericht an den Haushaltsausschuss des Deutschen Bundestages nach § 88 Abs. 2 BHO über die Wirkungen des Wissenschaftsfreiheitsgesetzes auf die Haushalts- und Wirtschaftsführung des Bundes und der Wissenschaftseinrichtungen v. 19.5.2017, [www.bundesrechnungshof.de/de/veroeffentlichungen/produkte/beratungsberichte/langfassungen/langfassungen-2017/2017-bericht-wirkungen-des-wissenschaftsfreiheitsgesetzes-auf-die-haushalts-und-wirtschaftsfuehrung-des-bundes-und-der-wissenschaftseinrichtungen.pdf], (besucht am: 3.4.19).

Bundesregierung — Positionspapier „Modernisierung der bundesstaatlichen Ordnung – Position des Bundes" v. 9.4.2003, [www.dgb-nord.de/hintergrund/3/20/Position_der_Bundesregierung.pdf], (besucht am: 31.7.2020).

Bundestag und Bundesarchiv (Hrsg.) — Der Parlamentarische Rat 1948–1949, Akten und Protokolle, Bd. 3: Ausschuss für Zuständigkeitsabgrenzung, Boppard 1986.

Centrum für Hochschulentwicklung (CHE) — Auf dem Hochplateau der Studiennachfrage: Kein Tal in Sicht! Modellrechnungen zur Entwicklung der Studienanfängerzahlen bis zum Jahr 2050, Arbeitspapier Nr. 203, Dezember 2017, [www.che.de/downloads/CHE_AP_203_Prognose_Studienanfaengerzahlen_bis_2050.pdf], (besucht am: 14.11.19).

Centrum für Hochschulentwicklung (CHE)	„Und wo studieren die jetzt alle?" – Analysen zum Verbleib der zusätzlichen Studienanfänger(innen) in den Jahren 2006 bis 2013, Arbeitspapier Nr. 186, Oktober 2015, [www.che.de/downloads/CHE_AP_186_Und_wo_studieren_die_jetzt_alle_2015.pdf], (besucht am: 20.3.2019).
Deutsche Forschungsgemeinschaft (DFG)	Exzellenzinitiative auf einen Blick, [www.dfg.de/download/pdf/dfg_im_profil/geschaeftsstelle/publikationen/exin_broschuere_de.pdf], (besucht am: 13.3.19).
Deutsche Forschungsgemeinschaft (DFG)	Jahresbericht 2018 – Aufgaben und Ergebnisse, [www.dfg.de/download/pdf/dfg_im_profil/geschaeftsstelle/publikationen/dfg_jb2018.pdf], (besucht am: 17.10.2019).
Deutsche Forschungsgemeinschaft (DFG)	Satzung der Deutschen Forschungsgemeinschaft i.d.F. des Beschlusses der Mitgliederversammlung v. 3.7.2019, eingetragen im Vereinsregister unter Nr. VR 2030 beim Amtsgericht Bonn am 20.9.2019 [www.dfg.de/download/pdf/dfg_im_profil/geschaeftsstelle/publikationen/dfg_satzung_de_en,pdf], (besucht am: 26.5.2020).
Deutsche Forschungsgemeinschaft (DFG) / Wissenschaftsrat (WR)	Bericht der Gemeinsamen Kommission zur Exzellenzinitiative an die Gemeinsame Wissenschaftskonferenz vom November 2008, [www.gwk-bonn.de/fileadmin/Redaktion/Dokumente/Papers/GWK-Bericht-Exzellenzinitiative.pdf], (besucht am: 24.4.2020).
Deutsche Forschungsgemeinschaft (DFG) / Wissenschaftsrat (WR)	Bericht der Gemeinsamen Kommission zur Exzellenzinitiative an die Gemeinsame Wissenschaftskonferenz vom Juni 2015, [www.gwk-bonn.de/fileadmin/Redaktion/Dokumente/Papers/DFG-WR-Bericht-Juni2015.pdf], (besucht am: 24.4.2020).

Deutscher Bundestag / Bundesrat – Öffentlichkeitsarbeit	Dokumentation der Kommission von Bundestag und Bundesrat zur Modernisierung der bundesstaatlichen Ordnung, Zur Sache 1/2005, Berlin 2005.
Deutsches Zentrum für Hochschul- und Wissenschaftsforschung (DZHW)	Die wirtschaftliche und soziale Lage der Studierenden in Deutschland 2016, 21. Sozialerhebung des Deutschen Studentenwerks durchgeführt vom Deutschen Zentrum für Hochschul- und Wissenschaftsforschung, [www.sozialerhebung.de/download/21/Soz21_hauptbericht.pdf], (besucht am: 25.8.2020).
Fraunhofer-Gesellschaft zur Förderung der angewandten Forschung e.V. (FhG)	Jahresbericht 2019 – Mission Zukunft: Forschen für nachhaltige Wertschöpfung, [www.fraunhofer.de/content/dam/zv/de/publikationen/Jahresbericht/jb2019/Fraunhofer-Jahresbericht-2019.pdf], (besucht am: 27.5.2020).
Gemeinsame Wissenschaftskonferenz (GWK)	Bund-Länder-Initiative zur Förderung des forschungsbasierten Ideen-, Wissens- und Technologietransfers an deutschen Hochschulen – „Innovative Hochschule", Liste der zur Förderung ausgewählten Hochschulen und Hochschulverbünde (Stand: 4.7.2017), [www.gwk-bonn.de/fileadmin/Redaktion/Dokumente/Papers/Innovative-Hochschule-Vorhaben.pdf], (besucht am: 22.5.2020).
Gemeinsame Wissenschaftskonferenz (GWK)	Bund-Länder-Programm zur Förderung des wissenschaftlichen Nachwuchses, Liste der vom Auswahlgremium zur Förderung ausgewählten Universitäten (mit Zahl der geförderten Tenure-Track-Professuren), Stand: 21.9.2017, [www.gwk-bonn.de/fileadmin/Redaktion/Dokumente/Papers/Ergebnisliste.pdf], (besucht am: 25.5.2020).

Gemeinsame Wissenschaftskonferenz (GWK) Evaluation des Professorinnenprogramms des Bundes und der Länder: Zweite Programmphase und Gesamtevaluation, Abschlussbericht Januar 2017, [www.gwk-bonn.de/fileadmin/Redaktion/Dokumente/Papers/Evaluation_des_Professorinnenprogramms-Bericht_Januar_2017.pdf], (besucht am: 18.5.2020), (zitiert: Evaluationsbericht zum Professorinnenprogramm v. Januar 2017).

Gemeinsame Wissenschaftskonferenz (GWK) Förderung von Forschungsbauten auf der Grundlage der Ausführungsvereinbarung Forschungsbauten und Großgeräte (bis 2018) bzw. AV-FGH (ab 2019), Liste der in die Förderung aufgenommenen Forschungsbauvorhaben (Stand: 29.7.2020), [www.gwk-bonn.de/fileadmin/Redaktion/Dokumente/Papers/Gefoerderte_Vorhaben_Stand_29-07-2020.pdf], (besucht am: 30.8.2020).

Gemeinsame Wissenschaftskonferenz (GWK) Gemeinsame Förderung des Bundes und der Länder auf der Grundlage von Art. 91b I GG, Stand: 9.1.2020, [www.gwk-bonn.de/fileadmin/Redaktion/Dokumente/Papers/GemFoe-2018-2019.pdf], (besucht am: 25.5.2020).

Gemeinsame Wissenschaftskonferenz (GWK) Geschäftsordnung für die Gemeinsame Wissenschaftskonferenz v. 18.2.2008, [www.gwk-bonn.de/fileadmin/Redaktion/Dokumente/Papers/go-gwk.pdf], (besucht am: 21.4.2020).

Gemeinsame Wissenschaftskonferenz (GWK) Jahresbericht 2009, [www.gwk-bonn.de/fileadmin/Redaktion/Dokumente/Papers/GWK-Heft-15-Jahresbericht-2009.pdf], (besucht am: 18.5.2020).

Gemeinsame Wissenschaftskonferenz (GWK)	Materialien der GWK, Heft 39, Hochschulpakt 2020 – Bericht zur Umsetzung im Jahr 2012, Bonn 2014, [www.gwk-bonn.de/fileadmin/Redaktion/Dokumente/Papers/GWK-Heft-39-Hochschulpakt-Umsetzung-2012.pdf], (besucht am: 14.5.2020).
Gemeinsame Wissenschaftskonferenz (GWK)	Materialien der GWK, Heft 53, Hochschulpakt 2020 – Bericht zur Umsetzung im Jahr 2015, Bonn 2017, [www.gwk-bonn.de/fileadmin/Redaktion/Dokumente/Papers/GWK-Heft-39-Hochschulpakt-Umsetzung-2012.pdf], (besucht am: 14.5.2020).
Gemeinsame Wissenschaftskonferenz (GWK)	Pressemitteilung v. 6.12.2019 – „Innovation in der Hochschullehre" – Toepfer Stiftung gGmbH als Trägerinstitution ausgewählt, [www.gwk-bonn.de/fileadmin/Redaktion/Dokumente/Pressemitteilungen/pm2019-17.pdf], (besucht am: 20.5.2020).
Herrmann von Helmholtz-Gemeinschaft Deutscher Forschungszentren e.V. (HGF)	Jahresbericht 2019 – Highlights. Zahlen. Menschen., [www.helmholtz.de/fileadmin/user_upload/04_mediathek/Jahresbericht2019/19_Helmholtz_Geschaeftsbericht_Web.pdf], (besucht am: 28.5.2020).
Hochschulrektorenkonferenz (HRK)	Pressemitteilung v. 20.5.2016, Nachwuchspakt und Programm „Innovative Hochschule": Bedarfe der Hochschulen nicht ausreichend getroffen, [www.hrk.de/fileadmin/redaktion/hrk/02-Dokumente/02-02-PM/HRK_PM_Nachwuchspakt_Innovative_Hochschule_200520016.pdf], (besucht am: 25.5.2020).

Hochschulrektorenkonferenz (HRK)	Pressemitteilung v. 20.11.2018, Bund-Länder-Programme: Fortschritte und Enttäuschungen für Fachhochschulen (FHs)/ Hochschulen für Angewandte Wissenschaften (HAWs), [www.hrk.de/fileadmin/redaktion/hrk/02-Dokumente/02-02-PM/HRK_PM_FH-Programme_20112018.pdf], (besucht am: 25.5.2020).
Institut für Hochschulforschung	Bericht zur Evaluation des „Professorinnenprogramms des Bundes und der Länder“, HoF-Arbeitsbericht 6‘2012, [www.hof.uni-halle.de/dateien/ab_6_2012.pdf], (besucht am: 18.5.2020).
Internationale Expertenkommission zur Evaluation der Exzellenzinitiative (IEKE)	Endbericht Januar 2016, [www.gwk-bonn.de/fileadmin/Redaktion/Dokumente/Papers/Imboden-Bericht-2016.pdf], (besucht am 19.4.18).
Kommission für die Finanzreform [„Troeger-Kommission“]	Gutachten über die Finanzreform in der Bundesrepublik Deutschland, 2. Aufl., Stuttgart u.a. 1966 [„Troeger-Gutachten“].
Kommission zur Modernisierung der bundesstaatlichen Ordnung	Vorentwurf für Vorschlag der Vorsitzenden Franz Müntefering, MdB, und Edmund Stoiber, Ministerpräsident, AU 0104 (neu) v. 13.12.2004, [www.bundesrat.de/DE/plenum/themen/foekoI/bundesstaatskommission/unterlagen/AU-104-neu.pdf?__blob=publicationFile&v=2] (besucht am: 16.10.2019).
Max-Planck-Gesellschaft zur Förderung der Wissenschaften e.V. (MPG)	Jahresbericht 2018, [www.mpg.de/13594246/jahresbericht-2018.pdf], (besucht am: 22.10.2019).

Organisation für wirtschaftliche Zusammenarbeit und Entwicklung (OECD)	Ländernotiz Deutschland – Bildung auf einen Blick 2018: OECD-Indikatoren, [www.oecd.org/berlin/publikationen/EAG2018_CN_DEU-GER.pdf], (besucht am: 23.8.2020).
Parlamentarischer Rat	Verhandlungen des Hauptausschusses, Bonn 1948/49.
Ramboll Consulting GmbH	Qualitätsoffensive Lehrerbildung – Zwischenbericht der Evaluation (2018), [https://de.ramboll.com/-/media/files/rde/management-consulting/studien_handreichungen/qualitaetsoffensive_lehrerbildung_zwischenbericht_der_evaluation.pdf?la=de], (besucht am: 21.5.2020).
Schneider, Hans-Peter	Schuldenreglungen des Bundes für die Haushaltswirtschaft der Länder. Verfassungsrechtliche Möglichkeiten und Grenzen, in: Kommission von Bundestag und Bundesrat zur Modernisierung der bundesstaatlichen Ordnung, Kommissionsdrucksache 134.
Sekretariat der Kultusministerkonferenz (Hrsg.)	Einheit in der Vielfalt. 50 Jahre Kultusministerkonferenz 1948–1998, Neuwied u.a. 1998.
Ständige Konferenz der Kultusminister der Länder in der Bundesrepublik Deutschland (KMK)	Vorausberechnung der Studienanfängerzahlen 2012–2025 – Fortschreibung – (Stand: 24.01.2012), [www.kmk.org/fileadmin/Dateien/pdf/Statistik/Vorausberechnung_der_Studienanfaengerzahlen_2012-2025_01.pdf], (besucht am: 15.5.2020).
Statistisches Bundesamt	Bildungsfinanzbericht 2015, [https://www.destatis.de/DE/Publikationen/Thematisch/BildungForschungKultur/BildungKulturFinanzen/Bildungsfinanzbericht1023206157004.pdf?__blob=publicationFile] (besucht am: 11.01.2016).

Statistisches Bundesamt	Bildungsfinanzbericht 2018, [https://www.destatis.de/DE/Publikationen/Thematisch/BildungForschungKultur/BildungKulturFinanzen/Bildungsfinanzbericht1023206187004.pdf?__blob=publicationFile] (besucht am: 6.3.2019).
Statistisches Bundesamt	Finanzen der Hochschulen 2018, [www.destatis.de/DE/Themen/Gesellschaft-Umwelt/Bildung-Forschung-Kultur/Bildungsfinanzen-Ausbildungsfoerderung/Publikationen/Downloads-Bildungsfinanzen/finanzen-hochschulen-2110450187004.pdf?__blob=publicationFile], (besucht am: 2.8.2020).
Statistisches Bundesamt	Hochschulen auf einen Blick 2018, [https://www.destatis.de/DE/Themen/Gesellschaft-Umwelt/Bildung-Forschung-Kultur/Hochschulen/Publikationen/Downloads-Hochschulen/broschuere-hochschulen-blick-0110010187004.pdf?__blob=publicationFile], (besucht am: 23.10.2019).
Statistisches Bundesamt	Monetäre hochschulstatistische Kennzahlen 2016, [www.destatis.de/DE/Publikationen/Thematisch/BildungForschungKultur/BildungKulturFinanzen/KennzahlenMonetaer2110432167004.pdf?__blob=publicationFile], (besucht am: 7.3.2019).

Statistisches Bundesamt	Monetäre hochschulstatistische Kennzahlen 2017, [www.destatis.de/DE/Themen/Gesellschaft-Umwelt/Bildung-Forschung-Kultur/Bildungsfinanzen-Ausbildungsfoerderung/Publikationen/Downloads-Bildungsfinanzen/kennzahlen-monetaer-2110432177004.pdf?], (besucht am: 27.7.2020).
Statistisches Bundesamt	Nichtmonetäre hochschulstatistische Kennzahlen, Fachserie 11, Reihe 4.3.1, 1980–2014, [www.statistischebibliothek.de/mir/servlets/MCRFileNodeServlet/DEHeft_derivate_00018397/2110431147004.pdf] (besucht am: 23.7.2020).
Statistisches Bundesamt	Pressemitteilung Nr. 059 v. 26.2.2020 – Zahl der Studienberechtigten 2019 um 2,7 % gesunken, [www.destatis.de/DE/Presse/Pressemitteilungen/2020/02/PD20_059_213.html], (besucht am: 18.5.2020).
Statistisches Bundesamt	Schnellmeldungsergebnisse der Hochschulstatistik zu Studierenden und Studienanfänger/-innen – vorläufige Ergebnisse – Wintersemester 2018/2019, [https://www.destatis.de/DE/Themen/Gesellschaft-Umwelt/Bildung-Forschung-Kultur/Hochschulen/Publikationen/Downloads-Hochschulen/schnellmeldung-ws-vorl-5213103198005.html] (besucht am: 22.10.2019).

Statistisches Bundesamt	Statistik der Bundesausbildungsförderung (BAföG), [www-genesis.destatis.de/genesis/online?sequenz=tabelleErgebnis&selectionname=21411-0001&zeitscheiben=3&transponieren=ture] (besucht am: 19.3.2020).
technopolis group	Empirische Begleitung des Programms „Forschung und Entwicklung an Fachhochschulen" – Abschlussbericht v. 13.5.2016, [www.forschung-fachhochschulen.de/lw_resource/datapool/_items/item_119/abschlussbericht_begleitmassnahme_fafh.pdf], (besucht am: 18.5.2020).
Wissenschaftliche Begleitung des Bund-Länder-Wettbewerbs „Aufstieg durch Bildung: offene Hochschulen"	Übersicht der implementierten Angebote aus den Förderprojekten 2011–2019 v. August 2019, [http://de.offene-hochschulen.de/fyls/6096/download_file/], (besucht am: 19.5.2020).
Wissenschaftsgemeinschaft Gottfried Wilhelm Leibniz e.V. (WGL)	Geschäftsbericht 2019 an die Mitgliederversammlung der Leibniz-Gemeinschaft, [www.leibniz-gemeinschaft.de/fileadmin/user_upload/Bilder_und_Downloads/Über_uns/Organisation/Geschäftsstelle/Geschäftsbericht_2019.Online.pdf], (besucht am: 1.6.2020).
Wissenschaftsrat (WR)	Geschäftsordnung des Wissenschaftsrates in der vom Wissenschaftsrat am 20.1.2017 verabschiedeten Fassung, [www.wissenschaftsrat.de/download/archiv/Geschäftsordnung.pdf?__blob=publicationFile&v=3], (besucht am: 24.10.2019).
Wissenschaftsrat (WR)	Über uns, [www.wissenschaftsrat.de/DE/Ueber-uns/Wissenschaftsrat/wissenschaftsrat_node.html], (besucht am: 11.6.2020).

ZQ/Prognos	Evaluation des Bund-Länder-Programms für bessere Studienbedingungen und mehr Qualität in der Lehre (Qualitätspakt Lehre), Ergebnisbericht – über den Evaluationszeitraum 2013–2018 –, [www.qualitaetspakt-lehre.de/files/Ergebnisbericht_Evaluation_QPL_ZQ_Prognos_2018%20-%20barrierefrei.pdf], (besucht am: 20.5.2020).

Zeitungsartikel und sonstige nicht-wissenschaftliche Literatur

CDU, CSU und FDP	„Wachstum. Bildung. Zusammenhalt.", Koalitionsvertrag zwischen CDU, CSU und FDP v. 26.10.2009 (17. Legislaturperiode).
CDU, CSU und SPD	Koalitionsvertrag „Gemeinsam für Deutschland – mit Mut und Menschlichkeit" von CDU, CSU und SPD v. 11.11.2005 (16. Legislaturperiode).
CDU, CSU und SPD	„Deutschlands Zukunft gestalten", Koalitionsvertrag zwischen CDU, CSU und SPD v. 27.11.2013 (18. Legislaturperiode).
CDU, CSU und SPD	Koalitionsvertrag „Ein neuer Aufbruch für Europa – Eine neue Dynamik für Deutschland – Ein neuer Zusammenhalt für unser Land" von CDU, CSU und SPD v. 12.3.2018 (19. Legislaturperiode).
Frankfurter Allgemeine Zeitung	Heike Schmoll, „Im Belieben der Länder", Frankfurter Allgemeine Zeitung v. 25.5.2014, [www.faz.net/aktuell/politik/inland/bildungspolitik-im-belieben-der-laender-12961347.html], (besucht am: 15.11.2019).

Spiegel Online	Armin Himmelrath, „Grundgesetzänderung und Bafög-Reform: Der Bund zahlt, Studenten gehen vorerst leer aus", SPIEGEL ONLINE v. 19.12.2014, [www.spiegel.de/lebenundlernen/uni/bafoeg-reform-der-bund-zahlt-studenten-gehen-trotzdem-leer-aus-a-1009440.html], (besucht am: 15.11.2019).
Tagesspiegel	Albert Funk, „Bundesrat und Bildungspolitik: Bundesministerin Johanna Wanka kann nun Hochschulpolitik stärker bestimmen", Tagesspiegel v. 19.12.2014, [www.tagesspiegel.de/politik/bundesrat-und-bildungspolitik-bundesministerin-johanna-wanka-kann-nun-hochschulpolitik-staerker-bestimmen/11144514.html], (besucht am: 15.11.2019).

www.ingramcontent.com/pod-product-compliance
Ingram Content Group UK Ltd.
Pitfield, Milton Keynes, MK11 3LW, UK
UKHW020715041026
15590UKWH00002B/686

9 783631 853542